LA GESTION DES ORGANISATIONS PUBLIQUES

LA GESTION DES ORGANISATIONS PUBLIQUES

HAROLD F. GORTNER, JULIANNE MALHER
ET JEANNE BELL NICHOLSON

Traduit et adapté par Albert Dumas et Daniel Maltais
professeurs à l'École nationale d'administration publique
Université du Québec, Québec, Canada

1994
Presses de l'Université du Québec
2875, boul. Laurier, Sainte-Foy (Québec)   G1V 2M3

Données de catalogage avant publication (Canada)

Gortner, Harold F., 1940-

   La gestion des organisations publiques

   Traduction de : Organisation Theory.
   Comprend des réf. bibliogr. et un index.

   ISBN 2-7605-0739-4

   1. Administration publique (Science). 2. Organisation.
3. Bureaucratie. 4. Gestion. I. Malher, Julianne
II. Nicholson, Jeanne Bell. III. Titre.

JF1351.G6714 1993   350   C93-097229-5

Couverture
   Illustration réalisée d'après les détails d'une fresque égyptienne
   « Le jugement d'Osiris »
   Conception graphique : Caron et Gosselin, communication graphique

Composition typographique : TypoLitho composition inc.

Révision linguistique : Gislaine Barrette

Réimpression : Janvier 1994

ISBN 2-7605-0739-4

*Tous droits de reproduction, de traduction
et d'adaptation réservés* © 1993
Presses de l'Université du Québec

Dépôt légal – 3ᵉ trimestre 1993
Bibliothèque nationale du Québec
Bibliothèque nationale du Canada
Imprimé au Canada

TITRE ORIGINAL : Organisation Theory : A Public Perspective

COPYRIGHT © 1986 by Brooks/Cole Publisher, a Division of Wadsworth, Inc.

PRÉFACE
À L'ÉDITION FRANÇAISE

Les ouvrages de gestion publiés en français ne sont pas légion comparés à la quantité considérable de publications proposées chaque année dans ce domaine par des éditeurs américains. Plus rares encore sont les ouvrages français traitant de la gestion des organisations publiques, et les auteurs de langue anglaise qui abordent cette question, quoique plus nombreux, le font souvent de façon partielle, s'en tenant à quelques aspects de la gestion ou à des théories spécifiques de l'organisation. Le grand mérite de Gortner, Mahler et Nicholson, en écrivant Organization Theory: A Public Perspective, est d'examiner les diverses théories de l'organisation et les principales fonctions de la gestion dans une optique publique. À notre connaissance, c'est l'un des rares ouvrages du genre qui met un tel accent sur une approche publique des théories de l'organisation qui, il faut bien en convenir, se sont presque exclusivement développées en référence aux entreprises privées. Tous ceux, dont nous sommes, qui persistent à croire que les organisations publiques fonctionnent dans un contexte qui leur est propre et que cela n'est pas sans avoir de conséquences sur leurs modes de gestion, ne peuvent qu'applaudir à l'initiative de ces auteurs.

Organization Theory: A Public Perspective est la principale référence d'un cours d'introduction à la gestion des organisations publiques que doivent suivre tous les étudiants inscrits à l'un ou l'autre des programmes de l'ENAP conduisant à un diplôme ou une maîtrise en administration publique. Il nous a semblé que l'importance qu'a pris dans le cours cet ouvrage au fil des ans et la difficulté maintes fois exprimée par bon nombre d'étudiants à suivre la pensée des auteurs dans une langue qui ne leur était pas familière justifiaient le projet d'en faire la traduction en français et de l'adapter aux contextes québécois et canadien. Nous savions d'entrée de jeu qu'il s'agissait là d'un défi de taille et que notre entreprise allait être semée d'embûches. Mais nos efforts furent vite récompensés, car ce travail fut non seulement stimulant et enrichissant mais s'est avéré également un excellent moyen d'apporter d'utiles améliorations au cours.

Pour ce qui concerne la traduction, quelques remarques s'imposent. Nous avons systématiquement traduit le terme anglais «bureau» par les expressions «organisation publique» ou «organisme public». Nous n'avons pas utilisé les termes anglais manager et management, pourtant d'un usage fréquent en français, optant plutôt pour les mots «gestion» et «gestionnaire» qui rendent exactement la même idée que leurs correspondants anglais. Cet ouvrage comporte plusieurs noms d'organismes américains; dans la plupart des cas, nous avons choisi de les laisser tels quels dans le texte et de les traduire seulement lorsque de tels organismes existaient en français. Il nous est arrivé par ailleurs de mettre entre crochets, pour la gouverne du lecteur, les équivalents français de ces noms, et d'autres fois, de donner le cas échéant, dans les notes infrapaginales, les noms d'organismes correspondants au Québec ou au Canada accompagnés de l'indication «N.D.T.» (notes des traducteurs).

Le travail d'adaptation de cet ouvrage a consisté en majeure partie à remplacer les articles, les cas ou encore les extraits d'ouvrages que Gortner, Mahler et Nicholson ont choisi d'insérer entre les chapitres par des textes qui illustrent des problématiques publiques québécoises et canadiennes. Nous osons croire que ces appendices thématiques faciliteront l'assimilation du contenu des chapitres dans la mesure où ils en constituent des applications dans des situations concrètes de gestion. Nous avons en outre considérablement allongé les bibliographies que l'on trouve à la fin de chaque chapitre. Notre préoccupation était double à cet égard: d'abord ajouter des titres français, l'ouvrage original n'en signalant aucun; ensuite, mettre le plus à jour possible ces bibliographies en leur adjoignant des titres d'ouvrages publiés depuis 1987, année de la parution de Organization Theory: A Public Perspective. Nous n'avons pas la prétention d'avoir rendu ces bibliographies exhaustives: tout au plus les avons-nous enrichies en faisant des choix qui nous paraissaient pertinents. Nous nous sommes également employés à traduire et à compléter l'index des noms d'auteurs cités et l'index des sujets traités.

Cette traduction-adaptation n'aurait pas été possible sans la collaboration de plusieurs personnes qui, à un titre ou à un autre, ont apporté leur contribution à ce projet. M. Pierre De Celles, directeur général de l'ENAP n'a jamais hésité à engager l'institution dans notre entreprise et à répondre sans tergiverser à nos demandes d'appui financier. M. Maurice Patry, directeur de l'Enseignement et de la Recherche, a également tout mis en œuvre pour faciliter notre travail. Mᵐᵉ Renée Larouche et M. Éric Manseau, étudiants, ainsi que M. Grégoire Tremblay, chercheur autonome, ont été étroitement associés à la révision des chapitres, à la recherche et à l'organisation des contenus à insérer dans les appendices, à la mise à jour des bibliographies et à la construction des index. Mᵐᵉ Micheline Gallienne a assuré avec rigueur la révision des textes et les tâches de secrétariat. Ont aussi contribué au travail de secrétariat Mᵐᵉˢ Louise Bélanger, Ginette Cyr, Lise Doyon et Jeanne-d'Arc Guay. Plusieurs professeurs n'ont pas hésité à mettre à notre disposition certains de leurs travaux pour nous aider à remplacer les *textes américains entre les chapitres par des contenus qui correspondaient mieux aux contextes québécois et canadien. Il s'agit de MM. Louis Borgeat, Rolland Hurtubise, Germain Julien, Michel Paquin, Jean-Jacques Paradis et Jean Turgeon. Aux Presses de l'Université du Québec, Mme Angèle Tremblay a toujours soutenu notre projet et sa collaboration nous a été fort précieuse de même que celle de Mmes Gislaine Barrette et Patricia Larouche.*

En terminant, nous voulons rendre hommage à la mémoire de M. Jean Boisvert qui a produit une première traduction préliminaire et dont le décès a brusquement interrompu la collaboration.

Daniel Maltais
Albert Dumas
Sainte-Foy, août 1993

PRÉFACE
À L'ÉDITION ORIGINALE

Le premier postulat sur lequel repose cet ouvrage, c'est qu'une gestion efficace des organisations publiques diffère sur certains aspects clés si on la compare à la gestion des organisations privées. En effet, les agences publiques fonctionnent dans un environnement politique, légal et économique exigeant. On leur demande d'administrer la loi dans un contexte caractérisé par l'ambiguïté où des opposants bien organisés scrutent chacun de leurs gestes, où ils ont à faire face à des clients réfractaires tandis que par ailleurs ils reçoivent l'appui inconditionnel de supporteurs. De plus, diverses contraintes légales visant à assurer l'égalité des citoyens et l'uniformité des actions posées influencent de manière déterminante la conception des programmes et des procédures. Le système politique oriente les actions des organisations publiques, et les organismes qui administrent des politiques qui ont la faveur populaire reçoivent appuis et financements généreux sans égard à leur efficience ou à leur efficacité passée. En outre, le «marché» ne fonctionne pas de la même façon pour les organisations publiques que pour les organisations privées à but lucratif. En raison de la mission et du contexte particuliers des organisations publiques, le management public diffère du management privé et exige, par conséquent, une approche différente de la littérature traitant des théories de l'organisation et du comportement managérial. Les théories de l'organisation, si elles veulent tenir compte des particularités des organisations publiques, doivent aborder certaines problématiques qu'elles n'ont traditionnellement pas traitées présumant de leur caractère générique.

Le but de cet ouvrage est d'examiner certaines questions de base touchant la gestion des organisations tout en les situant dans la perspective des organisations publiques gouvernementales. *La littérature de base en théorie des organisations est abordée sous l'angle de la pratique concrète de la gestion. Nous soulignons aussi les aspects relatifs à la théorie et à la recherche qui se rapportent aux gestionnaires des organisations publiques.*

Dans cet ouvrage, nous ne proposons pas une nouvelle théorie de l'organisation, mais nous nous attachons plutôt à présenter et à interpréter une partie de la littérature existante. En outre, nous soulevons une série de questions s'y rapportant tout en cherchant à savoir comment certains éléments importants des théories organisationnelles peuvent le mieux s'appliquer aux problèmes de l'administration publique. Pour ce faire, nous devons d'abord examiner les exigences des systèmes de contrôle des organisations publiques et puis traiter de l'information que l'on tire de la littérature portant sur cette fonction organisationnelle (le contrôle) et enfin, considérer les solutions possibles aux problèmes particuliers aux objectifs et aux contextes des organisations publiques.

En plus de ce que nous retrouvons habituellement dans les textes traitant des théories de l'organisation, il existe une recherche abondante dans certaines disciplines telles la science politique et la science économique que doivent connaître ceux qui s'intéressent aux organisations publiques. Par exemple, on ne peut discuter de leadership dans les organisations publiques sans prendre connaissance des écrits concernant les dirigeants de haut niveau dont ne tiennent pas compte bon nombre de théoriciens des organisations (bien malheureusement, d'ailleurs). Or en général, les administrateurs publics doivent porter une attention particulière aux implications politiques, sociales et économiques de leur environnement – non pas à cause de l'impact de cet environnement sur les organisations publiques mais en raison de l'influence que peuvent avoir ces organisations sur le reste de la société.

Les trois textes à lire et les 12 cas (complétant les chapitres) que nous présentons sont tirés d'écrits et d'expériences spécifiques au secteur public[1]. Ce matériel aidera l'étudiant à comprendre l'impact des dimensions publique et politique des organisations. Chaque cas soulève certaines problématiques et peut compléter différents chapitres en plus de celui au terme duquel il est présenté.

Cet ouvrage s'adresse aux étudiants qui ont déjà complété une bonne partie de leur baccalauréat ou qui poursuivent des études de maîtrise en administration publique à travers le pays. Ceci explique que nous attachions de l'importance tant à la pratique de l'administration publique qu'aux aspects théoriques. Ce n'est que dans le programme de doctorat que les théories de l'organisation sont au centre des matières à l'étude. Les étudiants au baccalauréat ou à la maîtrise sont principalement intéressés à appliquer la théorie au monde réel des bureaucraties publiques.

Pour les raisons que nous venons d'exposer, nous croyons que cet ouvrage contribue de manière spéciale à la discipline de l'administration publique aux États-Unis et peut-être aussi dans d'autres pays occidentaux. Lorsqu'on étudie les organisations, il

---

1.   L'édition canadienne contient des cas et des textes différents de ceux auxquels l'auteur fait référence ici. (N.D.T.)

faut se rappeler que dans une société démocratique et libérale, la création et le maintien d'organisations publiques ne sont pas des fins en soi mais des moyens qu'une société se donne pour que ses institutions démocratiques satisfassent les besoins des citoyens.

Enfin, les auteurs tiennent à remercier les personnes qui ont contribué de différentes manières à la conception et à l'achèvement de cet ouvrage. Plusieurs personnes de Dorsey Press nous ont fourni une aide précieuse dans les différentes étapes menant à l'édition de l'ouvrage. Nous voulons remercier les réviseurs pour les suggestions utiles: Robert Miewald, Université du Nebraska-Lincoln; Laurence B. Mohr, Université du Michigan; et Hugh G. MacNiven de l'Université d'Oklahoma. Nos étudiants inscrits aux programmes de maîtrise et de doctorat à l'Université George Mason nous ont continuellement forcés à penser «différemment» à propos des théories de l'organisation appliquées aux organisations publiques, à leur réalité et à leurs besoins. Nos collègues du corps professoral nous ont appuyés et nous ont permis de débattre avec eux nos idées et nos construits théoriques. Nos conjoints et conjointes nous ont chacun, chacune, appuyés d'innombrables façons alors que nous étions à compléter cette tâche longue et ardue; ils seront certainement satisfaits du seul fait que ce travail soit maintenant terminé. Finalement, chacun de nous doit exprimer sa gratitude aux deux autres auteurs; les échanges de points de vue tout au long du projet nous ont enrichis tant sur le plan professionnel que sur le plan personnel. Écrire ce livre a été un exemple de ce qu'est un réel effort de collaboration, c'est-à-dire une expérience difficile, mais productive et enrichissante.

TABLE DES MATIÈRES

Chapitre 1

LE CARACTÈRE COMPOSITE DES THÉORIES DE L'ORGANISATION

INTRODUCTION

Ce livre porte sur l'application des théories de l'organisation aux organisations publiques. Nous aborderons les théories les plus importantes de ce champ d'étude, ce qui nous permettra d'embrasser un large éventail d'approches aux organisations, envisagées tantôt comme phénomènes politiques, tantôt comme phénomènes économiques ou sociaux; nous espérons que cet ouvrage pourra aider les gestionnaires publics à améliorer leur gestion.

Nous ne proposons pas une nouvelle théorie de l'organisation qui se rapporterait spécifiquement au secteur public; nous voulons plutôt utiliser les théories existantes pour comprendre les organisations publiques et les problèmes particuliers que pose leur gestion. Cet effort est le bienvenu puisque, pendant longtemps, comme on le verra au chapitre suivant, les recherches en gestion ont surtout porté sur l'environnement et les problèmes des entreprises privées à but lucratif.

Nous mettrons donc l'accent sur les conséquences du caractère public des organisations publiques. Nous essaierons de comprendre comment les demandes provenant des citoyens et des usagers, plutôt que des consommateurs et des fournisseurs, affectent les structures et les systèmes de contrôle dans les organisations publiques. Nous tenterons de répondre, entre autres, aux questions suivantes:

Comment la mission des organisations publiques et leur contexte légal influencent l'exercice du pouvoir, de l'autorité et du leadership? Quelles sont les valeurs dominantes de ceux et celles qui y travaillent, les sources de leur engagement et de leur motivation? Quels facteurs agissent sur les systèmes d'information et de prise de décision dans les organisations publiques et dans quelle mesure ces facteurs diffèrent de ceux qui s'appliquent dans les organisations privées à but lucratif?

Les sujets traités dans cet ouvrage

La plupart des chapitres de ce livre sont organisés autour des sujets qui seront brièvement abordés ici; deux autres chapitres d'introduction suivront celui-ci. Dans le chapitre deux, nous présentons les différences entre les organisations publiques et les organisations privées, et nous montrons comment ces différences affectent le développement d'une théorie de l'organisation publique. Dans le chapitre trois, nous exposons certains thèmes de base en administration publique et nous nous demandons si ces thèmes sont traités dans les théories de l'organisation et comment ils le sont. Dans ces chapitres d'introduction, nous cherchons en fait à cerner certains des problèmes qui touchent plus particulièrement les organisations publiques.

Le quatrième chapitre porte sur les structures de l'organisation. Nous y faisons une synthèse des théories traditionnelles et nous présentons de façon détaillée les résultats de recherches contemporaines sur la conception des structures de l'organisation. Dans la revue que nous y faisons, nous prenons en considération les caractéristiques des organisations publiques au regard de leurs programmes d'activités, de leurs technologies et de leur environnement.

Les chapitres cinq, six et sept se rapportent respectivement aux communications, au contrôle et à la prise de décision. Au chapitre cinq, nous traitons les réseaux de communication formels et informels, les différents problèmes qu'ils posent et les solutions – du moins partielles – que l'on peut y apporter. Bien entendu, le système de contrôle dépend de la structure de communication relativement à l'obtention et au traitement de l'information: cela illustre bien le caractère systémique de l'organisation, puisqu'un problème touchant une de ses parties peut avoir des répercussions sur d'autres parties. Nous présentons dans le chapitre six les diverses formes de contrôle dans l'organisation suivant que l'on favorise une approche quantitative, béhavioriste ou psychosociale. Finalement, dans le chapitre sept, nous faisons une description des différentes théories de la prise de décision ou de l'élaboration de politiques publiques, qu'elles soient descriptives ou normatives; nous concluons ce chapitre en indiquant les possibilités d'application d'une théorie de la contingence dans la prise de décision.

Les chapitres huit et neuf sont consacrés au comportement de l'individu dans l'organisation. Le chapitre huit traite du leadership et des comportements en situation de gestion; nous y examinons les approches traditionnelle et béhavioriste par rapport à différents niveaux hiérarchiques. Les théories de la motivation, fortement inspirées des recherches faites dans des organisations privées, sont décrites au chapitre neuf et nous y traitons des modifications qu'il faut leur apporter pour les rendre applicables aux organisations publiques.

Enfin, le chapitre dix porte sur les techniques de changement planifié dans les organisations, lesquelles s'inspirent de l'approche béhavioriste et mettent en évidence les valeurs que représentent les relations humaines aux yeux des gestionnaires.

Mais pour débuter, nous nous intéressons dans ce chapitre aux définitions de base, aux hypothèses et aux questions que nous amènent à soulever les théories de l'organisation lorsqu'elles sont appliquées au secteur public. Nous examinons ensuite les contributions de plusieurs disciplines à ces théories et nous faisons état de la grande diversité des théories et des perspectives qui se sont développées sur l'organisation. Nous espérons ainsi amener le lecteur à utiliser les théories de l'organisation soumises dans cet ouvrage comme des outils conceptuels qui facilitent l'analyse des problèmes et la recherche de solutions dans les organisations publiques.

QU'EST-CE QU'UNE ORGANISATION?

D'une certaine façon, la réponse à cette question semble aller de soi: le sens commun nous permet de faire la distinction entre ce qui est une organisation et ce qui n'en est pas. Un ministère et une firme sont des organisations; Bombardier, les scouts et le Conseil du Trésor sont des organisations, alors qu'un club de bridge, une foule assistant à un match de football et les reporters invités à une conférence de presse n'en sont manifestement pas. La dimension du groupe et la nature des relations entre ses membres contribuent à caractériser ce que nous appelons une «organisation».

La définition formelle la plus utilisée d'une organisation est la suivante: un groupe de personnes engagées dans des activités spécialisées et interdépendantes en vue d'atteindre un but ou de réaliser une mission commune. Plusieurs théoriciens de l'organisation précisent que leurs études portent sur des «organisations complexes et de grande taille» conçues comme des collectivités spécialisées et interdépendantes. La spécialisation des fonctions (résultant de la division du travail) permet une plus grande efficacité, mais génère en même temps une interdépendance entre des tâches différenciées qu'il faut coordonner. Les activités des membres ne sont pas liées aux personnes en place; elles sont plutôt codifiées dans des descriptions de postes impersonnelles, permettant ainsi à l'organisation de survivre aux changements de personnel.

Bien que largement acceptée, cette définition est quelque peu trompeuse. Ainsi, la technologie utilisée dans de petites organisations peut être tellement simple que la spécialisation du travail n'y est pas nécessaire, ou même possible; ces organisations n'entrent pas dans la définition proposée. Une autre limite, plus sérieuse, tient au fait que les membres d'une organisation (publique ou privée) ne sont pas tous là pour atteindre un but formel commun, souvent intangible et abstrait; en fait, ils veulent simplement gagner leur vie! Voilà pourquoi les questions de contrôle, de motivation et de style de supervision sont particulièrement importantes.

La définition proposée d'une organisation soulève d'autres problèmes. Par exemple, qu'en est-il de la volonté des membres à remplir des tâches impersonnelles? Comment doit-on aborder l'absence de véritable liberté, l'intégration ou la non-intégration des valeurs démocratiques dans l'organisation? Certains considèrent qu'une telle définition n'insiste pas suffisamment sur la culture de l'organisation et sur les intentions de ses membres. Une illustration intéressante et relativement récente de l'opposition entre l'action «d'organiser» et ce qui constitue dans les faits une organisation nous est donnée par Karl Weick (1979, p. 3):

> L'action d'organiser fait penser à une grammaire dans la mesure où elle correspond à une prise en compte systématique de certaines règles et de certaines conventions au moyen desquelles des ensembles de comportements entremêlés sont réunis pour former des processus sociaux qui sont intelligibles aux acteurs.

Cette discussion à propos du sens à donner au terme «organisation» est reprise par des théoriciens de l'organisation et des théoriciens de l'administration publique dans leurs critiques des approches conventionnelles à l'organisation. Nous reviendrons occasionnellement sur ces critiques dans ce chapitre ainsi qu'ailleurs dans cet ouvrage.

Les organisations publiques

Cet ouvrage traite des organisations publiques et il importe de les distinguer des autres types d'organisations, notamment les organisations privées à but lucratif. Les organisations publiques sont des parties du gouvernement, c'est-à-dire que ce sont des organisations créées pour assurer la réalisation d'activités administratives spécifiques: il peut s'agir d'une commission scolaire ou d'un ministère. Étant donné cependant que leur but est d'administrer des lois, elles se distinguent des entreprises privées à but lucratif ou à but non lucratif qui doivent, elles, rendre des comptes à des propriétaires ou à des bureaux de direction qui ne sont pas des entités gouvernementales.

Cette distinction légale a des répercussions sur la mission et les caractéristiques des organisations publiques. Par exemple, le contrôle par des élus et la reddition des comptes sont des activités éminentes et essentielles dans les organisations publiques, alors que ces activités n'existent pas ou ne sont que secondaires et passagères dans les firmes et dans les organisations à but non lucratif. Les deux prochains chapitres traiteront de ce qui différencie les organisations publiques d'autres types d'organisations ainsi que des conséquences que peut entraîner une réflexion axée exclusivement sur les organisations publiques.

La bureaucratie

On utilise le terme «bureaucratie» pour désigner un type particulier d'organisation, pour s'en moquer ou le critiquer (Downs, 1967). La définition de ce terme, proposée par Max Weber (1947) – un sociologue allemand du début du siècle – fait autorité et sert de fondement aux théories contemporaines de l'organisation. En étudiant l'histoire de plusieurs grandes institutions économiques et sociales, y compris l'armée prussienne, l'Église catholique romaine et la fonction publique chinoise, Weber a relevé un certain nombre de caractéristiques propres aux structures et aux politiques de gestion du personnel de l'organisation bureaucratique: selon lui, l'organisation bureaucratique est plus neutre et plus stable et offre des moyens plus appropriés pour administrer efficacement des lois et coordonner des activités complexes menées par un grand nombre de personnes.

Parmi les caractéristiques de la bureaucratie retenues par Weber, mentionnons la spécialisation des fonctions, la compétence comme unique critère d'embauche et de promotion, l'autorité exercée au moyen d'une chaîne de commandement centralisée et hiérarchisée, et l'existence d'un système complexe de règles qui déterminent toutes les actions possibles et minimisent l'autonomie des individus. Les caractéristiques de la bureaucratie sont analysées en détail dans le chapitre trois où nous verrons que le modèle bureaucratique constitue l'archétype de la plupart des organisations publiques modernes (ainsi que de bon nombre d'organisations privées à but lucratif).

De son côté, Downs présente la bureaucratie en faisant ressortir ses fondements économiques (1967). La distinction qu'il fait entre les services gouvernementaux et les firmes tient à l'absence de marché dans l'environnement des premiers. Sans marché pour déterminer la valeur de ce que produit l'organisation, les gestionnaires se concentrent d'une manière toute rationnelle sur l'obtention d'un plus grand volume de ressources ou de fonds destinés à l'expansion des activités de l'organisation, et sur l'acquisition de pouvoirs plus étendus. La mission fondamentale de l'organisation publique et la motivation de ses membres ne sont pas la recherche de l'efficacité dans le sens habituel du terme, mais plutôt une meilleure reconnaissance et un plus grand support de la part des bailleurs de fonds. C'est une caractéristique non seulement des organisations publiques mais également de certains organismes privés. L'absence de marché a des répercussions sur plusieurs aspects de la gestion de l'organisation publique, qu'il s'agisse de sa croissance, de la motivation des membres, des communications, des systèmes de contrôle ou de la prise de décision. En ce qui concerne la taille des organisations publiques et leurs caractéristiques structurelles, Downs est d'accord avec Weber.

En outre, un certain nombre de théoriciens contemporains ont une autre conception de la bureaucratie. Hummel (1982) partage le point de vue de Weber qui se rendait compte des dangers considérables de la bureaucratie pour ses membres et pour la société en général. Bien que Weber ait observé l'émergence de

la forme bureaucratique et reconnu ses indéniables avantages dans le fonctionnement des grandes entreprises, il fut aussi extrêmement critique de la manière
dont la bureaucratie pouvait détruire la spontanéité qu'il assimilait à la liberté humaine, comme l'aurait fait quelqu'un issu de la tradition littéraire romantique.
Or, comme les bureaucrates doivent constamment se préoccuper de l'efficience
des moyens d'action, plusieurs perdent la capacité d'agir d'une manière humaine
et spontanée. Pis encore, la tendance que Weber percevait déjà en son temps, et
que nous continuons d'observer aujourd'hui, à savoir le nombre de plus en plus
grand d'institutions publiques, privées et même familiales qui adoptent le modèle
bureaucratique, nous rend de plus en plus captifs de la mentalité de ce type d'organisation et de moins en moins capables de voir notre situation ou d'agir sur
elle. Hummel (1982, p. 12) note à ce propos:

> La bureaucratie donne naissance à une nouvelle espèce d'êtres inhumains.
> Les relations sociales entre les personnes deviennent des relations de con-
> trôle. Leurs croyances et leurs convictions concernant les finalités et les aspi-
> rations humaines sont ignorées et remplacées par un savoir-faire qui affiche
> la supériorité des moyens techniques, que ce soit dans l'administration ou
> dans la production. Psychologiquement, ce nouveau type de personnalité est
> celui de l'expert rationnel, incapable d'émotions et dépourvu de toute vo-
> lonté. Le langage, moyen par excellence d'amener les personnes à communi-
> quer entre elles, devient l'instrument caché d'ordres donnés à sens unique.
> La politique, surtout la politique obéissant aux règles démocratiques, s'efface
> en tant que moyen de détermination des buts de la société fondés sur les be-
> soins humains: elle est remplacée par l'administration.

D'autres définitions de la bureaucratie, également critiques et négatives,
proviennent de fondements théoriques variés. Certains auteurs considèrent les
organisations publiques comme des lieux de jeux linguistiques complexes,
comme des constructions culturelles plutôt que comme des réalités objectives,
comme des «prisons psychiques» ou encore comme des instruments de domination de classes (Burrell et Morgan, 1979; Denhart, 1984). Nous reviendrons plus
loin sur ces caractéristiques.

Une des interrogations soulevées dans presque toutes les théories contemporaines de l'organisation est de savoir si la majorité, sinon la totalité, des organisations publiques possèdent les caractéristiques négatives propres au modèle
bureaucratique. Les efforts pour imaginer des organisations moins bureaucratiques qui intégreraient de nombreuses aspirations souvent contradictoires constituent une préoccupation importante de ceux qui s'intéressent aux organisations.
Quelles sont les solutions de rechange à la bureaucratie? Quels sont les avantages
et les limites de ces solutions dans le contexte particulier de l'administration
publique? Que peut-on apprendre de ceux qui critiquent radicalement la bureaucratie et ce, en gardant à l'esprit les contraintes auxquelles sont soumises les organisations publiques? Telles sont quelques-unes des questions auxquelles nous
tenterons de répondre dans cet ouvrage.

QU'EST-CE QU'UNE THÉORIE DE L'ORGANISATION ?

Il n'y a pas qu'une seule théorie de l'organisation. L'analyse des organisations repose davantage sur un ensemble d'approches peu intégrées les unes aux autres. Les thèmes abordés, les questions posées, les modes d'explication adoptés et les méthodes utilisées sont extrêmement variés. Comme le note Dwight Waldo dans une revue des travaux dans ce domaine: «La théorie de l'organisation est caractérisée par des vogues, de l'hétérogénéité, des prétentions et des contre-prétentions» (1979, p. 597). Le champ des théories de l'organisation ne constitue certes pas une progression ordonnée d'idées, ni un corpus unifié de connaissances, dont chaque développement serait bâti soigneusement sur l'acquis et lui donnerait plus d'extension. Au contraire, les nouveaux développements dans ce champ ne concordent pas sur ce que devraient être les buts et les utilisations d'une théorie de l'organisation, sur les problèmes auxquels elle devrait s'intéresser (styles de supervision ou culture organisationnelle?) et les concepts et les variables qu'elle devrait retenir.

Plus que tout autre facteur, le caractère multidisciplinaire du domaine explique probablement la diversité des questions, des méthodes et des théories qu'on y retrouve. La plupart des sciences sociales contribuent aux théories de l'organisation. La psychologie, et plus précisément la psychologie industrielle, a contribué à la compréhension de phénomènes tels que le leadership, la motivation, les interactions à l'intérieur d'un groupe et les conflits. Dans les années 50, les sociologues ont produit quelques études de cas fort importantes et fort significatives sur les conséquences non intentionnelles des règles d'une organisation et sur les effets des relations sociales informelles qui s'y établissent. Plus récemment, les sociologues se sont intéressés aux structures organisationnelles et à la coordination interorganisationnelle, pour ne mentionner que quelques-unes de leurs contributions. De leur côté, les analyses économiques du fonctionnement des organisations ont débouché sur de nombreuses théories traitant de la prise de décision. Les anthropologues et les spécialistes des communications ont étudié les dimensions culturelles et linguistiques de la vie au sein des organisations; les analystes de systèmes ont développé des modèles mathématiques applicables à la planification et la gestion de programmes; les administrateurs publics et les politicologues ont participé à l'analyse des politiques et ont étudié comment les caractéristiques politiques, professionnelles et techniques des organisations publiques influent sur la préparation et l'implantation des programmes gouvernementaux. Ils se sont intéressés en outre aux relations entre les organisations publiques et leur environnement politique. Dans le *tableau 1.1*, nous voyons des exemples de questions posées par des représentants de disciplines associées à l'élaboration des théories de l'organisation.

TABLEAU 1.1

Questions que les théoriciens des différentes disciplines des sciences sociales se posent sur l'organisation

L'anthropologie s'intéresse aux origines de l'humanité et à son développement physique, social et culturel.
Questions:
- Quelles sont les normes culturelles de l'organisation et comment se manifestent-elles dans les histoires, les rituels et les symboles?
- Comment les normes de l'organisation sont-elles reliées aux normes de la société dans laquelle elle s'insère?
- Comment ces normes affectent-elles l'implantation des politiques et des stratégies de l'organisation?

La sociologie est la science de la société, des institutions sociales et des relations sociales; elle s'intéresse à l'étude systématique du développement, de la structuration, de l'interaction et du comportement collectif de groupes organisés.
Questions:
- Quelle est la relation entre les aspects formels et informels de l'organisation?
- Comment les activités dans l'organisation sont-elles coordonnées et contrôlées?
- Quelles sont les institutions, les rôles et les valeurs clés dans l'organisation et quelle est leur relation avec les institutions et les valeurs externes?
- Comment les organisations interagissent-elles?
- Comment sont-elles reliées entre elles?

La psychologie est le domaine des sciences sociales qui examine la personnalité, les aspects cognitifs, la vie émotionnelle et le comportement de l'individu.
Questions:
- Qu'est-ce qui motive les êtres humains?
- Quelles attitudes ou quels types de personnalité mènent aux comportements qui sont valorisés dans l'organisation?
- Comment la perception et l'apprentissage influencent-ils des comportements organisationnels tels que la motivation et la productivité?
- Quels sont les procédés d'une communication efficace?

La psychologie sociale s'intéresse aux attitudes, aux aspects cognitifs et aux comportements dans des situations sociales et dans les interactions entre les personnes.
Questions:
- Qu'est-ce que le leadership et quels sont les comportements efficaces d'un leader?
- Comment les attitudes influencent-elles le comportement au travail?
- Comment les groupes se forment-ils, comment leurs membres interagissent-ils et quelles en sont les conséquences sur le fonctionnement de l'organisation?

L'économique s'intéresse à l'analyse des marchés et des systèmes de production, de distribution et de consommation des biens et des services.
Questions:
- Quelles sont les différences entre les organisations publiques et les organisations privées au regard des relations commerciales et de la motivation économique?
- Quelles conditions économiques légitiment la création et le maintien d'une organisation publique?
- Comment la prise de décision est-elle liée aux caractéristiques économiques des organisations?

La science politique étudie les institutions et les procédés caractérisant les gouvernements, les politiques publiques et la politique en général.
Questions:
- Quel est le rôle des organisations publiques dans un gouvernement élu démocratiquement?
- Quelles sont leurs responsabilités politiques?
- Comment le pouvoir s'exerce-t-il à l'intérieur des organisations publiques et dans les relations de leurs membres avec les élus et les électeurs?

Sans aucun doute, cette variété de disciplines contribue à la richesse et à la complexité des théories de l'organisation tout autant qu'à l'absence de consensus sur les hypothèses fondamentales concernant la nature de l'organisation et sur la finalité et l'utilité de ces théories. Certains théoriciens et praticiens attendent des théories qu'elles leur fournissent des indications claires et précises au regard de la sélection de styles particuliers de gestion ou de diverses façons de faire; d'autres soutiennent que les théories doivent pouvoir expliquer les phénomènes organisationnels; pour d'autres, enfin, les théories servent de support à la résistance au rôle d'oppression politique joué par l'organisation.

Jusqu'à un certain point, les différentes théories de l'organisation se complètent. De fait, les échanges entre les disciplines donnent lieu à des emprunts importants, tant au chapitre des concepts qu'à celui des résultats de recherche et des questions à débattre. Par ailleurs, ces emprunts ressemblent parfois à de vastes réinterprétations ou à des redéfinitions du sens original et de l'importance relative des concepts, de telle sorte que le résultat ressemble quelquefois plus à du piratage qu'à une réelle coopération interdisciplinaire en matière de développement des théories. Il s'agit d'une situation assez répandue en sciences sociales (Kaplan, 1964), mais il semble qu'elle atteigne de nouveaux sommets dans le développement des théories de l'organisation précisément en raison de son caractère multidisciplinaire.

Les théories de l'organisation ont aussi été influencées par divers courants de pensée politiques. Par exemple, des théoriciens de l'organisation ont prôné, dans les années 60 et 70, des processus de prise de décision plus démocratiques favorisant une plus grande participation des citoyens et des employés. Divers autres mouvements de pensée dans les sciences sociales les ont aussi influencés; la révolution béhavioriste, la popularité de la théorie générale des systèmes, la réapparition de la recherche interprétative axée sur le rôle des intentions, des significations et des symboles dans les organisations plutôt que sur les seuls comportements observables en sont quelques exemples.

En somme, les théories de l'organisation sont un domaine désordonné mais fascinant. Il est difficile, et même présomptueux, de vouloir en donner une vue d'ensemble. Cependant, nous pensons qu'il est important de tenter de le faire, parce que ces théories peuvent contribuer substantiellement à expliquer le fonctionnement des organisations publiques ainsi que leur gestion.

La variété des théories de l'organisation

La grande variété des théories de l'organisation peut être mieux comprise si on les regroupe en trois catégories. Les théories se distinguent premièrement par leur objet d'étude, deuxièmement par leur approche, c'est-à-dire selon que les explications qu'elles proposent sont fondées sur l'analyse des systèmes, l'économie politique ou toute autre perspective, et troisièmement par leur finalité ou les objectifs qu'elles poursuivent. Dans la partie qui suit, nous allons considérer brièvement chacune de ces distinctions.

Nous adoptons dans cet ouvrage une approche multithéorie ou multiperspective et, pour nous, l'important n'est pas de déterminer laquelle parmi les théories il faut accepter et/ou rejeter, mais plutôt d'établir une base où les gestionnaires pourront puiser des concepts utiles pour améliorer leur gestion. Les théories sont pour nous des outils conceptuels qui permettent de diagnostiquer des problèmes dans l'organisation et de mettre sur pied des programmes d'actions pour les résoudre. Plus notre éventail de théories et d'outils conceptuels est large et varié, plus nous courons la chance de trouver une approche adaptée aux différentes situations auxquelles nous sommes confrontés. Le fait d'avoir accès à une grande variété de théories rend le gestionnaire plus compétent, dans la mesure où plusieurs options lui sont ainsi offertes pour diagnostiquer et résoudre les problèmes qu'il rencontre. Jetons donc un premier coup d'œil sur ces diverses théories.

LES DIFFÉRENCES RELATIVES AUX OBJETS D'ÉTUDE

Les théoriciens de l'organisation s'intéressent à des phénomènes divers dans l'organisation et leurs analyses portent sur différents aspects. Certains mettent l'accent sur l'individu, alors que d'autres se concentrent sur les groupes ou sur l'organisation dans son ensemble. Nous pouvons relever quatre principaux domaines de recherche intéressant les théoriciens et les chercheurs: les comportements de l'individu et des groupes, la structure de l'organisation, les processus organisationnels telles que la communication et la prise de décision et l'organisation dans son ensemble. Ces objets d'étude ne constituent toutefois pas des catégories qui s'excluent mutuellement. Par exemple, si les théories sur les structures de l'organisation se concentrent sur la chaîne formelle d'autorité, la recherche et le traitement de l'information de gestion sont étroitement liés à certains aspects de cette chaîne d'autorité.

En ce qui concerne les comportements des individus (ou des groupes), on retrouve, par exemple, des études sur la motivation où les chercheurs analysent les besoins, les attitudes et les perceptions des individus en relation avec la productivité ou d'autres résultats recherchés dans l'organisation. Les études sur les groupes (ou les relations entre groupes) portent sur le dynamisme et l'efficacité des groupes de travail ou des groupes décisionnels, la gestion des conflits et le leadership. Pour ce qui est de l'organisation dans son ensemble, on trouve des recherches sur des sujets comme les valeurs dominantes, la nature des relations entre les membres de l'organisation d'une part et ses clients ou les électeurs d'autre part, ou encore la motivation, la coordination ou le leadership. Les théories traitant l'organisation dans son ensemble donnent une image de celle-ci plus globale qui stimule les efforts de recherche aux deux autres niveaux. Ainsi en est-il des organisations qui excellent, décrites par Peters et Waterman (1982), des organisations qui reflètent certains aspects du modèle de gestion japonais (la théorie «Z» de William Ouchi, 1981), et des organisations «dialectiques» de Orion White (1969).

Les analyses privilégiant la structure et les processus permettent de faire une autre distinction au regard des objets d'étude sur l'organisation. Les chercheurs qui s'intéressent aux structures se préoccupent de questions comme la centralisation et la décentralisation, les formes possibles de l'organigramme et la formation des unités et leur coordination. Ils cherchent à découvrir comment les organisations adaptent leurs structures aux changements environnementaux ou technologiques; les processus organisationnels renvoient aux activités de base de l'organisation. Nous traiterons dans cet ouvrage des processus suivants: la prise de décision et le développement de politiques, le contrôle et la communication (des processus fondamentaux dans la conception et l'analyse de politique), la budgétisation, l'évaluation et, finalement, l'implantation de programmes.

Il s'agit là des questions de base qui feront l'objet de ce livre. Les différences concernant les théories et les buts qu'elles poursuivent, dont il sera maintenant question, seront traitées dans le cadre plus large des objets d'étude que nous venons de mentionner.

LES DIFFÉRENCES RELATIVES AUX APPROCHES PRIVILÉGIÉES

Les différentes approches utilisées dans l'étude de l'organisation et la forme explicative proposée par chacune d'elles contribuent à distinguer les diverses théories de l'organisation. Parmi les approches les plus connues, mentionnons l'approche systémique, l'approche économique, l'approche politique, l'approche des relations humaines, l'approche humaniste, l'approche culturelle et l'approche sociologique. Nous ne décrirons que quelques-unes de ces approches pour montrer la diversité des explications utilisées en théorie de l'organisation. Généralement, on peut adopter plus d'une approche pour expliquer un phénomène organisationnel, ce qui permet d'élargir les perspectives et d'obtenir ainsi une meilleure connaissance du phénomène en question. C'est pourquoi tout sujet traité dans les chapitres de cet ouvrage sera abordé à partir de plusieurs perspectives théoriques différentes.

La théorie des systèmes permet d'expliquer plusieurs aspects d'une organisation. La technologie utilisée pour la transformation des intrants en extrants et les influences des diverses conditions dans l'environnement peuvent être considérées comme les éléments d'un ensemble particulier d'activités qu'on appelle un système. La théorie des systèmes met en évidence les relations entre les activités d'un ensemble, et ces relations sont souvent exprimées en termes mathématiques. Les théories de la communication et du contrôle organisationnel ont fréquemment recours à la perspective systémique.

Les tenants de l'économie politique considèrent que les événements s'expliquent, d'une part, par les relations entre les systèmes politique et économique (Wamsley et Zald, 1976) et, d'autre part, par l'absence d'une dynamique

classique de marché dans le cas des services gouvernementaux (Downs, 1967).
Ils montrent également comment ces facteurs influencent les choix que font les
acteurs dans l'organisation. Par exemple, une décision de type «incrémental»
(c'est-à-dire qui privilégie des options qui diffèrent peu du statu quo – nous en
traitons plus longuement dans le chapitre sept) est considérée rationnelle quand
les coûts d'une option radicalement nouvelle par rapport au statu quo sont trop
élevés (Allison, 1971).

LES DIFFÉRENCES RELATIVES AUX BUTS POURSUIVIS

Bien que les théories dominantes dont nous venons de parler donnent lieu à des
explications et à des perspectives différentes, elles ont en commun un certain
nombre d'hypothèses fondamentales sur la nature des organisations et sur la finalité des théories de l'organisation. En général, ces théories ont un caractère empirique, dans la mesure où elles reposent sur des observations quantitatives ou
qualitatives et qu'elles postulent l'existence d'une réalité plus ou moins objective
que l'observation peut révéler. Les théoriciens des diverses tendances conviennent également que le but des théories est de connaître cette réalité de façon à
pouvoir la prédire et même la contrôler; on vise à améliorer le fonctionnement
des organisations en intégrant des perspectives aussi variées que celles des propriétaires, des gestionnaires, du public et des élus. Comme ces préoccupations
concordent naturellement avec celles des gestionnaires, l'orientation dominante
des théories de l'organisation est généralement utile aux praticiens.

Durant les deux dernières décennies, les nouvelles connaissances sur l'organisation et les nouvelles orientations des théories de l'organisation ont enrichi
le domaine des théories applicables à l'administration publique. Bien que la plupart de ces théories aient eu peu d'influence sur les organisations publiques, on
constate que certains développements importants ont été réalisés à partir d'hypothèses et de méthodes différentes de celles des théories dominantes, comme le
notent d'ailleurs Burrell et Morgan (1979). La critique que Hummel a faite du
modèle bureaucratique, et dont il a été question plus tôt, a mis en évidence une
solution de rechange à ce modèle. Les pressions conflictuelles qui s'exercent sur
les employés des bureaucraties, en raison des caractéristiques mêmes de ce type
d'organisation, ont souvent pour effet d'engendrer chez les employés une plus
grande dépendance ou encore la désobéissance. Plusieurs pays ont tenté d'échapper à la bureaucratie en ressuscitant d'anciennes formes d'organisation, s'en remettant à des leaders charismatiques. La popularité des communes, dans les années 60 et au début des années 70, ainsi que l'émergence de mouvements
charismatiques et évangéliques au sein des églises les plus importantes, sont des
manifestations de cette révolte.

Pour Hummel, une manière d'amorcer une réforme de la culture organisationnelle est d'adopter ce qu'il appelle une perspective «intentionnaliste» (une
forme de phénoménologie) qui permet au théoricien et au praticien de se

concentrer sur les intentions et les convictions des travailleurs, ainsi que sur les perceptions et le langage qui permettent aux humains de communiquer entre eux. En adoptant une telle perspective, nous éviterions de considérer les travailleurs comme des êtres qu'il faut à tout prix motiver, et les clients comme des personnes à manipuler; suivant cette perspective, nous serions plutôt amenés, comme travailleurs, à privilégier notre statut de partenaires et, comme gestionnaires, à utiliser notre marge d'autonomie pour accroître les interactions entre les personnes, renforçant ainsi le pouvoir, les habiletés et la créativité des employés dans l'accomplissement de leurs tâches.

Denhardt (1981) a, lui aussi, critiqué les façons dont les dirigeants des organisations publiques, inspirés par les théories de l'organisation dominante, manipulent les personnes et les utilisent comme s'ils étaient des objets. Harmon (1981), comme Hummel, insiste sur le caractère subjectif de la vie en organisation et en société; il suggère de porter une attention particulière aux moyens qu'utilisent les employés pour donner un sens au monde dans lequel ils vivent en se forgeant des théories et en s'engageant dans des activités linguistiques et symboliques. Harmon fait ainsi valoir que la coopération et la liberté d'interaction apporteront plus de justice que les méthodes de domination et de contrôle social qu'on trouve habituellement dans les organisations et dans la société en général. Burrell et Morgan (1979) établissent un cadre conceptuel permettant de décrire et de comparer ces théories et Denhardt (1984) revoit et critique la manière dont ces théories sont appliquées à l'administration publique.

Même si tout au long de cet ouvrage, nous allons soumettre des idées et des critiques de ces nouvelles orientations théoriques, nous ne prendrons parti pour aucune d'entre elles, pas plus que nous ne le ferons pour les théories classiques de l'organisation. Nous présenterons plutôt une variété de théories agencées autour d'un ensemble de sujets couramment traités dans le champ des théories de l'organisation, afin de permettre au lecteur de développer une façon personnelle d'utiliser les idées découlant du plus grand nombre de théories possible.

NOTRE PERSPECTIVE THÉORIQUE

Comme nous l'avons déjà indiqué, l'approche que nous adoptons dans ce volume est multithéorique. D'un point de vue strictement empirique, nous considérons les théories que nous venons de voir, et que nous reprendrons tout au long du texte, comme des outils conceptuels pour diagnostiquer les problèmes et évaluer les possibilités offertes par différentes solutions. Nous rappelons que plus le nombre et la variété d'outils conceptuels mis à notre disposition sont grands, plus les facettes des problèmes organisationnels que nous serons capables d'appréhender seront nombreuses et meilleurs seront les choix que nous ferons.

Par exemple, les étudiants qui s'engagent dans leur première discussion d'un cas de gestion vont souvent avoir tendance à voir tous les problèmes comme résultant de conflits de personnalité et vont essayer de chercher une manière de se débarrasser de l'individu qui leur semble être à l'origine des conflits. Cependant, nous espérons qu'après la lecture du présent ouvrage ou de quelques-uns de ces chapitres, ils commenceront à prendre conscience que le même cas a d'autres dimensions et que le problème pourrait bien être reformulé en termes de réseau de communication déficient ou de style de supervision inefficace du gestionnaire en cause. Lire sur les théories de l'organisation aide à voir les organisations comme des entités multidimensionnelles et permet de relever plusieurs options d'analyse et d'action.

L'approche que nous retenons ici signifie qu'une grande diversité de résultats théoriques et empiriques permet de mieux comprendre les structures et la vie dans les organisations. Des théories différentes sont utiles dans des circonstances différentes et pour différentes catégories de gestionnaires. Nous ne proposons pas aux gestionnaires d'inventer leur propre théorie en faisant fi des résultats fournis par l'analyse et la recherche dans le champ des théories de l'organisation; nous leur suggérons plutôt d'améliorer leurs habiletés à juger quelles sont les dimensions les plus critiques d'un problème, quelle(s) partie(s) de l'organisation rencontre(nt) le plus de difficultés, et quelles sont leurs propres préférences et leurs talents particuliers. Dans cette optique, nous leur suggérons d'étudier sérieusement les théories de l'organisation et de les utiliser avec discernement.

Un certain travail a déjà été accompli sur la façon de bien reconnaître les circonstances où il convient d'utiliser telle théorie ou tel résultat de recherche. Nous présenterons dans les chapitres subséquents la théorie de la contingence ou la métathéorie (une théorie qui indique comment et quand utiliser les autres théories) qui a fait l'objet de développements considérables dans le champ des théories de l'organisation. Cette théorie de la contingence prescrit différentes lignes de conduite en fonction des circonstances dans lesquelles une organisation se trouve. Une théorie de la contingence sur le comportement des superviseurs a permis de recommander des styles variés de comportement selon la maturité psychologique et les niveaux de compétence des membres du groupe (Hersey et Blanchard, 1982). Nous allons avoir recours à ces théories là où des facteurs tels que l'environnement de l'organisation, sa technologie, ses assises politiques et d'autres éléments entrent en ligne de compte dans l'évaluation et la sélection d'une ligne de conduite.

BIBLIOGRAPHIE

AKTOUF, Omar (1989). *Le management, entre tradition et renouvellement*, Chicoutimi, Gaëtan Morin, Éditeur, 455 p.

ALBROW, Martin (1992). «Sine Ira et Studio – Or Do Organizations Have Feelings?» *Organization Studies*, vol. 13, n° 3, p. 313-329.

ALLISON, Graham T. (1971). *Essence of Decision Explaining the Cuban Missile Crisis*, Boston, Little, Brown.

ARGYRIS, Chris, Robert PUTNAM et Diana McLAIN SMITH (1985). *Action Science*, San Francisco, Jossey-Bass, 480 p.

ASTLEY, W.G. et A.H. VAN DE VEN (1983). «Central Perspectives and Debates in Organizational Theory», *Administrative Science Quaterly*, vol. 28, p. 245-273.

BOISVERT, Maurice (1985). *L'organisation et la décision: les grands théoriciens de l'organisation*, Montréal, Agence d'ARC; Paris, Éditions d'Organisation, 169 p.

BOLMAN Lee G. et Terrence E. DEAL (1984). *Modern Approaches to Understanding and Managing Organizations*, San Francisco, Jossey-Bass, 325 p.

BURRELL, Gibson et Gareth MORGAN (1979). *Sociological Paradigms and Organisational Analysis*, London, Heinemann.

CHANDLER, Ralph C. et Jack C. PIANO (1988). *The Public Administration Dictionary*, 2ᵉ édition, Santa Barbara, ABC-CLIO, Inc., 430 p.

DENHARDT, Robert B. (1984). *Theories of Public Organization*, Monterey, Ca., Brooks/Cole.

DENHARDT, Robert B. (1981). *In the Shadow of Organization*, Lawrence, Kansas, Regents Press of Kansas.

DENHARDT, Robert B. (1991). *Public Administration: An Action Orientation*, Monterey, Ca., Brooks/Cole.

DOWNS, Anthony (1967). *Inside Bureaucracy*, Boston, Little, Brown.

DUNCAN, W. Jack (1989). *Great Ideas in Management, Lessons from the Founders and Foundations of Managerial Practice*, San Francisco, Jossey-Bass, 286 p.

DWIVEDI, O.P. et Keith M. HENDERSON (1990). *Public Administration in World Perspective*, Ames, Iowa, Iowa University Press, 420 p.

ETZIONI, Amitai (1971). *Les organisations modernes*, Gembloux, J. Duculot, 221 p.

FARAZMAND, Ali (sous la direction de) (1991). *Handbook of Comparative and Development Public Administration*, New York, Marcel Dekker, Inc., 782 p.

FRY, Brian R. (1989). *Mastering Public Administration: From Max Weber to Dwight Waldo*, Chatham, Chatham House Publishers, 254 p.

GIOIA, Dennis A. et Evelyn PITRE (1990). «Multiparadigm Perspectives on Theory Building», *Academy of Management Review*, vol. 15, nº 4, p. 584-602.

GOODSELL, Charles T. (1992). «The Public Administrator as Artisan», *Public Administration Review*, vol. 52, nº 3, p. 246-253.

GOURNAY, Bernard (1966, 1978). *Introduction à la science de l'Aministration*, Paris, Presses de la Fondation nationale des sciences politiques, 311 p.

GRIESINGER, Donald W. (1990). «The Human Side of Economic Organization», *Academy of Management Review*, vol. 15, nº 3, p. 478-499.

HARMON, Michael (1981). *Action Theory for Public Administration*, New York, Longman.

HARMON, Michael et Richard T. MAYER (1986). *Organization Theory for Public Administration*, Boston, Little, Brown, 443 p.

HERSEY, Paul et Kenneth H. BLANCHARD (1982). *Management of Organizational Behavior*, 4ᵉ éd., Englewood Cliffs, N.J., Prentice-Hall.

HESTERLY, William S., Julia LIEBESKIND et Todd R. ZENGER (1990). «Organizational Economics: An Impending Revolution in Organization Theory?» *Academy of Management Review*, vol. 15, nº 3, p. 402-420.

HUMMEL, Ralph P. (1982). *The Bureaucratic Experience*, 2ᵉ éd., New York, St. Martin's Press.

JACKSON, Norman et Pippa CARTER (1991). «In Defence of Paradigm Incommensurabi-
lity», *Organization Studies*, vol. 12, n° 1, p. 109-127.

KATZ, Daniel et Robert L. KAHN (1978). *The Social Psychology of Organizations*, 2ᵉ éd.,
New York, John Wiley & Sons, 838 p.

KAPLAN, Abraham (1964). *The Conduct of Inquiry,* San Francisco, Chandler.

KERNAGHAN, Kenneth (1985). *Public Administration in Canada Selected Readings*,
Methuen, Toronto, 390 p.

KIEL, L. Douglas (1989). «Nonequilibrium Theory and Its Implications for Public Administration», *Public Administration Review,* vol. 49, n° 6, p. 544-551.

KRAVCHUK, Robert S. (1992). «Liberalism and the American Administrative State»,
Public Administration Review, vol. 52, n° 4, p. 374-379.

LABOURDETTE, André (1992). *Théorie des organisations*, Paris, Presses universitaires de
France, coll. Sociologie d'aujourd'hui, 302 p.

LAMMERS, Cornelis J. (1990). «Sociology of Organizations Around the Globe. Similarities
and Differences Between American, British, French, German and Dutch Brands»,
Organization Studies, vol. 11, n° 2, p. 179-205.

LYNN, Naomi B. et Aaron WILDAVSKY (sous la direction de) (1990). *Public Administration, The State of the Discipline*, Chatham, Chatham House Publishers, Inc., 540 p.

MILLER, Trudi C. (sous la direction de) (1984). *Public Sector Performance. A Conceptual
Turning Point,* Baltimore, The John Hopkins University Press, 276 p.

MINER, John B. (1990). «The Role of Values in Defining the "Goodness" of Theories in
Organizational Science», *Organization Studies*, vol. 11, n° 2, p. 161-178.

MINISTÈRE DE L'APPROVISIONNEMENT ET SERVICES (1990). *Vocabulaire de l'administration publique et de la gestion*, (bulletin de terminologie 194), Ottawa, 775 p.

MORGAN, Gareth (1989). *Images des organisations*, Sainte-Foy, Presses de l'Université
Laval; Paris, Eska, 556 p.

OUCHI, William (1982). *Théorie Z: faire face au défi japonais*, Paris, InterÉditions, 252 p.

PERRY, James L. (sous la direction de) (1989). *The Handbook of Public Administration*, San
Francisco, Jossey-Bass, 696 p.

PETERS, Thomas P. et Robert H. Waterman (1983). *Le prix de l'excellence*, Paris, InterÉditions. Traduction de l'ouvrage paru en 1982 *In search of excellence*, New York, Warner Books.

PFEFFER, Jeffrey (1982). *Organizations and Organization Theory*, Boston, Pitman.

PFEFFER, Jeffrey (1991). «Organization Theory and Structural Perspectives on Management», *Journal of Management*, vol. 17, n° 4, p. 789-803.

POOLE, Marshall Scott et Andrew H. VAN DE VEN (1989). «Using Paradox to Build Management and Organization Theories», *Academy of Management Review*, vol. 14,
n° 4, p. 562-578.

PLUMPTRE, Timothy W. (1988). *Beyond the Bottom Line, Management in Government*, Halifax, Nouvelle-Écosse, Canada, L'Institut de recherches politiques.

QUINN, Robert E. (1989). *Beyond Rational Management, Mastering the Paradoxes and Competing Demands of High Performance*, San Francisco, Jossey-Bass, 199 p.

RABIN, Jack, W. Bartley HILDRETH et Gerald J. MILLER (sous la direction de) (1989).
Handbook of Public Administration, New York, Marcel Dekker, 1095 p.

REED, Michael (1990). «From Paradigms to Images: The Paradigm Warrior Turns Post-
Modernist Guru», *Personnel Review*, vol. 19, n° 3, p. 35-40.

ROSEN, Michael (1991). «Coming to Terms with the Field Understanding and Doing Organizational Ethnography», *Journal of Management Studies*, vol. 28, n° 1, p. 1-24.

SÉGUIN-BERNARD, Francine et Jean-François CHANLAT (1983-1987). *Analyse des organisations: une anthologie sociologique*, tomes 1 et 2, Chicoutimi, Gaëtan Morin Éditeur.

SHAFRITZ, Jay M. et Albert C. HYDE (sous la direction de) (1987). *Classics of Public Administration*, 2e édition, Pacific Grove, Brooks/Cole, 551 p.

STAW, Barry M. (1991). «Dressing Up Like an Organization When Psychological Theories Can Explain Organizational Action», *Journal of Management*, vol. 17, n° 4, p. 805-819.

TANNENBAUM, Arnold S. (1992). «Organizational Theory and Organizational Practice», *Management International Review*, vol. 32, p. 50-62

VAILL, Peter B. (1989). *Managing as a Performing Art, New Ideas for a World of Chaotic Change*, San Francisco, Jossey-Bass, 236 p.

WALDO, Dwight (1978). «Organization Theory Revisiting the Elephant», *Public Administration Review*, 1978, n° 6, p. 589-597.

WALDO, Dwight (1988). *The Enterprise of Public Administration, A Summary View*, Novato, Chandler & Sharp Pub. Inc., 210 p.

WAMSLEY, Gary et Zald MAYER (1976). *The Political Economy of Public Organizations*, Bloomington, Ind., Indiana University Press.

WEBER, Max (1922, 1971). *Économie et société*, tomes 1 et 2, Paris, Plon.

WEICK, Karl (1979). *The Social Psychology of Organizing*, 2e éd., Reading, Mass., Addison-Wesley Publishing Co.

WHITE, Orion (1969). «The Dialectical Organization: An Alternative to Bureaucracy», *Public Administration Review*, vol. 29, p. 32-42.

WREN, Daniel A. (1987). *The Evolution of Management Thought*, 3e éd., New York, John Wiley & Sons, 451 p.

EXERCICE

Suivant le raisonnement exposé dans ce chapitre, il est loisible de penser que chaque approche théorique, quelle qu'elle soit, renferme des éléments utiles à notre compréhension des phénomènes organisationnels et ce, même si l'on ne partage pas l'ensemble de leur démonstration. En fait, la conception de l'organisation dépend d'une multitude de facteurs, dont notamment les orientations philosophique, ontologique et épistémologique de chaque individu. Par exemple, une personne ayant une formation de premier cycle universitaire dans une discipline donnée peut être amenée à concevoir l'organisation d'une certaine façon tandis que sa consœur issue, elle, d'une autre discipline, la perçoit à travers d'autres «lunettes».

Dans cet esprit, étayez votre propre conception de l'organisation en en formulant une définition et en apportant les éléments de compréhension qui permettent de l'expliciter.

Il est entendu que le terme organisation doit être compris dans son acception la plus large; en outre, il s'agit d'une organisation tant privée (à but lucratif
ou non) que publique.

Chapitre 2

LE CARACTÈRE SPÉCIFIQUE DES ORGANISATIONS PUBLIQUES

Dans notre monde, les organisations sont omniprésentes. Les experts sont d'avis que la civilisation moderne ne serait pas ce qu'elle est en l'absence de grandes organisations complexes, dans le secteur public comme dans le secteur privé. Les organisations président aux événements les plus significatifs de nos vies; par exemple, nous naissons dans des organisations, nos mariages et nos décès y sont archivés et nous y sommes éduqués. Nous y exerçons nos talents et nos professions. Nous passons la plus grande partie de notre vie active dans des organisations. Certaines d'entre elles traitent et livrent nos aliments, fabriquent et vendent les vêtements que nous portons et organisent nos divertissements. Elles assurent la paix et font la guerre; elles jouent un rôle important dans tous les aspects de la vie moderne; elles sont intimement liées aux dimensions sociale, économique, politique et même spirituelle de notre vie. Leurs réalisations suscitent admiration et loyauté. Et pourtant, leur puissance, leur inflexibilité et l'attention souvent inquisitrice qu'elles nous portent éveillent en nous des sentiments de peur et de colère (Blau et Meyer, 1971).

Ce livre traite surtout des théories de l'organisation et du management appliquées au secteur public. Nous postulons que l'exercice du management dans les organisations publiques diffère de celui qui se pratique dans les organisations privées, car ces deux types d'organisation sont fondamentalement différents.

Dans ce chapitre, nous verrons comment les théoriciens de l'organisation traitent des dimensions publique et privée des organisations et nous proposerons une nouvelle approche qui tient davantage compte de la dimension publique. Nous nous attarderons de façon plus particulière à distinguer les organisations publiques des firmes.

LES THÉORIES DE L'ORGANISATION ET LES ORGANISATIONS PUBLIQUES

Les théoriciens contemporains de l'organisation font tous l'hypothèse que les organisations formelles partagent essentiellement les mêmes caractéristiques. Ils en déduisent qu'il est possible de concevoir des théories générales applicables à l'ensemble de ces organisations. Ce point de vue se retrouve dans la plupart des ouvrages modernes. L'éditeur d'une collection traitant des théoriciens de l'organisation et du management résume bien cette tendance (Pugh, 1971, p. 9):

> Ces écrivains ont tenté de réunir de l'information sur l'organisation et de proposer des théories sur son fonctionnement et sur la manière de la gérer. Leurs écrits sont théoriques dans la mesure où ils ont essayé de découvrir des généralisations applicables à toutes les organisations.

Même des universitaires de premier plan en administration publique, comme Golembiewski (1976, p. 5), ont adopté ce point de vue sans hésitation:

> Ce que nous savons de la motivation, des comportements dans les petits groupes ou de l'organisation des ressources est susceptible de s'appliquer à la fois dans les organisations publiques et dans les organisations privées à but lucratif.

De la même manière, on a tendance à considérer le management comme «un processus général applicable à toutes formes d'organisation, qu'elles soient privées ou publiques» (Murray, 1975, p. 364). Cette conception générale de l'organisation a profondément influencé le développement des écoles de management, des départements universitaires et des programmes de gestion. L'accent mis sur la réalisation des objectifs de l'organisation se retrouve dans toutes les définitions du management et, comme le font remarquer Hersey et Blanchard (1982, p. 3):

> Cette définition ne fait pas spécifiquement référence aux organisations à but lucratif ou industrielles. Selon cette définition, le management s'applique à la fois aux organisations à but lucratif, aux institutions d'éducation, aux hôpitaux, aux organisations politiques et même aux familles.

Même en admettant que certains comportements humains se reproduisent de façon presque identique dans différents contextes organisationnels, peut-on pour autant prétendre que les théories de l'organisation sont d'application universelle? On peut répondre oui, mais seulement lorsque ces théories sont utilisées à des niveaux d'analyse très généraux. Par ailleurs, il est difficile de soutenir que de telles théories peuvent être utiles au gestionnaire public. À notre avis, il est exagéré de considérer les théories de l'organisation comme si elles s'appliquaient indistinctement à toutes les organisations. Prétendre que, malgré la variété des organisations, les organisations publiques et privées sont similaires parce qu'aussi complexes les unes que les autres constitue une conclusion hâtive dans la mesure où l'on néglige de prendre en compte d'autres considérations importantes; cela nuit à la progression des connaissances en théorie de l'organisation.

Une dimension oubliée dans les théories de l'organisation

En réalité, les bureaucraties publiques diffèrent des firmes à bien des égards; cela justifie qu'on les traite séparément ou à tout le moins qu'on s'interroge sur la confiance aveugle que l'on met en des théories d'application universelle qui ne tiennent pas compte de telles différences. Et pourtant, les ouvrages sur les théories de l'organisation et la gestion concentrent presque exclusivement sur les firmes à but lucratif; très peu traitent spécifiquement des bureaucraties publiques. Même un examen superficiel révèle que la plupart des auteurs et des chercheurs privilégient les firmes dans leurs discussions, leurs recherches, leurs études de cas et leurs exercices. De plus, en dépit des limites inhérentes à l'application de la plupart des résultats de ces recherches, on indique rarement dans quelle mesure les théories qu'on en dégage s'appliquent à l'ensemble des organisations ou seulement à certaines d'entre elles.

En fait, on peut difficilement prétendre que les théories de l'organisation sont d'application universelle puisqu'elles ne tiennent pas compte du cas spécifique des organisations publiques. La relation très étroite entre ces théories et le domaine des firmes, et la quasi exclusion des organisations publiques comme objet distinct d'analyse, violent les fondements mêmes d'une construction théorique d'application universelle.

Une approche qui jette la confusion
dans les théories de l'organisation

Selon une autre approche, les organisations publiques ou privées se différencient de moins en moins par leur caractère public ou privé. Si l'on ne s'y oppose pas, cette approche pourrait hypothéquer le développement de théories de l'organisation publique aussi bien que le développement de théories d'application générale. Toujours selon cette approche, de plus en plus les organisations font état à la fois des caractéristiques privées et publiques. Dwight Waldo, le doyen des universitaires américains qui s'intéressent à l'administration publique, observe que «la distinction entre le public et le privé a été une des caractéristiques du monde moderne» (1980, p. 164). Mais il prévient que cela change: «aux États-Unis – et c'est le cas dans d'autres pays – on a tendance à s'éloigner d'une distinction précise entre le public et le privé et à se diriger vers une sorte d'embrouillamini et d'un mélange des deux» (1980, p. 164).

Plusieurs auteurs ont confirmé cette tendance. On a noté, par exemple, que l'obligation de travailler dans un contexte légal limite les administrateurs publics, mais que «les firmes sont aussi sujettes à une variété infinie de règles gouvernementales qui agissent sur pratiquement tous les aspects de leurs opérations» (Lorch, 1978, p. 37). Les lois régissant les relations de travail et les programmes d'action positive sont des exemples des contraintes auxquelles doivent se plier les entreprises privées. Qui plus est, on maintient que certains programmes gouvernementaux, tels ceux visant la protection de l'environnement, obligent les firmes à poursuivre des objectifs à caractère public. Tout comme les bureaucraties publiques, ces entreprises sont soumises à un examen public de leurs opérations: «les agences de contrôle et les comités législatifs exercent librement leur pouvoir d'enquêter sur toute affaire privée qui tombe sous leur juridiction» (Lorch, 1978, p. 37)[1]. Au niveau des gouvernements locaux, les frontières entre les secteurs public et privé ont été brouillées par des politiques d'attribution de contrats (sous-traitance) et d'octrois de subventions. On dit des firmes qu'elles sont devenues «publiques» à cause des objectifs qu'elles poursuivent, des responsabilités qu'elles assument et de l'obligation qu'elles ont de rendre des comptes à des contrôleurs externes. Les principales différences entre les secteurs public et privé seraient aussi en train de s'atténuer: on observe dans le secteur public une tendance à adopter des techniques traditionnellement associées aux sociétés privées; parmi ces techniques, mentionnons la recherche opérationnelle, la gestion par objectifs, l'analyse coûts-bénéfices et la mesure de la productivité[2].

Pour les théoriciens, il n'est pas en soi inquiétant que les organisations aient de plus en plus de caractéristiques à la fois des secteurs public et privé. Cependant, les commentaires sur cette tendance sont généralement associés aux arguments qui militent en faveur du caractère universel des théories existantes. Puisque les organisations publiques et privées partagent les mêmes caractéristiques, on prétend qu'on devrait les traiter de la même manière et non pas séparément. De tels arguments sont mal fondés. En effet, le partage de caractéristiques communes par les deux types d'organisation ne justifie pas l'élaboration de théories qui ne tiendraient pas compte de leurs différences. La coexistence de dimensions différentes dans une organisation donnée n'exclut pas la nécessité de considérer ces dimensions comme conceptuellement distinctes l'une de l'autre. Après tout, peu de concepts existent à l'état «pur» dans le monde «réel».

---

1. Le Conseil de la radiodiffusion et des télécommunications canadiennes (CRTC) est un bon exemple d'une agence de contrôle. Quant aux comités législatifs, ils réfèrent dans le texte original aux comités du Congrès américain.

2. La qualité totale n'est que la dernière de ces adoptions. (N.D.T.)

La nécessité d'ajouter la dimension publique aux théories de l'organisation

L'investigation de la nature et des conséquences du caractère public des organisations est devenue indispensable, à défaut de quoi, on risque de perpétuer la conception de théories qui ne sont pas pertinentes aux organisations publiques. De la même manière, une théorie qui ne tiendrait pas compte des différences entre les organisations publiques et les organisations privées serait moins applicable aux organisations privées qui ont à la fois des caractéristiques du secteur public et du secteur privé.

Pour être véritablement d'application générale, une théorie doit couvrir son objet dans toutes ses dimensions. Pour avoir ignoré les organisations publiques et mal compris leur spécificité, les théories de l'organisation sont incomplètes. Il faut corriger cette situation et favoriser le développement de théories de l'organisation qui tiennent également compte des caractéristiques, jusqu'ici négligées, des organisations publiques.

Les efforts en vue de corriger cette situation n'impliquent pas qu'il faille rejeter l'existence de théories d'application générale, bien au contraire; ces efforts s'appuient, de fait, sur les fondements actuels des théories de l'organisation. Pour faire une telle correction, on doit s'inspirer à la fois des recherches et des idées qui n'ont pas été prises en compte dans les théories actuelles de l'organisation et indiquer sur quels sujets d'autres recherches doivent être menées. Ainsi, il nous semble que les besoins et les intérêts des théoriciens et des praticiens du management des organisations publiques seront mieux satisfaits. Selon nous, l'attention portée à la dimension publique mènera aussi à une meilleure compréhension non seulement des organisations publiques mais également des firmes.

LES DIFFÉRENCES ENTRE LES ORGANISATIONS PUBLIQUES ET LES FIRMES

Nous nous intéressons ici plus particulièrement aux organisations publiques gouvernementales, c'est-à-dire à des organisations complexes, créées par des lois et dont la mission est d'administrer des lois. Nous employons les termes «organisation publique» ou simplement «bureaucratie» pour décrire ce type d'organisation. Des termes plus génériques comme «organisation» ou «agence» sont également utilisés pour des raisons de style. Nous examinons comment les organisations publiques diffèrent des entreprises privées. Il ne faut pas oublier que même si les caractéristiques «public» et «privé» sont «séparables» pour des fins d'analyse (comme la plupart des phénomènes), cette séparation est difficilement réalisable dans des contextes organisationnels concrets. Dans l'ensemble, il est préférable de concevoir les organisations sur un continuum représentant les diverses combinaisons du caractère public et privé plutôt que de les classer sans distinction selon la dichotomie «public-privé». Néanmoins, on comprend mieux les différences entre les organisations publiques et privées si l'on choisit d'abord d'examiner des organisations qui se distinguent tant du point de vue analytique que du point de vue empirique.

Comment donc les organisations publiques se distinguent-elles des organisations privées? Les différences entre les organisations publiques et les firmes ont été abordées de plusieurs manières. On a construit des typologies à partir des critères de propriété et des sources de financement (Wamsley et Zald, 1976); une classification basée sur ceux qui profitent de l'organisation a également été proposée (Blau et Scott, 1962). Les organisations publiques et privées ont été placées sur un continuum construit selon l'intensité des contrôles externes qui influencent la prise de décision (Gortner, 1981). D'après Anthony Downs (1967), la caractéristique distinctive d'une organisation publique est l'absence d'un marché externe. Ces points de vue sont utiles et éclairants mais ne couvrent que des aspects partiels et ne donnent pas une vue d'ensemble des différences entre les organisations publiques et les firmes. Trois chercheurs en administration publique ont obtenu des résultats plus complets en étudiant la littérature sur les différences entre les organisations publiques et privées (Rainey, Backoff et Levine, 1976). Leur étude a donné lieu à une liste de propositions faisant état de ces différences (voir tableau 2.1).

TABLEAU 2.1

Résumé de la littérature sur les différences entre les organisations publiques et privées: principaux points de consensus[a]

On trouvera dans ce tableau des propositions de points de consensus sur des comparaisons entre les caractéristiques des organisations publiques et des organisations privées à but lucratif.

SUJET	PROPOSITION
I. LES FACTEURS DE L'ENVIRONNEMENT	
I.1. La soumission aux lois du marché	I.1a. Une moins grande dépendance aux lois du marché dans les organisations publiques se traduit par des incitations moindres à réduire les coûts, à augmenter l'efficience des opérations et à améliorer la performance de l'organisation.
	I.1b. Une moins grande dépendance aux lois du marché se traduit par une allocation moins efficiente des ressources (les préférences du client ne sont qu'un des facteurs pris en considération dans la détermination du «quoi produire» et l'équilibre entre l'offre et la demande est arbitrairement établi par l'État selon un processus essentiellement politique).
	I.1c. Une moins grande dépendance aux lois du marché signifie un moins grand accès à des indicateurs de performance quantifiables (prix, profits, etc.).

TABLEAU 2.1 (suite)

SUJET	PROPOSITION
I.2. Les contraintes légales et formelles (législature, tribunaux, hiérarchie)	I.2a. Plus de contraintes formelles et légales se traduisent par plus de procédures encadrant les opérations et une moins grande autonomie des gestionnaires dans la prise de décision.
	I.2b. Plus de contraintes formelles et légales se traduisent par la prolifération des contrôles et des prescriptions formelles.
	I.2c. Plus de contraintes formelles et légales se traduisent par une plus grande intensité et une plus grande densité des contrôles externes sur les décisions.
I.3. Les influences politiques	I.3a. La présence plus marquée d'influences politiques se traduit par une plus grande intensité et une plus grande diversité des influences informelles externes sur les décisions (opinion publique, réactions des groupes d'intérêts).
	I.3b. La présence plus marquée d'influences politiques se traduit par un besoin plus grand de l'appui des «électeurs», des groupes d'intérêts, des autorités formelles, etc.

II. LES RELATIONS ENTRE L'ORGANISATION ET SON ENVIRONNEMENT

II.1. Le caractère coercitif de certaines activités gouvernementales	II.1a. La participation à la consommation et au financement des services publics est le plus souvent obligatoire (le gouvernement peut décréter des sanctions et exercer des pouvoirs coercitifs uniques).
II.2. L'ampleur de l'impact des décisions	II.2a. Les décisions gouvernementales ont des impacts plus étendus dans la société (des préoccupations de plus grande envergure comme celles relatives à l'intérêt public).
II.3. La vérification publique	II.3a. Les membres des organisations publiques font l'objet d'une plus grande vérification publique de leurs actes.
II.4. Les attentes du public	II.4a. Les exigences du public concernant la conduite des élus et des membres des organisations publiques sont plus grandes: on attend d'eux qu'ils soient plus justes, plus responsables, plus honnêtes et plus aptes à rendre des comptes.

III. STRUCTURES ET PROCESSUS INTERNES

III.1. La complexité des objectifs et des critères d'évaluation	III.1a. Dans les organisations publiques, on note un plus grand nombre et une plus grande diversité d'objectifs et de critères d'évaluation.
	III.1b. Des critères et des objectifs plus imprécis et moins tangibles.
	III.1c. Une tendance plus grande à l'existence de conflits entre les objectifs qui résultent plus souvent de compromis.

TABLEAU 2.1 (suite)

SUJET	PROPOSITION
III.2. La hiérarchie et le rôle du gestionnaire	III.2a. Le gestionnaire public a moins d'autonomie et de flexibilité dans son processus de prise de décision.
	III.2b. Les gestionnaires publics ont moins d'autorité sur les subordonnés et cette autorité est plus diffuse; les subordonnés peuvent plus aisément «passer par-dessus la tête» de leur patron immédiat.
	III.2c. Dans les organisations publiques, on note la présence de plus de paliers hiérarchiques, d'une plus grande utilisation de règles formelles et d'une moins grande incitation à déléguer. Cela est dû aux difficultés de supervision et de délégation résultant de III.1b.
	III.2d. Les dirigeants des organisations publiques sont plus politisés et plus visibles.
III.3. La performance organisationnelle	III.3a. Dans les organisations publiques, on a tendance à être plus prudent, moins flexible et à moins favoriser l'innovation.
	III.3b. Il y a un taux plus élevé de roulement chez les gestionnaires publics de haut niveau; cela est dû aux élections et aux nominations politiques et il en résulte des interruptions plus fréquentes dans la réalisation des plans d'action et des programmes.
III.4. Les incitations à la motivation	III.4a. Dans les organisations publiques, il est plus difficile de concevoir et d'introduire des mesures susceptibles d'améliorer la performance des employés.
	III.4b. Dans les organisations publiques, les incitations monétaires ont moins d'impact sur la motivation (cela est sans doute dû aux primes de performance moins élevées).
III.5. Caractéristiques personnelles des employés	III.5a. Dans les organisations publiques, on exige une plus grande variété de qualités personnelles des gestionnaires comme, par exemple, un plus grand sens de la direction, plus de flexibilité et un plus grand besoin d'accomplissement.
	III.5b. On note que les employés des organisations publiques tirent moins de satisfaction de leur travail et qu'ils ont un sentiment d'appartenance moins fort.
	(III.5a et III.5b. représentent les résultats d'études empiriques individuelles plutôt que des points de consensus entre des auteurs)

a.   Le lecteur est invité à adopter une approche critique des propositions contenues dans ce tableau. Certaines ressemblent plus à des hypothèses qu'à des propositions vérifiées empiriquement. En outre, elles valent davantage pour certaines organisations publiques, comme les ministères, par exemple. (N.D.T.)

Source: Hal G., Rainey, Robert W. Backoff et Charles H. Levine, «Comparing Public and Private Organizations», *Public Administration Review*, 36, (mars-avril 1976), p. 236-237.

Les organisations publiques sont fondamentalement différentes des firmes aux plans légal, économique et politique. Nous allons explorer ces différences et traiter par la suite des conséquences qui en découlent.

Les différences légales: la constitution, la loi et l'administration publique

La constitution et la loi sont des éléments déterminants du contexte et du contenu des activités des organisations publiques; d'une part, parce que leurs structures et leurs buts sont en grande partie prévus dans les lois qui les ont créées et, d'autre part, parce que les rôles des agences publiques et de leurs gestionnaires, ainsi que les ressources mises à leur disposition, font également l'objet de prescriptions dans ces lois (voir l'encadré 2.1).

La source du pouvoir des organisations publiques

La plus grande différence entre les organisations publiques et les firmes tient à la raison d'être des organisations publiques qui est d'administrer les lois. Leur fonction est d'exercer l'autorité dans le sens le plus profond et le plus formel de ce terme. Leur rôle est donc tout aussi envahissant que peuvent l'être la loi et les visées gouvernementales elles-mêmes. Les organisations publiques font partie intégrante des systèmes constitutionnel et légal.

Dans les discussions sur les différences significatives entre les organisations publiques et privées, on néglige cet aspect pour se concentrer plutôt sur le fait que les agences publiques sont soumises à de plus grandes contraintes légales. Nous examinerons ces contraintes plus loin. Toutefois, il est important de retenir qu'une des caractéristiques fondamentales des organisations publiques est qu'elles tirent leur pouvoir des lois.

Il importe d'insister sur cette caractéristique des organisations publiques. Notre démocratie, comme les autres, comprend un système gouvernemental et une source d'autorité. Les activités des organisations publiques mises de l'avant conformément aux cadres constitutionnel et légal sont, de ce fait, officiellement sanctionnées et légitimées. Cela veut dire que dans notre système, comme dans les autres démocraties représentatives, ceux qui gèrent les affaires de l'État, investis par la constitution et ses lois, le font en tant qu'acteurs publics et non en tant que personnes privées et pour des buts sanctionnés publiquement. Cela ne signifie évidemment pas que les intérêts privés ne sont pas pris en compte. Cela signifie simplement que les organisations publiques font partie du système gouvernemental et que l'action gouvernementale jouit de la force de la sanction officielle que les lois lui confèrent.

Le respect des règles établies dans les organisations privées est habituellement volontaire alors que la contrainte et la force peuvent être utilisées pour faire respecter les lois publiques. Le fait que le pouvoir des organisations publiques trouve sa source dans les lois implique qu'elles incarnent en réalité l'autorité de l'État, que cela soit reconnu ou pas. D'ailleurs, ceci soulève certains problèmes, notamment en ce qui concerne la responsabilité et le contrôle.

Des jeux et des gains...
Eileen SIEDMAN

Les jeux qui prennent place dans la société – qu'il s'agisse de faire de la politique, de faire des affaires ou d'administrer la chose publique – ont des répercussions sur la vie de chacun de nous en tant que citoyens d'une démocratie capitaliste. Sans porter de jugement de valeur sur ces trois jeux, il semble évident que leurs règles et leurs objectifs soient différents. Par conséquent, les joueurs qui n'apprennent pas ces règles ou qui supposent qu'il n'y a pas de différences dans les règles spécifiques à chacun des jeux s'attirent des ennuis. Par exemple, les gens qui ont eu du succès en affaires et qui, ensuite, entrent au service du gouvernement apprennent (parfois de façon douloureuse):

1. que les organisations gouvernementales ne fonctionnent pas comme des firmes;
2. que les dispositions constitutionnelles et le partage des pouvoirs jouent un rôle majeur dans le comportement des gouvernements;
3. que les élus et le personnel politique sont des décideurs «temporaires» qui ont, pour une période donnée, l'occasion de promouvoir leurs points de vue sur des lois et des règlements;
4. que l'utilisation efficiente et le contrôle des ressources publiques doivent se faire conformément à la loi;
5. qu'il existe, sur le plan éthique, des normes qui sont beaucoup plus contraignantes pour les fonctionnaires que pour n'importe qui dans les affaires ou dans la vie privée.

Ils apprennent également que la politique est ce qui différencie l'administration publique de l'administration des affaires.

Gérer une organisation gouvernementale présente un défi infiniment plus exigeant que de gérer une firme parce que, à titre de fiduciaires de la confiance du public, les employés du gouvernement sont:

1. responsables d'appliquer les lois et de les faire respecter;
2. tenus de rendre des comptes à tout le monde – les élus, le personnel politique, les médias et les nombreux publics (dont le secteur des affaires);
3. ceux qui collectent et dépensent l'argent du public;
4. ceux qui utilisent et protègent la propriété et les ressources publiques;
5. ceux qui doivent s'ajuster aux fréquents changements de politiques au fur et à mesure que les lois sont modifiées et que les élus changent;
6. ceux qui protègent la santé, la sécurité, le bien-être et la sécurité nationale de tous les citoyens;
7. ceux qui s'acquittent de leurs devoirs et de leurs responsabilités conformément à leur serment, aux normes professionnelles, aux codes officiels de bonne conduite et à l'obligation qui leur est faite de restreindre leurs activités personnelles et politiques.

Les principaux acteurs dans le jeu de l'administration publique comprennent à la fois des amateurs occupant temporairement les officines du pouvoir, des gestionnaires de carrière, des professionnels et des techniciens qui font le travail et assurent la continuité, la mémoire institutionnelle et la stabilité qui caractérisent l'administration publique.

> Comme les fonctionnaires assurent la stabilité gouvernementale, ils doivent s'accommoder de changements périodiques tant au regard de l'administration que des politiques. Quand les organisations et les programmes fonctionnent bien, les résultats sont tenus pour acquis – c'est ce qu'on appelle l'art de cacher l'art. Ce n'est que dans les cas où il y a des difficultés de fonctionnement que les citoyens se soucient des systèmes ou des problèmes de gestion publique.
>
> Source: Eileen Siedman, «Of Games and Gains...», *The Bureaucrat*, 13, été, 1984, p. 4-8.

L'imputabilité

Les responsabilités des institutions publiques dans une démocratie représentative sont très larges. «Leurs obligations ne se limitent pas uniquement à un groupe particulier d'actionnaires ou de commanditaires, mais s'étendent au public en général.» De plus, une organisation gouvernementale «est censée faire ce que le public veut et de la manière que le public ou ses représentants élus l'ont décrété» (Berkley, 1978, p. 11).

Il peut paraître superflu de se référer à la philosophie de ceux qui ont élaboré la Constitution des États-Unis; il n'en demeure pas moins que leurs valeurs et leurs idées ont marqué les structures gouvernementales et les systèmes d'imputabilité, lesquels à leur tour ont conditionné le contexte global de la gestion publique (les contraintes ou les occasions d'exercice du pouvoir par les gestionnaires et les membres des organisations publiques).

Les auteurs de la Constitution des États-Unis, prenant conscience de l'imperfection de la nature humaine, considéraient l'intérêt personnel comme le principal facteur pouvant motiver l'action des hommes. Ce n'était pas la vision moderne de l'intérêt individuel conçu comme le symbole de l'esprit rationnel; l'intérêt individuel était plutôt assimilé à l'époque à un égoïsme jaloux. Même s'ils reconnaissaient que l'intérêt personnel et la cupidité pouvaient se retrouver chez les citoyens comme chez les fonctionnaires, c'est dans les affaires publiques que les bâtisseurs de la Constitution en craignaient le plus les méfaits.

La solution qu'ils proposèrent fut de fragmenter l'autorité entre les différentes institutions et les divers ordres de gouvernement et même de disperser le pouvoir à l'intérieur des institutions. Comme précaution supplémentaire, ils adoptèrent le principe du partage des pouvoirs: par exemple, le veto du président sur toute législation, la confirmation par le Sénat des nominations à des postes de l'exécutif, etc. «La Constitution, par ailleurs, ne séparait pas complètement le pouvoir des trois branches du gouvernement, comme le fait remarquer Peter Woll, mais permettait plutôt le chevauchement, si bien que chaque branche serait en position de surveiller les autres en intervenant dans le cadre de ses fonctions.» (1963, p. 13)

On reconnaît que les auteurs de la Constitution cherchaient des mécanismes pour assurer la responsabilisation dans l'exercice de l'autorité gouvernementale par le président, le Congrès et le pouvoir judiciaire et non pas pour renforcer la bureaucratie de l'époque. Ce fait historique ne diminue en rien la signification profonde des nombreuses conséquences d'un système d'autorité éclatée dans la bureaucratie publique d'aujourd'hui, une bureaucratie qui est devenue énorme, allant au-delà de ce que pouvaient imaginer les auteurs de la Constitution.

Envers qui, et par quels moyens, les organisations publiques et leurs gestionnaires sont-ils tenus responsables de leurs actions? Le système fragmenté d'autorité créé par la séparation de certains pouvoirs et le regroupement de certains autres donne lieu à des lignes d'autorité qui sont complexes et qui se chevauchent. Contrairement à la hiérarchie des firmes, qui est essentiellement interne et relativement claire, les lignes d'autorité des organisations publiques renvoient à la fois à leur structure interne et à leurs relations avec d'autres organismes publics, ce qui rend ces lignes d'autorité excessivement confuses.

La Constitution indique que «Le pouvoir exécutif sera investi dans un président des États-Unis d'Amérique» (art. II, sec. 1) mais ne définit pas ce qu'est ce pouvoir. Le président peut faire des propositions au Congrès, mais c'est par l'action législative que les organisations gouvernementales et les programmes sont établis. C'est la législature qui autorise la taille et le financement des organisations publiques. Le Congrès procède à l'allocation des fonds, souvent à la demande du président, et il est passible évidemment du veto de l'exécutif. Les hauts fonctionnaires sont nommés par l'exécutif, mais leur nomination doit être confirmée par la législature.

Le Congrès et le président exercent une surveillance sur les activités de l'Administration. Lorsqu'il y a des débats légaux, la branche judiciaire exerce aussi certains contrôles en conformité avec ses pouvoirs et ses procédures. Les organisations publiques sont sujettes à des investigations légales. Par exemple, les tribunaux peuvent décider si les lettres patentes d'une organisation publique sont légalement valides. L'exécutif, la législature et les tribunaux peuvent tous examiner si une agence publique opère dans les limites de ce qui est prescrit dans ses lettres patentes ou si ses procédures administratives sont réglementaires; et chacun de ces intervenants peut être en désaccord, ou même en conflit ouvert, avec les autres.

L'imputabilité des organisations publiques et de leurs gestionnaires dans un système gouvernemental comme le nôtre, caractérisé par la dilution de l'autorité, implique que les incertitudes découlant des conflits entre les contrôleurs externes eux-mêmes s'ajoutent aux incertitudes déjà présentes dans les contrôles externes. Ces contrôleurs externes, que ce soit des personnes ou des organisations, ont tous un certain pouvoir mais aucun n'en a suffisamment pour exercer seul le contrôle des organisations publiques; donc la possibilité de conflits entre les contrôleurs externes est toujours présente.

Les organisations publiques et leurs gestionnaires sont impliqués dans des processus d'influence où le législatif et l'exécutif cherchent tous les deux à démontrer au public la justesse de leurs positions. Le président ne peut pas décider seul des grandes politiques; son pouvoir a été fort justement décrit comme le «pouvoir de persuader» (Neustadt, 1960). En l'absence de pouvoir formel général, le président doit s'assurer la collaboration de ceux dont les intérêts coïncident avec les siens. Sinon, on en vient à un accord par des moyens carrément politiques comme la persuasion, la négociation, le marchandage, les compromis, la confrontation et même les menaces. De la même façon, le Congrès doit obtenir un appui politique pour promouvoir ses intérêts. Dans ces jeux complexes de pouvoir, les organisations publiques peuvent être d'une grande utilité pour les acteurs concernés.

Ces modèles d'autorité fragmentée se trouvent aussi au niveau des États et des gouvernements locaux. De fait, l'autorité gouvernementale est même plus fragmentée à ces niveaux qu'au niveau national. Le pouvoir du chef de l'exécutif sur les organisations publiques est moins grand dans certains États et dans certaines localités parce que les dirigeants de ces organisations sont élus et non pas nommés. L'existence de conseils indépendants et de commissions dont les membres ont des mandats très étendus et de longue durée contribue aussi à amoindrir le pouvoir du chef de l'exécutif (un gouverneur ou un maire) et des législateurs; la question de tenir les organisations responsables de leurs activités se pose avec une plus grande acuité là où les dirigeants des organisations publiques ont un certain degré d'autonomie fiscale en tarifant les services qu'elles rendent ou en se voyant assigner des fonds. L'imputabilité des dirigeants des organisations publiques est sans aucun doute grandement compliquée du fait de cette fragmentation.

L'administration subordonnée à la loi

Dans un système démocratique, l'imputabilité et le contrôle touchent en principe tous les aspects du secteur public et les personnes nommées à des postes officiels doivent tous s'y soumettre; l'organisation publique cependant, dont les membres ne sont pas des élus, pose des problèmes particuliers. Comment les pouvoirs des organisations publiques sont-ils limités et contrôlés? Howard McCurdy répond en partie à cette question lorsqu'il affirme: «la solution peut être trouvée dans les règles» (1977, p. 17). Ou, comme l'affirme George Berkley: «Le légalisme en général, et les lois en particulier, tendent à circonscrire et à influencer les opérations d'une organisation publique beaucoup plus que ce n'est le cas dans une firme» (1978, p. 9). L'administration de la chose publique est, par essence, subordonnée à la loi.

Généralement, les gestionnaires d'entreprises privées ont, dans les limites de la légalité, une grande liberté d'action, peuvent mettre en place les politiques qu'ils jugent pertinentes et avoir recours à une vaste gamme de moyens pour assurer leur réalisation. À l'opposé, les gestionnaires publics ne peuvent entreprendre quoi que ce soit sans s'assurer au préalable qu'ils ont les autorisations et les pouvoirs requis. Les organisations privées peuvent s'engager dans toutes sortes d'activités, pourvu qu'elles ne soient pas illégales; les organisations publiques ne peuvent s'engager dans une activité que si elles ont le pouvoir de le faire. Un gestionnaire public faisait remarquer à l'un des auteurs que dans le cas d'un gestionnaire d'une organisation privée, le message est: «Vas-y jusqu'à ce que je te dise d'arrêter», alors que dans le cas d'un gestionnaire public, le message est: «N'y vas pas à moins que je ne te le dise». Les activités dans les organisations publiques doivent s'appuyer sur les pouvoirs que leur confère la loi, ce qui n'est pas le cas pour les entreprises privées.

La principale façon de contrôler l'administration est d'inscrire dans des lois les buts que doivent poursuivre les organisations publiques. Mais les restrictions des lois touchent également à d'autres aspects cruciaux de la gestion des organisations publiques telles que les spécifications concernant les moyens d'action, l'utilisation et le contrôle des ressources.

Ainsi, dans bien des organisations publiques, les procédures touchant la gestion du personnel et son classement sont parmi les aspects les plus sujets aux contrôles légal et réglementaire. Sur le plan national, par exemple, le *Civil Service Reform Act* de 1978 (Public Law 95-454) a permis de transférer plusieurs politiques du personnel de l'«Office of Personnel Management» à des agences individuelles. Mais des restrictions imposées directement par le Congrès demeurent en vigueur comme celles qui concernent la sélection, la promotion, les politiques de congédiement, les échelles de salaire et le nombre de gestionnaires supérieurs autorisés.

L'application des politiques est souvent compliquée, voire contrecarrée, par le manque de contrôle des gestionnaires publics sur leurs effectifs. Par exemple, l'adoption du *National Freedom of Information Act* a entraîné une augmentation soudaine des requêtes de citoyens concernant les divulgations d'informations par les organisations publiques. Mais le personnel de ces organisations ne fut pas accru pour autant et les procédures existantes rendirent la réaffectation des personnes difficile et lente. Le Federal Bureau of Investigation (FBI) fut particulièrement inondé de demandes sur la surveillance que ses agents avaient faite durant la période turbulente de 1960-1970. Il en résulta des accumulations de travail considérables et de longs délais de réponse. De fait, la colère du public était surtout dirigée contre le FBI et ses dirigeants. Malgré les allégations de mesures vexatoires de la part du FBI, il est difficile d'imaginer comment ses dirigeants, avec leur manque de personnel, auraient pu efficacement appliquer la loi.

Les administrateurs locaux font face à des situations analogues. Dernièrement, plusieurs établissements scolaires ont adopté une politique de répartition des étudiants handicapés dans les classes régulières à la suite de l'adoption d'une législation nationale sur les droits des handicapés. Cependant, les gestionnaires des écoles n'ont pas obtenu plus de professeurs ni le personnel spécialisé requis pour appliquer efficacement cette politique.

La demande inhérente à certains programmes universels comme l'assurance-chômage ou encore le programme d'aide aux familles avec dépendants varie en fonction des humeurs de l'économie. Mais le personnel qui assure le service n'est pas ajusté automatiquement aux fluctuations de la demande. Ainsi, les travailleurs sociaux, qui sont déjà débordés en temps ordinaire, deviennent littéralement submergés lorsque les conditions économiques se détériorent.

Le cadre juridique d'une organisation publique oblige le gestionnaire à viser des objectifs qui ont été établis par d'autres et à gérer des ressources qui, souvent, sont aussi déterminées par d'autres. Il doit, de plus, le faire à l'intérieur d'un contexte organisationnel dont les éléments sont fixés dans des lois et souvent interprétés par des attachés politiques. Les objectifs établis par des acteurs externes sont souvent imprécis et irréalistes, les ressources et les structures souvent inadéquates. On risque alors de ne pas pouvoir atteindre les buts fixés et de produire des activités inefficaces, inefficientes et dépourvues de flexibilité. Par contre, les dirigeants des firmes ont, quant à eux, toute la latitude voulue dans l'établissement de leurs stratégies. Ils peuvent changer les procédures à volonté et modifier de la même façon les structures de leur organisation. Ils peuvent donner de l'ampleur à certains projets, les développer, en accélérer la réalisation ou tout simplement les annuler. Ils peuvent faire des transferts de ressources d'un projet à un autre, s'attaquer à de nouveaux marchés, licencier des employés ou en engager de nouveaux. Dans les organisations publiques, au contraire, la seule avenue qui s'offre au gestionnaire public qui veut changer une politique ou apporter des modifications aux ressources mises à sa disposition, est le processus politique: cela tient à la nature des liens qui unissent l'organisation publique à la loi.

Il va de soi que les organisations privées sont également soumises à certaines législations contraignantes comme les politiques en matière de discrimination en emploi ou les normes minimales de travail. Mais les contraintes légales sont relativement marginales pour la plupart des organisations privées et elles ne sont jamais aussi étendues et envahissantes pour le gestionnaire privé qu'elles ne le sont pour le gestionnaire public.

Les différences économiques: le rôle particulier des organisations publiques dans une économie de marché

Quelle est la nature du rôle joué par le gouvernement et, plus spécifiquement, par les organisations publiques dans l'économie? La réponse à cette question s'articule habituellement autour de la théorie du libre marché. En soi, cette théorie n'est pas dépourvue de sens, mais elle néglige la place que les valeurs et les processus politiques occupent dans notre système pour déterminer la nature des rôles gouvernementaux, y compris ceux à caractère économique. Nous allons examiner brièvement la théorie du libre marché au regard des rôles économiques du gouvernement et souligner les limites du recours au concept de marché pour comprendre les différences entre le rôle économique des firmes et celui des organisations publiques. Nous allons aussi souligner le caractère politique du rôle économique de ces dernières et examiner les différences entre l'économie de marché et le marché politique.

La théorie du libre marché et le rôle du gouvernement

Pour les théoriciens du libre marché, les entreprises privées cherchent à maximiser leurs profits. Leur objectif est d'augmenter la rentabilité au moyen d'échanges et de transactions réalisées sur un marché libre, le gouvernement ne jouant qu'un rôle supplétif ou, au mieux, complémentaire. On consentira à ce qu'il intervienne uniquement lorsque les mécanismes privés d'allocation des ressources échouent ou opèrent de façon très inefficiente.

Les mécanismes privés d'allocation des ressources peuvent échouer de bien des manières. Par exemple, certains biens sont dits «publics» parce qu'ils profitent à tous les citoyens: personne ne peut en être privé. Il n'est pas possible d'exclure certains citoyens du financement de ces services. Si les coûts de ces biens sont élevés, les mécanismes du libre marché s'avèrent généralement déficients pour en garantir l'offre. Ainsi en est-il de l'éclairage des rues dont profite l'ensemble des citoyens d'un quartier ou d'une municipalité. Les frais d'un tel service seraient prohibitifs s'ils n'étaient assumés que par un individu ou une firme et, de toute façon, sa présence accroîtrait la sécurité de tous, y compris celle de ceux qui ne paient pas. Dans de telles circonstances, l'intervention publique est jugée acceptable et même indispensable. On considère de plus que la production de biens publics par des organisations publiques est plus efficace dans la mesure où les coûts (aussi bien que les bénéfices) sont partagés entre tous les citoyens et à l'aide de la contrainte ou de la force, si nécessaire.

Parfois, des transactions entre des individus (ou entre des firmes) entraînent des coûts qui doivent être assumés par d'autres individus ou d'autres firmes qui ne sont pas parties à ces transactions: on parle alors d'externalités. La lutte antibruit, la législation sur la pollution et les normes relatives à la hauteur des édifices sont des exemples d'interventions gouvernementales qui visent à réduire les effets négatifs de transactions privées mettant en jeu des tiers.

Il ne semble pas y avoir de mécanismes efficaces de marché pour résoudre ce genre de problème. Comme Stokey et Zeckhauser (1978, p. 300-301) le signalent:

> Dans certains domaines, la faiblesse des marchés privés a été particulièrement déterminante dans le développement de politiques publiques. Un de ces domaines est l'assurance contre la perte de revenu; on peut considérer l'assurance-chômage et les programmes de bien-être social comme des efforts visant à remédier aux faiblesses du marché. Un autre domaine est l'assurance d'un revenu garanti à la suite d'une invalidité ou au moment de la retraite; le système de sécurité sociale vise à répondre à ce genre de besoins.

Ces quelques exemples devraient suffire à montrer que selon la théorie du libre marché, les organisations publiques n'ont pas les mêmes rapports aux marchés que les firmes et les individus. En laissant au gouvernement la responsabilité d'intervenir là où le libre marché ne convient pas, ou encore là où les services rendus ne sont pas rentables, comme dans le cas des services aux personnes à revenus modiques, la théorie du libre marché reconnaît implicitement des différences entre le rôle économique des organisations publiques et celui des firmes. Cependant, cette théorie ne va pas assez loin. Les fonctions du gouvernement et, par conséquent, celles des organisations publiques ne se limitent pas au seul rôle économique passif et supplétif que lui reconnaît la théorie du libre marché. En fait, aussi paradoxal que cela puisse paraître, la théorie du libre marché ne reconnaît pas que le rôle «économique» du gouvernement n'est pas fondamentalement de nature économique.

Le rôle économique des organisations publiques est politique

La théorie classique du libre marché et la rhétorique littéraire sur la libre entreprise décrivent le secteur public et le secteur privé comme des catégories étanches: on représente le secteur privé comme un sanctuaire inviolable et le secteur public comme une catégorie sociale largement résiduelle. Il s'agit là d'une vue étriquée de la réalité.

Considérons à ce propos l'affirmation de Dwight Waldo (1980, p. 164): «Le public et le privé ne sont pas des catégories naturelles; ce sont des catégories construites par l'histoire, la culture et la loi». En d'autres mots, la ligne de démarcation entre le secteur public et le secteur privé n'est pas immuable; elle se modifie selon les forces historiques et politiques en présence. La mission d'une organisation publique est le produit d'un système juridique et politique donné et traduit les valeurs reconnues par ces systèmes. Comme le rôle du gouvernement n'est pas uniquement déterminé par des considérations économiques mais aussi par des facteurs culturels et politiques, les organisations publiques doivent promouvoir et protéger les valeurs culturelles aussi bien que les valeurs économiques de la société où elles sont implantées.

Il ne fait aucun doute que le libre marché et la compétition économique sont des valeurs largement acceptées dans notre culture. Les politiques qui s'inspirent des valeurs et des idées du système de la libre entreprise reçoivent forcément une grande part de l'attention du gouvernement. En fait, les activités économiques du gouvernement se conforment, en grande partie, à celles qui lui sont prescrites par la théorie du libre marché. En ce qui concerne plus particulièrement les organisations publiques, il faut souligner que les politiques économiques sont adoptées surtout parce qu'elles sont politiquement acceptables et non pas tellement parce qu'elles sont conformes à la théorie économique. En effet, les politiques économiques sont adoptées d'abord et avant tout comme un moyen d'atteindre des buts sanctionnés politiquement. L'embargo commercial sur Cuba décrété par le gouvernement américain, la menace de confisquer les avoirs iraniens détenus aux États-Unis durant la crise des otages en 1980, ou encore les sanctions économiques appliquées à l'Afrique du Sud par plusieurs pays [dont le Canada], sont des exemples d'utilisation de politiques économiques à des fins politiques.

Par ailleurs, les organisations publiques n'ont pas toutes des fonctions économiques et poursuivent souvent des objectifs qui n'ont rien à voir avec l'économie. L'application des lois visant l'égalité en emploi, la protection des espèces animales en danger, l'administration des élections sont des exemples de telles fonctions. L'éducation, surtout lorsqu'on la considère comme un mécanisme d'intégration culturelle, en est un autre exemple. On pourra objecter que ces politiques ont quand même des conséquences économiques; cela est vrai mais ce n'est pas là l'essentiel. Contrairement aux firmes dont les objectifs sont d'abord économiques et qui visent à générer des profits, les objectifs des organisations publiques sont très variés et, de façon générale, les considérations politiques l'emportent sur les considérations économiques dans la détermination de ces objectifs.

Obnubilés qu'ils étaient par l'entreprise privée comme champ d'étude, les théoriciens de l'organisation, ceux du libre marché en particulier, ont complètement évacué de leurs recherches les valeurs et les objectifs politiques au profit des objectifs et valeurs économiques. Les théoriciens du libre marché ont pourtant reconnu que les marchés et les rôles des organismes gouvernementaux étaient différents de ceux des firmes privées; le fait qu'ils ne s'attardent pas à la signification et aux conséquences de ces différences n'en est que plus intrigant.

Marchés économiques et «marchés politiques»

Le marché d'une organisation publique diffère de celui d'une entreprise privée et les rapports de l'organisation à son marché répondent aussi dans chaque cas à des impératifs différents. Dans un marché économique, le producteur s'engage dans des transactions volontaires avec des acheteurs où un produit est échangé contre de l'argent. Anthony Downs (1967) expose les conséquences de ce type de marché et les répercussions que peut avoir l'absence d'un tel marché sur les organisations publiques.

Premièrement, le marché économique fournit un instrument de mesure de la production (le rendement) de l'organisation. Si le producteur «peut vendre son produit à un prix supérieur à ses coûts, alors il sait que son produit a de la valeur aux yeux des acheteurs» (Downs, 1967, p. 29). Si, par ailleurs, le prix demandé ne couvre pas les coûts de production, alors le producteur sait que son produit n'est pas suffisamment valorisé par les acheteurs.

Deuxièmement, le marché économique permet une allocation optimale des ressources entre les organisations. Il fournit également des normes qui permettent d'évaluer le rendement individuel des membres d'une organisation. Ainsi, une personne qui vend plus qu'une autre est considérée de ce fait plus utile à la firme. Et comme Downs l'explique, même des individus qui exercent des fonctions différentes peuvent être comparés objectivement au moyen de diverses techniques tell que la comptabilisation des coûts.

Les organisations publiques, n'ayant pas de marché économique, ont beaucoup de difficulté à évaluer la valeur des produits ou des services qu'elles offrent. L'incapacité des organisations publiques de tirer leurs revenus de transactions faites sur un marché libre leur enlève la possibilité d'utiliser les réactions d'un tel marché comme guides objectifs indiquant à ses dirigeants d'accroître, de maintenir ou de diminuer le niveau de sa production; elle leur enlève également la possibilité d'améliorer l'allocation de leurs ressources et d'évaluer le rendement des bureaucrates. En somme, les informations les plus importantes utilisées pour la prise de décision dans les firmes font totalement défaut aux gestionnaires des organisations publiques (Downs, 1967, p. 30). Comme le rapporte Jerry Knight dans l'encadré 2.2, l'utilisation des critères basés sur le profit dans un service public peut, en fait, conduire au désastre.

ENCADRÉ 2.2

Dirigez le gouvernement comme une entreprise privée, peu importe si cela coûte plus cher
Jerry KNIGHT

Un des mythes les plus pernicieux du milieu des affaires de Washington est que le gouvernement irait beaucoup mieux si les responsables pouvaient simplement «le gérer comme une entreprise».

Des candidats, pour à peu près tous les postes depuis celui d'attrape-chiens jusqu'à celui de président des États-Unis, se sont fait élire en promettant que l'équivalent moral de la recherche de profits deviendrait le principal guide de leur administration.

Pire encore, ils ont tenu leurs promesses en nous donnant un succès aussi stupéfiant que celui de la poste américaine. Libérée des périls de la politique et du patronage et maintenant «dirigée comme une entreprise», la poste coûte plus et produit moins.

Malgré cela, l'envie de «diriger le gouvernement comme une entreprise» continue de s'imposer et infecte Washington d'initiatives mal conçues, telle que celle voulant que les bureaux météorologiques soient vendus au secteur privé.

La pluie, la neige, l'obscurité de la nuit ne semblent pas être les ingrédients qui entrent dans la composition d'une entreprise profitable. Mais un bureau de météo mené comme une entreprise privée pourrait vendre sur le marché les variations de la météo avec autant de succès que les agents de la poste s'en accommodent. Les prévisions météorologiques n'arriveraient peut-être pas plus à temps que le courrier, mais ce serait un petit prix à payer pour la satisfaction idéologique de savoir que le bureau de météo est mené comme une entreprise.

Le virus de «gérer comme dans l'entreprise privée» se propage même dans le secteur privé où il démontre l'habileté à transformer des institutions sans but lucratif en des affaires gâchées.

Ironiquement, la Chambre de commerce américaine a été la première organisation privée et sans but lucratif à écoper, à la suite de l'adoption d'un mode de gestion emprunté aux entreprises à but lucratif; maintenant d'autres institutions de Washington en sont devenues victimes, y compris le National Public Radio (NPR).

La Chambre de commerce américaine a subi des pertes de plusieurs millions...

Au lieu d'utiliser son magazine Nation's Business comme un service pour communiquer avec ses membres, la Chambre a décidé de le gérer comme une entreprise qui se devait d'abord d'être rentable. Bien que le magazine exprime vigoureusement les vues de la Chambre, il a apparemment été moins couronné de succès depuis qu'il n'est pas géré comme une affaire. Dernièrement, la Chambre a dû expliquer pourquoi le magazine avait perdu plusieurs centaines de milliers de souscripteurs et était tombé en dessous du niveau correspondant aux engagements faits aux publicitaires.

Il y a peut-être une certaine justice dans le fait que la Chambre de commerce soit bernée par sa propre rhétorique. Il serait en effet difficile de trouver une autre organisation qui aurait prêché les vertus de «la gestion privée à but lucratif» plus assidûment que la Chambre.

Ce n'est cependant pas le cas de la National Public Radio (NPR) qui n'est pas captive de l'idéologie corporative. Nous savons que des tenants de cette idéologie à la Chambre de commerce ont présenté la NPR comme une radio socialisée, l'antithèse d'une entreprise libre puisqu'elle ne recourt pas aux commerciaux pour se financer.

Alors, qu'est-ce que la NPR a fait quand les subsides gouvernementaux et les contributions corporatives ont diminué? Vous l'avez deviné, elle a décidé d'adopter une approche d'entreprise à but lucratif, de créer des entreprises partenaires à but lucratif censées financer de leurs profits la radiodiffusion qui, elle, ne générait pas de profits. Mais maintenant, exactement comme la Chambre de commerce, la NPR renvoie des employés et annule des projets parce que ses partenaires d'affaires se sont avérés moins rentables que prévu.

Voici la première leçon qu'on devrait enseigner aux gens qui croient que le gouvernement et les associations à but non lucratif devraient être menés comme des entreprises à but lucratif: ces dernières peuvent échouer et échouent avec une régularité prévisible.

Même des affaires bien menées échouent, mais le plus souvent l'échec est le résultat d'erreurs de gestion.

Cependant, ce n'est pas qu'une question de gestion: c'est également une question de perspective. En réalité, la prévision de la température, la livraison du courrier, la défense des intérêts des groupes d'affaires et la radiodiffusion publique ne sont pas propices à une gestion dont l'objectif premier serait la rentabilité. Leur objectif principal est d'offrir des services et non pas de «faire de l'argent».

Ce qu'il y a de formidable avec l'économie du libre marché, c'est que, lorsqu'il y a des occasions de faire un profit en offrant un service, il y a toujours quelqu'un pour les saisir. Dans certaines villes américaines, la mafia ramasse les ordures à un meilleur coût et mieux que les employés du gouvernement; la National Geographic Society utilise des publications rentables pour financer ses activités éducatives; le Federal Express et l'United Parcel Service (UPS) font de l'argent en rivalisant avec la poste gouvernementale.

Mais l'UPS ne veut pas livrer tout le courrier – il ne livre que celui dont il peut tirer un profit – et il y a des services avec lesquels même la mafia ne pourrait pas faire d'argent. La conclusion inévitable est que les organismes à but non lucratif et ceux à but lucratif poursuivent des buts souvent incompatibles.

Source: Jerry Knight, «Run It Like a Business, No Matter How Much More It Costs», *Washington Post*, le 21 mars 1983, 1B, Washington Business.

Il est évidemment possible d'évaluer la productivité d'une organisation publique. Mais on ne peut pas le faire de la même manière que les firmes et à partir du critère standard et objectivement mesurable qu'est le taux de profit. Les bureaucraties publiques ne se prêtent pas à l'utilisation d'une norme unique et universelle telle que le taux de profit; la mesure de leur performance doit tenir compte, du moins jusqu'à un certain point, de leurs particularités. Comme chaque organisation a un rôle et des objectifs qui lui sont propres, il est nécessaire de concevoir des mesures de productivité spécifiques. Par exemple, les agences locales de bien-être pourraient utiliser une mesure tel que le nombre de clients servis. Pour un programme de formation à l'emploi, on peut retenir le nombre d'applications, le nombre de diplômés, le nombre d'apprentis qui ont obtenu un emploi, ou encore, pour avoir une mesure de productivité, le rapport entre le nombre d'apprentis et le nombre de ceux qui ont trouvé un emploi. Le nombre d'immunisations ou la diminution de l'incidence d'une maladie pourrait servir de mesure de la productivité d'un programme de santé. La Federal Aviation Administration utilise des mesures comme le nombre d'atterrissages réussis, le nombre d'inspections d'avions et le rapport entre le nombre de milles parcourus par les passagers et le nombre d'accidents.

Si l'on doit appliquer aux organisations publiques des normes de performance qui respectent leurs particularismes, l'approche la plus rationnelle pour les comparer est de le faire en choisissant des organisations qui ont des fonctions et des buts similaires. C'est l'approche qu'a utilisée Paul Taylor dans son commentaire lors du centième anniversaire de la fonction publique américaine (voir l'encadré 2.3).

ENCADRÉ 2.3

La fonction publique: un centenaire accablé sous les stéréotypes
Paul TAYLOR

Puisque le Federal Express a soulevé la question de la productivité des postes, étudions-la. Les mesures de productivité sont beaucoup plus circonscrites au Service des postes qu'au Département d'État.

Le fait est que le service postal américain livre plus de courrier, plus efficacement, à des coûts moindres que celui de n'importe quelle autre nation au monde et qu'il s'améliore.

Il déplace 110 milliards de pièces par année, c'est-à-dire 161 879 pièces par employé, un taux de production par employé de 44 % supérieur à celui de son plus grand compétiteur, le Japon.

Le coût pour poster une lettre de première classe aux États-Unis est le douzième plus bas des 14 nations industrielles examinées l'été dernier; la Belgique à 19,9 cents est le seul pays qui demande moins que les 20 cents du service américain. L'Allemagne charge l'équivalent de 33 cents.

Les tarifs ont augmenté plus lentement que l'inflation depuis 1974 et, en 1979, pour la première fois en quatre décennies, le service postal a fait des profits. Il a encore fait des profits l'année dernière et fonctionne maintenant par autofinancement puisqu'il ne reçoit plus de subsides de l'oncle Sam.

La vitesse de livraison augmente aussi. En 1982, le service a respecté, dans 95,5 % des cas, sa norme de livraison «lendemain» pour le courrier de première classe dans les régions métropolitaines. Sa norme de livraison «en deux jours» a été respectée dans 88 % des cas et celle «en trois jours», dans 90% des cas.

La mesure de la productivité est difficile à appliquer dans la majeure partie des activités du gouvernement fédéral américain qui élabore des politiques, génère de l'information et offre des services et non pas des produits tangibles. Néanmoins, des normes générales ont été conçues pour à peu près les deux tiers de la force de travail fédérale. Ces normes montrent que, depuis 1967, l'augmentation annuelle moyenne de productivité a été de 1,4 % parmi les travailleurs fédéraux. C'est un pourcentage de croissance qui ferait l'envie de la plupart des secteurs de l'économie privée, bien que les comparaisons soient difficiles étant donné que les normes de mesure varient d'une organisation à une autre.

Source: Paul Taylor, «Civil Service Turns 100, Burdened by Stereotypes», *Washington Post,* le 16 janvier 1983, A1.

On devrait comparer les organisations publiques aux firmes privées en mettant en parallèle des fonctions qui se rapprochent. Feller et Metzel, par exemple, ont comparé les taux de diffusion des technologies nouvelles utilisées pour le traitement des déchets solides dans les secteurs public et privé, une étude qui, incidemment, suggère que le stéréotype de l'inflexibilité et de l'inertie du secteur public face à l'innovation technique et au changement ne tient pas toujours (tableau 2.2).

TABLEAU 2.2

La diffusion des technologies nouvelles dans les secteurs public et privé

Nous présentons ci-dessous une comparaison des taux de diffusion des technologies dans les secteurs public et privé. Les taux de diffusion mesurent la rapidité avec laquelle les idées nouvelles et les innovations sont adoptées et se propagent d'une organisation à une autre. Les colonnes un et deux indiquent le nombre d'années qu'il a fallu avant qu'une nouvelle technologie soit adoptée respectivement par les secteurs public et privé. La troisième colonne donne, à partir d'un échantillon de 220 villes, les pourcentages de celles dans lesquelles la technologie était utilisée. On suppose généralement que l'innovation est plus rapide dans le secteur privé.

Les taux de diffusion de quatre technologies utilisées dans le traitement des déchets solides dans les secteurs public et privé

	Secteur public (années)	Secteur privé (années)	Taux de diffusion en 1975 (%)
Ordures en sacs ramassées par camion	27	28	40
Camions conteneurs	18	20	20
Camion avec un seul opérateur	13	21	10
Postes de transbordement	20	14	10

Source: I. Feller et D.C. Metzel, *Diffusion of Technology in Municipal Governments.* Rapport final sur le N.F.S. Grant DA 44550. Pennsylvania State University Center for the Study of Science Policy, 1976.

Comme les organisations publiques produisent surtout des biens et des services qui ne sont pas destinés à être vendus, leurs «marchés» et leurs «consommateurs» sont le plus souvent des usagers, des groupes d'intérêts et des élus.

Elles s'engagent dans des relations d'échange avec ces divers acteurs autant pour fonder leur légitimité et leur domaine d'intervention (Thompson, 1967) que pour obtenir les appuis politiques dans leurs demandes budgétaires. Les relations d'une organisation publique avec son environnement ainsi que l'évaluation de ses programmes sont marquées par des considérations politiques. De plus, les services offerts pas les organisations publiques et par les firmes ne se prêtent pas aux mêmes classifications.

Les activités des organisations publiques ont été classées dans la littérature selon qu'elles sont distributives, redistributives, ou de réglementation (Lowi, 1964). Chaque catégorie correspond à des modèles différents de «consensus-conflits, d'alignement et d'implication des groupes» (Wamsley et Zald, 1976, p. 35; Lowi, 1964; Sharkansky, 1965). Par exemple, en ce qui concerne les activités distributives, il y a généralement un consensus dans l'environnement pour appuyer les interventions de l'organisation publique. Par contre, on observe que les relations entre les organisations publiques de réglementation et leur environnement sont marquées par des conflits autant entre l'organisation et les groupes dont les activités sont réglementées qu'entre les groupes d'intérêts eux-mêmes; c'est du moins ce qu'on peut observer dans les jeunes organisations publiques de ce type alors que celles qui sont en place depuis plus longtemps sont plus susceptibles d'avoir adopté un *modus vivendi* acceptable. Les organisations publiques dont la mission concerne les activités de redistribution s'inscrivent dans un contexte conflictuel découlant des différences entre classes sociales; ces conflits tendent à toucher davantage de gens que dans les autres types d'intervention.

Le type d'activités que mènent les organisations publiques a aussi des conséquences sur leurs caractéristiques internes. Lowi (1964), par exemple, arrive à la conclusion que les règles et les procédures des organisations publiques exerçant des fonctions de redistribution tendent à être plus spécifiques et plus détaillées. C'est une façon pour l'organisation publique de s'adapter aux conflits politiques externes et aux réactions que suscitent ses activités. Une étude portant sur 62 agences gouvernementales américaines révèle que le pourcentage des employés de bureau est plus élevé dans les organisations publiques s'adonnant à des activités de redistribution que dans les autres (Willick, 1970).

En résumé, les buts et les rôles des organisations publiques sont plus complexes et plus marqués par la politique que les buts et les rôles des firmes qui, eux, sont avant tout à caractère économique. Les facteurs politiques ont une influence déterminante sur la structure et les processus auxquels doivent se soumettre les organisations publiques alors que ce sont surtout les facteurs économiques qui ont un effet sur les stratégies et les activités des entreprises à but lucratif.

Les différences politiques: la dimension politique à l'intérieur de l'organisation publique et dans son environnement

Les deux définitions de la notion de «politique» les plus connues et les plus citées sont probablement celle de Laswell (1958) pour qui la politique est l'étude de «qui gagne quoi, quand, comment» et celle d'Easton (1965) pour qui «le processus représente l'inculcation des valeurs» qu'une société se donne. Par les influences qu'elles exercent sur les choix législatifs et par l'interprétation que leurs dirigeants font des lois dans la mise en œuvre des politiques, les organisations publiques font partie intégrante du processus politique.

Les programmes gouvernementaux sont conçus d'abord et avant tout pour des raisons politiques. Le processus de détermination de ces programmes est marqué par la politique; les intérêts qu'ils représentent sont d'une très grande diversité: l'intérêt public en général, les intérêts de groupes organisés, ceux des élus ou des fonctionnaires nommés à des postes officiels, ceux des organisations elles-mêmes et ceux de leurs membres. Le processus politique ne se déroule pas uniquement à l'intérieur des institutions gouvernementales: il est ouvert à tous ceux (individus et groupes) qui veulent intervenir pour influencer les programmes publics ou se faire critique de l'action du gouvernement. On comprend alors que les frontières du système politique ne soient pas fixes: en effet, des individus et des groupes, variables suivant les intérêts en cause, interagissent en vue d'avoir une influence sur l'action du gouvernement.

On doit maintenant se demander en quoi le contexte politique et la mission d'une organisation publique diffèrent de ceux d'une organisation privée? À première vue, la réponse n'est pas évidente. Les firmes participent souvent au processus politique et les politiques gouvernementales ont parfois des répercussions sur les activités internes des entreprises privées. Par exemple, les pratiques de gestion du personnel des firmes sont sujettes aux dispositions des politiques d'égalité en emploi. Les organismes privés sont aussi régis par diverses autres politiques gouvernementales touchant, par exemple, la protection de l'environnement, la santé et la sécurité au travail et l'obtention de brevets. Les firmes peuvent même être des instruments de politique publique en participant à des programmes gouvernementaux comme celui de la formation en emploi, en assurant, par contrat, la prestation de certains services publics (le ramassage des ordures ou l'entretien du réseau routier) ou encore en faisant la collecte d'impôts et de taxes pour le compte des gouvernements.

Par ailleurs, les organisations publiques font partie intégrante du système gouvernemental et sont, de ce fait, associées plus étroitement au processus politique. Le fonctionnement interne de toute organisation publique est directement affecté par des décisions politiques, notamment en ce qui concerne sa mission, ses structures et ses opérations. La raison d'être des organisations publiques est d'élaborer des politiques publiques ou de faire respecter les lois; elles participent donc directement au processus de production politique. Les différences liées à la nature et au contexte des organisations publiques par rapport aux firmes ont des implications sur leurs gestionnaires dans la mesure où ces derniers doivent souscrire à des valeurs spécifiques et commander des habiletés particulières. Il y a des distinctions importantes entre les organisations publiques et les firmes, notamment en ce qui concerne le processus de fixation des objectifs (plus nombreux et plus ambigus dans le secteur public), les relations avec les clientèles et les groupes de pression et le rôle du gestionnaire.

La conception des politiques et la fixation des objectifs

La détermination des objectifs des organisations publiques est marquée par la politique et donc soumise à de nombreuses influences externes. Les caractéristiques de ces objectifs et la façon de les établir rendent inévitable la présence de la politique dans la gestion des organisations publiques: le développement des politiques et la prise de décision dans ces organisations exigent la participation directe d'acteurs politiques externes et, éventuellement, l'ascendant de certains d'entre eux. Un tel contexte d'influence externe a un impact sur les relations de pouvoir dans l'organisation, le rôle des gestionnaires, le déroulement des opérations et les relations avec l'environnement.

Les objectifs poursuivis par les organisations publiques sont, en général, imputables aux appuis obtenus de certaines coalitions et reflètent, par conséquent, un ensemble hybride d'intérêts; les moyens mis en place se fondent ainsi, dans la plupart des cas, sur des compromis difficiles à faire entre des groupes revendicateurs dont les points de vue sont le plus souvent contradictoires. Par exemple, des groupes peuvent être d'accord sur l'objectif d'amélioration de la qualité de l'air mais ne pas s'entendre sur les moyens d'y arriver. Certains favoriseront pour cela la création d'un ministère de l'environnement pourvu de pouvoirs coercitifs considérables. D'autres proposeront que les programmes d'amélioration de la qualité de l'air soient financés à même les budgets d'un palier de gouvernement mais administrés par des agences d'un autre palier. D'autres encore s'opposeront à toute politique en la matière ou à quelque intervention gouvernementale que ce soit. L'établissement des objectifs d'une organisation publique donne donc lieu à des tractations qui portent à la fois sur les fins et sur les moyens. En l'absence de telles manœuvres, il serait d'ailleurs impossible de créer de nouveaux programmes, car ce serait l'impasse entre les forces en présence (Baybrooke et Lindblom, 1970; Gawthrop, 1971).

Les conflits portant sur les fins et sur les moyens mis en œuvre dans les organisations publiques sont légion et prennent toutes sortes de formes; il y a, suivant les enjeux, de fréquents changements dans la composition des groupes de pression et dans la représentation des politiciens concernés. Les gestionnaires des organisations publiques s'impliquent dans ces conflits, soit pour faire valoir leurs propres points de vue, soit pour faire valoir ceux de certains autres groupes non intégrés dans des coalitions. Étant donné que l'on doit souvent faire appel à leurs compétences, les gestionnaires publics, forts de l'appui des clientèles, sont dans une position relativement avantageuse pour concevoir les politiques proposées par des intervenants externes. Les rapports, études, recommandations et autres formes d'information produits par les membres des bureaucraties publiques font partie des moyens utilisés pour appuyer ou discréditer les politiques. Les gestionnaires publics vont parfois plus loin en divulguant de l'information privilégiée ou en mobilisant indirectement le support de certains groupes d'intérêts.

Le fait que la détermination des objectifs et des moyens se fasse de manière simultanée et soit marquée par des considérations politiques est source de nombreux problèmes pour le gestionnaire public. Par exemple, il pourra y avoir un manque de pertinence entre les moyens et les fins; l'efficacité de l'organisation sera alors sérieusement hypothéquée si elle doit poursuivre certains objectifs avec des moyens insuffisants ou inappropriés.

Par ailleurs, ce n'est pas tout de pouvoir atteindre des objectifs encore faut-il que les moyens pris pour y arriver soient exempts de critique. Voici un exemple: la direction d'un service policier d'une grande ville décide d'instaurer une patrouille à pied dans des quartiers où le taux de criminalité est élevé. Même si ce taux diminue sensiblement à la suite de cette mesure, la présence visible de plusieurs policiers en uniforme peut être jugée comme créant un climat répressif. On pourra même prétendre à une certaine forme de racisme si l'on fait surtout appel à des policiers blancs dans un quartier habité en majorité par des citoyens provenant de minorités ethniques. Des protestations émanant de groupes communautaires et de leaders ne seraient alors pas surprenantes.

Ainsi, les objectifs des organisations publiques sont en partie déterminés par des instances qui leur sont extérieures; il en est de même des actions qu'ils entreprennent et de l'évaluation qui en est faite. Les gestionnaires publics doivent constamment se demander si les actions qu'ils posent sont politiquement acceptables, c'est-à-dire conformes aux standards établis par des contrôleurs externes. Ces gestionnaires jouent un rôle limité, quoique non négligeable, dans l'évaluation de l'efficacité des organisations qu'ils dirigent, cette évaluation étant aussi fortement soumise aux jugements des groupes de leur environnement externe. Bien que les firmes dépendent aussi de leur environnement pour l'obtention de matières premières, pour la vente de leurs produits ou de leurs services, pour le recrutement de leur personnel, etc., leurs choix se font strictement à l'interne et se fondent essentiellement sur des critères économiques et non pas politiques. Elles ont, par conséquent, beaucoup plus d'autonomie dans leurs décisions.

L'ambiguïté des buts et la politique

Les lois qui créent les organismes publics ou les programmes définissent habituellement leurs objectifs en termes très généraux et très ambigus. Ainsi l'Interstate Commerce Commission doit réglementer les chemins de fer d'une manière «juste» et «raisonnable» ainsi que «dans l'intérêt public». Des organismes plus récents et de moindre envergure reçoivent également des mandats tout aussi vagues. La ville de Washington (D.C.) a, dans sa charte, des dispositions l'autorisant à créer une Commission sur le statut de la femme établies de la façon suivante: «La Commission peut faire des études, évaluer les progrès réalisés, développer, recommander et entreprendre des actions constructives; élaborer et mettre en œuvre des programmes visant à améliorer le statut de la femme dans le District of Columbia». Les objectifs de cette commission étaient on ne peut plus vagues et généraux; en parallèle, on lui consentit un très petit budget et, au cours de ses premières années d'existence, elle n'eut aucun employé, une situation étonnante et pourtant assez fréquente pour des organismes de cette nature.

En général, cette imprécision et cette ambiguïté fournissent aux gestionnaires publics de nombreuses occasions d'exercer du pouvoir. Comme l'a remarqué Rourke (1976, p. 32):

> Le contrôle sur l'implantation des politiques est une source importante de pouvoir bureaucratique, car il laisse au gestionnaire des zones d'autonomie de décision. Tel qu'utilisé ici, le mot autonomie renvoie à la possibilité qu'a le gestionnaire de choisir parmi diverses options, c'est-à-dire de décider comment les politiques du gouvernement doivent s'appliquer dans des cas précis.

Les gestionnaires publics ont beaucoup de pouvoir discrétionnaire dans les décisions prises au jour le jour. Ainsi en est-il de l'inspecteur qui doit s'assurer du respect des normes de propreté et qui peut décider de faire une réprimande officieuse, émettre un avertissement officiel ou une contravention, ou encore, donner l'ordre de fermer un restaurant (en retirant le permis d'exploitation). De la même façon, les policiers peuvent décider s'ils doivent avertir, inculper ou arrêter un individu. Bien sûr, on s'attend à ce qu'ils agissent légalement et conformément aux normes de leur service, mais ils le font tout en bénéficiant d'une certaine marge de manœuvre, car toutes les situations ne peuvent être prévues par la loi ou les normes.

Si les objectifs des organisations publiques sont généraux et ambigus, ce n'est pas seulement parce que le législateur n'a pas le temps suffisant ou l'expertise nécessaire pour préciser toutes les applications et les conséquences des lois qu'ils votent; c'est aussi parce que l'ambiguïté et la nature générale des objectifs permettent de masquer les conflits sur les fins et sur les moyens auxquels donne lieu la préparation des lois. Cette confusion favorise le consensus parmi les groupes dont les appuis sont requis pour faire passer la loi; cependant, cela ne signifie pas la fin des hostilités publiques entre ces groupes qui retourneront aux barricades au moment de la mise en vigueur d'une autre loi. Aux États-Unis, par exemple, l'Office of Coastal Zone Management a été créé à la fois pour protéger l'environnement côtier et pour encourager l'essor des régions côtières parce que le Congrès américain n'avait pu ni définir précisément ni se brancher sur l'une ou l'autre de ces deux missions. Une telle indécision et un tel manque de clarté expliquent pourquoi des intérêts opposés se manifestent souvent, non pas au moment de la conception et de l'acceptation des lois, mais plutôt à l'étape de leur interprétation et de leur application par les organismes publics.

Ainsi, le caractère général et ambigu des objectifs des organisations publiques oblige les gestionnaires à les interpréter, à les rendre concrets et réalisables. Le processus interne de prise de décision des bureaucraties publiques diffère de celui des firmes où il existe un grand pouvoir discrétionnaire dans le choix des critères et des valeurs à mettre en évidence. On s'attend naturellement à ce que les décisions des administrateurs publics reposent sur des critères et des normes professionnels, de façon à diminuer les possibilités d'interventions politiques dans des décisions de nature administrative. En principe, les politiques publiques devraient être déterminées par les élus et les membres des organisations publiques devraient être neutres à cet égard et se limiter à assurer l'application de ces politiques. En réalité, cependant, il n'est pas possible d'imaginer que les fonctionnaires jouent un rôle si effacé dans la détermination des politiques publiques étant donné le caractère général et ambigu des objectifs fixés par les élus. Contrairement à ce que l'on pense, l'utilisation de critères et de normes professionnels n'empêche pas les gestionnaires publics de prendre des décisions politiques. Après tout, les valeurs des professionnels sont aussi imprégnées de considérations politiques; elles ne sont peut-être pas politiques dans le sens partisan du terme, mais elles le sont dans la mesure où elles avantagent certains groupes au détriment de certains autres et qu'elles privilégient la promotion de certaines valeurs tout en en négligeant d'autres. En somme, qu'elles soient basées sur des critères professionnels et techniques ou sur des considérations plus politiques, les décisions des gestionnaires publics affectent positivement ou négativement des individus ou des groupes dans l'environnement de leur organisation; ces décisions ont donc, par essence, des conséquences politiques.

L'accent mis sur les valeurs professionnelles ou techniques a des répercussions sur le fonctionnement interne des organisations publiques et donne lieu à des conflits et à des luttes de pouvoir. Ainsi en est-il des conflits entre ceux qui occupent des fonctions politiques dans l'organisation (chefs de cabinet, conseillers politiques) et les professionnels qui y font carrière (Rourke, 1976, p. 90-95; Heclo, 1977). Les traditionnels conflits entre supérieurs et subordonnés deviennent plus compliqués dans un tel contexte. Par ailleurs, des conflits peuvent également survenir entre des professionnels rivaux qui exercent diverses fonctions, soit à un même niveau, soit à des niveaux différents, et les gagnants sont souvent ceux qui, par leur compétence ou encore par la maîtrise qu'ils ont acquise sur tel ou tel aspect de la technologie utilisée, contrôlent des zones d'incertitude importantes pour l'organisation. Le caractère hautement différencié du secteur public fait que les conflits entre professionnels de diverses organisations sont aussi monnaie courante.

Le fait d'avoir à gérer à l'aide de mandats flous et ambigus permet, à l'occasion, au gestionnaire public d'obtenir des appuis politiques additionnels aux programmes de son organisation, bien que cela puisse aussi jouer contre lui. Par exemple, des groupes de clients peuvent faire pression sur les membres d'une organisation publique pour les amener à interpréter plus largement les critères d'admissibilité à un programme afin de pouvoir s'en prévaloir. Des représentants influents de la législature ou le principal dirigeant de l'organisation peuvent être en désaccord avec un programme même s'il a été voté ou encore, ils peuvent préférer un programme symbolique. Dans un tel cas, la décision d'une organisation publique d'appuyer énergiquement ce programme et ce, même avec l'appui des clients du programme, peut entraîner des oppositions, des contraintes supplémentaires et même des représailles de la part des autorités.

Alors que certaines clientèles s'opposeront à une réglementation donnée, d'autres exigeront qu'elle soit plus rigoureusement appliquée. C'était certainement le cas de l'Office Coastal Zone Management dont nous avons fait mention plus haut. Les obligations légales de l'agence et ses objectifs la placèrent dans une position inconfortable, coincée entre les pressions conflictuelles de ceux qui voulaient faire des développements et des environnementalistes. Les décisions des gestionnaires publics peuvent à la fois servir les intérêts de certains groupes et desservir les intérêts d'autres groupes et leur indécision aurait sans aucun doute des résultats tout aussi disparates.

Groupes de pression et organisations publiques

Les organisations publiques sont naturellement soumises à des influences politiques de toutes sortes, qu'elles proviennent d'élus, de groupes de pression externes, etc. Les organisations privées sont moins sujettes à ce genre d'influence. Les canaux d'accès aux organismes privés, tels que les conseils d'administration, les directions des ventes et des services aux clients, les réunions d'actionnaires, etc., sont moins nombreux et plus contrôlés.

La gestion dans le secteur public peut souvent être comparée à «la vie dans un aquarium»: cette métaphore veut rendre l'idée que les législateurs, les hauts dirigeants, les clientèles, les journalistes et les citoyens peuvent légitimement scruter les actions des gestionnaires publics et de leurs employés. Les gestionnaires publics doivent gérer dans la transparence; ils n'en sont que plus vulnérables. Frederick Malek (1972, p. 64), s'appuyant sur son expérience dans les secteurs public et privé, écrit:

> Le haut dirigeant d'une firme est habitué à l'examen minutieux, ordinairement bien documenté et généralement sympathique de ses collègues et de ses actionnaires ou, à l'occasion, de la part du public lors de la présentation de rapports annuels et de communiqués. À l'opposé, le principal dirigeant d'une organisation publique doit faire comme s'il était dans un bocal à poissons; selon le niveau et la nature de son poste, il doit s'attendre à être exposé à n'importe quel moment à une publicité tapageuse et à la notoriété.

L'examen du public ne se limite pas aux activités courantes; il porte également sur les objectifs stratégiques même s'ils sont seulement à l'état de projets. Les fuites concernant des programmes ou des projets sont un risque du métier de gestionnaire public. Une organisation publique est parfois étroitement surveillée par des journalistes qui, tirant profit de leur familiarité avec certains employés ou de leurs contacts personnels, sont souvent en mesure de révéler des projets qui n'en sont qu'au stade préliminaire. L'effet d'une telle publicité peut être dévastateur: des projets laborieusement préparés peuvent être subitement interrompus. Des effets du même ordre peuvent résulter de la diffusion de propositions ou de suggestions qui n'en sont qu'à un stade exploratoire, qui n'ont fait l'objet d'aucun engagement et qui pourraient même ne jamais être acceptées. Tout cela fait partie du fardeau essentiellement politique que le gestionnaire public doit porter.

> Le pouvoir de la publicité et de l'opinion publique montre l'importance de s'assurer que les buts d'une organisation soient acceptés et appuyés par le public; il montre également qu'il est essentiel de s'assurer que le public comprend bien tout changement de politique avant de le rendre opérationnel. Les gestionnaires des firmes sont beaucoup moins confrontés à de telles situations. (Malek, 1972, p. 64).

La plupart des organisations publiques ont «un public attentif» en ceux qui sont soumis à leurs règlements, qui profitent de leurs services ou qui en tirent divers avantages (Rourke, 1976; Wamsley et Zald, 1976). Au-delà de ces appuis spécifiques, les agences publiques peuvent aussi, à des degrés divers, chercher ou recevoir un appui d'un public plus large. Mais les organisations publiques qui comptent principalement sur l'opinion publique comme support politique font face au problème de voir ces appuis se modifier à l'occasion d'événements qui ont peu à voir avec leurs programmes spécifiques. Les clientèles d'une organisation publique et les groupes qu'elle réglemente lui apportent un support plus stable; les intérêts de ces groupes sont plus directement liés aux activités de l'organisation publique.

Les liens entre les organisations publiques et les groupes d'intérêts sont renforcés de bien des façons. L'action de l'organisme ou son inaction a un effet direct sur les intérêts matériels et le bien-être des clientèles ou des autres groupes qui en dépendent. Les organisations publiques fournissent également à ceux qui ont des intérêts à faire valoir une voie d'accès aux structures gouvernementales. De leur côté, les groupes externes leur apportent un appui politique vis-à-vis des législateurs ou des hauts dirigeants du gouvernement; ces groupes peuvent appuyer leurs demandes pour des pouvoirs et des ressources accrus ou encore, ils peuvent faire opposition aux mesures législatives et administratives qui les menacent d'une façon ou d'une autre. Les clientèles et les organisations réglementées peuvent même, à l'occasion, augmenter la mobilité de carrière des employés d'organismes publics en leur offrant des occasions d'emploi dans le secteur privé; de plus, les mouvements de personnels du secteur privé vers le secteur public sont fréquents et les nombreuses interactions entre les employés des deux secteurs les amènent à établir entre eux des liens personnels.

Par ailleurs, les expériences et les qualifications professionnelles qu'ont en commun des administrateurs publics et des membres des groupes d'intérêts renforcent leur identification à des valeurs communes et favorisent leurs relations. Ce n'est pas seulement vrai des rapports entre les membres des organisations publiques et ceux des groupes d'intérêts; c'est également le cas des employés appartenant à des organisations publiques différentes. On rencontre particulièrement cela dans l'application de programmes intergouvernementaux [fédéral, provincial et municipal] qui donnent lieu à des rapports de type clients/pourvoyeurs de services entre les organisations de niveau inférieur [municipal, provincial] et celles des niveaux supérieurs [provincial, fédéral][3]. Là aussi, les qualifications et les valeurs professionnelles favorisent une communauté de vues et une cohésion plus grandes entre les spécialistes des différentes organisations publiques, ce qui leur confère plus de pouvoir politique.

Les lois peuvent comporter des dispositions qui donnent aux groupes intéressés l'accès au processus d'élaboration des politiques et qui même les associent directement au fonctionnement des organisations (en les invitant à siéger à des conseils d'administration, par exemple). Par ailleurs, l'appartenance à un groupe professionnel reconnu est souvent une condition nécessaire à la nomination à certains postes.

La participation de groupes d'intérêts est aussi prévue dans des lois où il est spécifié que les organisations publiques doivent consulter ces groupes ou s'assurer de leur consentement avant d'appliquer leur pouvoir réglementaire et de mettre en place les procédures d'opérations pertinentes. Cette situation rend ambigu le rôle des gestionnaires publics dans le processus de décision et crée beaucoup d'incertitude dans le choix des critères appropriés aux décisions à prendre.

Le sentiment général voulant que les membres des organisations publiques évitent de prendre des décisions «politiques» est contradictoire par rapport à une autre attente exigeant que les membres de ces organisations soient tenus publiquement responsables de leurs gestes vis-à-vis «le public», ce qui veut habituellement dire, en pratique, un public spécifique et attentif ou encore un groupe d'intérêts précis. Les organisations publiques confrontées à des groupes en désaccord avec les politiques qu'elles appliquent doivent, dans le cadre de leurs processus de décision et en conformité avec les exigences de neutralité et de responsabilité qu'on impose à leurs dirigeants, chercher à dégager des consensus ou former des coalitions entre des groupes aux intérêts divergents. Il en résulte que le processus de prise de décision dans les organisations publiques est certainement plus lent et plus fragmenté que le processus de décision de type plus linéaire privilégié par la gestion privée. Le gestionnaire public doit donc faire preuve de talents particuliers pour résoudre les conflits et favoriser des consensus.

CONCLUSION

En résumé, on peut dire que les organisations publiques diffèrent des firmes sur plusieurs points fondamentaux. Les organisations publiques et leurs gestionnaires fonctionnent dans un contexte éminemment politique parce qu'ils doivent

---

3.   Les niveaux relevés ici sont ceux existant au Canada. (N.D.T.)

composer avec des rôles et des visées politiques d'autres institutions et acteurs gouvernementaux. Les agences administratives, par leur expertise spécifique et les relations privilégiées qu'elles entretiennent avec leurs groupes de clients, sont des ressources politiques et des alliées importantes pour les législateurs et les hauts dirigeants politiques. Notre système politique est ainsi structuré que la plupart des organisations publiques sont amenées à jouer un rôle politique et que leurs gestionnaires poursuivent eux-mêmes des buts politiques et exercent une influence souvent décisive.

Les rôles des organisations publiques et le contexte dans lequel elles les exercent diffèrent de ceux des firmes sur plusieurs aspects. Le contrôle exercé par plusieurs intervenants externes et les fréquents conflits qui existent entre eux créent un climat d'incertitude, parfois même d'hostilité et de risque, dans les organisations publiques. De plus, les circonstances amènent souvent les hauts fonctionnaires à jouer un rôle politique essentiel à la survie de ces organisations, à leur fonctionnement et à leur développement.

Les théoriciens de l'organisation, en privilégiant surtout les firmes privées dans leurs études, ont été amenés à considérer l'organisation comme un système fermé sur lui-même. Ils se sont attardés sur la stabilité, la rationalité et l'efficacité et ont pratiquement évacué de leurs analyses l'instabilité, le pouvoir et les conflits. Les théoriciens de l'organisation qui s'intéressent aux réalités des organisations publiques devraient pouvoir mettre davantage l'accent sur les relations de ces organisations avec leur environnement et se préoccuper en plus de voir comment elles doivent s'y adapter.

BIBLIOGRAPHIE

BERKLEY, George E. (1978). *The Craft of Public Administration*, Boston, Allyn & Bacon.

BERNARD, Louis (1987). *Réflexion sur l'art de se gouverner: essai d'un praticien*, ENAP-Québec/Amérique, 132 p.

BLAU, Peter M. et Marshall W. MEYER (1971). *Bureaucracy in Modern Society*, 2ᵉ éd., New York, Random House.

BLAU, Peter M. et W. Richard SCOTT (1962). *Formal Organizations: A Comparative Approach*, San Francisco, Chandler.

BRAYBROOKE, David et Charles E. LINDBLOM (1970). *A Strategy of Decision: Policy Evaluation as a Social Process*, New York, The Free Press.

CARY HART, David K. et Cary D. WASDEN (1990). "Two Roads Diverged in a Yellow Wood:" Public Administration, the Management Orthodoxy, and Civic Humanism», *International Journal of Public Administration*, vol. 13, nᵒ 6, p. 747-775.

DEGOT, Vincent (1992). «Les entreprises publiques peuvent-elles être des entreprises comme les autres?», *Revue Française de Gestion*, juin-juillet-août, p. 55-68.

DENHARDT, Kathryn G. et Bayard L. CATRON (1989). «The Management of Ideals: A Political Perspective on Ethics; Response to Kathryn Denhardt», *Public Administration Review*, vol. 49, nᵒ 2, p. 187-193.

DOWNS, Anthony (1967). *Inside Bureaucracy,* Boston, Little, Brown.

EASTON, David. (1965). *L'analyse du système politique,* Paris, Armand Colin, 488 p.

ETZIONI, Amitai (1980). *A Sociological Reader on Complex Organizations,* New York, Holt, Rhinehart et Winston, 559 p.

FLYNN, Norman (1990). *Public Sector Management,* New York, Harvester Wheatsheaf, 203 p.

GAWTHROP, Louis C. (1971). *Administrative Politics and Social Change,* New York, St. Martin's Press.

GAZELL, James A. et Darrell L. PUGH (1990). «Administrative Theory and Large Organizations of the Future: Whither Bureaucracy?» *International Journal of Public Administration,* vol. 13, n° 6, p. 827-858.

GOLEMBIEWSKI, Robert T. (1976). *Perspectives on Public Management: Cases and Learning Designs,* 2ᵉ éd. Itasca, Ill., F. E. Peacock Publishers.

GOLEMBIEWSKI, Robert T. et Ben-Chu SUN (1989). «Positive-Findings Bias in Quality of Work Life Research: Public-Private Comparisons», *Public Productivity & Management Review,* vol. 13, n° 2, p. 145-154.

GOODSELL, Charles T. (1985). *The Case for Bureaucracy,* Chatham, N.J., Chatham House Publishers Inc.

GOODSELL, Charles T. (1989). «Administration as Ritual», *Public Administration Review,* vol. 49, n° 2, p. 161-166.

GOODSELL, Charles T. (1992). «The Public Administrator as Artisan», *Public Administration Review,* vol. 52, n° 3, p. 246-253.

GORTNER, Harold F. (1981). *Administration in the Public Sector,* New York, John Wiley & Sons.

GOW, J.I., M. BARRETTE, S. DION et M. FORTMANN (1987). *Introduction à l'administration publique: une approche politique,* Montréal, Gaëtan Morin Éditeur.

GRAHAM, Cole Blease et Steven W. HAYS (1993). *Managing the Public Organization,* Washington, D.C., CQ Press, 285 p.

HECLO, Hugh (1977). *A Government of Strangers: Executive Politics in Washington,* Washington, The Brookings Institute, 1977.

HERSEY, Paul et Kenneth BLANCHARD (1982). *Management of Organizational Behavior: Utilizing Human Resources,* 4ᵉ éd., Englewood Cliffs, N.J., Prentice-Hall.

HUMMEL, Ralph P. (1989). «Toward a New Administrative Doctrine: Governance and Management for the 1990's», *American Review of Public Administration,* vol. 19, n° 3, p. 175-196.

JACQUES, Jocelyn (1992). «Le gestionnaire de demain», *Management et Secteur Public,* n° 2, p. 11-12.

JOYCE, Laraine (1985). *Administrators or Managers: An Exploratory Study of Public and Private Sector Decision Making,* Institute of public administration, Dublin, 56 p.

KNOTT, Jack H. (1993). «Comparing Public and Private Management: Cooperative Effort and Principal-agent Relationships», *Journal of Public Administration,* vol. 3, n° 1, p. 93-119.

LASSWELL, Harold D. (1958). *Politics: Who Gets What, When, How,* New York, World Publishing.

LE DUFF, R. et J.C. PAPILLON (1988). *Gestion publique,* Paris, Vuibert Gestion (collection dirigée par J.-P. Helfer et J. Orsini).

LORCH, Robert. S. (1978). *Public Administration*, St. Paul, Minn., West Publishing.

LOWI, Theodore (1964). «American Business, Public Policy, Case Studies and Political Theory», *World Politics*, vol. 16, p. 677-715.

MALEK, Frederick V. (1972). «Mr. Executive Goes to Washington», *Harvard Business Review*, sept.-oct., p. 63-68.

MAS, Florence (1990). *Gestion privée pour services publics: manager l'administration*, Paris, InterÉditions, 219 p.

McCURDY, Howard E. (1977). *Public Administration: A Synthesis*, Menlo Park, Ca, Cummings Publishing.

MURRAY, Michael A. (1975). «Comparing Public and Private Management: An Exploratory Essay», *Public Administration Review*, n° 4, p. 364-371.

NEUSTADT, Richard E. (1960). *Presidential Power: The Power to Persuade*, New York, John Wiley & Sons.

PARENTEAU, Roland (1992). «Le management public n'est pas le management privé», *dans Le management public* (sous la direction de Roland Parenteau), Sainte-Foy, Presses de l'Université du Québec, p. 49-73.

PARENTEAU, Roland (sous la direction de) (1992). *Le management public*, Sainte-Foy, Presses de l'Université du Québec.

PERRY, James et Kenneth L. KRAEMER (1983). *Public Management: Public and Private Perspectives*, Palo Alto, Mayfield Publi. Co.

PROBST, Gilbert J.B., Jean-Yves MERCIER et Olivier BRUDDIMMANN (1991). *Organisation et management*, Paris, Éditions d'Organisation, 68 p.

PUGH, D.S. (éd.) (1971). *Organization Theory*, Baltimore, Penguin.

RAINEY, Hal G. (1989). «Public Management: Recent Reasearch on the Political Context and Managerial Roles, Structure and Behaviors», *Journal of Management*, vol. 15, n° 2.

RAINEY, Hal G., Robert W. BACKOFF et Charles H. LEVINE (1976). «Comparing Public and Private Organizations», *Public Administration Review*, vol. 36, p. 233-244.

REVUE FRANÇAISE D'ADMINISTRATION PUBLIQUE (1982). Numéro spécial, *Le management public*, n° 24, octobre-décembre.

RIVERIN, Alphonse (1984). *Le management des affaires publiques*, Chicoutimi, Gaëtan Morin Éditeur.

ROURKE, Francis E. (1976). *Bureaucracy, Politics, and Public Policy*, 2ᵉ éd., Boston, Little, Brown.

SANTO, Viriato-Manuel et Pierre-Éric VERRIER (1993). *Le management public*, Paris, Presses universitaires de France, coll. Que sais-je? n° 2724, 127 p.

SÉRIEYX, Hervé (1993). *Le big bang des organisations: quand l'entreprise, l'État, les régions entrent en mutation*, Paris, Calmann-Lévy, 342 p.

SHAFRITZ, Jay M., Steven J. OTT et Albert C. HYDE (1991). *Public Management: The Essential Readings*, Chicago, Nelson-Hall, 468 p.

SHARKANSKY, Ira (1965). «Four Agencies and an Appropriation Committee: A Comparative Study of Budget Strategies», *Midwest Journal of Political Science*, vol. 9, n° 3, p. 254-281.

SIMON, Herbert A. (1991). *Public Administration*, New Brunswick, Transaction Books, 582 p.

STOKEY, Edith et Richard ZECKHAUSER (1978). *A Primer for Policy Analysis*, New York, W. W. Norton.

THOMPSON, James (1967). *Organizations in Action*, New York, McGraw-Hill.

TSUJI, Kiyoaki (1984). *Public Administration in Japan*, Tokyo, University of Tokyo Press, 271 p.

WALDO, Dwight (1980). *The Enterprise of Public Administration*, Novato, Ca, Chandler & Sharp Publishers.

WAMSLEY, Gary L. et N. Zald MAYER (1976). *The Political Economy of Public Organizations*, Bloomington, Ind., Indiana University Press.

WILLICK, Daniel (1970). «Political Goals and the Structure of Government Bureaus», discours présenté devant l'American Sociological Association, Washington, D.C., cité dans WAMSLEY, Gary L. et N. Zald MAYER (1976). *The Political Economy of Public Organizations*, Bloomington, Ind., Indiana University Press, p. 35-38.

WILSON, James Q. (1989). *Bureaucracy, What Government Agencies Do and Why They Do It?* New York, Basic Books, 433 p.

WOLL, Peter (1963). *American Bureaucracy*, New York, W. W. Norton.

YATES, Douglas (1985). «Management in Public and Private Organizations: Similarities and Differences», *The Politics of Management*, San Francisco, Jossey-Bass Publishers.

APPENDICE

*Nous reproduisons un texte de M. Louis Bernard, ex-haut fonctionnaire au gouverne-
ment de Québec, qui œuvre maintenant dans le secteur privé. Il y traite non seulement
des différences entre la gestion du secteur privé et celle du secteur public mais émet aussi
quelques suggestions quant aux changements qui pourraient caractériser l'administration publique des prochaines années. Dans le même ordre d'idées, la Commission Bou-
dreau se penchait dernièrement sur les besoins de la relève dans la fonction publique
québécoise. Nous reproduisons la lecture que faisaient les membres de cette commission
de l'environnement auquel l'administration publique devra pouvoir s'adapter.*

De fonctionnaire à gestionnaire: un défi à relever
Louis BERNARD[1]

La complexité de la gestion publique
Lorsqu'on me demande de comparer la gestion dans le secteur public et dans le
secteur privé, la principale différence qui me vient à l'esprit c'est précisément cet
élément de complexité qui caractérise l'administration publique. Gérer dans le
privé, ce n'est pas moins difficile, mais c'est plus simple; ce n'est pas plus facile,
mais c'est moins complexe.

Entre parenthèses, vous me permettrez de souligner que tout ce qui est
simple n'est pas nécessairement facile, et que tout ce qui est complexe n'est pas
forcément difficile. Par exemple, c'est une chose simple de lancer une balle, la
frapper et l'attraper – mais c'est une chose qui devient terriblement difficile si on
doit l'accomplir lors d'une Série mondiale. Par contre, avoir des relations cordia-
les avec ses voisins ou ses compagnons de travail est une chose qui, en soi, est
plutôt complexe, mais que, pourtant, la plupart des gens réussissent à maîtriser
raisonnablement bien. Difficulté et complexité sont donc des notions différentes.
Au risque de trop simplifier, je dirais que la gestion privée se caractérise par sa
difficulté, la gestion publique, par sa complexité. Voyons brièvement quels sont
les principaux facteurs de cette complexité.

---

1.   M. Bernard était, au moment de cette allocution, premier vice-président à l'administration, à la
      Banque Laurentienne du Canada. Avant de travailler dans le secteur privé, M. Bernard a été
      secrétaire du gouvernement du Québec de 1978 à 1985. Fonctionnaire de carrière depuis
      1964, il a aussi servi dans plusieurs cabinets politiques, notamment à titre de directeur du
      cabinet du premier ministre, M. René Lévesque. En 1987, M. Bernard publiait: *Réflexions sur
      l'art de se gouverner, Essai d'un praticien* (chez Québec/Amérique).

      L'allocution que nous reproduisons ici a été prononcée devant l'Institut d'administration
      publique du Canada (région de Québec), le 29 octobre 1992, à l'hôtel Loews Le Concorde à
      Québec. Nous remercions M. Bernard de nous avoir autorisés à reproduire ce texte. (N.D.T.)

D'abord, il y a évidemment l'ampleur, la dimension même de l'État québécois avec son budget de 40 milliards et ses quelque 65 000 fonctionnaires. C'est, de loin, la plus grande organisation au Québec en termes de volume simplement.

Ensuite, il y a la diversité des objets – pour ne pas dire des produits. Cette entreprise est un super-conglomérat qui s'intéresse à tout, de la culture et du droit civil à la production électrique en passant par l'éducation, la santé, l'agriculture et le reste.

Puis il y a l'enchevêtrement des structures, avec trois niveaux de gouvernement, une vingtaine de ministères, quelques centaines d'organismes plus ou moins autonomes, sans parler des organismes centraux de coordination comme le Conseil exécutif et le Conseil du Trésor.

Et puis il y a la multiplicité des intervenants: élus politiques regroupés en partis au sein de l'Assemblée nationale, ministres siégeant au gouvernement et assistés de leur cabinet, fonctionnaires et autres employés publics, groupes de pression de toutes sortes, journalistes et autres observateurs de la scène publique.

Il y a également le conflit des valeurs que soulèvent un bon nombre de questions comme l'avortement ou l'euthanasie ou encore la plupart des grands projets de développement économique comme celui de la baie James.

Ce qui rend la chose encore plus compliquée, c'est que souvent l'action gouvernementale doit s'inscrire dans une perspective de long terme – quelquefois même de très long terme. Il est donc difficile de connaître l'effet réel des gestes qu'on pose, puisque cet effet ne sera connu que plusieurs années plus tard. C'est le cas notamment en éducation où il faut préparer nos jeunes à affronter les défis de toute une vie, à faire face à des situations qui nous sont encore inconnues.

Mais même lorsque la perspective de temps n'est pas si longue, les indicateurs de performance ne sont pas faciles à définir. Dans le secteur privé, il y a la loi du marché et le jugement impitoyable de la rentabilité – le fameux «bottom line». Cela a ses inconvénients, mais c'est très utile pour juger des résultats. Rien de tel dans le secteur public, si ce n'est le verdict électoral qui est forcément beaucoup trop général pour servir de mesure aux multiples gestes de l'Administration.

La combinaison de ces divers éléments: ampleur des volumes, diversité des objets, enchevêtrement des structures, multiplicité des intervenants, conflit des valeurs, difficulté d'évaluation et de mesure – tout cela a un effet multiplicateur sur la complexité de la gestion dans le secteur public. Pour pouvoir répondre de façon adéquate à un tel défi, une société doit évidemment mettre en place des institutions publiques et une machine administrative extrêmement sophistiquées.

Comment gérer cette complexité

Pour comprendre comment nous, au Québec, nous avons décidé de nous organiser pour faire face à la complexité d'un État moderne, il nous faut remonter à la Révolution tranquille des années 60. C'est à cette époque, en effet, que nous avons révisé en profondeur nos façons de nous gouverner afin de répondre aux exigences d'une société moderne et développée.

En simplifiant beaucoup, je crois qu'on peut dire que le Québec d'il y a trente ans a décidé d'entrer dans la modernité en faisant trois choses:

- en renforçant ses institution démocratiques,
- en remplaçant, dans la prise de décision, l'arbitraire par la norme,
- en se dotant d'une fonction publique de carrière.

Je n'ai pas le temps, ce midi, de parler longuement du renforcement des institutions démocratiques qui a caractérisé la Révolution tranquille: réhabilitation de l'Assemblée nationale et des partis politiques, abolition du patronage, assainissement des finances des partis, rééquilibrage de la carte électorale, nouvelle loi électorale, augmentation du salaire des députés, etc. Mais il faut souligner que ce volet de la réforme fut absolument fondamental et que, sans lui, rien de durable n'aurait pu être accompli. Il ne faudrait pas, d'ailleurs, oublier cette dimension politique dans les réformes à venir.

Sur le remplacement de l'arbitraire par la norme, je ne dirai également qu'un mot, bien qu'il s'agisse là d'une des transformations les plus profondes que nous ayons connues puisqu'elle touche la conception même qu'on se fait de l'État. Avant la Révolution tranquille, l'exercice du pouvoir public était vu, au Québec, comme la prérogative personnelle du dirigeant politique: maire, député, ministre ou premier ministre, qui pouvait légitimement décider suivant sa conscience – ou son bon plaisir – de favoriser les uns et de défavoriser les autres. Quand j'étais étudiant à l'université, nous avons fait la grève pour tenter – d'ailleurs sans succès – d'amener le gouvernement de M. Duplessis à accorder ce qu'on appelait alors des «subventions statutaires», c'est-à-dire établies par la loi en fonction d'une norme définie, plutôt que d'être fixées de façon discrétionnaire par le prince comme ça avait toujours été le cas. Aujourd'hui, il y a belle lurette que cette bataille a été gagnée, non seulement dans le secteur universitaire mais dans l'ensemble des décisions gouvernementales. Le Québec a accompli sa révolution bureaucratique, au sens sociologique du terme, en normalisant son processus décisionnel. L'aide sociale et les bourses aux étudiants ont cessé d'être distribuées sur la recommandation du curé ou du député pour être accordées, suivant des critères uniformes et connus, par des fonctionnaires anonymes, eux-mêmes assujettis à des droits d'appel devant des tribunaux administratifs impartiaux. Notre passage à l'ère moderne a donc exigé une mutation radicale des mentalités, qui seule a permis une normalisation des processus administratifs.

Le troisième geste important fut de mettre sur pied une fonction publique de carrière, recrutée pour sa compétence et assurée non seulement de conditions de travail intéressantes mais également d'une valorisation sociale enviable. Tous les États modernes et développés se sont dotés d'une fonction publique professionnelle et permanente sur laquelle ils s'appuient pour élaborer et mettre en œuvre les nombreux programmes et politiques qu'exige une économie avancée.

Sans cette expertise et cette permanence, il serait absolument impossible de bien gérer la chose publique.

Il faut souligner que l'acceptation d'une fonction publique de carrière, qui suppose qu'un nouveau gouvernement fraîchement élu accepte de faire équipe avec les fonctionnaires qui ont été nommés par son prédécesseur, ne s'est pas faite sans hésitation ni problème. Et ce n'est pas une chose que l'on peut tenir pour acquise à perpétuité, surtout si l'on ne prend pas grand soin de préserver les conditions qui sont essentielles à sa survie, notamment l'impartialité et la non-politisation de la fonction publique et l'obligation de réserve des fonctionnaires. Si nous voulons conserver cet acquis formidable que constitue l'existence d'une fonction publique de carrière, nous devons renforcer les règles d'éthique qui en régissent le fonctionnement. À défaut de quoi, nous devrons envisager d'adopter un système différent – un peu suivant le modèle américain – où une large partie de la haute fonction publique change avec le gouvernement.

La nouvelle conjoncture

Personnellement, je crois que les institutions qui ont été mises en place depuis la Révolution tranquille ont bien servi le Québec. Elles lui ont permis notamment de faire son entrée dans le monde moderne du 20e siècle et de rattraper ses voisins dans la plupart des domaines qui caractérisent une société développée. Mais pendant que nous faisions ce rattrapage, le monde ne s'est pas arrêté pour autant de tourner ni de changer. De nouveaux défis sont apparus auxquels nous sommes maintenant confrontés. Et le principal de ces défis, c'est la mondialisation des échanges qui nous force à augmenter substantiellement notre productivité.

Nous sommes maintenant en concurrence directe avec le reste du monde. Il ne nous suffit pas d'être meilleurs qu'hier, nous devons également être meilleurs qu'ailleurs – ce qui est beaucoup plus exigeant. Si nous voulons rester parmi le peloton de tête, nous devons produire des biens et des services dont le coût et la qualité peuvent soutenir la compétition des biens et services produits à l'étranger. Et cela s'applique également aux services du secteur public, puisque leur coût se retrouve inévitablement, en bout de ligne, dans le coût des produits que nous mettons en marché ici ou à l'extérieur.

J'ajoute qu'à part ce nouveau défi de la mondialisation des échanges, il y a, chez nous, une deuxième raison qui nous force à améliorer la productivité de notre secteur public: c'est l'épuisement de nos ressources fiscales. Il y a trente ans, le Québec pouvait compter sur une capacité fiscale longuement inexploitée pour l'aider à financer le rattrapage qui s'imposait. Cette capacité fiscale a maintenant été complètement utilisée, et il faut même admettre que nous l'avons dépassée en engageant d'avance par la dette les ressources de l'avenir. De sorte que, pour faire face aux besoins nouveaux qui se font déjà sentir ou qui s'annoncent – comme la recherche, les garderies, la formation de la main-d'œuvre, le vieillissement de la population – nous devrons soit cesser de répondre à des besoins anciens, soit faire des gains de productivité dans la production des services publics actuels. En somme, notre capacité de répondre aux besoins nouveaux est proportionnelle à celle que nous avons de générer des économies et des gains de productivité dans la «dispensation» des services actuels. Ni plus, ni moins.

Un programme d'action

C'est évidemment tout un programme que de s'attaquer à ce nouveau défi de l'efficience et de la productivité dans l'ensemble de notre société, et dans le secteur public en particulier. Personnellement, je crois que la transformation requise pour faire face à ce nouveau défi de la productivité sera d'une envergure semblable à celle que nous avons connue lors de la Révolution tranquille. À mon sens, c'est d'une nouvelle révolution tranquille dont nous parlons ici. Non pas qu'il faille recommencer à zéro ou mettre au rancart les progrès accomplis au cours des trente dernières années: il s'agit plutôt de s'appuyer sur ces progrès pour en rechercher de nouveaux. Ce sera, si l'on veut, une deuxième phase de la Révolution tranquille, qui viendra non pas détruire mais compléter la première, en mettant l'accent, dans l'ensemble de nos rapports sociaux, sur la concertation des agents socio-économiques et, dans l'administration publique, sur l'imputabilité des gestionnaires.

Cette révolution dont je parle ici pour le secteur public, je l'ai exprimée de façon lapidaire dans le titre de mon allocution. Nous avons des fonctionnaires: il nous faut maintenant des gestionnaires. Nous avons une *Loi de la fonction publique*, nous avons maintenant besoin d'une Loi de la gestion publique. Bien sûr, il ne s'agit pas simplement de changer les mots: ce changement de vocables devrait traduire une transformation profonde de la réalité qu'ils décrivent.

Je ne prétends aucunement posséder la recette magique pour réussir infailliblement cette rénovation en profondeur de notre administration publique. Au contraire, je crois que nous ne pourrons nous donner un programme d'action à cet égard qu'après y avoir investi beaucoup de réflexion et avoir tenté plusieurs expériences, car la tâche est extrêmement compliquée. Mais je vais tout de même tenter de dresser avec vous une première feuille de route et de mettre de l'avant certaines idées susceptibles de faire avancer la discussion.

Parmi tous les éléments qui seront requis pour réaliser une véritable rénovation de l'administration publique québécoise, j'en ai identifié quatre qui me semblent particulièrement importants. Ce sont les suivants:

1. la transformation du rôle des organismes centraux et, notamment, du Conseil du Trésor;
2. une responsabilisation des ministères et des organismes autonomes;
3. une poursuite du mouvement de décentralisation et de privatisation et, enfin,
4. la mise en place d'un régime d'imputabilité interne et externe des gestionnaires.

Voyons un peu plus en détail chacun de ces éléments.

Le Conseil du Trésor

Aucune réforme d'envergure de l'administration publique ne peut se faire sans un maître d'œuvre ayant une vue d'ensemble des besoins et des moyens. Ce maître d'œuvre, ne peut être, à mon sens, que ce comité du Conseil des ministres qu'on appelle le Conseil du Trésor. Jusqu'à maintenant, le Trésor s'est surtout employé, comme son nom l'indique, à contrôler les questions relatives aux dépenses publiques. Pendant de nombreuses années, ce fut même là son unique fonction, jusqu'à ce qu'on y ajoute la responsabilité des négociations collectives dans le secteur public et, plus tard, avec l'abolition du ministère de la Fonction publique, certaines responsabilités quant à la gestion des ressources humaines.

Le Conseil du Trésor pourrait se transformer, comme en Ontario, en «Management Board», un Comité de gestion responsable de l'ensemble de la politique administrative du gouvernement. Cette responsabilité inclurait, bien sûr, le contrôle budgétaire, mais aussi la gestion des ressources humaines, la politique d'acquisitions des biens et services, le suivi de performance et l'évaluation des programmes, la répartition des tâches et la détermination de la structure administrative et, enfin, l'amélioration de la qualité dans la «dispensation» des services aux citoyens.

L'acte administratif est un tout et l'on ne peut en améliorer la productivité sans prendre en compte l'ensemble des facteurs qui en conditionnent la mise en œuvre. S'il faut un responsable, il faut aussi un plan d'ensemble. C'est pourquoi je suggère que le Conseil du Trésor élabore et soumette à la discussion publique un Livre blanc énonçant les grandes lignes d'une politique administrative globale. Ce Livre blanc pourrait soulever un certain nombre de questions fondamentales comme les suivantes:

1. Serait-il possible de voter certains crédits budgétaires pour plus d'un an?
2. Certains crédits non utilisés pourraient-ils être reportés à l'année suivante?
3. Ne devrait-on pas capitaliser toutes les dépenses d'immobilisation et les amortir sur plusieurs années?
4. La sécurité d'emploi des cadres devrait-elle continuer à être absolue?
5. Devrait-on fixer des standards de qualité dans la «dispensation» des services aux citoyens?

La responsabilisation des gestionnaires

Un des principes de base de cette politique administrative devrait être la responsabilisation des gestionnaires à tous les niveaux.

La chose devrait aller de soi dans le cas des organismes autonomes ayant leur propre conseil d'administration. Pour y arriver, on pourrait réviser la façon dont ces organismes sont subventionnés afin de les inciter concrètement à bien gérer. Ainsi, leur financement pourrait être établi sur une base triennale et on pourrait leur permettre de conserver au moins une partie des sommes qu'ils ont eux-mêmes réussi à économiser par leur bonne gestion.

Mais la chose devrait également s'appliquer aux ministères eux-mêmes. Pour cela, il faudrait accroître le pouvoir réel du sous-ministre sur la direction de son personnel, l'utilisation de son budget et la manière de dispenser les services. La gestion au sein du gouvernement restera toujours fortement encadrée par les lois et les diverses conventions collectives: raison de plus pour introduire dans le système le plus de flexibilité et de souplesse possible. Un sous-ministre qui réussirait à réduire son taux d'encadrement, à diminer ses coûts fixes par une meilleure utilisation de son personnel de soutien, à couper ses frais de voyage, ses dépenses d'approvisionnement ou de services professionnels, devrait voir ses efforts récompensés de façon concrète, notamment par une gratification supplémentaire et une latitude administrative plus grande.

L'amincissement de l'État

Le troisième élément de la rénovation de la gestion du secteur public, c'est la poursuite et même l'accélération du processus de décentralisation et de privatisation afin d'alléger le plus possible la machine administrative. Il y a quelques années, la maxime «Small is beautiful» était très en vogue; elle garde, d'après moi, toute sa valeur. Je n'ai sans doute pas à insister devant un auditoire comme le vôtre sur la lourdeur de l'appareil de l'État: cette pesanteur nuit à l'efficacité et on ne se trompe pas à vouloir délester l'État de son embonpoint. Cela peut être fait en déférant plus de responsabilités aux pouvoirs locaux et régionaux. Et à cet égard, il faut espérer que le mouvement de décentralisation qui a été entrepris il y a maintenant une quinzaine d'années avec la réforme de la fiscalité municipale, puis la création des municipalités régionales de comté (MRC) et, plus récemment, la «Réforme Ryan»[2], saura se poursuivre avec la participation active et empressée de tous les intéressés.

Je préconise également que l'on dégraisse l'État par la privatisation de toutes les activités qui peuvent être directement prises en charge par les citoyens et les entreprises. Je ne vois, pour ma part, aucune raison pour retarder la privatisation de la Société des alcools ou de SIDBEC. Ces entreprises d'État avaient leur raison d'être au moment de leur création, mais il me semble que l'essentiel de la tâche est maintenant accompli et qu'il y aurait plus d'avantages que d'inconvénients à retourner ces entreprises au secteur privé.

---

2.   Cette réforme pilotée par le ministre des Affaires municipales, M. Claude Ryan, en 1991, a eu comme effet de transférer aux municipalités certaines responsabilités et certains coûts jusquelà assumés par le gouvernement du Québec (par exemple, les services de police). (N.D.T.)

Un système d'imputabilité

Enfin, j'en viens au quatrième élément de la rénovation de la gestion publique: celui de l'instauration d'un véritable système d'imputabilité de nos gestionnaires. Cela ne vous surprendra pas, j'en suis sûr, que je termine sur cette réforme dont je me suis fait le promoteur depuis plusieurs années. Mais ne vous en faites pas, je n'ai pas l'intention, ce midi, de décrire en détail les éléments de ce système.

Je me contenterai simplement d'insister sur le fait que la mise en place d'un régime d'imputabilité pour les gestes administratifs des fonctionnaires est parfaitement conciliable avec le maintien du principe de la responsabilité ministérielle en ce qui touche les décisions politiques. Car, tout comme il y a des questions qui sont clairement politiques, il y en a d'autres – et c'est la majorité – qui sont purement administratives et n'ont aucune connotation politique.

J'insiste pour parler d'un système d'imputabilité, car à mon sens il n'est pas suffisant de prendre quelques mesures isolées: il faut mettre en place un ensemble cohérent de mesures susceptibles de transformer la manière dont on gère l'État.

Bien qu'on puisse s'inspirer de différentes expériences qui ont été faites à l'étranger, en Angleterre notamment, je ne crois pas que nous puissions importer chez nous un système tout fait d'imputabilité. Nous devons faire notre propre expérimentation et développer progressivement un système à notre mesure. Schématiquement, on peut croire que ce système s'articulerait autour des éléments suivants:

1. La reconnaissance explicite du sous-ministre (ou dirigeant d'organisme) comme le premier responsable de la bonne gestion de son ministère (ou de son organisme).
2. L'attribution au sous-ministre des pouvoirs et latitudes de gestion nécessaires pour atteindre ses objectifs.
3. L'établissement d'objectifs de gestion quantifiables.
4. L'élaboration de statistiques de gestion capables de mesurer les résultats obtenus.
5. La mise en place de mécanismes de contrôle interne, notamment par le Conseil du Trésor et le Conseil exécutif.
6. L'acceptation d'un contrôle externe direct par les comités de l'Assemblée nationale.

Un défi à relever

Cela, évidemment, constitue toute une réforme et, si le plan d'action doit être établi clairement dès le départ, la mise en œuvre, elle, ne pourra se faire qu'avec prudence et en prenant le temps nécessaire pour ne pas brûler les étapes. Car on touche ici aux grands principes qui régissent les rapports entre ces trois grands acteurs de notre système politique: l'Assemblée nationale, le Gouvernement et l'Administration. C'est pourquoi je disais, tout à l'heure, que la transformation dont nous avons besoin ressemblera, par son ampleur, à celle que nous avons connue lors de la Révolution tranquille.

J'entendais quelqu'un se plaindre, il y a quelque temps, qu'il n'y avait plus de défi dans la fonction publique, que c'était «plate». Je sais qu'on a, chez certains, la nostalgie de cette grande ère de développement que nous avons connue au cours des années 60 à 80. On souhaiterait que cet âge d'or revienne, mais il ne reviendra pas. Le défi des années 90, ce ne sera pas celui du développement mais c'est celui de la gestion, de la productivité, du rendement. C'est un défi peut-être moins complexe, mais certainement pas plus facile. C'est, en réalité, un défi terriblement exigeant, qui demandera beaucoup de savoir-faire et d'imagination. Beaucoup de tenacité aussi pour passer à travers les multiples obstacles qui en rendront la réalisation singulièrement difficile.

Nous avons connu, au début de la Révolution tranquille, une brochette de «grands mandarins» qui ont animé la rentrée du Québec dans l'ère de l'État moderne. Il est à espérer que nous saurons trouver, au cours des années qui viennent, quelques grands «managers» qui, par leur exemple, sauront guider le Québec dans l'ère post-moderne de la mondialisation des échanges et de la concurrence universelle.

Je souhaite qu'il s'en trouve quelques-uns parmi vous.

De fonctionnaires à gestionnaires, de mandarins à managers, à vous de relever le défi!

*

*   *

L'évolution de l'État québécois et de sa fonction publique: les tendances[1]

Avant de décrire le mouvement d'évolution de l'État québécois et de sa fonction publique, il n'est pas sans intérêt de rappeler brièvement la nature et les principales caractéristiques d'un État et d'un appareil gouvernemental modernes, et d'évoquer les principales étapes qui ont marqué l'histoire récente de l'État québécois et de sa fonction publique. Nous pourrons par la suite préciser les principaux facteurs conditionnant l'évolution de l'État québécois et de sa fonction publique, les changements en ce qui concerne les contenus et les modalités d'intervention de l'État québécois ainsi que les nouveaux défis à relever par la fonction publique québécoise.

Nature et principales caractéristiques d'un État et d'un appareil gouvernemental modernes

L'État moderne est un État de droit: encadrée par des règles, cette organisation complexe comprend une assemblée nationale qui légifère, un gouvernement responsable, une administration professionnelle et neutre et des instances permettant l'arbitrage des conflits et garantissant les droits et libertés. État démocratique, il admet le pluralisme des choix politiques et reconnaît la légitimité de l'opposition organisée. État limité, d'une part, il est une organisation souveraine qui transcende les agents sociaux et qui tente d'harmoniser leurs actions de manière à réaliser les finalités que lui assignent les politiques du gouvernement du moment; d'autre part, il restreint sa marge de manœuvre, entre autres par une reconnaissance accrue des droits individuels.

Avec le temps, cet État de droit, démocratique et limité, en est venu à jouer plusieurs rôles. C'est ainsi qu'un État au départ «encadreur», qui assure la sécurité et met en place les cadres juridiques nécessaires au fonctionnement de la société, est devenu graduellement d'abord un État «correcteur», qui met en place des infrastructures physiques ou sociales, limite les abus et s'attache à promouvoir l'égalité des chances, puis un État «orienteur» qui assure la régulation du développement économique et module le devenir social, et même un État «producteur» de certains biens et services commerciaux et industriels, selon les nécessités de la conjoncture.

Au fur et à mesure qu'il assumait de nouveaux rôles, l'État moderne a élargi et renforcé son administration, une administration, nous l'avons noté, qui se veut professionnelle et neutre. Dans un État de droit, cette administration doit fonctionner selon le principe de l'égalité de tous assurée par l'uniforme application de la loi. L'administration publique ne peut avoir sans plus des objectifs d'efficacité

---

1. Rapport de la Commission concernant les besoins de la relève des gestionnaires pour la fonction publique québécoise, juin 1993, section 2.1, p. 15-27. Nous remercions les autorités de la Commission de nous avoir accordé la permission de reproduire une partie du rapport. (N.D.T.)

et d'efficience: elle doit conjuguer rationalité managérielle et rationalité juridique. De plus, dans un État démocratique, l'administration doit être contrôlée par les agents du système politique, condition nécessaire de la protection démocratique contre la technocratie. Ainsi, à une rationalité managérielle (l'efficience) et à une rationalité juridique (la légalité), s'ajoute une rationalité politique (l'opportunité). Les gestionnaires doivent constamment tenir compte de ces trois types de rationalité.

Histoire récente de l'État québécois et de sa fonction publique

Nous pouvons distinguer deux périodes contrastées dans cette histoire récente. La première, marquée par la Révolution tranquille, couvre les années 1960-1980. La seconde, s'amorçant avec la crise économique du début des années 80, se poursuit aujourd'hui encore.

Au début des années 60, le Québec entre en mutation profonde. L'État sera au cœur de cette mutation, tout à la fois sujet et objet des transformations. On assiste ainsi à la pleine réalisation d'un État de droit et démocratique qui succède à un certain règne de l'arbitraire. L'État élargit son champ d'intervention et prend le leadership dans les domaines économique, social et culturel. L'État-providence s'affirme, un État qui redistribue largement et qui intervient dans des domaines autrefois réservés à l'Église, l'éducation, la santé et l'assistance sociale. Sans remettre en question le rôle et la place de l'entreprise privée, l'État essaie également d'agir de façon plus dynamique dans l'orientation de l'économie, développant, à côté des moyens de soutien et de contrôle, des activités de planification et de coordination. L'État québécois en vient ainsi à occuper de façon systématique tous ses champs de compétence législative et lance une série de réformes profondes (éducation et santé, par exemple) et dans certains cas (on peut penser à la Caisse de dépôt et de placement), sans précédent en Amérique du Nord.

Afin de remplir ses nouveaux rôles, de mieux planifier, coordonner et contrôler les activités de son administration et celles des secteurs décentralisés, l'État modernise rapidement son appareil administratif. Il crée de nouvelles structures administratives (qui s'acquittent surtout de fonctions de contrôle, de coordination et de planification), rationalise (nouvelles techniques financières et budgétaires, gestion de personnel) et professionnalise (changement dans le profil socioprofessionnel des fonctionnaires dont les effectifs augmentent très rapidement). Un système de recrutement et de promotion reposant sur la règle du mérite est mis en place, ce qui a permis la consolidation d'une fonction publique compétente, plus indépendante du pouvoir politique (dissociation de la fonction administrative de la fonction politique) et marquée d'une volonté de servir l'État qui doit lui-même servir les citoyens.

L'élargissement du rôle de l'État n'a pas été sans conséquences: augmentation substantielle des dépenses publiques (la part des dépenses gouvernementales dans l'économie a augmenté de façon continue jusqu'au milieu des années 80), accroissement de la dette et du déficit, bureaucratisation de l'administration publique, centralisation accrue, dépendance croissante des citoyens envers l'État. Ces divers effets se sont fait davantage sentir à partir du début des années 80. Depuis lors, une situation économique et sociale complexe et difficile a conduit à un questionnement du rôle de l'État et de l'administration publique. Ce dernier élément étant aujourd'hui encore prégnant, nous l'approfondirons dans la section qui suit.

Les principaux facteurs conditionnant cette évolution

Un certain nombre de facteurs conditionnent largement l'évolution actuelle et prévisible de l'État québécois et de sa fonction publique et constituent autant de défis auxquels ils ont à faire face. Nous soulignerons ici ceux qui concernent la population, la situation économique et sociale et le contexte politique.

Des citoyens portant de nouvelles exigences

Au cours des 30 dernières années, la composition de la population québécoise a beaucoup changé ainsi que sa façon d'être et ses attentes. **En ce qui concerne sa composition, le premier fait marquant réside dans le vieillissement rapide de la population,** vieillissement principalement causé par la réduction de la fécondité. De 5,8 % qu'il était en 1961, le pourcentage des personnes de 65 ans et plus est présentement d'environ 10 %; il pourrait atteindre 15 % d'ici 20 ans et au-delà de 20 % au milieu du siècle prochain. Une telle hausse a et aura une influence considérable sur certains types de dépenses gouvernementales (santé et sécurité du revenu des personnes âgées, par exemple).

Le second fait marquant concerne la diversité ethnique et culturelle. Le Québec compte en effet une fraction non négligeable de personnes d'origine autre que française. Il y a d'abord la communauté de langue anglaise. Au recensement de 1986 et en s'en tenant aux seules personnes s'étant déclarées d'origine britannique, son importance était de 6 %. Toutefois, selon la langue maternelle, le pourcentage des personnes ayant déclaré l'anglais comme première langue apprise était de 9 %, alors qu'un peu plus de 10 % avaient l'anglais comme langue principale au foyer. Par ailleurs, le Québec est depuis toujours une terre d'accueil et une partie de sa population est composée de Québécois membres de communautés culturelles issues de l'immigration. Au recensement de 1986, 10 % de la population du Québec était d'origine autre que française, britannique et autochtone. La diversification du mouvement d'immigration a contribué à la multiplicité des communautés culturelles au Québec. Si, entre 1951 et 1970, l'origine européenne prédomine, les années 70 ont connu une diversification de la provenance qui s'est poursuivie et accélérée dans la décennie 80. La poussée des non-Européens retient l'attention: Asiatiques, Antillais, Latino-Américains et Africains. Au cours de la dernière décennie, ces derniers comptent pour près de 70 % des nouveaux arrivants. En outre, l'immigration est géographiquement fortement concentrée: près de 90 % s'installent dans la région métropolitaine de Montréal. C'est donc avant tout à Montréal que se vit l'hétérogénéité de la population québécoise, les ajustements à cette diversité et aussi les enrichissements culturels.

De plus, ce contexte de diversité ethnique et culturelle est marqué d'une façon tout à fait particulière par la redéfinition en cours des termes de la problématique entourant la question autochtone au Canada. La société québécoise se doit d'amorcer un dialogue nouveau avec les communautés autochtones, fondé sur une reconnaissance réciproque des droits et des devoirs de chacune des communautés. Les divers ordres de gouvernement mènent actuellement des négociations avec les représentants des nations autochtones (au Québec, 11 nations qui représentent 1 % de la population mais dont le taux de natalité est près de trois fois supérieur à la moyenne et dont 50 % des personnes ont moins de 25 ans) en vue de convenir des voies et des moyens qui permettront une cohabitation harmonieuse sur le territoire.

En ce qui a trait à la façon d'être et aux attentes des individus et des groupes, on a connu, depuis 30 ans, de profonds changements culturels. On a assisté, entre autres, à **un fort mouvement d'affirmation individuelle**. Cette montée de l'individualisme a marqué toutes les sphères de notre société, depuis la famille jusqu'au monde du travail. Les gens, mieux éduqués et plus instruits, recherchent désormais davantage leur autonomie et leur épanouissement personnels. Les chartes des droits sont venues renforcer ce mouvement.

Ces différents facteurs, conjugués à l'influence d'un marché omniprésent qui tend à privilégier les attentes de la clientèle et d'un État-providence qui est perçu comme devant répondre à tous les besoins, ont conduit à l'émergence **de citoyens de plus en plus exigeants à l'égard des services publics mais qui, par ailleurs, ne veulent pas payer plus**. Compte tenu du rôle important joué par les médias et du financement public, de multiples organismes de revendication sont de plus en plus efficaces. Les citoyens québécois portent donc de nouvelles exigences, des exigences à la fois fortes, multiples et parfois contradictoires.

Une situation économique et sociale complexe

Nous sommes aujourd'hui dans une situation marquée non seulement par une crise économique structurelle persistante, mais également par des mutations sociales profondes. Nous rappellerons dans ce qui suit un certain nombre de constats primordiaux en ce qui concerne ces transformations.

Premier constat: la mondialisation des marchés et de la production. Celle-ci aiguise la concurrence internationale et oblige à la restructuration des économies. On assiste depuis un certain nombre d'années à la disparition graduelle des entraves à la libre circulation des biens et des services. Les accords du GATT, l'intégration du grand marché européen et le traité de libre-échange nord-américain ont contribué à accélérer ce mouvement. Devant l'abolition progressive des barrières tarifaires et non tarifaires entre les pays, plusieurs industries jusque-là protégées doivent s'ajuster rapidement à une concurrence internationale accrue. De plus, non seulement y a-t-il mondialisation des échanges de produits, mais aussi et peut-être surtout mondialisation du capital financier et de la technologie. La plupart des industries à haute technicité sont aujourd'hui extrêmement mobiles: elles peuvent déménager du jour au lendemain. Le résultat de cette mobilité est que toute la structure des avantages comparatifs des régions et des nations est maintenant très instable. Dans le nouvel ordre économique, marqué par la montée en puissance du Japon, de l'Allemagne mais aussi des nouveaux pays industrialisés, le niveau de richesse dépend moins des ressources naturelles que du savoir-faire puisque ce sont les biens et les services à forte valeur ajoutée qui font la différence.

L'économie québécoise, très ouverte sur le monde – le Québec exporte environ la moitié de sa production de biens et de services à l'étranger et ailleurs au Canada – est particulièrement sensible aux transformations qu'entraîne la mondialisation. Elle doit donc améliorer sa compétitivité par un accroissement de sa productivité et la création d'avantages concurrentiels. Ce défi interpelle l'État québécois, la mondialisation ayant pour effet de mettre les appareils publics en concurrence. D'une part, le coût des services gouvernementaux se répercutant dans le prix des produits qui sont mis en marché par les entreprises privées, un secteur public peu efficace dans ses propres domaines d'intervention constitue une entrave à la capacité concurrentielle d'une économie. D'autre part, cette influence des services publics sur la compétitivité de l'appareil économique ne s'exerce pas seulement – et peut-être pas surtout – par le niveau des dépenses publiques, mais bien par leur contribution touchant la qualité des infrastructures (incluant l'infrastructure technologique), la recherche, le savoir-faire de la main-d'œuvre et ses capacités d'innovation, les modes de financement ainsi que l'environnement fiscal, juridique et social.

Soulignons enfin que l'internationalisation n'est pas sans effet sur les différentes cultures et, qu'à ce chapitre, la volonté de préserver le caractère francophone du Québec entraîne un certain nombre de préoccupations et d'obligations particulières.

Deuxième constat: la transformation rapide et profonde du marché du travail. Cette transformation est liée à l'apparition de nouvelles formes de concurrence et aux progrès technologiques incessants. Depuis les années 70, avec l'émergence de nouveaux comportements de consommation, les marchés ont été de plus en plus soumis à un processus de fragmentation et de segmentation. Nous sommes passés à l'ère de la différenciation de la demande. Désormais, la concurrence porte autant sur la nature et la qualité des produits que sur les coûts et ce, qu'il s'agisse du marché intérieur ou du marché mondial. Ces nouvelles normes de concurrence ont pu s'affirmer grâce à une nouvelle génération d'outils et de supports scientifiques et techniques marqués par les technologies de l'information et permettant de fabriquer, à bon compte, de petites séries de modèles différents. Ces changements considérables dans les structures de production ont commandé de nouveaux modes d'organisation et de travail à l'intérieur des entreprises mais également entre celles-ci.

Dans les entreprises, l'efficacité des nouvelles technologies et la qualité des produits exigent une forte implication de travailleurs compétents; elles dépendent de la qualification individuelle des travailleurs, de la qualité de l'organisation et de l'esprit d'équipe. La main-d'œuvre qualifiée devient ainsi une ressource stratégique. À l'instar des autres pays industrialisés, le Québec doit investir beaucoup plus dans le développement des compétences de sa main-d'œuvre et ce, dans un contexte où, compte tenu du vieillissement de la population active, les entreprises devront compter davantage sur les travailleurs en emploi pour combler leurs besoins de main-d'œuvre et assurer leur compétitivité. Il faut par ailleurs noter que les femmes continuent d'accroître leur présence au sein de la population active. Ce phénomène, conjugué à la prise de retraite des travailleurs âgés qui sont à l'heure actuelle majoritairement des hommes, accentuera dans les années à venir la féminisation du marché du travail.

Entre les entreprises, les mêmes facteurs, efficacité productive des nouvelles technologies et qualité des produits, réclament l'instauration de nouveaux rapports, des rapports de partenariat. On assiste à l'établissement ou à la consolidation de filières, les grandes entreprises s'engageant à fournir un support à leurs PME sous-traitantes (participation à l'investissement, transferts de techniques et de savoir-faire), les secondes, à respecter délais de livraison, qualité et prix. Les PME développent elles-mêmes des formes originales de coopération, s'associant en des réseaux de production, d'échanges et de distribution.

Le gouvernement du Québec est donc interpellé ici aussi et doit, plus que jamais, soutenir la formation de la main-d'œuvre, l'adoption de nouveaux modèles organisationnels et le renforcement des partenariats et des synergies.

Soulignons enfin que, en ce qui concerne la progression continue du secteur des services (celui-ci représente au Québec, en 1989, 70,6 % de l'emploi), il nous faut distinguer les services liés à l'industrie, services à forte valeur ajoutée qui dégagent d'importants gains de productivité et permettent des salaires réels appréciables, les services rendus par les organisations publiques et parapubliques qui ne peuvent être assurés que par une ponction sur la richesse créée, et les autres qui exigent peu de qualifications professionnelles et fournissent peu de revenus. L'intérêt du gouvernement est donc de favoriser le développement du secteur des services à forte valeur ajoutée.

Troisième constat: la marginalisation de certaines régions et de certains quartiers urbains et d'une partie importante de la population. Malgré les programmes universels en matière de santé, d'éducation, d'aide sociale et de sécurité du revenu mis en place à partir des années 60, les inégalités sociales augmentent progressivement, depuis 1971, au Québec. Les conditions nouvelles du marché du travail et du milieu de vie et les exigences qui en découlent accélèrent présentement ce mouvement. Les visages de la pauvreté sont multiples: itinérants, ex-psychiatrisés que la désinstitutionnalisation a laissés pour compte, femmes âgées ne profitant pas d'une pension suffisante, familles monoparentales, mais aussi et de plus en plus, personnes non scolarisées, hommes ou femmes, jeunes et moins jeunes, mal préparés pour aborder le marché concurrentiel de l'emploi, marché où les ouvertures se font de plus en plus rares.

Un grand nombre de ces personnes se retrouvent dans les localités rurales en déclin démographique et dans certains quartiers urbains. Majoritairement inoccupées, elles connaissent de multiples problèmes de dépendance. Il existe donc un risque réel d'en arriver à une société duale où un nombre de plus en plus restreint de personnes actives, vivant pour la plupart dans les banlieues, devront composer avec un nombre de plus en plus important de personnes inoccupées, regroupées dans le centre des villes ou dans l'arrière-pays. Il faut non seulement permettre aux régions, aux villes et aux familles de survivre aux difficultés actuelles, mais aussi les aider à se retrouver en état de bâtir un futur. L'État a sans doute ici un rôle majeur à jouer afin de maintenir l'intégrité de notre tissu social, de réduire l'exclusion et ce, non seulement pour les individus mais également pour les communautés.

Quatrième constat: les problèmes environnementaux qui nous obligent à rechercher une autre forme de développement. Ces problèmes, de mieux en mieux documentés, conduisent plusieurs à affirmer qu'il nous faut, dans une perspective de développement durable, élargir la rationalité économique en y intégrant des conditions et des contraintes écologiques. Cela comporte de nombreuses implications qui touchent tout à la fois la conception et le processus de production des biens, la consommation et le recyclage des matériaux, l'agriculture et les transports. Les arbitrages à faire entre objectifs économiques et objectifs écologiques vont sans doute se multiplier.

Un contexte politique exigeant

Aux débats constitutionnel et linguistique qui perdurent au Québec depuis quelques décennies déjà, se sont ajoutés, ces dernières années, le questionnement du rôle de l'État et la crise des finances publiques. Nous insisterons ici sur ces deux derniers aspects, qui ne sont pas sans lien avec le scepticisme existant au sein de la population face au politique et à l'administration publique. Nous commencerons par **la crise des finances publiques**, crise qui, de l'avis des gestionnaires rencontrés par la Commission, pose actuellement de très fortes contraintes à l'action gouvernementale.

Dans son récent exposé sur les finances publiques, le gouvernement actuel trace le portrait suivant. En ce qui concerne les revenus, il faut tenir compte du niveau plus faible de la ponction fiscale aux États-Unis, partenaire commercial avec lequel le Québec effectue les trois quarts de son commerce international, de la possibilité pour les entreprises de déplacer certaines activités afin de bénéficier du traitement fiscal le plus avantageux, de la mobilité des individus à hauts revenus et de la possibilité pour les consommateurs de déplacer leur demande. Pour toutes ces raisons, le gouvernement insiste sur la réduction de sa marge de manœuvre sur le plan fiscal et ce, au moment même où les transferts fédéraux sont à la baisse.

En ce qui a trait aux dépenses, le gouvernement souligne le fait que les services que le Québec s'est donnés dans la foulée de la Révolution tranquille entraînent une croissance structurelle forte et difficile à contenir qui résulte principalement des pressions dans le domaine de la santé et des services sociaux, domaine qui compte pour 31,4 % du budget gouvernemental. Il souligne, de plus, que la présente récession a provoqué une augmentation significative des dépenses. Dans le budget des dépenses 1992-1993, c'est 1,7 milliard de dollars qui est attribuable au ralentissement de l'économie.

Au problème découlant d'une marge de manœuvre réduite sur le plan fiscal et à celui du niveau et de la croissance élevés des dépenses, s'ajoutent les difficultés inhérentes aux hauts degrés atteints par le déficit et l'endettement. Le gouvernement met ici l'accent sur les conséquences de cet endettement. Premièrement, l'augmentation importante des sommes qu'il doit consacrer aux paiements d'intérêts (17 cents par dollar de revenu) fait que les dépenses de programmes sont inférieures aux revenus budgétaires, une situation qui entraîne l'insatisfaction des citoyens. Deuxièmement, les déficits et le recours systématique à l'endettement peuvent affecter la qualité de crédit du Québec et réduire ainsi fortement la marge de manœuvre de son gouvernement. Enfin, le fait que les futurs citoyens devront assumer une partie du coût des services publics dont profitent les citoyens actuels pose un problème d'équité.

Cette crise des finances publiques que nous venons d'évoquer n'est pas sans avoir de répercussions sur **le questionnement du rôle de l'État**, questionnement qui est apparu au début des années 80 et s'est accentué par la suite. Il porte à la fois sur la viabilité de l'État-providence et sur la place de l'État dans les nouvelles conditions créées par la mondialisation.

Mis en place dans les grands pays industrialisés à partir de 1945 mais réellement implanté au Québec dans les années 60, l'État-providence, un État qui répartit et distribue la richesse au nom de la solidarité entre les membres de la société, a été perçu comme un substitut heureux aux systèmes antérieurs d'aide et de redistribution fondés sur la charité. La volonté était non seulement de développer un système de sécurité sociale universel, mais également de remplacer progressivement toutes les formes traditionnelles de services. Dans les dernières années, ces deux desseins ont été graduellement mis en question. La première raison, d'ordre financier, est liée à la croissance structurelle des dépenses dont nous avons déjà parlé, mais elle a également à voir avec la crise économique persistante qui, depuis quelque 20 ans, a provoqué une forte hausse du chômage, ce qui a entraîné un accroissement important des indemnités de chômage et des programmes sociaux. Ces transferts sociaux ont pesé d'un poids de plus en plus lourd sur la partie active de l'économie, sur les salaires comme sur les profits, et des voix de plus en plus nombreuses se sont élevées pour critiquer cette situation.

Au-delà de la crise financière, une autre raison majeure de la remise en cause de l'État-providence réside dans la réaction des citoyens-usagers contre la professionnalisation et la bureaucratisation des services. Si, dans un premier temps, l'État a contribué à l'évolution des liens de parenté, de voisinage, d'amitié et de communauté, en diminuant les obligations et en assumant une partie des services que ces réseaux fournissaient antérieurement, il peut atteindre un seuil où il entame les liens sociaux et où il engendre des dépendances très fortes à son égard. Aussi, plusieurs proposent un certain retour aux solidarités locales et une action concertée et complémentaire de l'État et des organismes volontaires (fondés sur le bénévolat) ou d'entraide (fondés sur la réciprocité). Cette double problématique amène l'État non seulement à revoir l'ampleur de ses interventions à caractère social, mais aussi à questionner leur pertinence et à reconnaître davantage l'apport du secteur associatif.

Parallèlement, se pose la question de l'action de l'État en matière économique dans la nouvelle dynamique du système international. L'État se retrouve ici soumis aux pressions du supra et de l'infra national. D'une part, et sans insister sur la situation propre au Québec du fait qu'il appartient à une fédération, l'interdépendance croissante entre les nations, qu'elle soit le fait d'accords internationaux (GATT, par exemple), de la constitution de blocs économiques régionaux (ALENA, par exemple) ou simplement de la mondialisation des marchés, pose un certain nombre de limites à la souveraineté nationale et oblige les États à revoir leur façon de régulariser la croissance. Les mesures isolées, défensives et protectionnistes, dont peuvent encore user les plus puissants acteurs économiques, doivent, pour les autres, céder la place à des mesures offensives et concurrentielles qui permettent de mobiliser capital, technologie et main-d'œuvre qualifiée. D'autre part, les grandes villes et les régions peuvent et doivent s'inscrire de plus en plus directement dans les rapports internationaux. À l'instar des autres gouvernements, celui du Québec doit rechercher à la fois les moyens de stimulation de ce processus (particulièrement en ce qui concerne la ville de Montréal qui joue un rôle de plaque tournante dans le développement socio-économique interne et externe du Québec) et les schémas de son encadrement, afin d'éviter les fragmentations nocives et permettre une vision harmonieuse et intégrée.

Les changements en ce qui concerne les contenus et les modalités d'intervention de l'État québécois

Compte tenu du nouvel environnement interne et externe dans lequel il se trouve inséré et des contraintes inédites auxquelles il doit faire face, l'État québécois a amorcé une réflexion sur ses missions et les moyens de les remplir. Les changements envisagés ne visent pas un désengagement de l'État mais bien la transformation de son rapport à la société. L'État aspire à devenir plus léger, coordonnateur et incitateur plutôt que dirigiste. On s'oriente vers un réaménagement des liens entre le marché, l'État et la sphère constituée par la famille et les multiples réseaux communautaires et associatifs. Dans ce qui suit, nous verrons ce qu'il en est, au plan économique et au plan social, de ce repositionnement de l'État.

En ce qui concerne le développement économique, l'État demeure un acteur fondamental dans les formes nouvelles de la compétitivité: l'avenir n'est pas dans la divergence du marché et de l'État mais dans leur convergence. En effet, les forces du marché se montrent des instruments efficaces pour l'allocation courante des ressources, le développement des techniques nouvelles et la création de la prospérité matérielle. Mais l'État doit soutenir et compléter les mécanismes du marché.

L'expérience montre que, dans l'environnement concurrentiel actuel, un certain nombre de conditions de base doivent être réunies pour assurer la compétitivité et la prospérité d'une économie. Il faut notamment que les entreprises puissent évoluer dans un environnement macro-économique stable et soutenu par une fiscalité et un cadre réglementaire propices à la croissance; qu'elles aient un accès facile aux capitaux de risque pour financer les investissements leur permettant, entre autres, de moderniser leurs installations afin de disposer des avantages concurrentiels fournis par des usines à la fine pointe de la technologie; qu'elles puissent compter sur une main-d'œuvre qualifiée et qu'elles adoptent des méthodes de gestion qui font appel à l'initiative et qui favorisent un bon climat de travail; qu'elles investissent dans la recherche et le développement ainsi que le design, afin de donner à leurs produits un caractère distinctif.

Conscient que le Québec, comme les autres sociétés, doit s'améliorer en ce qui touche ces facteurs fondamentaux de la compétitivité, le gouvernement québécois s'efforce de recentrer sa politique économique. D'une part, voulant créer les conditions favorables au développement du secteur privé plutôt qu'intervenir directement dans la production et la commercialisation de biens et de services, il réexamine sa politique à l'égard de ses sociétés d'État. D'autre part, il s'est donné des politiques cadres dans les domaines des affaires internationales, du développement de la main-d'œuvre, du développement régional et du développement économique axé sur les grappes industrielles. Ces politiques visent à établir une concertation entre l'État et les acteurs du développement économique. Elles misent sur le partenariat, c'est-à-dire sur la participation active des intervenants dans chacun des domaines touchés. L'instauration d'un tel partenariat passe par la mise en place de nouvelles structures et par le raffermissement des approches régionales et sectorielles.

La modification des avantages comparatifs – le savoir-faire l'emportant nettement sur les ressources naturelles – et la libéralisation des échanges – qui limite de plus en plus les possibilités de subventions directes qui ciblent des entreprises ou des secteurs industriels donnés – ont donc conduit le gouvernement du

Québec à remanier son rôle en matière d'aide à l'industrie. L'approche générale retenue vise à créer un environnement et des conditions qui pourraient contribuer à rendre les entreprises plus performantes (formation de la main-d'œuvre, infrastructures, fiscalité concurrentielle) et à favoriser la recherche, l'innovation, la diffusion des nouvelles technologies, les démarches de qualité et le maillage interentreprises.

Au plan social, l'État continuera sans doute à assurer les conditions permettant la solidarité, à corriger certains effets du marché et à chercher à réduire l'exclusion par le biais des grands réseaux (santé et éducation) et de la péréquation entre les régions, à gérer la diversité et à soutenir l'identité nationale. En un mot, l'État se porte toujours garant du bien commun. Pourtant il n'en porte pas seul la responsabilité et la sauvegarde. Il n'est pas le dépositaire exclusif de l'intérêt public, champ d'action commun à la société et à l'État. Non seulement il n'est pas le seul garant du bien commun, mais il n'a pas à agir partout non plus. Enfin, son action est tributaire des ressources qui lui sont disponibles. Faute de pouvoir continuer à distribuer des services sans conditions, l'État devra définir de façon plus modeste ses champs d'intervention et rechercher dans la société des partenaires dans la poursuite du bien commun. Reflets de cette problématique, deux voies sont actuellement privilégiées: la dévolution et la modulation des programmes sociaux.

La dévolution recouvre deux mouvements que l'on peut distinguer. Le premier concerne la décentralisation vers des instances infra-étatiques. Celles-ci sont capables d'exercer d'autant plus valablement certaines fonctions qu'elles ont une plus grande proximité par rapport à la masse des citoyens, ce qui peut leur permettre de reconnaître plus facilement les besoins réels et de faire les choix nécessaires. Par ailleurs, le fait de cesser de disperser ses efforts peut permettre à l'autorité publique d'assurer plus efficacement des fonctions qui n'appartiennent qu'à elle, parce qu'elle seule peut les remplir: diriger, surveiller, stimuler selon que les circonstances l'exigent. À ce titre, le gouvernement du Québec a procédé, au cours des dernières années, à la décentralisation de certains pouvoirs. Ainsi, dans le secteur de l'éducation, la responsabilité de la gestion des équipements est passée aux commissions scolaires alors que, plus récemment, les municipalités ont été contraintes à jouer un rôle plus important dans la gestion et le financement de certains services, tels que le transport en commun, la voirie locale et la sécurité publique. On doit également rappeler les nouvelles structures régionales mises en place dans le cadre des nouvelles politiques en matière de santé, de développement de la main-d'œuvre et de développement régional.

L'autre mouvement correspond aux nouvelles collaborations qui se développent entre les organisations publiques et les réseaux associatifs et communautaires. Ces réseaux assurent une partie importante des services personnels, leur domaine étant délimité par l'État d'un côté, par les solidarités familiales ou amicales de l'autre. Chez eux demeurent importants les rapports personnels et l'engagement de l'individu. Il y a une nécessaire complémentarité entre leur action et celle de l'État. Celui-ci recourt d'ailleurs de plus en plus à ces solidarités locales pour réaliser certaines missions sociales ou éducatives, l'important ici étant de se mettre à leur service et non de chercher à les assujettir.

La seconde voie privilégiée a trait à la modulation des programmes sociaux. Il s'agit ici de distinguer accessibilité et gratuité. La situation des finances publiques oblige à s'interroger sur la distribution gratuite des services, à tous, sans exception et sans considérer les capacités de chacun. On observe que le choix du gouvernement a été de mettre graduellement en place la tarification de certains services publics en s'assurant, par le biais d'exemptions ou de compensations directes, de préserver l'accès aux services aux plus démunis. C'est ainsi que le degré d'autofinancement de l'ensemble des services publics par les usagers est passé de 5,9 % en 1985-1986 à 8,5 % en 1991-1992 à la suite des différentes mesures tarifaires adoptées par les ministères, organismes et établissements du réseau de l'éducation et du réseau de la santé et des services sociaux. Le recours accru au financement direct par l'usager constitue sans doute une source de fonds qui peut assurer un meilleur équilibre entre les besoins des citoyens et les coûts associés à la fourniture des services publics.

L'État québécois pourrait ainsi en revenir à la notion d'aide subsidiaire qui suppose que l'on intègre la responsabilité des individus et des groupes sociaux avant d'apporter une aide nécessaire. Il en va ainsi au plan de la sécurité du revenu où l'État veut s'assurer que l'objectif fondamental, qui est de garantir un revenu minimal aux plus démunis, soit accompagné d'une obligation pour les bénéficiaires aptes au travail à poursuivre des activités qui permettent de rehausser leur employabilité.

Les nouveaux défis à relever par la fonction publique québécoise

Les principaux éléments signalés en ce qui a trait à l'environnement national et international et les changements qui sont en voie de s'opérer en ce qui concerne l'État québécois ne sont pas sans avoir une influence considérable sur la fonction publique du Québec et sans lui poser un certain nombre de défis majeurs. La fonction publique nous semble ainsi interpellée tout autant du côté des produits et des services qu'elle fournit que de celui de son mode d'organisation et de fonctionnement.

Au plan des produits et des services offerts, le défi fondamental nous paraît résider dans le nécessaire équilibre à assurer entre les attentes des citoyens clients et celles des citoyens contribuables. Cela exige une action soutenue sur plusieurs fronts à la fois. L'État cherchera probablement à recentrer son action et ses ressources vers ses rôles fondamentaux et les fonctions qui lui appartiennent en propre, à réévaluer les diverses interventions gouvernementales et à explorer de nouvelles façons de fournir ou de financer les services que le gouvernement entend préserver. À ces fins, les ministères seront mis à contribution afin de revoir systématiquement le contenu des programmes, mais cet examen sera sans doute plus poussé dans le cas des grands domaines des dépenses – santé et services sociaux, éducation, sécurité du revenu – et, compte tenu des nouvelles règles du jeu au plan international, dans celui de l'aide aux entreprises. Cette révision en profondeur pourrait mener, dans certains cas, à l'abolition de programmes, mais plus généralement à des modifications permettant un meilleur ciblage de la clientèle, une réduction du niveau de services, une diminution de la gamme des produits offerts ou encore une utilisation plus intensive de la tarification.

Des efforts seront sans doute demandés en vue de simplifier les rapports entre les citoyens et l'appareil public et pour développer une «approche-clientèle». Les ministères doivent accentuer la sensibilité à leur environnement, accroître leur connaissance des milieux où ils interviennent et des enjeux qui y ont cours, et améliorer la qualité de leur prestation. De plus, une modulation plus forte des programmes et des services offerts, conjuguée à la diversité grandissante d'une population plus exigeante, va nécessiter une grande flexibilité.

Au plan de l'organisation et du fonctionnement de l'appareil gouvernemental, la volonté de réduire les coûts, d'alléger la bureaucratie et d'améliorer la qualité des services aux citoyens implique la révision des modes de fonctionnement actuels qui sont perçus comme étant trop lourds, trop rigides et trop coûteux. À cet égard, plusieurs avenues peuvent être empruntées.

La première avenue a trait à la dévolution de certaines activités à des instances infra-étatiques, à des organismes communautaires ou encore au secteur privé. Compte tenu de l'étendue du territoire québécois et de la dispersion d'une bonne partie de sa population, il est apparu opportun à l'État qu'un certain nombre de responsabilités soient décentralisées en faveur du niveau décisionnel et fiscal le plus près possible des usagers. Dans plusieurs secteurs, un nouveau partage des responsabilités avec les gouvernements locaux ou avec les régions pourrait permettre d'instaurer une dynamique plus efficace entre la décision d'offrir des services et la responsabilité de prélever des revenus pour les financer. Étant plus près des clientèles et pouvant posséder de ce fait une meilleure connaissance des besoins, les élus ou gestionnaires locaux peuvent souvent être mieux en mesure de faire des choix, d'ajuster les services fournis aux réalités locales et de choisir des moyens moins coûteux de les rendre.

À ce mouvement de décentralisation qui devrait se poursuivre sinon s'accélérer, s'ajoutent les nouvelles façons d'offrir les services, soit en confiant certaines opérations à des organismes spécialisés du secteur public administrés comme s'ils étaient en affaires ou encore directement au secteur privé, lorsque cela s'avère plus rentable, soit en faisant administrer certains programmes gouvernementaux par des organismes communautaires. Les ministères pourraient être appelés en ce sens à revoir systématiquement la façon dont sont donnés leurs services afin de déterminer puis d'adopter les approches les plus efficaces. Quel que soit le scénario retenu, la dévolution suppose que les ministères apprennent non seulement à se délester de certaines responsabilités, mais également à collaborer avec des partenaires aux pouvoirs accrus.

La seconde avenue possible concerne l'allégement des structures gouvernementales par des mesures telles que la réduction du nombre de ministères ou d'organismes, la limitation du nombre de paliers de gestion ou la diminution du poids des unités de soutien au profit des unités opérationnelles. La réduction des effectifs dans la fonction publique, particulièrement du nombre de cadres, va probablement inciter le gouvernement, les ministères et les organismes à agir en ce sens. Ce pourrait être, de plus, l'occasion d'instaurer des guichets uniques facilitant aux citoyens l'accès aux services gouvernementaux. Enfin, compte tenu du plus grand nombre d'interlocuteurs avec lesquels la fonction publique doit transiger et de la complexité des dossiers qui s'accroît sans cesse, cet allégement des structures doit aller de pair avec une meilleure concertation interministérielle. Il y va de la cohérence de l'action gouvernementale.

La troisième avenue praticable a trait à la mise en place d'un mode de gestion davantage axé sur les résultats et l'imputabilité. On parle ici de remplacer l'approche normative qui caractérise certains gestes de la fonction publique québécoise par un modèle de gestion orienté vers les résultats. Dans un tel cas, les ministères et organismes se verraient octroyer une plus grande autonomie d'action en retour de quoi il leur faudrait rendre compte de leur performance et être soumis à la règle de l'imputabilité des résultats obtenus. Cela nécessite évidemment l'assouplissement et la simplification du cadre, des normes et des règles de gestion des ressources, qu'elles soient humaines, matérielles, financières ou informationnelles. Cela implique également l'élaboration d'instruments de mesure permettant d'évaluer résultats et performance, instruments qui, joints à de bons outils de support à l'information de gestion, sont à la base de toute démarche d'amélioration du rapport qualité/prix des produits ou des services.

Finalement, les défis que nous venons de décrire ne pourront être relevés par la fonction publique québécoise sans **la coopération de l'ensemble des personnes qui y œuvrent**, sans l'engagement de fonctionnaires compétents et dévoués. Plus que jamais, la notion de service public demeure essentielle au bon fonctionnement de l'appareil gouvernemental. Ce dernier défi devient central dans un contexte de diminution et de vieillissement des effectifs. Les gestionnaires – nous y venons dans la section qui suit – devront plus que jamais être à même non seulement de conseiller et de soutenir le palier politique quant à l'élaboration des politiques et des programmes et de gérer au mieux leur mise en œuvre, mais également de mobiliser les personnes.

*

*   *

QUESTIONS

1. Dans un contexte de restrictions et de déficit budgétaires, certaines personnes ont suggéré l'utilisation d'un mode de gestion s'inspirant davantage des pratiques «privées» afin d'assurer un plus grande efficience dans les organisations publiques. Que pensez-vous de cette possibilité? Justifiez votre réponse.

2. Depuis quelque temps déjà, on a beaucoup parlé de privatiser certaines organisations publiques. D'après vous, serait-il souhaitable que le gouvernement agisse en ce sens? Si oui, quelles organisations devraient être privatisées et pourquoi? Si non, quels seraient vos arguments pour convaincre les tenants de la privatisation?

Chapitre 3

LES DÉBATS DE FOND

Comme nous l'avons souligné dans le chapitre premier, les théories de l'organisation constituent un champ d'étude désordonné mais qui n'en demeure pas moins fascinant (Waldo, 1978). Les théoriciens des diverses tendances élaborent un ensemble d'hypothèses qui leur sont spécifiques, posent des questions fondamentales et, bien entendu, tirent des conclusions différentes et parfois même diamétralement opposées. Néanmoins, certains thèmes reviennent constamment dans les débats mouvementés qu'entretiennent les théoriciens de l'organisation publique. Ces débats de fond, qui mettent en cause les différentes perspectives adoptées par les théoriciens, peuvent être groupés sous les quatre titres suivants:

1. *La loi et/ou l'autorité légale*

Les organisations publiques sont créées en vertu de lois, pour administrer des lois, et leur performance intéresse la société dans son ensemble. Les questions relatives à l'interprétation et à l'application des lois par les organisations publiques, et celles relatives à la manière dont ces organisations remplissent les fonctions pour lesquelles elles ont été mandatées, sont par conséquent d'une très grande importance.

2. La rationalité et/ou l'efficience

Les organisations publiques utilisent des ressources matérielles financées par les contribuables. L'utilisation rationnelle et efficiente de ces ressources, à l'intérieur ou à l'extérieur de ces organisations, intéresse les citoyens au plus haut point.

3. Les facteurs psychologiques et sociaux

Même si certains politiciens voudraient parfois nous faire croire le contraire, les fonctionnaires sont des êtres humains. Les gestionnaires publics doivent donc comprendre les aspects psychologiques et les aspects sociaux de l'organisation, s'ils veulent gérer correctement les ressources humaines et s'ils veulent être capables de motiver leurs employés et les encourager à s'impliquer, même si ces employés ne peuvent pas être récompensés de la même manière que dans le secteur privé (à but lucratif). Les aspects psychologiques et sociaux de la gestion dans les organisations, appliqués aux individus et aux groupes, doivent donc être compris et bien interprétés de manière à tenir compte du contexte particulier au secteur public.

4. La politique et/ou les relations de pouvoir

Toute action entreprise dans une organisation publique se situe nécessairement dans un contexte politique. Il faut donc prendre conscience du fait que toutes les décisions et toutes les actions des principaux acteurs dans ces organisations sont caractérisées par le jeu des rapports de forces.

Les thèmes deux et trois, qui sont objets de controverse, sont universels et doivent être considérés dans toute discussion relative aux théories de l'organisation, qu'elles s'appliquent au secteur privé (à but lucratif) ou au secteur public bien que, dans ce dernier cas, elles doivent être nuancées. Cependant, les organisations publiques existant pour des raisons différentes de celles du secteur privé (à but lucratif), le premier et le quatrième thèmes prennent pour elles une signification particulière que l'on ne retrouve pas dans les organisations privées (à but lucratif). Bien que l'accent particulier mis sur les aspects légaux et l'environnement politique des organisations publiques devrait être assez clair après la lecture du chapitre précédent, il convient malgré tout d'y revenir brièvement.

Dans le chapitre deux, la discussion portait sur la façon dont les organisations publiques sont associées à la formulation et à l'application des lois. Or, il importe d'insister sur le fait que le contexte légal limite sérieusement l'élaboration des structures et la mise en application des modalités de fonctionnement des organisations publiques. Tout en s'efforçant de concilier les exigences d'une efficience optimale avec celles qui garantissent les meilleurs arrangements sociaux et psychologiques dans l'organisation, le gestionnaire public doit se tenir constamment au fait de ce que la loi permet. L'histoire suivante, qui est authentique, illustre bien la difficulté que rencontre le gestionnaire à cet égard.

Dans un État du Midwest américain, on a découvert qu'un certain bureau de placement avait réussi, sur une période de dix-huit mois, à trouver plusieurs emplois permanents à des chômeurs. On constatait non seulement que ce bureau réussissait à placer plus de chômeurs que les autres bureaux, mais encore que ceux-ci conservaient leur emploi plus longtemps comparativement à ceux qui avaient été placés par les autres bureaux de l'État. Quand un vérificateur de l'État fit sa visite bisannuelle pour examiner les dossiers, il constata qu'ils étaient tous en règle. Il se rendit compte également que la directrice utilisait un système de motivation particulier qui semblait être la clé de son succès: elle récompensait les employés d'une journée additionnelle de congé dès qu'ils avaient trouvé un emploi à un nombre prédéterminé de chômeurs qui conservaient leur emploi plus longtemps que la période moyenne observée dans l'ensemble des bureaux de l'État. En dépit de son succès, le vérificateur a dû informer la directrice qu'elle violait la loi et qu'elle ne pouvait pas utiliser un tel système de récompenses. Un an plus tard, la performance de ce bureau était légèrement inférieure à la moyenne de l'État, à la fois pour le nombre de placements et pour la durée moyenne des emplois. Tout le monde croyait fermement que le système de récompense particulier était la cause du succès du bureau et que sa suppression avait immédiatement mené le bureau à la médiocrité. Tout ce qu'ils pouvaient faire était de hocher la tête, de hausser les épaules et de dire: «C'était une idée géniale mais c'était illégal».

Les membres des organisations publiques doivent faire preuve de discernement dans l'utilisation qu'ils font des théories existantes, de façon à respecter la lettre de la loi. La preuve formelle qu'un nouveau système fonctionne n'est pas une justification suffisante pour assurer sa mise en application (bien qu'elle pourrait servir à convaincre la législature de changer la loi). Une théorie de l'organisation publique doit donc nécessairement contenir des considérations relatives aux implications du contexte juridique sur la raison d'être de cette organisation et sur les contraintes qu'il impose à la liberté d'action de ses membres. En agissant ainsi, on présente une image plus complète du fonctionnement réel des organisations publiques.

Lorsqu'on analyse le quatrième thème, celui qui porte sur la politique et les relations de pouvoir, on doit se préoccuper des hypothèses sous-jacentes aux questions portant sur les organisations. Ces questions (et leurs réponses) sont par définition politiques; elles comportent souvent, implicitement ou explicitement, une critique du système politique et de la culture prédominante, ainsi que des propositions de changement. Elles reposent donc sur un ensemble particulier d'hypothèses sur l'autorité, les conflits, le pouvoir et sur les critères à partir desquels les décisions sont prises. Un gestionnaire public devrait examiner attentivement toute théorie de l'organisation au regard de ces hypothèses avant d'essayer de l'appliquer pour améliorer sa gestion ou faire des changements dans les activités d'une de ses unités.

Toute théorie visant les organisations publiques doit prendre en compte l'environnement politique. Comment la théorie tient-elle compte du système politique existant qui, de son côté, nous aide à comprendre le fonctionnement des organisations publiques? Cela doit être considéré dans toute tentative d'appliquer une théorie de l'organisation à une organisation publique. Comment les acteurs vont-ils interpréter ces tentatives et comment vont-ils réagir à ces efforts étant donné leur philosophie politique, leur position dans le système politique, et la perception que ces deux facteurs leur donnent du monde? Comment les réactions des acteurs politiques vont-elles influer sur l'implantation d'un changement? Il faut reconnaître ici qu'il existe différents types de rationalité (c'est-à-dire plusieurs types de rationalité politique et managérielle), fondés sur des valeurs distinctes. Ainsi peut-on distinguer la rationalité substantive (portant sur les fins) de la rationalité instrumentale (portant sur les moyens). Ces types de rationalité interviennent simultanément dans la définition des buts des organisations publiques et dans l'évaluation de leur degré de rationalité et d'efficience. Nous reviendrons sur le concept de rationalité plus loin dans ce chapitre.

Ainsi, c'est la prise en compte de ces quatre thèmes controversés qui confère à toute théorie de l'organisation publique son caractère particulier, notamment l'insistance prépondérante qu'il faut mettre sur le premier et le dernier de ces thèmes. Lorsqu'on étudie les théories de l'organisation, si l'on n'accorde pas suffisamment d'importance aux thèmes 1 et 4, on ne peut pas reconnaître les problèmes spécifiques auxquels les organisations publiques font face ou les interprétations spéciales qu'il faut faire quand on applique les théories traditionnelles à ce secteur unique de notre société.

Dans la prochaine section, nous présenterons deux modèles d'organisation qui vont encadrer nos propos tout au long de ce chapitre. Nous examinerons le traitement réservé par les diverses théories aux quatre thèmes que nous venons de mentionner. Finalement, nous évaluerons l'influence de l'histoire politique sur le développement des organisations publiques, sur le développement des théories de l'organisation publique et sur la pratique de la gestion publique.

DEUX MODÈLES DE L'ORGANISATION

Nous présentons brièvement dans cette section deux modèles d'organisation: le premier est le modèle bureaucratique proposé par Max Weber (1864-1920) et largement accepté comme étant la norme[1] ou ce qui décrit le mieux les organisa-

---

1.   L'emploi du mot «norme» est purement descriptif. Le modèle bureaucratique de Weber décrit ce à quoi ressemble une organisation publique qui s'y conforme; il ne nous renseigne pas sur les modes de structuration qu'on devrait utiliser dans ces organisations ni sur les façons dont elles devraient fonctionner. Weber décrit les structures de la bureaucratie, mais il le fait d'une manière objective et purement théorique. Il utilise le terme «type idéal» pour signifier «l'organisation qui représente le plus parfaitement le modèle bureaucratique» et non pas la meilleure forme d'organisation. (N.D.T.)

tions publiques; le deuxième modèle, très populaire actuellement, décrit une organisation performante dans le secteur privé (à but lucratif). En traitant, dans ce chapitre, des quatre thèmes dont il a été question plus tôt, nous référerons systématiquement à ces deux modèles. Ils vont nous aider à apprécier et à comprendre le vaste ensemble des théories de l'organisation et l'application, aux organisations publiques, des nombreux concepts qui en émanent. La discussion des quatre thèmes permettra de démontrer comment les perspectives utilisées pour l'étude des organisations du secteur privé (à but lucratif) doivent être amendées lorsqu'il est question d'organisations publiques.

Le modèle bureaucratique de Max Weber

Le modèle d'organisation qui a eu le plus d'influence correspond probablement à la description que Max Weber a faite des caractéristiques internes du «type idéal» de la bureaucratie. Selon Weber (1947, p. 333-334):

> Dans la forme la plus pure de la bureaucratie, le personnel administratif est constitué de fonctionnaires nommés et qui doivent se conformer aux principes suivants:
>
> 1. Ils sont libres au plan personnel et ne sont soumis à l'autorité de l'organisation qu'en ce qui concerne les obligations officielles liées à leurs fonctions qu'ils remplissent de façon impersonnelle.
> 2. Ils sont organisés selon une hiérarchie de fonctions clairement définies.
> 3. Chaque fonction a une sphère de compétence clairement établie.
> 4. Chaque poste est occupé par une personne qui a librement conclu une entente contractuelle avec l'organisation; ainsi, en principe, la sélection des personnes pour combler les postes se fait sans entrave.
> 5. Les candidats sont choisis selon leurs qualifications techniques. Les qualifications sont vérifiées au moyen d'un examen et/ou attestées par un diplôme. Les candidats choisis sont nommés à des postes et non pas élus.
> 6. Ils sont salariés et la plupart du temps ils ont droit à une pension. Les dirigeants n'ont le droit de mettre fin à l'engagement d'un fonctionnaire que dans certaines circonstances bien définies; le fonctionnaire, par contre, est toujours libre de démissionner. L'échelle salariale est établie en fonction des différentes positions dans la hiérarchie; cependant, en plus de ce critère, on peut tenir compte du niveau de responsabilité du poste occupé et des exigences liées au statut social de son titulaire.
> 7. Le titulaire du poste doit se consacrer en exclusivité à son travail ou à tout le moins, ce doit être son emploi le plus important.
> 8. La bureaucratie offre des possibilités de carrière. La promotion dépend de l'ancienneté, de la performance ou des deux. La promotion est accordée à partir du jugement des supérieurs.
> 9. Le fonctionnaire n'est pas propriétaire des moyens de production et ne peut acheter un poste.
> 10. Le fonctionnaire est soumis à une discipline stricte et à un contrôle sévère dans l'accomplissement de ses tâches.

Ce modèle décrit bien les principaux éléments structurels de la plupart des organisations. Lorsque le modèle ne s'applique pas, on décrit généralement l'organisation visée à partir de ce qui la distingue du modèle. Il repose sur un certain nombre de postulats à propos des fonctions des organisations dans la société dans son ensemble, de leur mission et de l'instance qui la définit, ainsi que des manières de penser et d'agir de leurs membres. Pour toutes ces raisons, on convient qu'il s'agit d'un modèle d'application «universelle»; il présente un arrangement de réalités et de relations qui doivent absolument être comprises chaque fois qu'il est question d'organisations complexes.

Les organisations qui excellent, selon Peters et Waterman

Le Prix de l'excellence de Thomas J. Peters et Robert H. Waterman, publié en anglais en 1982 et en français en 1983, compte parmi les succès de librairie traitant des théories de l'organisation; le sous-titre «Les secrets des meilleures entreprises» traduit bien le message des auteurs. Ces derniers présentent un modèle d'organisation performante comprenant huit pratiques de bonne gestion observées dans les organisations qui excellent[2]:

1. *Avoir un parti pris pour l'action* – agir avant tout, pour faire quelque chose, n'importe quoi, plutôt que d'être paralysé par l'analyse et les rapports de comité.

2. *Rester à l'écoute du client* – apprendre à connaître les préférences des clients et à les satisfaire.

3. *Viser l'autonomie et l'esprit d'entreprise* – diviser l'entreprise en compagnies ou petits groupes et les mettre en compétition pour les inciter à agir de façon autonome.

4. *Assurer la productivité par la motivation des personnes* – rendre conscients tous les employés que le fait de fournir le meilleur d'eux-mêmes est essentiel au succès de la compagnie et qu'ils vont partager les récompenses liées à ce succès.

5. *Adopter une gestion inspirée et s'articulant autour d'une ou de quelques valeurs clés* – les dirigeants sont en harmonie avec la philosophie fondamentale de l'entreprise.

6. *S'en tenir à ce que l'entreprise sait faire* – à ce qu'elle connaît le mieux.

7. *Privilégier une structure simple et légère* – peu de niveaux hiérarchiques et peu de personnes au sommet stratégique de l'entreprise.

8. *Allier souplesse et rigueur* – favoriser un climat de travail qui concilie l'engagement des personnes pour les valeurs fondamentales de l'entreprise et l'autonomie pour celles qui acceptent de travailler en fonction de ces valeurs. (1982, p. 13-16).

Peters et Waterman (1983, p. 37) notent, par ailleurs, que:

La plupart de ces huit attributs n'ont rien d'extraordinaire. Certains d'entre eux, sinon la plupart, sont des «lieux communs». Mais comme le dit René McPherson: «Pratiquement tout le monde convient que les gens sont notre

---

2.   Pour la traduction des termes de cette énumération, nous nous sommes inspirés de la version française de l'ouvrage de Peters et Waterman *Le Prix de l'Excellence*, Paris, InterÉditions, 1983, p. 35-37. (N.D.T.)

atout le plus important. Pourtant, presque personne n'agit dans ce sens». Les meilleures entreprises, elles, vivent pleinement leur engagement à l'égard du personnel ainsi que la priorité qu'elles donnent à l'action (toutes sortes d'actions) plutôt qu'à une kyrielle de comités permanents et à une multitude de rapports volumineux. Elles vivent aussi leur culte pour des niveaux de qualité et de service que d'autres, comme les utilisateurs des techniques d'optimisation, qualifieraient de châteaux en Espagne. Et elles réclament de dizaines de milliers d'individus, et non pas seulement de deux cents penseurs que l'on paye 75 000 $ par an, qu'ils fassent régulièrement preuve d'initiative (l'autonomie mise en pratique).

Les auteurs fondent sur ces huit pratiques un modèle universel d'organisation et de gestion qui, selon eux, offre les moyens indispensables pour atteindre le succès dans le contexte fortement concurrentiel de la libre entreprise. Ce modèle, comme le modèle bureaucratique de Weber, repose sur un ensemble de postulats concernant les rôles des organisations dans la société, leurs objectifs et ceux qui les définissent, ainsi que les manières de penser et d'agir de leurs membres[3].

Weber, Peters et Waterman sont amenés, dans leurs modèles, à n'aborder que certains des quatre thèmes déjà énoncés et que nous jugeons fondamentaux pour l'étude des organisations publiques. Nous allons accorder un traitement égal à chacun de ces thèmes et éviter d'en privilégier seulement quelques-uns. Nous allons présenter chacun des thèmes séparément avant de les intégrer dans une synthèse que nous espérons significative.

LES CONTROVERSES AUTOUR DE QUATRE THÈMES

La loi et l'autorité légale

Nous tenons pour acquis que les organismes publics agissent légalement ou en conformité avec la loi; nous reconnaissons aussi que le but des organisations publiques est d'appliquer la loi. Toutefois, on peut oublier de reconnaître que l'obligation faite aux membres des organisations publiques d'appliquer des lois, à l'aide de structures et de procédés également définis dans des lois, peut leur causer des difficultés. L'exemple qui illustre le mieux ces difficultés concerne les tentatives d'application de la loi pour contrôler le crime organisé: les contraintes très strictes imposées en matière de surveillance, d'écoute et de recherche de preuves, ainsi que l'interprétation large des droits individuels, créent de nombreux

---

3.   L'ouvrage de Peters et Waterman soulève la question importante de savoir à partir de quels critères on doit définir l'excellence dans le secteur public. En effet, il faut rappeler qu'au-delà des huits pratiques ou attributs, les critères à partir desquels les auteurs ont choisi les entreprises excellentes sont des critères d'ordre financier découlant de la nature lucrative de leurs activités. C'est pourquoi il est normal qu'aucune organisation publique n'ait fait partie de l'échantillon des auteurs. Dans le même ordre d'idée, il faut comprendre que même si une organisation publique pouvait démontrer qu'elle applique les huit pratiques mentionnées, elle n'aurait aucune chance d'être excellente au sens où ces auteurs l'ont défini. (N.D.T.)

problèmes aux officiers de police, lesquels, raillés pour leur incapacité à contrôler le crime organisé, doivent respecter des procédures rigoureuses leur interdisant certaines pratiques. Or, ces procédures sont fortement avalisées par la majorité des citoyens, ce qui a comme conséquence indirecte de limiter la capacité des corps policiers à contrôler le crime organisé. En résumé, ceux qui doivent veiller à l'application des lois doivent trouver des moyens pour le faire dans le cadre des objectifs et règlements établis par la société.

Par ailleurs, il n'est pas rare que des adversaires politiques, réalisant qu'ils ne peuvent pas bloquer l'adoption d'un nouveau programme, essaient de faire en sorte qu'il soit implanté par une organisation reconnue pour ne pas lui être très favorable; ou encore, ils tenteront d'insérer dans la loi constituant ce programme des structures ou des procédures qui risquent d'entraver son application ou de le rendre inefficace, espérant ainsi pouvoir rouvrir le débat à une date ultérieure et apporter la «preuve» que la décision de créer ce programme était une erreur.

On tient généralement pour acquis que le gouvernement et ses organismes doivent respecter les lois dans leurs opérations. Même dans un état totalitaire comme l'ex-Union soviétique, les dirigeants du gouvernement et de ses organismes partageaient cette idée, du moins officiellement, et fonctionnaient avec une constitution et des lois qui, sans garantir certains des droits humains les plus fondamentaux, justifiaient la légalité de l'ordre imposé aux citoyens. Dans notre société, les quelques organisations publiques que nous soupçonnons de ne pas toujours agir en conformité avec la loi du pays [la Central Intelligence Agency aux États-Unis ou le Service canadien de renseignement et de la sécurité, par exemple] indisposent les observateurs intéressés qui considèrent ces activités comme amorales, même s'ils sont conscients de leur nécessité. Même si les activités secrètes sont tolérées, on cherche à en limiter le nombre et des contrôles de plus en plus sévères sont mis en place pour surveiller les organisations qui les poursuivent. En conséquence, les dirigeants de ces organismes se plaignent d'être paralysés dans leurs opérations et d'être incapables de contrer les activités subversives.

Le concept de la loi comme fondement de l'autorité dans les organisations est relativement récent. Selon Max Weber, l'autorité était à l'origine basée essentiellement sur le charisme et/ou la tradition. Bien que l'on retrouve dans les temps anciens des exemples de prédominance de l'autorité légale (la démocratie athénienne, la «Magna Carta» et le droit canon), ce concept s'est considérablement développé au cours des deux derniers siècles et est largement accepté aujourd'hui. Nous tenons pour acquis la déclaration d'Abraham Lincoln qui stipule que nous avons un gouvernement fondé sur des lois et non pas sur des personnes. La bureaucratie publique est le bras administratif du gouvernement et le dispensateur de ses services et elle doit, pour ce faire, s'appuyer sur les lois. Ce sont les lois qui établissent les buts des organisations publiques, précisant ce qui est attendu d'elles en termes de résultats. Les lois, et les règlements qui en découlent, déterminent par ailleurs les structures des organisations publiques, leurs façons de faire, leurs procédures de reddition des comptes et enfin tout ce qui touche les conflits d'intérêts. En d'autres mots, la loi se prononce à la fois sur les questions de structure et sur les questions de procédure. Elle encadre même les systèmes de sélection, de rémunération et de sanction du personnel des organisations publiques. La bureaucratie publique et la prédominance des aspects légaux se sont développées ensemble, comme l'a noté Herbert Spiro (1969, p. 86-87):

> Les lois et les bureaucraties modernes ont été créées pour remplir les mêmes besoins. En Europe, notamment, la naissance et la croissance des unes ne peuvent pas être imaginées sans les autres. Les lois administratives ont été conçues pour rendre imputables les comportements des bureaucrates – ce nouvel instrument des législateurs – en leur donnant des assurances sur les conséquences probables de leurs actes. Dans les premiers temps de la bureaucratie moderne, l'imputabilité du bureaucrate allait de pair avec le niveau de ses responsabilités. Il savait jusqu'où allait l'obligation qu'il avait de rendre des comptes: c'était explicite. Ce qu'il devait ou ne devait pas faire et comment il devait le faire lui était expliqué avec une exactitude peut-être plus grande que quiconque agissant dans l'arène politique. Les prescriptions régissant sa fonction lui indiquaient, dès le départ, ce qui lui arriverait s'il ne faisait rien, s'il faisait mal ce qu'il faisait ou s'il en faisait trop.

L'importance capitale des lois et les responsabilités qu'impliquait leur mise en application sont à l'origine du développement de la bureaucratie publique moderne. Cela est d'autant plus vrai si l'on postule que les organisations publiques existent avant tout pour répondre aux demandes des citoyens (et non pas pour établir des objectifs sociaux, sous prétexte qu'elles seraient objectives, à l'abri des pressions personnelles, et mieux en mesure de contrôler les activités discrétionnaires des bureaucrates). Avec la description qu'a faite Weber des caractéristiques internes des organisations bureaucratiques, on se rend vite compte à quel point celles-ci sont autant de garanties que les organisations publiques vont «naturellement» agir conformément aux lois.

Weber prétend que des organisations de ce genre existent autant dans le secteur public que dans le secteur privé [à but lucratif]; cela est juste. Cependant, les organisations publiques tendent probablement plus à se rapprocher du modèle bureaucratique que les organisations privées (à but lucratif).

D'abord, les organisations publiques sont créées par la législature pour atteindre certains objectifs au moyen de procédés qui sont précisés dans la loi.

Un deuxième aspect de la relation entre la loi et la bureaucratie saute aux yeux dès que l'on réalise à quel point le modèle de Weber est caractérisé par des lois et des règlements de toutes sortes. En examinant de près les caractéristiques du modèle wébérien, on peut mieux comprendre de quelles manières une bureaucratie publique incite ses employés à respecter la loi. Fait important à mentionner à cet égard, chaque poste a une sphère de compétence clairement définie (critère 3) dans une loi ou dans des règlements ou autres prescriptions qui facilitent l'interprétation de la loi lors de sa mise en application. On notera également que les fonctionnaires sont soumis à l'autorité *seulement* dans le cadre de l'accomplissement de leurs fonctions (critère 1); ces fonctions sont, à tout le moins, leur occupation principale (critère 7); de plus, les fonctionnaires n'ont aucun droit de propriété sur l'organisation (critère 9). Ces règles limitent les possibilités de conflits d'intérêts; ainsi, les bureaucrates ne subissent pas d'autres contraintes que celle de connaître la loi et d'y obéir. Qui plus est, le fait que les postes dans les bureaucraties sont comblés par des personnes qui ont contracté librement avec l'organisation (critère 4) après qu'elles aient été choisies à partir de qualifications techniques (critère 5) et le fait aussi qu'elles sont rémunérées à salaire fixe (critère 6) sont autant de garanties de leur loyauté. Leur engagement étant volontaire et leur rémunération fixée statutairement, personne en principe ne peut leur faire de demandes et de requêtes qui ne respectent pas les règles. En d'autres mots, ces conditions font qu'ils ne sont pas distraits de l'administration objective de la loi par des revendications personnelles. Finalement, la hiérarchie des postes (critère 2) et le désir naturel de tout bureaucrate de progresser dans sa carrière (critère 8) rendent ou encouragent ces derniers à être responsables de leurs actions. L'obligation de rendre des comptes milite donc en faveur du respect des lois, et les règles ainsi que les contrôles rigoureux qui en découlent influencent énormément la structuration de ces organisations et leur gestion.

Cependant, Peters et Waterman ne prêtent pour ainsi dire aucune attention à la loi dans leur modèle d'une entreprise performante. Ainsi, ils ne prennent pas la peine de décoder ce que les lois signifient pour les organisations privées à but lucratif; ils font l'hypothèse que l'organisation fonctionne conformément aux pratiques générales établies par la société (une hypothèse apparemment fort audacieuse) et que c'est tout ce qui importe. Ils ne sentent donc pas le besoin d'aller plus avant au regard de la loi.

La conformité aux lois est fondamentale pour toute activité du secteur public. L'imputabilité, la reddition des comptes et le contrôle, tels que prescrits dans la loi, sont enchâssés dans les structures mêmes des organisations. Les structures, détaillées dans un organigramme, constituent les aspects formels de la vie organisationnelle et si le principal dirigeant ou un agent extérieur, telle que la législature, veut avoir une influence sur les activités d'un organisme public, le premier moyen à utiliser est de faire des changements dans la loi, changements qui imposeront une réorganisation. De la même façon, la manière la plus aisée et la plus directe pour les hauts fonctionnaires de laisser leur marque dans l'organisation est de faire une réorganisation. Le résultat est instantané et visible alors que les tentatives d'influencer la partie non formelle de l'organisation prennent beaucoup plus de temps et, souvent, les effets de telles tentatives sont peu perceptibles. Pourtant, ces mêmes hauts fonctionnaires sont souvent incapables de changer la loi qui pourrait introduire les modifications à la direction de l'organisation. De plus, certains hauts dirigeants nouvellement nommés, riches de l'expérience acquise dans leurs fonctions antérieures (parfois dans le secteur privé à but lucratif), sont convaincus qu'en restructurant l'organisation, ils pourront rationaliser les activités et améliorer son efficacité globale. Les changements et les «améliorations» se traduisent toujours, finalement, dans des règles formelles ou des formules s'apparentant à des lois.

L'intérêt suscité par les changements structurels et leurs effets sur la performance des organisations publiques en tant qu'agences chargées d'appliquer les lois existait bien avant l'époque de Max Weber mais, jusque-là, personne n'avait proposé de théories à cet effet. Apparemment, pour les rédacteurs de la Constitution américaine (Wilson, 1887), la structuration de la bureaucratie gouvernementale n'était pas un sujet important; on fait peu mention de tels facteurs dans les registres de l'époque, qu'il s'agisse, dans ce dernier cas, des documents contenant les débats à la *Constitutional Convention* ou encore des *Federalist Papers* (1961). Il faut dire que, dans le cas américain, si les fondateurs n'ont pas traité de l'organisation bureaucratique du gouvernement, les réformateurs de la fonction publique américaine de la deuxième moitié du XIXe siècle en ont tenu compte. Ces réformateurs étaient d'avis que, pour améliorer l'efficience et l'efficacité du gouvernement, il était nécessaire de changer les structures des organismes publics et que ces changements devaient se faire au moyen de lois (le *Civil Service Act* et autres réformes législatives du même type). On peut donc retracer l'intérêt pour la restructuration dans le secteur public à travers une série de commissions (la commission *Brownlow* et les première et deuxième commissions Hoover en sont les principaux exemples), chacune ayant proposé l'adoption graduelle de nouvelles lois.

L'efficience et la rationalité

Nous traitons en même temps, dans cette section, des principes d'efficience et de rationalité parce que plusieurs théories sociales, notamment celles qui se sont développées au début du XXe siècle, ont utilisé ces termes comme s'ils étaient interchangeables. Que ces théories aient reconnu ou non la synonymie de ces concepts n'a pas été déterminé et cela, en fait, a peu d'importance pour notre propos. Pour clarifier les choses, nous discuterons d'abord des deux principes séparément. Ensuite, nous montrerons comment ils se chevauchent.

L'efficience. Dans son sens le plus simple, l'efficience équivaut à la maximisation de la productivité, ou l'obtention du plus grand nombre d'extrants avec le moins d'intrants possible. Ceux qui les premiers se sont faits les promoteurs de l'efficience œuvraient tant dans des organisations privées (à but lucratif) que dans des organisations publiques, adaptant leur conception de l'efficience selon qu'elle s'appliquait à l'un ou l'autre type d'organisation. Nous considérerons ces deux façons d'aborder l'efficience et nous traiterons ensuite des hypothèses sur lesquelles les premiers promoteurs de l'efficience ont basé leurs actions.

Frederick Winslow Taylor (1856-1915) était intéressé à augmenter la productivité car, selon lui, tout le monde bénéficierait du résultat (1947, p. 11):

> Il est parfaitement clair que la plus grande prospérité permanente pour l'ouvrier, combinée à la plus grande prospérité pour l'employeur, peut être

atteinte seulement quand le travail dans l'organisation est fait avec l'utilisation minimale de ressources humaines, de ressources naturelles, de machines, d'édifices, etc.

Une organisation était considérée productive, selon Taylor, lorsqu'on appliquait sa méthode scientifique au système «homme/machine» dans l'industrie. Taylor a misé sur ce système puisque, jusqu'alors, à peu près rien de systématique n'avait été fait concernant les façons dont l'action de l'homme et la machine se combinent dans l'exécution d'une simple tâche ou d'un processus (séquence de tâches).

L'industrie avait évolué d'un mode de production où des ouvriers assumaient toutes les opérations relatives à la fabrication d'un bien, à un mode de production fondé sur la spécialisation; suivant ce mode, les biens produits résultaient d'une combinaison travailleur/machine, chacun des deux accomplissant une partie d'un processus complexe qui produisait les biens plus rapidement et d'une façon plus standardisée. Cependant, la spécialisation s'effectuait de façon aléatoire, et personne ne menait d'étude scientifique rigoureuse sur la manière dont le travail était accompli. Les machines étaient responsables d'une grande part de l'amélioration de la productivité; on croyait à l'époque que cette prédominance devait se perpétuer puisque le potentiel de développement technique semblait alors illimité. Cependant, peu d'efforts étaient faits pour examiner comment le maillon faible du système – l'être humain – pouvait être amené à travailler de façon plus efficiente, soit en conjonction avec les machines qu'il manipulait, soit dans les travaux qu'il effectuait manuellement sans l'aide de la technologie (parce qu'elle n'était pas appropriée à son travail ou encore parce qu'elle n'avait pas encore été créée).

L'approche de Taylor dans l'étude du travail devint bientôt connue sous le nom de «management scientifique». Taylor (1944, p. 141) définit ainsi les concepts fondamentaux de son approche:

Ce n'est pas un seul élément mais plutôt une combinaison d'éléments qui constitue la gestion scientifique qui peut être résumée ainsi:
– Une science, pas un procédé aléatoire (*rule of thumb*).
– L'harmonie, pas la discorde.
– La coopération, pas l'individualisme.
– La production maximale au lieu de la production restreinte.
– Le développement de chaque homme lui permettant d'atteindre la plus grande efficience et d'être le plus prospère possible.

En utilisant sa version de la méthode scientifique, Taylor était convaincu qu'il était possible de découvrir «la meilleure manière» «*the one best way*» de structurer n'importe quel travail ou procédé. Avec la découverte de cette «meilleure manière», l'efficience était atteinte.

Un autre groupe d'auteurs a essayé d'appliquer les principes scientifiques à l'administration que Luther Gulick (1892) définissait comme «ce qui consiste à faire en sorte que les choses se réalisent au moyen de la coopération entre les personnes». Alors que la politique a trait aux façons de se faire élire et d'établir des objectifs nationaux, Gulick soutenait que «l'administration consiste à faire en sorte que les choses se réalisent, que des objectifs définis soient atteints» (1937, p. 191). Si l'administration est séparée du champ de la politique où les valeurs sont maîtres, alors il devient possible de concevoir une science de l'administration:

> Dans [cette] science de l'administration, publique ou privée, la «denrée» de base est l'efficience. Son objectif fondamental est l'accomplissement du travail à faire en minimisant les coûts de la main-d'œuvre et du matériel. L'efficience est l'axiome numéro un dans l'échelle des valeurs de l'administration. (1937, p. 192)

La façon d'atteindre l'efficience est d'examiner «scientifiquement» les structures des organisations, et c'est ce que font Luther Gulick et Lyndall Urwick dans leur ouvrage *Papers on the Science of Administration* (1937). Tout au long de l'ouvrage, qui est une des premières tentatives de trouver «la meilleure façon» de structurer les organisations en vue de garantir l'efficience à la fois dans l'administration et dans la production de biens et services, des questions du genre suivant sont posées: quelle doit être l'étendue de contrôle d'un superviseur, sur quelle base doit-on affecter des superviseurs aux travailleurs, et quels principes devraient présider à la division ou à la structuration des grandes organisations?

Les disciples de Taylor, Gulick et des autres promoteurs de l'efficience sont légion. L'ingénierie industrielle, qui a pour but l'amélioration de l'efficience et de la productivité, trouve ses origines aux États-Unis directement dans les travaux de Frederick Taylor (1911). Bien que les techniques utilisées aujourd'hui soient devenues plus sophistiquées, les ingénieurs industriels acceptent encore les prémisses postulées par Taylor au début du siècle. De la même manière, plusieurs auteurs parmi ceux qui actuellement s'intéressent aux flux de travail et à la conception des postes sont convaincus qu'il y a une seule bonne manière d'établir le plan d'organisation physique de l'atelier si l'on veut que toutes les tâches s'accomplissent avec un maximum d'efficience. Sur une plus grande échelle, les scientifiques de l'information s'efforcent d'obtenir le plus d'efficience possible dans l'utilisation de l'information; il faut pour cela adhérer à l'idée qu'il y a, sinon une seule bonne manière, du moins une manière optimale de structurer et les organisations et les systèmes d'information. Le principe d'efficience a la vie dure.

La rationalité. Le principe de rationalité (la qualité de ce qui est fondé sur la raison) était accepté comme une loi incontestée par tous les auteurs mentionnés ci-dessus. Quand Weber décrit le modèle bureaucratique, il ne fait que décrire l'organisation qui garantit la rationalité. Taylor, Gulick, Urwick et les autres partisans de la gestion et de l'administration scientifiques prescrivent des structures et des procédures rationnelles. Les deux groupes d'auteurs, qu'ils soient descriptifs ou normatifs, acceptent l'idée que ce que les organisations recherchent et ce qui est nécessaire à leur fonctionnement est la rationalité. Dans notre monde moderne, caractérisé par la technologie et l'interdépendance, la rationalité est au cœur de toutes les organisations. Cette idée n'est nulle part ailleurs plus attrayante que dans le secteur public, étant donné l'influence du gouvernement sur l'ensemble de la société.

Cependant, ces théoriciens définissent de façon beaucoup trop simpliste la rationalité, et on s'en rend bien compte à l'examen approfondi de cette notion d'où ressort l'étroitesse de la conception qu'ils en ont par rapport à la complexité d'une explication plus vaste de ce concept.

Précisons, en premier lieu, qu'il y a deux types de rationalité: la rationalité substantive et la rationalité instrumentale (Weber, 1947). La rationalité substantive renvoie aux buts qu'une organisation cherche à atteindre – quels sont les buts les plus justes, les plus appropriés ou les meilleurs pour l'organisation? La rationalité instrumentale concerne non pas les buts, mais les moyens: *comment* une organisation essaie d'atteindre un ou plusieurs buts. Les deux niveaux de rationalité sont essentiels, mais la logique et les instruments d'analyse qui les caractérisent sont très différents. Deuxièmement, mentionnons que Paul Diesing (1962) a défini cinq types de rationalité que l'on retrouve couramment dans notre société: la rationalité technique, économique, sociale, légale et politique. Il analyse les contextes sociaux propres à chacune, contextes qu'elles ont contribué à créer, comme le signale Diesing. Un examen attentif nous fait découvrir encore d'autres «systèmes rationnels» fondés sur des prémisses (postulats) différentes et qui sont acceptés par les principaux groupes actifs de la société. Par exemple, les groupes religieux importants de notre société prennent leurs décisions au sujet des finalités de leurs organisations et des moyens utilisés à partir d'une rationalité qui leur est propre.

Weber reconnaît que le besoin de rationalité est une des causes principales du développement de la bureaucratie. La bureaucratie est l'aboutissement inévitable du développement de la technologie moderne qui crée un niveau incroyable d'interdépendance entre toutes les parties de la société. L'interdépendance technologique crée un besoin pour des interactions stables, strictes, intensives et calculables, et la bureaucratie est supérieure à n'importe quelle autre forme d'organisation au regard de la précision, de la stabilité, de la rigueur de sa discipline, et de la fiabilité (Weber, 1947, p. 339). Qu'elles nous plaisent ou non, les bureaucraties sont caractérisées par la rationalité et, puisque ce principe est au centre de nos vies, les bureaucraties vont continuer d'exister jusqu'à ce qu'une nouvelle forme d'organisation soit découverte pour améliorer les qualités de cette caractéristique particulière. Cependant, toute cette discussion est centrée sur la rationalité instrumentale – faire les choses de façon efficiente – plutôt que sur la rationalité substantive – préciser ce qui devrait être fait. Cette dernière, dans le cas des bureaucraties, est déterminée par des instances externes plus élevées qui la dominent tels que la législature, les cours de justice, etc.

Par ailleurs, les tenants de la gestion et de l'administration scientifiques se contentent de prescrire la rationalité, ils ne la décrivent pas. Il est significatif que

Gulick réfère à l'efficience comme «l'axiome numéro un dans l'échelle des valeurs de l'administration». L'utilisation du terme *axiome* n'est pas accidentel. Les axiomes sont une composante de l'approche scientifique et ces auteurs croyaient qu'en créant un grand nombre d'axiomes ou de propositions considérées comme des vérités évidentes qui n'ont pas besoin d'être démontrées, l'administration pourrait devenir une science exactement comme la géométrie est devenue une science découlant d'axiomes mathématiques. Les axiomes que cherchaient à énoncer les adeptes de l'administration scientifique concernaient les structures des organisations, les manières selon lesquelles les structures et les fonctions de l'administration étaient reliées – ce que Gulick nommait les fonctions du principal dirigeant –, tous les autres gestionnaires n'exerçant que des rôles et des pouvoirs qui leur avaient été délégués, directement ou indirectement, par «ce» principal dirigeant. Grâce à l'utilisation des axiomes et de la rationalité, plusieurs problèmes importants pouvaient être résolus en trouvant «la meilleure façon» d'organiser; et cette «meilleure façon» était considérée la plus efficiente (un jugement de valeur). Une argumentation semblable s'applique aux disciples de Taylor.

Comparé aux théories décrites plus haut et qui mettent surtout l'accent sur le secteur public, le modèle de Peters et Waterman, qui concerne particulièrement les organisations du secteur privé à but lucratif, comprend une définition très spéciale de la rationalité et de l'efficience: c'est une définition reliée au «bottom line» ou «ce qui compte en bout de ligne» selon laquelle la rationalité et l'efficience sont mesurées par la capacité de l'organisation à atteindre ses objectifs en termes de profit, de taille et de croissance. Pour les gestionnaires du secteur public, ces objectifs ne sont habituellement pas appropriés. La rationalité substantive occupe une place importante dans le processus interne de prise de décision dans le secteur privé (à but lucratif), quoique les décisions au sujet de «ce qui doit être fait» soient biaisées par ce qu'on présume être les buts des organisations privées à but lucratif.

Pour atteindre le succès qui, selon eux, est le but de toutes les organisations, Peters et Waterman privilégient des structures et des procédures qui seraient hautement contestables dans le secteur public. Ils prétendent, par exemple, qu'il est plus logique de séparer une compagnie en petites unités compétitives et que le but d'une organisation, c'est de satisfaire ses clients. Ces deux suggestions éminemment rationnelles pour des organisations privées à but lucratif soulèveraient maintes protestations si on les appliquait aux organisations publiques. On peut aussi suggérer à des gestionnaires privés (d'entreprises à but lucratif) de s'en tenir à ce que leur compagnie sait le mieux faire et d'avoir une structure administrative la plus simple et la plus légère possible. Les gestionnaires privés peuvent faire cela parce qu'ils contrôlent leur propre destinée dans ce domaine. Par contre, les gestionnaires publics n'ont pas souvent le loisir de décider de telles questions; donc, il est fort probable que cette suggestion leur soit peu utile.

Rationalité-efficience. En examinant de près ces deux principes et les postulats sur lesquels ils reposent, il ressort que même s'ils sont désignés par deux termes différents, les sens qu'on leur donne sont presque identiques. Les théoriciens auxquels on a référé plus haut – notamment Weber, Taylor et Gulick – ne considèrent que la dimension instrumentale de la rationalité et confondent rationalité et efficience. Selon ces théoriciens, «la rationalité technique est la réalisation efficiente d'un objectif unique (Taylor), la rationalité économique est l'atteinte optimale de plusieurs objectifs (Gulick; Weber) et on n'admet aucun autre type de rationalité» (Diesing, 1962, p. 1). La rationalité substantive est hors de propos; les objectifs sont établis quelque part en dehors de l'organisation ou en dehors de la partie de l'organisation dont il est question. La rationalité technique, telle que développée par Taylor, est spécifiquement orientée vers une production accrue à partir de la même quantité d'intrants; cela équivaut à l'efficience. Gulick, Urwick et les autres, qui étudiaient scientifiquement l'administration, étaient intéressés à l'organisation *efficiente* ou aux structures qui favorisaient le mieux le travail du gestionnaire; la bonne gestion garantissait l'efficience dans les opérations et le rendement maximum pour chaque dollar perçu du contribuable puis dépensé. Weber est d'avis que l'*efficience technique*, un terme qu'il utilise au lieu de *rationalité,* est le bénéfice le plus important de la bureaucratie et le facteur principal qui a favorisé son émergence.

Les questions de rationalité et/ou d'efficience, même si, en fait, elles coïncident, tiennent une grande place dans l'étude des organisations publiques. Bien qu'il ne faille pas minimiser les efforts en vue d'atteindre la rationalité et l'efficience, l'accent mis sur de tels concepts ne centre notre attention que sur certaines des questions importantes; il faut que nos horizons s'élargissent, même quand nous reconnaissons la place de la raison ou de la rationalité dans les organisations. Les deux types de rationalité et, à tout le moins, les cinq catégories de rationalité relevées par Diesing, sont nécessaires à la compréhension des organisations publiques ou pour pouvoir y fonctionner.

La psychologie et les relations sociales

L'intérêt pour les relations sociales dans les organisations s'est développé en partie en réaction aux approches formelles des premiers théoriciens de la gestion et en partie comme une évolution logique de l'intérêt ou de la curiosité de ceux qui désiraient examiner tous les aspects de la vie dans l'organisation. Trois raisons expliquent la réaction aux approches formelles et la prise de conscience que les relations informelles dans une organisation sont aussi importantes que les structures et les procédés établis par la loi ou dans des documents. En premier lieu, le point de vue de gestionnaires/théoriciens, comme Chester Barnard (1938), qui ont signalé l'existence, de façon entremêlée, d'aspects formels et informels dans les structures et les fonctions organisationnelles et qu'il fallait en tenir compte dans l'étude de l'organisation. En second lieu, à peu près à la même époque, on se rendait compte que l'application de mesures visant à améliorer la productivité ne produisait pas les résultats espérés (par exemple: les expériences de Hawthorne, Roethlisberger et Dickson, 1939). Ces échecs étaient attribuables, en partie du moins, au fait que, au-delà d'un certain seuil dans l'amélioration de la productivité et dans la rationalisation des structures, les individus dans les organisations commencent à résister au changement. Pour comprendre les attitudes et les réactions des employés dans une organisation, il devint alors important de se concentrer autant sur les individus que sur les groupes et sur leurs interactions en dehors des structures et des procédures formelles. En troisième lieu, l'intérêt grandissant et le développement de nouveaux instruments pour l'étude des comportements individuels et des comportements de groupes, renforcé par le déclenchement de la Deuxième Guerre mondiale: dès lors, il est devenu évident que l'examen des aspects non formels dans les organisations pouvait faciliter leur compréhension.

L'intérêt pour les aspects informels de l'organisation a conduit à deux catégories importantes de théories: celles dont l'objet d'étude était surtout l'individu, et celles qui étaient centrées sur les groupes. La première catégorie a donné lieu à l'approche psychologique et la deuxième, à l'approche sociologique. Chacune met en évidence un aspect important de l'organisation et cherche à expliquer et à prédire ce qui arrive dans les organisations lorsque des changements sont introduits. Après avoir examiné ces deux approches, nous montrerons comment, en les combinant, une troisième approche peut émerger et enrichir notre compréhension de l'organisation.

L'approche psychologique. L'accent sur le comportement des individus rejoint, d'une certaine façon, les intérêts de Frederick Taylor pour l'étude des tâches individuelles et celle de «l'homme-machine» dont il voulait augmenter l'efficience. Cependant, les tenants de l'approche psychologique insistent sur un aspect de la nature humaine que Taylor a eu tendance à ignorer malgré le fait que des psychologues de l'époque l'ait déjà souligné. En effet, au moment même où Taylor défendait les principes de la gestion scientifique (basés sur la rationalité de l'homme), Walter Dill Scott, professeur de psychologie à la Northwestern University, soutenait que la personne humaine n'était pas fondamentalement un être de raison (*reasoning creature*). Scott affirmait que le pouvoir de suggestion avait une influence importante sur les décisions humaines et qu'il était donc essentiel d'étudier la personnalité des individus pour expliquer leurs habitudes.

Tout le monde reconnaît l'importance des habiletés et des aptitudes (sujets auxquels Taylor accordait aussi de l'importance), mais il est tout aussi important d'étudier les traits de personnalité et les attitudes des individus; l'intérêt pour ces questions a grandi conséquemment aux résultats surprenants révélés par les études de Hawthorne. Les tests et autres instruments de mesure sont très utiles dans l'étude des talents et des aptitudes individuels. On y a recours, par exemple, dans la sélection du personnel, un des principaux domaines d'intérêt des psychologues industriels. Ces tests et outils de mesure permettent de faciliter le choix du

meilleur candidat pour remplir des fonctions dans une organisation: ils prétendent mesurer l'habileté d'une personne à accomplir des tâches mentales ou physiques précises ou encore mesurer les attitudes et les traits de personnalité qui pré-
disposeraient un candidat à combler un poste avec succès. Avec l'évolution des
demandes pour l'égalité des chances en emploi, ces études des comportements
individuels ont été l'objet de critiques de plus en plus nombreuses[4]. Paradoxalement, mais heureusement pour les psychologues, plus les tests – habituellement
préparés avec leur aide – sont contestés, plus forte est la demande pour que des
psychologues qualifiés les réexaminent et en améliorent la validité.

Cette dimension des organisations soulève toute une série de questions. Par
exemple, quelles sont les répercussions du système de gestion des ressources humaines dans le secteur public sur le recrutement d'individus de premier ordre et
sur leur motivation à faire du bon travail? De quelles manières les structures des
organisations publiques influent-elles sur les communications, la prise de décision et d'autres fonctions? Comment les personnes réagissent-elles aux nouvelles
technologies introduites dans les organisations publiques? Les structures de
l'organisation, la conception des postes et même l'aménagement physique des
bureaux ont un effet sur la manière dont les individus interagissent et font leur
travail. Tous ces facteurs doivent être considérés par les gestionnaires quand ils
décident de la préparation à donner à de nouveaux candidats pour l'exercice de
leurs fonctions. Il en est de même lorsqu'ils doivent décider des nouvelles connaissances et habiletés que doivent acquérir ceux et celles qui sont déjà en poste
mais qui sont appelés à occuper les nouveaux postes créés à la suite de changements technologiques ou encore qui sont appelés à être promus à des postes
supérieurs.

Les chercheurs du projet Hawthorne, qui ont examiné les effets du contexte
physique sur la productivité des travailleurs, ont conclu qu'un des principaux
facteurs influençant le comportement individuel est le moral ou la motivation des
travailleurs; en d'autres mots, le facteur le plus déterminant du comportement
des travailleurs n'était pas l'environnement physique, mais les attitudes des travailleurs qui se sentaient valorisés par l'expérience en cours. Même si, après
coup, les recherches d'Hawthorne peuvent sembler suspectes au plan méthodo-
logique (Carey, 1967; Roethlisberger, 1941), elles n'en demeurent pas moins à
l'origine d'un champ de recherche toujours très fécond. Dans les décennies subséquentes, plusieurs théories ont été développées sur la motivation et sur son
effet sur la productivité; plusieurs recherches portent encore sur ce sujet qui sera
abordé dans un chapitre ultérieur. Les relations entre la satisfaction au travail, les
récompenses matérielles, la productivité, l'environnement physique et psychique

---

4.   Dans le secteur public, un examen du processus de sélection des employés des services de
      police et d'incendie peut servir à illustrer le développement, la complexité et les défis des tests
      et des mesures en tant qu'instruments utilisés par les gestionnaires pour guider leurs décisions
      lors de l'embauche de personnel. (N.D.T.)

au travail et de nombreux autres facteurs associés aux attitudes des individus ont fait l'objet d'études qui ont mis en lumière leur corrélation avec la performance des organisations. Cependant, il faut reconnaître que les résultats varient souvent beaucoup d'une étude à l'autre. De plus, le caractère particulier des environnements des organisations publiques constitue un autre défi pour ceux qui s'intéressent à cette dimension.

L'attention portée sur l'individu a conduit à un nouvel examen des fonctions et/ou des processus organisationnels. Les fonctions de gestion sont décrites de nombreuses manières; mais peu importe la manière dont elles sont décrites, il est essentiel de comprendre comment un individu pense, agit et réagit aux divers stimuli auxquels il est constamment soumis. Lorsqu'un personnage public, qu'il s'agisse d'un premier ministre ou du vérificateur des activités d'une ville, doit prendre une décision, il le fait normalement en suivant certaines étapes et en se conformant à une variété de facteurs propres à sa personnalité, cette dernière étant déterminée par la façon de formuler un problème, d'établir les options qui paraissent possibles, celles qui sont acceptables et celle qui sera choisie en dernière analyse. Ces questions intéressent les psychologues, les économistes, les théoriciens de la décision et les experts d'autres disciplines. De fait, Herbert Simon, dont les racines intellectuelles sont dans l'administration publique, a obtenu le prix Nobel d'économie pour son travail sur la théorie de la décision qui traite des questions que nous venons de soulever. Le rôle de l'individu au regard des autres activités de gestion comme la communication, la coordination, la planification, tient une place importante dans les théories qui abordent l'organisation sous l'angle des personnes qui y travaillent.

Finalement, l'étude du leadership met beaucoup l'accent sur l'individu; on a déployé des efforts considérables pour découvrir les caractéristiques de la personnalité ou les traits des leaders. Les individus qui deviennent des leaders ont-ils certains traits en commun? Certains traits sont-ils toujours nécessaires dans des types particuliers de situations? Ces questions sont examinées par ceux qui étudient le leadership. Quand on regarde l'histoire, il semble que certains individus étaient destinés à devenir des leaders tandis que d'autres ne se seraient jamais élevés jusqu'au sommet, quel qu'ait été l'effort fourni. Ce phénomène a suscité l'intérêt de tous ceux qui étudient les rôles du leader.

L'approche sociologique. La caractéristique commune de tous les cas mentionnés ci-dessus est l'intérêt pour l'individu. Le rôle du groupe dans l'organisation suscite chez certains chercheurs un intérêt tout aussi grand. Ils se demandent comment le groupe agit sur l'organisation et quelle est, en retour, son influence sur celui-ci. L'organisation informelle, c'est-à-dire les groupes qui se constituent en dehors des structures formelles (en dépit de celles-ci ou pour s'y opposer), joue un rôle significatif dans la détermination des perceptions et des attitudes des membres du groupe aussi bien que dans l'établissement des valeurs et des normes de comportement. Un des premiers à saisir l'importance des aspects informels dans l'organisation fut Chester Barnard (1938) qui soutenait que l'organisation informelle précède l'organisation formelle. Barnard a également souligné que les dimensions formelle et informelle de l'organisation se complètent et sont interdépendantes pour assurer leur existence durant une période de temps significative, car chacune remplit des fonctions qui lui sont propres.

Évidemment, la reconnaissance du rôle des groupes informels signifie qu'un nouveau phénomène de la vie dans l'organisation doit être examiné si l'on veut comprendre *toutes* les forces en présence. Le concept le plus représentatif des études de ce phénomène est celui de la *dynamique des groupes* qui est défini par Cartwright et Zander comme: «un champ de recherche visant à acquérir des connaissances sur la nature des groupes, les lois de leur développement et leurs relations avec les individus, les autres groupes et les institutions dans lesquelles elles s'insèrent» (1968, p. 4). Plusieurs explications et théories sur le comportement des groupes émanent de ces recherches.

La reconnaissance de l'importance des groupes informels dans l'émergence des valeurs, des normes, des rôles et des statuts est d'un intérêt spécial. Les *valeurs*, ces idéaux qui correspondent à une évaluation intrinsèque des choses désirables et qui deviennent des principes d'action, sont grandement influencées par les groupes. Les individus ne créent pas leurs valeurs à partir de rien mais plutôt dans le contexte de leur fonctionnement dans des groupes. Ainsi, le résultat est inévitablement différent de ce qu'il serait si l'individu n'interagissait pas avec de nombreux groupes aux influences variées. Les *normes,* ces règles sociales ou ces modèles qui servent à encadrer les attitudes et les comportements, sont directement reliées aux interactions de groupe. Sans les groupes, les normes ne pourraient pas se développer. Les *rôles* sont ces comportements assignés à une personne ou à une fonction, qui correspondent aux attentes des membres du groupe vis-à-vis cette personne ou cette fonction. Tandis qu'un rôle formel peut être déterminé dans un plan d'organisation, dans une description de fonction ou dans des déclarations officielles, il y a tout aussi assurément un rôle informel d'établi par les groupes auxquels appartient la personne et les deux rôles peuvent être différents. Sur le même modèle, c'est-à-dire de manière formelle et informelle, des groupes se créent des rôles qu'ils sont appelés à jouer dans les entités plus larges auxquelles ils sont intégrés. Finalement, la notion de *statut*, qui correspond à la position ou au rang d'une personne par rapport aux autres, s'applique dans le contexte d'un groupe.

Ces concepts aident à décrire le fonctionnement de la partie informelle d'une organisation, partie essentielle puisqu'il est devenu évident que les structures et les procédés formels sont toujours compensés par des systèmes informels. Quand, par exemple, une organisation établit une hiérarchie qui désigne la personne à laquelle un employé s'en remettra pour demander de l'aide et qui pourra évaluer son travail (en général, un «supérieur immédiat»), un second système se développe spontanément qui permet à l'employé d'aller consulter des pairs choisis pour l'aider et le conseiller – des personnes qui, habituellement, ont une expertise reconnue (Blau, 1955). Les évaluations de la performance par des pairs sont souvent considérées comme aussi valables, sinon plus, que celles du patron. Ce type de structure informelle est facilement observable, que ce soit dans une usine ou un organisme du gouvernement, et constitue un facteur déterminant pour résoudre des problèmes de satisfaction et de motivation au travail, d'efficience et de productivité. Ces questions sont importantes pour les gestionnaires publics étant donné les limites que leur imposent les règles formelles. Ainsi, les gestionnaires publics pour motiver leurs employés font appel au système informel pour renforcer l'esprit de corps et obtenir les comportements souhaités.

C'est la portée de ces questions qui a amené l'école des relations humaines à développer la dimension du «groupe», laquelle met l'accent sur l'importance de motiver l'employé pour qu'il soit plus productif. Le thème dominant de cette école de pensée est que les organisations performantes ont généralement des employés satisfaits ou des employés qui sont stimulés et heureux dans leur milieu de travail. Cette approche est connue sous le nom de «développement organisationnel» (DO). Des théoriciens du comportement ont aussi commencé à utiliser les résultats d'études sur la culture organisationnelle pour introduire des changements au sein des organisations publiques afin d'en faire des lieux de travail plus démocratiques et plus efficaces. Un ensemble complexe de valeurs sous-tend les théories developpées dans le cadre du DO. Cet ensemble est désigné par l'expression «organisation humaine» qu'utilise Robert Simmons (1981, p. 241) et au sujet de laquelle il écrit:

> Le premier stade important pour la construction d'organisations humaines est de mettre en opposition la signification des notions de groupe, d'organisation et de bureaucratie dans les contextes d'élaboration de nos vies politiques, sociales et personnelles [...] La réalisation d'organisations bureaucratiques plus humaines est importante pour assurer le plein épanouissement de la dignité humaine dans la société urbaine industrielle. Le bénéfice pour la société est la présence en son sein d'êtres humains créatifs et productifs réalisant pleinement leur potentiel, contribuant à des institutions sociales stables et défiant les horizons inconnus de l'existence et de la compréhension humaines.

Par ailleurs, on propose que la compréhension du phénomène de leadership dans le contexte du fonctionnement d'un groupe est intimement liée à ce qu'il est convenu d'appeler la culture organisationnelle. Pour réussir à changer les attitudes et les habitudes des individus et des groupes, il faut l'engagement des leaders: s'ils appuient le changement, la réussite est pratiquement assurée; s'ils ne l'appuient pas, l'échec est plutôt à craindre. La relation entre les groupes et leurs leaders est devenue un aspect de plus en plus intéressant en théorie de l'organisation. Par exemple, la théorie de «l'échange social» (*social exchange theory*) fonde l'efficacité du leadership dans un groupe non pas sur le fait d'occuper une position formelle mais sur les bénéfices que le leader peut procurer au groupe en retour de l'acceptation par les membres de son rôle de leader (Jacobs, 1971). En d'autres mots, le leadership est un rôle ou une position accordée par le groupe en échange de services rendus. Cette théorie, parmi d'autres semblables, souligne la différence entre le rôle de gestionnaire et celui de leader; le premier est fondé sur la position occupée dans la hiérarchie bureaucratique et le second, sur des relations de pouvoir établies dans une situation sociale (French et Raven, 1958).

Le comportement des groupes représente aussi un aspect majeur des processus organisationnels. Il a fallu beaucoup d'effort pour se rendre compte de l'influence que les groupes exercent sur les décisions. Ainsi, Irving Janis (1972) a étudié ce qu'il appelle les dangers de la réflexion en groupe (*groupthink*) tandis que d'autres auteurs, dans leurs tentatives de trouver des façons productives d'utiliser les groupes, se sont faits les promoteurs de techniques de prise de décision en groupe, tels que le remue-méninges (*brainstorming*) et la méthode Delphi. De même, toutes les fonctions de gestion énoncées par Gulick et désignées par l'acronyme «POSDCORB[5]» ou les propos d'autres auteurs sur les questions de gestion publique font référence à la dimension des groupes. Ce n'est qu'en comprenant cette dimension dans l'articulation de ces processus que l'on peut prétendre à une bonne connaissance des théories de l'organisation ou des manières d'appliquer ces théories à la gestion des groupes.

L'individu et le groupe. Notre compréhension des organisations s'est considérablement améliorée par l'étude des individus, des groupes et de leurs interactions avec l'organisation. Mais un progrès peut-être encore plus grand a été réalisé lorsqu'on a intégré les diverses théories developpées au regard de chacune de ces dimensions. Quand on considère les théories traitant de l'individu dans l'organisation, quand on y ajoute les actions des individus dans des groupes informels qui se déroulent aussi dans les organisations formelles, et que, finalement, on reconnaît que ces dernières font elles-mêmes partie d'environnements plus larges où chaque organisation peut être conçue comme un individu à l'intérieur d'un système plus grand, alors les théories de l'organisation apparaissent dans toute leur complexité. Les résultats d'une telle approche donnent lieu à une «mosaïque» incroyablement riche qui permet de tenir compte d'un plus grand nombre de microphénomènes à divers niveaux de l'organisation. Elle permet également de voir les relations entre de nombreux facteurs qui, considérés séparément, sont difficiles à expliquer.

Si l'on se réfère de nouveau aux deux modèles présentés au début de ce chapitre, il semble que Max Weber considère l'individu et le groupe séparément (bien qu'il les étudie tous les deux). Cette séparation est liée à son approche strictement formelle de la bureaucratie. Les relations sociales dans la bureaucratie – à tout le moins les relations formelles – sont expliquées par les critères propres à

---

5.   Cet acronyme a été formé à partir des termes suivants: «Planning, Organizing, Staffing, Directing, Coordinating, Reporting et Budgeting». (N.D.T.)

chaque fonction et par les structures de l'organisation, tandis que le côté informel de l'organisation est ignoré.

De leur côté, Tom Peters et Robert Waterman adoptent sur les individus et les organisations une perspective plus large centrée sur les relations sociales informelles (en clair, leur perspective en est une qui s'apparente étroitement à ce qu'il est convenu d'appeler la «culture organisationnelle»). Ils privilégient une structure formelle (légère et simple, laissant beaucoup d'autonomie à l'individu et au groupe) qui permet de cultiver les aspects informels de la firme; la tâche des gestionnaires est de faire en sorte que les aspects pertinents de l'organisation informelle s'alignent sur les valeurs dominantes de la firme. En reconnaissant que la productivité passe par les personnes, ce modèle fait ressortir l'importance de motiver les employés. Comme le font actuellement la plupart des théoriciens de l'organisation, Peters et Waterman reconnaissent qu'il est nécessaire d'adopter une approche multiperspective et élargie permettant d'appréhender les nombreux aspects psychologiques et sociaux des organisations. Il s'agit donc de trouver lesquelles, parmi leurs idées, peuvent être appliquées au secteur public et comment on peut les utiliser.

Un bon exemple d'une perspective plus intégrée applicable aux organisations nous est fourni par les approches systémiques de l'économiste Kenneth Boulding et du sociologue Talcott Parsons. Parsons (1956, p. 67), par exemple, est d'avis que:

> Comme n'importe quel système social, on conçoit qu'une organisation a une structure descriptible. Elle peut être décrite et analysée à partir de deux points de vue qui sont tous les deux essentiels si l'on veut en avoir une image complète. Le premier est le point de vue «culturel/institutionnel» basé sur les valeurs du système et leur institutionnalisation dans différents contextes fonctionnels; le second est le point de vue du groupe ou du rôle basé sur les parties de l'organisation et les rôles des individus qui participent au fonctionnement de l'organisation.

D'autres spécialistes, notamment March et Simon (1958), Katz et Kahn (1982) et Thompson (1967) s'inspirent aussi de l'approche des systèmes pour l'étude des organisations complexes.

Finalement, le domaine très populaire du «développement organisationnel» est basé sur les tentatives d'appliquer tout ce qui, dans les théories, permet d'établir des canaux de communication, d'augmenter la confiance et de créer un environnement plus démocratique dans les organisations. Bien qu'il y ait un débat énergique sur la faisabilité et la justesse des objectifs de cette approche et sur les méthodes utilisées pour les atteindre, il faut mentionner que ce débat couvre des aspects variés des théories de l'organisation. Un tel débat encourage donc un effort d'intégration qui est bénéfique à ceux qui désirent améliorer leur compréhension du fonctionnement des organisations publiques, sans égard aux idées qui alimentent ce débat.

La politique et le pouvoir

Les organisations publiques sont différentes de la plupart des autres organisations sur un aspect important: elles fonctionnent dans un contexte fortement marqué par la politique. La plupart des modèles ont failli sur cette question parce qu'ils ne tiennent tout simplement pas compte de l'aspect politique, et qu'ils interprètent le pouvoir comme un phénomène interne normalement relié au leadership. Weber, par exemple, traite peu du pouvoir et, lorsqu'il le fait, il définit les relations internes de pouvoir en relation avec la loi et son interprétation formelle dans la hiérarchie et dans les domaines individuels de compétence. Le pouvoir ultime et les relations entre les différentes bureaucraties sont déterminés totalement en dehors de l'organisation, ou ne sont considérés que par les quelques individus qui occupent des positions formelles au sommet de la hiérarchie où de telles questions tombent dans leur domaine de compétence.

Dans leur modèle des organisations performantes, Peters et Waterman traitent encore moins des questions de pouvoir et de politique. Les relations de pouvoir dans l'organisation (fondées sur l'idée d'une délégation la plus grande possible et d'une autorité liée de façon très étroite aux valeurs fondamentales de la firme) font l'objet d'une attention minimale et les auteurs ne font aucunement état de l'environnement politique des organisations[6].

Les employés qui travaillent aux paliers inférieurs des organisations publiques, spécialement ceux qui s'occupent des opérations, ne franchissent pas les «frontières» de l'organisation et se soucient peu de l'environnement politique. Ceci explique, en partie du moins, qu'on puisse observer des similitudes entre leurs façons de travailler et celles des employés du secteur privé. Cependant, lorsqu'on examine les fonctions aux niveaux les plus élevés des organisations publiques, ou lorsqu'on s'intéresse à leurs activités d'ensemble, on constate que l'environnement politique devient un élément essentiel à la compréhension de ce qui s'y passe. Dans ce cas, il est nécessaire de se référer à des théories traitant des valeurs et du pouvoir politique, lesquels ont un impact sur la distribution des ressources, la formation de coalitions, l'élaboration des politiques et la prise de décision. Une bonne connaissance de ces théories est essentielle à la compréhension des facteurs politiques qui influencent si profondément l'organisation publique.

---

6.   Les organisations privées doivent aussi considérer l'environnement politique. Un exemple qui fait état des difficultés qu'engendre la rencontre de deux systèmes sociopolitiques différents est donné par les firmes multinationales qui sont amenées à soudoyer des agents des gouvernements étrangers pour obtenir des contrats. De tels comportements sont monnaie courante dans certains pays mais, aux États-Unis, ils sont considérés comme scandaleux et plusieurs représentants de compagnies ont perdu leur emploi à cause de ces agissements. Les industries faisant l'objet de réglementation de la part du gouvernement ou dépendant du gouvernement pour une part substantielle de leur chiffre d'affaires sont évidemment plus au fait de ces considérations; toutefois, ces dernières sont généralement traitées comme des facteurs externes ayant peu d'effets sur les activités internes. Nous suggérons de revoir à ce sujet le chapitre précédent sur l'environnement publique des organisations publiques.

La philosophie politique – qui constitue la plus vieille discipline à s'être intéressé à la politique – comporte de précieux enseignements pour ceux qui étudient les organisations. Herbert Kaufman (1960, p. 5-14) faisait remarquer qu'on peut établir d'étroits rapprochements, voire des recoupements, sur des aspects importants entre les théories de l'organisation et les théories politiques. Les valeurs privilégiées par un système politique influencent les structures des organisations publiques. Les postulats concernant l'État et le citoyen varient d'une manière significative selon que l'organisation publique est instituée par un état démocrate-socialiste, un état autoritaire-communiste ou un état démocrate-capitaliste, parce que leurs objectifs sont mis en application de façon fort différente.

La philosophie politique est, par conséquent, importante dans l'étude des organisations publiques, de même que la «culture» du gouvernement. La culture renvoie à des facteurs tels que l'histoire du gouvernement, de son développement et de son évolution, le rôle du gouvernement comme le perçoivent les citoyens, les structures et les processus propres au gouvernement, les valeurs, les avantages et les habitudes des principaux intervenants, notamment les élus, les personnes qui sont nommées par le pouvoir politique pour occuper des postes officiels et les bureaucrates. Tous ces facteurs aident les élus, les employés et les organisations qu'ils représentent, à «définir la réalité». Même des différences relativement minimes dans la culture politique peuvent être à l'origine de variations considérables dans les manières dont les bureaucrates perçoivent le monde et dans leurs façons de remplir leurs fonctions.

L'influence de la culture politique sur les perceptions et les actions peuvent être illustrées en comparant les perspectives prévalant dans les fonctions publiques au Canada et aux États-Unis. Bien que les deux pays aient une forme de gouvernement démocratique, une histoire en grande partie reliée à celle de la Grande-Bretagne et un grand héritage culturel commun, les structures et les pratiques des deux gouvernements varient de manière substantielle. Même s'il est difficile de trouver deux pays géographiquement contigus ailleurs dans le monde qui soient aussi semblables culturellement, il y a encore des mésententes majeures (ou un manque de compréhension) entre les deux gouvernements et les gens qui y travaillent. Par exemple, quand un des auteurs de cet ouvrage a eu l'occasion d'échanger avec des fonctionnaires canadiens qui assistaient à une conférence internationale sur l'avenir de l'administration publique tenue à Québec en 1979, il constata que les Canadiens étaient mystifiés par l'imposition stricte de la *Hatch Act* qui limite les activités politiques des employés fédéraux aux États-Unis. Les fonctionnaires canadiens ne pouvaient tout simplement pas comprendre la nécessité d'une adhésion aussi stricte à cette loi par leurs homologues du sud. Au Canada, en dépit du fait que les activités politiques soient interdites, comme l'indique la section 32 de la *Loi sur l'emploi dans la Fonction publique*:

> En pratique, les employés fédéraux sont beaucoup plus actifs que la loi ne le permet. Et pourtant, les plaintes au sujet de l'activité politique des fonction-

naires sont négligeables. Les partis politiques semblent avoir adopté un arrangement tacite selon lequel aucun parti ne se plaint au sujet des activités politiques des fonctionnaires. (Kernaghan, 1985, p. 29)

Si les perceptions diffèrent à ce point sur les façons de réguler les comportements des employés du secteur public au regard de leurs activités politiques, on comprendra aisément que ceux-ci agissent de diverses manières dans les organisations publiques.

La culture politique joue également un rôle majeur dans les tentatives faites pour résoudre le problème des pluies acides dans le nord-est des États-Unis et l'est du Canada. Alors que les Canadiens pressent les États-Unis d'agir plus fermement contre la pollution de l'air causée par l'industrie, les membres du Congrès américain réclament âprement que les Canadiens renforcent leurs propres lois. Une des causes importantes de cette controverse réside dans les manières différentes qu'ont les agences gouvernementales des deux pays de faire respecter la loi. Aux États-Unis, on s'attend à ce que les agences du gouvernement fassent respecter les règlements à la lettre mais pas davantage[7], et même alors, ils subissent souvent l'opposition de corporations privées qui, pour toutes sortes de raisons, désirent faire traîner les choses concernant leur adhésion à ces règlements. Par ailleurs, les Canadiens font valoir que leurs agences gouvernementales ont tendance à recourir dans de tels cas à la persuasion et aux engagements sur parole et que, conséquemment, le niveau général de conformité avec les objectifs de réduction de la pollution de l'air est plus élevé au Canada. Il va sans dire que les membres du Congrès sont sceptiques vis-à-vis une telle position. Une grande partie de la difficulté ne vient pas du manque de détermination à prendre les moyens pour résoudre le problème; c'est simplement difficile pour les législateurs américains de croire que les attitudes envers la légitimité des règlements du gouvernement varient autant et, en conséquence, que les organisations peuvent fonctionner de façon aussi différente des deux côtés de la frontière. Pour comprendre les organisations publiques concernées, leurs objectifs et leurs processus, il est nécessaire de comprendre la culture politique dans laquelle elles sont instituées.

La culture politique peut mener à des résultats opposés aux objectifs exposés dans la loi. Weisband et Frank (1975) indiquent que ceux et celles qui occupent les plus hautes fonctions aux États-Unis se voient garantir dans la Constitution le droit de démissionner et d'utiliser toutes les informations non classifiées à leur disposition pour combattre les politiques proposées par le président s'ils sont convaincus que ces politiques sont mauvaises. En Grande-Bretagne, par ailleurs, les membres du Cabinet opèrent sans garantie formelle de protection s'ils laissent filtrer des informations qui seraient dommageables au gouvernement. Pourtant,

---

7.   Il y a autant de désaccord sur ce qu'est au juste la lettre de la loi. Peu de fonctionnaires de l'agence américaine de protection de l'environnement (Environmental Protection Agency ou EPA) sont d'accord avec l'interprétation donnée dans sa loi constitutive par les administrateurs nommés au début de la présidence de Reagan. (N.D.T.)

dans presque tous les cas, ceux qui, aux États-Unis, démissionnent le font sans fracas et ne contestent pas la politique qui les a amenés à démissionner. Dans les quelques cas où il y a eu des protestations publiques, les protestataires ont eu à affronter des attaques vicieuses et ont vu leur carrière publique, sinon leur carrière privée, ruinées. En Grande-Bretagne, on a vu à plusieurs reprises des membres du Cabinet démissionner de leur fonction et livrer des informations dommageables à la cause du gouvernement; ces dirigeants n'ont pas été punis pour ces infractions et, de fait, on leur a souvent confié ultérieurement des postes de même niveau ou de niveau supérieur dans le Cabinet (Weisband et Franck, 1975, p. 95-98). En ne considérant que la loi ou les règles formelles, sans comprendre le contexte culturel de la loi et de l'organisation publique dont il s'agit, un observateur non initié serait totalement dérouté.

La culture d'un système politique est inextricablement liée à la structure gouvernementale existante. Une municipalité où le maire et son conseil s'occupent de la gestion courante et une autre où on ne s'en mêle pas sont des réalités qui ne sont pas dues au hasard mais qui découlent de la taille de la ville, de l'hétérogénéité de sa population et des valeurs politiques des citoyens. Ainsi, les villes de petite et moyenne taille, homogènes sur le plan socio-économique, tendent à avoir des administrations où le conseil participe à la gestion tandis que les villes plus grandes et plus hétérogènes sur le plan socio-économique tendent à avoir un système où le maire et les conseillers délèguent la gestion aux gestionnaires. En bonne partie, la structure d'un gouvernement local est l'expression formelle des valeurs des citoyens en ce qui concerne la prise de décision politique, la communication, la résolution des conflits et le contrôle. À son tour, la structure des organismes municipaux influence les procédures établies pour mettre en application les politiques de la ville. Donc, les théories sur les modes de fonctionnement des systèmes politiques et ce qui est considéré «acceptable» dans le domaine politique, sont des éléments essentiels pour comprendre la manière dont se développe et se maintient une structure publique.

Il y a deux principales théories concernant la politique démocratique: la théorie pluraliste et la théorie élitiste. S'il y a un certain désaccord quant à celle de ces deux théories qui offre la meilleure description du processus politique, il n'y a pas de doute quant à leur utilité pour examiner comment les organisations publiques essaient de remplir leur rôle en tant qu'acteurs du système politique.

La théorie pluraliste[8] présente un énoncé systématique sur le rôle des intérêts et des groupes d'intérêts dans le système gouvernemental (américain). Une définition généralement acceptée par tous les pluralistes est celle de David Truman: «Un groupe d'intérêts est un groupe dont les membres partagent les mêmes valeurs et qui fait certaines réclamations auprès des autres groupes de la société. S'il fait ses réclamations auprès d'une des institutions du gouvernement, il

---

8.   L'origine de l'école pluraliste remonte à Bentley (1908). Les autres auteurs marquants sont Truman (1951), Dahl (1961) et Dahl et Lindblom (1953, chap. 10-11).

devient un groupe d'intérêt politique» (1951, 37). Ces groupes créent une mosaïque d'acteurs qui influencent les politiques et les processus gouvernementaux.
Un équilibre se développe au fur et à mesure que le pouvoir et l'influence des
groupes deviennent connus. Toutefois, cet équilibre est caractérisé par l'instabilité.

> Le modèle de société complexe comme celle dans laquelle nous vivons en est
> un de changements et de perturbations dans les modèles sous-jacents (*sub-
> patterns*) habituels d'interaction, suivi par un retour à l'état d'équilibre précé-
> dent ou, si les perturbations sont intenses et prolongées, par l'émergence de
> nouveaux groupes qui ont pour fonction de faciliter l'établissement d'un
> nouvel équilibre. (Truman, 1951, p. 44)

Parfois, les organisations publiques sont la cible de groupes d'intérêts et
parfois, ce sont elles qui essaient d'influencer les politiques ou les processus des
autres parties du gouvernement, qu'il s'agisse d'autres organisations publiques,
d'autres secteurs de l'activité gouvernementale ou d'autres ordres de gouvernement. En fait, les départements du gouvernement fédéral américain (l'équivalent
des ministères dans le système canadien) ont été établis autour d'un ensemble de
préoccupations spécifiques; ainsi, est-il facile de relever les rôles joués par les ministères du Travail, de l'Agriculture, de l'Énergie ou du Transport dans la mêlée
générale où s'élaborent les politiques. Dans la mesure où la théorie pluraliste décrit la réalité de notre processus politique, elle nous aide à comprendre comment
les organisations publiques déterminent qui elles doivent écouter, ce qu'elles doivent entendre et la manière dont elles doivent utiliser l'information reçue. Elle
expose aussi plusieurs des tactiques auxquelles peuvent avoir recours les organisations pour influencer d'autres organismes gouvernementaux.

Les auteurs de la théorie politique élitiste[9] prétendent pour leur part que
les acteurs proéminents dans l'arène politique sont quelques individus ou quelques groupes influents, agissant souvent sans occuper de positions formelles dans
le gouvernement; ils contrôlent les règles du jeu politique aussi bien que les politiques et les activités du gouvernement qui en résultent. En bref, selon cette
théorie:

1. La société est divisée entre un tout petit nombre de personnes qui
   détiennent le pouvoir et les autres. Ce petit nombre de personnes décident seules des valeurs de la société; les masses ne participent pas aux
   décisions concernant les politiques publiques.

2. Les quelques personnes qui gouvernent ne sont pas des représentants
   typiques des masses. Les membres de cette élite viennent pour la plupart des couches socio-économiques supérieures de la société.

3. Pour que la stabilité soit maintenue et que l'anarchie soit évitée, il faut
   que le passage de personnes qui n'appartiennent pas à l'élite à des positions habituellement occupées par elles soit lent et continu. Parmi les

---

9.   La théorie politique élitiste est aussi vieille que l'histoire, mais la première représentation de
     cette théorie comme modèle de gouvernement local aux États-Unis remonte à Hunter (1953).

personnes qui ne font pas partie de l'élite, seules celles qui acceptent le consensus de l'élite sur les valeurs fondamentales sont admises dans le cercle des gouvernants.

4. Les membres de l'élite font consensus sur les valeurs de base du système social et sur son maintien. Ils ne sont en désaccord que sur un nombre restreint de points.

5. Les politiques publiques ne reflètent pas les demandes des masses mais plutôt les valeurs dominantes de l'élite. Les changements dans les politiques publiques se feront graduellement et non pas de façon révolutionnaire.

6. Les membres de l'élite qui sont actifs ne sont sujets qu'à une influence directe relativement faible de la part des masses apathiques. Les membres de l'élite influencent plus les masses que ces dernières ne le font en retour (Dye et Ziegler, 1984, p. 6).

Dans la mesure où les membres d'une élite contrôlent la politique et le gouvernement de la façon décrite ci-dessus, il importe que les théories portant sur les individus, les groupes et les organisations formelles dans le secteur public reflètent une telle situation. Les organisations publiques seront alors structurées à partir de critères qui permettent à leurs membres de se mettre au service de cette élite, d'attirer son attention, de mériter ses éloges et de s'assurer l'appui de ceux qui contrôlent l'environnement politique. Les tactiques utilisées auront du succès et les objectifs considérés comme réalisables et pertinents trouveront facilement des appuis si l'on arrive à obtenir l'attention de l'élite et à influencer ses décisions, plutôt qu'en entrant dans une coalition et en cherchant à dégager une majorité (ce que suggérerait l'approche pluraliste).

Parmi les récents développements dans ce domaine, il y en a un qui porte le nom de théorie des choix publics (*public choice theory*). Selon les tenants de cette théorie, les organisations publiques devraient être considérées comme des décideurs rationnels qui pèsent soigneusement les coûts et les bénéfices reliés à toutes les options qui s'offrent à elles (Stokey et Zeckhauser, 1978). C'est une théorie politique qui essaie de combiner certains éléments des théories de l'organisation, spécialement ceux qui ont trait à la théorie de la décision et l'économique. Ce faisant, on cherche, en étudiant rigoureusement et «scientifiquement» les organisations publiques, à améliorer la capacité d'explication et de prédiction des phénomènes observés. Même si ce mariage n'est pas nécessairement heureux, c'est un effort valeureux qui laisse présager d'autres développements théoriques. Si la théorie des choix publics donne une bonne description du fonctionnement des organisations publiques – au moins dans leurs choix de politiques – alors elle contribuera à accroître notre compréhension de la manière dont les organisations publiques interagissent avec le système politique.

Une théorie technocratique a aussi été proposée récemment selon laquelle les experts, de par leur appartenance à des professions et leurs positions d'autorité, prennent, en fait, la plupart des décisions politiques importantes. Les «technocrates» utilisent leurs compétences et leur position de pouvoir pour dominer le processus de formulation et d'implantation des politiques. Cela se produit pour deux raisons: la complexité et l'interdépendance croissantes de la société (aux plans technologique et économique, national et international) créent un besoin de compétences pour l'évaluation des conséquences générales et spécifiques des politiques, lesquelles compétences débordent les capacités de la plupart des citoyens qui, de toute façon, n'ont pas le temps de s'en occuper; et en même temps, les technocrates sont conscients de leur monopole sur l'information et utilisent cet outil très puissant pour consolider leurs positions. Les technocrates trouvent relativement facile d'agir dans des fonctions publiques ou privées et d'articuler les politiques publiques pour qu'elles servent leurs intérêts.

Les tenants de cette approche, qui proposent une théorie élitiste basée sur la compétence technique plutôt que sur une position socio-économique dans la société, suggèrent que la position des technocrates est renforcée du fait de la baisse du niveau de participation des citoyens au processus politique. La diminution régulière de la proportion des citoyens qui votent, ou qui prennent part à des activités politiques, est fournie comme preuve de ce manque croissant de l'intérêt des citoyens pour les affaires publiques. Selon certains auteurs, les citoyens ont perdu cet intérêt parce qu'ils croient avoir été «manipulés» par les technocrates; d'autres croient que les citoyens ne peuvent simplement pas comprendre les questions complexes qu'on leur demande occasionnellement de régler par un seul vote lors d'une élection. Dans l'un ou l'autre cas, les décisions politiques sont finalement prises par les militaires de haut rang, de puissants industriels, les experts en marketing politique ou par une «conspiration internationale» composée de banquiers et d'industriels.

On a souvent tendance à rejeter complètement la théorie technocratique à cause des caractéristiques péjoratives et du sensationnalisme qui se dégagent de ceux qui sont en marge de ce groupe de théoriciens. Malheureusement, une telle prise de position masque les éléments de vérité de cette théorie. Il est facile de négliger les questions importantes qu'elle soulève quand on veut comprendre comment les organisations fonctionnent, spécialement celles du secteur public. Par exemple, est-ce que les bureaucrates sont loyaux à l'égard de l'organisation publique pour laquelle ils travaillent ou à l'égard de leurs associations professionnelles? Les décisions que prennent les bureaucrates sont-elles fondées sur les perspectives et l'information de l'organisation plutôt que sur celles de leur profession? Les personnes qui ont l'entraînement technique et de l'expérience sont-elles capables et ont-elles la volonté de regarder au-delà de leurs spécialités et de reconnaître les conséquences sociales et politiques de leurs décisions et de leurs actions? Il est impossible de comprendre le rôle des organisations publiques et de leurs nombreux spécialistes sans comprendre le pouvoir que confère la compétence technique dans la société, et de là, le pouvoir des technocrates dans les organisations publiques.

L'influence du contexte politique sur les théories de l'organisation publique.
Sans doute, certains lecteurs ne sont pas convaincus de l'importance du contexte politique dans les théories de l'organisation. Bien que cela soit peut-être peine perdue, un bref historique de l'interaction entre l'environnement politique et les théories de l'organisation publique pourrait aider à les convaincre. Il est intéressant de noter, dans ce qui suit, que chaque fois qu'un développement historique survient, il donne lieu à une nouvelle perspective en théorie de l'organisation publique. On n'essaie pas ici d'y voir une relation de cause à effet. Nous désirons simplement souligner que les deux facteurs – développements politiques et théories de l'organisation publique – sont étroitement liés.

Au tout début de la période où s'est développée l'étude formelle des organisations, les deux principales théories (celles de Weber et de Taylor) coïncidaient parfaitement avec les idées majeures des réformateurs américains de la fonction publique[10]. Les réformateurs essayaient de séparer les «affaires du gouvernement» de l'arène politique, selon l'expression de Woodrow Wilson, pour faire en sorte que les décisions et les actions administratives puissent être prises sans interventions des politiciens. Une autre prétention des réformateurs était qu'en séparant le politique de l'administratif, l'efficacité et la neutralité de l'administration seraient considérablement améliorées. Les points de vue de Wilson et de Taylor ont apporté un soutien rationnel et convaincant au mouvement de la réforme qui, à son tour, a donné de l'élan au développement de la fonction publique, l'objectif central du mouvement de réforme. Si l'on examine à fond le système dit «au mérite», il est évident qu'il s'accorde presque parfaitement avec le système bureaucratique tel que décrit par Weber, même si la plupart des réformateurs n'étaient pas au fait des écrits de Weber. La structure proposée permettait aussi la spécialisation et le développement de compétences, comme l'avait défini Taylor. En dépit de contretemps temporaires, tel que le refus des employés civils de la marine d'admettre les chronomètres dans les fabriques d'armes, la complexité technologique de la société a conduit à une acceptation croissante de la spécialisation et de la priorité à accorder à l'efficacité.

Avec l'arrivée du «New Deal» du président Roosevelt, deux événements politiques majeurs (la Grande Dépression et la Deuxième Guerre mondiale) ont influencé le développement des organisations et les conceptions des théoriciens à propos des organisations publiques. Pour la première fois, on acceptait que le gouvernement soit responsable de l'état de l'économie et vienne en aide aux personnes en chômage et à celles qui avaient des besoins économiques chroniques

---

10. Même si les écrits de Weber n'ont pas été traduits de l'allemand à l'anglais avant les années 1940, il est probable que les leaders intellectuels du mouvement de la réforme étaient familiers avec les ouvrages des prédécesseurs. Wilson note, par exemple, l'influence des sociologues allemands sur les progrès réalisés en son temps. Il n'est pas possible à ce moment-ci de discuter des questions de causalité intellectuelle et de tenter de savoir si le mouvement de la réforme était le résultat des développements dans les sciences sociales ou si les deux ont évolué en même temps mais de façon indépendante.

et/ou sérieux. Ces nouvelles responsabilités ont favorisé la croissance générale de l'effectif gouvernemental et la création de nouvelles agences. Le gouvernement ne pouvait pas s'acquitter de ces nouvelles fonctions sans requérir de nouveaux effectifs, c'est pourquoi les organisations publiques ont pris une part de plus en plus grande dans les activités de la société. Cette croissance attira dans le service public de nouvelles personnes, dont plusieurs étaient hautement qualifiées et spécialisées, qui étaient destinées à devenir les leaders des organisations publiques durant les deux générations suivantes. Plusieurs de ces personnes avaient été formées en science politique, en économique, en histoire et dans d'autres disciplines, par des professeurs qui adhéraient sans réserve à la dichotomie politique-administratif telle que proposée par Woodrow Wilson (1856-1924), Frank Goodnow et de nombreux autres écrivains entre 1880 et 1930.

La mobilisation des Américains après l'attaque japonaise sur Pearl Harbor a aussi attiré plusieurs individus très talentueux et bien entraînés dans des postes au sein de l'administration fédérale. Après la guerre, plusieurs de ceux-ci ont soit poursuivi leurs carrières dans le gouvernement, soit amorcé une pratique qui consiste à se déplacer régulièrement entre des postes du gouvernement et des postes dans les milieux universitaires ou dans le secteur privé (à but lucratif). Non seulement le gouvernement a bénéficié de la participation des intellectuels mais, de plus, la compréhension de l'administration publique par les universitaires s'est considérablement élargie car bon nombre de ces intellectuels, en revenant dans l'environnement plus objectif et plus neutre de l'université, ont eu l'occasion de s'inspirer de leurs expériences de praticiens.

Une perspective très différente de l'organisation publique a émergé de ce groupe, une perspective qui concerne à la fois l'organisation et ses gestionnaires supérieurs comme participants actifs – par nécessité autant que par désir – dans le processus global de formulation et d'application des politiques publiques. L'idée que le politique et l'administratif constituaient des domaines séparés et autonomes a été mise de côté et une théorie plus réaliste, qui reconnaissait le chevauchement des deux «mondes», est devenue la doctrine reconnue en administration publique. Les concepts d'efficacité et d'efficience et la croyance que les bureaucraties publiques étaient semblables aux organisations privées (à but lucratif) furent repensés et enrichis par l'addition de la théorie politique (discutée tant au plan philosophique qu'au plan de la «mécanique du système politique») et aussi par l'addition de préoccupations sur les rôles des organisations publiques et de leurs gestionnaires dans ces processus.

En même temps, les développements générés par la guerre froide, l'exploration spatiale et le développement technologique en général, ont nécessité une fonction publique dont l'effectif devait être à la fois plus nombreux et plus qualifié pour exécuter le travail du gouvernement. Même les programmes sociaux nécessitaient des capacités grandement accrues en science de l'information pour suivre le rythme croissant des demandes pour la conservation des dossiers; les modèles rudimentaires de planification et de prise de décision alors en usage ne faisaient pas encore appel à ces capacités touchant le traitement de l'information. Ainsi, les théories de l'information et de la prise de décision se sont établies comme les outils les plus valables dans l'étude des organisations publiques.

Comme la taille de la bureaucratie a crû de façon considérable et qu'elle a aussi couvert des domaines plus nombreux, et comme cette croissance se répercutait sur la vie de tous les citoyens, l'inévitable arriva: les gens sont devenus méfiants vis-à-vis les organisations qu'ils avaient réclamées à grands cris. Pour accomplir les fonctions que les citoyens exigeaient du gouvernement, l'organisation publique s'est développée et cette croissance constante a engendré la peur du citoyen face à une machine bureaucratique alourdie. Bien entendu, le même phénomène d'apparition de grandes organisations bureaucratiques se produisait dans la société, mais les gens voyaient en l'expansion du gouvernement une menace à leur vie de tous les jours parce que justement il jouait un rôle tellement central et visible, en particulier sur le plan national.

Les récriminations des citoyens sont innombrables, mais trois facteurs peuvent peut-être simplifier la compréhension de cette situation. Premièrement, la bureaucratie publique revêt un caractère souvent inhumain. Ralph Hummel (1982, p. 5-6) décrit cette caractéristique avec l'inflexion rhétorique appropriée quand il récite la litanie suivante:

> Le bureaucrate est considéré comme les restes d'un être humain tronqué. On permet aux bureaucrates d'avoir des émotions, mais seulement les émotions décrites dans leurs ordres de travail. On leur permet d'être responsables de leurs actes, mais seulement s'ils tombent dans leur domaine de compétences. Le bureaucrate n'est pas officiellement responsable et ne sera pas tenu responsable de l'action ou de l'inaction d'un autre bureaucrate dans une partie différente et indépendante de la bureaucratie. Le bureaucrate a une volonté, mais c'est une volonté officiellement limitée: il ne peut pas déborder son rôle. C'est une volonté dont l'origine repose non pas dans sa conscience personnelle mais dans une machinerie mise en mouvement par un supérieur, les règles de travail ou par la compréhension de son domaine de compétences.

Bien que tout le monde ne soit pas aussi négatif ni aussi passionné lorsqu'il s'agit de parler de la bureaucratie, il nous est tous arrivé un jour ou l'autre de nous sentir traités comme de simples dossiers par quelques bureaucrates. Nous avons aussi tendance à oublier le travail incroyable que la bureaucratie accomplit et nous n'en retenons que les travers.

En raison de ce phénomène universel qu'est la mémoire sélective, plusieurs usagers, et un bon nombre parmi ceux qui y travaillent, ne retiennent de la bureaucratie que son caractère inhumain. Pour changer cette situation, on a proposé plusieurs remèdes administratifs dont, entre autres: la bureaucratie représentative selon laquelle la structure des emplois publics doit correspondre à celle de la population en général, postulant qu'ainsi toutes les catégories de personnes dans la société seront mieux servies; la discrimination positive, qui repose sur l'idée que, pour parvenir à mettre en place une bureaucratie représentative, il est nécessaire d'aller au-delà de la stricte neutralité, de recruter activement des minorités et ensuite de discriminer en leur faveur dans les processus de sélection et de promotion pour compenser les effets néfastes de la discrimination systématique et sociétale qui a joué contre eux dans le passé; une nouvelle administration publique caractérisée par une participation plus active des administrateurs publics dans le processus politique, un accent spécial étant mis sur leur rôle de «représentants-substituts» de ces parties de la population qui ne sont pas couramment représentées dans le système politique; une participation de la communauté dans la prise de décision et dans l'implantation des politiques des organisations publiques; les tenants de cette participation sont d'avis que les citoyens ne peuvent être bien servis que s'ils ont quelque chose à dire dans l'interprétation et l'implantation des politiques publiques parce que seuls les utilisateurs des services peuvent savoir ce qu'ils veulent et ce dont ils ont besoin; et le développement organisationnel, phénomène interne à la bureaucratie publique qui vise à appliquer les sciences du comportement aux organisations publiques pour favoriser l'ouverture, la confiance et la sensibilité de sorte que les organismes publics deviennent plus humains et responsables dans leurs relations avec leurs employés.

Bien qu'on trouve d'ardents défenseurs de chacune de ces approches, aucune ne domine l'ensemble des théories de l'organisation publique. Par contre, chacune a eu une certaine influence dans le secteur public dans la mesure où plusieurs de leurs prémisses de base ont été acceptées et que quelques efforts modestes ont été faits dans certaines organisations pour atteindre au moins une partie des buts visés par les tenants de ces approches. Cela est typique en politique parce que, comme Woodrow Wilson l'a noté il y a presque un siècle: «Quand la considération pour l'opinion publique est un principe premier de gouvernement, il s'ensuit que toute réforme concrète doit être lente et être issue de nombreux compromis» (1887, p. 9).

Le deuxième changement a trait au contrôle. Plusieurs personnes ont l'impression que la bureaucratie publique est complètement hors de contrôle. Selon elles, les ministères sont devenus l'équivalent d'organisations indépendantes. Nommés conformément au système dit «au mérite», qui fonctionne bien lorsqu'il s'agit de garantir l'accès des meilleurs candidats disponibles à une fonction mais qui a des carences sérieuses lorsqu'il est question de maintenir des normes élevées de travail, les fonctionnaires sont très peu encadrés et dirigés par les élus. Le système «au mérite» constitue un ensemble complexe de règles officielles qui a pour effet de forcer et de banaliser les évaluations de la performance au travail, tant pour les employés performants que pour ceux qui ne le sont pas, faisant d'eux un vaste corps de travailleurs au rendement satisfaisant et assurés d'une sécurité financière enviable. Puisque les employés ont des connaissances et des compétences particulières concernant leurs programmes, et puisqu'il y a tellement de programmes qu'il est impossible pour le public en général de les surveiller, les agences tendent à devenir leur propre base de pouvoir. Les citoyens perçoivent l'organisation publique comme puissante et indépendante alors qu'en fait, elle est souvent à la remorque d'un groupe d'intérêts qui a le pouvoir et dont elle sert essentiellement les intérêts.

Plusieurs tentatives ont été faites pour contrôler davantage les organisations publiques; certaines, émanant du Congrès américain ou de groupes aux intérêts opposés, sont carrément politiques; d'autres, promues par de hauts responsables, des groupes d'intérêts préoccupés par les aspects techniques de l'administration ou des clients, consistent à utiliser les nouveaux systèmes développés par les sciences de l'information. L'administration Carter a proposé le *Civil Service Reform Act* (CSRA) dont les buts étaient d'augmenter le contrôle des hauts dirigeants nommés par le gouvernement sur les fonctionnaires engagés suivant le système dit «au mérite», tout en espérant améliorer leur moral et leur motivation. Même si l'on ne sait pas si les auteurs du CSRA étaient conscients d'être inspirés par des théories organisationnelles modernes (certaines théories de la motivation, par exemple) en rédigeant cette loi, on peut penser qu'ils ont été influencés par des courants de la pensée contemporaine, sinon explicitement du moins implicitement. On peut aussi soutenir que certaines découvertes importantes des théories de l'organisation furent mises de côté ou ignorées et que cela a pu avoir un effet négatif sur le résultat final et son efficacité. Du moins, on peut croire que les intellectuels et les praticiens qui ont rédigé le CSRA ont été influencés par leur formation universitaire.

La troisième plainte contre la bureaucratie publique se rapporte à sa trop grande taille. Tous les ordres de gouvernement mis ensemble constituent de loin la part la plus importante de notre économie (produit intérieur brut). En 1980, le mouvement contre l'ampleur du gouvernement a conduit à l'élection de Ronald Reagan et à la venue à Washington de personnes dont les attitudes avaient déjà porté des fruits dans les états et sur le plan régional. Comme résultat de ce mouvement de l'opinion publique, le gouvernement a eu à faire face à un nouveau type de questions sur tous les plans. Comment réduit-on les services, le nombre d'employés, les dépenses et les revenus de l'État? Pour satisfaire ces nouvelles exigences des citoyens et arriver à maintenir le moral des employés et l'efficacité générale des programmes, il est nécessaire de faire appel à toute nouvelle connaissance et de découvrir des manières innovatrices de les appliquer. En fait, une des accusations majeures portées contre l'administration Reagan est que, à la suite de coupures dans les programmes, le moral des fonctionnaires et l'efficacité des programmes ont été radicalement affectés, soit qu'on ait sous-estimé les conséquences des coupures, soit qu'on l'ait fait de manière délibérée.

LES THÉORIES DE L'ORGANISATION PUBLIQUE AUJOURD'HUI

Tout ce dont on vient de discuter a suscité un intérêt marqué pour l'application des théories de l'organisation aux organisations du secteur public, et notre exposé constitue une version malgré tout fort simplifiée des contextes dans lesquels les universitaires et les gestionnaires doivent travailler. Il n'est pas étonnant qu'un grand nombre de théories aient fait leur apparition étant donné la multitude des perspectives à partir desquelles on peut étudier les organisations. Nous sommes dans une situation semblable à celle d'un groupe d'aveugles qui tentent de décrire un éléphant en tâtant l'un ou l'autre de ses membres. Toute théorie de l'organisation publique peut paraître erronée, même ridiculement erronée, du moins en partie, parce qu'elle privilégie un aspect particulier de l'organisation au détriment des autres.

En examinant toute la gamme des théories, nous pouvons en tirer un ensemble de perspectives utiles aux administrateurs publics et aux théoriciens de la gestion publique. La plupart de nos lecteurs cherchent surtout des connaissances de base qui les aideront à gérer quotidiennement leurs organisations. Pour accomplir cette tâche, les quatre thèmes traités dans ce chapitre constituent autant de perspectives qui doivent être considérées, et c'est le quatrième thème – l'environnement politique de la gestion publique – qui est habituellement négligé dans les théories de l'organisation. Ces théories s'intéressant plus souvent aux organisations privées à but lucratif en viennent à minimiser la dimension légale dans leur traitement des organisations publiques. En mettant l'accent sur la rationalité et l'efficience, il est important de reconnaître que les définitions politiques et économiques de ces concepts sont multiples et variées. Saisir ces différences et trouver des façons de les aplanir, ou se résigner à l'impossibilité de le faire et rechercher des modes de fonctionnement dans le contexte conflictuel qui en résulte, est essentiel pour gérer les organisations publiques.

De la même façon, il ne suffit pas que les gestionnaires publics connaissent tout au sujet des théories psychologiques et sociologiques reliées aux organisations complexes. Lorsqu'on tente d'appliquer ces théories, il est nécessaire de comprendre l'environnement légal et politique dans lequel on le fait. Par exemple, les gestionnaires publics ne peuvent pas utiliser tous les outils de motivation auxquels on fait appel dans le secteur privé. De même, plusieurs autres théories de l'organisation, lorsque appliquées au secteur public, doivent être adaptées à la culture politique générale et aux acteurs politiques concernés qui agissent par rapport à une organisation publique donnée. Les théories de l'organisation publique doivent avoir à l'esprit les quatre débats de fond auxquels nous avons fait allusion pour développer une image complète de l'organisation publique et de son fonctionnement.

BIBLIOGRAPHIE

BARNARD, Chester (1938). *The Functions of the Executive,* Cambridge, Mass., Harvard University Press.

BENTLEY, Arthur F. (1908). *The Process of Government: A Study of Social Pressures*, Chicago, University of Chicago Press.

BLANCHARD, Kenneth et Norman Vincent PEALE (1988). *Éthique et management*, Paris, Éditions d'organisation, 141 p.

BLAU, Peter M. (1955). *The Dynamics of Bureaucracy,* Chicago, University of Chicago Press.

BURKE, John P. et Robert E. CLEARY (1989). «Reconciling Public Administration and Democracy: The Role of the Responsible Administrator; Response to John Burke», *Public Administration Review,* vol. 49, n° 2, p. 180-186.

CAREY, Alex (1967). «The Hawthorne Studies: A Radical Criticism», *American Sociological Review,* vol. 32, p. 403-416.

CARTWRIGHT, Dorwin et Alvin F. ZANDER (1968). *Group Dynamics: Research and Theory,* New York, Harper & Row.

DAHL, Robert (1961). *Who Governs? Democracy and Power in an American City,* New Haven, Yale University Press.

DAHL, Robert et Charles E. LINDBLOM (1953). *Politics, Economics and Welfare: Planning and Politico-Economic Systems Resolved into Basic Social Processes,* New York, Harper.

DENHARDT, Kathryn G. et Bayard L. CATRON, (1989). «The Management of Ideals: A Political Perspective on Ethics; Response to Kathryn Denhardt», *Public Administration Review,* vol. 9, n° 2, p. 187-193.

DIESING, Paul (1962). *Reason in Society: Five Types of Decisions and their Social Conditions,* Urbana, University of Illinois Press.

DRORY, Amos et Tsilia ROMM (1990). «The Definition of Organizational Politics: A Review», *Human Relations,* vol. 43, n° 11, p. 1133-1154.

DYE, Thomas R. et Harmon ZIEGLER (1984). *The Irony of Democracy: An Uncommon Introduction to American Politics,* 6ᵉ éd., Monterey, Ca, Brooks/Cole.

FISCHER, Frank et Robert C. ZINKE (1989). «Public Administration and the Code of Ethics: Administrative Reform or Professional Ideology?», *International Journal of Public Administration,* vol. 12, n° 6, p. 841-854.

FREEDMAN, James O. (1978). *Crisis and Legitimacy,* New York, Cambridge University Press.

FRENCH, John R.P. et Bertram RAVEN (1958). «The Bases of Social Power», *dans Studies in Social Power,* Dorwin CARTWRIGHT (éd.), Ann Arbor, Mich., Institute for Social Research, p. 150-167.

GOODSELL, Charles T. (1989). «Does Bureaucracy Hurt Democracy?», *Bureaucrat,* vol. 18, n° 1, p. 45-48.

GOODSELL, Charles T. (1988). «Comparing American Bureaucracy», *Bureaucrat,* vol. 17, n° 1, p. 33-36.

GULICK, Luther H. et Lyndall URWICK (éditeurs) (1937). *Papers on the Science of Administration,* New York, Institute of Public Administration.

HALACHMI, Arie et Geert BOUCKAERT (sous la direction de) (1993). «La productivité du secteur public», *Revue Internationale des Sciences Administratives,* numéro spécial, vol. 59, 222 p.

HENRIE, Maurice (1992). *Le petit monde des grands bureaucrates,* Boucherville, Éditions de Mortagne, 294 p.

HERSEY, Paul et Kenneth H. BLANCHARD (1982). *Management of Organizational Behavior: Utilizing Human Resources,* 4ᵉ éd., Englewood Cliffs, N.J., Prentice-Hall.

HUMMEL, Ralph P. (1982). *The Bureaucratic Experience,* 2ᵉ éd., New York, St. Martin's Press.

HUMMEL, Ralph P. et Charles T. GOODSELL (1988). «The Case for Public Servants; The Case Against Deduced Pathology», *Bureaucrat*, vol. 17, n° 2, p. 24-28.

HUNTER, Floyd (1953). *Community Power Structure: A Study of Decision Makers,* Chapel Hill, University of North Carolina Press.

JACOBS, T.O. (1971). *Leadership and Exchange in Formal Organizations*, Alexandria, Va., Human Resources Research Organization.

JANIS, Irving L. (1972). *Victims of Groupthink*, Boston, Houghton Mifflin.

KATZ, Daniel et Robert L. KAHN (1982). *The Social Psychology of Organizations,* 3ᵉ éd., New York, John Wiley & Sons.

KAUFMAN, Herbert (1960). *The Forest Ranger*, Baltimore, The Johns Hopkins University Press.

KAUFMANN, Franz-Xaver (1991).*The Public Sector: The Challenge for Coordination and Learning*, Berlin, Walter de Gruyter, 553 p.

KERNAGHAN, Kenneth (1975). *Ethical Conduct: Guidelines for Government Employees*, Toronto, Institute of Public Administration.

MARCH, James G. et Herbert A. SIMON (1991). *Les organisations: problèmes psycho-sociologiques*, Paris, Dunod, 254 p. Traduction de l'ouvrage *Organizations*, New York, John Wiley & Sons, paru en 1958. ´

NATIONAL PUBLIC SECTOR PRODUCTIVITY CONFERENCE (1991). «New Approaches to Productivity», *Public Productivity and Management Review*, numéro spécial, vol. 15, p. 107-279.

OSBORNE, David et David GAEBLER (1992). *Reinventing Government, How the Entrepreneurial Spirit is Transforming the Public Sector*, New York, Addison-Wesley.

OUCHI, William (1981). *Théorie Z: faire face au défi japonais*, Paris, InterÉditions, 252 p.

PARSONS, Talcott (1956). «Suggestions for a Sociological Approach to the Theory of Organizations», *Administrative Science Quarterly*, n° 1, p. 63-85.

PETERS, Thomas J. et Robert H. WATERMAN (1983). *Le prix de l'excellence*, Paris, Inter-Éditions. Traduction de l'ouvrage *In Search of Excellence: Lessons from America's Best-Run Companies,* New York, Harper & Row, paru en 1982.

PFEFFER, Jeffrey (1981). *Power in Organizations,* Marshfield, Mass., Pitman Pub.

RIGGS, Fred W. (1989). «The Political Ecology of American Public Administration: A Neo-Hamiltonian Approach», *International Journal of Public Administration*, vol. 12, n° 3, p. 355-384.

ROETHLISBERGER, Fritz J. (1941). *Management and Morale*, Cambridge, Mass., Harvard Univ. Press.

ROSSITER, Clinton (éd.) (1961). *The Federalist Papers: Alexander Hamilton, James Madison John Jay,* New York, New American Library.

SCOTT, Walter Dill (1914). «How Suggestion Works on the Prospect's Brain», *Advertising Selling*, vol. 11, n° 59.

SHAFRITZ, Jay M., Steven J. OTT et Albert C. HYDE (1991). *Public Management: The Essential Readings*, Chicago, Nelson-Hall, 468 p.

SIMMONS, Robert H. (1981). *Achieving Humane Organization*, Malibu, Ca., Daniel Spencer Publishers.

SPIRO, Herbert (1969). *Responsibility in Government: Theory and Practice,* New York, Van Nostrand Reinhold.

STOKEY, Edith et Richard ZECKHAUSER (1978). *A Primer for Policy Analysis*, New York, W. W. Norton.

TAYLOR, Frederick W. (1971). *La direction scientifique des entreprises*, Paris, Dunod, 309 p. Traduction de l'ouvrage *The Principles of Scientific Management*, New York, Harper & Row, paru en 1911.

THOMPSON, James (1967). *Organizations in Action*, New York, McGraw-Hill.

TRUMAN, David (1951). *The Governmental Process: Political Interests and Public Opinion*, New York, Alfred A. Knopf.

WALDO, Dwight (1978). «Organization Theory: Revisiting the Elephant», *Public Administration Review*, vol. 38, p. 589-597.

WEBER, Max (1971). *Économie et société*, Tomes 1 et 2, Paris, Plon. Paru en anglais sous le titre *The Theory of Social and Economic Organization*, traduit et édité par A.M. HENDERSON et Talcott PARSONS, New York, Oxford University Press, 1947.

WEISBAND, Edward et Thomas M. FRANCK (1975). *Resignation in Protest*, New York, Grossman Publishers/Viking Press.

WILSON, Woodrow (1887). «The Study of Administration», *Political Science Quarterly*, vol. 2, p. 197-222. Reproduit dans *Classics of Public Administration*, Jay M. SHAFRITZ et Albert C. HYDE (éds.), Oak Park, Ill., Moore Publishing Co., 1978.

APPENDICE

Le 28 août 1992, une conversation téléphonique entre M. André Tremblay, conseiller constitutionnel au gouvernement du Québec et Mme Diane Wilhelmy, secrétaire générale associée aux Affaires intergouvernementales canadiennes, est captée et enregistrée dans des circonstances qui n'ont pas à ce jour été clarifiées. M. Tremblay et Mme Wilhemy discutent alors des récentes négociations constitutionnelles devant conduire à l'entente de Charlottetown. Remis à un poste de radio, l'enregistrement de cette discussion fait l'objet d'un intérêt manifeste de la part des médias; son contenu qui sera révélé par la suite montrera une divergence de point de vue entre certains hauts fonctionnaires et le gouvernement du Québec au sujet de ces négociations. À ce moment, Mme Wilhelmy et son avocat obtienne de la Cour supérieure une injonction temporaire interdisant aux médias la publication du contenu de la conversation. Invoquant le droit à l'information, les médias s'opposent vertement à l'obligation qui leur est faite de ne pas publier la conversation. Une entente hors cour autorise finalement la divulgation de la conversation, après que son contenu ait de toute façon été rendu public malgré l'injonction à cet effet.

Au Québec, ce qu'il est désormais convenu d'appeler «l'affaire Wilhelmy» a soulevé – et soulève encore – un débat majeur pour les organisations publiques et, a fortiori, pour leurs membres et la société en général. Dans ces circonstances, il nous apparaît opportun de traiter cette question qui relève à la fois du droit et de l'éthique. Le texte ci-après plaide en faveur du secret des fonctionnaires et, partant, souligne le caractère particulier des organisations publiques qui œuvrent, rappelons-le, dans un contexte politique parfois contraignant.

Secret des fonctionnaires, droit et éthique[1]

Louis BORGEAT, professeur, ENAP

Jusqu'à l'entente intervenue entre Mme Wilhelmy et les médias, et qui a permis la divulgation de sa conversation avec Me André Tremblay, on avait dit beaucoup de choses de l'interdiction faite aux médias de ne pas publier cette conversation. Après avoir entendu à plusieurs reprises des représentants de la presse parler avec emphase de censure de l'information, je m'empresse, n'étant plus contraint au silence par le *sub judice*, de réagir et de défendre ici le principe du secret relatif dont bénéficient les fonctionnaires.

La question en est une de société et soulève une problématique fondamentale dans une démocratie: notre société doit-elle accorder un quelconque caractère confidentiel aux propos et réflexions que tiennent les fonctionnaires dans l'exercice de leurs fonctions? La réponse à cette question comporte une dimen-

---

1.   Cet article est paru dans le quotidien *Le Devoir*, le 2 octobre 1992. Nous remercions M. Borgeat de nous avoir autorisés à le reproduire.

sion juridique de base, à laquelle se greffe une perspective éthique plus floue, mais complémentaire et tout aussi fondamentale.

Un droit à l'information relatif

Il est exact d'avancer que le droit du public à l'information fait l'objet d'une protection de nature constitutionnelle. On le retrouve à l'article 44 de la *Charte (québécoise) des droits et libertés de la personne*, «sous réserve de la loi» cependant, ce qui permet de mettre ce droit de côté par une simple disposition législative. Par surcroît, la liberté de diffuser de l'information se trouve aussi protégée par la reconnaissance de la liberté d'expression, et cela, aussi bien dans la charte québécoise (art. 3) que dans la charte canadienne (art. 2(b)).

À cette protection s'opposent cependant d'autres règles de droit protégeant le secret de l'Administration. C'est d'abord le cas de l'obligation de confidentialité faite à tous les fonctionnaires en vertu de la *Loi sur la fonction publique*. Ce l'est également des restrictions au droit d'accès du public aux renseignements détenus par le gouvernement que l'on retrouve dans la *Loi sur l'accès aux documents des organismes publics et sur la protection des renseignements personnels*. Dans le cas de l'affaire Wilhelmy, il est certain que l'une ou plusieurs de ces restrictions pouvaient limiter l'accès du public aux renseignements que sa conversation contenait.

On ne peut donc prétendre ici au caractère absolu du droit du public à l'information. Dans ce débat comme dans d'autres, la protection constitutionnelle doit être pondérée par rapport à d'autres règles de droit. On retrouve ici une situation de limite à la liberté au nom d'intérêts supérieurs, comme il en existe bien d'autres dans une société organisée aux intérêts divergents.

Et les exemples ne manquent pas en matière d'information où bien des renseignements ont acquis un caractère confidentiel. Les journalistes sont eux-mêmes appelés à ne pas tout dire au public lorsqu'ils jugent nécessaire de protéger leurs sources d'information, qui se tairaient si elles étaient connues du grand public: chaque système a ses règles du jeu essentielles. Il en est de même en matière de secret professionnel. Que dirions-nous si des conversations confidentielles avec l'avocat, le médecin ou le confesseur faisaient l'objet d'interception en vue d'une diffusion au nom du droit du public à l'information?

Le fait que les renseignements confidentiels aient pu avoir été obtenus de façon illégale, ce qui est possible mais non démontré, pourrait aussi jouer à l'encontre de la protection constitutionnelle. Permettre à la presse de donner une résonance, à l'échelle de la société, à des renseignements obtenus illégalement et dont la divulgation n'avait jusque-là d'effets que sur les parties en cause, n'est-ce pas ajouter un effet dévastateur à celui que l'on a voulu réprimer; n'est-ce pas tolérer en quelque sorte une complicité «après le fait» qui multiplie les effets négatifs de l'illégalité commise? Ce sont là des éléments du débat juridique très complexe que soulevait cette affaire.

L'éthique au secours du droit

En fin de compte, il est possible que le droit n'interdise pas formellement la divulgation publique de conversations confidentielles ayant fait l'objet d'une interception, non pas par tolérance ou encouragement, mais bien parce que ce problème ne s'est pas posé jusqu'ici avec acuité. Ce n'est pas la première fois que le droit, essentiellement réactif, accuse un retard sur la réalité: il est en effet naturel que la règle suive la manifestation du problème.

Face à une telle situation de non-interdiction, plusieurs approches sont possibles. On peut d'abord tirer profit de ce vacuum juridique en attendant que l'abus amène une réaction des pouvoirs publics. On peut aussi trancher sa ligne de conduite sur les bases de l'éthique, que l'on appelle souvent au secours du droit, et qui oblige à balancer les intérêts en présence, ceux du journaliste détenteur de l'information, ceux du public, ceux de l'État et ceux du fonctionnaire visé par une éventuelle divulgation.

Quant à moi, il ne fait pas de doute que les trois derniers groupes d'intérêts vont dans le sens de la non-diffusion au grand jour des conversations confidentielles des fonctionnaires. La protection que la société doit accorder à ceux-ci ne trouve sa justification ni dans le narcissisme bureaucratique ni dans la complaisance dans le secret, mais dans l'intérêt supérieur de la collectivité à se doter d'une fonction publique efficace et forte, donc libre de s'exprimer dans les officines gouvernementales.

Le caractère confidentiel des travaux des fonctionnaires se fonde sur la nature de service et de support qui caractérise leur rôle. Ultimement, ceux-ci sont des agents de préparation et d'exécution des actes appartenant à leur ministre et dont lui seul est responsable et redevable devant le Parlement et le public. C'est la qualité même des décisions des élus qui pourrait être en cause si les fonctionnaires, par crainte d'être espionnés, perdaient leur esprit critique.

Cette logique s'applique avec d'autant plus de force au plus haut niveau de la hiérarchie des fonctionnaires où se discutent régulièrement les enjeux et les conséquences des hypothèses qui accompagnent la prise de décision politique. Si plusieurs niveaux d'un ministère peuvent concourir à une prise de décision, c'est le ministre qui tranche et qui doit ensuite assumer tous les aspects publics des gestes qu'il a posés.

L'interception des conversations des fonctionnaires est donc une pratique qu'il ne faut encourager sous aucun prétexte parce qu'en démocratie, les analyses et opinions des serviteurs de l'État sont destinées à éclairer leur patron et non pas à influencer les citoyens.

Compte tenu de la nature des enjeux de ce débat, on ne peut d'ailleurs qu'être surpris de constater que le Procureur général du Québec n'ait pas été formellement présent dans le litige opposant Mme Wilhelmy aux médias et que le premier ministre ait parlé à quelques reprises d'une poursuite personnelle de la part de celle-ci. Ce débat n'a rien de personnel, car il soulève une question de société et d'État au sens le plus noble du terme.

*

*   *

QUESTIONS

1. Aux débats de fond traités dans ce chapitre, y a-t-il, selon vous, d'autres questions importantes touchant l'administration publique contemporaine auxquelles il faut chercher à répondre?

2. À votre avis, les théories de gestion offrent-elles certaines pistes de réflexion intéressantes pour traiter ces questions? Si oui, quelles sont-elles? Si non, pourquoi en est-il ainsi?

3. Êtes-vous en accord ou en désaccord avec la position de M. Louis Borgeat concernant le droit à la confidentialité d'opinions exprimées par les fonctionnaires? Justifiez votre réponse.

4. Que pensez-vous d'une suggestion concernant la conception d'un code d'éthique précisant dans quelles circonstances et à qui il convient que des hauts fonctionnaires expriment des opinions personnelles sur des questions politiques?

Chapitre 4

LA CONCEPTION DES STRUCTURES DE L'ORGANISATION

INTRODUCTION

Les restructurations sont choses courantes au sein des organisations et on s'en sert tout autant à des fins politiques que pour améliorer véritablement le fonctionnement des organisations. Changer les structures de l'organisation est un moyen souvent utilisé pour atteindre à la fois des objectifs politiques et administratifs. Des structures centralisées ont pour effet d'accroître le pouvoir et l'autorité d'un petit nombre d'individus alors que la décentralisation a tendance à activer et à rendre plus visible le travail fait dans certaines unités administratives. Par ailleurs, la fusion de certains services ou unités spécialisées peut mettre en évidence le travail qui s'y fait ou bien le diluer ou encore le dissimuler complètement.

> Nous avons mis beaucoup d'effort à l'apprentissage... mais il semble que l'on procède à des réorganisations chaque fois que nous recommençons à constituer une véritable équipe. Je devais apprendre plus tard dans la vie que nous essayons de faire face à une nouvelle situation en réorganisant et ce peut être une façon éclatante de créer l'illusion de progrès alors que les résultats sont souvent la confusion, l'inefficience et la démotivation. (Attribué à Pétrone.)

Une réorganisation peut être plus symbolique que concrète dans ses résultats si telle est la volonté de ses promoteurs. Elle peut viser à bâillonner ceux qui critiquent l'organisation en leur donnant, par exemple, de nouveaux postes sans pouvoir réel. En outre, une réorganisation peut n'être qu'un exercice pour permettre aux leaders de l'organisation de passer pour des gens fort occupés à chercher des solutions à de graves problèmes...

Une bonne illustration de ces propos est la tendance à réorganiser que l'on observe dans les agences de santé et de services sociaux de nombreux États américains. Dans à peu près la moitié de ces États, les ministères de la santé, de la santé mentale et des services sociaux, qui étaient auparavant des entités séparées, ont été fusionnés dans des superorganisations généralement appelées «ministères des services de santé et des services sociaux» (*Department of Human Services*). La raison invoquée pour justifier ces changements était l'amélioration de l'efficience de ces organisations en éliminant les activités superflues et en facilitant la coordination dans la prestation des services aux personnes. Mais il paraît évident que la vraie raison de ces réorganisations était de permettre aux gouverneurs et aux législateurs de mieux contrôler les programmes de services aux personnes, au moment où les coûts de ces programmes commençaient à croître d'une manière alarmante (Lynn, 1980; Owen, 1985); cela se produit fréquemment.

Il est important de bien saisir les visées politiques des réorganisations si l'on veut en connaître les vrais objectifs et les résultats qu'on en espère au sein des organisations publiques. Certes, les structures des organisations n'ont pas que des fins politiques. Le plus souvent, les gestionnaires conçoivent les structures à partir de considérations techniques. Les structures n'ont pas toutes les mêmes capacités de coordination, ne présentent pas le même degré et les mêmes formes de spécialisation du travail et n'offrent pas les mêmes possibilités d'adaptation aux changements de l'environnement et de la technologie. En ne considérant que les seuls aspects politiques des réorganisations, on risque de sous-estimer les efforts des gestionnaires pour améliorer le fonctionnement des organisations publiques.

Il existe depuis longtemps toute une littérature sur les avantages et les inconvénients des diverses formes d'arrangements structurels. Depuis des décennies, les administrateurs publics se sont inspirés des principes de bonne gestion qu'ont proposés les auteurs classiques; ces principes ont été qualifiés de «proverbes de l'administration» par March et Simon (1958) et contiennent des concepts tels que l'unité de commandement et l'étendue de contrôle (limitée à six personnes). Des modèles plus récents, qui tiennent compte des adaptations des organisations publiques aux changements de l'environnement et de la technologie, commencent à attirer l'attention des gestionnaires vers de nouvelles formes structurelles. Les équipes de travail organisées autour de projets et la structure matricielle sont des exemples de ces nouvelles formes structurelles. Toutefois, les principes traditionnels sont encore largement utilisés.

Nous nous proposons, dans ce chapitre, d'insister autant sur les modèles traditionnels que sur les modèles plus récents que l'on trouve dans la littérature sur les théories de l'organisation. L'accent sera d'abord mis sur les raisons techniques justifiant l'implantation de certaines formes structurelles – par opposition aux raisons politiques. Comme on l'a vu, les réorganisations sont dans certains cas carrément politiques. Mais quand une réorganisation est calquée sur ce que les auteurs du domaine ont appelé le modèle «rationnel» des structures de l'organisation, elle peut alors s'appuyer sur un ensemble de recherches et de théories fort bien développé concernant les avantages des diverses formes de structures. Les approches les plus récentes de la conception des structures sont de plus en plus fréquemment mises en application par ceux qui conseillent les dirigeants des organisations. On traitera aussi, bien entendu, du rôle joué par les considérations politiques dans la conception des structures. Finalement, nous espérons pouvoir offrir un ensemble d'options permettant d'évaluer la situation quant aux structures des organisations publiques au sein desquelles les membres cherchent à atteindre à la fois des objectifs techniques, opérationnels et politiques.

Les questions abordées dans ce chapitre porteront, premièrement, sur l'étude des aspects techniques et politiques des divers arrangements structurels; en d'autres termes, nous chercherons à savoir quelles sont les personnes qui conçoivent les structures dans les organisations publiques et comment elles le font. Deuxièmement, nous porterons notre attention sur les concepts les plus marquants rattachés aux modèles traditionnels de conception des structures; les modèles sont ceux qui, de fait, ont eu le plus d'influence sur les formes adoptées dans les organisations. Enfin, nous présenterons trois écoles de pensée contemporaines qui se sont penchées sur les meilleures façons de concevoir des structures favorables à l'innovation et à la responsabilisation.

LES STRUCTURES DES ORGANISATIONS PUBLIQUES

Dans toute organisation, les structures représentent la distribution officielle de l'autorité et des responsabilités entre les postes et leurs titulaires. L'autorité des responsables sur les décisions ou la délégation des responsabilités est déterminée dans les structures et, souvent, il s'y ajoute des indications sur les façons de réaliser ces activités. Les structures de commandement et de communication précisent comment les nouvelles politiques et procédures sont transmises du sommet de l'organisation à la base ou encore latéralement. Elles indiquent aussi les façons d'acheminer aux niveaux appropriés de la hiérarchie les rapports sur les résultats, les problèmes ou les conflits. Les structures nous informent sur la division des tâches et sur leur regroupement en unités administratives à tous les niveaux. Les relations entre les unités, leurs mandats et les moyens de coordonner le travail qui s'y fait sont précisés dans les structures.

Dans la plupart des cas, les structures émergent de décisions légales, administratives et professionnelles fortement imprégnées de considérations politiques. Les documents légaux, les lois et les décisions judiciaires entourant la création des organisations publiques et de leurs programmes comprennent généralement des indications sur les structures et les procédures; par exemple, la taille initiale de l'organisation et la structure des échelons supérieurs y sont souvent précisées. Toutefois, certains énoncés sur ces questions sont délibérément libellés de façon vague pour éviter les complications politiques qu'entraînent inévitablement des choix clairs et précis. Lorsqu'il s'agit, par ailleurs, comme c'est souvent le cas, de recommandations fortement contestées de réorganisation d'une agence ou de reformulation d'un programme, il peut arriver que les lois décrivent les structures de façon très détaillée, comme l'illustre bien la création du ministère de l'Énergie. Ce ministère a été mis sur pied en fusionnant des unités émanant de plusieurs organismes, entre autres le ministère de l'Intérieur et du Commerce et l'Agence de recherche et de développement sur l'énergie. Il y eut, bien sûr, une forte opposition à la perte de contrôle sur des unités de la part des dirigeants de ces organismes et, aussi, de la part de groupes de citoyens qui les appuyaient, si bien que les propositions très détaillées concernant la création du nouveau ministère étaient le reflet d'un jeu complexe de partage de pouvoirs.

Souvent, les dirigeants et les cadres intermédiaires développent des structures en réponse à des besoins internes de l'organisation et ils le font généralement en suivant un processus séquentiel; c'est le cas, par exemple, des règles et des procédures mises en place pour la création de nouveaux projets, le cheminement des rapports d'activités et le contrôle interne. Les experts en développement de programmes établissent des codes, des règles et des procédures pour guider les comportements dans la mise en œuvre de programmes. Les règles écrites sont généralement rassemblées dans des manuels qui constituent les procédures normalisées de l'organisation. Les descriptions de fonction et, souvent, les lois constitutives des organisations précisent la division des tâches. Considérées dans leur ensemble, ces règles et ces procédures déterminent les modalités de fonctionnement des structures et les manières de réaliser les activités propres à l'organisation.

Quels sont les modèles qui influent sur la création de ces structures? Quels sont les critères qui servent à la conception initiale des structures de l'organisation et à leurs réaménagements subséquents? Ce sont là des questions que nous traiterons dans la suite de ce chapitre.

LES PRINCIPES TRADITIONNELS DE CONCEPTION DES STRUCTURES

La caractéristique la plus importante de l'approche traditionnelle des structures de l'organisation, telle qu'elle a été pratiquée dans les premières décennies de ce siècle et à laquelle on se réfère encore aujourd'hui, est l'idée qu'il existe une structure idéale que toutes les organisations devraient implanter pour optimaliser leur efficience. Les tenants de cette approche – qui est celle de l'école de la science administrative – font l'hypothèse que la bonne gestion consiste à appliquer un ensemble de principes universels de conception des structures; selon eux, une organisation structurée suivant ces principes se gérerait par elle-même.

La définition que donne Max Weber de l'idéal type bureaucratique (voir chapitre précédent) sert de base à l'étude des structures. Les trois éléments clés de la conception des structures sont la *hiérarchie*, les *limites à l'autorité* des fonctionnaires et le principe de la *spécialisation* ou de la division du travail (Weber, 1947). La hiérarchie renvoie à l'idée que l'autorité liée aux postes est ordonnée suivant une échelle décroissante de relations de subordination. Les fonctionnaires au sommet de la bureaucratie sont investis de la plus grande autorité, laquelle correspond parfaitement dans l'idéal type bureaucratique, à leur niveau de connaissance et de compétence. Il faut admettre que bien peu d'organisations dans la vie réelle, et certainement pas celle dans laquelle elles travaillent, reflètent ce modèle, mais la plupart des organisations publiques, ici et ailleurs, sont probablement plus proches de ce modèle, actuellement, qu'elles ne l'étaient il y a cent ans.

La spécialisation des fonctions renforce l'efficience des activités dans les organisations publiques. Elle permet aux fonctionnaires de devenir des experts dans une tâche professionnelle relativement restreinte et aux travailleurs de devenir plus productifs puisque le fait d'organiser un travail complexe en une série de tâches répétitives accroît la vitesse de production. Suivant l'idéal type bureaucratique, il existe un aménagement rationnel des structures qui assure la stabilité, la cohérence et l'efficience; ce sont là les marques de commerce du modèle traditionnel de la conception des structures.

Si la spécialisation contribue à la stabilité de l'organisation, comme plusieurs l'ont signalé, elle comporte par ailleurs certains inconvénients. En ajoutant au caractère prévisible des comportements, la stabilité est nécessaire et souhaitable dans des organisations vouées à l'application des lois mais les incontournables effets de sa rigidité sont tout à fait regrettables. Même si la spécialisation améliore les compétences, elle peut aussi empêcher les individus de voir les autres solutions possibles ou d'avoir des perspectives différentes sur le contenu d'un programme et sur les façons de l'implanter.

Les tenants de l'école de la science administrative ont cherché à développer des normes structurelles en les représentant sous la forme de principes explicites qui constitueraient des lois universelles fondées sur les expériences de hauts dirigeants performants. Les prétentions des auteurs classiques à faire de ces principes des lois scientifiques ou encore les éléments d'une doctrine issue de la mise en commun des expériences de plusieurs praticiens ont été sérieusement remises en question par Simon (1965) et March et Simon (1958) qui critiquèrent ces principes comme étant dénués de sens et incohérents. Les théoriciens contemporains de la conception des structures considèrent seulement quelques-uns de ces principes comme vraiment utiles.

Ces principes, probablement à cause de leur apparente simplicité, conservent toutefois une étonnante influence sur la conception des structures des organisations: ils représentent encore une forme de sagesse administrative, quoique ce ne soit plus la seule. Nous présentons, au *tableau 4.1*, quelques-uns des plus importants parmi ces principes.

Trois questions en particulier alimentent encore la recherche contemporaine sur la conception des structures et nous allons nous y attarder. Ces questions sont les suivantes: la différenciation et l'intégration, la centralisation et la décentralisation, et les bases de regroupement en unités. Ces points vont nous permettre d'introduire des concepts importants relativement à la structuration des organisations.

TABLEAU 4.1

Quelques principes de la science administrative

L'unité de commandement. Un fonctionnaire ne doit recevoir d'ordres que d'un seul chef et n'être imputable qu'à celui-ci pour éviter la confusion, les loyautés partagées et l'absence de coordination.

> **Commentaires.** Henri Fayol, un des premiers et des plus éminents théoriciens de l'école de la science administrative, affirmait: «Pour ce qui me concerne, je ne pense pas qu'un atelier puisse fonctionner en violation flagrante de ce principe» (Fayol, 1949, p. 69). Comme on le verra, toutefois, certaines formes de structures, comme l'organisation matricielle, ne suivent pas ce principe.

«Line staff». *Une chaîne de commandements continue devrait être formée du sommet à la base de l'organisation. Des conseillers et des techniciens devraient être attachés aux postes dotés d'autorité dans la prise de décision et de responsabilité de commandement sans briser la ligne hiérarchique.*

> **Commentaires.** La distinction entre «line» et «staff» est fondée sur la relation entre l'autorité dans la prise de décision et le travail de conseil, mais il n'est pas toujours aisé de maintenir une telle distinction dans la pratique, notamment dans les organisations publiques où l'analyse technique est une fonction importante.

L'étendue de contrôle **(span of control).** *Le nombre optimal de subordonnés qu'un gestionnaire peut superviser efficacement.*

> **Commentaires.** Les théoriciens de l'école de la science administrative, traitant ce problème comme une question de combinaisons mathématiques et des relations possibles entre les supérieurs et les subordonnés, arrivèrent à la conclusion que le nombre optimal de subordonnés est de cinq ou six (Urwick, 1943). Mais il n'y eut pas à proprement parler de consensus sur le nombre optimal. Chaque unité dans l'armée, par exemple, a ses propres critères.

Le principe fonctionnel et le principe scalaire. *La recherche d'une base optimale pour déterminer le type et le degré de spécialisation des postes subordonnés et le point optimal de la hiérarchie à partir duquel on juge qu'un autre palier n'ajoutera pas à l'efficacité de gestion.*

> **Commentaires.** Les conclusions définitives sur ces deux formes d'optimalisation sont rares, ce qui n'a rien d'étonnant.

Source: W. Scott, T. Mitchell et P. Birnbaum, *Organization Theory: A Structural and Behavioral Analysis,* 4e éd., Homewood, Ill., Richard D. Irwin, 1981, p. 36-37.

Différenciation et intégration

Deux des concepts importants du champ de la conception des structures de l'organisation sont la «différenciation» et l'«intégration».

La *différenciation* renvoie au degré de spécialisation, à la fois horizontale et verticale, dans une organisation. L'addition de postes spécialisés et de subdivisions à un certain niveau hiérarchique ou encore de nouveaux paliers à l'organigramme ont pour effet de différencier l'organisation, c'est-à-dire d'introduire une division des tâches plus fine, horizontalement et verticalement. Plus une organisation est différenciée, plus ses structures sont complexes. Spécialiser le travail accompli dans une unité en fonction des groupes de clientèles ou fusionner des unités de projets pour diminuer le niveau de spécialisation illustrent les implications politiques et les conséquences techniques de la spécialisation.

Plus le degré de différenciation est prononcé, plus la coordination entre les tâches au sein des unités et entre les unités elles-mêmes est difficile. Le processus d'intégration renvoie aux mécanismes et procédures au moyen desquels les tâches et les unités différenciées sont coordonnées en vue de l'accomplissement de la mission de l'organisation. *L'intégration* se réalise au moyen de la structure hiérarchique et du système de communication et, aussi, au moyen de processus visant à assurer la coordination des tâches comme les règles, la réglementation des programmes, les plans et les calendriers de réalisation. Les réunions d'employés, les groupes de travail (*task forces*), les procédures de communication d'information sur les changements de politiques, les consultations non formelles et même les téléphones arabes, sont tous des phénomènes qui contribuent à assurer l'intégration dans l'organisation.

Ce qui importe dans la conception de structures efficaces, c'est de réaliser l'équilibre entre la différenciation et l'intégration. Plus le degré de différenciation est élevé, plus le besoin d'intégration est grand. À partir de ces considérations, on peut commencer à percevoir que les structures d'une organisation sont le résultat d'une succession de compromis. À diverses formes et à divers niveaux de différenciation correspondent des mécanismes d'intégration précis. Les coûts d'administration et les exigences techniques et professionnelles entrent en jeu dans la détermination de la meilleure façon d'équilibrer la différenciation et l'intégration. Les multiples possibilités de structuration d'une organisation sont autant de solutions différentes à ce problème d'équilibrage. La revue de littérature sur la conception des structures de l'organisation que nous ferons dans la seconde moitié de ce chapitre contribuera à illustrer les applications de ces concepts.

Centralisation et décentralisation

Les notions de *centralisation* et de *décentralisation* renvoient à la question de savoir si l'autorité de prise de décision est assignée aux postes situés aux échelons supérieurs ou aux échelons inférieurs des organisations. En pratique, toutefois, ces deux termes sont utilisés quelquefois dans des sens différents. Luthans (1985) note, par exemple, que la notion de centralisation est quelquefois utilisée pour décrire des situations où toutes les unités d'une organisation sont localisées au même endroit (par opposition à une organisation ayant un centre et des unités dispersés géographiquement[1]) et pour rendre compte de la fusion de certaines

---

1.   Il s'agit là de phénomènes de concentration ou de déconcentration. (N.D.T.)

fonctions «staff» dans une unité spécifique, comme c'est le cas, par exemple, des services de personnel centralisés. Ce ne sont toutefois pas là des applications utiles du terme centralisation.

La décentralisation est manifestement une tendance populaire dans le champ de la conception des structures en raison, notamment, de l'accent mis aujourd'hui sur l'écoute du client et sur la gestion participative. Des structures décentralisées, par définition, permettent une plus grande autonomie dans les unités des organisations publiques et rendent possible une plus large participation à certaines décisions. La décentralisation peut aussi contribuer à accroître la visibilité et faire apparaître la contribution de certains postes à la base des organisations. Une décentralisation prononcée induit souvent plus de flexibilité dans les réponses aux demandes de l'environnement et plus de rapidité dans la prise de décision.

Comme elle permet la participation d'un plus grand nombre d'employés à la prise de décision, la décentralisation rend plus difficile la détermination des responsabilités d'un programme et la mise en place de politiques cohérentes. L'obligation de partager des ressources rares entre les membres d'une organisation décentralisée peut générer des conflits dans la mesure où l'allocation des ressources se fait de façon peu centralisée. La planification des projets nouveaux peut aussi devenir secondaire par rapport au développement des projets existants. Dans une structure excessivement décentralisée, il peut y avoir un manque de cohérence dans la recherche de nouvelles ouvertures pour l'ensemble de l'organisation ou dans la mise en place de nouvelles activités requérant une coordination entre les divers programmes.

La centralisation peut être utilisée pour mieux contrôler les activités de l'organisation et pour rendre l'application des politiques et les canaux de communication plus transparents. Dans certains cas, ces applications peuvent s'avérer critiques pour la survie de l'organisation. Alfred Sloan, longtemps président de la General Motors, utilisait un modèle de «contrôle centralisé de fonctions décentralisées» qui constituait pour ainsi dire une stratégie mixte. Les contrôles déterminants étaient centralisés mais les dirigeants des unités responsables de la conception, la fabrication et la vente de l'automobile bénéficiaient de beaucoup de latitude dans leurs domaines respectifs.

La recherche de critères pour aider à choisir les structures (centralisées ou décentralisées) est un domaine d'intérêt continu en théorie de l'organisation. Les auteurs contemporains privilégient surtout une approche contingente fondée sur l'hypothèse que les formes structurelles adoptées dépendent des conditions dans l'environnement et de la technologie utilisée.

Les bases de regroupement en unités

Plusieurs des distinctions traditionnellement faites sur les formes structurelles renvoient au degré de spécialisation adopté dans l'organisation. La division du travail au niveau individuel s'accompagne d'une spécialisation des tâches, lesquelles doivent alors être groupées pour constituer des ministères, des directions, des services et autres types de subdivisions. Mais sur quelles bases les tâches doivent-elles être regroupées? Traditionnellement, les organisations publiques ont été constituées sur l'une ou l'autre des bases suivantes: les programmes; les fonctions de gestion; les groupes de clientèles et la géographie.

Le regroupement en unités dans la plupart des ministères du gouvernement américain se fait à partir des programmes. Ainsi, l'organisation du ministère de la Santé et du ministère des Richesses naturelles est basée sur un objectif, un ensemble de politiques ou un groupe de programmes. L'idée derrière la structure fondée sur les programmes est que toutes les ressources de l'organisation, ses spécialités professionnelles, sa structure hiérarchique, son système de communication et ses procédures de gestion sont orientés vers l'administration du programme. Chaque ministère est une unité administrative qui fonctionne de façon autonome et dont les efforts sont entièrement consacrés au programme; cela permet de traiter en priorité les problèmes directement reliés au programme. Normalement, les experts des disciplines les plus prestigieuses associés à un programme deviennent les hauts dirigeants de l'organisation (Mosher, 1958), ce qui a tendance à protéger les objectifs actuels du programme et à empêcher l'instauration de changements. Il est ainsi de tradition que des médecins dirigent les agences de santé et que les avocats dominent les agences de réglementation. Ce sont là des raisons justifiant la structure par programme, mais la réalité peut être tout autre. En effet, il est facile d'imaginer les inconvénients de cette forme d'organisation. Puisque chaque ministère est autonome, toutes les fonctions de gestion et tous les services de soutien, comme les finances et le personnel, sont organisés sur une petite échelle. Cela engendre un doublement des efforts entre les ministères et peut conduire à l'inefficience si l'on considère les économies d'échelles qu'il est possible de réaliser dans ces fonctions de gestion. Quand la priorité d'un gouvernement est la mise en place d'un nouveau programme, la structuration en fonction du programme est un moyen de satisfaire cette priorité, mais il faut être conscient que ce choix entraîne des coûts de gestion élevés (Filley, House et Kerr, 1976, p. 363).

Les stratégies de F.D. Roosevelt pour la mise en opération du «New Deal» illustre un cas extrême de mise sur pied de programmes au moyen de structures. Roosevelt avait l'habitude de créer de nouvelles agences dont les juridictions chevauchaient celles d'autres agences déjà existantes. Ce faisant, il s'assurait la loyauté des dirigeants tout en les forçant à rivaliser entre eux pour la survie de leurs agences en tant qu'acteurs dans la participation au succès du «New Deal» (Schlesinger, 1959, p. 534-537). C'était une stratégie efficace mais coûteuse, et elle ne serait probablement pas admise aujourd'hui.

La structuration par fonctions de gestion règle certains des problèmes que pose la structuration par programme mais en amène d'autres. Dans les ministères fonctionnels, les fonctionnaires sont groupés selon leur spécialité de gestion: la gestion de programmes, l'évaluation de politiques, la gestion du personnel, la budgétisation et la planification. Ainsi, un ministère de la Santé structuré par fonctions comprend des unités importantes responsables, chacune, d'une fonction de gestion qui s'applique à l'ensemble des catégories de programmes ou de patients du ministère. Les unités de ces organisations ne sont pas des unités autonomes et la gestion de chacun des programmes requiert les efforts coordonnés des fonctionnaires de différentes unités. Ici, l'efficience devient la priorité et les experts en gestion occupent généralement les hauts postes de commande.

Les avantages de cette forme de structure sont clairement exprimés par Filley, House et Kerr (1976, p. 630-650). Dans les ministères organisés par fonctions, les fonctionnaires ont la possibilité de se spécialiser dans des domaines particuliers de la gestion dont certains sont devenus des disciplines hautement techniques (budgétisation, planification, etc.); dans les ministères structurés par programmes, un petit nombre de spécialistes techniques doivent se disperser sur un éventail plus grand d'activités. Les possibilités plus nombreuses d'établir des liens de camaraderie professionnelle dans les ministères fonctionnels peuvent contribuer à améliorer le climat de travail: les occasions de côtoyer des professionnels de la même discipline et de progresser dans la carrière au sein même du ministère peuvent être des facteurs de motivation importants pour ces professionnels. Finalement, les ministères structurés par fonction favorisent une meilleure utilisation des ressources et permettent d'éliminer les doublements dans l'emploi des ressources humaines, des équipements et des matériels. Dans certains cas, ce mode de structuration permet des économies d'échelle notables étant donné le caractère plus englobant des activités du ministère.

La structuration par fonctions comporte aussi ses inconvénients. La coordination des parties d'un programme peut s'avérer excessivement difficile et prendre beaucoup de temps; les coûts administratifs qu'entraînent certains mécanismes de coordination complexes peuvent être très élevés comme nous le montrerons plus loin. Les objectifs du programme peuvent même être négligés tant les efforts sont concentrés sur l'efficience et la qualité des fonctions de gestion; le service aux clients peut être singulièrement modifié par la mise en application de priorités de gestion qui changent les procédures du programme; et les modes de contrôle budgétaire peuvent considérablement ralentir les procédures relatives aux plaintes des clients ou l'admission de nouveaux clients. Enfin, la recherche et le développement peuvent être désavantagés par l'obligation d'obtenir l'aval des spécialistes de disciplines différentes. Il est néanmoins possible de prévoir ces inconvénients et de les éviter.

Le choix entre une structuration par programmes et une structuration par fonctions appelle des compromis. En règle générale, on suggère que les organisations publiques soient structurées par programmes lorsque le développement des programmes y est prioritaire et qu'elles adoptent plutôt une structure par fonctions lorsqu'il est plus important d'économiser les ressources. Toutefois, ce procédé empirique et les avantages proposés par les tenants de chacune des approches ne doivent pas être considérés comme des absolus. On suppose que «toutes choses sont égales par ailleurs» alors qu'en fait des facteurs politiques, techniques et professionnels interviennent toujours pour compliquer l'application de ces règles rassurantes.

Les deux autres bases de la structuration des organisations font l'objet de moins d'application dans le secteur public quoiqu'elles soient souvent utilisées pour définir les unités à l'intérieur des ministères. Un exemple d'une entité organisée suivant les *catégories de clients* est l'Office of Human Development Services dans le Department of Health and Human Services. Des unités y ont été constituées pour chacun des principaux groupes de clientèle – les personnes âgées, les enfants, etc.

Les organismes structurés suivant la géographie sont aussi moins nombreux, quoique les bureaux de planification régionale et certains organismes de gestion de l'environnement soient organisés sur cette base. L'Agence de développement internationale (Agency for International Development) est structurée de cette façon, quatre de ses bureaux étant organisés à partir de régions englobant des pays hôtes. Les bureaux régionaux des ministères fédéraux illustrent aussi cette forme structurelle, quoiqu'elle y soit utilisée aux niveaux inférieurs de ces ministères.

Actuellement, la question qui se pose n'est pas quel type de structure il convient d'appliquer – fonctionnel, géographique, etc. – mais lequel utiliser au sommet du ministère et lequel au niveau des unités inférieures de la hiérarchie. En d'autres termes, on ne choisit pas généralement entre une structure par programmes et une structure par fonctions; on décide quelle forme structurelle on utilisera pour définir le ministère et, ensuite, quelles seront celles qui détermineront les unités au sein du ministère. La plupart des grandes organisations publiques sont structurées par programme ou par fonction au niveau des ministères et suivant la géographie ou les clientèles aux paliers inférieurs.

Les formes structurelles hybrides

Des formes structurelles hybrides apparaissent aussi fréquemment dans le secteur public. Les différentes unités d'une organisation publique peuvent être organisées à la fois autour du principal programme et autour de certaines fonctions, comme le budget et le traitement des données. Cette forme hybride permet de combiner les avantages des structures par programmes et par fonctions et d'éliminer certains de leurs inconvénients. Toutefois, la coordination peut s'avérer difficile entre les grands ministères fonctionnels et entre les programmes qui, pour certaines de leurs composantes critiques, dépendent de ces ministères. Il existe toutefois des moyens de mieux réaliser cette coordination. Les responsables de l'Office of Management and Budget (OMB) fédéral, par exemple, ont mis sur pied une procédure élaborée de signature dans le cadre de la nouvelle réglementation des ministères en vue d'assurer leur conformité avec les exigences des analyses coûts-bénéfices de l'OMB.

D'autres formes hybrides d'organisation ont vu le jour récemment, surtout dans les organisations publiques dont les missions nécessitent le recours à des équipes interdisciplinaires et la mise sur pied de projets de recherche et de développement. L'organisation matricielle et la structuration par groupe de travail en sont des exemples intéressants. Dans une organisation matricielle, les ressources humaines sont groupées en unités fonctionnelles selon les disciplines professionnelles. Mais elles sont en même temps affectées, pour des périodes de temps variables, à des groupes centrés sur un projet ou un programme spécifique. Chaque groupe est ainsi composé d'un collectif interdisciplinaire de spécialistes choisis pour leurs capacités à contribuer au projet. On peut se faire une bonne idée de ce type d'organisation en considérant que les groupes traversent les unités fonctionnelles donnant ainsi lieu à une forme matricielle dont les colonnes représentent les différents projets et les lignes des unités fonctionnelles (planification, finance, etc.) ou encore les unités définies suivant les disciplines (dans un hôpital, par exemple, les médecins, les infirmières, les paramédicaux) (voir la *figure 4.1*).

FIGURE 4.1
L'organisation matricielle

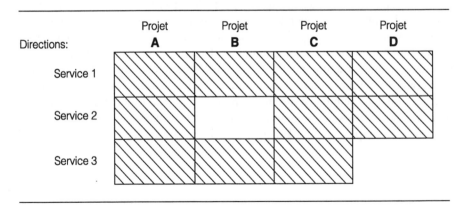

À la tête de chaque projet se trouve un directeur provenant généralement de l'unité principale engagée dans le projet. Suivant la taille du groupe, chaque sous-groupe disciplinaire ou fonctionnel peut aussi avoir ses propres superviseurs qui assurent le contrôle des contributions des membres et la liaison avec l'unité fonctionnelle.

Il s'agit là d'une forme d'organisation manifestement complexe qui requiert beaucoup de temps et d'argent dans la mesure où il faut assurer la coordination de lignes d'autorité et de reddition de compte qui s'entrecroisent de façon inextricable. Les dirigeants des départements fonctionnels, les chefs de groupe et même les professionnels doivent mettre beaucoup de temps à décider «qui va travailler sur quelle partie de quel projet». Chaque employé travaille sous la supervision de deux supérieurs de telle sorte que le principe de l'unité de commandement n'est pas respecté. En général, cette organisation matricielle amène à sacrifier la simplicité des mécanismes de coordination au profit des avantages qu'apportent le travail en équipes pluridisciplinaires ou encore le regroupement des professionnels en unités spécialisées.

Les coûts supplémentaires et les ressources humaines additionnelles qu'exige cette forme d'organisation ont souvent été justifiés par la nécessité d'accélérer le développement de projets dans les contextes de programmes où les coûts, à l'intérieur de certaines limites, ne sont pas une priorité. Certains projets de la NASA sont gérés suivant ce mode d'organisation: les chefs de groupe négocient les temps de libération des spécialistes avec les chefs des départements fonctionnels lorsque de nouveaux projets se développent et lorsque les besoins changent (Delbecq et Filley, 1970, p. 8). Peters et Waterman, considérant les coûts excessifs et les exigences en paperasserie et en contrôles de ce modèle d'organisation, ont pu constater que presque aucune de leurs organisations performantes n'utilise la structure matricielle (1982, p. 307).

L'organisation par projet est un terme employé pour décrire une forme structurelle qui diffère peu de la structure matricielle: la différence tient au fait que les groupes organisés autour des projets durent moins longtemps et que les liens avec les unités fonctionnelles sont maintenus plus serrés. L'organisation par groupe de travail est une autre forme structurelle semblable qui permet aux membres des diverses unités fonctionnelles de travailler ensemble dans de petites équipes plus ou moins permanentes, lesquelles sont dirigées par le membre provenant de la spécialité professionnelle la plus prestigieuse; les équipes de médecins et les équipes de policiers en sont des exemples connus. Les membres maintiennent des liens avec leur unité fonctionnelle pour les questions de gestion de personnel, d'apprentissage, de promotion, etc., mais ils travaillent principalement avec les membres des autres unités.

D'autres formes de structures sont constamment évoquées lorsque de nouvelles expériences de gestion et l'application de nouveaux programmes l'exigent. Il arrive également que la réduction des coûts, de nouvelles exigences techniques et des problèmes d'exécution nécessitent des recherches pour de nouveaux arrangements structurels. Frederickson (1970), par exemple, décrit certaines formes d'organisation qui se sont développées dans des gouvernements locaux pour favoriser une plus grande participation aux citoyens, pour des programmes conjoints et pour des services donnés à contrat; Agranoff (1976) montre comment la conception des structures peut aider au développement de programmes et aux échanges de services entre les agences gouvernementales.

Considérations générales sur les approches traditionnelles

Les tenants des approches traditionnelles en structure organisationnelle valorisent la stabilité, la symétrie et la clarté des lignes d'autorité. Les principes universels des auteurs de l'école de la science administrative guident encore aujourd'hui les praticiens de la gestion. Mais les gestionnaires en quête de règles empiriques universelles de structuration oublient dans leurs analyses les autres options structurelles. Les nouveaux programmes et les changements rapides dans l'environnement politique et culturel des organisations publiques ont des implications complexes qui peuvent être pertinemment traitées par de nouvelles formes structurelles.

Les théoriciens des structures de l'organisation tiennent compte de ces facteurs et de bien d'autres encore pour offrir un plus large éventail de formes organisationnelles. Les approches utilisées actuellement visent à chercher une forme structurelle qui soit adaptée au contexte de chaque organisation plutôt qu'une forme qui soit d'application universelle. L'idée qu'une forme structurelle puisse être instaurée en fonction du processus spécifique de travail d'une organisation publique et de ses échanges avec l'environnement se reflète dans l'appellation même de la nouvelle tendance – le design organisationnel.

PERSPECTIVES DU DESIGN ORGANISATIONNEL

Les questions soulevées actuellement par les théoriciens des structures portent sur la façon de concevoir des formes d'organisation capables de s'adapter aux changements dans l'environnement et de satisfaire les exigences de plus en plus complexes des programmes et des procédures. Comme on l'a déjà mentionné, ces questions présentent des différences notables dans les buts et les objets des recherches actuelles par rapport aux principes universels de l'école de la science administrative.

Les tenants du design organisationnel reconnaissent la complexité des programmes publics. Leur approche offre des options nouvelles à la structure hiérarchique proposée par les auteurs de l'école de la science administrative et on peut penser qu'à long terme elle peut conduire à de nouvelles conceptions du développement des programmes publics. Pour le moment, ils espèrent contribuer à la mise en place de pratiques administratives plus efficaces considérant que les organisations publiques ont échoué dans leur mission en raison de leur rigidité opérationnelle, de leur incapacité à coordonner les efforts ou encore à cause de l'absence de canaux de communication qui permettent de déceler les lacunes et de les corriger (Levine *et al.*, 1975).

Les théoriciens du design organisationnel adoptent une approche contingente dans l'établissement des structures: au lieu d'offrir une seule option pour toutes les organisations publiques, ils proposent l'utilisation de différentes formes structurelles en fonction des exigences de l'environnement, de la technologie et des programmes. Ils sont amenés à prendre en considération un ensemble varié et complexe de facteurs incluant les facteurs politiques et légaux. Leur perspective permet de soulever des questions qui sont particulièrement importantes pour l'implantation et la gestion des programmes.

Nous regroupons les recherches qui se font actuellement sur le design organisationnel en trois courants principaux: les modèles axés sur la technologie du programme; les modèles axés sur l'environnement; et les modèles qui permettent le réexamen continu des arrangements actuels et qui encouragent l'apprentissage organisationnel. Ces courants ne constituent pas des stratégies de conception des structures qui s'excluent mutuellement; il est important, au contraire, de souligner les nombreux liens qui les unissent. Nous jugeons à-propos de mettre en relief les implications de chacun de ces courants pour les organisations publiques et de dégager les limites de leurs utilisations.

Il n'existe rien actuellement dans la littérature qui puisse aider les gestionnaires des organisations publiques à mettre en place des structures répondant à des obligations légales et politiques. Toutefois, chacun des trois courants mentionnés ci-dessus peut contribuer à montrer comment les dirigeants des organisations publiques peuvent faire usage des changements de structures pour qu'elles correspondent mieux à un contexte politique complexe et changeant.

La technologie et le design organisationnel

La thèse centrale d'un des courants les plus répandus en design organisationnel est que les structures des organisations performantes reflètent leur technologie; c'est ce que les auteurs de cette approche appellent l'*impératif technologique*. Le mot technologie, dans ce contexte, renvoie au processus de transformation des matières premières en produits finis. Dans une acception plus large qui permet de tenir compte du genre de travail fait dans la plupart des organisations publiques, la technologie vise les programmes et les procédures conçus pour atteindre des résultats énoncés dans des lois et des politiques. Par exemple, les activités des agences vouées à la perception et à la vérification des impôts ou à la planification et à l'implantation des programmes d'aide à l'étranger ou encore à la prestation de services sociaux comprennent toutes un ensemble complexe d'opérations qui constitue la technologie utilisée dans ces organisations.

La technologie ne renvoie pas seulement aux machines ou à l'utilisation des résultats les plus récents de la science appliquée, mais surtout aux programmes et aux routines de travail dans l'organisation. Plus ces routines sont simples, facilement contrôlables et prévisibles, moins la technologie est considérée complexe.

L'interprétation de l'impératif technologique, tel qu'il est appliqué aux organisations publiques, est que les programmes sont des technologies et que ces technologies se fondent sur des valeurs publiques et professionnelles complexes puisqu'elles sont approuvées par des législatures et des agences de réglementation. Le message ici est que, pour être efficaces, les organisations publiques doivent avoir des structures qui soient conformes aux technologies des programmes.

Lorsqu'on prend connaissance des théories dont il est fait état dans cette section, il faut garder présent à l'esprit que le champ du design organisationnel est encore en développement. Ainsi, la littérature ne présente pas un modèle unique de structures organisationnelles; elle offre plutôt un nouvel ensemble de concepts qui sert à évaluer le flux de travail et les structures des organisations publiques. Les catégories de technologies que nous présenterons et les types de structures que les théoriciens proposent ne sont pas fixes: des gestionnaires qui œuvrent dans différents domaines peuvent fort bien découvrir des types de technologies plus utiles que celles que nous mentionnerons ici. Les formes structurelles générales décrites dans ce chapitre devraient servir de base pour la conception de plusieurs structures spécifiques, chacune correspondant à un contexte particulier. En somme, ce qui est présenté dans cette section devrait être utilisé comme point de départ pour l'analyse de structures qui font problème et pour la conception de structures plus appropriées.

Les types de technologie. On n'a pas encore développé de technologies de programmes propres aux organisations publiques. Cependant, on peut identifier des organisations publiques dans lesquelles le travail est spécialisé, répétitif et presque entièrement défini par des procédures: leur technologie donne lieu à un travail routinier. De la même façon, on trouve des organisations engagées dans la recherche ou dans la réglementation et dont le travail n'est généralement pas soumis à des normes. Par exemple, les réglementations qui sont appliquées au cas par cas vont requérir plus d'autonomie pour les fonctionnaires que celles qui exigent la vérification de la conformité à des normes. Jusqu'à ce que nous disposions d'une typologie des technologies de programme public, nous devons nous contenter de catégories plus générales.

Les grandes organisations publiques complexes ont recours à plus d'une technologie. Les agences responsables de plusieurs programmes utilisent plusieurs technologies, chacune étant appliquée dans une unité administrative différente. On trouve aussi des technologies différentes à divers paliers de la hiérarchie (Perrow, 1967). La plupart des recherches dans ce domaine se concentrent uniquement sur la technologie dominante (*core technology*), mais de plus en plus de chercheurs commencent à se pencher sur les effets sur les structures de l'utilisation de plusieurs technologies.

La première tâche des chercheurs en design organisationnel est de trouver une façon de classer les technologies qui permettent de distinguer et d'expliquer clairement les exigences structurelles propres à chaque catégorie. La typologie la plus simple distingue les technologies qui donnent lieu à un travail routinier de celles qui correspondent à des tâches non routinières. Une séquence de tâches répétitives réalisées dans un contexte statique correspondrait à la technologie la plus routinière. Hage et Aiken (1969) ont pu constater que les technologies routinières se trouvent dans des organisations où il y a des règles et des procédures largement développées, un processus de prise de décision centralisé et un haut niveau de spécialisation des tâches. C'est évidemment une bonne description de la bureaucratie traditionnelle dans laquelle l'accent est mis sur la stabilité et la régularité assurées par des règles et une chaîne d'autorité. Un travail moins routinier réalisé dans un contexte dynamique requiert plus d'autonomie et ceux qui font ce travail trouveraient la présence d'un ensemble de règles élaborées fort contraignantes.

Des recherches ont été faites par Joan Woodward (1965) qui eut recours à des catégories de technologies plus raffinées; les résultats furent similaires. Elle a trouvé une corrélation relativement forte entre la technologie de la firme, ses structures et son succès économique. Les technologies plus routinières correspondent à des structures traditionnelles tandis que des technologies moins routinières sont appliquées au sein de structures plus décentralisées et plus démocratiques. L'importance des résultats de Woodward réside dans le fait que non seulement les différences dans les structures sont généralement associées à des différences dans la technologie mais qu'en plus, on observe un tel phénomène seulement dans les firmes performantes. Cela a pour conséquence que les gestionnaires qui adaptent les structures à la technologie ont plus de succès.

Dans sa typologie, Charles Perrow (1967) essaie d'expliquer pourquoi il existe une corrélation entre la technologie et les structures. Ses travaux ont eu beaucoup d'influence tant dans les milieux universitaires que chez les praticiens (Gerwin, 1981). Mais, comme son argumentation est complexe, il convient de s'y attarder quelque peu. Perrow classe la technologie d'une organisation en quatre catégories: la technologie routinière (*highly routine technology*), la technologie régulée (*rule-governed technology*), la technologie non routinière (*highly non routine technology*) et la technologie flexible (*problem-solving technology*). Il s'emploie ensuite à déterminer un modèle structurel principal correspondant à chaque catégorie. Ce modèle s'élabore à partir du besoin d'autonomie et de coordination dans le flux de travail de chaque catégorie de technologie. Des arrangements structurels différents correspondent à des parties autonomes différentes de l'organisation et nécessitent des mécanismes de coordination différents.

Perrow commence son analyse en classant les technologies par rapport à deux dimensions. La première renvoie à l'uniformité ou à la diversité des demandes adressées à l'organisation; ses clients et les situations auxquelles elle est confrontée sont-ils similaires aux yeux de ses membres ou présentent-ils des caractéristiques distinctes? Plus ils sont variés, plus la technologie est complexe. Par exemple, la technologie d'un hôpital général est plus complexe que celle utilisée dans une direction s'occupant uniquement de soins infirmiers.

La deuxième dimension relevée par Perrow est le processus utilisé pour répondre aux demandes variables ou spécifiques adressées à l'organisation: elle correspond à la technologie de la connaissance. La question ici est de savoir si ces demandes peuvent être satisfaites par les routines et les programmes existants ou si elles nécessitent la création de nouveaux programmes. S'il se trouve dans l'organisation un code de procédures élaboré pour traiter ces demandes, la technologie est alors considérée comme étant analysable, ce qui signifie que le processus de transformation est si bien maîtrisé que même de nouveaux types de demandes peuvent être classés et étudiés en ayant recours aux techniques connues. La mission de certaines organisations publiques, toutefois, est de créer de nouvelles technologies de programme; le travail qui s'y fait est fondé sur les jugements de professionnels et ne peut être, en conséquence, soumis à un code ou contraint par des règles. Les agences de recherche en sont des exemples types; les offices de planification et les agences de renseignement peuvent aussi tomber dans cette catégorie.

En combinant les deux dimensions relevées par Perrow, on obtient un tableau à quatre quadrants permettant de classer les technologies des organisations (voir *tableau 4.2*).

Tableau 4.2
La classification des technologies organisationnelles

La possibilité d'analyse des demandes dans le cadre des procédures et des connaissances existantes		Degré d'uniformité des demandes adressées à l'organisation	
		Le traitement des cas basé sur des jugements professionnels	Travail non routinier
	On recherche de nouvelles procédures; la technologie n'est pas codifiée.	Structure décentralisée **1**	Structure flexible, polycentrique **2**
	Il existe des procédures normalisées; la technologie est codifiée.	**4** Travail routinier Structure centralisée	**3** On adapte les programmes existants aux besoins. Structure flexible, centralisée

Source: Charles Perrow (1967). «A Framework for the Comparative Analysis of Organizations», *American Sociological Review*, vol. 32, p. 34-44.

Le quadrant 2 correspond à la technologie la moins routinière et la plus complexe, celle qui caractérise les technologies principales des agences de recherche et de développement tels que la NASA et le National Institute of Health (NIH). Perrow fait remarquer que les écoles et les hôpitaux utilisent cette technologie. Le quadrant 4 correspond à la technologie la plus routinière, celle qui est utilisée, par exemple, dans les bureaux de poste, dans certaines divisions du ministère du Revenu et dans des institutions de services préventifs.

Les quadrants 1 et 3 correspondent à des degrés de routine intermédiaires mais pour des raisons différentes. Dans le cas du quadrant 1, même si les demandes sont généralement uniformes, il n'existe pas de procédures formellement codifiées pour y répondre; elles requièrent un jugement professionnel. Les cours de justice et les universités ont recours à cette technologie.

La technologie décrite dans le quadrant 3 est particulièrement bien adaptée au traitement des cas exceptionnels. Il y a des organisations qui sont souvent confrontées à de tels cas et qui maîtrisent bien leurs procédés de traitement. Un vaste répertoire de procédés pour classer et traiter ces cas a été préparé à l'avance de telle sorte que le problème consiste à combiner les procédés pertinents et à faire intervenir les unités administratives concernées. Parmi les exemples de ce type de technologie se retrouvent certains services publics et sociaux, des unités militaires de combats et, à certains égards, des agences de surveillance du respect des lois.

Les structures proposées. Les structures proposées pour ces types de technologie dépendent des exigences de coordination et d'autonomie propres à chacun. Pour ce qui est des organisations publiques qui utilisent les technologies les moins routinières (le quadrant 2 du tableau 4.2), Perrow recommande une structure «flexible, polycentrique» comme, par exemple, la structure matricielle ou l'organisation par projets qui garantit le maximum d'autonomie aux professionnels du niveau opérationnel. Les instituts de recherche dans les universités et les équipes de recherche multidisciplinaires des corps de police en sont de bons exemples. Les formes matricielles ou les organisations par projets sont des exemples de structures qui conviennent bien aux groupes de travail composés de professionnels autonomes, représentants de plusieurs disciplines.

En ce qui concerne les organisations publiques qui utilisent une technologie routinière, tels que les ministères dont les procédés de travail sont grandement normalisés (quadrant 4), Perrow recommande la structure bureaucratique. Cette structure offre les moyens les plus efficaces pour assurer le respect des règles et limiter l'autonomie, deux facteurs critiques dans l'utilisation de cette technologie qui requiert une grande normalisation des opérations.

Les organisations qui font appel à une technologie de type ingénierie (quadrant 3) peuvent faire face à des conditions nouvelles et variées en combinant des éléments d'un ensemble de procédés bien éprouvés. Dans ce cas, Perrow propose le recours à une structure centralisée et flexible qui permet aux gestionnaires de niveau intermédiaire de réarranger les composantes du programme pour satisfaire aux exigences de situations nouvelles. En voici des exemples: l'utilisation d'équipes d'investigation triées sur le volet dans les agences chargées de faire respecter la loi ou la fusion d'unités de combat pour faire face à des situations changeantes.

Pour ce qui est des technologies fondées sur le jugement de professionnels (quadrant 1), Perrow recommande une structure décentralisée qui donne aux professionnels l'autorité nécessaire à la prise de décision. Citons quelques exemples: les agences de régulation structurées de façon non hiérarchique et les universités dans lesquelles on délègue la prise de décision à caractère pédagogique au niveau des départements.

Les théories du design axé sur la technologie. La recommandation de Perrow au regard de ces formes structurelles est fondée sur une analyse des exigences d'autonomie et des mécanismes de coordination des tâches associés à chaque type de technologie. La *figure 4.2* illustre deux liens entre technologie et structure.

FIGURE 4.2

Deux liens entre technologie et structure

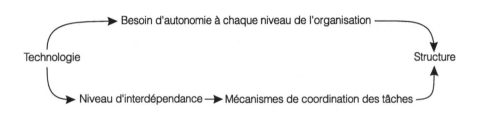

Le besoin d'autonomie aux différents niveaux hiérarchiques de l'organisation est le premier des liens qui unissent technologie et structure. Plus la technologie est routinière, moins les fonctionnaires traitant les cas ont besoin d'autonomie et de flexibilité. Ainsi, la technologie la plus routinière ne requiert l'autonomie de décision que pour les postes supérieurs de l'organisation dont la structure hiérarchique est fortement centralisée. La technologie de programmes la moins routinière, par contre, requiert beaucoup plus d'autonomie pour les professionnels du niveau opérationnel puisqu'ils doivent constamment faire appel à leur jugement. Les groupes semi-autonomes, les équipes de travail axées sur la participation et les groupes responsables de projet que Peters et Waterman appellent des «*skunk works*[2]» conviennent mieux à ce type de technologie que la hiérarchie traditionnelle.

---

2.   Voici un extrait de l'ouvrage de Peters et Waterman qui aide à comprendre le sens de cette expression. «Les champions sont des pionniers et les pionniers se font "tirer dessus". Les entreprises qui obtiennent le maximum des champions sont celles qui possèdent de riches réseaux de soutien qui permettent à leurs pionniers de s'épanouir [...]. Elles le font souvent par le biais des "charrettes" (*skunk works*). [...] C'est une équipe de huit à dix personnes qui se trouve au dernier étage d'un immeuble crasseux à six kilomètres du siège de la société.» Peters et Waterman, 1983, p. 220. (N.D.T.)

Le second lien entre technologie et structure est plus compliqué. Chaque technologie correspond à un modèle spécifique d'interdépendance entre les individus ou entre les tâches. La technologie la plus complexe et la moins routinière nécessite les moyens les plus flexibles et les plus élaborés pour coordonner le travail hautement interdépendant des personnes, comme par exemple, le feed-back direct lors de réunions, etc. Il en est ainsi parce que le travail est relativement imprévisible et qu'il est difficile de savoir à l'avance quels moyens de coordination seront les plus appropriés; ainsi, les membres d'un groupe responsable d'un projet se répartissent les tâches entre eux et si les travaux d'un membre ne donnent pas les résultats prévus, il faut que les autres membres se réajustent. Le modèle bureaucratique convient bien aux technologies routinières et il permet d'utiliser les mécanismes de coordination les moins coûteux et les moins flexibles: les règles et les horaires. Thompson (1967) fait remarquer que les acteurs dans l'organisation qui veulent être rationnels choisissent les mécanismes de coordination les plus économiques et qui conviennent au degré d'imprévisibilité des comportements dans le processus de travail.

L'analyse que l'on vient de faire peut aider à améliorer la coordination dans les organisations publiques, mais les exigences de la reddition des comptes aux concepteurs externes de politiques et aux dirigeants de l'organisation ne facilitent pas les choses. Les comités sont beaucoup trop nombreux et inefficaces et ils servent autant à des fins symboliques que comme moyens de coordination; ils montrent de façon manifeste que tous les groupes intéressés ont eu leur mot à dire et ont joué un rôle dans la direction à donner au programme en question. Les fonctions symboliques des structures des organisations publiques peuvent être tout aussi importantes que les fonctions de coordination. D'autres mécanismes de coordination, tel que le recours au feed-back direct, même si l'usage de règles est tout aussi efficace et moins coûteux, sont utilisés pour servir à des fins politiques et sociales en permettant d'afficher plus d'ouverture au dialogue et d'augmenter la responsabilisation et la participation. Finalement, certaines formes de feed-back peuvent mettre en cause des acteurs à qui le groupe doit rendre des comptes, de façon formelle ou informelle, de telle sorte que le feed-back ne peut pas être optimal suivant les principes de Thompson. Dans tous ces cas, l'efficience du système de coordination est sacrifiée pour les fins de la reddition des comptes externes, la prise en considération du contexte politique et la solidarité face aux principales valeurs de l'organisation.

Dans la plupart des organisations publiques, on observe une tendance à rendre les programmes aussi routiniers que possibles. Plusieurs théoriciens de l'organisation voient dans la rigidité que l'on observe dans ces organisations le résultat d'un effort coordonné pour éviter que les cas exceptionnels brisent les routines établies (Allison, 1971; March et Simon, 1958). Les coûts associés à l'apprentissage dans l'application des procédures existantes rendent les gestionnaires réfractaires au changement des routines établies (Downs, 1967). Dans les organisations militaires, par exemple, on a recours à un nombre limité de scénarios de combat fort bien rodés; ils sont décrits dans des manuels de procédures et on les utilise dans les programmes d'entraînement. Ces scénarios occasionnent d'importants frais de planification, de coordination et d'apprentissage. On comprendra alors que c'est à contrecœur que les dirigeants de l'organisation vont faire fi de ces investissements et mettre sur pied d'autres scénarios. Ces investissements massifs dans les procédures sont une caractéristique de la plupart des organisations publiques, et les préférences de leurs membres pour les routines et les contrôles expliquent pourquoi on y trouve rarement d'autres formes structurelles que le modèle hiérarchique.

Pour résumer cette théorie du design organisationnel, soulignons qu'à la technologie utilisée dans une organisation correspondent un degré d'interdépendance des tâches, un certain niveau d'autonomie dans l'exécution et des mécanismes de coordination spécifiques. La structure la plus appropriée pour chacune des technologies est celle qui convient à ces exigences au moindre coût. Les hypothèses implicites à cette approche sont que la technologie détermine le degré d'interdépendance des tâches qui, à son tour, détermine les mécanismes de coordination lesquels, à leur tour, déterminent la structure. Si ces hypothèses sont fondées, l'inadéquation de la structure à la technologie va entraîner des niveaux d'autonomie inutiles et des moyens de coordination trop raffinés pour des activités qui pourraient être réalisées de façon plus efficiente en les planifiant à l'avance. Par ailleurs, les hiérarchies et les processus centralisés de planification et de prise de décision peuvent entraver considérablement la mise à contribution des compétences professionnelles dans les organisations où prédominent les technologies non routinières. Les clients et les fonctionnaires des organisations publiques se plaignent souvent des procédures normalisées mises en place pour répondre à des demandes variées et incertaines.

Les critiques du design axé sur la technologie. Les critiques de l'approche technologique sont de deux ordres: des recherches empiriques invalident la relation entre la technologie et les structures et il existe des problèmes conceptuels. Une remise en question sérieuse de la validité de cette thèse a été faite dans des études du groupe Aston, menées par Pugh, Hickson et Hinings (1965) et par Hickson, Pugh et Phesey (1969). Ces auteurs ont constaté que la technologie ne permet pas de prévoir les structures d'ensemble de l'organisation mais que:

> Les variables structurelles ont une relation avec la technologie des opérations seulement lorsqu'elles sont associées au procédé de travail. Plus l'organisation est petite, plus ses structures sont étroitement imprégnées des effets de la technologie; plus l'organisation est de grande taille plus les effets de la technologie [...] sont difficiles à détecter dans les parties plus éloignées de la structure hiérarchique.

Des chercheurs intéressés à la technologie et aux structures ont apporté, à la suite de ces résultats, un raffinement à la thèse technologique en centrant leur attention sur le lien qui existe entre la structure et la technologie au niveau du groupe de travail plutôt qu'à celui de l'organisation dans son ensemble. Cette version de la thèse technologique est étayée par un certain nombre d'études empiriques (Gerwin, 1981). Les résultats révèlent que, en l'absence de contraintes politiques et légales, des structures complexes au niveau de l'organisation et des formes structurelles différentes au niveau de certaines unités administratives pourraient constituer les choix les plus rationnels.

Les critiques les plus préjudiciables à la thèse technologique sont d'ordre conceptuel. Une de ces critiques porte sur l'hypothèse de causalité technologie-structure; dans la réalité, ce serait plutôt les structures existantes qui détermineraient la technologie (Robey, 1982, p. 114-115). On fait valoir ici que la forme bureaucratique elle-même influence la perception et le choix de la technologie la plus appropriée pour l'organisation et que celle-ci, à son tour, détermine la conception des nouveaux programmes et des nouvelles routines. Les tâches, par exemple, qui ne sont pas à proprement parler soumises à la division du travail et à la production en série, sont définies de cette façon. Si cela est vrai, très peu d'organisations arriveront à se départir de la technologie routinière et du modèle hiérarchique comme, de fait, relativement peu d'organisations publiques y sont parvenues jusqu'à maintenant.

On a relevé un autre problème d'ordre conceptuel déjà implicite dans le modèle de Perrow (1970). Dans un des cas auxquels il fait référence pour appuyer sa théorie, il décrit deux écoles pour délinquants juvéniles. L'une utilise une technologie routinière et traite les étudiants d'une manière régimentaire; l'autre essaie de personnaliser les programmes en faisant l'hypothèse que les possibilités et les problèmes sont différents d'un étudiant à l'autre et qu'on ne réussira pas à les changer par des procédés normalisés. Bien qu'il soit vrai que, dans ce cas, les différences dans la technologie sont associées à des différences dans les structures, ce cas indique également que la technologie elle-même est matière de choix, du moins en partie. S'il en est ainsi, à partir de quel critère peut-on juger de la pertinence d'une structure? Peut-on le faire en se basant sur une technologie objectivement adéquate, si tant est qu'elle existe, ou sur la technologie choisie par les dirigeants de l'organisation même si elle n'est pas considérée appropriée selon des critères professionnels ou politiques. Les théoriciens ont supposé implicitement que l'organisation publique est performante seulement lorsque la technologie utilisée est appropriée et que la structure lui est conforme.

Mais les questions reliées au caractère approprié de la technologie soulèvent de nouveaux et épineux problèmes aux théoriciens des organisations publiques, problèmes que l'on n'a pas encore abordés directement. Une de ces questions, d'une importance particulière pour les organisations publiques, est celle de savoir comment et où ces technologies sont élaborées. Par les professionnels? Par les élus? Comment déterminer si un cas peut être géré à l'intérieur de la routine existante? Sur quoi peut-on se baser pour faire ces choix? Quand les gestionnaires et les professionnels spécialisés dans l'élaboration de programmes prennent de telles décisions, ils le font souvent en s'en remettant à des traditions, quelquefois en fonction de valeurs professionnelles conflictuelles et, dans le cas des hauts fonctionnaires nommés, en tenant compte de leurs accointances politiques.

Il a été démontré que la coalition professionnelle dominante dans une organisation publique exerce une influence considérable sur l'interprétation et l'implantation des politiques, même quand les mandats des programmes sont explicites (Monjoy et O'Toole, 1979). Roosevelt était bien conscient de cela quand il a institué de nouvelles agences pour implanter des programmes liés à sa nouvelle politique plutôt que de les insérer dans des agences existantes dotées de routines établies.

Reconnaître que la technologie est un facteur important dans la conception des structures des organisations publiques ne signifie aucunement que la gestion soit un domaine totalement technico-scientifique. Par ailleurs, si les théoriciens du design organisationnel doivent respecter leur engagement de créer un processus de travail plus efficient en appariant structure et technologie, on ne peut ignorer les questions que nous avons soulevées concernant le caractère approprié de la technologie.

Les changements dans l'environnement et le design organisationnel

Une seconde approche du design organisationnel concerne l'adaptation de l'organisation aux conditions de l'environnement. Selon cette thèse, avec des conditions de changements rapides dans l'environnement, les organisations performantes adoptent des structures moins formelles, plus décentralisées et spécialisées par profession, des structures qui peuvent être adaptées plus rapidement et plus efficacement au changement. La structure traditionnelle, hiérarchique et centralisée, avec sa longue chaîne d'autorité et son système de communication principalement dirigé vers le bas, n'est pas conçue pour s'adapter rapidement au changement. De fait, comme le souligne Weber, la stabilité de la structure est considérée comme un des avantages majeurs de la bureaucratie. Les théoriciens contemporains sont d'avis que cette stabilité n'est pas un atout en soi et ils soutiennent qu'en période de changements continuels dans les demandes adressées aux organisations et au chapitre des connaissances nécessaires au fonctionnement des programmes, les organisations qui ne peuvent s'adapter ne survivront pas.

Lorsqu'on analyse la thèse du design organisationnel en fonction de l'environnement, il faut constamment garder à l'esprit les deux considérations suivantes. Premièrement, les théories sous-jacentes à cette thèse ne font que commencer à se développer; elles n'ont aucun caractère achevé. Elles ne doivent pas être considérées comme des plans d'action rigides mais plutôt comme un ensemble de suggestions permettant d'évaluer les processus de travail dans l'organisation et les méthodes de coordination qui y sont utilisées.

Deuxièmement, les dirigeants des organisations, qu'elles soient publiques, privées ou sans but lucratif, ne doivent pas s'en remettre aux seules conclusions de ces théories pour concevoir les structures de leur organisation. Des facteurs politiques, sociaux et professionnels entrent inéluctablement en jeu pour réduire la capacité de l'organisation à adopter ce qui pourrait constituer, toutes choses étant égales par ailleurs, les structures les plus efficientes et les plus efficaces. Ce constat est abondamment corroboré par le contexte particulier des organisations publiques dont les structures sont fortement assujetties aux contraintes politiques et légales. On doit néanmoins considérer les structures qui favorisent l'adaptation à l'environnement et, de fait, on constate que ces structures ont largement été utilisées dans les organisations publiques pour faire face aux changements constants dans l'environnement politique.

L'environnement des organisations publiques. Les principaux acteurs dans l'environnement des organisations publiques sont: les concepteurs de politiques, les clients, les groupes de citoyens et les membres des autres organisations. Les concepteurs de politiques qui autorisent et assurent le financement des activités des organisations publiques sont les élus, les fonctionnaires investis du pouvoir judiciaire et les dirigeants des organismes centraux. Les membres des organisations publiques ont non seulement des comptes à rendre à ces acteurs mais cherchent habituellement à les influencer directement ou indirectement en vue de contrôler les menaces à leur autonomie et à la croissance de l'organisation dans laquelle ils travaillent. Les clients et les groupes de pression sont aussi d'importants éléments de leur environnement. Les demandes et les plaintes des clients sont directement adressées aux responsables des programmes concernés. Les groupes de citoyens qui soutiennent les activités de l'organisation publique doivent être mobilisés pour faire valoir leurs intérêts et ceux de l'organisation auprès des concepteurs de politiques; les groupes d'opposants doivent être neutralisés. D'autres organisations publiques, ou des organisations sans but lucratif, peuvent agir comme concurrents dans le financement et la responsabilité des programmes. Le ministère de l'Énergie a été mis sur pied pour assurer une meilleure coordination des agences dont les juridictions se chevauchaient dans le champ des politiques sur l'énergie.

Les sources de changement dans l'environnement des organisations publiques sont nombreuses et variées. Des changements dans l'économie ou dans les aspirations de la société peuvent être la cause d'augmentations substantielles ou, au contraire, de coupures radicales dans le financement des programmes des organisations publiques. Des changements dans les conceptions du fédéralisme peuvent faire passer la responsabilité d'un programme du niveau fédéral au niveau des États ou du niveau local au niveau fédéral, comme ce fut le cas des politiques de bien-être et d'éducation. L'émergence d'une large prise de conscience de la part des citoyens sur les dangers concernant la pollution de l'environnement, l'ivresse au volant, l'entretien dans les services de transport aérien, la sécurité des produits et les centres d'énergie nucléaire, a amené la création de nouveaux groupes de pression qui attaquent les agences publiques aux plans légal et politique.

D'un point de vue théorique, les caractéristiques d'un environnement turbulent ont été décrites par un certain nombre d'auteurs. Emery et Trist (1965) définissent quatre niveaux de complexité reliés à l'environnement des organisations, en fonction du nombre des autres acteurs dans le système et en fonction de la prévisibilité de leurs comportements. Le niveau le plus simple, ou l'environnement calme et dispersé, est celui où chacune des organisations a relativement peu de liens avec les autres organisations. Dans cet environnement, les organisations peuvent planifier et agir sans se préoccuper des réactions des autres. Le niveau le plus complexe est un environnement si instable et si densément peuplé d'acteurs et d'organisations que les conséquences d'une action entreprise par une quelconque organisation sont imprévisibles et que la planification stratégique doit être absolument remplacée par des actions conjointes ou des fusions. Thompson (1967), après avoir passé en revue les typologies existantes, fait valoir que les dimensions de l'environnement les plus importantes, en ce qui concerne les structures de l'organisation, sont la stabilité et l'homogénéité du micro-environnement (*organization's task environment*). La stabilité et l'homogénéité renvoie au caractère uniforme des demandes faites par les agents de l'environnement à l'organisation et des ressources qu'ils mettent à sa disposition; elle renvoie aussi à la similitude des groupes avec lesquels l'organisation traite.

Adaptations aux changements dans l'environnement. Les organisations publiques s'adaptent aux changements dans leur environnement de plusieurs manières à la fois. Les objectifs des programmes peuvent être modifiés pour donner des indications pertinentes sur ce que l'organisation est en train de faire. L'organisation peut prendre la responsabilité d'un nouveau programme s'il apparaît utile de mettre en place une nouvelle politique et si elle reçoit l'appui nécessaire. Les programmes d'aide aux villes sont devenus une partie importante de la mission de plusieurs organismes publics dans les années 60 tandis que les programmes concernant l'énergie et la protection de l'environnement furent mis sur pied au début des années 70. L'organisme public peut s'adapter aux pressions de l'environnement en cherchant des appuis auprès des citoyens ou des groupes de pression. L'Environment Protection Agency (EPA) a à son crédit le fait d'avoir créé un large consensus national autour de sa réglementation sur la pureté de l'eau en établissant des conseils locaux dont le mandat était de déterminer des normes de pureté. Établir des mécanismes de liaison avec d'autres agences pour la conception de politiques ou la prestation de services a été une manière de s'adapter aux nouvelles limites à la croissance des programmes imposées par l'environnement politique. Cette tactique est fondée sur l'hypothèse qu'une meilleure coordination des programmes rendrait ceux-ci plus efficaces et moins coûteux. Ce fut là une des priorités dans la gestion des programmes de santé et de services sociaux dans les années 70. Les adaptations de l'organisation à son environnement qui nous concernent particulièrement ici sont d'ordre structurel.

Les recherches sur la relation entre les changements dans l'environnement et les structures sont plutôt désordonnées mais, comme dans le cas de l'approche technologique, elles semblent converger dans une direction: la performance de l'organisation est meilleure quand le niveau de complexité de l'environnement correspond au niveau de complexité des structures. Une des plus importantes études sur cette relation a été conduite par Lawrence et Lorsch (1967) qui se sont intéressés à des firmes du secteur privé; toutefois, leurs résultats peuvent s'appliquer dans une certaine mesure aux agences publiques. Ils ont remarqué que, dans les firmes les plus performantes, le degré de changement sur les marchés est en concordance avec la complexité des structures adoptées par les firmes. Les variables structurelles étudiées ont été, d'une part, le degré et le type de différenciation et, d'autre part, les mécanismes d'intégration assurant la coordination entre les départements et entre les activités à l'intérieur de ceux-ci. Les firmes avaient été choisies dans trois industries – l'industrie du plastique, l'industrie alimentaire et l'industrie de la fabrication des contenants – pour refléter les différences dans les conditions de l'environnement.

Comme prévu, les firmes de l'industrie du plastique, dont l'environnement était le plus instable, avaient les structures les plus complexes: on y constatait un grand nombre et une grande diversité d'unités administratives. De plus, les unités administratives qui entretenaient le plus de rapports avec des groupes de l'environnement – les divisions de recherche et les divisions des ventes – avaient une hiérarchie moins élaborée que les divisions de production qui étaient plus isolées et où le travail était routinier. Cela montre que les différences structurelles ne sont pas attribuables à des considérations générales de style dans ces firmes mais relèvent de choix délibérés pour adapter les structures aux incertitudes de l'environnement.

En outre, les mécanismes d'intégration différaient d'une industrie à l'autre, les méthodes de coordination des tâches étant plus complexes dans les firmes de produits du plastique que dans les autres. Par exemple, on avait créé des unités de liaison spéciales pour améliorer la coordination entre les départements de recherche et les départements de production en vue de minimiser les conflits qui résultaient des différences dans leurs objectifs et leurs procédés de travail. La relation entre les changements dans l'environnement et les structures était plus forte pour les firmes performantes que pour les autres, confirmant ainsi les résultats des études de Woodward qui, déjà, préfiguraient la théorie de la contingence.

Une recherche effectuée par Hage et Aiken (1970) donne des résultats qui confirment aussi l'hypothèse de l'influence de l'environnement sur les structures. Ils ont relevé sept caractéristiques structurelles dans des organisations dites «dynamiques», c'est-à-dire des organisations qui peuvent s'adapter aux changements dans les conditions de l'environnement. Leurs analyses sont principalement constituées d'études de cas portant sur les conséquences des changements dans différents types d'organisation, dont des organisations publiques et des organisations de service. Voici les caractéristiques que ces auteurs ont relevées:

1. La complexité organisationnelle, définie comme le nombre d'occupations dans l'organisation et leur niveau de professionnalisme, est une caractéristique structurelle habilitante au regard des capacités de l'organisation à s'adapter aux changements dans l'environnement: les professionnels sont en effet souvent attentifs aux développements qui prennent place dans leur champ et les actualisent dans leurs activités au sein de l'organisation.

2. La centralisation de l'autorité dans les échelons supérieurs des organisations publiques constitue un frein au changement, dans la mesure où les critères des décisions sont statiques et que le personnel des échelons inférieurs, qui est souvent plus conscient du besoin de changement, est carrément exclu du processus de décision.

3. La formalisation, qui correspond à un niveau élevé de réglementation et de normalisation des tâches, constitue aussi un frein au changement dans les programmes. Quand une grande part des activités des programmes sont soumises à des règles, l'adaptation est constamment différée et on perçoit peu les opportunités de changements importants. L'extrême formalisation ralentit aussi le processus d'implantation du changement, car cela suppose la mise en place d'un grand nombre de règles nouvelles qui doivent être coordonnées avec celles qui existent déjà.

4. La stratification, qui résulte d'une différenciation dans les rétributions consenties aux employés pour bien montrer leur place relative dans la hiérarchie, n'est pas une caractéristique structurelle qui favorise le changement. La stratification engendre l'insécurité et la crainte de perdre son statut. Elle décourage aussi la rédaction de rapports négatifs sur la performance de l'organisation et la discussion des problèmes avec les supérieurs dans un climat d'ouverture.

5. La recherche d'un haut niveau de production n'est pas favorable au changement puisque le changement entraîne inéluctablement des perturbations à court terme dans le niveau de production.

6. La recherche d'une plus grande efficience n'est pas favorable au changement dans la mesure où les innovations dans les programmes s'orientent d'abord vers des améliorations de leur qualité et non pas de leur efficience. Les changements dans les programmes ne seront généralement adoptés que lorsqu'ils auront d'abord atteint un haut niveau d'efficience.

7. Les aspirations des employés pour une plus grande satisfaction au travail favorisent le changement puisqu'elles augmentent leur engagement

au succès de l'organisation et permettent de surmonter plus facilement les tensions causées par le changement.

Ce qui manque dans cette recherche, c'est une analyse de la relation entre l'état de l'environnement et le succès ou l'échec des organisations étudiées. Elle est néanmoins intéressante dans la mesure où elle fournit certaines explications sur la relation entre les caractéristiques structurelles de l'organisation et sa capacité de procéder aux changements qui s'imposent. L'analyse de Thompson (1967) sur l'adaptation des structures aux conditions de l'environnement nous permet d'explorer plus à fond cette question dans le contexte d'une organisation publique. Selon cet auteur, les organisations sont constituées de postes, d'activités et de rôles qui s'articulent autour de deux fonctions clés: la technologie professionnelle principale de l'organisation publique, c'est-à-dire ses processus de travail et ses procédés de gestion prédominants; et les unités frontières de l'organisation (*boundary-spanning units*) dont la fonction est de gérer les interactions entre celle-ci et son environnement. Les unités frontières jouent le rôle de tampons pour la technologie principale qu'elles protègent des influences de l'environnement. Sur ce point, Thompson (1967, p. 70) suggère que: «Soumis au critère de rationalité, les organisations confrontées à un micro-environnement hétérogène cherchent à trouver des segments homogènes dans cet environnement et à mettre sur pied des unités administratives chargées de s'occuper de chacun de ces segments».

Cette proposition concorde avec les résultats des recherches de Lawrence et Lorsch et est abondamment illustrée par la pléthore d'agences d'information publique, d'agences de liaison législative, de groupes de travail dont les membres représentent plusieurs organisations, d'ombudsmans et autres fonctions établies dans une organisation publique pour s'occuper des groupes externes importants. Plus le nombre et la diversité des groupes dans l'environnement d'une organisation publique sont élevés (institutions gouvernementales, groupes d'intérêts, représentants de médias, etc.), plus les unités frontières spécialisées dans cette organisation sont nombreuses. Une autre conséquence de ce phénomène est que, plus il y a de ces unités frontières spécialisées, plus les mécanismes d'intégration pour les coordonner entre elles et avec le centre opérationnel sont élaborés. Thompson nous aide à comprendre pourquoi on devrait s'attendre à ce que les organisations publiques évoluant dans des environnements turbulents se dotent de mécanismes de spécialisation et d'intégration plus complexes que les organisations publiques intégrées dans des environnements plus calmes.

Même si peu de recherches systématiques ont été faites sur cette question dans des contextes d'organisations publiques, la proposition de Thompson se confirme dans un grand nombre de cas. Par exemple, après que l'organisme américain chargé du commerce entre États (Interstate Commerce Commission ou ICC) eut été soumis à de sérieuses critiques de la part d'un groupe organisé (un changement dans son environnement normalement tranquille) à la suite d'investigations faites par les maraudeurs de Ralph Nader (Fellmeth, 1970) et par l'émission *Sixty Minutes* (diffusée au réseau CBS), une nouvelle division des plaintes des consommateurs a été instituée et de nouvelles procédures ont été mises en place.

Les communications avec d'autres organisations publiques et avec des organisations du secteur privé peuvent aussi faire partie des activités des unités frontières d'une agence, que cette agence cherche à coopérer et à se coordonner avec une autre agence ou qu'elle soit en compétition avec elle pour des ressources ou des juridictions de programmes. La prise de conscience par les gestionnaires de l'existence d'une véritable interdépendance entre les agences peut faciliter la coopération volontaire entre elles et contribuer à la mise sur pied d'un système interorganisationnel plus stable et plus efficace (Litwak et Hylton, 1962; Benson, 1975; Lindblom, 1965).

Une autre des propositions de Thompson concerne les liens entre l'environnement, la technologie et les structures. Les environnements qui comportent une grande diversité de groupes amènent les agences à créer plusieurs unités frontières spécialisées et la stabilité et la prévisibilité des comportements de ces groupes externes sont des déterminants du niveau de routine dans les activités de ces unités frontières. Plus les activités dans l'environnement sont prévisibles, plus le travail des personnes qu'elles concernent dans l'organisation publique est routinier. Thompson (1967, p. 71) note: «L'unité administrative d'une organisation qui est confrontée à un micro-environnement stable a recours à des règles pour réaliser son adaptation à cet environnement».

L'application routinière de règles est évidemment moins coûteuse en temps et en argent que le feed-back direct, la négociation ou un processus de planification élaboré. Mais des demandes, des plaintes ou des occasions imprévisibles ne peuvent pas être traitées efficacement par des règles. Il faut plutôt avoir recours à la négociation entre l'agence et les groupes extérieurs concernés. La présence de l'incertitude dans une unité frontière et la possibilité qu'elle néglige ses procédures d'opération normalisées peuvent avoir un effet de vague sur le reste de l'organisation, imposant une plus grande incertitude encore et même l'abandon des règles au niveau de la technologie principale. Si, par exemple, dans une agence de réglementation ou une agence de secours mutuels, on fait une exception à l'application de certaines règles dans un cas particulier, d'autres procédures internes devront être changées pour permettre au cas d'être traité par le système. En général, selon Thompson, plus l'environnement est dense, hétérogène et imprévisible, plus il y aura d'unités frontières et plus elles seront complexes, plus les moyens de les intégrer à la technologie principale seront élaborés, et plus la technologie principale sera complexe.

Un autre modèle de design organisationnel où l'on tient compte de l'environnement a été développé par Burns et Stalker (1961). Suivant une logique qui nous est maintenant familière, ils constatent que nous en sommes au stade post-industriel dans l'évolution de la société capitaliste où la haute technologie et le caractère turbulent des environnements des organisations rendent périmé le couplage traditionnel d'une technologie des opérations routinières et d'une technologie administrative bureaucratique. Un nouveau type idéal d'organisation est devenu nécessaire pour servir de contexte favorable à un processus de travail hautement technicisé et pour fournir la flexibilité et les conditions de créativité professionnelle nécessaires au maintien des capacités d'adaptation de l'organisation aux changements rapides des marchés et à l'accroissement des connaissances. Cela signifie, à la limite, que toutes les organisations sont confrontées déjà à un tel environnement ou qu'elles devraient l'être ou encore qu'elles le seront inévitablement et, qu'en conséquence, l'organisation de type organique s'impose. La version de Burns et Stalker de la conception des structures en fonction de l'environnement est moins une théorie de la contingence qu'une incitation au changement global.

Les théoriciens des nouveaux systèmes organisationnels considèrent les structures comme un réseau d'échanges favorable aux communications ouvertes et latérales et à la consultation à tous les niveaux plutôt qu'une hiérarchie de relations de contrôle et d'autorité du haut vers la base. De plus, les tâches et les procédés de travail sont flexibles et sujets à des redéfinitions continues (comme dans les quadrants 1 et 2 de la typologie de Perrow). Les compétences sont ouvertement reconnues et utilisées, et ce, sans tenir compte du rang dans la hiérarchie. Les conflits de juridiction et les rivalités sont considérées secondaires par rapport à l'implication professionnelle. Les membres sont attachés à leur travail et à leurs communautés de professionnels, mais pas nécessairement à l'organisation dans laquelle ils travaillent. Les changements de carrière sont monnaie courante. On peut signaler que l'organisation performante idéale de Peters et Waterman (1982) comporte plusieurs de ces caractéristiques, mais que la loyauté à l'organisation y est considérée comme très importante pour assurer son succès.

Appliquer les théories de la conception environnementale des structures aux organisations publiques permet d'émettre de nouvelles hypothèses et de soulever de nombreuses questions dont très peu ont été systématiquement étudiées à ce jour. Comment devrait-on classifier et mesurer la densité, la stabilité et l'homogénéité de l'environnement? Dans quel secteur politique ou à quel niveau du gouvernement y a-t-il le plus de changement dans l'environnement et à quelles conditions les interactions entre les organisations sont-elles les plus grandes? Comment des agences comme l'Office of Management and Budget ou l'Office of Personnel Management sont-elles adaptées structurellement à leur rôle d'interaction avec les autres agences? Comment les environnements des ministères fédéraux varient-ils en fonction des relations avec le Congrès ou des programmes administratifs des présidents? Peut-on faire des comparaisons entre des agences réglementaires pour nous aider à trouver des modèles structurels qui conviennent à la grande variété des clientèles et des citoyens? Y a-t-il des modèles structurels cohérents dans les municipalités qui soient adaptés à la taille et à la complexité de leur population ainsi qu'aux environnements des agences? En

général, nombre d'auteurs suggèrent qu'il est possible d'améliorer le fonctionnement des agences à condition de les adapter à l'environnement.

L'autodesign des structures

Une troisième approche du design organisationnel s'est élaborée à partir des deux
approches que nous venons de décrire; les tenants de cette approche considèrent
les structures comme se créant elles-mêmes ou comme ayant des «capacités
d'apprendre» à l'expérience. Bien que cette approche n'ait pas donné lieu à autant
de recherches que les autres, elle n'en présente pas moins des perspectives intéressantes pour l'implantation et la gestion des programmes et mérite, de ce fait,
l'intérêt des gestionnaires publics. L'idée centrale est que les structures de l'organisation et les technologies utilisées évoluent uniquement, et de façon transitoire,
en réaction aux besoins de développement de programmes qui émergent de
l'action plutôt qu'en fonction des traditions ou des exigences de sécurité et de
contrôle interne.

En un certain sens, cette thèse prend d'emblée une approche «anti-design
des structures» dans la mesure où ses tenants se font critiques par rapport à la
conception de structures abstraites élaborées avant l'expérience concrète du fonctionnement du programme. L'approche de «l'esquisse préalable» (*blue print*)
(Korten 1980), selon laquelle les structures et les technologies sont planifiées de
haut en bas dans le cadre d'une stratégie globale d'implantation (Elmore, 1979)
et sont ensuite gelées et formalisées, est, selon les tenants de l'approche «anti-
design», en partie la cause de tant de gaspillage d'efforts et d'inefficacité dans la
gestion des programmes. Ils sont d'avis que l'on devrait plutôt développer
d'abord les procédures nécessaires au bon fonctionnement des programmes et,
plus tard, concevoir les structures organisationnelles pour soutenir ces programmes. Cette stratégie permet aux dirigeants des organisations d'adapter les
structures en temps et lieu, évitant ainsi de procéder à la réorganisation d'un
grand système déjà implanté. Cela requiert aussi de se limiter d'abord et d'être
déterminé à commencer lentement, sur une petite échelle, et à faire des expériences avant de donner de l'expansion à l'organisation et de la formaliser. Les tenants
de cette thèse soutiennent que tous les projets et tous les programmes devraient
pouvoir «apprendre» à être efficaces avant de prendre de l'expansion, mais l'approche n'en est pas moins une approche contingente parce que, ultimement, les
structures devraient être faites sur mesure pour les besoins du programme.

L'étude de Korten (1980) sur le développement des programmes dans le
tiers monde constitue un cas concret permettant d'illustrer cette approche. Après
avoir identifié cinq programmes particulièrement efficaces et noté la diversité de
leurs buts, de leurs promoteurs, de leur taille et de leurs modalités de financement, il soutient que ce qui distingue les programmes efficaces des autres est la
manière dont ils furent développés et institutionnalisés. Pour Korten, un processus de développement de programme réussira dans la mesure où l'organisation

qui implante le programme démontre des capacités d'apprentissage. La première caractéristique d'une organisation qui «apprend» de l'expérience est sa capacité d'accepter l'erreur (1980, p. 498). Plutôt que de nier qu'un programme a échoué ou d'en imputer la faute à d'autres acteurs, dans les organisations ayant des capacités d'apprentissage, on regarde les problèmes en face, on y apporte des corrections quand c'est possible et, lorsque nécessaire, on tire profit de l'expérience acquise dans d'autres organisations. Ainsi, les projets pilotes et les expériences sur le terrain sont souvent les premières étapes dans le développement des programmes.

La deuxième caractéristique d'une organisation qui «apprend» est sa capacité à tirer avantage des connaissances et des procédés de ceux qui, à tous les niveaux de l'organisation, ont fait face aux problèmes auxquels est confronté le programme. L'examen des technologies existantes, même celles qui ne convenaient pas, permet aux concepteurs de programme de comprendre les priorités et les contraintes du groupe cible.

La troisième caractéristique de l'organisation qui a des capacités d'apprentissage est sa capacité d'associer étroitement la connaissance à l'action de sorte que cette organisation est «construite à partir du travail des équipes qui ont créé le programme original» (1980, p. 499). Cette position rejoint un commentaire de Peters et Waterman sur les organisations performantes (1982) qui concerne les manières de s'assurer que l'engagement et l'enthousiasme des fondateurs du projet et des «champions» soient mis à contribution. Pressman et Wildavsky (1979) partagent aussi cet avis – que la prise de décision ne devrait pas être séparée de l'implantation. Dans les programmes que Korten a retenus comme performants, la structure initiale de l'organisation était composée d'équipes de clients, de chercheurs et de gestionnaires ce qui permettait de faire des adaptations rapides et créatrices aux programmes existants. Les tenants de l'approche traditionnelle de «l'esquisse préalable», quant à eux, traitent les programmes et les organisations comme des entités qui existent indépendamment des gens qui les ont créées. Caractérisant cette approche, Korten (1980, p. 499) affirme:

> Ce qui reste est une idée écrite sur du papier pendant que l'organisation concrète – un organisme social vibrant qui contient les talents, le dévouement, les connaissances et les systèmes nécessaires pour donner vie à cette idée et l'adapter à des contextes locaux lorsque requis – est complètement laissée pour compte.

Sous certains rapports, le modèle de Korten est peut-être trop simple pour s'appliquer aux processus de développement des programmes aux États-Unis où les clients présentent rarement un ensemble homogène de demandes et où il existe de multiples contraintes sur les procédures de programme, sur la dotation des postes et sur le financement. Ce que l'on peut aussi dégager de l'étude de Korten est que l'appui du client, si important pour le succès du programme, peut être assuré au moyen de sa participation au développement même du programme. Certaines des caractéristiques des organisations ayant des capacités d'apprentissage ont été mises en pratique ici et le sont encore, comme c'est le cas des projets pilotes et de la participation des citoyens. Même si les problèmes d'apprentissage dans les organisations publiques ne sont pas les seuls auxquels les gestionnaires des programmes contemporains font face, ils n'en sont pas moins importants.

D'autres critiques de l'incapacité des organisations publiques à apprendre présentent des solutions différentes. Landau (1973) se fait l'avocat des organisations autocorrectrices, plus tournées vers les valeurs dominantes du modèle bureaucratique de Weber qu'il associe à la mise en pratique des connaissances techniques et non à des jeux de pouvoir. Essentiellement, pour s'autocorriger, les organisations publiques doivent être plus empiriques et beaucoup plus ouvertes au réexamen continu de leurs activités. Trop souvent dans les organisations publiques, prétend Landau, «la rationalisation remplace la vérification» (1973, p. 540), une phrase qui ressemble beaucoup à l'idée de Korten de tolérer l'erreur. Selon Landau, l'autocorrection se réalise au moyen de vérifications périodiques des programmes, de recours aux techniques de la recherche opérationnelle et d'analyse des coûts dans une perspective de recherche des erreurs plutôt que de rationalisation. Fait intéressant, ces techniques d'auto-examen sont explicitement rejetées par Korten qui se fait l'avocat des études interprétatives de cas plutôt que des analyses statistiques parce que ces dernières sont trop souvent utilisées pour déguiser l'échec et éliminent les citoyens du processus d'examen.

L'analyse d'Argyris et Schön sur l'apprentissage organisationnel (1978), bien qu'elle ne soit pas spécifiquement centrée sur les structures, met en relief un autre obstacle associé au changement – celui d'apprendre à voir jusqu'où doit aller un changement dans l'organisation. Lorsque les auteurs parlent d'apprentissage à «simple boucle» (*single loop learning*), ils se réfèrent à la capacité qu'a une organisation de reconnaître qu'elle n'est pas efficace parce qu'elle s'est éloignée de ses propres objectifs et de ses propres procédures; ce qui sera déterminant dans le succès de l'organisation est la rapidité avec laquelle seront rétablies ses routines de même que la pertinence des moyens mis en œuvre. Mais quand les routines et les objectifs de l'organisation ne sont plus pertinents à ses problèmes spécifiques, continuer de les utiliser ne fera qu'empirer les choses. C'est là que les auteurs font intervenir le processus d'apprentissage à «double boucle» – apprendre non seulement que l'organisation est hors de la trajectoire prévue, mais que les conceptions de ses membres sur les façons d'atteindre les objectifs sont périmées et doivent être remplacées. Ce processus d'apprentissage plus radical requiert des tactiques très différentes d'un bon système de contrôle et il est l'occasion de conflits profonds dans l'organisation.

Une autre version de la thèse de l'autodesign des structures de l'organisation est celle de Hedberg, Nystrom et Strabuck (1976). Ils centrent leur attention sur les processus de recherche dans la conception des structures qui sont en opération dans les organisations (comme le fait Landau), mais leur approche est fondée sur la création de motivations pour une telle recherche plutôt que sur l'établissement de nouvelles procédures de contrôle. Les processus qu'ils préconisent sont supposés amener les organisations à être flexibles et à réviser continuellement leurs structures en fonction des nouvelles opportunités et des nouvelles informations. Bien que cela ressemble jusqu'à un certain point à la structure non routinière de Perrow ou au système «organiciste» de Burns et Stalker, il faut noter que ces trois chercheurs sont moins intéressés à faire des prescriptions sur les structures qu'à suggérer des processus de prise de décisions organisationnels capables de prévenir la rigidité à obliger à de continuelles réévaluations. Leur thèse – que les processus créent les structures – est diamétralement opposée à l'hypothèse de la science administrative traditionnelle selon laquelle les structures contrôlent les processus.

Les processus qui favorisent l'autoconception continue visent principalement à prévenir la complaisance. Hedberg, Nystrom et Starbuck (1976) proposent six façons d'éviter le piège de la complaisance:

1. Agir à partir d'un consensus minimal plutôt que d'attendre l'unanimité.

2. Faire en sorte que l'entente entre les personnes soit maintenue à un niveau minimal, de façon à aiguiser leur désir de changement et à stimuler la recherche de nouvelles options.

3. Rechercher seulement une prospérité minimale, car même si des «réserves de ressources flexibles sont un avantage» (1976, p. 59), une trop grande prospérité engendre la complaisance et l'indifférence devant les nouvelles ouvertures.

4. Ne pas trop attendre des plans et des objectifs. Même s'ils sont nécessaires pour orienter l'action immédiate, il devrait être facile de s'en débarrasser.

5. Essayer de ne pas trop rechercher la cohérence, car la cohérence globale empêche de faire jouer le processus de négociation pluraliste qui produit des changements incrémentaux, obligeant ainsi les dirigeants à faire, après coup, des modifications brutales pour implanter un changement.

6. Ne rechercher qu'une rationalité minimale dans les procédures. Même s'il faut établir les processus managériels de base, des structures hautement cohérentes et complètement rationalisées sont porteuses d'une fausse conception du contrôle et définissent prématurément les nouveaux problèmes et les occasions nouvelles au lieu d'encourager leur recherche. Certaines ambiguïtés dans les structures et dans les procédures vont garder l'organisation dans un état qui la prépare au changement.

En général, la force d'une organisation qui a une capacité d'apprentissage est de maintenir un état de tension dynamique: de bien des manières, cela ressemble aux modèles organicistes décrits plus tôt. Mais l'organisation qui a une capacité d'apprentissage diffère de ce modèle dans les stratégies utilisées pour créer et maintenir l'état dynamique. Ces organisations rendent le statu quo difficile en favorisant un certain degré d'insatisfaction et en adoptant des règles de prise de décision qui rendent le changement plus facile à instaurer. Par ailleurs, Burns et Stalker, dans leur modèle organiciste, font l'hypothèse que les structures déterminent les processus et ainsi ils se concentrent sur la satisfaction au travail et sur des structures non hiérarchiques complexes pour encourager et récompenser l'émergence de nouvelles idées. En théorie, une organisation qui a une capacité d'apprentissage pourrait avoir des structures semblables, mais les forces internes qui provoquent le changement sont différentes. En pratique, les distinctions entre les deux théories peuvent être plus difficiles à voir, car elles se fondent davantage sur les perceptions et les stratégies des gestionnaires que sur des faits observables. Cependant, le modèle d'organisation qui a une capacité d'apprentissage est en fait une autre approche permettant d'atteindre la flexibilité et l'adaptabilité de l'organisation.

CONCLUSION

Dans ce chapitre, nous avons examiné une variété d'approches dans la conception des structures de l'organisation, depuis des propositions universelles de l'école des sciences administratives jusqu'aux théories de l'anti-design. Nous avons ainsi pu mettre en relief la diversité des facteurs qui doivent être pris en compte pour la conception des structures des organisations publiques et l'étendue des formes structurelles qu'elles peuvent adopter.

Bien que le contrôle et l'unité du commandement aient traditionnellement été prioritaires pour les administrateurs qui envisageaient une restructuration, ce ne sont pas les seuls facteurs ni les plus utiles pour faire l'analyse des structures. Les considérations sur la technologie et sur l'interdépendance des tâches nous incitent à nous concentrer sur des structures qui supportent efficacement le flux des opérations. Les considérations sur les conditions dans l'environnement nous amènent à porter l'attention sur la flexibilité des unités frontières et sur les diverses manières de les intégrer au reste de l'organisation. Les considérations sur le développement de programmes proposées par les tenants de l'anti-design soulèvent la question de savoir jusqu'à quel point les programmes devraient être institutionnalisés et développés.

Selon les hypothèses traditionnelles sur la restructuration, celle-ci change les processus internes des organisations et elle est une solution acceptable à divers problèmes dans le développement et la gestion des programmes: la revue de la littérature sur le design organisationnel que nous avons faite dans ce chapitre soulève de sérieuses questions quant à la justesse de cette hypothèse. Dans le contexte spécifique de l'examen du lien structure-technologie, nous sommes forcés d'admettre que les structures peuvent favoriser ou empêcher la coordination efficace des processus de travail mais qu'elles ne définissent pas ces processus. Par ailleurs, les efforts en vue d'adapter les structures à la technologie, à l'environnement et au développement de programmes peuvent aider à concevoir des structures qui renforcent la gestion des programmes au lieu de la contrecarrer.

La revue de littérature sur le design organisationnel donne une nouvelle perspective des structures et de leurs limites, en même temps qu'elle nous offre des guides analytiques utiles pour concevoir des structures efficaces.

BIBLIOGRAPHIE

AGRANOFF, Robert (1976). «Organization Design: A Tool for Policy Management», *Policy Studies Journal*, vol. 5, p. 15-23.

ALLISON, Graham (1971). *Essence of Decision: Explaining the Cuban Missile Crisis,* Boston, Little, Brown.

AMERICAN MANAGEMENT ASSOCIATIONS (1988). *Organizational Design and Structure,* New York, 116 p.

ARGYRIS, Chris et Donald SCHÖN (1978). *Organizational Learning: A Theory of Action Perspective,* Reading, Mass., Addison-Wesley Publishing.

BENOIT, C. (1985). «L'incidence de la machine à traitement de texte sur l'emploi et le travail», *Cahiers de recherche sociologique*, vol. 3, p. 99-115.

BENSON, Kenneth (1975). «The Interorganizational Network as a Political Economy», *Administrative Science Quarterly*, vol. 20, p. 229-249.

BERNIER, C., B. HOULE, D. LE BORGNE et I. REMY (1983). «Nouvelles technologies et caractéristiques du travail: bilan-synthèse des connaissances» (recherches effectuée par l'IRAT), Montréal, Institut national de productivité, *Technologie et travail,* 6.

BOÉRI, D. (1977). *Le nouveau travail manuel: enrichissement des tâches et groupes autonomes,* Paris, Les Éditions d'Organisation.

BOISVERT, M. (1980). *L'approche socio-technique,* Montréal, Éditions Agence d'ARC.

BURNS, Tom et Gerald STALKER (1961). *The Management of Innovation,* London, Tavistock.

CARNEVALE, David G. (1992), «Physical Settings of Work: A Theory of the Effects of Environmental Form», in *Public Productivity & Management Review,* vol. 15, n° 4, p. 423-436.

CHANDLER, A. (1962). *Strategy and Structure,* Cambridge, MA., MIT Press.

COWAN, David A. (1990). «Developing a Classification Structure of Organizational Problems: An Empirical Investigation», *Academy of Management Journal,* vol. 33, n° 2, p. 366-390.

DAVID, H. et C. BERNIER (1981), *À l'ouvrage! L'organisation du travail au Québec,* Montréal, IRAT.

DELBECQ, A. et A. FILLEY (1974). «Program and Project Management in Matrix Organization: A Case Study», Monograph 9, Graduate School of Business Research and Service, University of Wisconsin. Rapporté par Alan FILLEY, Robert HOUSE et Steven KERR (1976). *Managerial Process and Organizational Behavior,* 2e éd. Glenview, Ill., Scott, Foresman, p. 375-378.

DOWNS, Anthony (1967). *Inside Bureaucracy,* Boston, Little, Brown.

ELMORE, Richard (1979). «Backward Mapping: Implementation Research and Policy Decisions», *Political Science Quarterly*, vol. 94, p. 601-616.

EMERY, F.E. et E.L. TRIST (1983). «Les systèmes socio-techniques», dans F. SÉGUIN-BERNARD et J.-F. CHANLAT (sous la direction de), *L'analyse des organisations, une anthologie sociologique, tome 1: Les théories de l'organisation*, St-Jean, Éditions Préfontaine, p. 304-318.

EMERY, F. E. et E.L. TRIST (1965) «The Causal Texture of Organizational Environments», *Human Relations,* vol. 18, p. 21-32.

FAYOL, Henri (1970, 1916). *Administration industrielle et générale*, Paris, Dunod, 151 p.

FELLMETH, Robert (1970). *The Interstate Commerce Commission*, New York, Grossman.

FILLEY, Alan, Robert HOUSE et Steven KERR (1976). *Managerial Process and Organizational Behavior*, 2ᵉ éd., Glenview, Ill., Scott, Foresman.

FREDERICKSON, H. George (1970). *The Recovery of Structure in Public Administration*, Washington, Center for Governmental Studies.

GALBRAITH, J.R. (1977). *Organization Design*, Reading, Mass., Addisson-Wesley.

GEORGE, P. (1991). «Understanding Technology-Structure Relationships: Theory Development and Meta-Analytic Theory Testing», *Academy of Management Journal*, vol. 34, n° 2, p. 370-399.

GERWIN, Donald (1981). «Relationship Between Structure and Technology», dans *Handbook of Organizational Design, Volume 2 – Remodeling Organizations and their Environments*, Paul NYSTROM et William STARBUCK (éd.), New York, Oxford University Press, p. 3-38.

GRANDORI, Anna (1991). «Negotiating Efficient Organization Forms», *Journal of Economic Behavior & Organization*, vol. 16, n° 3, p. 319-340.

GREENWOOD, Royston et C.R. HININGS (1988). «Organizational Design Types, Tracks and the Dynamics of Strategic Change», *Organization Studies*, vol. 9, n° 3, p. 293-316.

GRESOV, Christopher (1990). «Effects of Dependence and Tasks on Unit Design and Efficiency», *Organization Studies*, vol. 11, n° 4, p. 503-529.

HACKMAN, J.R. et G.R. OLDHAM (1980). *Work Redesign*, Reading, Mass., Addisson-Wesley.

HAGE, Jerald et Michael AIKEN (1969). «Routine Technology, Social Structure and Organizational Goals», *Administrative Science Quarterly*, vol. 14, p. 366-376.

HAGE, Jerald (1970). *Social Change in Complex Organizations*, New York, Random House.

HEDBERG, Bo, Paul NYSTROM et William STARBUCK (1976). «Camping on Seesaws: Prescriptions for a Self-Designing Organization», *Administrative Science Quarterly*, vol. 21, p. 41-65.

HEFFRON, F.A. (1989). *Organization Theory and Public Organizations: The Political Connection*, Englewood Cliffs, Prentice-Hall, 354 p.

HETHERINGTON, Robert W. (1991). «The Effects of Formalization on Departments of a Multi-Hospital System», *Journal of Management Studies*, vol. 28, n° 2, p. 103-141.

HICKSON, David, Derek PUGH et Diana PHEYSEY (1969). «Operations Technology and Organization Structure: An Empirical Reappraisal», *Administrative Science Quarterly*, vol. 14, p. 378-397.

HITCHCOCK, Darcy E. et Linda LORD (1992). «A Convert's Primer to Socio-Tech», *Journal for Quality & Participation*, vol. 15, n° 3, p. 46-57.

HURTUBISE, R.A. (1984). *La bureautique: éléments et impacts*, Montréal, Éditions Agence d'ARC.

IDSON, Todd L. (1990). «Establishment Size, Job Satisfaction and the Structure of Work», *Applied Economics*, vol. 22, n° 8, p. 1007-1018.

KIEL, L. Douglas (1989). «Nonequilibrium Theory and Its Implications for Public Administration», *Public Administration Review*, vol. 49, n° 6, p. 544-551.

KORTEN, David (1980). «Community Organization and Rural Development», *Public Administration Review*, vol. 40, n° 5, p. 480-511.

KRACKHARDT, David (1990). «Assessing the Political Landscape: Structure, Cognition, and Power in Organizations», *Administrative Science Quarterly*, vol. 35, n° 2, p. 342-369.

LAL, Mohan (1991). «Organizational Size, Structuring of Activities, and Control Information System Sophistication Levels: An Empirical Study», *Management International Review*, vol. 31, n° 2, p. 101-113

LANDAU, Martin (1973). «On the Concept of a Self-Correcting Organization», *Public Administration Review*, vol. 33, p. 533-542.

LAWRENCE, Paul et Jay LORSCH (1989, 1967). *Adapter les structures de l'entreprise: intégration ou différenciation*, Paris, Éditions d'Organisation, 237 p. Traduction de l'ouvrage *Organization and Environment*, Boston, Graduate School of Business Administration, Harvard University, paru en 1967.

LEMAÎTRE, P. et J.F. BEGOUEN DEMEAUX (1982). *Pratique d'organisation des services administratifs*, Paris, Les Éditions d'Organisation.

LEVINE, Charles, Robert BACKOFF, Allan CALHOON et William SIFFIN (1975). «Organizational Design: A Post-Minnowbrook Perspective for the New Public Administration», *Public Administration Review*, vol. 35, p. 425-35.

LINDBLOM, Charles (1965). *The Intelligence of Democracy*, New York, Free Press

LITWAK, E. et L. HYLTON (1962). «Interorganizational Analysis: A Hypothesis on Coordinating Agencies», *Administrative Science Quarterly*, vol. 6, p. 397-420.

LUTHANS, Fred (1985). *Organization Behavior*, 4ᵉ éd., New York, McGraw-Hill.

LYNN, Lawrence (1980). *The State and Human Services: Organizational Change in a Political Context*, Cambridge, Mass., MIT Press.

MADERS, Henri-Pierre Boix (1992). *L'organisation de l'unité de travail*, Paris, Éditions d'Organisation, 27 p.

MAHONEY, Joseph T. (1992). «The Adoption of the Multidivisional Form of Organization: A Contingency Model», *Journal of Management Studies*, vol. 29, n° 1, p. 49-72.

MARCH, J.A. et Herbert A. SIMON, (1991). *Les organisations*, Paris, Dunod, 254 p. Traduction de l'ouvrage *Organizations*, New York, John Wiley & Sons, paru en 1958.

MILLOT, Michèle et Jean-Pol ROULEAU (1991). *Transformer l'organisation du travail: l'autonomie créative*, Paris, Édition d'Organisation, 214 p.

MINTZBERG, Henry (1982) *Structure et dynamique des organisations*, Paris, Éditions d'Organisation, 434 p.

MONTJOY, Robert et Lawrence O'TOOLE (1979). «Toward a Theory of Policy Implementation: An Organizational Perspective», *Public Administration Review*, vol. 39, p. 465-476.

MOSHER, Frederick (1958). *Democracy and the Public Service*, New York, Oxford University Press.

NADLER, David A., Marc GERNSTEIN et Robert B. SHAW (1992). *Organizational Architecture: Designs for Changing Organizations*, San Francisco, Ca, Jossey-Bass, 284 p.

O'NEAL, Brian (1992). *La structure de la fonction publique*, Ottawa, Bibliothèque du Parlement.

OWENS, Julianne Mahler (1985). «Some Limits on the Uses of Reorganization», *International Journal of Public Administration*, vol. 7, p. 21-50.

PAQUIN, M. (1982). *L'intégration des unités administratives dispersées géographiquement: le pouvoir des administrateurs publics en région*, thèse de doctorat en administration, Montréal, HEC.

PAQUIN, Michel (1986). *L'organisation du travail*, Ottawa, Agence d'ARC, 199 p.

PERROW, C. (1972). *Complex Organizations*, Glenview, Ill., Scott, Foresman.

PERROW, Charles (1967). «A Framework for the Comparative Analysis of Organization», *American Sociological Review*, vol. 32, p. 194-208.

PERROW, Charles (1970). *Organizational Analysis: A Sociological View*, Belmont, Calif., Wadsworth.

PETERS, Thomas et Robert WATERMAN (1983), *Le prix de l'excellence*, Paris, Inter-Éditions. Traduction de l'ouvrage *In Search of Excellence*, New York, Harper & Row, paru en 1982.

PFEFFER, Jeffrey (1978). *Organizational Design*, Arlington Heights, Ill., AHM.

PFEFFER, Jeffrey (1991). «Organization Theory and Structural Perspectives on Management», *Journal of Management*, vol. 17, n° 4, p. 789-803

PINARD, R. et T. ROUSSEAU (1985). «Procès de travail et informatisation dans les assurances et les banques au Québec», *Cahiers de recherche sociologique*, n° 3, p. 25-55.

PRESSMAN, Jeffrey et Aaron WILDAVSKY (1979). *Implementation*, 2ᵉ éd., Berkeley, University of California Press.

PROST, G. (1976). *Les équipes semi-autonomes: une nouvelle organisation du travail*, Paris, Les Éditions d'Organisation.

PUGH, Derek, David HICKSON et Christopher HININGS (1969). «The Context of Organizational Structure», *Administrative Science Quarterly*, vol. 14, p. 91-144.

ROBEY, Daniel (1982). *Designing Organizations,* Homewood, Ill., Richard D. Irwin.

SANCTON, Andrew (1991). *La réorganisation du gouvernement local au Canada depuis 1975*, Toronto, Presses du CIRCUR, 53 p.

SCHLESINGER, Arthur (1959). *The Coming of the New Deal,* Boston, Houghton-Mifflin.

SCOTT, William, Terence MITCHELL et Philip BIRNBAUM (1981). *Organization Theory: A Structural and Behavioral Analysis,* 4ᵉ éd., Homewood, Ill., Richard D. Irwin.

SÉGUIN-BERNARD, F. et J.F CHANLAT (sous la direction de) (1983). *L'analyse des organisations, une anthologie sociologique, tome 1: les théories de l'organisation*, St-Jean, Éditions Préfontaine Inc.

SEPE, Onorato (1989). «Une administration sans bureaucratie», *Revue internationale des sciences administratives*, vol. 55, n° 2, p. 243-254.

SHANGRAW, R.F., Jr., Micheal M. CROW, E.S. OVERMAN et E. SAM (1989). «Public Administration as a Design Science; Response to R.F. Shangraw and M.M. Crow», *Public Administration Review*, vol. 49, n° 2, p. 153-160.

SIMARD, M. (1980). «Les dirigeants d'entreprise et les nouvelles formes d'organisation du travail», *Gestion*, n° 5, p. 9-15.

SIMON, Herbert A. (1983). *Administration et processus de décision*, Paris, Economica, 321 p. Traduction de l'ouvrage *Administrative Behavior*, New York, Free Press, paru en 1965.

SLOAN, Alfred P., Jr. (1964). *My Years with General Motors*, Garden City, N.Y., Doubleday Publishing.

SPIELMAN, Michel (1991). *De la définition de poste à l'organigramme*, Paris, Éditions d'Organisation, 219 p.

STEBBINS, Michael W. et Abraham B. SHANI, (1989). «Organization Design: Beyond the "Mafia" Model», *Organizational Dynamics*, vol. 17, n° 3, p. 18-30.

THOMPSON, James D. (1967). *Organizations in Action*, New York, McGraw-Hill.

TRIST, E.L. et K.W BAMFORTH (1951). «Quelques conséquences sociales et psychologiques de la méthode des longs fronts de taille dans l'extraction du charbon», reproduit dans SÉGUIN-BERNARD, Francine et Jean-François CHANLAT (1987). *L'analyse des organisations, tome 2: Les composantes de l'organisation*, St-Jean, éditions Préfontaine Inc. Traduction de l'article «Some Social and Psychological Consequences of the Longwall Method of Coal-Getting», *Human Relations*, n° 4, p. 3-38.

URWICK, Lydall (1943). *The Elements of Administration*, New York, Harper.

WEBER, Max (1971). *Économie et société*, Tomes 1 et 2, Paris, Plon.

WISE, Charles R. (1990). «Public Service Configurations and Public Organizations: Public Organization Design in the Post-Privatization Era», *Public Administration Review*, vol. 50, n° 2, p. 141-155.

WOODWARD, Joan (1965). *Industrial Organization: Theory and Practice*, London, Oxford University Press.

ZIEGENFUSS, James T. (1989). *Designing Organizational Futures: A System Approach to Strategic Planning with Cases for Public and Non-Profit Organizations*, Springfield, Charles C. Thomas, 198 p.

ZUBOFF, S. (1983). «Réorganiser le travail autour de l'ordinateur», *Harvard-L'Expansion*, n° 28, p. 30-42.

APPENDICE

La conception des structures des organisations publiques s'inspire, en règle générale, du modèle bureaucratique de Max Weber. Toutefois, depuis quelques années, des réformes amorcées dans le secteur public, ici et ailleurs, laissent supposer que le modèle wébérien n'est plus de mise eu égard aux diverses évolutions sociales, économiques, politiques, etc. Bien entendu, ces mouvements de réformes comportent d'importants changements d'ordre structurel.

À cet égard, nous présentons ci-après un article traitant d'une importante réforme de la fonction publique fédérale au Canada (FP 2000). On trouvera ensuite un cas intitulé «La débureaucratisation des organisations publiques: souhait irréaliste, nécessité impérieuse ou faux problème?»

Innovation structurelle dans les organisations gouvernementales[1]

David WRIGHT

Certaines organisations de la fonction publique commencent à laisser entrevoir certains des changements décrits par les futuristes; des changements qui, à maints égards, sont motivés par l'initiative FP 2000.

Comme nous avons vu dans l'article précédent, «Innovation dans le domaine de la gestion publique: la tendance vers les partenariats», la bureaucratie traditionnelle est secouée par diverses forces: sociales, technologiques, financières et concurrentielles. Ces forces incitent non seulement les organisations gouvernementales à chercher à obtenir une plus grande autonomie de gestion et à former des partenariats avec des organisations à l'extérieur au niveau de la prestation des programmes et des services, mais elles obligent aussi les gouvernements à réévaluer la façon dont leurs organisations sont conçues ou structurées de l'intérieur. Dans cet article, nous décrivons certains aspects importants de ces changements structurels en présentant un certain nombre d'exemples. Il est généralement inspiré du débat qui s'est déroulé à la table ronde, auquel nous avons ajouté des commentaires au besoin pour préciser les questions en jeu.

---

1. David WRIGHT, *Optimum*, vol. 23-1, été 1992. Reproduit avec la permission du ministre des Approvisionnements et Services Canada, 1993.

    David Wright est conseiller principal à Conseils et Vérification Canada (CVC). Il est entré à CVC, l'ancien Bureau des conseillers en gestion, en 1982. Depuis, il a travaillé sur toute une variété d'affectations à travers la fonction publique. Plus récemment, il s'intéresse surtout aux dossiers traitant du renouvellement de la fonction publique.

    M. Wright a été chargé de cours à l'université de Liverpool et à l'université du Nouveau-Brunswick. Il est titulaire d'un BAI en génie civil du Trinity College à Dublin et d'un Ph. D. en affaires urbaines et publiques de l'université Carnegie-Mellon à Pittsburgh. Il détient également ment la désignation de conseiller en management certifié.

La nature et l'importance de la structure

La perspective d'une restructuration organisationnelle a peu d'attrait pour la plupart des fonctionnaires. Depuis les années 70, peu de secteurs de la fonction publique ont été à l'abri de telles initiatives. Dans la plupart des cas, elles ont causé d'importantes perturbations mais n'ont pas suscité beaucoup d'améliorations fondamentales. La majorité de ces changements se sont toutefois traduits par la création de nouveaux arrangements et de nouvelles combinaisons de structures bureaucratiques essentiellement semblables: une sorte de Lego organisationnel. De façon générale, ces restructurations ont eu une incidence sur ce qui se faisait – et qui le faisait – mais non sur la façon dont cela se faisait. Cet article adopte une vision plus large de la structure organisationnelle: une perspective d'abord préoccupée par la façon dont les choses se font.

Cette perspective élargie de la structure va au-delà des lignes et des cases que l'on retrouve sur un organigramme. Elle s'intéresse à la façon dont les rôles sont définis et attribués au sein de l'organisation, comment le pouvoir de décision est réparti, comment les rapports hiérarchiques sont définis, comment l'information est recueillie et traitée et comment et par qui le travail de l'organisation est coordonné.

Considérée dans cette perspective générale, la structure est la représentation physique de la culture et de la philosophie de gestion d'une organisation. Une évolution de la philosophie de gestion peut précéder des changements de structure, mais elle ne prend un caractère permanent que si la structure elle-même est modifiée. C'est pour cette raison que les questions de structure sont si importantes au succès de l'initiative FP 2000. La responsabilisation des fonctionnaires et la promotion du service au public ont des conséquences majeures au niveau de la structure. En outre, on ne peut réaliser ces changements organisationnels comme on joue au Lego, il faut quelque chose de plus adaptable et malléable – peut-être une sorte de «pâte à modeler» organisationnelle.

Avant d'examiner plus attentivement les changements actuels, et peut-être éventuels, de la structure des organisations de la fonction publique, il pourrait être utile de passer en revue brièvement certaines des grandes tendances qui ont marqué l'évolution des organisations en général et dont les ouvrages publiés font état. Cela servira de toile de fond à notre évaluation de l'évolution de la structure organisationnelle dans la fonction publique.

Ce que nous disent les futuristes

Selon des futuristes comme Alvin Toffler et John Naisbitt, les pyramides hiérarchiques classiques de commandement et de contrôle et les structures bureaucratiques traditionnelles, avec leurs spécialisations fonctionnelles étroites et leurs procédures opérationnelles uniformisées, sont largement désuètes. L'incapacité de ces structures de s'adapter à une évolution rapide et de traiter efficacement la vague de problèmes inédits qui l'accompagnent est à l'origine de leur déclin. Elles

sont de plus en plus remplacées par des structures *ad hoc* plus horizontales, ciné-
tiques, adaptables et de durée relativement limitée qui sont caractérisées par des
groupes de travail et des équipes de projets multidisciplinaires pouvant rapidement être remaniées en réponse aux circonstances changeantes. Du même coup,
les gestionnaires deviennent moins préoccupés par le contrôle et accordent plus
d'attention à la coordination des activités de ces équipes transitoires.

Une évolution de la façon dont l'information est traitée et la connaissance
organisée, alimentée par la technologie, accompagne et appuie ces changements.
Le besoin croissant d'acquérir de l'information aussi rapidement que possible
pousse les organisations à abandonner les vieux modes de communication hiérarchique en faveur de l'établissement de réseaux latéraux. En conséquence, nous
délaissons les systèmes fermés bien définis du passé pour entrer dans une ère de
systèmes ouverts et plus flous qui ressemblent davantage aux neurones du cer-
veau qu'aux services d'une bureaucratie. Il y a valeur ajoutée lorsque les bonnes
personnes sont reliées à l'information pertinente aussi rapidement que possible.

Tout cela influe profondément sur la façon dont le pouvoir est réparti dans
les organisations. La création de réseaux contribue à abolir les anciens monopoles
rigides au plan de l'information et le pouvoir qui les accompagnait. Le rôle de
courtier en information que jouaient les gestionnaires de niveau intermédiaire
disparaît et est remplacé par la communication informatique directe. La prise de
décision devient plus décentralisée, tant pour aider les organisations à mieux réagir que pour composer efficacement avec une diversité de circonstances locales.
En retour, cela engendre l'innovation et l'esprit d'entreprise.

Les travailleurs de la connaissance professionnels joueront vraisemblablement un rôle de plus en plus important. Ils sont considérés comme étant fortement motivés et plus liés à la tâche à accomplir et aux normes professionnelles
établies qu'à un emploi ou une organisation en particulier. Les travailleurs de la
connaissance expérimentés qui sont aussi de bons équipiers seront difficiles à
remplacer. Par conséquent, il est probable que nous assisterons à l'apparition de
nouveaux échelons de carrière qui permettront aux spécialistes de continuer à
faire ce en quoi ils excellent sans devoir joindre les rangs de la gestion, lesquels
vont en diminuant de toute façon.

Obstacles au changement structurel dans la fonction publique

Comme nous le verrons plus loin, certaines organisations de la fonction publique
commencent à laisser entrevoir certains des changements décrits par les futuristes; des changements qui, à maints égards, sont motivés par l'initiative
FP 2000. La plupart des organisations de la fonction publique n'ont pas encore
pris la voie du changement structurel. De fait, nombre d'entre elles ne sont pas
encore convaincues qu'il s'agisse de la bonne voie à suivre. Il y a de bonnes raisons à cette hésitation, des raisons auxquelles il faudra s'attaquer si nous voulons

que les changements radicaux envisagés par les futuristes se produisent éventuellement à grande échelle dans la fonction publique.

Cette hésitation est partiellement attribuable au fait que la bureaucratie traditionnelle offre de nombreux avantages lorsqu'il s'agit de traduire les objectifs de politique et de programme en mesures administratives, notamment lorsque ces objectifs sont variés, imprécis et, jusqu'à un certain point, en contradiction les uns avec les autres. Par conséquent, la bureaucratie peut contribuer à assurer l'uniformité et le caractère prévisible de l'action administrative, ainsi que l'égalité et la cohérence au niveau du traitement. En outre, elle établit des normes et des dossiers qui permettent d'exercer un contrôle sur les actions administratives, ce qui aide à prévenir l'arbitraire et la corruption. Enfin, elle aide à préserver le principe de la responsabilité ministérielle.

Il y a plusieurs obstacles importants à l'adoption de structures organisationnelles innovatrices au sein de la fonction publique. Parmi ceux-ci, notons:

- **Une vision restreinte:** En structurant leurs organisations, de nombreux hauts fonctionnaires ignorent ou ne sont pas disposés à envisager les solutions autres que l'appareil bureaucratique. Celui-ci est considéré comme le mode «normal» d'organisation. Selon l'un des participants, celui-ci constitue l'ADN organisationnel de la fonction publique. Un autre participant a affirmé que l'appareil bureaucratique est au gouvernement ce que l'eau est au poisson.

- **Coordination de la politique:** La solution habituelle au problème de la coordination de la politique est de regrouper les programmes et services qui doivent être coordonnés sous la responsabilité d'un même ministre. La coordination est ainsi obtenue par le biais du contrôle hiérarchique qui tend à imposer une structure bureaucratique uniforme aux entités visées, même si celles-ci constituent par ailleurs d'excellentes candidates à l'innovation structurelle.

- **Risque perçu:** De nombreux fonctionnaires hésitent naturellement à abandonner les structures bureaucratiques traditionnelles en raison des risques que cela peut comporter. Plus précisément, ils sont préoccupés par la possibilité que l'innovation structurelle mette en danger des vertus typiques de la fonction publique telles que la prudence, la probité, la justice et la cohérence, et que cela compromette la responsabilité ministérielle en affaiblissant les liens qui existent entre l'action administrative et la politique gouvernementale.

- **L'infrastructure actuelle:** Il y a de nombreux aspects de l'infrastructure actuelle de l'organisation gouvernementale qui se sont développés selon le modèle traditionnel et qui ont contribué à le renforcer. Parmi ceux-ci, il y a les classifications professionnelles restrictives qui favorisent la spécialisation, les systèmes de personnel qui définissent les possibilités de carrière en fonction d'une progression ascendante dans la hiérarchie et les descriptions de poste rigides qui engendrent une sclérose organisationnelle. En outre, les organismes centraux sont eux-mêmes structurés selon un mode fonctionnel et appliquent des politiques correspondant aux lignes de démarcation fonctionnelles qui renforcent la centralisation et ont un effet inhibiteur sur l'intégration interfonctionnelle.

- **Responsabilité:** Le cadre de responsabilité dans lequel opèrent présentement les gestionnaires de la fonction publique traduit une orientation qui va du sommet vers la base ou encore de l'extérieur vers le centre. Qui plus est, il fournit aux gestionnaires une armure bureaucratique en diffusant la responsabilité des actions administratives.

Il est clair que l'innovation structurelle à grande échelle n'est possible que si ces obstacles sont supprimés entièrement ou, à tout le moins, abaissés sensiblement. Cela nécessitera une plus grande sensibilisation aux solutions autres que celles de l'appareil bureaucratique, aux nouvelles façons de coordonner les politiques (tel que l'ajustement réciproque), une disposition à accepter un certain degré de risque, des modifications appropriées aux systèmes de classification et de gestion du personnel (y compris les cheminements de carrière disponibles), des descriptions de poste de portée plus large, une évolution du rôle et de la structure des organismes centraux et l'ajout d'une composante majeure au cadre de responsabilité qui refléterait la gestion des personnes, l'obtention de résultats et la qualité du service. Comme il est démontré plus loin, une attaque dirigée contre ces obstacles à l'innovation structurelle s'est déjà amorcée.

Orientations de l'innovation structurelle

Les innovations structurelles qui sont nécessaires à l'appui des objectifs de FP 2000 peuvent être regroupées selon deux dimensions, celles qui permettent de confier des pouvoirs aux fonctionnaires et celles qui favorisent le travail d'équipe et l'amélioration du service au public.

- **Structures qui favorisent la délégation des pouvoirs:** Les organisations favorisant la délégation des pouvoirs sont habituellement non hiérarchiques et caractérisées par de vastes secteurs de responsabilité. Le pouvoir décisionnel est décentralisé et les décisions peuvent être influencées par tous les intervenants qui disposent de renseignements pertinents. Les rapports hiérarchiques sont informels et fondés sur la confiance. Les rôles et les tâches sont définis de manière souple en mettant l'accent sur les résultats plutôt que sur les règles ou les procédures opérationnelles.

De telles organisations sont plus facilement adaptables, davantage en harmonie avec leur milieu et plus en mesure de répondre aux besoins de leurs clients que les bureaucraties traditionnelles. Ce sont des organisations motivées par la connaissance, aptes à mettre à profit efficacement l'expérience acquise par le personnel au contact de la clientèle et à garder leurs «antennes» ouvertes par le biais de réseaux horizontaux et la consultation. Ils disposent souvent de services de recherche intégrés à leurs systèmes de gestion et de communication. Les communications internes y sont dynamiques et fondées sur une utilisation efficace de la technologie informatique, grâce à laquelle les renseignements circulent rapidement entre ceux qui savent et ceux qui doivent savoir.

Les organisations où l'accent est mis sur la responsabilisation font une place convenable aux travailleurs de la connaissance, professionnels ou autres, et ont tendance à favoriser l'expérimentation et l'innovation. Elles coexistent difficilement avec la bureaucratie parce qu'elles voient l'autorité comme un produit de la connaissance et non de la position hiérarchique et parce que l'information y circule librement plutôt que d'être restreinte dans des canaux bureaucratiques verticaux.

- **Structures qui favorisent le travail d'équipe:** La bureaucratie traditionnelle est fragmentée selon des lignes de clivage fonctionnelles. Elle est conçue pour maintenir le caractère prévisible et la cohérence plutôt que pour offrir un service efficace. Les clients qui requièrent les services de ces organisations peuvent se retrouver à jouer un rôle de coordination entre différentes fonctions. À l'opposé, les organisations qui sont conçues dans la perspective du client intégreront leurs fonctions internes et offriront à leur clientèle la commodité du «guichet unique». Ces organisations seront vraisemblablement formées d'équipes multidisciplinaires ou interfonctionnelles.

  Promouvoir un meilleur service au public n'est pas la seule raison pour laquelle une organisation peut adopter une structure qui facilite le travail d'une équipe interfonctionnelle. Les structures de ce genre facilitent aussi la concentration des efforts d'une organisation sur un objectif commun et facilement définissable tel que la réduction des niveaux de pollution. Elles offrent aussi un cadre approprié pour la recherche de solutions à des problèmes complexes qui exigent de faire appel à une vaste gamme de compétences et de connaissances et qui peuvent stimuler l'innovation et la créativité.

Ces deux dimensions de l'innovation structurelle sont illustrées à la figure 1. Des flèches indiquent l'orientation des changements décelés par les futuristes et qui commencent déjà à se manifester dans la fonction publique. Le diagramme est divisé en quatre quadrants, chacun étant étiqueté selon une taxonomie mise au point par Henry Mintzberg. Chaque quadrant diffère des autres du point de vue de la combinaison de pouvoirs délégués et de travail d'équipe qu'il représente et selon la méthode principalement utilisée pour coordonner les tâches. En outre, chacun a ses propres forces et faiblesses. L'espace

dont nous disposons ne nous permet pas d'analyser en détails chacune de ces
solutions[2].

FIGURE 1

Orientations des changements structurels

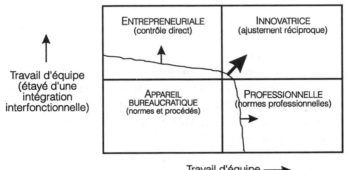

FORCES:

Appareil:	uniformité et prévisibilité
Professionnelle:	travail axé sur les connaissances
Innovatrice:	résolution de problèmes complexes et services intégrés
Entrepreneuriale:	intervention rapide

La méthode principale de coordination a été mise entre parenthèses

Source: *Optimum*, vol. 23-1, été 1992, p. 33

Les quatre quadrants ne devraient pas être considérés comme des solutions
discrètes mais, plutôt, comme des points de référence sur un continuum bidi-
mensionnel. En outre, de nombreuses organisations ont un caractère hybride,
réunissant des éléments provenant de deux ou plusieurs quadrants. L'objet de
cette représentation schématique est de donner un aperçu des solutions de rechange à l'appareil bureaucratique sans forcément assigner les organisations aux
différentes catégories. À vrai dire, la plupart des participants à la table ronde
étaient d'avis qu'il était important d'éviter de créer une taxonomie rigide des différentes structures possibles. Chaque organisation doit chercher à déterminer les
nuances de structure qui conviennent le mieux à ses fins.

Un certain nombre de forces connexes agissent sur l'orientation du changement illustré à la figure 1. La technologie de l'information tend à attirer les
organisations vers la droite en ouvrant des possibilités de mise en réseau et en

---

2. Les lecteurs intéressés pourront obtenir plus de détails en consultant l'ouvrage récent d'Henry
    MINTZBERG intitulé *Mintzberg on Management*, New York, Free Press, 1989.

permettant la surveillance des opérations d'une façon qui réduit la nécessité d'exercer un contrôle hiérarchique direct. La technologie informatique pousse aussi les organisations vers la droite par le biais de l'automatisation des procédés de routine et les innovations imminentes, telles les cartes à mémoire, qui suppriment les genres d'emplois pour lesquels l'appareil bureaucratique convient le mieux.

En même temps, les organisations gouvernementales doivent s'accommoder de milieu de plus en plus complexes et font l'objet de pressions pour réagir rapidement à l'évolution des circonstances tout en améliorant le service offert à la clientèle. De tels facteurs engendrent la nécessité d'un effort d'équipe qui pousse l'organisation à se déplacer vers le haut du diagramme.

Ces changements sont accompagnés d'un déplacement des modèles de solution des problèmes, alors que l'on délaisse les techniques fonctionnelles spécialisées, fondées sur l'analyse rationnelle, pour mettre l'accent sur des approches plus intégrées et participatives (une analyse plus approfondie de cet aspect figure dans l'article de Richard French publié dans le même numéro). Ces changements incitent les organisations professionnelles traditionnelles à adopter des structures plus ouvertes, innovatrices et intégrées. Un exemple digne de mention est l'évolution du modèle traditionnel des soins de santé centré sur le diagnostic et le traitement spécialisé vers une approche où l'on met davantage l'accent sur la prévention et la participation des clients.

Les changements qui caractérisent la structure interne des organisations à mesure qu'elles se déplacent vers le coin supérieur droit de la figure 1 sont illustrés à la figure 2. Nous pouvons ainsi constater que les nouvelles organisations seront plus horizontales, que leurs fonctions seront davantage intégrées et que les pouvoirs y seront plus diffus que dans les organisations bureaucratiques qui les ont précédées. La figure montre aussi que ces nouvelles organisations seront marquées par des communications internes plus efficaces et pourront répondre plus directement aux besoins de leurs clients.

FIGURE 2

Changements structurels: certains éléments clés

ANCIEN

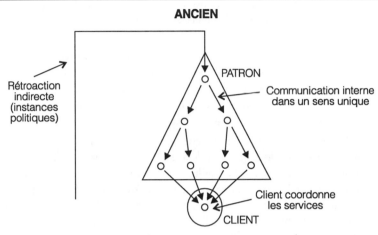

Le changement organisationnel est intermittent et imposé du haut

NOUVEAU

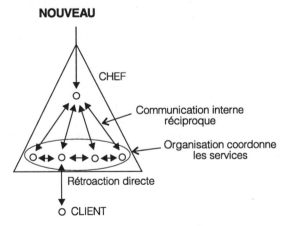

L'organisation s'adapte continuellement compte tenu de l'expérience avec le client

Diversité structurelle au gouvernement

En encourageant la diversité des formes organisationnelles, l'initiative FP 2000 traduit un intérêt plus marqué pour la gestion (par opposition à l'administration traditionnelle) dans la conduite des activités gouvernementales qui remonte au moins à la Commission Glassco. En acceptant la notion selon laquelle différentes activités peuvent être gérées de différentes façons, nous ouvrons la porte à la diversité de la structure organisationnelle.

Traditionnellement, les organisations gouvernementales ont été conçues en regardant du sommet vers la base. En conséquence, elles ont tendance à se ressembler plus ou moins, quel que soit le genre de travail qu'elles ont à exécuter. Lors de la conception des organisations, la tendance actuelle est à l'adoption d'une démarche qui procède davantage de la base vers le sommet. Cette approche permet de placer au premier plan les questions de gestion et elle engendre une diversité structurelle beaucoup plus grande. Elle permet aussi aux gens de se concentrer davantage sur ce que l'un des participants a appelé les entités de gestion «naturelles» (les installations, les programmes et les services individuels) et d'échapper à la tâche impossible de tenter de gérer des conglomérats ministériels comme s'il s'agissait d'une seule et même entité.

En pratique, les choix structurels que doivent faire les organisations sont façonnés par de nombreux facteurs. En tête de liste, il y a le genre de travail que l'organisation est appelée à accomplir. Si l'on se reporte à la figure 1, les organisations engagées dans des activités de développement, par exemple, la recherche scientifique et l'élaboration des politiques, pourront mieux s'épanouir si elles adoptent des structures *ad hoc* innovatrices. Les organisations chargées de la prestation de programmes et de services professionnels (tels les services conseils et de nombreux services de santé et de bien-être) et celles qui assument des fonctions de contrôle complexes (tels les groupes de vérification et d'évaluation) pourront juger que la configuration professionnelle leur convient mieux. Les fonctions administratives et de contrôle plus répétitives (comme le traitement fiscal, l'inspection douanière et la production de chèques) pourront probablement conserver certains éléments de l'appareil bureaucratique. Cependant, toute tendance à accroître la mesure dans laquelle les employés peuvent exercer un jugement professionnel autonome fera généralement progresser ces organisations vers une configuration professionnelle. Enfin, le modèle «entrepreneurial» pourra être adopté de façon provisoire pour établir ou réorienter certaines organisations gouvernementales.

De nombreuses organisations requièrent des configurations mixtes. Ainsi, un des participants à la table ronde, qui gère un important aéroport, a fait remarquer que, si son organisation comporte certains éléments apparentés à l'appareil bureaucratique, elle devrait aussi traiter de diverses questions sociales et environnementales qui exigeaient de faire preuve d'innovation et de créativité.

Des facteurs autres que le genre de travail qu'une organisation est appelée à exécuter influeront aussi sur la structure organisationnelle. Toutes choses égales par ailleurs, il est plus facile de décentraliser des organisations gouvernementales (de les faire se déplacer vers la droite dans la figure 1) si,

- elles n'ont pas à faire intervenir directement les instances politiques dans leurs opérations quotidiennes;

- leur cadre de politique est relativement stable;
- elles disposent de grands objectifs clairs et précis qui ne sont pas alourdis par des objectifs secondaires;
- leurs opérations n'ont pas à être coordonnées étroitement avec celles d'autres organisations;
- leurs produits sont facilement mesurables.

Récents développements et exemples actuels

Tel que signalé précédemment, certains des obstacles au changement structurel commencent déjà à disparaître. Ainsi, dans le cadre de l'initiative FP 2000, on est plus disposé à explorer de nouvelles options. Le récent exercice de déstratification a engendré des structures plus horizontales qui, dans certains cas, ont mené à une plus grande responsabilisation du personnel. Une simplification des classifications professionnelles devrait aussi stimuler ce processus et contribuer à abolir certains obstacles fonctionnels. Les budgets d'exploitation devraient servir à soutenir et à encourager une plus grande intégration dans l'utilisation des ressources. Une souplesse de gestion accrue dans le cadre des ententes d'APRM et des OSS devrait permettre aux organisations de disposer d'une plus grande liberté d'action pour adopter les structures convenant le mieux à leurs exigences opérationnelles. Enfin, le Programme de gestion concertée (PGC) devrait permettre une coordination plus souple de la politique qu'auparavant, ouvrant ainsi la possibilité d'élaborer différentes méthodes marquées par une plus grande sensibilité aux questions de gestion.

Un certain nombre d'initiatives de restructuration intéressantes sont déjà en cours dans la fonction publique fédérale et d'autres administrations publiques au Canada. Six de ces initiatives sont analysées brièvement au tableau 1. Ces exemples traduisent les tendances générales mentionnées dans le présent article. Ainsi, les deux premières (le Bureau de paiement des comptes généraux et Revenu Canada, Impôt) sont des exemples d'organisations bureaucratiques assez traditionnelles qui se déplacent vers le haut et légèrement vers la droite sur la figure 1 en adoptant des structures fonctionnelles plus intégrées et en confiant davantage de responsabilités à leurs employés. Les trois suivantes (Conseils et Vérification Canada, la Commission des accidents du travail de l'Alberta et le Bureau d'Emploi et Immigration Canada de la région de l'Ontario) constituent toutes des exemples d'organisations qui se trouvent déjà dans le quadrant professionnel, mais à des degrés divers, et qui se déplacent maintenant vers une structure fonctionnelle plus intégrée dans le but d'être plus innovatrices et sensibles. Le dernier exemple (le Centre canadien de géomatique) est un organisme de recherche qui a adopté, dans un contexte expérimental, une structure qui est aussi innovatrice et informelle que l'on puisse espérer trouver au gouvernement.

TABLEAU 1
Exemples d'innovations structurelles récentes dans des organisations gouvernementales

Bureau de paiement des comptes généraux (BPCG)
Direction générale du Centre, Approvisionnements et Services Canada
Gouvernement du Canada

Dans le passé, le BPCG a opéré à la manière d'un appareil bureaucratique traditionnel caractérisé par une démarcation claire des fonctions et un contrôle central étroit. Cependant, cet organisme envisage présentement de restructurer ses opérations en réorganisant son personnel en équipes de travail multidisciplinaires (interfonctionnelles) semi-autonomes regroupant chacune de huit à dix personnes. Chaque équipe offrirait une gamme complète de services à un ensemble donné de clients. Les équipes auraient aussi une certaine liberté pour modifier les procédés de travail lorsque ces changements permettent d'obtenir un meilleur rendement. Afin de dramatiser les changements de rôle dans le cadre de la nouvelle structure, les surveillants deviendront des «experts», les chefs seront des «coordonnateurs» et le gestionnaire deviendra un «facilitateur».

C'est là une tentative intéressante en vue de rendre l'organisation bureaucratique traditionnelle mieux adaptée à son environnement et plus sensible à ses clients en permettant une meilleure coordination de ses responsabilités fonctionnelles. Si cette démarche est couronnée de succès, elle pourrait du même coup permettre à une organisation de ce genre de s'adapter à l'évolution de son milieu en tirant parti de l'expérience acquise par ses employés de première ligne, d'améliorer la coordination des diverses sphères fonctionnelles, de relever le moral en enrichissant les tâches des employés, de résoudre un plus grand nombre de problèmes qu'auparavant aux niveaux subalternes de l'organisation, allégeant ainsi le fardeau opérationnel des gestionnaires supérieurs et leur permettant de se concentrer davantage sur les questions stratégiques, et, enfin, d'améliorer le service à la clientèle en offrant un «guichet unique» grâce à une interface fondée sur une coordination des fonctions.

Revenu Canada, Impôt
Gouvernement du Canada

Dans le cadre de son initiative intitulée «Le service par le leadership et la participation», le ministère s'apprête à adopter une philosophie de gestion centrée sur l'équipe qui favorisera la délégation de pouvoirs accrus aux employés en vue d'améliorer le service à la clientèle, la productivité et le climat de travail. Au plan structurel, cela signifie un moins grand nombre de paliers de gestion, une délégation accrue des pouvoirs au sein de la hiérarchie organisationnelle et la création d'équipes de travail plus vastes. Ces équipes seront davantage intégrées au niveau des responsabilités fonctionnelles afin de desservir les clients de façon plus directe et pratique. La taille des huit directions de l'administration centrale de l'organisation sera réduite et déstratifiée. Les bureaux locaux, qui sont le point de contact avec la clientèle, disposeront d'une plus grande souplesse pour adapter leur aménagement et leurs procédés aux besoins locaux.

Bien que la création d'équipes de travail interfonctionnelles accompagnée d'une déstratification de la gestion et d'un transfert de pouvoirs aux employés de première ligne, ne soit pas, en soi, une nouveauté, ce qui rend ce cas particulièrement intéressant est la taille de l'organisation en cause. Revenu Canada, Impôt emploie entre 22 000 et 27 000 personnes (selon la saison), dont 85 % travaillent à l'extérieur d'Ottawa. La démarche adoptée est de débuter la formation des équipes au sommet et de descendre graduellement dans la hiérarchie selon un mode interdépendant (chaque niveau participe à la formation d'équipes avec ses supérieurs et dirige ensuite l'exercice de formation d'équipes au niveau subalterne) jusqu'à ce que les employés de première ligne soient finalement intégrés au processus. L'ensemble de la restructuration, qui s'est déjà amorcée, devrait prendre plus d'une année à réaliser. Si elle est couronnée de succès, elle pourrait établir un important précédent pour les grandes organisations bureaucratiques au sein du gouvernement.

Conseils et Vérification Canada (CVC)

Approvisionnements et Services Canada
Gouvernement du Canada

CVC a récemment tiré parti de son nouveau statut d'OSS pour modifier la structure de son groupe de conseillers en abandonnant la configuration professionnelle traditionnelle où l'accent était mis sur l'expertise individuelle pour adopter une approche plus innovatrice axée sur un nombre restreint de secteurs de pratique relativement autonomes qui se spécialisent dans certaines questions particulières. Ces unités sont conçues pour favoriser l'innovation en encourageant une approche par équipe et en facilitant une concertation collective plus cohérente sur les questions pertinentes dans le but d'aller au-delà des solutions habituellement offertes pour résoudre les problèmes des clients.

Commission des accidents du travail de l'Alberta
Province d'Alberta

La Commission a délaissé son ancienne approche bureaucratique, axée sur des règles d'indemnisation, en faveur d'un modèle orienté vers le service et la réadaptation. Pour promouvoir ce nouveau rôle, elle a adopté la technique de la gestion des cas dans le cadre de laquelle le même gestionnaire est responsable du traitement de tous les aspects d'un dossier individuel, ce qui contraste avec la situation passée dans laquelle différents aspects étaient gérés par différentes sections de l'organisation. Cette approche permet l'intégration des diverses fonctions de l'organisation et offre aux clients un «guichet unique» plus commode et un service à la fois plus sensible et mieux adapté à leurs besoins. Par ailleurs, les tâches des gestionnaires de cas se trouvent enrichies.

C'est là un exemple d'intégration interfonctionnelle au niveau de l'agent de programme. C'est un modèle utile pour les organisations professionnelles, notamment celles qui œuvrent dans le domaine des services spéciaux, caractérisées par un ensemble de tâches prévisibles qui n'exigent pas de compétences hautement spécialisées.

Emploi et Immigration Canada, Région de l'Ontario
Gouvernement du Canada

Le bureau régional de l'Ontario d'EIC a été l'une des premières grandes organisations de la fonction publique fédérale à tenter de surmonter ses rigidités fonctionnelles et son isolement en adoptant la gestion par équipe à grande échelle. La formation au travail d'équipe, qui a rejoint le niveau des superviseurs (les 400 gestionnaires ont déjà été formés), a été axée sur des sujets tels que les diagnostics personnels et d'équipe, la rétroaction, la communication, le règlement des conflits et la formation de réseaux à l'intérieur de l'organisation au-delà des lignes de démarcation fonctionnelles. Dans le cadre de ce processus, on a procédé à une certaine déstratification des paliers de la gestion. Une série de projets pilotes dans le cadre desquels les employés, constitués en équipes, ont reçu davantage de pouvoirs en vue d'améliorer les procédés de travail et les services offerts au public, a donné des résultats encourageants.

Centre canadien de géomatique
Énergie, Mines et Ressources Canada
Gouvernement du Canada

Le centre emploie 80 professionnels et techniciens ainsi qu'un personnel administratif de dix personnes. Il est organisé en trois sections opérationnelles, chacune placée sous la responsabilité d'un directeur adjoint qui relève du directeur. Sous le niveau de directeur adjoint, tout le travail est exécuté par des équipes multidisciplinaires, dans le cadre de projets. Chaque équipe est dirigée par un gestionnaire de projet et sa composition dépend des exigences du travail et du besoin de permettre aux membres de l'équipe d'acquérir de l'expérience. Bien que la plupart des équipes de projet soient formées au sein des sections, des membres d'autres sections y participent souvent. Une rotation régulière du personnel de gestion entre les différents domaines permet de maintenir une grande souplesse horizontale. Le cheminement de carrière des autres employés est facilité, en partie, par une rotation des tâches dans le cadre des projets et en réservant trois postes de gestionnaire de projet à des affectations temporaires offertes aux employés subalternes. On accorde beaucoup d'importance à la communication tant verticale qu'horizontale, laquelle, l'an dernier, comprenait un certain degré d'évaluation des paliers supérieurs.

Les organisations innovatrices de la fonction publique et celles qui aspirent à devenir plus innovatrices seront hautement intéressées par cette organisation (aussi appelée «l'expérience de Sherbrooke», puisqu'elle se déroule à Sherbrooke, au Québec). Elle représente la quintessence de la configuration innovatrice: on y retrouve une structure organisationnelle horizontale et on y met l'accent sur la souplesse, le travail d'équipe, la responsabilisation des employés et le perfectionnement professionnel.

Conséquences au plan du comportement et de la dotation en personnel

L'innovation structurelle n'est pas un exercice machinal. Il est extrêmement important d'assurer une bonne correspondance entre les gens et les organisations. Les organisations innovatrices ont besoin d'employés créateurs, à l'esprit ouvert et avides de connaissances, qui possèdent de fortes aptitudes cognitives, une tolérance à l'ambiguïté et une disposition à prendre des risques. Les organisations professionnelles ont besoin de gens techniquement très compétents, intègres et possédant un solide jugement professionnel qui peuvent prendre par eux-mêmes des décisions difficiles compatibles avec les normes établies et les attentes. Par ailleurs, les gestionnaires des organisations tant professionnelles qu'innovatrices devront avoir une bonne compréhension du travail des personnes qu'ils doivent gérer. Enfin, les organisations «mécaniques» conviennent davantage aux personnes qui n'aiment pas l'incertitude et le risque et qui peuvent travailler efficacement et avec satisfaction dans un environnement plus restrictif. Cependant, il est amplement évident que le milieu que constitue l'appareil bureaucratique traditionnel est trop restrictif pour la plupart des gens aujourd'hui. Par conséquent, il ne sera pas possible d'obtenir une bonne correspondance entre les organisations de ce genre et leurs employés à moins que ces derniers n'obtiennent un contrôle un peu plus grand sur leurs procédés de travail que par le passé.

À mesure que les structures bureaucratiques traditionnelles évolueront progressivement, il est à prévoir que le milieu de travail deviendra plus démocratique et que l'on mettra davantage l'accent sur le travail d'équipe. Les descriptions de postes deviendront probablement plus fluides et l'on verra apparaître des cheminements de carrière non traditionnels qui n'exigent pas que les gens grimpent chacun des échelons d'une hiérarchie de gestion pour progresser.

De tels facteurs de comportement devront être pris en considération si nous voulons gérer le changement structurel de manière efficace. Toute tentative en vue de changer une structure organisationnelle sans changement correspondant au niveau de la philosophie de gestion risque de créer plus de problèmes qu'elle n'en résoudra. À l'inverse, si un chef déterminé peut adopter une nouvelle philosophie de gestion sans apporter de changements structurels, la nouvelle approche ne durera qu'aussi longtemps que ce dirigeant sera en place. Les changements durables au niveau de la philosophie de gestion doivent être ancrés dans des changements structurels correspondants.

Jusqu'à maintenant, l'analyse a considéré les organisations gouvernementales comme des entités raisonnablement intégrées. En pratique, ce n'est pas toujours le cas. Il y a souvent une sorte de «ligne de faille» qui traverse les organisations gouvernementales et qui traduit leur double responsabilité – envers le gouvernement et envers les clients. Par conséquent, ceux et celles qui se trouvent au haut de l'échelle ont tendance à regarder vers le haut et à se considérer hautement responsables envers les ministres. Ceux qui sont plus près de l'action ont tendance à regarder vers l'extérieur et sont extrêmement sensibilisés à leurs responsabilités au niveau du service à la clientèle. Ces différences de perception sont ressorties clairement au cours des discussions en table ronde, notamment en ce qui concerne les intérêts des bureaux régionaux par rapport à ceux de l'administration centrale. Ces différences légitimes de perception peuvent rendre difficile et frustrante la communication de part et d'autre de la «ligne de faille». Bien qu'elles ne constituent pas à elles seules une réponse, les structures plus horizontales et décentralisées qui font présentement leur apparition pourraient aider à surmonter certaines de ces difficultés.

Les limites de l'innovation structurelle

Jusqu'où la responsabilisation et l'intégration fonctionnelle devraient-elles aller dans la fonction publique? L'une et l'autre comportent des risques et des avantages. Dans le cas de la responsabilisation, les risques comprennent:

- l'érosion du service lorsque le personnel de première ligne n'a pas la capacité ou ne reçoit pas le soutien requis pour assumer des responsabilités accrues;
- un comportement arrogant et une prise de décision incohérente de la part des fonctionnaires lorsque les décisions qui étaient fondées sur des règles sont remplacées par la négociation;
- le fait d'imposer un stress excessif au personnel de première ligne en exigeant qu'il allie la sympathie envers les clients et le besoin de traiter ces clients de façon égale et cohérente tout en se pliant aux restrictions budgétaires sans bénéficier de la protection de règles détaillées;
- le fait de créer un vide au niveau des pouvoirs qui permet aux conflits politiques internes de prendre le dessus et d'accroître la vulnérabilité aux groupes de pression extérieurs.

L'intégration des fonctions doit aussi procéder avec soin. Si les fonctions sont intégrées principalement par le souci de commodité administrative (p. ex., dans les bureaux régionaux) plutôt que pour tirer parti des possibilités d'amélioration du service ou de la sensibilité, des cultures internes précieuses pourraient être détruites avec peu d'avantages en contrepartie.

De nombreux programmes gouvernementaux comportent à la fois un élément de service (la carotte) et de contrôle (le bâton). Ainsi, l'évaluation de l'admissibilité aux prestations d'assurance-chômage est une fonction de contrôle tandis que les efforts en vue de trouver du travail aux gens constituent une fonction de service. Nous retrouvons le même genre de combinaison dans les programmes environnementaux, l'administration des faillites et beaucoup d'autres. De nombreux services d'inspection peuvent être vus dans la perspective soit d'un service de police soit d'un service consultatif.

Lors de la discussion en table ronde, on a débattu des mérites relatifs de la séparation ou de l'intégration des dimensions contrôle et service de certains programmes. Les intervenants favorables au cloisonnement étaient d'avis qu'un double rôle serait trop complexe, ambigu et difficile à contrôler et aurait pour effet soit d'affaiblir la fonction d'exécution, soit de miner la confiance des clients dans la fonction de service. Les participants qui étaient en faveur de l'intégration ont fait valoir la souplesse qu'elle offrirait pour traiter chaque cas selon ses mérites et d'appliquer une combinaison judicieuse de carotte et de bâton. Ils estimaient également que l'influence culturelle émanant du volet service aiderait à améliorer l'image du volet contrôle et à relever le moral de son personnel.

Conclusion

Il semble qu'il n'y ait pas de solution simple au problème de l'innovation structurelle. Le but visé devrait être de réaliser le bon équilibre entre les structures qui permettent la délégation des pouvoirs et l'intégration et celles qui assurent un contrôle et un cloisonnement. Trouver le juste milieu et s'y maintenir par la suite exige une sensibilité aux différences qui existent entre les organisations gouvernementales ainsi qu'aux préoccupations qu'elles partagent. Cela exige aussi d'être ouvert à l'expérimentation de différents modèles plutôt que de suivre servilement une mode passagère. Enfin, le succès de l'ensemble du processus d'innovation au niveau de la structure et de la gestion dépendra beaucoup de la mesure dans laquelle une communauté d'intérêt et un climat de confiance existent entre le gouvernement et la fonction publique.

*

* *

CAS

La «débureaucratisation» des organisations publiques: souhait irréaliste, nécessité impérieuse ou faux problème?

Max Weber (1864-1920) est celui à qui l'on doit la première présentation théorique de la bureaucratie. Voulant opposer aux formes d'autorité traditionnelle et charismatique l'autorité dite «rationnelle-légale», il décrit un modèle «idéal» où l'autorité reconnue à un individu l'est à cause de sa position occupée dans une organisation. L'attribution de cette position doit se faire selon la compétence requise par celui ou celle qui l'occupe. Daniel Wren (*The Evolution of Management Thought*, 1987, p. 195) présente ainsi les autres caractéristiques d'une bureaucratie:

1. Une division du travail où l'autorité et la responsabilité sont clairement définies pour chacun des membres et sont légitimées comme leurs devoirs officiels.

2. Les postes ou les positions sont organisés suivant une hiérarchie d'autorité résultant en une chaîne de commandement ou en ce qu'on appelle le «principe scalaire».

3. Tous les membres de l'organisation doivent être choisis selon leurs qualifications techniques vérifiées au moyen d'examens formels ou acquises par voie de formation ou d'apprentissage.

4. Les bureaucrates sont nommés et non pas élus (à l'exception, dans certains cas, du dirigeant de l'unité; par exemple, un officiel public élu).

5. Les gestionnaires sont des bureaucrates de carrière rémunérés à salaires fixes.

6. Le gestionnaire n'est pas propriétaire de l'unité qu'il administre.

7. Le gestionnaire est soumis à des règles strictes, à la discipline et à des contrôles de comportement dans l'accomplissement de ses fonctions. Ces règles et ces contrôles sont impersonnels et uniformément appliqués dans tous les cas.

Paradoxalement, alors que la présentation du modèle bureaucratique visait à améliorer le fonctionnement des organisations, il est devenu synonyme de «mauvais fonctionnement», de paralysie, etc., ce qui n'empêche pas les organisations bureaucratiques de perdurer, voire de se multiplier.

Question

Après avoir précisé ce que l'on doit entendre selon vous par la «débureaucratisation» des organisations publiques et en tenant compte des points de vue de Max Weber et de David Wright, répondez à la question suivante:

Débureaucratiser les organisations publiques, est-ce un souhait irréaliste, une nécessité impérieuse ou un faux problème?

Chapitre 5

LA COMMUNICATION

Pour certains universitaires réputés du domaine des théories organisationnelles, la communication et l'organisation sont des phénomènes indissociables. Chester Barnard, un gestionnaire accompli, écrivait, à la fin des années 30, qu'«une théorie exhaustive de l'organisation doit accorder une place centrale à la communication parce que la structure, l'étendue et l'ampleur des activités des organisations sont presque entièrement déterminées par les techniques de communication» (1938, p. 8). Presque trente ans plus tard, deux spécialistes reconnus de l'approche systémique soulignaient encore toute l'importance de la communication en indiquant qu'elle «est le fondement essentiel d'un système social ou d'une organisation» (Katz et Kahn, 1966, p. 223).

Il ne fait aucun doute que les relations entre la communication et les structures de l'organisation sont très étroites et qu'elles s'influencent mutuellement. Le comportement humain et la communication acquièrent de nouvelles dimensions à l'intérieur d'une structure organisationnelle: l'un et l'autre sont en fait «modelés» par les structures de l'organisation, ces dernières rendant les comportements beaucoup plus stables et prévisibles. Les structures bureaucratiques sont caractérisées principalement par une hiérarchie de postes formels et d'autorité, la spécialisation des tâches, des règles et des procédures. Les membres de ce type d'organisation savent qu'ils doivent se soumettre aux «ordres» de certains individus en particulier, qu'ils doivent exécuter certaines tâches (souvent selon certaines règles précises) et se garder d'en accomplir certaines autres, et travailler en interaction avec certains individus plutôt qu'avec d'autres. Leurs façons de communiquer et leurs comportements sont donc différents, du fait qu'ils s'inscrivent dans le cadre d'une structure organisationnelle de type bureaucratique.

La communication, en retour, agit de façon significative sur la structure et le fonctionnement de l'organisation. Les structures organisationnelles se différencient de plusieurs façons – selon les niveaux hiérarchiques, les directions ou services, le degré de spécialisation des tâches, etc. – et doivent donc être intégrées d'une manière ou d'une autre pour permettre à l'organisation d'atteindre ses buts. L'information sur les objectifs, les règles et les procédures, sur le fonctionnement des ressources (humaines et autres) de l'organisation et sur son environnement doit circuler; les activités et tâches diverses doivent être coordonnées. Comme nous l'avons souligné dans le chapitre précédent, plus la différenciation et la complexité des tâches et des activités sont élevées, plus le besoin d'intégration est grand; or, le système de communication d'une organisation est un mécanisme clé pour réaliser précisément cette intégration et cette coordination.

Prépondérant comme facteur d'intégration et de coordination dans toutes les organisations, publiques ou privées, le rôle des systèmes de communication dans les organisations publiques est cependant plus complexe: ces systèmes prennent la forme, dans un tel contexte, de processus politiques qui affectent les politiques et le partage du pouvoir à l'intérieur de l'organisation. L'expertise et le contrôle de l'information sont des éléments qui ont beaucoup de poids dans de tels processus (Rourke, 1976).

Nous définissons la communication au niveau interpersonnel comme un procédé interactif d'échange d'informations entre des émetteurs et des récepteurs dans le but de signifier quelque chose. Trois types de communications peuvent être distingués selon qu'elles sont «instrumentales», «affectives» ou «incidentes» (Zajonc, 1966). La communication *instrumentale* sert un ou des buts précis; l'intention de l'émetteur est d'avoir un effet sur le récepteur, soit pour influencer le niveau de ses connaissances, ses attitudes ou ses comportements. La communication *affective* exprime l'état émotionnel de l'émetteur (par exemple, son enthousiasme, sa peur, ses incertitudes). La communication *incidente* transmet accidentellement de l'information (sans que l'émetteur soit conscient de l'avoir fait).

Nous insisterons dans ce chapitre sur la communication instrumentale, tout en reconnaissant que les dimensions émotionnelles et non intentionnelles peuvent aussi être présentes. Comme l'objectif de la communication peut être d'influencer plutôt que de simplement transmettre de l'information, nous nous intéresserons plus particulièrement aux distorsions dans les communications, nous éloignant ainsi quelque peu de la façon dont la communication est habituellement traitée dans les textes conventionnels.

Les textes abordant les théories de l'organisation et de la communication traitent généralement la communication comme si son seul objectif était la transmission et la réception exactes d'informations entre des émetteurs et des récepteurs. On présume que l'exactitude de la communication résultera en une plus grande efficacité et une plus grande productivité. Dans une telle optique, les distorsions sont généralement présentées comme étant non intentionnelles et dysfonctionnelles, parce qu'elles réduisent l'exactitude du message ou font qu'une partie seulement du message est transmise. Mais les distorsions pourraient être en fait intentionnelles, possibilité qu'illustre la distinction entre de la mauvaise information ou de l'information erronée et de la désinformation (voir l'exemple donné dans l'encadré ci-dessous). Dans ce dernier cas, un message comprend au moins un élément de vérité, ce qui permet de rendre une histoire crédible, pour ensuite y ajouter délibérément une ou des distorsions, une ou des faussetés. Que les distorsions soient intentionnelles ou non, le sens qu'on peut leur donner dans les organisations publiques dépend soit des enjeux politiques, soit des conséquences qu'elles peuvent avoir pour la réalisation d'activités ou de programmes.

Dans les pages suivantes, nous traiterons d'abord d'un modèle interactif de communication, puis nous aborderons le sujet principal de ce chapitre qui est la communication dans l'organisation. Nous allons faire état des communications formelles et informelles ainsi que des recherches sur les réseaux de communications. Les directions que prennent les communications et les rôles associés aux communications dans les organisations seront également examinés. On abordera enfin certains types de distorsions et d'interférences, ainsi que les techniques utilisées pour les gérer.

ENCADRÉ 5.1

Extrait du livre de Helen MacInnes, *Ride a Pale Horse*, publié par Ballantine Books, 1984, p. 42-43.

La réunion semblait terminée au moment où Karen intervint.

«Pas encore», pensait Karen. «J'ai pensé à quelque chose. À propos de la désinformation. Je pourrais écrire au moins deux articles sur ce sujet si seulement je pouvais les appuyer sur des faits.»

«La désinformation?» C'est ce qui avait capté son attention. Il remit sa plume sur le bureau.

«C'est important, il s'agit de quelque chose dont nous devons tous être conscients. La plupart d'entre nous ne faisons pas réellement la différence entre la mauvaise information et la désinformation.»

«Mais vous le savez maintenant depuis Prague?» Ceci l'amusait et l'intéressait. «Donnez-moi un exemple de cette différence, Karen. Pas de langage recherché: juste une simple explication que n'importe quel profane ignorant – comme moi – peut comprendre.»

Il me défie, se dit-elle. Très bien, montrons lui que ce n'est pas rien qu'une notion inspirée des événements de Prague. «La scène se passe à Paris. On tente d'assassiner le président Mitterand alors qu'il prend place dans sa voiture. En fait, il ne fut pas frappé, son chauffeur fut blessé et les deux assaillants se sont enfuis.»

«Un premier communiqué de presse rapporte que Mitterand fut blessé et que son chauffeur fut tué; deux, peut-être trois terroristes auraient tiré. Ce communiqué illustre ce qu'est de la mauvaise information.»

«Un autre communiqué rapporte que Mitterand a été attaqué; il ne fut pas frappé mais son chauffeur fut blessé. Les deux assaillants furent identifiés comme étant des tireurs utilisés dans des meurtres antérieurs par une agence de renseignement d'Allemagne de l'Ouest.»

«Selon une source fiable, l'assassinat de Mitterand devait être suivi par la prise du pouvoir par des gens de la droite, un renversement appuyé par des éléments fascistes allemands.» Karen fit une pause. «Ce rapport est de la pure désinformation.»

Elle savait ce dont elle parlait. Schleeman indiqua son approbation. «On présente un fait ou deux pour rendre une histoire crédible, ensuite on introduit des distorsions.»

UN MODÈLE INTERACTIF DE COMMUNICATION INTERPERSONNELLE

Les premiers modèles du processus de communication datent au moins de l'antiquité grecque. Aristote distinguait l'orateur, le discours lui-même et l'auditoire, comme étant les principaux éléments constitutifs de la communication. Bien que la terminologie moderne soit plus complexe et que les théories varient quelque peu, on réfère encore à ces trois éléments de base. Parmi les contributions modernes à la théorie de la communication, on compte celle de Claude Shannon et Walter Weaver (1949). Membres d'une équipe d'ingénieurs mathématiciens et électriciens, ils sont allés au-delà de la simple identification des aspects de la communication déjà nommés. Ils ont conçu la communication comme un processus. Leur expertise et leur théorie s'appuyaient cependant sur la transformation physique de l'information utilisant, par exemple, les impulsions électriques, le son ou les ondes radio; ils n'étaient pas particulièrement intéressés par la communication interpersonnelle. Le fait d'avoir considéré la communication comme un processus comportant certaines étapes séquentielles linéaires, plutôt que comme un processus interactif, constitue aussi une autre limite de leur approche.

La communication humaine est un processus dynamique et interactif. Chaque aspect du processus influence les autres et, en retour, est influencé par eux. Le rôle joué en particulier par la perception et l'acceptation des messages par le récepteur doit être reconnu si l'on veut mieux comprendre et utiliser avec discernement la dimension interpersonnelle de la communication organisationnelle.

David Berlo, dans une référence historique et quelque peu teintée de lyrisme, rapporte une observation d'Héraclite, émise il y a plus de 500 ans av. J.-C., pour illustrer ce qu'est un processus. Héraclite disait: «Un homme ne peut jamais sauter dans la même rivière deux fois de la même manière; la seconde fois, l'homme et la rivière sont différents» (1960, p. 23). Selon cette conception, un processus nous invite à «voir les événements et les relations comme dynamiques, ininterrompues, constamment changeantes et continues» (1960, p. 24). Everett Rogers et Rekha Agarwala-Rogers (1976, p. 17) partagent cette conception dynamique du changement et de la continuité qui s'enchevêtrent.

> La communication est un *processus* – c'est-à-dire une séquence continuelle d'actions évoluant dans le temps. Cela n'a pas de sens particulier de parler du commencement ou de la fin de la communication parce que, comme tous les autres processus, la communication s'écoule comme un courant d'eau à travers le temps. Quelqu'un a suggéré que tous les processus devraient toujours commencer et finir avec le mot «et».

David Berlo a modélisé le processus de communications interpersonnelles à partir de théories déjà développées (Shannon et Weaver, 1949; Schramm, 1954; Westley et MacLean, 1957; Fearing, 1953). Les éléments de base ou les concepts principaux de ce modèle sont l'émetteur qui encode le message, le message, le canal de transmission du message et le récepteur qui décode le message et qui réagit à l'émetteur (*feed-back*) (voir la *figure 5.1*). Puisque le modèle ne s'intéresse qu'aux communications entre personnes humaines, l'émetteur et le récepteur sont des individus ou des groupes d'individus.

Avant d'examiner plus à fond les éléments du modèle de Berlo, nous voulons attirer l'attention sur certaines difficultés associées au traitement du phénomène de la communication. La force de la théorie de Berlo réside dans la reconnaissance des communications interpersonnelles comme processus interactif. Le caractère interactif du processus signifie qu'il s'agit d'un processus très délicat et complexe, ce que décrit très partiellement un diagramme. Si l'on ajoutait aux éléments présentés dans la figure 5.1 de nombreuses flèches pointant dans tous les sens, on illustrerait probablement mieux la multiplicité des directions entre ces éléments et parmi ceux-ci; mais même dans un tel cas, le diagramme ne réussirait pas à faire comprendre toute la complexité d'un processus interactif continu, peut-être que pour une fois, mille mots vaudraient mieux qu'une seule image.

FIGURE 5.1
Le modèle de communication interactive de Berlo

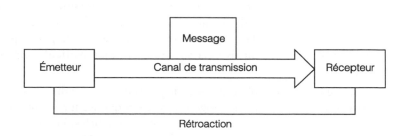

Source: David K. Berlo, *The Process of Communication: An Introduction to Theory and Practice*, Holt, Rinehart & Winston, Inc., adapté avec l'autorisation de l'éditeur, 1960, CBS College Publishing.

Les métaphores, ces représentations symboliques, sont continuellement utilisées dans le langage (Burke, 1945, p. 503). La langue anglaise utilise ce que Michael Reddy (1979, p. 286) appelle «la métaphore du conduit» pour traiter de la communication. Par cette métaphore, on comprend que la communication est un processus qui se sert du langage pour transmettre les idées et les sentiments d'une personne à une autre, que les orateurs ou les écrivains utilisent les mots pour communiquer des idées et des sentiments, que les mots contiennent des idées et des sentiments, et que les gens extraient des idées et des sentiments des mots (qu'ils entendent) (Reddy, 1979; Axley, 1984).

La «métaphore du conduit» simplifie à l'extrême notre pensée au sujet de la communication. En réalité, les gens ne transmettent pas le sens de leur pensée; c'est plutôt le récepteur qui donne un sens aux mots qu'il perçoit; les mots n'ont pas d'autres sens que ceux que leur donnent les gens. La «métaphore du conduit» ne met cependant pas en relief les efforts requis pour qu'une communication soit efficace. Un aspect fondamental que doivent retenir les chercheurs industriels et les gestionnaires est que la communication est davantage contrôlée par le récepteur que par le transmetteur. Le modèle de Berlo devrait donc être étudié en gardant à l'esprit ces quelques mises au point.

Lorsqu'il s'engage dans un processus de communication, *l'émetteur* (ou la «source» du message) poursuit un but. L'émetteur encode un message qui produira, du moins l'espère-t-il, le résultat désiré. Dans une communication entre deux personnes, l'encodage s'exécute habituellement via la parole et le mouvement. Alors que parler et écrire sont des exemples d'habiletés qui permettent l'encodage des messages, écouter et lire sont des exemples d'habiletés qui facilitent le décodage des messages. La pensée et le raisonnement, par ailleurs, servent autant à l'encodage qu'au décodage. Les comportements associés au processus de communication sont influencés par l'attitude de l'émetteur envers lui-même, son attitude à l'égard du contenu du message ainsi qu'à l'égard du récepteur. La connaissance du contenu à communiquer et la connaissance du processus de communication sont des facteurs additionnels qui influent sur le déroulement du processus. Les influences socioculturelles sont les derniers facteurs mentionnés qui, selon Berlo, agissent sur le processus de communication. Cet ensemble d'influences comprend les valeurs que les individus ont acquises, leur signification, les attentes face à eux-mêmes et aux autres, le poste qu'ils occupent et le rôle qu'ils jouent dans la société – ou, plus particulièrement, dans l'organisation.

Le *message* est le produit physique encodé par l'émetteur. Le discours est le «message parlé», l'écriture est le «message écrit», alors que les mouvements de nos bras et les expressions du visage sont les «messages gestuels». Le *canal* est le moyen utilisé pour transmettre le message de l'émetteur au récepteur. Pour être effectifs, les canaux de communication doivent tenir compte non seulement des talents d'encodage de l'émetteur, mais également de la sensibilité et des talents de décodage du récepteur. Est-ce que le récepteur sera plus attentif à un mémo écrit, à une annonce faite publiquement, à une conversation personnelle ou à un appel téléphonique? Est-ce qu'un seul canal ou plusieurs canaux doivent être utilisés pour communiquer ledit message? Si l'on doit recourir à plusieurs canaux, doit-on le faire concurremment ou selon une séquence précise? Par exemple, quand un professeur lit et écrit sur son tableau, deux canaux sont utilisés, souvent si-multanément. De même, certains ouvrages font usage à la fois de représentations pictographiques et mathématiques pour appuyer un texte écrit.

Comme nous l'avons mentionné plus tôt, le *récepteur-décodeur* est un élément essentiel dans le procédé de communication. En effet, les théoriciens contemporains prétendent que le receveur est le chaînon le plus important du procédé de communication. À peu près tout ce qui a été dit des émetteurs s'ap-plique également aux récepteurs. Comme pour l'émetteur, les comportements du récepteur dépendent aussi de ses habiletés en communication, de ses attitudes, de ses connaissances et de ses antécédents socioculturels.

L'interdépendance entre l'émetteur et le récepteur est cruciale pour qui veut comprendre la communication comme processus. Jusqu'à un certain point, il peut être utile de parler des émetteurs et des récepteurs séparément, mais ce faisant, il devient plus difficile de concevoir la communication comme un pro-cessus: «Cela pourrait laisser croire qu'il y a un début dans le processus de communication, c'est-à-dire l'émetteur, et une fin incarnée par le récepteur. Tel n'est pas le cas. C'est seulement pour pouvoir traiter du phénomène que nous le modélisons de cette manière» (Berlo, 1960, p. 51). Parler d'un émetteur et d'un récepteur nous oblige à figer le processus à un point donné. Pourtant, dans la communication interactive, un émetteur à un moment donné peut aussi devoir agir comme récepteur et la même chose est vraie du récepteur.

De plus, comme nous l'avons déjà indiqué, le récepteur est un élément central du processus de communication à cause de la distinction très importante entre le message et sa signification pour le récepteur. Des messages sont transmis mais les mots et autres symboles utilisés pour encoder les messages n'ont pas de sens intrinsèque. Les sens sont donnés à la fois par les émetteurs et les récepteurs. Pour mieux comprendre et utiliser plus efficacement la communication dans l'organisation, on doit reconnaître en particulier le rôle joué par la perception du récepteur quand il accepte des messages.

Le *feed-back* (ou la *rétroaction*), le dernier aspect du modèle, est la réponse du récepteur à l'émetteur du message. Elle renseigne l'émetteur sur l'efficacité du message, et permet au récepteur de voir dans quelle mesure l'effet escompté par la transmission du message s'est produit. La rétroaction, dans la communication interpersonnelle à tout le moins, est un processus d'influences réciproques. L'action de l'émetteur (l'envoi d'un message) déclenche la réaction du récepteur; la réaction du récepteur déclenche aussi des réactions subséquentes chez l'émet-teur. Chacun peut utiliser la réaction de l'autre d'une manière continue. Mais la rétroaction est plus qu'un simple concept englobant la relation entre l'action et la réaction: elle fait partie d'une relation dynamique et d'interdépendance mutuelle entre des individus qui communiquent entre eux.

> Les gens ne réagissent pas comme des thermostats ni des chaudières. Ils ont la capacité d'expérimenter à l'intérieur de l'organisme, d'utiliser des symboles, de prévoir les réponses des autres à leurs messages, de nourrir des attentes face à leur propre comportement et à celui des autres. Le concept d'attentes est crucial dans la compréhension de la communication humaine. (Berlo, 1960, p. 131).

Comme l'indique Lee Thayer spécialiste de la communication, «les gens ont des attentes dans leurs rencontres interpersonnelles et ils ont leurs propres attentes au sujet des attentes des autres» (1968, p. 113). Ces attentes agissent continuellement sur le message et sur la communication des réactions entre l'émetteur et le récepteur. L'interaction humaine constitue le plus haut niveau d'interdépendance et d'établissement de rapports mutuels: «Quand deux personnes interagissent, elles se mettent mutuellement à la place de l'autre, essaient de percevoir le monde comme l'autre le perçoit et essaient de prédire comment l'autre répondra» (Berlo, 1960, p. 131).

La communication interpersonnelle peut être vue comme un essai «de rapprocher deux individus par la production et la réception de messages qui ont un sens pour les deux» (Berlo, 1960, p. 130-131). Cependant, il y a bien des possibilités de non concordance entre le message, le sens qu'on voudrait lui donner et celui qu'il prend effectivement. Ceux qui ont étudié le phénomène de la communication se sont beaucoup intéressés à ces distorsions. Dans la plupart des cas, elles ont été traitées comme si elles étaient non intentionnelles; pourtant la capacité des humains de prévoir les attentes et les réactions des autres et de délibérément agir sur le sens que d'autres vont donner aux messages, signifie qu'on peut habilement et intentionnellement produire ou réduire la distorsion dans le processus de communication. Conçues de cette manière, les distorsions ont des implications importantes dans les organismes publics, notamment lorsqu'on veut ajouter à son influence ou encore éviter de subir des contrôles.

LES RÉSEAUX DE COMMUNICATION FORMELS ET INFORMELS

Les organisations ont des réseaux de communication formels et des réseaux de communication informels. Ces réseaux seront présentés ici séparément pour en faciliter la description, bien qu'en réalité ils coexistent et sont, pour ainsi dire, inséparables.

La structure formelle d'une organisation, définie dans le chapitre précédent, correspond à la distribution officielle de l'autorité hiérarchique et des responsabilités entre les directions ou les services et ceux qui les dirigent. Les réseaux de communication formels coïncident avec cette structure officielle. Le système formel de communication comprend les interactions entre les membres de l'organisation et ses subdivisions telles que prescrites par la structure formelle. Les communications qui s'articulent à partir de l'organigramme ou qui sont véhiculées à partir des procédures standard, des politiques et directives, de la correspondance, des rapports, etc., sont considérées comme officielles par l'organisation (Downs, 1967, p. 113). Il est probablement futile, voire impossible, de concevoir des canaux formels de communication qui combleraient tous les besoins de communication d'une organisation ou ceux de ses membres. Des canaux informels sont mis en place quand les membres de l'organisation ont besoin de communiquer et qu'il n'y a pas de canaux officiels pour le faire (Downs, *ibid.*) – ou que l'utilisation de canaux formels présente des risques du point de vue des intérêts personnels ou des politiques existantes.

Toutes les organisations ont des canaux de communication informels. La communication informelle est faite d'interactions non prescrites par la structure d'autorité formelle ou par les procédures officielles de l'organisation (bien que, avec le temps, certains arrangements informels puissent faire l'objet d'une approbation officielle). La communication informelle est très importante dans les organisations et elle est omniprésente; dans certains cas, elle n'a aucun rapport avec les arrangements formels alors que dans d'autres, elle peut leur faire concurrence. Non seulement les réseaux informels sont-ils plus étendus et plus flexibles que les réseaux formels, mais ils sont aussi plus dynamiques et plus imprévisibles que ces derniers. Cela ne signifie pas pour autant que la dimension informelle de l'organisation soit le fruit du hasard ou même informe, ou encore que tous les membres d'une organisation soient liés entre eux de la même manière.

La communication informelle peut s'inscrire dans le contexte de l'exécution du travail – sans être officielle même si elle emprunte des canaux formels – et elle peut s'inscrire dans le contexte des relations interpersonnelles ou encore dans celui des relations sociales. Les communications interpersonnelles, caractéristique de la plupart des communications informelles, favorisent la confiance, la cohésion et le support moral, l'apprentissage et la rétroaction. Ce qui en résulte peut être utile à l'organisation dans la mesure où cela contribue à augmenter la satisfaction et la motivation des membres (par exemple, en palliant les déficiences du système de communication formel); il peut également en résulter des dysfonctions lorsque, par exemple, les communications informelles contribuent à encourager des loyautés et des normes qui vont à l'encontre des buts et des règles formels. Curieusement, des recherches récentes indiquent que les canaux de communication informels sont plus efficaces dans l'implantation de changements quand ces derniers sont complexes et risqués. Les réseaux interpersonnels informels concourent à appuyer les innovations provenant d'une unité administrative donnée en favorisant la cohésion et le support du groupe. De même, du fait que les communications informelles, dans de tels cas, visent une situation particulière et permettent une rétroaction rapide, il devient plus facile de répondre aux besoins et aux questions spécifiques que de telles situations engendrent (Fidler et Johnson, 1984).

Du point de vue du personnel et de la direction des organisations publiques, les communications informelles comportent de grands avantages; elles «peuvent être retenues, modifiées, amplifiées ou annulées sans qu'on ait besoin de les consigner officiellement» (Downs, 1967, p. 113). De cette manière, on encourage les nouvelles idées. De nouvelles politiques peuvent être conçues, les problèmes d'implantation de programmes peuvent être prévus et des appuis peuvent être négociés et canalisés sans opposition prématurée des autorités ou d'intervenants externes. Cela a également des répercussions sur le contrôle interne puisque les subordonnés peuvent éviter ou retarder d'exposer leurs idées ou leurs problèmes aux autorités.

Dans une organisation, les leaders essaient parfois de restreindre les communications informelles en ordonnant aux membres de ne pas communiquer certaines informations, notamment aux journalistes ou aux officiels d'autres organismes publics; des porte-parole seront plutôt désignés à cette fin. On peut même, dans certains cas, imposer que des informations soient validées ou même censurées avant d'être communiquées, particulièrement lorsqu'elles sont communiquées à l'extérieur de l'organisation.

L'analyse des réseaux permet d'étudier de manière intéressante la communication humaine dans l'organisation. L'unité d'analyse dans ce genre de recherches est l'interaction elle-même et les réseaux de communication qui se manifestent à travers les modèles d'interaction observés. En d'autres mots, l'analyse des réseaux porte sur la structure de communication dans l'organisation *et non pas* sur la structure de l'organisation elle-même. De telles analyses sont particulièrement utiles pour comprendre la structure des réseaux informels de communication. Contrairement aux réseaux formels de communication qui sont officiels, établis et connus, les systèmes informels sont éphémères et plus difficiles à saisir.

Les recherches portant sur les réseaux

L'expérience confirme qu'une personne dans une grande organisation n'est en mesure d'interagir continuellement ou même fréquemment qu'avec un petit nombre de ses membres. Certains individus et certains groupes se lient et alimentent des canaux plus ou moins régularisés de communications interpersonnelles. Ceux qui étudient le phénomène de la communication appellent ce type de regroupement d'individus un réseau. Un réseau est donc constitué d'un certain nombre d'individus qui communiquent entre eux d'une certaine manière, selon une certaine structure. Le réseau occupe une position intermédiaire – quelque part entre l'individu et l'organisation. En d'autres termes, un réseau est composé d'un certain nombre d'individus ou de groupes dans l'organisation; très rarement un réseau les inclura-t-il tous. Peu importe la dimension de l'organisation, plusieurs réseaux peuvent coexister ou être liés entre eux (ou être reliés à des réseaux extérieurs à l'organisation). C'est dans ces réseaux, souvent informels, que prend forme la structure de communication d'une organisation.

Dans leurs recherches sur le travail et les communications informelles de groupe, les chercheurs ont utilisé deux approches: les expériences faites en laboratoire sur de petits groupes de travail et l'analyse de réseaux. Ce qu'ils cherchaient à comprendre c'était comment s'organisaient les communications informelles et comment ces modes d'organisation agissaient sur le fonctionnement de l'individu et du groupe.

Les expériences faites sur les petits groupes

Les recherches en communication des années 50 et 60 ont été menées à partir d'expériences en laboratoire faites sur des petits groupes. La structure du réseau, c'est-à-dire la façon dont étaient organisées les communications, était alors prédéterminée et contrôlée par le chercheur. De cette manière, la structure du réseau de communication constituait l'une des variables indépendantes. Parmi les autres variables indépendantes, il y avait le nombre de membres dans le groupe, et la complexité du travail à accomplir. Dans le contexte d'un laboratoire, il est possible de contrôler et de manipuler de telles variables pour déterminer leurs effets sur des variables dépendantes telles que la performance dans l'exécution du travail, la satisfaction des membres et le leadership dans le groupe. Les principaux types de réseaux de communication étudiés correspondaient aux configurations dites de la «chaîne», le «cercle» et la «roue». Le réseau mettant à profit «tous les canaux» et le réseau ayant la forme d'un «Y» ont aussi été étudiés (voir la *figure 5.2*). À chaque type de réseau correspond un système particulier de communication.

Le sociologue Alex Bavelas est l'un des premiers à avoir expérimenté en laboratoire les petites structures de communication ou les petits réseaux. Dans ses expériences, Bavelas isolait chacun des membres d'un groupe dans des pièces différentes et ne leur permettait de communiquer entre eux que par écrit. Différents types de réseaux furent tour à tour prescrits au groupe. Quel que soit le type de réseau, chaque individu ne pouvait communiquer qu'avec ceux avec qui il était «structurellement» relié; ces structures de communication sont représentées à la figure 5.2 par les lignes reliant des points. L'information donnée à chaque membre du groupe devait être communiquée aux autres pour que les tâches assignées au groupe se réalisent. De même, l'information concernant les résultats obtenus devait parvenir à chaque membre.

Bavelas, et d'autres chercheurs associés à de telles expériences, ont observé plusieurs relations intéressantes entre la structure de communication et la performance du groupe au chapitre du travail accompli. Dans le cas de tâches simples et routinières, un réseau de travail centralisé (illustré par la «roue») était plus efficace (Bavelas, 1950; Leavitt, 1951). Pour résoudre des problèmes plus complexes, ce qui requiert la mise en commun d'informations, un réseau décentralisé était supérieur. Les réseaux décentralisés peuvent aussi être plus efficaces si l'on veut s'assurer de l'exactitude des informations communiquées; on a en effet trouvé que les groupes fonctionnant selon le modèle d'un réseau centralisé travaillaient plus rapidement mais avaient également des taux d'erreurs plus élevés.

FIGURE 5.2

Les différents types de réseaux dans les petits groupes

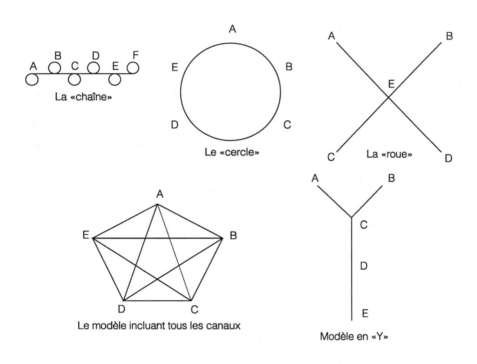

Toujours selon ces recherches, la position occupée par un membre dans un réseau donné agirait sur le leadership et la satisfaction. Bavelas, par exemple, a conçu un index de «centralisme relatif» (*relative centrality*); plus le nombre de personnes avec qui un individu peut interagir est grand, plus il est susceptible d'occuper une position centrale dans le groupe. À la figure 5.2, la personne la plus centrale est l'individu E dans la «roue»; le suivant est l'individu C dans le Y suivi par l'individu C (ou D) dans la chaîne. Dans le «cercle» et le réseau utilisant tous les canaux, on présume qu'aucun membre n'occupe de position plus centrale que les autres. Plus la position occupée par un individu est centrale dans la structure de communication, plus ce dernier est susceptible de détenir davantage d'informations que les autres membres du réseau. De plus, les individus occupant des positions centrales sont considérés comme des leaders par les autres membres du groupe (Bavelas, 1950; Leavitt, 1951).

On a pu établir une relation entre le fait d'occuper une position centrale et la satisfaction (Bavelas, 1950). Utilisant le concept d'indépendance ou la marge d'autonomie que peut utiliser un individu dans ses interactions, Shaw arrive à des conclusions semblables au sujet de la relation entre la structure de la communication et la satisfaction des membres (1954). Dans des réseaux hautement centralisés (comme la «roue»), la personne occupant la position la plus centrale ou qui profite de plus d'autonomie est aussi la plus satisfaite. Dans les réseaux plus décentralisés et qui accordent à leurs membres plus d'autonomie et de liberté dans leurs interactions, la satisfaction était partagée plus également par tous les membres du groupe.

Les effets négatifs de la centralisation furent aussi étudiés. La «*saturation*» pour utiliser le terme de Shaw (ou la surabondance d'informations) peut se produire. Par exemple, si l'on se réfère à la figure 5.2, le volume d'informations que doit traiter et doit produire l'individu E (dans la «roue») ou l'individu C (dans le Y) est supérieur aux volumes que doivent gérer les autres individus. C'est dire que la saturation ou surabondance d'informations est plus élevée pour ces deux individus. Or, cette «saturation» d'informations, ou sa surabondance chez un membre du groupe, diminue la performance de tout le groupe.

Ces expériences menées sur de petits groupes ont produit beaucoup d'informations sur les flux de communication et sur leurs effets mais leur méthodologie n'était pas sans défaut. Les critiques ont relevé des limites importantes de l'approche (Becker, 1954; Starbuck, 1965; Collins et Raven, 1969; Rogers et Agarwala-Rogers, 1976). Les expériences portaient sur des groupes d'individus qui se connaissaient peu ou pas, et dont les relations avaient peu de chances de durer. Les tâches confiées aux groupes avaient un caractère artificiel. La critique la plus importante a peut-être été celle relative au contexte dans lequel se déroulaient ces expériences. En effet, les interactions se déroulaient dans une sorte de vacuum où une structure ou un système plus large faisait défaut, alors même que la communication organisationnelle, formelle et informelle, se déroule précisément dans un tel contexte.

L'analyse des réseaux de communication dans les organisations

Quand les chercheurs se sont mis à observer les réseaux dans des organisations réelles, ils ont dû modifier leurs méthodes de recherche. L'approche générale utilisée pour identifier les structures de communication dans un système réel – qu'il s'agisse d'un groupe ou d'une organisation – se nomme l'analyse de réseaux (laquelle cherche essentiellement à savoir qui communique avec qui et à quelle fréquence). Selon cette méthode, les chercheurs recueillent des données sociométriques sur les relations et communications interpersonnelles à partir de questionnaires, d'entrevues et d'observations. De cette manière, les réseaux et les flux de communication sont identifiés et les relations entre les structures formelles et informelles peuvent être déterminées. De plus, l'analyse de réseaux a aidé les chercheurs à établir les rôles particuliers joués par des individus dans les procédés de communication, et à évaluer l'importance de certaines variables organisationnelles.

En fait, chaque individu a son réseau personnel composé d'individus avec lesquels il communique fréquemment – du moins lorsqu'il est question de certains sujets. Un réseau peut être «éclaté» (ou de type «radial») ou avoir tous ses points reliés entre eux. Dans un réseau de type radial, une personne communique directement avec d'autres individus alors que ces derniers ne communiquent pas entre eux. Dans un réseau où tous les points sont reliés, les gens avec lesquels une personne communique, le font également entre eux (voir la *figure 5.3*). Il est utile de percevoir ces deux expressions («réseau radial» et «réseau tous points reliés») comme décrivant des particularités plutôt que des catégories. Jusqu'à un certain point, les réseaux personnels sont plus susceptibles de correspondre à la fois au réseau de type radial et à la fois au réseau «tous points reliés»; c'est ainsi que certains individus faisant partie d'un réseau personnel peuvent communiquer entre eux tandis que d'autres ne le font pas. Généralement cependant, les réseaux personnels tendent à être mieux décrits par un réseau «tous points reliés» qu'un réseau de type «radial» (Granovetter, 1973; Rogers, 1973).

FIGURE 5.3

Les réseaux personnels: «radial» et «tous points reliés»

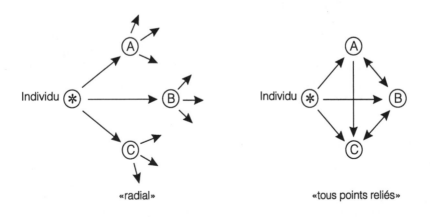

La communication circule rapidement et facilement à l'intérieur de réseaux «tous points reliés», mais le fait qu'il s'agisse habituellement de réseaux «fermés» réduit d'autant la qualité et la quantité d'informations qui y circulent. Bien que les liens entre les individus puissent être plus faibles dans les réseaux de type radial (à la limite, ils n'existent même pas), les chercheurs ont noté ce qu'ils appellent la «force des liens affaiblis» (Granovetter, 1973). Ceci signifie que la communication est plus improbable lorsqu'il n'y a pas de liens ou de relations parmi les individus, mais une telle situation (qui est la caractéristique d'un réseau de type radial) facilite l'entrée de nouvelles informations dans un tel réseau. Imaginons, par exemple, un réseau où tous les points sont presque entièrement reliés entre eux. Supposons maintenant que les membres d'un tel réseau ne communiquent *qu'entre eux*, à l'exception d'un seul qui communique avec des individus en dehors du réseau. On peut penser que cet individu a, dès lors, des liens plus faibles avec le reste du réseau qu'avec les autres membres. Pourtant, il est le seul qui pourra apporter de l'information vraiment nouvelle dans le réseau et qui contribuera à l'établissement des liens entre réseaux.

LES DIRECTIONS QUE PEUVENT PRENDRE LES COMMUNICATIONS DANS L'ORGANISATION

La structure d'une organisation influence à la fois la nature et le sens des communications. L'organisation hiérarchique classique favorise les communications verticales. La communication *verticale* est celle qui circule entre les superviseurs et les subordonnés; elle peut circuler du haut vers le bas (des superviseurs vers les subordonnés) ou du bas vers le haut (des subordonnés vers les supérieurs). La communication verticale est souvent formelle, dans la mesure où son contenu est pour ainsi dire officiel. En général, plus le degré de formalisation est élevé et plus il y a des différences entre les niveaux de pouvoir, plus la proportion de communications verticales sera élevée. De même, le sens de ces communications aura tendance à aller du haut vers le bas.

La communication *horizontale* relie ceux dont les tâches sont interdépendantes, les unités de travail et les directions de l'organisation. Une partie de la communication horizontale emprunte des canaux formels de transmission mais dans une moindre mesure que la communication verticale. La spécialisation du travail (ou des tâches) et la diversité dans les composantes de la structure organisationnelle ont pour effet de stimuler la communication horizontale. La diversité dans une organisation traduit la complexité du travail, le nombre important de postes et de professions et non pas l'éclatement du travail découlant de la spécialisation des tâches (Thompson, 1961). La spécialisation des tâches augmente les besoins de coordination et d'intégration. De la même manière, le volume des communications horizontales augmentera à mesure que le nombre de postes dans une organisation augmentera aussi et qu'ils seront davantage occupés par des professionnels (Hage, Aiken et Marrett, 1971).

La plupart des textes traitant des théories de l'organisation abordent la communication à l'intérieur de l'organisation. Cependant, à cause de leur plus grande visibilité, des exigences d'imputabilité du fait que leurs buts sont souvent déterminés par des individus ou des groupes extérieurs, etc., les organisations publiques dépendent de bien plus d'acteurs aux intérêts divers et de forces externes de toutes sortes que ce n'est le cas pour la plupart des firmes privées. C'est pourquoi toute théorie traitant de la communication dans les organisations publiques doit s'intéresser à cette dimension. Qui plus est, si l'étude des communications à l'interne met l'accent sur la dimension interpersonnelle, son étude à l'externe doit inclure l'étude d'un autre niveau de communication, soit celui qui met en cause des relations entre les organisations publiques.

La communication du haut vers le bas de la hiérarchie

La communication vers le bas est un mécanisme essentiel pour l'application des politiques de l'organisation. Elle pourra prendre les formes suivantes:

1) des directives spécifiques concernant l'exécution des tâches (axées sur le travail à faire);

2) de l'information donnant des explications sur les tâches à accomplir et leurs relations avec d'autres tâches dans l'organisation (de l'information aussi axée sur le travail à faire);

3) de l'information sur des procédures et des pratiques organisationnelles;

4) de la rétroaction (feed-back) au subordonné sur sa performance;

5) de l'information de nature idéologique pour inculquer un sens de la mission (de l'information visant à promouvoir des buts) (Katz et Kahn, 1966, p. 239).

Les instructions à propos des tâches à exécuter sont communiquées aux subordonnés de plusieurs manières – verbalement, lors des sessions de formation, via des directives écrites ou contenues dans des manuels – et souvent de façon très précise. L'information sur les procédures peut tout autant se rapporter aux tâches qu'aux droits et aux obligations des membres de l'organisation, qu'il s'agisse du salaire, des promotions et des vacances, par exemple. Trop souvent, la communication des instructions sur le contenu du travail prime tandis qu'on néglige la rétroaction sur la performance des subordonnés, les fondements de cette appréciation et qu'on néglige également l'information de nature idéologique. Pourquoi ces modèles de communication se produisent-ils et quel est leur effet sur l'organisation et ses membres?

On peut comprendre pourquoi les gestionnaires et les superviseurs accordent de l'importance à la communication d'informations sur la façon de faire le travail et sur les procédures étant donné les fonctions de direction et de contrôle qu'ils doivent assumer à l'égard de leurs subordonnés. Cependant, l'intérêt accordé à ce type de communication peut alimenter un climat autoritaire qui engendre à son tour d'autres problèmes de contrôle. Si l'autorité s'exerce de manière coercitive, sans possibilité de participation de la part de ceux qui sont visés par elle, les subordonnés peuvent décider de respecter les instructions à la lettre et de s'en tenir aux exigences minimales, alors qu'en leur accordant plus d'autonomie on pourrait obtenir une meilleure performance au travail; l'organisation, en définitive, pourrait ainsi atteindre plus facilement ses buts. Ou encore, au lieu de réagir passivement au style coercitif, les subordonnés peuvent se montrer hostiles et perturber les systèmes de contrôle, réagissant ainsi à la rigidité découlant d'un tel style. On alimentera ainsi un cercle vicieux – de nouvelles directives et de nouvelles mesures de contrôle seront suivies par davantage de résistance et de passivité, ce qui donnera lieu à encore plus de directives, et ainsi de suite.

Malheureusement, les gestionnaires mettent habituellement moins l'accent dans leurs communications sur la signification du travail que sur la façon de le faire. Pourtant, la motivation et l'engagement d'un individu s'améliorent lorsqu'il est en mesure de bien comprendre l'importance du travail qu'il accomplit; dans ces circonstances, la prise de décision s'améliore. Aider les employés à bien comprendre leurs tâches et leur indiquer comment elles contribuent aux buts de l'organisation peut favoriser une meilleure coordination. Par ailleurs, il est possible que, ce faisant, il y ait perte de contrôle. «Si le travailleur croit savoir pourquoi il doit faire un certain travail, soulignent Katz et Kahn, il peut essayer de le faire d'une manière différente de celle qui est prescrite; or, les responsables de l'organisation peuvent ne pas vouloir tolérer les écarts de comportements que de telles attitudes introduisent dans le système.» (1966, p. 240)

En dépit de ses effets positifs sur la motivation et sur le contrôle, la rétroaction sur la performance des employés est un autre type de communication vers le bas qui est souvent négligé et mal géré. Certaines valeurs culturelles peuvent expliquer cette négligence. L'ambivalence des Nord-Américains à l'égard de l'autorité, l'importance accordée à l'autodétermination, la liberté individuelle et les principes égalitaires peuvent inhiber les gestionnaires – surtout lorsqu'ils doivent produire des évaluations négatives. La tendance psychologique à éviter les conflits et les situations désagréables explique jusqu'à un certain point l'impopularité des évaluations, tant chez les cadres que chez les subordonnés.

D'autres considérations, plus reliées celles-là aux caractéristiques proprement organisationnelles, peuvent également décourager l'appréciation de la performance. Par exemple, les tâches et les procédures peuvent être décrites avec tellement de précision et d'uniformité que l'employé ne peut pas faire preuve d'initiative; cela peut être le cas dans bien des organisations publiques.

L'imputabilité externe[1] des organismes gouvernementaux, couplée aux attentes d'impartialité et d'équité de la part des usagers ou de la part des citoyens dont les activités sont réglementées, conduit à des procédures rigides et standardisées et, par conséquent, laisse aux employés peu d'autonomie et de marge de manœuvre. La dimension de ces organismes explique également l'existence de règlements détaillés et complexes qui imposent des limites aux interactions, à l'interne tout comme avec l'environnement externe. Si les superviseurs et les

---

1.   L'imputabilité externe réfère à l'obligation de rendre compte de ses activités à des organismes externes. (N.D.T.)

gestionnaires ont peu de contrôle sur l'utilisation des ressources pour récompenser la performance ou décourager la non-performance, il y a peu d'incitations, tant chez les cadres que chez les subordonnés, à produire ou à recevoir un véritable feed-back sur la performance.

Le cinquième type de communications entre supérieurs et subordonnés (voir la liste présentée plus tôt dans le texte) vise à promouvoir les buts de l'organisation. Les gestionnaires peuvent communiquer à leurs employés un sens de la mission de l'organisation et un sens de l'engagement. Ce type de communication a une signification particulière pour les organisations publiques, surtout «dans celles qui contribuent de manière évidente au bien-être de la société» (Katz et Kahn, 1966, p. 245). Par ailleurs, certains facteurs empêchent ce type de communication du haut vers le bas dans les organisations publiques. D'une part, les bureaucrates craignent souvent qu'en s'identifiant trop clairement à des objectifs ou des buts idéologiques, leur carrière ou leur sécurité d'emploi puissent être compromises. De plus, l'idée assez répandue que les fonctionnaires doivent être politiquement neutres s'oppose à celle selon laquelle il faut adhérer aux buts et aux orientations de l'organisation.

Contrairement aux buts poursuivis par les firmes privées, buts qui sont essentiellement définis à l'interne, les buts des organisations publiques sont largement influencés par des facteurs externes et changeants. Par exemple, un gouvernement pourrait être très impliqué dans des politiques antidiscriminatoires en encourageant, par exemple, des recours collectifs et en nommant à certains postes de direction des gens dont les convictions et l'appui à une telle cause sont de notoriété publique. Or, un gouvernement ultérieur pourrait bien avoir d'autres priorités et ne pas privilégier les orientations du gouvernement précédent, nommant aux mêmes postes de direction des gens qui, tout en étant opposés à la discrimination, défendront la cause avec moins d'ardeur. Ce nouveau gouvernement indiquerait ainsi qu'il préfère jouer un rôle moins antagoniste en privilégiant, par exemple, les recours individuels aux recours collectifs, ou une approche de «cas par cas».

Les élus se succèdent, les demandes de groupes d'intérêts évoluent et l'opinion publique change. Une administration est remplacée par une autre. Voilà pourquoi un administrateur qui a défendu une idéologie ou est identifié à une idéologie ou des objectifs qui ne sont plus privilégiés, peut être l'objet d'attaques par les nouvelles forces en présence, tant à l'intérieur qu'à l'extérieur de l'organisation. Cela arrive un jour ou l'autre à quelque niveau de gouvernement que ce soit, national, provincial ou municipal.

La communication du bas vers le haut de la hiérarchie

La communication du bas vers le haut alimente le système de suivis et de contrôles sur les opérations. Elle est en un sens un support à la prise de décision, dans la mesure où ceux et celles qui sont situés aux échelons supérieurs ont besoin d'information sur ce qui se passe aux échelons inférieurs pour prendre leurs décisions et pour définir des orientations. L'information communiquée par les subordonnés peut être de divers types. Elle peut porter sur leurs actions, leurs performances ou leurs problèmes. Les subordonnés fournissent aussi de l'information sur des actions et des problèmes menés ou rencontrés par leurs pairs, sur ceux qui dépendent d'eux hiérarchiquement, de même que sur les opérations de l'organisation.

Les informations acheminées vers le haut à des fins de rétroaction et de contrôle sont nécessaires au fonctionnement de l'organisation. Pourtant la communication de ces informations crée de nombreuses difficultés dont certaines sont structurelles, mais d'autres naissent du désir des subordonnés d'influencer les orientations ou de se protéger contre des actions ou des contrôles exercés par leurs supérieurs.

La structure hiérarchique des organisations décourage en particulier la communication d'informations non censurées du bas vers le haut. À cause des rapports d'autorité et des systèmes de récompense, les subordonnés sont susceptibles d'altérer ou d'omettre des informations, soit qu'elles risquent de leur être nuisibles ou de ne pas aller dans le sens de leurs intérêts, soit encore que leurs patrons y sont indifférents (Wilensky, 1967, p. 42-48) (voir la *figure 5.4*).

FIGURE 5.4

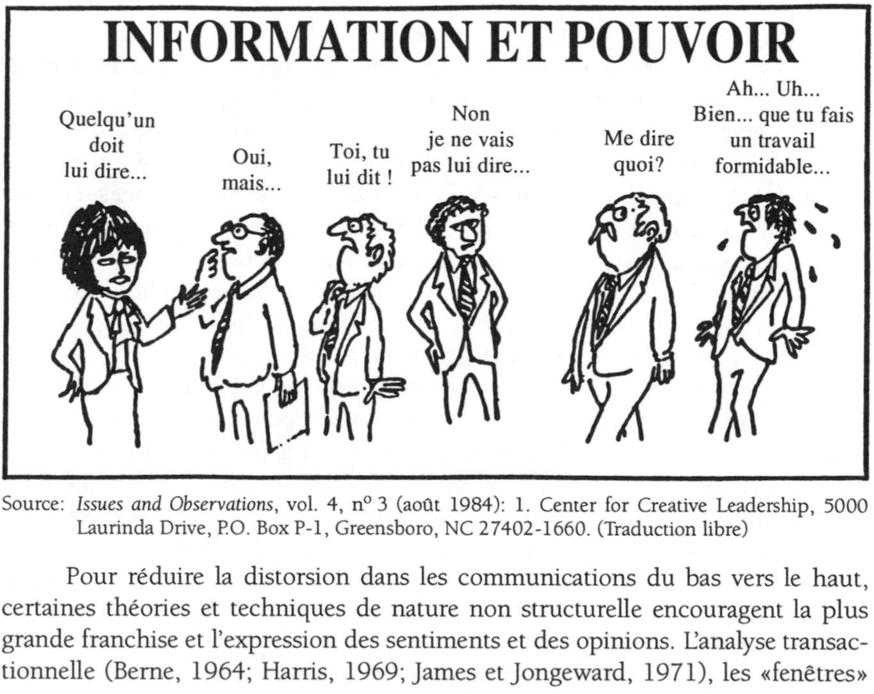

Source: *Issues and Observations*, vol. 4, n° 3 (août 1984): 1. Center for Creative Leadership, 5000 Laurinda Drive, P.O. Box P-1, Greensboro, NC 27402-1660. (Traduction libre)

Pour réduire la distorsion dans les communications du bas vers le haut, certaines théories et techniques de nature non structurelle encouragent la plus grande franchise et l'expression des sentiments et des opinions. L'analyse transactionnelle (Berne, 1964; Harris, 1969; James et Jongeward, 1971), les «fenêtres» de Johari (Luft, 1970), et la théorie de la maturité et l'immaturité (Argyris, 1962) sont parmi les techniques conçues pour favoriser l'ouverture dans la communication, la connaissance et l'acceptation de soi et celles des autres. La franchise et l'ouverture favorisent la croissance personnelle des membres de l'organisation et contribuent à augmenter leur satisfaction. Les arguments à l'appui d'une plus grande sincérité dans les communications se fondent sur des valeurs humanistes, tel que le droit de l'individu à la dignité. Selon ce point de vue, l'organisation devrait fournir à ses membres des occasions qui favorisent et encouragent la croissance personnelle, la réalisation d'un travail intéressant de même que des relations interpersonnelles profitables. L'ouverture et la franchise comportent aussi des avantages pour l'organisation dans son ensemble du fait que ses ressources humaines vont pouvoir se développer et que le moral et la motivation des employés sont susceptibles d'améliorer leur productivité. De plus, la possibilité de conflits est réduite par des communications ouvertes, réduisant d'autant l'énergie utilisée à d'autres fins qu'à l'atteinte des buts de l'organisation.

En dépit de l'attrait et des avantages qu'elle offre, une approche plus authentiquement personnelle à la communication est d'une utilité limitée dans des situations où s'exercent le pouvoir et les jeux d'influence. En fait, les gens qui pratiquent une telle approche sont susceptibles de se faire manipuler par ceux qui n'y croient pas – et ces derniers sont susceptibles d'être très nombreux dans l'arène publique.

Le pouvoir et les jeux d'influence ne se manifestent pas uniquement dans le cadre des communications du haut vers le bas. Les subordonnés, aussi bien que les cadres, tentent aussi d'influencer les échelons supérieurs. Des recherches récentes indiquent que certaines différences structurelles (petites organisations privées versus larges bureaucraties publiques) ont un effet significatif sur les méthodes employées, le succès et les résultats des tentatives faites pour influencer les échelons supérieurs de l'organisation. Par exemple, les subordonnés dans les petites organisations privées seraient plus susceptibles de défier le pouvoir du superviseur et d'utiliser certains des avantages reliés au travail comme moyens pour influencer les échelons supérieurs. Toujours selon ces recherches, comparativement à ceux qui travaillent dans de grandes organisations publiques, ces subordonnés attribueraient davantage leur succès à un environnement favorable ainsi qu'à leur compétence. Une bonne relation avec le superviseur est aussi un facteur mentionné par ceux qui travaillent dans des petites organisations. Dans les organisations publiques, les subordonnés risquent davantage de ne pas réussir à influencer les niveaux supérieurs à cause de leur position hiérarchique inférieure et de trop nombreuses contraintes internes. Les résultats et les récompenses diffèrent également; les augmentations de salaires, par exemple, sont plus souvent utilisées dans les organisations privées, du moins en période de stabilité économique. En somme, influencer les niveaux supérieurs peut contribuer à un meilleur fonctionnement, tant dans les organisations publiques que dans les organisations privées; c'est ce qu'indique la tendance des supérieurs et des subordonnés à considérer les tentatives infructueuses comme n'ayant pas de conséquences sur l'organisation, alors qu'on juge que les tentatives qui ont réussi ont des effets bénéfiques, notamment pour l'amélioration de la productivité (Schilit et Locke, 1982).

Comme dans le cas de la communication du haut vers le bas, la dimension de la boucle de communication a des répercussions sur les informations acheminées vers le haut. En général, plus il y a de niveaux hiérarchiques, plus la rétroaction vers le haut est difficile à donner. Certaines restrictions ou un certain filtrage sont parfois nécessaires pour prévenir la surcharge d'informations quoique cela puisse aussi contribuer à isoler les dirigeants qui sont alors gardés à l'écart de certaines réalités.

Les messages transmis via plusieurs individus ou via de nombreux niveaux hiérarchiques tendent à être graduellement déformés. Les effets de distorsion de l'information s'additionnent d'un niveau à l'autre. Les risques de distorsions importantes augmentent proportionnellement au nombre d'intermédiaires et/ou de paliers hiérarchiques à franchir (Tullock, 1965). À l'inverse, les boucles de communications peuvent être trop courtes. Typiquement, la distance à couvrir vers le haut se termine avec le superviseur immédiat qui peut choisir de transmettre vers le haut une partie seulement du message reçu, ce qu'il fera habituellement sous une forme condensée et modifiée (Katz et Kahn, 1966, p. 246) (voir la *figure 5.5*).

Parfois un superviseur immédiat détruira le message reçu, c'est-à-dire qu'il ne le transmettra pas vers le haut. Cela s'est produit un peu avant l'attaque de Pearl Harbor en 1941.

> À 7 h, l'armée avait fermé ses cinq unités de radar mobile, comme elle le faisait chaque matin à cette heure. Quand un simple soldat activa une des unités pour pratiquer, il vit de nombreux avions. Il téléphona à son lieutenant qui lui dit d'oublier ça. L'attaque surprise des Japonais commença à 7 h 55 (McCurdy, 1977, p. 209-210).

La communication horizontale

Il y a un grand nombre de communications latérales dans les organisations qui relient les individus travaillant soit dans une même unité, soit dans des divisions et à des niveaux interdépendants, soit même dans des organisations différentes. La communication horizontale facilite la coordination des tâches, la solution de problèmes, le partage de l'information et la résolution de conflits (Goldhaber, 1974, p. 121). La plupart de celles-ci ont lieu entre pairs plutôt qu'entre supérieurs et subordonnés; lorsqu'elles s'établissent entre cadres de rangs hiérarchiques différents, les communications horizontales ont pour effet de diminuer l'importance relative de statut (Downs, 1967, p. 113; Blau et Scott, 1962, p. 116-139).

FIGURE 5.5

PLUS VOUS "MONTEZ" DANS L'ORGANISATION, PLUS LES CANAUX DE FEED-BACK ONT TENDANCE À NE VÉHICULER QUE CERTAINS MESSAGES.

Source: *Issues and Observations*, vol. 4, n° 3 (août 1984): 2. Center for Creative Leadership, 5000 Laurinda Dr., P.O. Box P-1, Greensboro, NC 27402-1660. (Traduction libre)

Les communications horizontales seraient plus fréquentes que les communications verticales et moins sujettes à la distorsion. Pour diverses raisons, les membres d'une organisation utilisent plus facilement les canaux latéraux et sont ainsi moins portés à restreindre, retenir ou déformer leurs messages. Des recherches montrent que plus un message est menaçant, plus il est susceptible d'être ignoré ou déformé. Contrairement à l'information communiquée verticalement, dans un sens ou dans l'autre, à des fins de contrôle de la performance, l'information communiquée horizontalement sert le plus souvent à assurer une meilleure coordination et est donc moins menaçante. De même, la communication latérale est susceptible d'être davantage bilatérale (ou multilatérale) qu'unilatérale, plus officieuse qu'officielle, plus informelle que formelle, et transmise de personne à personne ou verbalement plutôt que par écrit. Par conséquent, la rétroaction est plus rapide et plus fréquente et les distorsions sont moins nombreuses. Parce que les pairs ont un cadre de référence commun, leurs messages ont des sens similaires; il est plus facile et moins risqué de faire preuve d'ouverture et de sincérité personnelle dans la communication horizontale.

Tout en facilitant la coordination des tâches, la communication entre pairs contribue également à soutenir l'individu aux plans affectif et social. Tous les membres appartenant à un groupe, organisé ou pas, ont besoin de support sur le plan socio-affectif. La question est de savoir si les organisations trouvent leur compte dans les communications entre pairs. La réponse est «probablement que oui» ou «oui, mais»... Katz et Kahn sont d'avis, par exemple, que «s'il n'y a pas de problèmes de coordination à résoudre par les pairs, le contenu de leurs communications peut prendre des formes qui sont non souhaitables ou nuisibles au fonctionnement de l'organisation» (1966, p. 244).

Les communications horizontales font contrepoids au pouvoir des responsables hiérarchiques; c'est pourquoi ces derniers essaient souvent de les restreindre et de les contrôler. Plus l'organisation est menée de manière autoritaire et de manière à contrôler les membres aux niveaux les plus bas, plus elle cherchera à régir et à limiter les communications horizontales. Si les membres ne peuvent pas communiquer entre eux, ils seront incapables de coordonner leurs efforts pour réaliser des choses qui ne sont pas sanctionnées par la direction.

Il n'en reste pas moins que les interactions horizontales sont inévitables. Dans les organisations, il faut que les tâches soient coordonnées; les communications horizontales seront d'autant plus importantes que les tâches deviendront plus complexes et qu'elles devront être assumées par des professionnels. Ces derniers cherchent l'appui de leurs pairs et à s'identifier à eux, ce que favorisent les interactions latérales et informelles.

La communication externe

Les organismes publics sont très perméables et leurs «frontières» très faciles à franchir. Les bureaucrates, à tous les niveaux, réagissent à toutes sortes de situations et, pour diverses raisons, communiquent avec des individus en dehors de leur organisation. Les communications avec l'externe, plus souvent informelles, touchent de nombreux aspects de l'organisation et comportent ainsi des implications majeures. Par exemple, les bureaucrates qui ne sont pas d'accord avec les politiques de leur organisation peuvent fournir de l'information à des acteurs influents situés à l'extérieur – qu'il s'agisse de la presse, des législateurs ou de groupes d'intérêts sympathiques à leur point de vue.

À certains égards, l'imputabilité d'une organisation publique et/ou l'attention qu'elle veut accorder aux demandes de ses mandants et de ses commettants nécessitent l'entretien de relations avec son environnement. Cependant, d'autres aspects de ce type d'organisation – son système d'autorité hiérarchique, le contrôle du gestionnaire sur ses subordonnés et les procédés décisionnels de l'organisation – peuvent être grandement perturbés par de telles relations. Pour l'organisation, il importe que ses relations et ses communications avec son environnement puissent être utilisées à son avantage et qu'elles lui permettent de contrôler les facteurs environnementaux.

Une façon pour une organisation de mieux prévoir l'évolution de son environnement et même de le tourner à son avantage est de coordonner l'information et ses interventions avec les acteurs importants dans l'environnement. Seitz (1978) donne des modèles intéressants, à la fois simples et complexes, de la forme que ces liens peuvent prendre (voir la *figure 5.6*). Les canaux de pouvoirs et de communications qui relient des concepteurs de politiques aux intérêts divergents, la clientèle cible des organisations et les bureaucrates, sont des phénomènes très complexes. Les études de marketing révèlent des problèmes similaires au chapitre des relations entre les producteurs, les distributeurs et les consommateurs de biens ou services offerts par les firmes privées à but lucratif. Cependant, leurs réseaux seraient plus simples en comparaison de ceux qui relient les législateurs, les organisations publiques et leurs clientèles.

FIGURE 5.6

A. Canal simple d'exercice du pouvoir

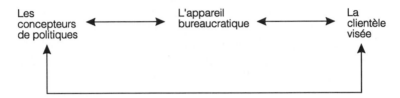

B. Canal complexe d'exercice du pouvoir

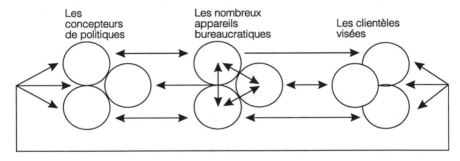

Source: Steven Thomas Seitz, *Bureaucracy Policy and the Public*, St. Louis, C.V. Mosby, 1978, p. 91.

Il existe également des réseaux et des relations de pouvoir entre bureaucraties. Les organisations publiques rivalisent entre elles pour les ressources rares que les législateurs leur allouent. Ils rivalisent aussi pour l'administration de programmes et le service à la clientèle[2]. Le besoin de coopérer avec d'autres organismes pour fournir des services plus complets ou de meilleurs services peut aussi être à la base de l'établissement de relations entre les organisations publiques.

---

2.   À titre d'exemple, on peut signaler la rivalité entre le ministère québécois de l'Éducation et celui de la Main-d'œuvre, de la Sécurité du revenu (et depuis, de la Formation professionnelle), au début des années 90, pour assumer la responsabilité des programmes de formation professionnelle. (N.D.T.)

   Les canaux qui lient les bureaucraties entre elles prennent plusieurs formes (voir la *figure 5.7*). Selon le modèle hiérarchique, un organisme public peut en dominer d'autres via une chaîne formelle de commandement. En général, les messages envoyés par l'agence supérieure prennent la forme de demandes d'informations; les messages envoyés par les organismes publics subalternes contiennent, du moins idéalement, des informations et des rapports requis par l'agence supérieure. Selon ce modèle, la coopération interagence, dans le but d'offrir des services, par exemple, doit respecter la structure formelle qui s'accompagne habituellement de règles formelles, de contrats, etc.

FIGURE 5.7

Modèles de canaux entre organisations.

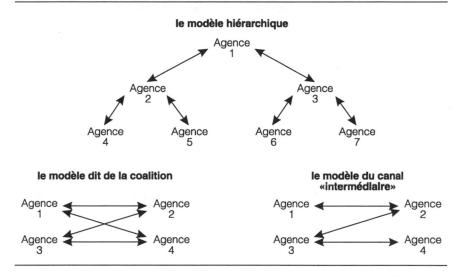

Source: Steven Thomas Seizt, *Bureaucracy Policy and the Public*, St. Louis, C.V. Mosby, 1978.

   Le modèle hiérarchique implique que l'organisme situé au sommet de la pyramide a autorité sur les autres qui en forment la base. La résistance politique de la part des organismes publics ou de leurs clientèles à un tel arrangement est bien connue. L'existence de juridictions multiples dans les systèmes de gouvernement nord-américains constitue une autre source de résistance. Si un organisme public accepte mal d'être placé sous le contrôle d'un autre organisme public, cette opposition est tout aussi forte lorsqu'elle se produit entre différentes juridictions. Par exemple, lors de l'écrasement d'un jet d'Air Florida dans le fleuve Potomac à Washington, en 1982, les unités d'urgence de plusieurs juridictions locales furent requises. Les opérations de sauvetage furent entravées par l'inefficacité des communications et le manque de coordination entre les organismes impliqués. Le modèle hiérarchique offrait une solution structurelle à ce type de problème, mais à cause des différences de juridictions et de la diversité des organismes, il a fallu plutôt trouver des accommodements. Ce n'est qu'après des mois de travail par le groupe chargé de résoudre le problème, de nombreuses études et rencontres formelles et informelles entre l'organisme responsable et les chefs politiques, qu'un plan a pu être adopté pour améliorer la communication et la direction des opérations advenant d'autres accidents. On a institué des canaux de communication plus directs et plus efficaces; comme résultat, on a obtenu une structure beaucoup moins «pyramidale» que ce qui est prescrit par le modèle hiérarchique. Ce résultat ne doit pas surprendre compte tenu de la résistance naturelle des organisations publiques, de la clientèle et de dirigeants qui apparte-naient à des juridictions et niveaux de gouvernement différents: c'est d'ailleurs le genre de résultat auquel on peut s'attendre quand la solution doit tenir compte d'acteurs et de facteurs politiques. Pourtant, comme le suggère le témoignage sui-vant (voir l'encadré 5.2), de bonnes communications entre organismes publics sont souvent déterminantes, particulièrement lorsqu'il s'agit de gérer une crise.

ENCADRÉ 5.2

L'incendie de millions de pneus à St-Amable:
un accident technologique majeur bien géré
Jean-Jacques PARADIS
Professeur invité à l'École nationale d'administration publique
et ex-directeur de la Direction de la sécurité civile

Le 16 mai 1990, à 15 h 45, un incendie s'est déclaré sur un site d'entreposage de pneus usagés situé à Saint-Amable, à quelques kilomètres de Montréal. Ces pneus couvraient une superficie estimée à environ 100 000 mètres carrés et s'em-pilaient sur plus de 10 mètres de haut; ce site constituait le plus important dépotoir de pneus au Québec. La combustion de plusieurs millions de pneus a généré une colonne de fumée contenant du monoxyde de carbone, du soufre, des hydrocar-bures et différents oxydes de métaux ainsi que des produits toxiques susceptibles de s'infiltrer dans le sol et de contaminer les eaux de surface et souterraines.

Nul doute que cet incendie, de par sa nature et son ampleur, représentait une menace pour le bien-être des citoyens de Saint-Amable et des municipalités avoisinantes de même que pour l'environnement.

L'incendie a été contrôlé en 79 heures seulement; à titre indicatif, un accident similaire qui s'était produit en Ontario quelques mois plutôt avait nécessité des interventions d'une durée de 366 heures. Les deux éléments clés qui peuvent ex-pliquer la gestion réussie de ce genre de crises sont une coordination et des com-munications efficaces (les deux étant étroitement liés). La direction générale de la sécurité civile, rattachée au ministère québécois de la Sécurité publique, assurait la coordination des interventions. À ce titre, cette direction devait harmoniser les actions d'une dizaine de ministères susceptibles de contribuer à la solution de la crise. Sur le terrain, la direction pilotait un comité de gestion de crise qui faisait le lien entre tous les intervenants, colligeait et traitait l'ensemble des informations et communiquait systématiquement et périodiquement avec les différents médias. Il est capital de comprendre que le rôle de la Direction générale de la sécurité civile n'est pas d'exercer les prérogatives de ces ministères, ni même de leur indiquer

comment les exercer. Ses effectifs qui totalisent deux cents personnes doivent plutôt chercher à faire en sorte, à partir d'informations sur la crise, que les intervenants facilitent le règlement de la crise, compte tenu des circonstances. C'est
d'ailleurs dans cette optique qu'il sera possible d'obtenir leur collaboration, notamment aux chapitres de la communication d'informations et la fourniture de services, chacun percevant qu'il pourra mieux contribuer à la solution en se pliant aux
exigences d'une coordination assurée par un organisme comme la Direction
générale de la sécurité civile.

Cette nécessaire coordination avait fait sérieusement défaut dans des situations de crise comparables, telle celle de l'incendie de barils de B.P.C. (biphenyles
polychlorés) à Saint-Basile-le-Grand en 1988. Dans ce cas, l'information sur la
nature des matières incendiées, sur les risques pour la vie et la santé des résidents, a pris la forme de rumeurs ou de demi-vérités qui ont eu vite fait de créer un
climat de panique. C'est ce climat qui avait incité le gouvernement à demander à
la Sûreté du Québec d'assurer le règlement de la crise.

Les difficultés de Saint-Basile ont été évitées à Saint-Amable en mettant en
place une structure de coordination mieux intégrée qui, par ailleurs, s'est assurée
de posséder toute l'information utile et de la partager systématiquement avec la
population et les médias d'information. Ce dernier point est crucial, la panique
s'expliquant en bonne partie par les rumeurs et les hypothèses apocalyptiques
qu'entretiennent ceux et celles qui ne sont pas informés ou qui ne sont informés
qu'à demi.

Dans le modèle dit «de coalition» (voir la figure 5.7), tous les organismes
sont reliés les uns aux autres et ce, de manière complexe; dans le modèle dit des
«canaux brisés», il n'existe de relations directes qu'entre certains organismes.
Aucune agence n'est reliée directement à toutes les autres et aucune n'a le
pouvoir sur toutes les autres en vertu d'une chaîne formelle de commandement.
Dans ces deux modèles, il y a coordination mais elle est moins centralisée et
systématique.

Dans ces cas, la coordination repose sur l'ajustement mutuel entre les participants. Il y a trois approches à l'ajustement mutuel et aux relations de pouvoir
dans ces deux modèles de canaux interorganisationnels (Seitz, 1978, p. 95-101).
Selon la première approche, les agences (ou organismes) acceptent le partage des
pouvoirs existants et respectent le champ d'action des autres agences. Selon la
deuxième approche, les organismes peuvent accepter de coordonner activement
leurs activités et faciliter l'activité des autres. Cela impliquera normalement plus
de coordination systématique afin d'assurer une meilleure qualité de services à la
clientèle. La troisième approche réfère à une compétition active parmi les organisations; la relation entre la compétition et la coopération est quelque peu
surprenante. «Dans des conditions de compétition, chaque agence doit trouver
l'information au sujet de ses compétiteurs et doit essayer d'égaler toute amélioration introduite par une autre agence.» (Seitz, 1978, p. 96) Par conséquent, la
compétition dans l'offre des biens publics (c'est aussi le cas des marchés capita-
listes) peut contribuer à augmenter la standardisation des biens, des services et
des connaissances.

On commence seulement à s'intéresser au phénomène du pouvoir dans les réseaux interorganisationnels. Une étude menée en 1981, dans des réseaux de services sociaux situés dans 17 agglomérations, conclut que les stratégies de communication d'une organisation (c'est-à-dire les programmes conjoints, les communications formelles et informelles, les comités consultatifs, etc.) sont plus importantes que les contraintes environnementales (le peu d'autonomie administrative ou la soumission à des mandats conditionnels, par exemple) pour déterminer la place de l'organisation et son influence dans les réseaux interorganisationnels (Boje et Whetten, 1981).

LES RÔLES INDIVIDUELS DANS LES COMMUNICATIONS

Nous avons vu plus tôt que les communications organisationnelles peuvent être différenciées selon que les canaux de transmission et les contenus sont formels ou informels, selon que les communications se font verticalement – du haut vers le bas ou du bas vers le haut – ou horizontalement, ou encore à l'interne ou à l'externe. Des réseaux variés peuvent être développés entre individus et entre groupes et, par conséquent, des rôles de communicateurs s'établissent à l'intérieur du système de communication de l'organisation.

La prise de conscience de la multiplicité des rôles tenus dans les organisations est riche d'enseignements, pour les théoriciens des organisations et de la communication et aussi, dans une certaine mesure, pour les citoyens en général et les gestionnaires publics en particulier. Que la communication soit abordée dans un contexte organisationnel ou dans un tout autre contexte, les différences individuelles comptent. Ainsi, les individus qui communiquent dans les organisations publiques ne se conforment pas à un seul modèle d'interaction. La recherche a permis de relever des rôles et des fonctions spécifiques de communication que certains individus sont susceptibles d'assumer. Quatre catégories de rôles individuels méritent une attention particulière: celui de «gardien» (*gate keeper*), celui «d'agent de liaison», celui de «leader d'opinion», et celui de «diffuseur» (Rogers et Agarwala-Rogers, 1976, p. 132-140) (voir la *figure 5.8*).

Les gestionnaires publics, tout comme les citoyens, peuvent traiter plus efficacement avec les organisations publiques s'ils réussissent à saisir les rôles que jouent certains individus dans les communications, s'ils comprennent les comportements associés à ces différents rôles et les conséquences qui en découlent pour le fonctionnement des organisations. Certains rôles peuvent avoir, à l'occasion, une dimension politique alors que d'autres ne sont pas explicitement politiques. Et pourtant, tous les rôles ont des effets sur les programmes publics et la gestion des organisations publiques. Par leurs contacts avec la clientèle, les groupes externes et les autres organisations, les «gardiens» et les «diffuseurs», par exemple, peuvent influencer les réactions de l'organisation à l'égard de son environnement. L'application des politiques dépend en bonne partie de la coordination des activités de l'organisme, un rôle assumé par les «agents de liaisons»;

les «diffuseurs» renforcent également la coordination entre les organismes – un rôle très important dans un système gouvernemental très éclaté comme le nôtre (plusieurs juridictions et ordres de gouvernement). La capacité d'adaptation de l'organisation aux changements peut être influencée d'une façon significative par les «leaders d'opinion» et les «gardiens».

FIGURE 5.8

Rôle de communicateurs dans les organisations

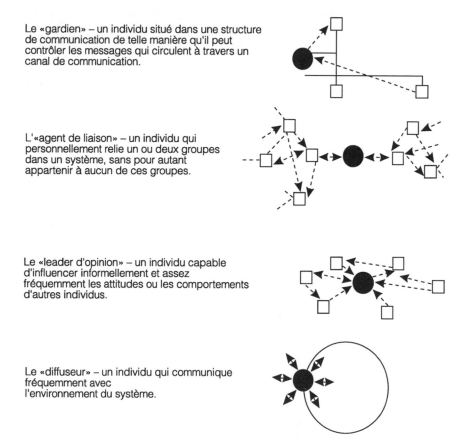

Le «gardien» – un individu situé dans une structure de communication de telle manière qu'il peut contrôler les messages qui circulent à travers un canal de communication.

L'«agent de liaison» – un individu qui personnellement relie un ou deux groupes dans un système, sans pour autant appartenir à aucun de ces groupes.

Le «leader d'opinion» – un individu capable d'influencer informellement et assez fréquemment les attitudes ou les comportements d'autres individus.

Le «diffuseur» – un individu qui communique fréquemment avec l'environnement du système.

Source: Everett M. Rogers et Rekha Agarwala-Rogers, *Communications in Organizations*, New York, Free Press, 1976, p. 133.

Les «gardiens»

Les «gardiens» contrôlent la communication qui emprunte un canal ou un réseau donné. L'individu qui occupe une position par où des messages doivent passer, joue jusqu'à un certain point un rôle de «gardien»; le réseau de communication peut être formel aussi bien qu'informel. Par exemple, n'importe quel maillon dans un réseau apparenté à une «chaîne» (figure 5.2) est un «gardien». Les positions de «gardiens» sont également situées dans la hiérarchie formelle de l'organisation. Ainsi, dans la figure 5.9, B est un gardien dans la structure formelle. Dans certains cas, l'individu C (ou D ou E) peut aussi être dans une position informelle de «gardien». Les individus C ou A peuvent communiquer de manière informelle dans l'organisation ou encore participer aux activités d'une autre organisation ou en faire partie (association professionnelle, organisme de loisirs, covoiturage, activités religieuses, etc.), ce qui leur fournit autant d'occasions d'échanger des informations intéressantes sur l'organisation.

Agissant comme une valve ou un filtre contrôlant le volume des messages, les gardiens exercent une fonction importante en évitant la surcharge d'informations, spécialement celles qui sont acheminées du bas vers le haut. Que cela soit accompli sans distorsions et omissions qui puissent être dommageables pour l'organisation, dépend des critères utilisés par les «gardiens» pour régulariser le flot d'informations.

FIGURE 5.9
Le modèle formel et informel du «gardien»

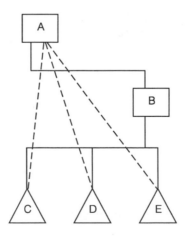

Les critères utilisés par les «gardiens» pour filtrer l'information peuvent avoir des conséquences sérieuses, voire tragiques. L'explosion à Centralia N° 5

(une mine souterraine) qui causa la mort de 111 mineurs se produisit après que des «gardiens» dans plusieurs organisations publiques eurent déformé ou bloqué la communication d'informations. Ce fut le cas de John Chapman, un des trois secrétaires du gouverneur de l'Illinois. Chapman avait reçu une lettre adressée par les mineurs au gouverneur, demandant à ce dernier de «sauver leur vie». Les mineurs se plaignaient des conditions de travail dans la mine et avertissaient le gouverneur d'une explosion imminente. Ils demandaient au gouverneur d'intercéder auprès du département des Mines de l'Illinois afin de faire appliquer certaines lois, ce qu'évitaient de faire depuis longtemps les autorités de la mine. Le secrétaire Chapman dicta un mémo deux jours plus tard et envoya la lettre et son mémo par le courrier normal. Le département des Mines les reçut deux jours plus tard alors que leurs bureaux n'étaient situés qu'à seulement une cinquantaine de mètres de là! John Martin commente de la manière suivante le critère utilisé par ce «gardien» pour traiter ces informations et passer à l'action:

> Une logique, la logique administrative a guidé Chapman lorsque ce dernier a acheminé la plainte au département des Mines – la logique administrative a un casier pour toute chose; ce qui concerne les lois est envoyé au Procureur général, ce qui concerne les mines est acheminé au département des Mines. C'est aussi simple que ça. Pourtant ce n'est pas une logique très utile quand une agence gouvernementale est accusée d'avoir commis des erreurs. (Stillman, 1980, p. 27)

Robert Medill, le directeur du département des Mines, renvoya la lettre originale et le mémo à Chapman prétendant que la plainte était exagérée; il suggérait que le gouverneur avise le syndicat des mineurs qu'il porterait la plainte à l'attention du conseil des mines lors de leur prochaine rencontre, en leur demandant d'y donner suite. Chapman était apparemment satisfait et, s'appuyant sur l'avis de Medill, dicta une lettre aux mineurs, à être signée par le gouverneur. Le gouverneur ne prit connaissance de la lettre originale et de la correspondance subséquente que des mois plus tard quand l'explosion dévastatrice de la mine se produisit.

Davantage de recherches doivent être faites sur le choix des critères utilisés par les «gardiens» dans les organisations publiques, puisque les problèmes qui y sont reliés vont bien au-delà des habituels problèmes de clarté et d'efficacité dans les communications. Les «gardiens» nuisent à la performance des organisations publiques lorsqu'ils empêchent l'accès aux responsables, ou lorsqu'ils imposent aux clientèles des délais inacceptables. L'information concernant des problèmes de contrôle peut être bloquée ou retenue par les «gardiens», mettant ainsi en cause la capacité des bureaucraties publiques d'agir de manière responsable. En fait, les ombudsmans et les vérificateurs internes des organisations publiques peuvent être perçus comme des réponses structurelles à la vulnérabilité de la communication, que ces réponses se manifestent dans les organismes via des phénomènes de distorsion, d'omission ou de suppression de l'information.

Les «gardiens» n'ont pas qu'un côté négatif. La plupart d'entre nous avons pu apprécier, à un moment ou à un autre, l'aide et la disponibilité des «gardiens».

Le ou la secrétaire sympathique qui, à l'université, suggère au jeune étudiant timide de parler avec le chef de département ou avec un professeur au sujet d'un problème d'horaire, tout en l'accompagnant et en faisant les présentations d'usage, lui facilite les choses et agit à titre de «gardien» bienveillant. C'est aussi le rôle que joue le travailleur social qui s'occupe d'un client non familier avec les programmes et les procédures bureaucratiques, qui lui donne de l'information, qui l'aide à maîtriser la terminologie bureaucratique ou à compléter les formulaires d'usage.

«Agents de liaison» et «têtes de pont»

Les «agents de liaison» et les «têtes de pont» sont des individus qui relient les systèmes de communication ou les réseaux dans l'organisation. Ces rôles peuvent être formels ou informels et peuvent viser les réseaux verticaux ou horizontaux. On surnomme «tête de pont», le membre d'un des systèmes reliés sur qui s'appuie la liaison; l'«agent de liaison», quant à lui, n'appartient à aucun des systèmes reliés. La coordination assurée par les «agents de liaison» et les «têtes de pont» est cruciale au bon fonctionnement de l'organisation. Pour simplifier les choses, nous utiliserons uniquement l'expression «agents de liaison» dans les paragraphes suivants.

Idéalement, les agents de liaison acheminent l'information entre les groupes ou les systèmes (Rogers et Agarwala-Rogers, 1976, p. 136). Le fonctionnement de l'organisation est perturbé si les agents de liaison sont inopérants. Des conséquences encore plus graves résultent de la perte ou de la disparition de ces agents; ils sont en fait associés étroitement aux structures de l'organisation. Dans une étude des modèles de communication effectuée auprès de gestionnaires d'une agence américaine responsable de la recherche navale, on a pu vérifier qu'en enlevant les agents de liaison, on désorganisait les opérations. Les réseaux affectés se sont démembrés (Jacobson et Seashore, 1951)

«La caractéristique de ceux qui assurent ces liaisons tient plus à leur capacité d'établir la communication dans le réseau organisationnel» qu'à des qualités personnelles particulières (Rogers et Agarwala-Rogers, 1976, p. 138). En fait, les recherches indiqueraient qu'il y a peu de différence entre ceux qui assurent ces liaisons et d'autres membres de l'organisation, bien qu'il soit permis de croire que ces individus partagent les qualités (ou les normes) des groupes dont ils assurent la liaison (Yadav, 1967). Les recherches révéleraient également que, en général, les gestionnaires situés aux niveaux supérieurs de l'organisation seraient plus susceptibles de jouer ce rôle.

On peut aussi se demander combien il y a d'agents de liaison dans une organisation? Rogers et Agarwala-Rogers notent que «la plupart des analyses de réseaux indiquent que de 5 à 20 pour cent des membres d'une organisation agissent comme agents de liaison» (1976, p. 137). Ils admettent cependant que les résultats des recherches varient considérablement d'une étude à l'autre, soit à cause des différences dans les méthodes de recherche, soit parce que le degré d'interdépendance requis chez les membres d'organisations différentes ou exerçant des tâches différentes varie beaucoup.

La structure et la stabilité des réseaux organisationnels et des rôles individuels sont importantes tant du point de vue théorique que du point de vue pratique. Cela est d'une importance stratégique au sens où une organisation doit décider, premièrement, si elle a besoin de mettre en place des mécanismes de liaison et, deuxièmement, où de tels mécanismes doivent être situés. Dans certains cas, en l'absence de mécanismes informels, on doit créer des mécanismes formels. Même quand les besoins d'assurer des liaisons sont assumés de façon informelle, il peut être justifié de créer des mécanismes formels notamment pour coordonner des activités organisationnelles importantes.

La mobilité du personnel réduit la performance des réseaux informels qui deviennent alors moins fiables. Dans le système américain, le taux élevé de roulement chez ces officiels nommés par les élus ébranlerait la stabilité des réseaux où ils jouent un rôle d'agents de liaison; et pourtant, la position qu'occupent ces officiels dans l'organisation et l'information ou l'influence qu'ils détiennent les rend importants sinon indispensables. Quels sont les avantages et les inconvénients pour le système de communication d'un organisme public géré par un fonctionnaire de carrière ou un bureaucrate dans une fonction de liaison plutôt qu'un officiel provenant de l'extérieur de la fonction publique et nommé temporairement? Peut-être de futures recherches sur la communication offriront-elles une réponse à cette question.

Les «leaders d'opinion»

Le leadership d'opinion est défini comme l'«habileté d'influencer de manière informelle, dans un sens précis, avec régularité, les attitudes ou les comportements d'autres individus» (Rogers et Agarwala-Rogers, 1976, p. 138). Un individu occupant un poste formel dans l'organisation peut être un «leader d'opinion» mais la plupart des recherches montrent que les «leaders d'opinion» utilisent les structures informelles plutôt que les structures formelles de l'organisation. On peut donc les retrouver partout dans l'organisation et à n'importe quel niveau hiérarchique (Redding, 1972, Carroll et Tosi, 1977). Les «leaders d'opinion» jouissent de beaucoup de crédibilité auprès des membres d'un groupe ou d'une organisation. Leur influence ne s'appuie pas sur l'autorité formelle que leur confère un statut officiel mais plutôt sur leur expertise, leur expérience, leurs connaissances et leur attachement aux normes du groupe auquel ils appartiennent.

Le leadership d'opinion, basé sur la conformité aux normes, favorise la socialisation des membres du groupe, ce qui améliore par le fait même la coordination et le contrôle. Les membres sont également plus motivés à atteindre les buts de l'organisation à condition, bien sûr, que les normes informelles du groupe correspondent aux buts formels de l'organisation. Si tel n'est pas le cas, ce type de leadership d'opinion peut créer de sérieux problèmes aux autorités d'une organisation.

Le leadership basé sur un savoir facilite la prise de décision informelle dans le groupe (Rogers et Agarwala-Rogers, 1976, p. 140). Ces connaissances et l'information des leaders sur certaines questions sont alors communiquées aux autres membres du groupe. Les réseaux de type «éclaté» ou «radial» apparaissent mieux adaptés au leadership d'opinion basé sur les connaissances, tandis qu'un leader d'opinion dans un groupe très solidaire s'accommode très bien d'un réseau «tous points reliés» (voir la figure 5.3). Le leadership peut s'appuyer et être reconnu à partir de connaissances sur un sujet précis ou sur une multiplicité de sujets. Les recherches sur le leadership d'opinion ont porté davantage sur des situations se déroulant en dehors du cadre organisationnel. Il faut multiplier les recherches sur l'exercice de ce rôle dans l'organisation, notamment à cause de l'importance croissante de nombreux professionnels dans les organisations publiques.

Les «cosmopolites»

Les cosmopolites dont il sera maintenant question ne sont pas – contrairement à ce que l'on pourrait penser – des gens qui voyagent beaucoup ou qui vivent dans de grandes agglomérations urbaines! Dans la théorie des communications, on qualifie de «cosmopolites» des individus qui ont de nombreux contacts dans l'environnement externe de l'organisation (Thompson, 1967; Merton, 1968); ce sont ces contacts qui facilitent les relations de l'organisation avec son environnement. L'ouverture de l'organisation à son environnement, le volume d'échanges d'informations entre une organisation et son environnement, s'appuient en bonne partie sur les «cosmopolites». Cela n'est guère surprenant étant donné que les réseaux personnels des «cosmopolites» sont «éclatés» ou de type «radial» plutôt que fermés ou du type «tous points reliés» (voir figure 5.3).

Les «cosmopolites» sont essentiels dans le maintien et l'ajustement des rapports qu'entretiennent les organismes publics avec leur environnement. «L'ajustement aux contraintes et aux contingences non contrôlées par l'organisation est le problème crucial que les "cosmopolites" cherchent à résoudre.» (Thompson 1967, p. 81) Ils influencent de manière significative l'habileté de l'organisation à s'adapter, à exploiter et à contrôler son environnement. Du point de vue de la communication, le cosmopolite joue un rôle de liaison entre les réseaux internes et les réseaux externes à l'organisation. Dans la mesure où ils contrôlent ou filtrent le flot de communications et d'informations qui entrent et sortent de l'organisation, ils jouent également un rôle de «gardiens».

Le travail des «cosmopolites» varie selon la stabilité relative de l'environnement, du type d'actions à poser et selon les récompenses qu'elles entraînent. Lorsque l'organisation évolue dans un environnement hétérogène et instable, les occasions de promotion ou d'élargissement de pouvoir sont plus nombreuses. Le travail du «cosmopolite» dans un tel environnement requiert de pouvoir s'adapter aux événements imprévus, ce qui fournit au «cosmopolite» des occasions d'apprentissage et des possibilités d'améliorer sa visibilité autant à l'intérieur qu'à l'extérieur de l'organisation. Au contraire, l'employé effectuant un travail standardisé est susceptible d'être remarqué seulement s'il fait des erreurs et aura généralement moins de chances de faire des apprentissages qui lui permettraient d'occuper des postes plus intéressants (Thompson, 1967, p. 107-111).

La communication entre l'organisation et son environnement externe est presque toujours initiée par les autorités supérieures de l'organisation ou par ceux qui exercent des rôles formels en matière de communication (c'est-à-dire les agents d'information). Ceux qui occupent des postes hiérarchiques élevés obtiennent toutes sortes d'informations, différentes de celles que peuvent leur fournir ceux qui travaillent aux niveaux opérationnels et intermédiaires de l'organisation. Les membres de la haute direction d'un organisme public, qu'il s'agisse de fonctionnaires ou du personnel politique (d'un cabinet ministériel, par exemple), sont davantage en mesure, à cause des positions qu'ils occupent, d'être mis au courant de changements d'envergure dans l'environnement ou de développements futurs qui, bien qu'ils puissent se produire à long terme, peuvent avoir des impacts sur l'évolution de l'organisation; il peut s'agir d'informations d'importance stratégique pour l'organisation. Ce genre d'informations, qui vise les changements en cours dans l'environnement, pourra toucher l'évolution de l'économie, les alliances politiques, le climat législatif et politique face à l'organisation ou encore les projets de lois à l'étude.

Les employés qui occupent des postes hiérarchiques les mettant en contact directement avec la clientèle occupent aussi, à leur façon, des positions de «cosmopolites» dans l'organisation. Qu'il s'agisse de policiers, d'employés s'occupant d'émission de permis ou d'agents d'aide sociale, tous ont un impact considérable sur l'accès aux services publics et le traitement des clientèles. Leurs contacts directs avec la clientèle leur fournissent autant d'occasions d'obtenir de l'information sur les changements qu'elle souhaite, sur son degré de satisfaction à l'égard des services offerts par l'organisation ainsi que sur le bon fonctionnement des équipements et des installations mis à leur disposition par les organismes publics. Les informations et observations au sujet des effets (et peut-être l'efficacité) des activités organisationnelles sont aussi recueillies par des «cosmopolites» occupant des postes situés au bas de la pyramide hiérarchique.

Les communications avec l'externe ne sont pas confinées aux seuls membres de l'organisation qui en ont la responsabilité formelle. Certains individus s'impliquent dans des réseaux de communication avec l'externe, moins à cause de leur position dans la structure de l'organisation qu'à cause de leur engagement professionnel, ce qui les amène à jouer un rôle qui déborde celui qui découle de leur position hiérarchique dans l'organisation. Ils maintiennent des contacts avec des spécialistes de leurs domaines d'expertise, sont membres ou affiliés à des organisations ou à des groupes professionnels, et prennent connaissance systématiquement de ce qui se publie dans leurs champs d'expertise. Ces «cosmopolites», qui peuvent aussi être des «leaders d'opinion», profitent de toutes les occasions pour exercer leurs talents ou appliquer leurs connaissances (Presthus, 1978, p. 230).

Les «cosmopolites», qui s'identifient davantage à leur champ d'expertise (tels l'économie, l'éducation, le droit, l'informatique, etc.) qu'à leur organisation, et qui pourraient ainsi remettre en cause leur loyauté à son endroit, peuvent être source de problèmes pour l'organisation. Les objectifs qu'ils poursuivent dans la conception, le développement, ou la réalisation de politiques et de programmes peuvent refléter des valeurs professionnelles et des standards qui ne correspondent pas à ceux des élus ou à ceux du public. Une étude faite il y a une dizaine d'années concluait que des liens informels entre les «cosmopolites» peuvent gêner les stratégies d'un administrateur qui veut établir des liens avec d'autres acteurs d'un réseau interorganisationnel (Boje et Whetten, 1981, p. 391). En outre, la plus grande mobilité de ce type de «cosmopolites» peut contribuer à augmenter le roulement du personnel et l'instabilité dans l'organisation. Sur un plan plus positif, leur expertise peut s'avérer très valable pour stimuler le développement de programmes, l'innovation et, en général, l'adaptation de l'organisation à son environnement.

En résumé, les rôles que peuvent jouer les membres de l'organisation à l'égard de la communication remplissent plusieurs fonctions – la coordination, le filtrage de l'information, la socialisation des membres et l'innovation. De bien des manières, ceux qui jouent ces différents rôles contribuent à rendre les communications plus précises et efficaces, mais ils sont aussi des sources d'interférence et de distorsion de l'information. Bref, comme d'autres variables ayant un impact sur le fonctionnement des organisations publiques, la signification ultime des rôles joués en communication dépend de leur effet sur les politiques et le pouvoir de ces organismes.

DISTORSION ET INTERFÉRENCE DANS LA COMMUNICATION D'INFORMATIONS DANS LES ORGANISATIONS PUBLIQUES

On admet généralement que la communication vise l'échange d'informations véridiques. La distorsion des messages constitue par conséquent une dysfonction. Pourtant, dans les organisations, et spécialement dans les organisations publiques, la communication poursuit souvent d'autres buts que celui de transmettre de l'information; un de ces buts est d'influencer. La distorsion dans un tel cas, au lieu d'être vue comme dysfonctionnelle, doit être comprise comme un instrument visant à influencer.

Les opinions sont très partagées sur le bien-fondé du rôle que peuvent (ou doivent) jouer les bureaucrates dans la détermination des politiques publiques. Un principe sous-jacent à notre système politique, celui de la responsabilité, prescrit que ceux qui conçoivent les politiques publiques devraient rendre des comptes à ceux et celles qu'ils représentent; les élections contribuent à l'application de ce principe. Toujours selon ce principe, puisque les bureaucrates ne sont pas élus et n'ont pas à rendre directement de comptes au public, ils ne devraient pas jouer de rôle déterminant au regard des politiques publiques. Nous savons pourtant qu'en pratique, l'application intégrale d'un tel principe à l'endroit des bureaucrates n'est ni possible ni souhaitable. Par ailleurs, la distorsion intentionnelle de l'information par certains bureaucrates pose un problème encore bien plus sérieux.

Les types de distorsion exposés dans cette section et ailleurs dans ce chapitre ne sont pas tous intentionnels: parfois la distorsion est intentionnelle, parfois elle ne l'est pas, et il arrive qu'elle soit l'une et l'autre à la fois. Quoi qu'il en soit, toutes les distorsions peuvent affecter la réalisation et le contrôle des politiques publiques.

La perception comme source de distorsion

Chacun de nous vit dans un monde façonné dans une large mesure par nos propres processus de perception sur lesquels plusieurs facteurs agissent. Nos motivations, notre personnalité et nos habiletés et connaissances déterminent ce que nous percevons et ce qui échappe à notre perception. Les différences individuelles ajoutent à la richesse de nos univers personnels et sociaux, mais elles contribuent aussi à les rendre plus complexes et parfois à nuire aux communications interpersonnelles.

La perception est *sélective*, une caractéristique dont on ne réalise pas toujours les effets sur nos comportements. Lorsque nous communiquons, notre perception et notre attention sont sélectives, de telle manière qu'elles facilitent la réception de certains messages tout en modifiant ou bloquant certains autres. Par exemple, les participants à une réunion deviennent moins attentifs quand l'heure du dîner approche; comme la durée de la discussion retarde la levée de la réunion, les questions diminuent. Mais si quelqu'un demande au groupe s'il préfère arrêter pour dîner ou commencer à discuter de points qui requièrent beaucoup de temps, la réponse sera instantanée, énergique et claire. Les mots «dîner» ou «nourriture» seront entendus et c'est à ces derniers que l'on réagira. La faim ou le besoin de manger, dans notre exemple, a un effet sur la perception du participant.

Des individus différents interprètent le même message ou le même comportement de manières différentes. Prenons l'exemple de cet employé à qui on a demandé de rédiger un rapport. Quand son patron le lui a demandé, il en a souligné l'importance et a établi un échéancier serré qui devait être respecté. L'employé a complété et livré le rapport avant l'échéance. Lorsqu'il l'a remis à son supérieur, ce dernier n'en a pas fait de cas et trois semaines plus tard, il n'avait toujours fait aucun commentaire. Un employé expérimenté et plein d'assurance peut trouver ce comportement acceptable et habituel même s'il aurait apprécié être remercié et félicité. Un employé insécure ou inexpérimenté peut au contraire percevoir une telle conduite comme une désapprobation du rapport soumis plutôt que d'interpréter l'absence de réactions comme résultant d'une surcharge de travail du patron ou un simple accroc au maintien de bonnes relations humaines.

Notre façon de penser détermine notre aptitude à bien percevoir, c'est-à-dire «la tendance à percevoir ce qu'on s'attend à percevoir ou veut percevoir» (Haney, 1979, p. 63). Par exemple, l'expertise et le dévouement des professionnels à l'égard de leur profession les amènent à «poursuivre certains objectifs quel qu'en soit le coût» (Rourke, 1976, p. 116). Les professionnels ont ainsi tendance à percevoir les règles administratives et les procédures comme autant d'obstacles à l'efficacité et à la réalisation de politiques. Les gestionnaires, de leur côté, sont plus préoccupés par l'utilisation efficace des ressources, par le besoin de faire des compromis et des ajustements aux programmes d'action, puisqu'il leur faut tenir compte des forces politiques rivales à l'intérieur et à l'extérieur de l'organisation. Les professionnels ne perçoivent pas les décisions administratives et les communications de cette manière. Les perceptions sélectives de ces deux types d'employés diffèrent, ce qui affecte leurs propres relations et soulève des conflits d'allégeance et des problèmes de contrôle à l'intérieur de l'organisation. Les professionnels ont tendance à négliger les procédures et les canaux établis par les administrateurs, qu'ils considèrent d'ailleurs comme des «pousse-crayon». Leurs conflits et les perceptions négatives qu'ils ont les uns des autres sont reliés au phénomène «de la méfiance au sujet de la source d'information», ce dont nous traiterons plus loin.

Les recherches sur la communication confirment que «dans une large mesure, les messages qui sont perçus et retenus sont ceux qui renforcent les points de vue déjà acquis chez le récepteur» (Sebald, 1962, p. 149). Ce phénomène conditionne ce que nous cherchons à entendre et le sens que nous donnons à ce que nous entendons (March et Simon, 1958, p. 11). Les premières impressions, comme nous le savons tous, sont difficiles à modifier. De la même manière, nous avons tous et toutes, à un certain moment, exprimé une opinion seulement pour qu'une autre personne dise «Oh! vous ne pensez pas vraiment ça?» ou encore «Ce que vous dites m'étonne de vous!» Dans un tel cas, il y a déformation dans la réception du message car ce que nous disons ne correspond pas à ce que s'attendait d'entendre le récepteur sur le sujet. L'impulsion qui nous amène à vouloir renforcer notre façon de penser est tellement forte que «notre tendance à déformer les messages dans le sens de ce que nous pensons déjà est probablement le plus pernicieux et le plus systématique des biais dans les communications interpersonnelles» (Campbell, 1958, p. 346). Les chercheurs ont décrit comment nous entretenons nos perceptions existantes et notre façon de penser: «Quand une personne est confrontée à un fait qui n'est pas conforme à ses propres stéréotypes, elle est capable de déformer les données de manière à en éliminer les éléments incompatibles. De cette manière, elle évite d'avoir à modifier ses stéréotypes» (Zalkind et Costello, 1962, p. 227).

Cette tendance à déformer contribue à renforcer notre façon de penser; cela introduit également de fréquentes distorsions dans nos perceptions et notre communication. Par exemple, la recherche de Salvatore Maddi indique qu'une exposition plus longue à des stimuli menaçants est nécessaire pour qu'on en soit conscient, qu'on les reconnaisse et qu'on les enregistre (1972, p. 195-205, 541). De ces conclusions au sujet de «la défense perceptuelle», on peut déduire que le contrôle de l'organisation, aussi bien que la communication, peuvent être compliqués par la distorsion du processus de perception et la résistance au changement – dépendant de la nature des stimuli ou des messages.

Il n'y a pas de situation où le caractère sélectif de la perception soit plus fort que lorsque sa propre image est en jeu. S.I. Hayakawa affirme que «le motif fondamental du comportement adopté par l'être humain n'est pas de se préserver lui-même, mais de préserver l'image qu'il a de lui-même» (1961). Dans son texte sur la communication et les relations interpersonnelles, Haney parle clairement de la résistance au changement d'image: «La particularité de l'image que l'on a de soi est qu'elle peut être menacée par le *changement* – soudain, dramatique et incontrôlé (et ce, même si le changement est favorable)» (1979, p. 101).

Se pourrait-il que cette résistance à des changements, même favorables à l'égard de cette image, explique certains comportements dans les organisations, tels la résistance ou la négligence du feed-back même positif, le refus d'une promotion ou le refus d'assumer de plus grandes responsabilités? Parfois, il semblerait que ce soit le cas. Par ailleurs, cette volonté de préserver l'image personnelle explique sans doute l'émergence de certains conflits dans l'organisation. Que penser, par exemple, de l'incompatibilité qui peut se développer entre un subordonné qui se perçoit comme un professionnel très autonome et un patron qui veut tout contrôler et qui perçoit ses subordonnés comme des gens «qui ne l'emporteront pas au paradis»? Une telle situation ne peut qu'encourager les conflits.

Les interprétations erronées

Lorsque la communication est mauvaise, le «transmetteur» et le «récepteur» ne saisissent pas le sens que l'autre veut donner au message (Haney, 1979, p. 286). Les erreurs d'interprétation peuvent avoir des causes différentes; le même mot peut avoir des sens différents pour différentes personnes. Parfois la confusion se produit quand le transmetteur et le récepteur utilisent des mots différents pour dire la même chose. Leur désaccord sur le fond est habituellement dissimulé, au moins initialement, derrière un accord apparent. Plus tard, la découverte de leur erreur d'interprétation peut être fort déplaisante. Dans une organisation, le résultat d'une telle «erreur» peut dégénérer en actions improductives, en erreurs, en conflits. Quand il y a apparence d'un désaccord alors qu'en fait on s'accorde sur

le sens du message, l'effet est aussi déconcertant. De telles distorsions se produisent parce qu'on présume que les mots n'ont qu'un seul sens, ce qui n'est
évidemment pas le cas. Une autre méprise enfin tient à la croyance que les mots
ont un sens en soi, intrinsèque.

Erreurs dues aux phénomènes d'abstraction et de différenciation

Quand nous parlons, écrivons ou lisons, nous faisons toujours *abstraction* de
certaines choses, c'est-à-dire que nous retenons certains détails et en omettons
d'autres. Typiquement, notre langage n'est qu'abstraction. Si vous dites de quelqu'un: «elle est ma collaboratrice», vous faites une abstraction, c'est-à-dire que
vous avez sélectionné seulement une de ses nombreuses qualités et avez omis
d'indiquer qu'elle est aussi coureuse de marathon, qu'elle aime la crème glacée
aux pistaches, qu'elle parle l'espagnol, qu'elle est diplômée en histoire, etc.

Plusieurs types d'erreurs de différenciation contribuent à la mauvaise
communication. La *«non-discrimination»,* par exemple, fait que l'on minimise les
différences tout en exagérant les ressemblances. Les linguistes ont noté que les
anglophones sont particulièrement portés à percevoir et à parler en termes de
similitudes et à généraliser au lieu de différencier. La langue anglaise a de nombreux noms et verbes généraux; d'autres langages en possèdent proportionnellement moins et ont davantage de mots spécifiques. La langue des Inuit, par
exemple, comporte plusieurs mots pour désigner les différents types de neige
plutôt que le terme unique «neige». Les Navajos ont plusieurs mots qui réfèrent
aux étapes précises à franchir pour «aller vers» ou encore pour exprimer les différentes «manières d'aller vers»; ils n'ont par ailleurs aucun concept général pour
exprimer cette idée (Haney, 1979).

La *polarisation* nous induit en erreur quant aux différences entre deux
phénomènes. Elle réfère à deux situations différentes, conciliables mais qui sont
présentées comme si elles étaient contradictoires, comme si l'une excluait nécessairement l'autre (Haney, 1979, p. 435). Dire que les gens mesurent six pieds ou
plus, ou moins de six pieds, ne constitue pas une contradiction en soi, mais dire
que ces gens sont grands ou petits constitue une polarisation puisque les gens de
grandeur moyenne ne sont ni grands ni petits. Les jugements globaux et définitifs
constituent aussi des erreurs de différenciation: quand nous croyons qu'il est
impossible d'y apporter des changements, nos schèmes de pensée et nos communications ne peuvent être que biaisés, voire erronés, un jour ou l'autre.

Les politiques publiques doivent être générales et s'appuyer sur les caractéristiques communes d'une variété d'individus. Idéalement, pourtant, leur
conception devrait refléter de façon adéquate les différences entre les gens et les
situations. Les distorsions entre notre pensée et ce qu'on en communique s'expliquent par des phénomènes tels que l'abstraction, la non-discrimination et la
polarisation qui, à leur tour, peuvent être à l'origine de politiques publiques non

adaptées à l'éventail de cas individuels. En outre, le besoin de concevoir de nouvelles politiques peut se buter à des jugements globaux et définitifs.

Le manque de cohérence entre le discours et les comportements observés

Le sens de certains messages peut être ambigu ou même ambivalent. En effet, il y a plus que les mots qui importent dans la communication; nous communiquons également par des gestes, des signes et des comportements.

Quand il y a incohérence entre la communication verbale et la communication non verbale, «il semble que les récepteurs accordent généralement plus d'importance aux éléments non verbaux. Ceux-ci sont vus comme des indicateurs fiables des sentiments du transmetteur et de son état émotionnel» (Hayes, 1977). «L'action parle davantage que les mots» résume bien comment les récepteurs résolvent habituellement les différences entre le discours et les comportements. De plus, l'inadéquation entre notre langage, les signes utilisés et nos comportements concourt à créer plus de tension et d'ambiguïté chez ceux qui les perçoivent (Carroll et Tosi, 1977, p. 243).

Voyons un exemple qui illustre les effets de l'absence de conformité entre le verbal et le non-verbal. Un gestionnaire prétend avoir une politique dite de la «porte ouverte». Les employés sont, par conséquent, invités à venir n'importe quand pour lui dire ce qu'ils ont à dire. Supposons maintenant que les employés rencontrent de la résistance dans leurs tentatives de rencontrer ce gestionnaire ou doivent faire face à des délais importants avant de pouvoir le rencontrer. Dans de tels cas, on comprendra la défiance des employés au regard de cette politique dite de la «porte ouverte». Si, par ailleurs, le gestionnaire s'agite, jette des regards menaçants ou lit durant les rencontres, ou encore réagit de manière défensive ou antipathique quand des problèmes sont soulevés, alors cela créera une situation encore plus ambivalente. En fait, pour la plupart des employés, cette politique de la «porte ouverte» n'en est tout simplement pas une et l'invitation à s'exprimer ouvertement n'est pas crédible.

Un porte-parole officiel d'un ministère de l'Environnement, par exemple, pourrait clamer, dans une déclaration publique, être contre la pollution. Si les mesures pour faire respecter les lois en la matière sont peu nombreuses ou pas appliquées, ou que les alliés politiques et les piliers du Ministère violent ou contournent ces lois, un doute persistera quant à la crédibilité du message – du moins dans l'esprit des environnementalistes dévoués à la cause. Le conflit entre les valeurs de l'émetteur et celles des récepteurs, combiné au manque de conformité entre le discours et les actions posées suscitent la méfiance envers le porte-parole officiel.

De la méfiance à l'égard de la source du message

Les récepteurs évaluent les messages en fonction des sources ou des émetteurs. Ainsi, toutes choses étant égales par ailleurs, une meilleure crédibilité de la source, ou de l'émetteur, conduira à une meilleure acceptation du message communiqué (Zimbardo et Ebbesen, 1970).

Les chercheurs rapportent un paradoxe intéressant concernant les effets de sources non fiables. Si l'on perçoit que l'émetteur est biaisé, on accordera plus d'importance aux communications non intentionnelles qu'aux communications intentionnelles parce que les mécanismes de défense des récepteurs jouent moins à l'endroit de ce type de communications (Allyn et Festinger, 1961; Festinger et Maccoby, 1964; Jones et Davis, 1965). On peut relier à ce phénomène l'importance toute particulière accordée aux rumeurs ou aux fuites dans les organisations publiques. La rumeur peut engendrer moins de scepticisme parce qu'elle est perçue comme non intentionnelle ou non contrôlée.

La méfiance à l'égard de la source d'informations peut mener à des distorsions du message. Par exemple, John McCone, directeur du CIA durant l'administration Kennedy, avait rapporté qu'il soupçonnait les Soviétiques de se préparer à installer des missiles offensifs à Cuba; c'était un message que le président ne voulait pas entendre. Selon Graham Allison, «Kennedy a perçu cela comme étant de la suspicion de la part d'un anti-communiste notoire» (1971, p. 190). Le président ne partageait pas les positions et points de vue de ce genre d'individus. Plus tard, comme on le sait, d'autres informations allaient confirmer la présence d'armes offensives, obligeant l'administration à gérer un danger plus grand que prévu. La tendance à évaluer le transmetteur, ce que nous faisons tous, est rationnelle et compréhensible; ceci ne doit cependant pas nous faire perdre de vue que nos biais peuvent déformer notre jugement.

Le jargon dans les communications

La notion de spécialisation, dans le développement des connaissances, est relativement nouvelle. Dans le passé, la spécialisation référait à l'exécution d'un nombre limité de composantes d'une tâche. Les connaissances scientifiques modernes dépassent les capacités d'un ou de quelques individus et se sont, par conséquent, fragmentées en des disciplines séparées et en plusieurs champs de connaissances. Dès lors, des vocabulaires spécialisés se sont développés pour chacune de ces disciplines. Ainsi, des difficultés de communication se posent entre ceux qui maîtrisent ce vocabulaire spécialisé et ceux qui ne le comprennent pas.

L'expertise, l'influence et le jargon

La fragmentation des connaissances a créé une situation où ceux qui ont besoin d'une expertise particulière dépendent de ceux qui la possèdent, d'où la tendance de référer à des experts sur des questions techniques, et de se baser sur leurs expertises et leurs avis pour concevoir les politiques publiques. Le vocabulaire et le jargon utilisés par les experts permettent de les désigner comme tels – et contribuent ainsi à ajouter à leur pouvoir. Le jargon crée des problèmes de communication et il renforce du même coup la tendance à se fier à l'avis des experts en matière de conception de politiques.

Étant donné que dans les organismes publics nord-américains, on confie généralement les aspects techniques aux professionnels et aux experts, les spécialistes dans les bureaucraties influencent grandement et systématiquement la conception des politiques. Il existe évidemment des contraintes à leur influence; par exemple, le partage des pouvoirs entre les élus et les experts dépendra, dans une large mesure, de la réponse que les élus donneront à la question de savoir si le problème est d'ordre technique ou pas. Ces deux aspects, à savoir l'influence des experts et la décision des élus sur la nature technique des problèmes à résoudre, ont été traités dans l'étude de Lewis Dexter concernant la politique militaire et le Congrès américain.

À partir d'une recherche exhaustive sur le rôle des membres du Congrès américain et celui des experts militaires dans le processus de prise de décisions politiques, Dexter conclut: «Ils (les congressistes) hésitent aussi à remettre en question les propositions fondamentales des militaires qu'ils considèrent comme des experts» (1969, p. 183). Il est vrai que, même à l'époque où cette étude a été faite, si le Congrès américain s'en reportait aux experts sur certaines questions telles que l'armement, la stratégie, les plans d'interventions militaires, etc., il jouait par contre un rôle beaucoup plus dominant dans d'autres domaines tels que celui des conflits de juridiction interdépartementale ou encore celui des politiques ayant des conséquences importantes sur les régions (la localisation des bases militaires, l'attribution des contrats en considération des répercussions sur l'industrie et sur l'emploi dans des circonscriptions données, etc.). Aujourd'hui, évidemment, les législateurs ne considèrent plus les politiques militaires comme étant essentiellement techniques et dépassant leurs compétences. Dexter confiait récemment aux auteurs que maintenant «le Congrès se mêle de tout». C'est pourquoi, dans un tel contexte, les experts ont perdu beaucoup de leur influence.

À cause des groupes de pressions et à cause aussi de leurs valeurs personnelles, les législateurs et responsables d'organismes publics risquent de ne pas percevoir les aspects techniques des problèmes à résoudre. La communication entre les techniciens et les experts, l'influence des spécialistes, la distribution du pouvoir et les politiques s'en trouvent donc affectées. Les spécialistes de la santé publique, par exemple, contrôlent fréquemment la liste des options parmi lesquelles les élus devront faire un choix. Cependant, tout comme les militaires et d'autres experts, leur influence est limitée. Ainsi en est-il du problème de l'avortement: les élus ont adopté en cette matière diverses politiques, indépendamment de l'avis de spécialistes ou d'experts en santé. Pour ceux qui définissent les problèmes en fonction de leurs propres options morales ou religieuses, les expertises, même scientifiques, sont inutiles. De la même manière, les législateurs appuieront une législation interdisant de fumer dans certains endroits, ou contraignant les comportements individuels de diverses autres manières, en se basant sur des considérations autant politiques et économiques que proprement scientifiques.

Si leurs connaissances et le vocabulaire spécialisés sont pour les experts des sources de pouvoir dans leurs relations avec les élus, il n'en reste pas moins qu'ils dépendent aussi des élus: ils entretiennent donc une relation de dépendance mutuelle. La relation qui existe, par exemple aux États-Unis, entre le «Comité des conseillers économiques» et le président, illustre bien ce point de vue:

> L'expertise du Conseil, lorsque retenue par le président, lui permet de mieux faire accepter ses politiques économiques et, le cas échéant, d'appuyer ses tentatives d'influencer la vie économique du pays. En retour, le président constitue le principal client du Conseil. (Flash 1965, p. 309)

Les activités du Conseil dépendent en fait «de la valeur que le président leur accorde en termes de ses propres activités» (Flash, 1965, p. 311).

Les experts n'ont pas toujours raison et ils ne sont pas toujours d'accord. Comme les politiciens ne possèdent souvent pas les connaissances qui leur permettraient de trancher entre des points de vue d'experts qui s'opposent, ils vont baser leur choix sur d'autres critères. Ainsi, certains décideurs sont enclins à opter pour leurs propres penchants personnels; ainsi en était-il des préférences de Churchill pour les avis de Lord Cherwell, son conseiller scientifique, en qui il avait une confiance totale. Ceci, par ailleurs, a presque eu des résultats désastreux pour la Grande-Bretagne durant la Deuxième Guerre mondiale (Snow, 1960). Une autre stratégie consiste à retenir les avis qui vont dans le même sens que les idées et les actions des politiciens. Un gestionnaire municipal, dans des discussions avec les auteurs, disait avoir développé sa propre stratégie. Il travaillait toujours en collaboration avec deux avocats rattachés aux services juridiques de la Ville. Le premier était enclin à réagir aux idées et aux initiatives du gestionnaire en soumettant des recommandations positives et des approches légales pour les mettre en pratique. Le second, un avocat plus prudent, soulevait les obstacles légaux et les ambiguïtés. Le gestionnaire agissait généralement suivant les recommandations du premier avocat, tout en tenant compte des réserves émises par le second.

L'expertise, déjà fragmentée par le phénomène de la spécialisation, l'est encore plus par la présence de bureaucraties multiples. Différentes bureaucraties, ayant leurs propres perspectives, fournissent aux politiciens autant d'opinions – parmi lesquelles certaines servent leurs propres objectifs de carrière ou favorisent leurs propres options politiques (Seitz, 1978, p. 89). La relation de pouvoir entre les organisations publiques peut aussi influer sur l'avis ou le choix de l'expert qui sera retenu. Cela est arrivé, par exemple, en 1963 quand Robert McNamara, alors Secrétaire à la Défense, a réussi à diminuer l'influence des rapports sur le Vietnam de Lew Sarris, un expert en renseignement rattaché au Secrétariat d'État (Halbertsam, 1969, p. 257-258). Seitz est d'avis que si le Secrétaire d'État, Dean Rusk, avait été plus influent, les présidents Kennedy et Johnson auraient pu s'appuyer sur de meilleures informations et poursuivre ainsi une politique plus réaliste au sujet du Vietnam (1978, p. 89). Durant les mandats présidentiels de Johnson et de Nixon, les décideurs ont eu une réaction typique et ont choisi de se fier à des experts dont les rapports optimistes correspondaient à ce qu'ils voulaient entendre.

La clientèle et le jargon

En plus de la fragmentation et de la spécialisation des connaissances, d'autres facteurs contribuent à la mauvaise communication typique des bureaucraties. D'un côté, on s'attend à ce que les bureaucrates répondent aux attentes de leurs publics et que, bien entendu, ils communiquent dans un langage familier et compréhensible pour leurs clientèles. En même temps, des normes d'impartialité et d'équité créent des pressions qui ont parfois des effets non intentionnels sur la communication: le langage devient dépersonnalisé. Les membres de l'organisation utilisent un style impersonnel, une terminologie et des expressions standardisées qui ne correspondent pas à l'usage ordinaire. Une des plaintes les plus fréquentes au sujet des communications avec les bureaucraties concerne l'emploi d'un jargon souvent hermétique et minutieux.

Certains organismes publics «rationnent les services en manipulant la nature et la quantité d'informations disponibles» (Lipsky, 1980, p. 81). C'est souvent ce qui se passe dans les organisations publiques qui sont en contact direct avec leur clientèle, mais dont les ressources sont insuffisantes pour offrir toute la gamme de services auxquels elle aurait droit. L'utilisation d'un jargon obscur dans l'application de procédures élaborées et complexes constitue une barrière pour les clients des organisations publiques. L'organisme limite ainsi l'accès des clients à ses services et, du même coup, la demande pour ceux-ci, ce qui lui permet de «régler» son problème de ressources.

Le style ronflant, l'euphémisme et l'évasion

Comme le souligne George Orwell dans son essai classique sur la politique et le langage dans la fonction publique britannique, le langage est «un instrument que nous adaptons à nos propres buts» (1956, p. 355). Ces buts sont souvent politiques, en particulier dans les organismes publics. La diction prétentieuse «est utilisée pour maquiller de simples déclarations de manière à donner un air d'impartialité scientifique à des jugements biaisés» (Orwell, 1956, p. 358). Dans les discours, on emploie aussi un style ronflant pour dissimuler ses intentions réelles. Par exemple, George Orwell (1956, p. 363) note que:

> Ce style ronflant est lui-même une sorte d'euphémisme. Une masse de locutions et de mots en latin recouvrent les faits comme une légère couche de neige, masquant les idées et les détails. L'hypocrisie et le langage clair sont des éléments incompatibles. Quand il y a une différence entre les buts réels

et les buts avoués, on utilise instinctivement des mots trop longs et des idiomes dépassés, comme une seiche qui projette son liquide brun foncé pour se soustraire aux regards de l'ennemi.

Mais ce qu'il y a de plus alarmant pour Orwell est l'utilisation de mots vides de sens ou d'euphémismes; ils sont utilisés pour donner du goût à ce qui n'en a pas. Quelquefois, le discours politique essaie de défendre ce qui est indéfendable ou de défendre ce qui peut être défendu «mais de manière tellement brutale que la plupart des gens refusent d'y faire face» (Orwell, 1956, p. 363). Voilà pourquoi «nous utilisons l'euphémisme, nous nous interrogeons tout haut et restons vagues».

> Les villages sans défense sont bombardés du haut des airs, les habitants chassés vers la campagne, le bétail exécuté à la mitraillette, les huttes incendiées: c'est ce qu'on appelle la *pacification*. Des millions de paysans se font voler leur ferme et sont envoyés sur les routes avec seulement ce qu'ils peuvent transporter: on appelle cela le *transfert des populations* ou *rectification des frontières*. Les gens sont emprisonnés pendant des années sans procès, on les tue en leur tirant une balle dans le cou ou on les envoie mourir du scorbut dans des camps dans l'Arctique: c'est ce qu'on appelle l'*élimination des éléments non fiables* (Orwell, 1956, p. 363).

Manipulation et rétention de l'information

En raison de l'expertise que possèdent les bureaucraties et du contrôle qu'ils exercent sur l'information, ceux qui détiennent des postes de commande politiques dépendent d'elles pour être informés et conseillés; ainsi, les bureaucrates occupent une position privilégiée qui leur permet de manipuler l'information en faveur des politiques et des décisions qu'ils veulent promouvoir, en sélectionnant l'information, en structurant ou en choisissant les canaux de transmission. Morton Halperin a décrit les nombreuses manœuvres utilisées par les bureaucrates de tout niveau pour manipuler l'information en faveur d'une décision donnée (1974, p. 158-172).

Une de ces stratégies, par exemple, consiste à «rapporter les seuls faits qui soutiennent votre point de vue» (Halperin, 1974, p. 166-167). Un bon truc est de demander des études dont les conclusions iront dans le même sens que celles que vous avez déjà tirées. Cette stratégie a d'autant plus de chances de réussir qu'elle s'accompagne d'études détaillées qui présentent les faits avec assurance. Si nécessaire, des faits peuvent même être intentionnellement faussés – si les administrateurs peuvent se permettre de le faire sans se faire prendre. Les faits qui signalent un danger, ou qui ne cadrent pas avec la politique privilégiée de l'organisation, peuvent être ignorés à moins que les hauts responsables aient eu vent de ces informations par ailleurs.

Dans ses mémoires, le président Eisenhower écrit qu'on lui avait assuré que l'avion espion américain U-2 s'autodétruirait en cas d'impact, de sorte que la technologie avancée et l'évidence de ses activités d'espionnage ne tomberaient pas entre les mains des Soviétiques (Eisenhower, 1965, p. 554-559). Ce passage des mémoires du président fit dire à Gary Power, le pilote du U-2 qui fut capturé avec son avion par les Soviets: «Si on a dit cela à Eisenhower, alors on l'a trompé» (Powers, 1970, p. 353). Comme Halperin le souligne, les experts et les administrateurs en charge de programmes peuvent déformer ou retenir de l'information qui pourrait leur nuire pour instaurer ou maintenir un programme ou un système déjà en place (1974, p. 166-167).

La façon dont on rapporte l'information peut être telle que les officiers supérieurs ou les législateurs ne voient que ce que les bureaucrates veulent bien leur montrer. L'information transmise dans le cadre des rapports de routine par des membres situés aux échelons inférieurs n'est pas acheminée aux échelons supérieurs ou l'est, mais seulement après de longs délais. Les bureaucrates connaissent bien également, et depuis longtemps, la technique qui consiste à fournir trop d'informations dans le but de créer une surcharge d'informations. Ainsi, des lettres ou des communications personnelles venant des officiers supérieurs ont plus de chances d'être prises en compte. D'autres techniques pour établir des canaux de communication consistent à contourner les canaux formels, en réunissant de manière informelle ceux qui doivent être informés et ceux qui possèdent les informations valables, tout en ayant soin d'exclure des sources qui pourraient révéler des faits qu'on veut taire (Halperin, 1974, p. 163-165).

QUE FAIRE DE LA DISTORSION D'INFORMATIONS?

Diverses sources de distorsion dans les communications – qu'elles soient «perceptuelles», sociales, structurelles ou politiques – ont été signalées. Il n'y a pas de réponse unique aux problèmes de distorsion et il faut garder à l'esprit que les remèdes ou solutions peuvent à leur tour engendrer des problèmes. Néanmoins, les administrateurs d'organismes publics et les acteurs politiques qui leur sont extérieurs peuvent adopter des stratégies pour réduire les distorsions, qu'elles soient intentionnelles ou non.

En effet, les multiples informations provenant des membres de l'organisation peuvent être gérées. Quatre types de stratégies prometteuses peuvent être utilisées par les responsables de l'organisme, les élus ou tout autre acteur pour obtenir une meilleure information et restreindre les pouvoirs des acteurs bureaucratiques: créer des sources alternatives, encourager les points de vue divergents, éliminer les intermédiaires, et prévenir les biais introduits dans les communications.

La création de sources diverses

Les administrateurs et les responsables d'un organisme peuvent vérifier s'il y a distorsion en créant d'autres sources d'informations. Une image plus complète et plus précise découle d'informations additionnelles, on créera donc plusieurs groupes de travail indépendants pour travailler sur le même énoncé de politique (Downs, 1967, p. 119-120; Janis, 1972, p. 211-212). Cette technique introduit une certaine compétition entre les groupes, et les informations provenant d'un groupe peuvent être complétées par d'autres groupes ou d'autres individus. On peut aussi créer à dessein des champs de responsabilités qui se recoupent tout en les confiant à des organisations publiques différentes.

Les contacts informels et les amitiés à l'intérieur d'une organisation constituent aussi des sources additionnelles et complémentaires d'informations. Les contacts en dehors de cette dernière peuvent également être utiles: il peut s'agir de contacts avec la presse, avec la clientèle, des connaissances, des rapports d'autres agences et même de bavardage.

L'encouragement de vues divergentes

Les comportements et les styles de communication de certains responsables encouragent l'expression de points de vue divergents. Ils peuvent s'entourer d'individus aux idées différentes ou utiliser certains des procédés suivants: rencontrer séparément les employés pour obtenir leurs opinions ou encore être candides et éviter de concilier trop rapidement les points de vue d'un groupe (Halperin, 1974, p. 169). Si les responsables démontrent une ouverture dans les communications et encouragent la communication d'informations venant de niveaux inférieurs, alors les subordonnés seront davantage portés à communiquer les mauvaises nouvelles. En acceptant la critique et en se gardant de se «faire une idée» trop tôt, les responsables encouragent l'expression et la multiplication des points de vue (Janis, 1972, p. 209-211).

L'élimination des intermédiaires

Les occasions de distorsion et d'omission augmentent proportionnellement au nombre de paliers que la communication doit franchir. Pour régler ce problème, il s'agit d'aplanir la hiérarchie en diminuant le nombre de niveaux, ou de contourner ou d'éviter certains niveaux en contactant des employés situés à des échelons bien inférieurs au sien. Un mécanisme plus formel, assurant un meilleur contrôle de l'information, consiste à requérir qu'elle nous parvienne dans des formats prédéterminés, de façon standardisée et quantifiée (Downs, 1967, p. 124-127).

Contrer les biais

À partir de leurs propres expériences ou de la connaissance qu'ils ont des «transmetteurs», les «récepteurs» peuvent contrebalancer l'information. Ils se doivent alors d'apprécier et d'apporter des ajustements à partir de leur interprétation de l'information reçue. La stabilité au regard du personnel ou à celui des relations de travail réduit l'incertitude liée à l'interprétation de l'information reçue (Downs, 1967, p. 121-123). Par exemple, un gestionnaire conscient de la tendance des membres du service du contentieux à prendre en compte tous les aspects et tous les problèmes possibles liés de près ou de loin à une question, les prendra en considération mais sans leur accorder à tous la même importance.

CONCLUSION

La communication est essentielle dans les organisations, qu'elles soient publiques ou privées. C'est un procédé qui permet à l'organisation d'informer ses membres et de clarifier ses buts. La communication fournit un moyen d'assurer une coordination et un contrôle dans l'organisation et, de façon plus informelle, d'assurer une cohésion sociale parmi les membres. La communication entre l'organisation et son environnement est aussi un aspect très important, voire vital, pour les organisations publiques et ce, afin de pouvoir répondre aux besoins politiques, de pouvoir rendre des comptes, d'assurer la coordination avec les autres agences et les autres niveaux de gouvernement, et de s'assurer d'un support externe. Dans ce chapitre, il a été question du devoir de rendre compte, de pouvoir et de communications. Ces trois éléments sont intimement liés puisque la communication est d'abord un moyen d'exercer du pouvoir. Les organisations publiques et leurs membres peuvent s'esquiver et éviter d'avoir à rendre des comptes en manipulant l'information. On peut retenir l'information, contrôler le moment de sa divulgation pour protéger les opérations de l'organisme, et soustraire les politiques à un examen par des agents externes. En transformant l'information, les organisations publiques et leurs membres essaient de maintenir ou d'augmenter leurs pouvoirs et leurs ressources, d'éviter les contrôles et de réduire les pressions en provenance de l'environnement. Les politiques et les relations de pouvoir, à l'intérieur comme à l'extérieur de l'organisation, s'en trouvent affectées.

Il est nécessaire qu'un plus grand nombre de recherches soient menées et que des perspectives des secteurs privé et public soient intégrées pour que les théories de l'organisation et de la communication puissent permettre une compréhension plus complète des organisations publiques et de leurs importantes différences. Pour l'instant, on peut signaler certains aspects d'un intérêt particulier en ce qui concerne la communication et les organismes publics. En particulier, la dimension politique des organisations gouvernementales et son impact sur les communications devraient être acceptés et mieux compris. Nous avons aussi besoin de comprendre l'importance des relations entre l'organisation et son environnement de même que les communications que les organisations publiques entretiennent avec cet environnement.

BIBLIOGRAPHIE

ALLISON, Graham T. (1971). *Essence of Decision: Explaining the Cuban Missile Crisis*, Boston, Little, Brown.

ALLYN, J. et L. FESTINGER (1961). «The Effectiveness of Unanticipated Persuasive Communications», *Journal of Abnormal Social Psychology*, vol. 62, p. 35-40.

ALVESSON, Mats (1991). «Organizational Symbolism and Ideology», *Journal of Management Studies*, vol. 28, n° 3 p. 207-225.

AMERICA LIBRARY ASSOCIATION WASHINGTON OFFICE (1988). *Less Access to Less Information by and the U.S. Government: 1981-1987 Chronology*, Washington D.C.

ARGYRIS, Chris (1962). *Interpersonal Competence and Organizational Effectiveness*, Homewood, Ill., Dorsey Press.

AUBERT, Benoît A. (1992). *Analyse transactionnelle du phénomène de l'impartition*, Montréal, Groupe de recherche en système d'information, HEC, 12 p.

AXLEY, Stephen R. (1984). «Managerial and Organizational Communication in Terms of the Conduit Metaphor», *Academy of Management Review*, vol. 9, p. 428-437.

BARNARD, Chester (1938). *The Functions of the Executive*, Cambridge, Mass., Harvard University Press.

BAVELAS, Alex (1950). Communication Patterns in Task-Oriented Groups», *Acoustical Society of America Journal*, vol. 22, p. 727-730.

BEAUCHAMPS, Michel (1991). *Communication publique et société: repères pour la réflexion et l'action*, Boucherville, Gaëtan Morin, éditeur, 403 p.

BECKER, Howard (1954). «Vitalizing Sociological Theory», *American Sociological Review*, vol. 19, p. 383-384.

BÉLANGER, Rodrigue (1992). *Éthique de la communication publique et de l'information*, Montréal, Fides, Cahiers de recherche sur l'éthique, 17, 184 p.

BERKLEY, George, John ROUSE et Ray BERGOVICH (1991). *The Craft of Public Organization*, Dubuque, Wm C. Brown, 413 p.

BERLO, David K. (1960). *The Process of Communication: An Introduction to Theory and Practice*, New York, Holt, Rinehart & Winston.

BERNE, Eric (1964). *Games People Play*, New York, Grove Press.

BLAU, Peter M. et W. Richard SCOTT (1962). *Formal Organizations*, San Francisco, Ca., Chandler.

BOCKENHOLT, Ulf, Albert DIETRICH, Michael ASCHENBRENNER et Franz SCHMAL-HOFER (1991). «The Effects of Attractiveness, Dominance, and Attribute Differences on Information Acquisition in Multiattribute Binary Choice», *Organizational Behavior & Human Decision Processes*, vol. 49, n° 2 p. 258-281.

BOJE, David M. et David A. WHETTER (1981). «Effects of Organizational Strategies and Contextual Constraints on Centrality and Attributions of Influence in Interorganizational Networks», *Administrative Science Quarterly*, vol. 26, n° 3, p. 378-395.

BURKE, Kenneth (1945). *A Grammar of Motives*, Berkeley, University of California Press, dans «Managerial and Organizational Communication in Terms of the Conduit Metaphor», par Stephen R. AXLEY (1984), *Academy of Management Review*, vol. 9, p. 428-437.

CAMPBELL, D.T. (1958). *Systematic Error on the Part of Human Links in Communication Systems*», *Information and Control*, n° 1, p. 334-369.

CARROLL, Stephen J. et Henry L. TOSI (1977). *Organizational Behavior*, Chicago, St. Clair Press.

CHAPELLON, Muriel et Bénédicte ROUSSEAUX (1992). *La communication*, Noisiel, France, Les presses du management, 19 p.

COLLINS, Barry E. et Bertrand H. RAVEN (1969). «Group Structure: Attraction, Coalitions, Communication, and Power», dans *Handbook of Social Psychology*, vol. 4,

Gardner LINDZEY et Elliot ARONSON (éd.), Reading, Mass., Addison-Wesley Publishing.

COTTERET, Jean-Marie (1991). *Gouverner c'est paraître: réflexion sur la communication politique*, Paris, Éditions d'Organisation, 175 p.

DEXTER, Lewis A. (1969). «Congressmen and the Making of Military Policy», *New Perspectives on the House of Representatives*, 2e éd., Robert L. PEABODY et Nelson POLSBY (éd.), Chicago, Rand McNally, p. 175-194.

DOWNS, Anthony (1967). *Inside Bureaucracy*, Boston, Little, Brown.

DOWNS, C.W. (1988). *Communication Audits*, Glenview, Ill, Scott, Foresman.

EISENHOWER, Dwight D. (1965). *Waging Peace, 1956-1961: The White House Years*, Garden City, N.Y., Doubleday Publishing,

ESPOSITO, J.L. et R.L. ROSNOW (1983). «Corporate Rumors: How They Start and How to Stop Them», *Management Review*, vol. 72, p. 44-49.

FALCIONE, R. (1984). *Guide to Better Communication in Government Service*, Glenview, Ill., Scott, Foresman.

FANDT, Patricia M. et Gerald R. FERRIS (1990). «The Management of Information and Impressions: When Employees Behave Opportunistically», *Organizational Behavior & Human Decision Processes*, vol. 45, n° 1, p. 140-158.

FEARING, Franklin (1953). «Toward a Psychological Theory of Human Communication», *Journal of Personality*, vol. 22, p. 71-78.

FESTINGER, L. et N. MACCOBY (1964). «On Resistance to Persuasive Communications», *Journal of Abnormal Social Psychology*, vol. 68, p. 359-366.

FIDLER, Lori A. et J. David JOHNSON (1984). «Communication and Innovation Implementation», *Academy of Management Review*, vol. 9, p. 704-711.

FISH, Sandra L. (1990). «Interpretive Research: A New Way of Viewing Organizational Communication», *Public Administration Quarterly*, vol. 14, n° 1, p. 67-74.

FLASH, Edward S. Jr. (1965). *Economic Advice and Presidential Leadership*, New York, Columbia University Press.

GALINON-MELENEC, Béatrice (1991). *Projet et communication dans les universités*, Paris, Éditions d'Organisation, 225 p.

GARNETT, J.L. (sous la direction de) (à paraître). *Handbook of Administrative Communication*, New York, Marcel Dekker.

GARNETT, J.L. (1992). *Communicating for Results in Government: A Strategic Approach for Public Manager*, San Francisco, Jossey-Bass.

GARNETT, J.L. (1989). «Effective Communications in Government», *Handbook of Public Administration* (sous la direction de J.L. Perry), San Francisco, Jossey-Bass, p. 545-588.

GOLDHABER, G.M. (1986). *Organizational Communication*, 4e éd., Dubuque, Iowa, Brown.

GRANOVETTER, Mark S. (1973). «The Strength of Weak Ties», *American Journal of Sociology*, vol. 78, p. 1360-1380.

HAGE, Jerald, Michael AIKEN et Cora BAGLEY MARRETT (1971). «Organization Structure and Communications», *American Sociological Review*, vol. 36, p. 860-871.

HALBERSTAM, David (1969). *The Best and the Brightest*, New York, Random House.

HALPERIN, Morton H. (1974). «Shaping the Flow of Information», dans *Bureaucratic Politics and Foreign Policy*, avec la collaboration de Priscilla CLAPP et Arnold KANTER. Washington, D.C., The Brookings Institution, p. 158-172. Reproduit dans Francis

E. ROURKE (éd.), (1978). *Bureaucratic Power in National Politics*, 3ᵉ éd., Boston, Little, Brown, p. 102-115.

HANEY, William V. (1979). *Communication and Interpersonal Relations: Text and Cases*, 4ᵉ éd., Homewood, Ill., Richard D. Irwin.

HARRIS, Thomas (1969). *I'm OK – You're OK: A Practical Guide to Transactional Analysis*, New York, Harper & Row, 1969.

HAYAKAWA, S. I. (1961). «Conditions of Success in Communication», conférence prononcée lors de la XIIᵉ Table ronde annuelle de l'Institute of Languages and Linguistics, Edmund Walsh School of Foreign Service, Georgetown University, Washington, D.C., le 22 avril 1961. Cité dans William V. HANEY (1979). *Communication and Interpersonal Relations: Text and Cases*, 4ᵉ éd., Homewood, Ill., Richard D. Irwin, p. 234-245.

HAYES, M.A. (1977). «Nonverbal Communication: Expression without Words», dans *Readings in Interpersonal and Organizational Communication*, 3ᵉ éd., Richard C. HUSEMAN (éd.), Cal M. LOGUE et Dwight L. FRESHLEY, Boston, Holbrook Press, p. 55-68.

HERMEL, Laurent et Patrick ROMAGNI (1990). *Le marketing public: une introduction au marketing des administrations et des organisations publiques*, Paris, Economica, 113 p.

JACOBSON, Eugene et Stanley SEASHORE (1951). «Communication Patterns in Complex Organizations», *Journal of Social Issues*, vol. 7, p. 28-40.

JAMES, Muriel et Dorothy JONGEWARD (1971). *Born to Win*, Reading, Mass., Addison Wesley Publishing.

JANIS, Irving L. (1972). *Victims of Groupthink*, Boston, Houghton Mifflin.

JOHNSON, J. David. (1992). «Approaches to Organizational Communication Structure», *Journal of Business Research*, vol. 25, nᵒ 2, p. 99-113

JONES, Edward E. et Keith E. DAVIS (1965). «From Acts to Dispositions: The Attribution Process in Person Perception», dans *Advances in Experimental Social Psychology*, vol. 2, Leonard BERKOWITZ (éd.), New York, Academic Press, p. 219-266.

KATZ, Daniel et Robert L. KAHN (1966). *The Social Psychology of Organizations*, New York, John Wiley & Sons.

KERNAGHAN, Kenneth (1985). *Public Administration in Canada: Selected Readings*, Toronto, Methuen, 390 p.

KIRMEYER, S.L. et T. LIN (1987). «Social Support: Its Relationship to Observed Communication with Peers and Superiors», *Academy of Management Journal*, vol. 30, nᵒ 1, p. 138-151.

KOZLOWSKI, W.J. Steve et J. Kevin FORD (1991). «Rater Information Acquisition Processes: Tracing the Effects of Prior Knowledge, Performance Level, Search Constraint and Memory Demand», *Organizational Behavior & Human Decision Processes*, vol. 49, nᵒ 2, p. 282-301.

KRONE, K. J., F.M. JABLIN et L.L. PUTNAM (1987). «Communication Theory and Organizational Communication: Multiple Perspectives», dans *Handbook of Organizational Communication* (sous la direction de R.D. MCPHEE et P.K. TOMPKINS), Newbury Park, Sage.

LEAVITT, Harold J. (1951). «Some Effects of Certain Communication Patterns on Group Performance», *Journal of Abnormal and Social Psychology*, vol. 46, p. 38-50.

LIPSKY, Michael (1980). *Street-Level Bureaucracy: Dilemmas of the Individual in Public Services*, New York, Russel Sage Foundation.

LUFT, Joseph (1970). *Group Processes: An Introduction to Group Dynamics*, 2ᵉ éd., Palo Alto, Ca., National Press Book.

MAAREK, Philippe J. (1992). *Communication et marketing de l'homme politique*, Paris, Litec, 306 p.

MADDI, Salvatore (1972). *Personality Theories: A Comparative Analysis*, Homewood, Ill., Dorsey Press.

MARCH, James G. et Herbert A. SIMON (1991). *Les organisations*, Paris, Dunod, 254 p. Traduction de l'ouvrage *Organizations*, New York, John Wiley & Sons, paru en 1958.

MARTIN, John Bartllow (1988). «The Blast in Centralia no 5: A Mine Disaster No One Stopped» dans *Public Administration: Concepts and Cases* (sous la direction de Richard J. STILLMAN II), 4ᵉ éd., Boston, Houghton Mifflin.

MARWICK, C.M. (1985). *Your Right to Government Information*, New York, Bantam Books.

MCCURDY, Howard E. (1977). *Public Administration: A Synthesis*, Menlo Park, Ca., Cummings Publishing.

MERTON, Robert K. (1968). *Social Theory and Social Structure*, New York, Free Press.

MINARY, Jean-Pierre (1992). *Modèles systémiques et psychologie: approche systémique et idéologies dans l'analyse transactionnelle et dans le courant de Palo-Alto*, Liège, Mardaga, 244 p.

MITROFF, Ian (1988). «Crisis Management: Cutting Through the Confusion», *Sloan Management Review*, vol. 29, p. 15-20.

NATIONAL ASSOCIATION OF GOVERNMENT COMMUNICATORS (1990). *Journal of Public Communication*, vol. 13 (numéro au complet).

O'REILLEY, C.A. et K.H. ROBERTS (1974). «Information Filtration in Organizations: Three Experiments», *Organizational Behavior and Human Performance*, vol. 11, p. 235-265.

ORWELL, George (1956). «Politics and the English Language», dans *The Orwell Reader*, Richard Rovere (éd.), New York, Harcourt Brace Jovanovich, p. 355-366.

PETTIT, John D., Jr., Bobby VAUGHT et Kathy J. PULLEY (1990). «The Role of Communication in Organizations: Ethical Considerations», *Journal of Business Communication*, vol. 27, n° 3, p. 233-249.

POWERS, Francis Gary (1970). *Operation Overflight: The U-2 Spy Pilot Tells His Story for the First Time*, New York, Holt, Rinehart & Winston.

PRESTHUS, Robert (1978). *The Organizational Society*, New York, St. Martin's Press.

REDDING, William C. (1972). *Communication within the Organization*, New York, Industrial Communication Council.

REDDY, Michael. (1979). «The Conduit Metaphor – A Case of Frame Conflict in Our Language about Language» dans *Metaphor and Thought*, A. ORTONY (éd.), Cambridge, England: Cambridge Univ. Press, p. 284-324. Cité dans «Managerial and Organizational Communication in Terms of the Conduit Metaphor», par Stephen AXLEY (1984), *Academy of Management Review*, vol. 9, p. 428-437.

RIPLEY, Randall B. et Grace A. FRANKLIN (1980). *Congress, the Bureaucracy, and Public Policy*, Homewood, Ill., Dorsey Press.

ROGERS, Everett M. et Rekha AGARWALA-ROGERS (1976). *Communication in Organizations*, New York, Free Press.

ROGERS, Everett M. (1973). *Communication Strategies for Family Planning*, New York, Free Press.

ROURKE, Francis E. (1976). *Bureaucracy, Politics, and Public Policy*, Boston, Little, Brown.

SCHACHTER, H. (1983). *Public Agency Communication*, Chicago, Nelson-Hall.

SCHILIT, Warren K. et Edwin A. LOCKE (1982). «A Study of Upward Influence in Organizations», *Administrative Science Quarterly*, vol. 27, n° 2, p. 304-376.

SCHRAMM, Wilbur (1954). «How Communication Works», dans *The Process and Effects of Mass Communication*, Wilbur SCHRAMM (éd.), Urbana, University of Illinois Press, p. 3-26.

SEBALD, Hans (1962). «Limitations of Communication: Mechanisms of Image Maintenance in Form of Selective Perception, Selective Memory, and Selective Distortion», *Journal of Communication*, vol. 12, p. 142-149.

SEITZ, Steven Thomas (1978). *Bureaucracy, Policy, and the Public*, St. Louis, C. V. Mosby.

SHANNON, Claude et Warren WEAVER (1949). *The Mathematical Theory of Communication*, Urbana, University of Illinois Press.

SHAW, M. E. (1954). «Some Effects of Unequal Distribution of Information upon Group Performance in Various Communication Nets», *Journal of Abnormal and Social Psychology*, vol. 49, p. 547-553.

SNIEZEK, Janet A., Douglas R. MAY et John E. SAWYER (1990). «Social Uncertainty and Interdependence: A Study of Resource Allocation Decisions in Groups», *Organizational Behavior & Human Decision Processes*, vol. 46, n° 2, p. 155-180.

SNOW, C. P. (1961). *Science and Government*, Cambridge, Harvard University Press.

STARBUCK, William H. (1965). «Mathematics and Organizational Theory» dans *Handbook of Organizations*, James G. MARCH (éd.), Chicago, Rand McNally.

THAYER, Lee (1968). *Communication and Communication Systems: In Organization, Management, and Interpersonal Relations*, Homewood, Ill., Richard D. Irwin.

THOMPSON, James D. (1967). *Organizations in Action*, New York, McGraw-Hill.

THOMPSON, Victor A. (1961). *Modern Organization*, New York, Alfred A. Knopf.

TULLOCK, Gordon (1965). *The Politics of Bureaucracy*, Washington, D.C., Public Affairs Press.

VASU, Michael L., Debra W. STEWART et Garson, G. DAVID (1990). *Organizational Behavior and Public Management*, New York, Marcel Dekker, 391 p.

WESTLEY, Bruce et Malcolm A. MACLEAN, Jr. (1957). «A Conceptual Model for Communication Research», *Journalism Quarterly*, vol. 34, p. 31-38.

WILENSKY, Harold L. (1967). *Organizational Intelligence: Knowledge and Policy in Government and Industry*, New York, Basic Books.

YADAV, Dharam P. (1967). «Communication Structure and Innovation Diffusion in Two Indian Villages», thèse de doctorat, East Lansing, Mich., Michigan State University. Cité dans Everett M. Rogers et Rekha Agarwala-Rogers, *Communication in Organizations*, New York, Free Press, 1976.

YARWOOD, D. L. et B. J. ENIS (1982). «Advertising and Publicity Programs in the Executive Branch of National Government: Hustling or Helping the People?», *Public Administration Review*, vol. 42, n° 1, p. 37-46.

ZAJONC, Robert B. (1966). *Social Psychology: An Experimental Approach*, Belmont, Calif., Wadsworth.

ZALKIND, S.S. et T.W. COSTELLO (1962). «Perception: Some Recent Research and Implications for Administration», *Administrative Science Quarterly*, vol. 7, septembre, p. 218-233.

ZIMBARDO, P. et E.B. EBBESEN (1970). *Influencing Attitudes and Changing Behavior*, Reading, Mass., Addison-Wesley Publishing.

APPENDICE

On a pu constater à la lecture de ce chapitre que, tant dans les organisations publiques que privées, les communications s'avèrent un point saillant de la gestion. Par ailleurs, le fonctionnement des organisations publiques qui, en règle générale, s'inspire du modèle bureaucratique, implique la mise en place de règles, procédures, directives, etc. afin d'orienter l'action des employés; mais l'information que renferment ces «moyens de communications» n'est pas toujours interprétée de la même façon par toutes les personnes à qui elle s'adresse. Le texte ci-après constitue un cas exemplaire de ce phénomène observé quotidiennement dans les organisations publiques.

Le cas de la circulaire NP-1-1977 du ministère des Affaires sociales[1]

Jean TURGEON, professeur
École nationale d'administration publique

On décrit donc comment la circulaire NP-1-177, émise en 1977 et enjoignant les CRSSS (Conseils régionaux de la santé et des services sociaux) de créer des commissions administratives régionales sur les CLSC (Centres locaux de services communautaires) a été reçue et appliquée dans deux régions du Québec.

En 1977, le ministère des Affaires sociales décidait de pousser plus avant ce qu'il appelait la décentralisation de ses activités et confiait aux CRSSS de nouveaux mandats.

L'un de ceux-ci concernait la décentralisation des activités reliées aux Centres locaux de services communautaires (CLSC)[2]. Le ministère proposait de mettre sur pied une Commission administrative régionale (CAR) dans chaque région administrative du Québec selon les modalités contenues dans une circulaire datée du 23 mars 1977 et signée par le sous-ministre[3]. En plus de répondre à un objectif de décentralisation, ces CAR devaient également être un moyen de sensibiliser les CLSC à leurs problèmes communs et à la recherche commune de solutions à ces problèmes.

Situation de la région administrative de Québec (03)

Avant que ces nouveaux mandats ne parviennent aux Conseils régionaux, les relations entre les CLSC et le CRSSS dans la région 03 n'étaient pas officialisées dans une structure précise. Les dossiers concernant les CLSC étaient traités de

---

1.   Tiré de l'ouvrage de Alphonse RIVERIN *et al.* (1981). *L'administrateur publique: un être pifométrique*, Québec, PUQ. Reproduit avec la permission des Presses de l'Université du Québec.

2.   Pour une définition sommaire de chaque type d'établissement impliqué dans ce cas ainsi qu'un résumé de leur champ d'intervention, voir la note technique en annexe A.

3.   Voir la circulaire NP-1-1977 à l'annexe B.

façon *ad hoc* et ces établissements ne s'adressaient pas de façon très organisée au Conseil régional.

L'idée voulant que le CRSSS s'implique de façon plus concrète dans le dossier des CLSC fut exprimée par trois acteurs différents et ce, à peu près vers la même époque. Le conseil d'administration du CRSSS proposa que les relations entre cet établissement et les CLSC de la région fassent l'objet d'un suivi plus constant de la part du CRSSS. Les CLSC eux-mêmes demandaient depuis quelque temps déjà que le dialogue entre eux et le CRSSS s'officialise davantage et ce, grâce à la création d'une structure reconnue où les CLSC seraient bien représentés. Lorsque arriva la circulaire NP-1-1977 contenant le mandat de créer une Commission administrative régionale sur les CLSC, ces derniers avaient déjà pris position quant à l'orientation éventuelle de cette commission, et leur position semblait plaire au CRSSS.

Les membres de la CAR furent choisis par le CRSSS. Celui-ci proposa tout d'abord que 5 CLSC, sur un total de 11, siègent à la commission. Les CLSC demandèrent par contre à y être tous représentés. Leur argumentation reposait sur le fait qu'étant tous, selon eux, à un stade de développement embryonnaire, chacun aurait beaucoup à apprendre de cette expérience nouvelle de gestion. De plus, les CLSC insistèrent sur le fait que cette CAR devant en être une des CLSC, ils se devaient d'y être tous représentés[4]. Le CRSSS accepta cette vision et proposa alors la répartition suivante:

11	directeurs généraux de CLSC
1	représentant du CSS
1	représentant d'un CH ayant un DSC
1	représentant d'un Centre d'accueil
1	représentant du CRSSS
15	Total

Toutefois, certains types d'établissements ne partageaient pas tout à fait les vues du CRSSS et des CLSC. Le Centre des services sociaux (CSS) aurait préféré, sans toutefois l'avoir demandé explicitement, une commission où l'on tient compte davantage du rôle joué par les autres intervenants dans le domaine des services de première ligne. L'argumentation était la suivante: la région 03 est subdivisée en 42 zones de CLSC, mais il n'existe effectivement que 11 CLSC; c'est donc dire que les CLSC ne desservent que 26 % du territoire et, du moins théoriquement, que 20 % de la population de la région. Comme deux éléments du mandat confié à la CAR concernent les services de première ligne et que les CLSC ne sont pas les seuls à offrir de tels services à la population, la composition de la CAR devrait refléter davantage l'importance relative des divers intervenants à ce niveau. Rien dans la circulaire NP-1-1977 ne venait infirmer cette interprétation.

---

4.   Voir les éléments 3 et 4 du mandat dans la circulaire en annexe B.

Cependant, elle ne fut pas retenue et, le 16 juin 1977, le CRSSS créa la commission. Ses règlements consacraient, dans les faits, la proposition soumise par les CLSC. Elle allait s'appeler la Commission administrative régionale des CLSC.

Situation de la région administrative de Montréal métro (06 A)

Tout comme dans la région administrative de Québec, les relations entre les 18 CLSC et le Conseil de la santé et des services sociaux de Montréal Métro (CSSSMM) n'étaient pas formalisées avant que ces nouveaux mandats ne parviennent au Conseil. Aucune structure officielle n'était en place et les cas impliquant le CSSSMM et les CLSC étaient résolus à la pièce. Lors des négociations qui eurent lieu entre les CLSC et le CSSSMM, ce dernier présenta la proposition suivante concernant la composition de la future commission:

5	représentants des CLSC
2	représentants des CSS
1	représentant des CH
3	représentants des DSC
1	représentant des CA
1	représentant des polycliniques médicales
1	représentant des groupes communautaires privés
1	représentant du CSSSMM
15	Total

Les CLSC ne furent pas immédiatement d'accord avec cette formule et ce n'est qu'après avoir obtenu des garanties de la part du directeur général du CSSSMM qu'ils acceptèrent une telle représentation au sein de la commission. Les principales garanties demandées et obtenues étaient les suivantes: que le président de la commission soit un représentant des CLSC; que les CLSC occupent toujours au moins le tiers des sièges de la commission.

L'ensemble des autres intervenants (CSS, DSC, CH, etc.) acquiescèrent à cette proposition qui consacrait dans les faits la situation existante dans la région de Montréal métropolitain. En effet, bien qu'au nombre de 18, les CLSC ne couvraient que 31 % du total de toutes les zones de CLSC de la région 06 A (il y en a 58) et ne desservaient théoriquement que 40 % de la population.

Cette commission prit le nom de commission des services communautaires, voulant par là indiquer son attachement plus particulier à deux éléments du mandat confié par le MAS au CSSSMM, à savoir ceux concernant l'organisation des services de santé, d'une part, et des services sociaux[5], d'autre part, sur le territoire. Il s'agissait donc ici d'une CAR des services de première ligne alors que la région 03 s'était donnée une CAR d'établissements (CLSC) et ce, à partir de la même circulaire.

---

5.   Voir les éléments 1 et 2 du mandat, annexe B.

Annexe A: Notes techniques

Ce qu'est un CLSC

Depuis la première définition d'un centre communautaire que l'on retrouve dans le rapport Castonguay-Nepveu[1], les rôles et fonctions des CLSC n'ont subi que des modifications mineures. On parlait au début des années 70 d'établissements servant de porte d'entrée au réseau des Affaires sociales et possédant une triple vocation: médicale, sociale et communautaire. Dans un document récent publié par la Fédération des CLSC[2], on s'aperçoit que cette vocation première des CLSC n'a pas été modifiée mais s'inscrit aujourd'hui dans un cadre de complémentarité avec le reste du réseau. De plus, le ministère a assigné aux CLSC des groupes prioritaires dans la population: jeunes enfants, adolescents, handicapés physiques et mentaux, personnes âgées et malades chroniques.

Le CLSC doit travailler à l'amélioration de la santé, du milieu social et des conditions de vie[3]. Dans cette optique, il a la responsabilité des services courants et des programmes spéciaux axés sur la prévention. Il doit s'occuper du domaine de l'urgence sociale en collaboration avec le Centre des services sociaux (CSS de sa région). Il passe des ententes régulièrement avec les centres hospitaliers (CH) pour assurer la complémentarité quotidienne des services. On se rend vite compte qu'une définition précise des services courants est essentielle si l'on veut bien saisir ce que peut réaliser un CLSC.

Ce que sont les services de première ligne

Dans le domaine de la santé, sont considérés de première ligne les services n'impliquant pas une action spécialisée ou ne nécessitant pas un équipement spécialisé. Par exemple, les soins prénatals, les activités de radiologie et de laboratoire, toute activité de prévention, les soins à domicile représentent tous des activités de première ligne. Dans le domaine social, la première ligne peut se subdiviser en cinq types d'activités:

1. Activités d'accueil, d'information, de conseil, de références, de support, de relance, d'accompagnement, au bureau ou à domicile.
2. Services à domicile.
3. Activités d'éducation, de stimulation et d'entraide dans les groupes, en vue de prévenir des problèmes de comportement ou de relations sociales.

---

1. *Les services sociaux*. Rapport de la commission d'enquête sur la santé et le bien-être social. Tome 2, p. 233-234.
2. *Rôles et fonctions des centres locaux de services communautaires*. Fédération des CLSC, août 1977, 23 p.
3. *Ibid.*, p. 16.

4. Ressources d'accueil pour urgences sociales (alcooliques, toxicomanes, dépressifs, enfants abandonnés, etc.).
5. Activités d'action communautaire.

Actuellement, dans les zones de CLSC où il y a effectivement un CLSC, c'est à celui-ci que devrait revenir la responsabilité du champ de la première ligne, mises à part les cliniques d'urgence des CH.

DSC, CSS: rôles et fonctions

Alors qu'un centre hospitalier s'occupe d'hospitaliser les patients et de leur fournir des soins spécialisés, son département de santé communautaire, lorsque l'hôpital en possède un, a une tout autre vocation. Il est chargé de la santé en milieu scolaire, de la santé au travail, de la distribution des soins d'urgence. Il est également responsable de l'élaboration et de l'évaluation des programmes préventifs de santé conjointement avec les CLSC de son territoire. Enfin, il doit voir à effectuer des études spécifiques sur les besoins de la population dans le domaine de la santé physique et mentale.

Le centre des services sociaux est le pendant du DSC en matière sociale. Outre la *Loi de la protection de la jeunesse* dont il voit à l'application, il doit assurer une utilisation efficace des ressources d'hébergement disponibles sur son territoire et effectuer des études sur les besoins de la population et sur l'épidémiologie des problèmes sociaux. Enfin, de concert avec le CLSC, il doit élaborer et évaluer des programmes de prévention.

Les zones de CLSC ne possédant pas de CLSC

Le Québec comprend actuellement 210 zones de CLSC dont seulement 82 possèdent effectivement un CLSC. Dans les autres zones, les services de première ligne normalement assurés par un CLSC sont offerts quelquefois par un point de service ou un point de chute d'un CLSC situé tout près de cette zone. Cependant, dans la majorité des cas, ce sont les départements de santé communautaire de la région administrative concernée et le Centre des services sociaux de la région qui assurent la suppléance.

C'est donc dire que les CLSC possèdent, dans les faits, très peu de champ d'intervention où ils seraient les seuls à agir puisque, dans la majorité des cas de suppléance, les services courants dont ils devraient avoir la responsabilité exclusive sont offerts par les DSC, les CSS ou les cliniques externes des centres hospitaliers.

Annexe B: La circulaire NP-1-1977

En vue de répondre au triple objectif:

- d'assurer de façon satisfaisante les services de santé et les services sociaux courants à l'ensemble de la population;
- de mettre sur pied, de développer et de coordonner les activités de centres locaux de services communautaires;
- de décentraliser des activités du Ministère aux établissements et aux conseils régionaux de santé et de services sociaux,

le ministre des Affaires sociales a décidé de confier aux CRSSS le mandat:

- d'assumer lui-même les responsabilités reliées à l'implantation des nouveaux CLSC sur leur territoire;
- de mettre sur pied une commission administrative régionale, composée majoritairement des établissements concernés et répondant directement au CRSSS dans l'exercice de son mandat.

Mandat

La commission administrative régionale sur les CLSC se verra confier le mandat suivant:

- Assurer la coordination des activités reliées à l'organisation des services de santé et des services sociaux courants sur son territoire.
- Redistribuer, s'il y a lieu, les ressources disponibles affectées à ces activités.
- S'assurer, sur une base régionale, du bon fonctionnement des CLSC existants.
- Répartir, s'il y a lieu, les enveloppes régionales de développement fixées par le MAS entre les CLSC existants de façon à répondre de façon satisfaisante aux besoins sociosanitaires de la population visée.

La Commission administrative

La Commission administrative est créée par le Conseil régional de santé et de services sociaux de qui elle tire son existence légale. Elle est autonome dans son fonctionnement à l'intérieur du cadre fixé par l'amendement proposé à la *Loi sur les services de santé et des services sociaux* (art. 15a) et des règlements émis par le conseil d'administration du CRSSS pour régir son fonctionnement. Le CRSSS a droit de veto sur les décisions prises par la commission administrative à chaque fois qu'il juge que les décisions de cette dernière ne respectent pas les orientations et priorités fixées par le gouvernement au niveau provincial et celles définies par le CRSSS dans son plan régional.

Composition

Elle est composée:

- majoritairement de représentants des établissements concernés et nommés par eux et d'au moins:
    - un représentant nommé par le(s) Centre(s) de services sociaux de la région
    - un représentant des centres hospitaliers ayant un département de santé communautaire
    - un délégué du CRSSS sans droit de vote.

Dans le cas des régions où le nombre des établissements concernés est inférieur à quatre, le CRSSS aura la possibilité de constituer une commission administrative regroupant aussi des établissements d'un secteur connexe.

L'implantation de nouveaux CLSC

C'est dans le but d'améliorer un processus d'implantation des nouveaux CLSC que le ministère des Affaires sociales a décidé de confier ce mandat aux CRSSS. Fiduciaires de ces projets d'implantation pour une période maximale d'un an, les CRSSS, dans le respect de la participation de la population, auront la responsabilité d'administrer eux-mêmes ces projets ou d'en déléguer l'administration à un établissement du réseau jusqu'à l'incorporation légale, la plus rapide possible, et le choix d'un directeur général de ces CLSC.

Dans leur stratégie d'implantation, les CRSSS devront s'assurer prioritairement que ces CLSC offrent rapidement des services concrets à leur population. Ils devront en plus assurer une formation pertinente pour les citoyens qui seront appelés à devenir les premiers administrateurs de ces établissements.

Mécanismes d'implantation

Les CRSSS eux-mêmes sont responsables de l'implantation des commissions administratives dans leur région. Pour faciliter la coordination des activités au niveau provincial lors de l'implantation des nouveaux mécanismes, le ministère des Affaires sociales a confié la responsabilité de ce dossier au directeur des établissements de services communautaires de la Direction générale de la programmation. Ce dernier assurera le suivi de l'implantation et le transfert des dossiers aux commissions administratives nouvellement créées.

Il constituera de plus un comité provincial formé des présidents des commissions administratives et sur lequel siégeront, à titre d'observateurs, un représentant de la Fédération des centres locaux de services communautaires et un représentant de la conférence des directeurs généraux des CRSSS.

Le sous-ministre.

QUESTIONS

1. À partir des éléments du chapitre traitant de la communication, comment pourrait-on expliquer qu'on ait interprété différemment le contenu de la circulaire?

2. Quelles peuvent être les conséquences positives et/ou négatives de telles différences?

3. Y aurait-il lieu de rédiger le mandat autrement? Si oui, comment? Si non, pourquoi?

Chapitre 6

LE CONTRÔLE BUREAUCRATIQUE

INTRODUCTION

Le contrôle est une tâche de gestion fondamentale dans toute organisation. Pour atteindre l'efficacité, notamment dans les organisations complexes, il est en effet essentiel de mettre en place des mécanismes de contrôle permettant de surveiller et, au besoin, de réorienter les nombreuses activités spécialisées qui s'y déroulent. Dans les organisations publiques où la reddition des comptes est un impératif politique et juridique, les systèmes de contrôle sont très complexes; ils peuvent provoquer des dysfonctions de toutes sortes et engendrer l'inertie et la paperasserie. Dans ce chapitre, nous traiterons des diverses formes de contrôle que l'on retrouve dans les organisations; nous insisterons particulièrement sur les obstacles que peut rencontrer l'instauration de systèmes efficaces de contrôle et de reddition des comptes dans les organisations publiques.

Les contrôles sont le «moyen utilisé pour obtenir la performance que l'on se propose d'atteindre et pour vérifier si les aspects quantitatifs et qualitatifs de cette performance s'accordent avec les caractéristiques spécifiques de l'organisation» (Etzioni, 1965, p. 650). Downs, qui conçoit le contrôle comme un cycle continu de surveillance et d'ajustement des activités, relève dans ce processus sept étapes qui vont de la collecte de l'information sur la performance des subordonnés jusqu'à l'évaluation de l'adéquation de ces performances et à l'identification des mesures correctives à apporter (Downs, 1967, p. 144). Dans la littérature, l'accent est mis généralement sur la collecte d'informations sur la performance et sur l'évaluation de cette performance en fonction de certaines normes; ces deux aspects du contrôle ont des connotations politiques et techniques complexes.

Dans toute organisation complexe, et notamment dans les organisations publiques, on retrouve une grande variété de systèmes de contrôle: la supervision directe exercée par les gestionnaires, le contrôle des heures d'entrée et de sortie du personnel, l'évaluation des personnes, l'évaluation des programmes, le recours à des «espions», les cercles de qualité et les systèmes d'information de gestion (SIG). Ce sont là autant de moyens qui fournissent aux hauts dirigeants des informations qualitatives et quantitatives sur la performance de l'organisation. L'usage de ces informations pour améliorer les activités de l'organisation est une des responsabilités importantes associées au développement des programmes et est au cœur de la gestion des affaires publiques.

Des méthodes indirectes de contrôle sont aussi largement utilisées dans les organisations publiques. L'intériorisation des valeurs professionnelles (à l'université), la socialisation des employés à la mission et aux normes de l'organisation ainsi que le développement chez eux d'un sentiment d'appartenance élevé, sont des éléments essentiels de contrôle dans les organisations publiques. Ces méthodes indirectes, qui reposent sur le développement de contrôles intériorisés, sont abondamment traitées dans les théories contemporaines de gestion, notamment dans celles qui se rapportent à la gestion japonaise (Ouchi, 1981) et à l'organisation «performante» (Peters et Waterman, 1982).

Les méthodes indirectes visent à éliminer une des nombreuses sources de résistance au contrôle: le besoin d'autonomie. Anthony Downs décrit ce phénomène dans sa «loi du contre-contrôle» lorsqu'il écrit que: «Plus les efforts d'un souverain ou d'un haut dirigeant d'organisation pour contrôler le comportement de ses subordonnés sont grands, plus les efforts de ces derniers le sont également pour échapper à un tel contrôle ou pour le contrecarrer» (1967, p. 147).

Les processus organisationnels de contrôle sont étroitement liés à la communication et à la prise de décision. Ces divers processus forment ensemble le système de «renseignements» de l'organisation, qui permet à ses dirigeants de suivre de près la situation, autant à l'interne qu'à l'externe, et d'apporter les corrections qui s'imposent. Cette surveillance s'appuie le plus souvent sur la hiérarchie officielle (quoiqu'elle se fasse quelquefois par les voies de communications informelles) qui permet de recueillir et de diriger l'information à ceux qui, au sommet de l'organisation, sont les plus aptes à l'interpréter et à l'utiliser dans l'élaboration de nouvelles stratégies. Toutefois, l'efficacité de ces systèmes de surveillance est sérieusement compromise par la présence constante d'inexactitudes et de distorsions dans les processus de communication de l'information.

Il y a aussi d'autres limites à notre connaissance des façons d'interpréter et d'utiliser l'information pour prendre les décisions qui vont effectivement réorienter l'organisation. Trop souvent, on accumule de grandes quantités d'informations sans avoir une idée préalable de l'utilisation qui en sera faite et sans savoir de quelle façon «diagnostiquer» l'état de l'organisation et de ses programmes ou mettre sur pied des activités visant à changer cet état. Dans ce cas, la surveillance faite par les gestionnaires, directement ou à l'aide d'indicateurs de programme, devient une fin en soi, sans liens clairs avec les objectifs d'ensemble. L'indétermination des technologies de programme dans le secteur public et la difficulté de savoir si ces programmes sont «rentables» rendent les contrôles difficiles, ce qui ne les empêche pas d'être quand même nécessaires. Comme nous le signalons dans la conclusion de ce chapitre, la mise en place de contrôles de plus en plus raffinés donne l'impression que la gestion se définit presque exclusivement en termes de système de contrôle; cette façon de la définir ne nous paraît pas convenable dans la mesure où on a tendance, dans les organisations publiques, à considérer comme permanentes des technologies de programme qui ne sont pas rodées (Landau et Stout, 1979). Et pourtant, les gestionnaires sont incités à augmenter les contrôles.

Les différents systèmes de contrôle

Comme nous l'avons déjà mentionné, les organisations publiques sont traversées par un réseau complexe de systèmes de contrôle. Le système le plus facilement repérable – celui dont on a traité jusqu'ici – est le système de contrôle tourné vers l'interne. Cependant, l'organisation publique est également soumise à des contrôleurs externes tels que les élus, les assemblées législatives et les tribunaux. On peut dire que le contrôle est imprégné de politique dans la mesure où ces contrôleurs externes surveillent les normes qu'ils imposent aux organisations publiques et voient à leur application. Les critiques externes, les supporteurs et les groupes d'intérêts peuvent aussi faire pression pour imposer les normes qu'ils croient nécessaires dans le contexte plus large de leurs luttes pour contrôler l'orientation des politiques publiques. Enfin, à l'approche d'une élection, des contrôleurs externes peuvent imposer aux organisations publiques des performances plus élevées en vue de s'attirer des votes; cela entraîne généralement des changements importants dans les systèmes de contrôle interne de l'organisation.

Certaines organisations publiques exercent aussi des contrôles sur d'autres organisations, comme c'est le cas, par exemple, des ministères qui ont des fonctions de surveillance ou encore qui gèrent l'octroi de subventions et de contrats, de concert avec d'autres unités du gouvernement ou même avec des firmes. Les pressions de ces organismes externes ont des répercussions sur le système de contrôle interne des organisations publiques. Les groupes antinucléaires et les associations de consommateurs, par exemple, réclament une surveillance et une application strictes des normes réglementaires dans les industries.

Les activités des contrôleurs externes et leurs relations constituent des aspects souvent ignorés du contrôle organisationnel. Il est important aussi de mentionner que la question des contrôles dans les organisations publiques soulève des problèmes complexes dans les relations entre les ministères et entre les différents ordres de gouvernement.

Les théories du contrôle

Il existe deux théories importantes du contrôle dans les organisations publiques: la théorie cybernétique et la théorie politique. Bien qu'elles ne soient pas toujours incompatibles, ces théories n'en mettent pas moins l'accent sur des valeurs et sur des phénomènes différents. La théorie cybernétique du contrôle tire son origine d'une analogie entre une organisation et un système autocorrecteur: le système assure sa survie en maintenant de lui-même un point d'équilibre entre ses activités et ses ressources. Le point d'équilibre peut cependant changer dans le temps, si les diverses composantes du système s'adaptent conjointement et en douceur aux changements dans l'environnement. Par exemple, une organisation pourrait survivre et continuer à être efficace même si sa taille, son niveau de financement ou l'étendue de ses programmes changeaient d'une année à l'autre. Les théoriciens du contrôle cybernétique s'intéressent à la mise en application de mécanismes autocorrecteurs qui permettent d'évaluer l'information sur l'état du système et de son environnement et d'adapter en conséquence les activités pour maintenir l'équilibre.

L'information (feed-back) joue un rôle crucial dans cette théorie. Une information qui permet de voir que l'état du système est acceptable (feed-back positif) favorise le statu quo, incitant les dirigeants à conserver les politiques existantes. Par contre, une information faisant percevoir une menace à la survie du système (feed-back négatif) indique que le moment est venu d'apporter des changements aux politiques. Un raffinement intéressant apporté à la notion de feed-back est la «pro-action» [*feed-forward*]: elle consiste à utiliser l'information sur l'état futur de l'organisation pour se préparer à affronter les changements plutôt que de simplement se contenter de réagir (Filley, House et Kerr, 1976, p. 441-447). Un système cybernétique fonctionne comme un thermostat: les mécanismes de surveillance du feed-back et de la pro-action ainsi que les routines permettant de prendre des mesures correctives, entrent en action automatiquement, de telle sorte que le système assure son existence de lui-même.

Les concepteurs de système, notamment les analystes de l'information de gestion, rêvent d'un système organisationnel qui «s'automaintient» (Cyert et March, 1963). Si nous pouvions apprendre à reconnaître l'information (sur le personnel, les budgets, les citoyens et les usagers, la performance) qui permet de déceler le besoin de faire des rajustements de tir, nous serions alors en mesure de concevoir des programmes qui assureraient l'autogestion des organisations. Mais l'autogestion en est toujours au stade expérimental et risque d'y demeurer encore longtemps dans la mesure où il existe de nombreuses imperfections dans la collecte et l'interprétation des informations et étant donné également qu'il est difficile de concevoir les mesures correctives appropriées.

La théorie politique du contrôle est associée à l'obligation qui est faite aux dirigeants des organisations publiques de rendre des comptes aux élus. Weber faisait observer que, même si les dirigeants de l'organisation publique de type idéal doivent rendre des comptes dans les régimes démocratiques autant que dans ceux de type socialiste, ce sont, en définitive, des lois conçues à l'externe qui fondent les activités de l'organisation publique. Aux États-Unis, et dans la plupart des démocraties occidentales, le principe de la séparation des pouvoirs impose aux divers organismes du gouvernement, à tous les niveaux, l'obligation de se soumettre à de nombreuses vérifications légales et politiques. Les obligations des organisations publiques sont définies dans leur loi constitutive et leurs dirigeants doivent rendre des comptes à des contrôleurs externes, élus ou nommés. Ainsi, une organisation publique est sujette à des contrôles externes et le contrôle interne est assuré par une chaîne d'autorité rattachée à un dirigeant responsable politiquement. Il y a des exceptions, comme c'est le cas pour les commissaires d'agences de réglementation indépendantes qui ne sont pas soumis au principe de la reddition des comptes; mais ces exceptions visent à appliquer un autre impératif bureaucratique – celui de permettre aux personnes occupant certaines fonctions de contrôle importantes d'exercer leur jugement en toute liberté.

Ces exigences d'imputabilité politique et légale laissent leur marque sur les systèmes de contrôle des organisations publiques. Pour s'assurer que les organisations publiques opèrent d'une manière stable, logique et équitable, conformément aux exigences des lois et de la jurisprudence, on met en place des systèmes de contrôle qui permettent de suivre de près les procédures. Ainsi, dans le système de contrôle d'un bureau d'assurance-chômage, on se préoccupe beaucoup moins de la satisfaction du client que l'on serait en droit d'attendre d'une agence de service, mais on y établit des normes très élaborées pour guider les procédures applicables aux activités quotidiennes. En l'absence de tels contrôles, on ne pourrait pas assurer le respect des exigences légales et morales d'équité dans les services rendus par les organisations publiques. Toutefois, leur présence est cause d'ennui dans le travail et accentue les effets pervers de la paperasserie administrative.

Les théories cybernétique et politique servent de guides à la conception des systèmes de contrôle dans les organisations publiques. Certaines procédures assurent le contrôle par la voie hiérarchique tandis que d'autres mettent davantage l'accent sur la conception de systèmes d'information de gestion. Bien que les théories cybernétique et politique soient différentes à bien des égards, on a mis en place dans les organisations publiques des systèmes de surveillance et des systèmes correcteurs qui s'inspirent à la fois de ces deux théories (les résultats souffrent parfois de l'incohérence inhérente à cette façon de procéder). Dans les études d'évaluation, par exemple, on s'inspire des deux théories, mais souvent on ne réussit pas à satisfaire les exigences d'imputabilité parce que les renseignements sont spécifiquement recueillis pour des fins d'amélioration de la gestion; ils répondent ainsi d'abord aux besoins du système de contrôle interne plutôt qu'à ceux de contrôleurs externes à la recherche de programmes à éliminer. De la même façon, les mesures de productivité, dans les systèmes d'information de gestion interne, peuvent être dissimulées pour éviter les critiques et les réactions qui pourraient menacer la survie du programme. Un exemple intéressant à ce sujet concerne l'utilisation par la marine américaine, dans le projet du sous-marin Polaris, d'une technique raffinée d'information de gestion (le système PERT[1]) comme un truc de relations publiques visant à faire taire les critiques et à prévenir les réactions négatives. L'information de gestion que la technique révélait n'avait absolument rien à voir avec les progrès réels du projet ni avec ses problèmes de développement (Sapolsky, 1972).

Les catégories de système de contrôle

Il y a un certain nombre de façons de classer et d'analyser les systèmes de contrôle. En ce qui nous concerne, nous retiendrons la distinction entre les contrôles internes et les contrôles externes qui prend toute sa pertinence dans les organisations publiques. Nous porterons d'abord notre attention sur les contrôles internes.

On trouve, dans la littérature sur l'organisation, plusieurs typologies de systèmes de contrôle interne. Etzioni (1965) a élaboré sa théorie de l'organisation à partir des diverses sources de contrôle qu'il pouvait y observer; ces sources sont les contextes physiques, matériels et symboliques dans lesquels s'exercent la contrainte, la persuasion et la socialisation à certaines valeurs pour encourager des comportements organisationnels conformes aux règles. Robey (1982), quant à lui, fait la distinction entre le contrôle des extrants et le contrôle des comportements (ou des activités) qui ne sont qu'indirectement ou vaguement liés à la mission de l'organisation. Il est d'avis que les techniques d'identification à l'organisation proposées par Etzioni pour assurer la conformité aux règles sont d'excellents moyens de contrôle. Pour Weber, qui considère que l'apprentissage organisationnel est la colonne vertébrale d'une bureaucratie professionnelle disciplinée, ces techniques, notamment la sélection du personnel et la socialisation à certaines valeurs, sont d'importants moyens de contrôle.

Ces typologies ne tiennent pas compte des nouvelles techniques de contrôle fondées sur la participation comme, par exemple, les conseils de travailleurs ou les cercles de qualité. Pour couvrir la gamme complète des approches contemporaines du contrôle interne, nous proposons la typologie suivante:

1. Les contrôles où les mesures quantitatives sur les extrants entrent en jeu.

2. Les contrôles qui se font au moyen de rapports quantitatifs et qualitatifs sur les activités et les comportements.

---

1.   «Program Evaluation and Review Technique». (N.D.T.)

3. Les contrôles qui font appel à la participation active des travailleurs pour faire la surveillance de projets et même, dans certains cas, pour concevoir les mesures correctives appropriées.

4. Les contrôles basés sur l'identification du travailleur à l'organisation, à sa mission ou à la profession à laquelle il appartient.

Les plus utilisées de ces techniques sont les deux premières. Les mesures quantitatives de contrôle, tels que les systèmes d'information de gestion et l'évaluation de programme, ont reçu la plus grande attention et ont fait l'objet de développements notables durant la dernière décennie. Les techniques visant à favoriser l'identification de l'employé à l'organisation ou à son travail ont longtemps été utilisées, bien que certains procédés spécifiques, comme celui basé sur le parrainage [*mentor relationship*], sont plus populaires à certains moments. Le contrôle qui fait appel à la participation peut sembler une contradiction dans les termes, mais l'intérêt actuel pour la participation et la syndicalisation a rendu ces modèles proéminents. Voyons maintenant plus en détail ces types de contrôle, leurs modes de fonctionnement et leurs limites.

LES CONTRÔLES DES EXTRANTS

Les systèmes de contrôle basés sur la mesure des extrants reçoivent actuellement une grande part d'attention et deviennent de plus en plus raffinés et accessibles. Les techniques inhérentes à ces systèmes, que nous allons voir dans cette section, sont les mesures de l'efficience ou de la productivité, la gestion par objectifs, l'évaluation de programmes et les systèmes de gestion de projets. La force de ces techniques tient au fait qu'elles sont concrètes et que les mesures qu'elles comportent ont un lien clair avec l'efficacité de l'organisation.

Cette approche du contrôle est généralement difficile à appliquer et coûteuse en temps et en argent; elle produit souvent des inexactitudes résultant de l'utilisation de données non valides ou encore de normes ambiguës ou incompatibles. En outre, l'exactitude des mesures des extrants peut être compromise par des distorsions intentionnelles et non intentionnelles comme celles que l'on trouve souvent dans les réseaux de communication organisationnels. En voici quelques exemples: le filtrage des messages qui traversent une longue chaîne d'autorité; le changement intentionnel dans le ton et le contenu pour favoriser les intérêts politiques et personnels de ceux qui envoient l'information; l'interprétation erronée qui résulte d'une trop grande abondance d'information ou de l'usage exagéré d'un jargon technocratique.

La validité des mesures de contrôle dépend de leur capacité à produire une bonne évaluation des extrants. Ainsi, leur validité est compromise quand il y a des incertitudes ou des oppositions sur l'identification des extrants attendus – et, de fait, il y a des désaccords dans presque toutes les organisations publiques sur une telle identification à cause de la multiplicité de leurs objectifs. C'est la gravité de ces désaccords qui détermine en fin de compte s'il y a lieu d'utiliser la mesure des extrants comme moyen de contrôle organisationnel.

Finalement, l'utilisation des systèmes de contrôle basés sur la mesure des extrants peut conduire à une impasse quand les normes servant à déterminer ce qui constitue un extrant attendu deviennent elles-mêmes l'objet de controverse entre des groupes professionnels ou entre des factions politiques à l'intérieur ou à l'extérieur de l'organisation. On peut facilement imaginer, dans un tel contexte, tout le pouvoir détenu par ceux qui conçoivent les systèmes de contrôle; ainsi, les concepteurs des normes d'évaluation des extrants se trouvent à définir ce qui sera considéré comme une performance satisfaisante et à déterminer les façons d'interpréter et d'implanter les programmes.

LES MESURES DE LA PRODUCTIVITÉ ET DE LA CHARGE DE TRAVAIL

Les mesures des extrants les plus utilisées sont celles qui portent sur la charge de travail, l'efficience et la productivité. Les mesures de la charge de travail correspondent au nombre d'unités de travail réalisées dans un projet comme, par exemple, le nombre de cas traités ou le nombre de kilogrammes de nourriture distribuée. Les mesures de productivité et d'efficience mettent en relation des niveaux de production et les quantités correspondantes d'intrants utilisées. Les rapports employés-clients dans les écoles et les institutions de santé, les coûts d'entretien par kilomètre de route ou les coûts par accident dans le transport routier, sont des exemples de mesures de productivité utilisées par les gouvernements d'États américains (The Urban Institute, 1975, 1981) (voir l'encadré ci-dessous). Au cours des dernières années, le phénomène de la décroissance dans le secteur public a suscité un grand intérêt pour les mesures de la charge de travail et de la productivité.

ENCADRÉ 6.1

Un cas de suivi par ordinateur
Peter PERL

Le bras mécanique saisit les enveloppes et les pousse sur un tapis roulant; ensuite, il bouge sans arrêt devant le clavier de Patricia Johnson qui fait partie de l'équipe de nuit du bureau de poste principal de Washington. À un rythme de 50 lettres par minute, Johnson, en une fraction de seconde, doit se souvenir des milliers d'adresses situées entre les numéros de code 20017 à 20018 du nord-est de Washington et doit poinçonner, par mémoire, le bon code à deux chiffres pour expédier chaque pièce du courrier du matin à l'un des 70 transporteurs de lettres.

Dans le passé, les superviseurs auraient mesuré sa performance en la surveillant ou en examinant une partie de son travail. Mais maintenant, son superviseur s'assoit devant un écran de vidéo, appuie sur le clavier d'un ordinateur et peut immédiatement voir combien de fautes Johnson fait. Si son degré d'exactitude tombe sous 95 pour cent pour une période étendue, Johnson peut être renvoyée.

Les ordinateurs peuvent fournir aux gestionnaires des rapports de performance très détaillés – mensuellement, hebdomadairement, même à l'heure – qui ne font pas qu'enregistrer la vitesse d'un employé, mais peuvent aussi la comparer avec celle de son copain ou avec la moyenne du bureau ou même avec sa performance passée.

Certains ordinateurs enregistrent le nombre de fois que l'employé quitte son poste de travail pour la salle de repos ou d'autres endroits et peut indiquer combien de temps les arrêts ont duré et combien de temps le travailleur a passé à travailler.

Dans plusieurs cas, les rapports de performance produits par l'ordinateur sont utilisés pour structurer les systèmes de paie «réglés à la pièce» et pour justifier les rappels à l'ordre, les rétrogradations ou même les renvois d'employés lents ou sans talent.

Les grandes compagnies et les firmes d'ordinateurs considèrent le suivi par ordinateur comme un moyen efficace d'améliorer la productivité, d'accélérer le flux d'informations et de donner aux clients un service meilleur et plus rapide. Les normes précises, prétend-on, fournissent aussi une mesure objective de l'efficience que plusieurs travailleurs accueillent avec intérêt, spécialement si le système est utilisé pour récompenser, comme c'est le cas pour la paie au mérite.

Mais les critiques soutiennent que le suivi pratiqué par ordinateur représente le «Big Brother» du lieu de travail: un développement dont ils disent qu'il augmente substantiellement la tension et qu'il peut causer des maladies telles que l'hypertension, les maux de tête et les maladies d'estomac chez les travailleurs qui souffrent de «technostress», parce qu'il y a un ordinateur qui les surveille constamment et parce qu'ils sont évalués par un superviseur que parfois, ils ne voient même pas.

De plus, les opposants au contrôle par la machine – selon les associations qui s'intéressent à l'organisation du travail, les critiques des milieux universitaires et d'autres observateurs sceptiques par rapport aux lieux de travail surveillés par l'ordinateur – affirment que les employés rythmés par l'ordinateur fournissent souvent un service moins bon, plus lent et souvent moins courtois aux clients parce qu'ils sont forcés de travailler dans une «chambre électronique» où la vitesse est favorisée.

Les études de temps et mouvements des travailleurs industriels ne sont pas nouvelles dans les ateliers de travail américains. En 1890, l'ingénieur industriel Frederick W. Taylor a observé méticuleusement les mouvements des travailleurs qui soulevaient des gueuses de fonte et les travailleurs de l'usine qui peinaient sur les lignes d'assemblage. Il a perfectionné une méthode d'observation au chronomètre des mouvements des travailleurs suivant un procédé qui a été appelé le taylorisme et qui a évolué vers le concept moderne de «gestion scientifique». Mais l'ordinateur et ses programmes ont surpassé de beaucoup le chronomètre de Taylor en donnant à la gestion une capacité virtuellement illimitée d'évaluer la productivité de chaque travailleur dans les moindres détails.

Bien que la question n'ait pas encore été complètement étudiée, une recherche préliminaire réalisée par Michael Smith, un psychologue industriel au National Institute of Occupational Safety and Health, révèle que les effets sur la santé de la surveillance par l'ordinateur peuvent être graves.

> Il est clair que la surveillance de l'employé par les ordinateurs crée un environ-
> nement de travail déshumanisant dans lequel le travailleur se sent contrôlé par la
> machine, a écrit Smith dans une récente étude sur les opérateurs de terminaux.
> Smith a, dans une interview, déclaré que le travailleur surveillé par une machine
> sent souvent une «perte de contrôle» qui est une cause importante de stress.
>
> Source: Peter Perl, *Washington Post*, le 2 septembre 1984, A1, A18.

Les responsables du budget dans certains États américains relèvent les déficiences suivantes dans l'utilisation des mesures des extrants: l'insuffisance des
techniques de mesure de la performance, les problèmes de quantité et de qualité
des données recueillies de façon routinière, le manque de compétence du personnel dans la mesure de la productivité, le trop peu d'attention apportée à la mesure
de la performance et des contraintes organisationnelles, telle que l'incohérence
des données et des méthodes d'analyse d'une agence à une autre (The Urban
Institute, 1975, p. 169-171). Ces problèmes sont largement documentés dans
des études menées dans des États américains et des municipalités (Finz, 1980,
p. 142-146); ce qui est plutôt surprenant, c'est l'absence d'effort manifeste pour
les corriger (The Urban Institute, 1975, p. 180).

Une des critiques souvent exprimée est que, même si les données sont
recueillies et analysées correctement, elles ne sont pas utilisées dans la prise de
décision (The Urban Institute, 1975, p. 169-170). Des critiques similaires
concernent l'utilisation réelle qui est faite des résultats de l'évaluation des programmes et d'autres informations coûteuses. Quand des informations obtenues
difficilement et à grands frais ne sont pas utilisées dans l'évaluation des personnes
ou le développement des programmes, tout l'effort de contrôle dans l'organisation perd sa légitimité aux yeux de la majorité du personnel et devient un
exercice futile d'accumulation de papier. Le coût de la collecte et de l'analyse des
données est trop grand pour n'être qu'une réponse symbolique aux exigences
d'imputabilité à l'égard des élus.

La gestion par objectifs

Les mesures de la productivité et du rendement peuvent fort bien s'appliquer aux
tâches répétitives d'une organisation publique, mais plusieurs de ces organisations sont structurées par projet et leur centre opérationnel est surtout constitué
d'activités non routinières nécessitant l'intervention d'un personnel hautement
qualifié. Il est alors nécessaire d'avoir recours à des méthodes de mesure des
extrants plus flexibles dans ces organisations; la technique connue sous le nom
de gestion par objectifs (GPO) permet de répondre à cette exigence. En plus d'assurer une plus grande flexibilité, la GPO permet, pour chaque individu, d'établir
des objectifs de travail clairs et susceptibles de le motiver. La GPO oblige chaque
unité organisationnelle, du haut en bas de la hiérarchie, à fixer des objectifs de
travail concrets et quantifiés, accompagnés d'un calendrier de réalisation et d'un
estimé des coûts. Les objectifs sont enchâssés les uns dans les autres: à chaque

niveau, ils sont établis de façon à soutenir ceux qui appartiennent au niveau qui leur est immédiatement supérieur. La GPO fonctionne du haut vers le bas pour assurer l'intégration des objectifs et garantir la cohérence avec la mission générale de l'organisation (Morrisey, 1976, p. 17-24). On élabore ensuite, pour chacun des individus dans chacune des unités, des objectifs quantifiés sur leurs projets et leur développement personnel; on le fait en favorisant la consultation, la négociation et la participation entre l'individu et son superviseur, car un objectif de travail clair contribue à améliorer la performance du travailleur (Carroll et Tosi, 1973, p. 16); de plus, les techniques de gestion participative augmentent la motivation des employés. Des rencontres d'évaluation entre l'employé et son superviseur sont planifiées annuellement ou même à des intervalles plus fréquents. Dans ces rencontres, on insiste plutôt sur les conseils que sur l'évaluation proprement dite, en particulier, quand on veut faire ressortir les aspects stimulants de la technique.

Les avantages et les inconvénients de l'utilisation de cette technique comme moyen de contrôle peuvent être clairement mis en relief: elle permet une revue en profondeur de la performance en regard d'une norme concrète; elle fournit la flexibilité nécessaire pour évaluer les tâches professionnelles et les projets individuels; elle permet aussi de corriger le tir assez tôt. Par contre, la gestion de cette technique demande beaucoup de temps, surtout au début où il est important de tenir des rencontres et de compléter des documents de travail (Carroll et Tosi, 1973, p. 15). En outre, la performance de la GPO comme instrument de contrôle ou comme facteur de motivation est discutable. Des dirigeants de ministères et d'administrations locales ont essayé de tirer profit du lien naturel entre le processus GPO et l'évaluation de la performance pour favoriser un style de gestion vraiment orienté vers la performance. Cependant, l'évidence anecdotique suggère que l'optimisme initial s'amenuise souvent sous le poids de la paperasserie, et le processus peut devenir un exercice symbolique sans qu'on en retire aucun des avantages d'une véritable gestion de la performance.

Selon Sherwood et Page (1976), il existe d'autres limites à l'utilisation de la GPO dans les organisations publiques, notamment: la production dans le secteur public est caractérisée par trop d'incertitudes pour inciter des organisations publiques à s'y engager, ce qui veut aussi dire qu'il est extrêmement difficile d'y établir des objectifs clairs et réalisables; les objectifs de programme formulés officiellement et les objectifs qui se réaliseront concrètement peuvent être très différents, ce qui reflète bien les nombreuses ambiguïtés dans la gestion des politiques publiques; il y a peu de normes généralement acceptées permettant de mesurer la performance des objectifs publics et d'en faire la surveillance, parce que les programmes eux-mêmes sont souvent mal définis ou sont sujets à des controverses entre professionnels.

L'évaluation de programmes

La technique de l'évaluation des programmes consiste à mesurer les extrants et à les comparer avec les objectifs visés au moment de leur conception. L'évaluation de programmes est une innovation technique importante pour assurer le contrôle de l'administration publique. Elle est requise par la loi pour plusieurs programmes et elle est maintenant bien enracinée dans les idées contemporaines de la gestion professionnelle; son succès est lié à la fois à un plus grand intérêt des professionnels pour l'analyse quantitative des politiques et à la nécessité d'une plus grande efficience et d'un meilleur contrôle en des temps où la croissance des ressources dans le secteur public est pratiquement nulle.

Il y a plusieurs catégories d'évaluation de programmes et l'on peut en faire des utilisations variées. Suchman, par exemple, retient une typologie qui comprend l'évaluation des efforts, de la performance, de la pertinence, de l'efficience et du processus (1967, p. 60-66). L'évaluation des efforts consiste à mesurer directement les activités et le rendement du personnel; l'évaluation de la performance démontre jusqu'à quel point les résultats atteints sont bien ceux prévus dans la législation; l'évaluation de la pertinence révèle jusqu'à quel point la taille et l'envergure du programme sont bien proportionnées aux exigences de sa mission; l'évaluation de l'efficience incite à rechercher des façons moins coûteuses d'accomplir des résultats similaires ou meilleurs. Chacun de ces types d'évaluation porte sur une dimension du contrôle; seules les évaluations de processus qui concernent la conception du programme, sa technologie ou sa gestion, ne sont pas clairement liées à la mesure des extrants.

Idéalement, chaque type d'évaluation devrait pouvoir être utilisé pour satisfaire les besoins spécifiques des administrateurs de programmes, de ceux qui les financent ou de ceux qui conçoivent les politiques. Dans la réalité, toutefois, l'utilisation des résultats des évaluations soulève des doutes sérieux. Les controverses sur la façon de voir l'évaluation et sur l'interprétation des données, alimentées par des considérations techniques et souvent politiques, empêchent souvent d'utiliser les résultats des évaluations dans la mise en place des politiques et des programmes. La controverse nationale de 1966 aux États-Unis concernant l'interprétation du rapport Coleman sur la déségrégation en est un exemple (Cain et Watts, 1972; Coleman *et al.*, 1966). Cependant, les problèmes relatifs à la conception ou à l'interprétation des évaluations ne sont pas toujours imputables à des questions techniques. En général, les méthodes utilisées pour faire une évaluation de programmes vont des études traditionnelles de cas spécifiques de gestion à de vastes études expérimentales sur le terrain.

D'autres obstacles à la gestion et à l'utilisation des évaluations proviennent des craintes des gestionnaires pour qui ces évaluations peuvent entraîner une diminution de leur autonomie et de leur autorité sur les programmes. La possibilité que les évaluations puissent être utilisées pour justifier le soutien politique ou l'opposition de groupes externes est une autre source de tension. Les gestionnaires de programmes deviennent souvent soucieux à l'annonce de la venue d'évaluateurs externes qui ne sont pas reconnus pour être complaisants (Weiss, 1972, p. 98-120).

Des recherches récentes montrent qu'on ne se sert pas souvent des résultats de l'évaluation, soit par crainte qu'ils amènent trop de chambardements ou qu'ils fournissent des «munitions politiques» à des supporteurs ou à des opposants. Les facteurs qui favorisent l'utilisation intensive de l'évaluation sont: la pertinence directe des résultats de l'évaluation pour ceux qui conçoivent les politiques ou pour les gestionnaires, notamment en ce qui concerne l'information sur l'allocation des ressources ou l'implantation du programme; la communication directe à ceux qui conçoivent les politiques ou aux gestionnaires, non filtrée par des intermédiaires intéressés; la clarté des résultats et les préoccupations des utilisateurs à l'égard des conséquences politiques; la validité des résultats ou le fait qu'ils peuvent contredire d'autres informations à la disposition de ceux qui conçoivent les politiques; et la présence d'un supporteur politique puissant (Leviton et Huges, 1981). Les analyses de Patton (1978) sur les obstacles à l'utilisation des évaluations et sur les stratégies pour encourager leur utilisation ont donné des résultats analogues.

Il est intéressant de noter que ce sont précisément ces caractéristiques de l'évaluation qui en font un système de contrôle valable mais controversé, et qui diminuent son utilisation dans la pratique. Cela illustre encore une fois le caractère ambigu des contrôles dans les organisations publiques: devraient-ils répondre aux besoins de gestion interne ou satisfaire aux exigences de l'imputabilité?

Les systèmes de gestion de projet

Les techniques de gestion de projet appartiennent à la famille des modèles d'analyse de système. Ces modèles permettent de faire des projections sur la durée d'un programme et sur les ressources nécessaires à sa réalisation, et de surveiller les écarts à ces projections. Les modèles les plus utilisées sont le PERT [«Program Evaluation and Review Technique» ou la technique d'évaluation et de revue de programme], auquel nous avons déjà fait allusion et le CPM [«Critical Path Method» ou la méthode du chemin critique].

En règle générale, ces modèles permettent de diviser un projet en tâches discontinues, de faire une estimation du temps de réalisation de chacune d'elles et, parfois, d'évaluer les coûts des ressources utilisées. La séquence des tâches est inscrite dans un tableau dont on tire un diagramme pour bien mettre en évidence le réseau des activités du début à la fin du projet. Avec la technique CPM, on peut évaluer le temps nécessaire à la réalisation complète du projet et établir la séquence des tâches à accomplir absolument (on les appelle les tâches critiques) pour achever le projet dans les délais prévus. La probabilité de réaliser le projet à temps, d'être en retard ou en avance, peut également être calculée à l'aide du modèle PERT, mais il faut alors utiliser des méthodes d'estimation de temps plus complexes et adopter les hypothèses d'une théorie de distribution des probabilités (Ackoff et Sasini, 1968; Welch et Comer, 1983). Ces deux techniques peuvent aussi être utilisées pour déterminer quelles tâches peuvent être réalisées plus tôt dans la séquence, en tenant compte des coûts supplémentaires que cela entraîne et des avantages de terminer le projet plus tôt. Le fait de confronter souvent la progression réelle du projet au diagramme ou au calendrier de réalisation permet aux gestionnaires de prendre conscience à l'avance des délais ou des temps gagnés non prévus et de revoir l'utilisation des ressources pour une plus grande efficience.

La pertinence de ces techniques comme moyens de contrôle est évidente et, de fait, on y a de plus en plus recours. De toutes les techniques discutées jusqu'à maintenant, ce sont celles qui collent le plus à la notion du contrôle conçu comme un système cybernétique qui s'autocorrige. Lorsque ces techniques sont informatisées, elles permettent de procéder fréquemment à des mises à jour et de réévaluer la planification du projet à partir de nouvelles informations; les processus de surveillance et de correction sont alors presque automatiques. Ce sont donc des outils qui permettent aux gestionnaires d'évaluer l'état du système et de le corriger en vue d'atteindre un nouveau point d'équilibre.

Ces techniques de gestion de projet sont intensément utilisées à tous les niveaux du gouvernement, mais cela ne va pas sans complications. L'utilisation à des fins partisanes des techniques PERT-CPM, dans le contexte du projet Polaris, a été notée plus tôt. Les dirigeants de la municipalité d'Alexandria, en Virginie, ont appliqué les techniques PERT-CPM au processus budgétaire de la Ville et à la surveillance des travaux des entrepreneurs dans un projet de rénovation. Cependant, ces dirigeants n'ont pu réaliser leur objectif plus ambitieux de coordonner, à l'aide de ces techniques, le personnel, les plans et le budget. Même si nous ne disposons d'aucune étude systématique sur les raisons expliquant la lente acceptation de ces techniques, on peut supposer qu'elles ressemblent à celles trouvées pour les obstacles à l'utilisation d'indicateurs de productivité, soit un manque de connaissances (en informatique, en particulier) des modèles en usage; l'ignorance de la disponibilité des modèles; le coût élevé ou la non-disponibilité des données détaillées nécessaires à l'application de ces techniques. Comme c'est le cas pour les mesures de productivité, on peut prévoir une utilisation accrue de ces techniques étant donné que l'on se préoccupe davantage du coût des délais et que l'on doit de plus en plus s'intéresser au rendement du travail pour s'adapter à la rareté croissante des ressources.

Résumé

Le but avoué des systèmes de contrôle est d'apporter un soutien au processus de gestion, de permettre de mieux orienter et, au besoin, de corriger les diverses activités visant à assurer la réalisation de la mission des organisations publiques.

Toutefois, nous avons pu prendre conscience des nombreux problèmes politiques et techniques que soulève l'utilisation de ces contrôles, surtout lorsqu'il s'agit de contrôles raffinés. Nous pouvons nous interroger sur la validité des données en raison des problèmes liés à la collecte ou au filtrage des informations et il est souvent difficile d'obtenir un consensus sur ce qui constitue la bonne mesure d'un extrant. Il arrive souvent aussi que des données recueillies pour assurer le contrôle ne soient pas utilisées, en raison des conséquences que leur révélation pourrait avoir sur le plan politique ou professionnel, ou encore en raison du manque de compétences nécessaires pour procéder aux changements qui s'imposeraient dans les activités de l'organisation. Comme nous avons pu le constater, avoir à sa disposition un système d'information de gestion ne conduit pas nécessairement à la sagesse.

LES CONTRÔLES DES COMPORTEMENTS

Le contrôle des comportements est fort différent du contrôle des extrants tant en ce qui concerne les techniques utilisées que les normes auxquelles on se réfère. Dans ce type de contrôle, on met l'accent sur les comportements ou les actions des personnes, sans faire la relation avec les extrants de l'organisation.

Les mesures des comportements consistent, par exemple, à vérifier les heures travaillées, à évaluer les personnes, à faire passer des tests élaborés pouvant aller jusqu'à la détection de mensonges, ou encore à soumettre des employés à des examens médicaux pour contrôler un comportement indésirable tel que l'utilisation de la drogue. Le plus souvent, cependant, on a recours aux rapports d'activités sur les efforts déployés, les succès ou les problèmes des individus dans leur travail. Le rapport d'activités peut être soit informel, laissant à la personne la liberté de le faire à sa guise, soit très formalisé et comprendre des mesures précises d'activités qui prêtent moins à interprétation (Downs, 1967, p. 145). L'observation directe des comportements par des superviseurs et leur observation indirecte au moyen d'horodateurs, d'informateurs, d'agence de surveillance ou simplement par le bouche à oreille, sont d'autres méthodes couramment utilisées.

La surveillance des activités et des comportements comporte des avantages et des inconvénients. On l'utilise souvent dans le cas des programmes dont les activités se prêtent mal à la mesure ou lorsqu'il y a désaccord sur ce que devraient être les bonnes mesures des extrants. Le lien entre les activités du personnel et les extrants peut être vague, comme c'est le cas dans les organisations qui expérimentent de nouvelles technologies et dont les résultats attendus sont encore fluides ou difficiles à définir; on observe ces phénomènes, par exemple, dans les agences de recherche et de développement de politiques. Dans ces cas, il vaut mieux surveiller les activités que les extrants.

Les limites de ces approches au contrôle seront décrites en détail ci-dessous; mentionnons, pour le moment, qu'on note en général de grandes variations dans les perceptions des comportements et dans les critères d'évaluation.

L'évaluation du comportement peut être sérieusement mise en doute quand le lien entre les activités contrôlées et les objectifs poursuivis n'est pas clairement établi. Par exemple, qu'est-ce que nous contrôlons réellement quand nous accumulons des rapports sur les séances d'auditions d'entreprises réglementées? Quelle est la relation entre ces activités de contrôle et l'objectif d'une structure de prix plus compétitive dans une industrie réglementée? Les déformations intentionnelles des rapports d'activités en vue de favoriser des intérêts personnels ou de promouvoir un programme privilégié sont aussi un problème commun à certaines formes de contrôle des comportements. Finalement, les rapports d'activités, contrairement aux rapports portant sur les extrants, sont généralement évalués en fonction de procédures et de règles précises. Comme celles-ci sont rarement quantifiées, les attentes du personnel par rapport à leurs évaluations risquent de ne pas être perçues clairement. Plus important encore, quand les évaluations se font essentiellement en fonction du respect de règles, suivre la règle peut devenir alors un but en soi, détournant ainsi les personnes des objectifs de l'organisation. C'est le phénomène que Merton (1957) a qualifié de «détournement d'objectif». En somme, il y a de nombreux problèmes potentiels lorsqu'on a recours à la surveillance des activités comme moyen de contrôle même si, dans plusieurs cas, c'est la seule option possible en raison de la nature des objectifs de l'organisation.

Le contrôle des temps de travail

Les mécanismes de «rapport automatique» sont la forme la plus simple et la plus directe de surveillance des activités; les horodateurs ou les feuilles de temps en sont de bons exemples. Ces mécanismes permettent aux superviseurs d'observer directement les activités d'une manière relativement rapide, peu coûteuse, objective et cohérente. Il existe de tels mécanismes dans les organisations publiques, mais plusieurs professionnels les trouvent fort ennuyeux parce qu'ils considèrent que les heures passées au bureau ne sont pas une bonne mesure de la quantité de travail accompli. Ils veulent une certaine flexibilité dans les temps et dans les lieux de travail. Au regard de la motivation, on peut s'attendre à ce que de tels mécanismes de contrôle puissent avoir l'effet d'inciter à une norme minimale de performance, c'est-à-dire, dans ce cas, à faire simplement acte de présence (Katz et Kahn, 1978).

La supervision directe

La méthode de contrôle par excellence dans le modèle bureaucratique est la supervision directe faite par ceux qui occupent des postes dans la hiérarchie. L'observation directe et l'application de mesures correctives sont des tâches managérielles si répandues que l'on est porté à croire qu'elles n'exigent pas de talents spéciaux. Pourtant les injustices perçues par les subordonnés dans leurs relations avec leurs supérieurs et les controverses entourant les méthodes d'évaluation du personnel qui, souvent, ne sont pas appliquées avec soin, sont des sources de conflit sérieux. Des recherches sur la motivation et les relations humaines montrent qu'une supervision trop envahissante engendre le mécontentement, notamment chez les professionnels (Filley, House et Kerr, 1976, p. 385-386). Lorsque l'on utilise trop l'ajustement mutuel, il est difficile d'éliminer la perception qu'ont les employés d'être traités de façon inéquitable; c'est une des raisons qui ont motivé l'introduction de mesures quantitatives des extrants comme la GPO [gestion par objectifs].

Les normes utilisées pour évaluer les comportements varient beaucoup et sont plus souvent causes d'arbitraire ou de manipulation que les techniques de contrôle des extrants décrites dans la section précédente. En principe, les normes de comportement devraient être établies en fonction des exigences des programmes de l'organisation. Mais est-ce que le lien entre les comportements et les programmes est clair? L'importance relative des différentes activités nécessaires à l'accomplissement de la mission de l'organisation peut donner matière à discussion. Quelles sont, par exemple, les meilleures mesures du comportement d'un bon professeur? Les normes de comportement auxquelles les employés adhèrent peuvent être établies en dehors de l'organisation par les associations professionnelles des différentes catégories de personnel, comme c'est chose courante dans le domaine de la santé, par exemple. Les normes de comportement liées à la promotion des activités peuvent refléter les choix de ceux qui se trouvent aux commandes de l'organisation, qu'ils soient des bâtisseurs d'empire ou des conservateurs (Downs, 1967, p. 92-110). Le contrôle sur ces normes est important pour qui veut avoir du pouvoir dans l'organisation. Cela crée beaucoup d'insatisfaction quand le personnel perçoit qu'il est évalué à partir de critères qu'il considère non pertinents au plan professionnel, comme c'est le cas de professeurs évalués en fonction de leur participation à certains congrès.

Les normes basées sur les procédures de l'organisation constituent une autre forme d'évaluation du comportement. La conformité aux règles peut améliorer la cohérence des activités des employés, mais elle peut aussi les détourner des objectifs de l'organisation par une trop grande attention portée aux règles.

Les rapports d'activités

Les rapports sur les expériences, les succès ou les échecs des employés constituent un autre moyen de contrôle. Ces rapports peuvent être périodiques, sollicités ou non et ils peuvent ne pas être bien reçus par les politiciens. Des rapports d'activités fréquents ou volumineux entraînent souvent un accroissement de personnel dans les secteurs de l'organisation où l'on fait ces rapports et dans ceux où ils sont lus. Les intérêts personnels, professionnels et politiques de ceux qui font les rapports influencent la sélection et l'interprétation des événements rapportés et il peut y avoir aussi des distorsions, intentionnelles ou non, dans le processus de communication des informations.

Les rapports d'activités sont fréquemment l'objet de manipulations et de distorsions de la part de leurs auteurs ou de la part de ceux entre les mains de qui ils passent. Morton Halperin, dans une discussion sur les distorsions intentionnelles dans les rapports de politique étrangère, a mis au jour un ensemble de tactiques de préparation des rapports visant à influencer le résultat des politiques (1974, p. 158-172). Une de ces tactiques consiste à ne rapporter que les faits qui concordent avec la position de celui qui fait le rapport. Un fervent défenseur d'une politique peut également choisir les canaux de communication qui sauront retarder la transmission de l'information, parfois indéfiniment, ou encore ceux qui accéléreront le processus et souligneront l'importance de l'information qui va dans le sens de sa position; de telles tactiques ont cours dans plusieurs organisations publiques.

Downs s'est lui aussi fortement intéressé aux phénomènes de distorsion dans les systèmes de contrôle et de communication des organisations publiques. Il suggère plusieurs formules pour corriger ces distorsions. L'une d'entre elles est la redondance, qui consiste à se servir de plusieurs sources différentes d'information pour contrôler leur exactitude. Suivant une autre formule, on utilise des informations émanant de personnes ayant des intérêts divergents, en vue d'améliorer leur validité. Les gestionnaires peuvent aussi ne pas tenir compte des parti pris dont ils connaissent l'existence dans les rapports, bien que cette tactique soit vouée à l'échec si les rédacteurs des rapports changent ou si les biais sont mal compris. Les dirigeants aux échelons supérieurs peuvent aussi contourner les canaux normaux de communication pour éviter des sources possibles de distorsion; Franklin Roosevelt a déjà utilisé cette tactique pour obtenir de l'information de première main (Schlesinger, 1958). Toutefois, un recours trop fréquent à cette tactique risque de conduire à la dégradation des réseaux de communication formels et des canaux de transmission des rapports. Mentionnons finalement que l'existence de procédures pour la préparation des rapports contribue souvent à limiter la distorsion. En effet, des procédures détaillées sur les données à recueillir et les calculs à faire réduisent considérablement la liberté de choisir les informations à rapporter. Des directives concernant la présence de données quantitatives sur les activités ou sur leurs conditions de réalisation contribuent également à éliminer les possibilités d'«inventer» des rapports. Aucune de ces tactiques n'est infaillible, cependant, comme le montre la «loi du contre-contrôle» de Downs (1967, p. 147) dont on a fait état plus tôt dans ce chapitre.

Les informateurs

Des informateurs sont utilisés pour faire des rapports sur les comportements des subordonnés dans des institutions comme les écoles ou les agences de renseignements. L'avantage d'un réseau d'informateurs est qu'il fournit aux gestionnaires une information non influencée par les perspectives du service ou de l'individu sous surveillance. Souvent, la loyauté des informateurs est simplement basée sur la paie, l'espoir d'un poste meilleur ou le désir d'être un «homme de l'intérieur» et un confident. Downs note aussi que le fait d'embaucher des parents ou des amis (népotisme) permet d'avoir accès à des informateurs plus fiables, bien que certains de ceux-ci peuvent devenir des bâtisseurs d'empire personnel (1967, p. 156-157).

Il est également possible d'obtenir des informations sur les activités des programmes par des visites sur les lieux et par le bouche à oreille. Il faut cependant prendre des précautions sur l'interprétation que l'on fait de ce que l'on entend dans la mesure où les personnes ont une tendance naturelle dans de telles circonstances à «avoir l'air bons» et à chercher à plaire.

Résumé

Les mécanismes de surveillance des comportements et des activités dont on a fait état ci-dessus sont couramment utilisés comme moyens de contrôle dans les organisations publiques en raison, notamment, de la grande difficulté d'obtenir des consensus sur une mesure valable des extrants ou des buts visés. La pratique courante dans les organisations publiques est de mesurer les activités et non les extrants; de façon générale, le travail dans le secteur public porte plus sur les processus que sur les produits. Les systèmes de contrôle d'activités et les rapports sur les comportements vont donc continuer d'être nécessaires en dépit de leurs imperfections.

LES SYSTÈMES DE CONTRÔLE AXÉS SUR LA PARTICIPATION

La participation comme moyen de contrôle peut prendre plusieurs formes. En général, le contrôle fondé sur la participation renvoie à un mécanisme suivant lequel les membres d'une organisation, directement ou au moyen de représentants, prennent une part active à la conception des normes de travail et à la surveillance de leur application. Dans certains cas, les processus de travail, les questions touchant le personnel et les décisions sur les prix peuvent être l'objet d'études par les membres. La participation peut être considérée comme un programme d'enrichissement des tâches qui ajoute à des postes existants la responsabilité du contrôle de la qualité et certaines fonctions de gestion. Elle peut, par contre, être plus largement interprétée pour inclure le partage du pouvoir dans l'organisation, comme c'est le cas dans les diverses formes de conseils de travailleurs en Europe.

Les objectifs et les justifications théoriques de ces formes de participation sont variés. Les conseils de travailleurs en Yougoslavie [sic], par exemple, se réclament d'une interprétation du marxisme suivant laquelle la hiérarchie est un «moyen d'exploitation basé sur le système des classes» (Tannenbaum et al., 1974, p. 3). Les conseils de travailleurs de l'Europe de l'Ouest s'inspirent, pour leur part, d'une combinaison de doctrines syndicales, égalitaires et socialistes. Aux États-Unis, les psychologues humanistes et les tenants de l'approche des relations humaines font la promotion de la participation comme moyen d'augmenter la motivation des employés, sans remettre en cause le partage du pouvoir formel dans l'organisation (Strauss, 1963). Finalement, les cercles de qualité, généralement associés à la gestion japonaise, favorisent un contrôle par le groupe en conformité avec une caractéristique culturelle exigeant que la prise de décision se fasse à ce niveau (Ouchi, 1981).

Le contrôle par la participation semble apporter des éléments de réponse à la loi du contre-contrôle de Downs. Si l'on pouvait, par la participation, concilier le contrôle et la motivation de l'employé, on parviendrait *ipso facto* à éliminer certains des problèmes liés aux contrôles. En pratique, cependant, les personnes ont encore de bonnes raisons de résister aux contrôles dans les organisations publiques, étant donné l'obligation qui leur est faite de rendre des comptes à des organismes externes et les contraintes légales qui limitent leur liberté d'action.

Des recherches récentes ont mis en évidence un des problèmes conceptuels du contrôle par la participation; on cherche à savoir si une participation accrue dans les décisions de gestion change les perceptions des travailleurs sur la quantité des contrôles dont ils sont l'objet. Les recherches antérieures et les théories existantes ont conduit les chercheurs à émettre l'hypothèse que la quantité totale de contrôles perçus augmenterait – et cette hypothèse a bel et bien été confirmée. Cependant, ils ont une conception très large du contrôle qui signifie simplement «l'influence en général» et, pour eux, ce terme ne fait référence ni à la surveillance de la performance en regard des normes, ni aux moyens d'apporter les corrections nécessaires. Les conseils de travailleurs, dans leurs diverses formes nationales (Tannenbaum *et al.*, 1974), introduisent tous la participation et l'autocontrôle dans plusieurs domaines de la vie au travail; pourtant, ces conseils ne remplissent pas pour autant toute la fonction de contrôle. Que le contrôle soit une source d'influence n'implique pas que les personnes qui exercent de l'influence contribuent nécessairement à la fonction de contrôle dans l'organisation.

Le cercle de qualité est une forme de contrôle fondée sur la participation qui semble satisfaire les exigences d'un véritable système de contrôle. Un cercle de qualité est un groupe volontaire d'employés qui se rencontrent régulièrement en vue de chercher des façons «d'augmenter la qualité des biens et des services, de résoudre les problèmes qui surgissent dans le milieu de travail, de développer une plus grande identification aux objectifs de l'organisation et d'améliorer la communication entre les gestionnaires et les travailleurs» (Bryant et Kearns, 1982, p. 144). Une application de cette technique dans la marine américaine a permis à des groupes de repérer et d'analyser, sous la supervision d'experts en analyse de système, les causes possibles de problèmes rencontrés dans leur travail. On leur a enseigné le remue-méninges et les techniques d'analyse de système pour accroître leur capacité à trouver des solutions. Des récompenses monétaires furent attribuées à ceux qui avaient trouvé des solutions mais les travailleurs interviewés ont rendu le témoignage suivant: «La participation au programme, le contact avec la direction supérieure et les solutions apportées à nos problèmes nous ont donné suffisamment de satisfaction» (1982, p. 149).

L'intérêt pour cette technique de contrôle et la dynamique qu'elle a créée dans les organisations sont des phénomènes très complexes tant du point de vue sociologique que du point de vue politique. La possibilité que les gains de motivation engendrés par cette technique résultent d'une certaine forme d'assimilation est une question qui mérite des recherches supplémentaires. Les tentatives d'implantation de cercles de qualité dans des programmes de la marine américaine ne furent pas toutes couronnées de succès; certains groupes n'ont produit aucune solution réalisable ou encore ont abandonné en raison d'un faible leadership ou d'un manque d'intérêt. On a observé, par ailleurs, que les cols bleus se sont mieux adaptés au système que les professionnels. Tout compte fait, cependant, il appert que l'expérience de la marine américaine a engendré plus de bénéfices que de coûts: la proportion est de 1 à 4.

Une autre remarque sur l'utilisation des techniques de contrôle fondées sur la participation, bien qu'elles ne soient pas nécessairement une contrainte, concerne l'exigence particulière faite aux organisations publiques d'établir les responsabilités de façon stricte dans la reddition des comptes aux contrôleurs externes du gouvernement. Dans la mesure où, dans le secteur public, le contrôle participatif permet effectivement à certains groupes d'employés de mettre en application leurs propres normes professionnelles de performance, il y a risque que cela soit interprété comme une entrave au processus de reddition des comptes. En pratique, cependant, ceux qui conçoivent les politiques législatives et judiciaires donnent souvent aux dirigeants des organisations publiques une grande autonomie dans la définition des programmes. Somme toute, même si l'on n'a encore que peu d'informations sur les expériences d'utilisation des contrôles participatifs dans le secteur public, il n'en demeure pas moins que cette technique est fort prometteuse pour réduire la résistance des employés vis-à-vis les systèmes de contrôle et augmenter leur participation dans la gestion de ces systèmes.

LES CONTRÔLES INTRINSÈQUES

Les contrôles intrinsèques sont considérés comme des moyens généralement efficaces d'exercer une certaine maîtrise sur les activités de l'organisation. Ces contrôles renvoient à la capacité des dirigeants d'inculquer aux employés des valeurs qui les incitent à se conformer aux objectifs, aux règles et aux résultats qu'on attend d'eux. Les contrôles intrinsèques agissent sans qu'il soit nécessaire d'avoir recours à la surveillance du travail ni de lui apporter des corrections puisque, dans une certaine mesure, les objectifs de l'individu et ceux de l'organisation sont les mêmes. Les contrôles intrinsèques remplissent plusieurs des fonctions des systèmes de contrôle décrits jusqu'à maintenant, qu'ils soient fondés sur la loyauté personnelle, la socialisation à des valeurs professionnelles, la socialisation aux normes d'une organisation particulière, l'examen attentif des candidats à une fonction, l'autosélection ou sur des croyances idéologiques en la mission de l'organisation.

L'idée de contrôle intrinsèque n'est pas nouvelle. En décrivant l'idéal type de la bureaucratie, Weber a mis en évidence l'importance de la socialisation à des normes professionnelles d'impartialité et de compétence et à un engagement à faire carrière dans l'organisation (Weber, 1947, p. 329-341). Le modèle organiciste de l'organisation de Burns et Stalker (1966), plus récent, fait grandement état de l'identification des employés aux normes professionnelles et à la technologie utilisée dans l'organisation sans qu'ils adhèrent pour autant aux valeurs de l'organisation elle-même. L'analyse qu'Etzioni a faite des raisons de l'obéissance aux ordres l'amène à conclure qu'elles concernent, pour une bonne part, l'adhésion aux valeurs et aux objectifs de l'organisation, comme c'est le cas des groupes religieux ou des groupes «idéologico-politiques» (Etzioni, 1965). Cette adhésion volontaire permet aux dirigeants de s'en remettre davantage à la loyauté des membres sans qu'il faille recourir à des contrôles plus manifestes. Le problème est que l'attrait que les organisations publiques exercent au niveau de l'emploi n'est pas vraiment le résultat de l'identification des personnes aux valeurs et aux objectifs de ces organisations; l'argent joue aussi un rôle significatif à cet égard. De plus, note Etzioni, la capacité d'une organisation de susciter l'adhésion à ses valeurs varie suivant les organisations (qui peuvent se faire concurrence, par exemple, pour la loyauté d'un membre) et varie également selon les conditions économiques qui peuvent faire fluctuer les fonds disponibles dans ces organisations (Etzioni, 1965, p. 654).

Les moyens du contrôle intrinsèque dans les organisations publiques pourraient être le recours à la loyauté personnelle, la socialisation à des valeurs professionnelles ou organisationnelles, la sélection du personnel et l'engagement idéologique aux politiques de l'organisation. Comme le note Downs (1967, p. 156), la loyauté personnelle à un leader peut être imputable au népotisme, à la confiance ou encore à l'amitié; elle peut aussi s'élaborer graduellement dans le cadre de relations avec un mentor. La force de ces relations repose sur la confiance que le mentor ou le leader peut avoir en la coopération et en la loyauté du personnel. S'en remettre à de telles relations personnelles comporte toutefois des risques: si le mentor quitte, change ou n'adhère plus à la politique de l'organisation, ses partisans peuvent aussi bien «faire défection» et, par le fait même, multiplier les pertes de motivation dans l'organisation. L'existence de loyautés personnelles fortes a souvent des effets pervers dans la mesure où les partisans peuvent développer une vision déformée de leur propre autorité, distincte de l'autorité de leurs leaders. On raconte que le personnel de la Maison Blanche a adopté ce type de comportement en de nombreuses circonstances (Reedy, 1970). Les loyautés personnelles trop intenses sont souvent un signe d'immaturité chez les leaders ou chez leurs partisans, ce qui est néfaste à l'exercice d'importantes fonctions de gestion.

La socialisation réfère à l'apprentissage auquel l'individu se prête lorsqu'il devient membre d'une profession ou d'une organisation; elle constitue un autre moyen de s'assurer que les membres adhèrent bien aux valeurs et aux objectifs que les dirigeants sont désireux d'implanter. La socialisation peut se faire «sur le tas», au moyen de sessions d'orientation ou encore, à plus long terme, au moyen de processus d'observation et d'imitation; elle peut aussi se faire dans les écoles professionnelles. Elle se réalise par la communication aux étudiants d'informations techniques portant à la fois sur les normes et sur les valeurs auxquelles la profession s'identifie. Bien que cette information technique se trouve, pour une bonne part, dans le programme d'études, on attache aussi une grande importance à l'inculcation de valeurs professionnelles; cette inculcation est réalisée par une sélection soignée des étudiants en prêtant attention, notamment, aux valeurs auxquelles eux-mêmes adhèrent et par un apprentissage subtil qui consiste à les mettre en présence de modèles exemplaires à l'occasion de conférences, de séminaires ou de discussions informelles avec des professeurs et d'autres membres. Etzioni (1965) fait remarquer qu'en général, il y a une relation étroite entre la sélection et la socialisation: ainsi, plus une organisation peut se permettre d'être sélective (c'est le cas, par exemple, de l'aviation militaire ou des écoles de médecine), plus elle peut filtrer les candidats en fonction de leur compétence technique et de leurs valeurs avant leur entrée dans les écoles et moins elle aura recours à la socialisation pendant la formation. La proportion relativement élevée des gradués de West Point (25 pour cent) provenant de familles de gradués ou d'officiers de cette institution (Janowitz, 1960, p. 98) illustre bien l'importance des valeurs dans le processus de sélection.

La socialisation «sur le tas» dans les organisations publiques permet de familiariser les nouveaux membres aux normes et aux valeurs de l'organisation et ce, quel que soit leur entraînement professionnel antérieur. L'apprentissage des règles de l'organisation, de sa mission et de ses spécificités, se fait au moyen de documentation sur les directions, de sessions d'orientation, de «retraites» périodiques et de «briefings». D'autres méthodes couramment utilisées, mais moins manifestes, sont le recours au badinage (dans les rencontres de personnel) et au folklore de l'organisation qui concerne généralement des périodes de crise ou des histoires de «caractères» originaux qui deviennent plus bizarres et plus mythiques d'année en année. On peut apprendre beaucoup sur les perceptions qu'ont les membres de la mission réelle de l'organisation, de son importance et de sa spécificité, lors des rassemblements ou des conversations informelles; les nouveaux membres ont alors intérêt à être tout oreilles.

Les mythes et les symboles, qui sont généralement le reflet émotionnel de nos réactions aux événements organisationnels ou politiques (Edelman, 1964; Elder et Cobb, 1983), sont d'excellents moyens d'expression des normes de l'organisation et des raisons qu'ont les membres de s'impliquer. Les mythes expriment le sens des événements tels que perçus par les membres et les rassemblent autour d'une conception qu'ils se font d'eux-mêmes ou encore d'une identification à une profession. Les événements importants sont redits, embellis et rappelés à la conscience des membres sous forme de mythes comportant leurs héros et leurs incantations magiques. Dans un ministère faisant l'objet d'une étude, les responsables d'un service à l'étranger se sont décrits eux-mêmes en termes héroïques comme des personnes qui mettent le progrès scientifique à la disposition des cultures qui en ont grandement besoin! (Malher, 1985). D'autres études des mythes organisationnels rapportent des histoires de réussites dans la conception d'ordinateurs ou des légendes à propos de nouvelles machines raffinées, construites dans des ateliers de garage par de jeunes génies; ces histoires et légendes sont racontées en des termes héroïques et les membres de l'organisation s'identifient aux «champions» qui en sont les héros (Kidder, 1981; Pondy et al., 1983).

Les symboles concernant l'identité et la culture de l'organisation ont été largement étudiés. La recherche de Kaufman sur les services forestiers (1967) met en relief les façons d'utiliser les uniformes, les procédures et même les méthodes d'entraînement inspirées des militaires pour créer des contrôles intériorisés chez des employés dont le travail les amène à s'isoler géographiquement. Au moment de la création de la TVA (Tennessee Valley Authority), qui avait à mener une expérience de planification régionale, ce qui constituait une première pour l'époque, on n'est arrivé à vraiment en saisir la mission que lorsqu'elle se fut donnée une identité concrète – la gestion par la base [administration through the grassroots] (Selznick, 1966). Cette idée de gestion par la base, légèrement liée à la notion de gestion démocratique, devint, pour la TVA, un symbole de légitimité et d'énergie. En 1966, l'Economic Development Administration du Departement of Commerce s'est donné l'image d'une organisation innovatrice et non bureaucratique, capable de procéder à des changements rapides et efficaces en vue de prévenir les émeutes dans les villes; elle prenait ainsi les devants pour entraîner d'autres organismes dans ses interventions (Pressman et Wildavsky, 1979, p. 23). Dans ces cas, l'identification à l'organisation et à sa mission était importante pour générer les contributions et assurer les contrôles nécessaires au succès des projets pilotes.

Les engagements idéologiques aux politiques de l'organisation publique sont une autre base de contrôle organisationnel. Des personnes peuvent décider de travailler dans un ministère ou dans d'autres organisations publiques parce qu'ils adhèrent à leurs objectifs. Le caractère hautement politique de certaines organisations publiques favorise de tels engagements. Des organismes tels que la CIA, le FBI ou le département de l'Énergie, par exemple, suscitent probablement des niveaux plus élevés d'engagement politique que le U.S. Postal Service puisqu'ils administrent des programmes plus visibles, plus controversés ou d'un plus grand intérêt; cependant, aucune recherche n'a été faite sur ce sujet.

Le succès des engagements politiques ou idéologiques, comme c'est le cas pour les engagements professionnels, repose sur la volonté des membres à déployer l'énergie et l'imagination nécessaires pour atteindre les objectifs du programme. Cependant, si les politiques changent, les mêmes engagements qui jouaient en faveur des anciennes politiques peuvent fort bien amener les membres à contrecarrer les nouvelles. Les engagements idéologiques et professionnels ne sont donc des moyens effectifs de contrôle que dans la mesure où les idéologies ou les normes professionnelles coïncident avec les politiques de l'organisation, puisqu'ils sont centrés sur des facteurs extérieurs à la chaîne d'autorité de l'organisation publique. Par conséquent, de tels engagements ne représentent pas des bases fiables de contrôle en dépit de l'intérêt qu'on leur porte dans l'élaboration et le développement des politiques.

LES CONTRÔLES EXTERNES

Comme on l'a déjà mentionné, une organisation publique peut contrôler d'autres organisations publiques et des firmes et elle peut être contrôlée par des décideurs politiques externes, des groupes d'intérêts et d'autres organisations publiques. Les contrôles que l'organisation publique impose à d'autres et ceux qui lui sont imposés par d'autres sont fort complexes et ont des conséquences sur les systèmes de contrôle interne.

On retient surtout des organisations publiques qu'elles sont des instruments de contrôle; elles sont considérées soit comme des agences de réglementation, soit comme des agences d'implantation de politiques ou encore comme des agences chargées d'appliquer des politiques et des règlements. Mais les organisations publiques sont également influencées par les firmes ou les groupes qu'elles réglementent et plusieurs théoriciens ont cherché à dégager les conséquences de cette situation. La thèse la plus avancée concernant ces relations d'influence est la «théorie des mains liées» [capture theory] suivant laquelle on conçoit l'agence comme dépendant politiquement des firmes qu'elle réglemente parce qu'elle a besoin de leur soutien. Les tenants de la thèse la plus modérée, celle de la théorie politique, soutiennent que les agences de réglementation doivent trouver, pour survivre, un équilibre entre les groupes qui les soutiennent et ceux qui leur sont opposés (Noll, 1971). L' Environmental Protection Agency, par exemple, ne peut pas couvrir tous les risques dans l'environnement et doit donc s'assurer la coopération des firmes, mais elle a aussi besoin de l'appui du lobby environnementaliste pour contrer l'opposition des firmes réglementées. Par ailleurs, l'existence de liens professionnels étroits entre des membres de l'agence et ceux de groupes externes peut engendrer des oppositions à l'intérieur de l'agence; il arrive même que des agents de régulation encouragent et même prêtent assistance à ceux qui poursuivent l'agence pour forcer leurs collègues récalcitrants à se conformer aux règlements. Les pratiques en cours dans les négociations des règlements et dans leur implantation attestent de la même situation ambiguë que dans les agences de réglementation (Katzman, 1980).

Les organismes chargés de l'implantation de politiques doivent aussi faire des compromis et négocier. L'incapacité des dirigeants d'une agence à assurer la conformité d'une politique à des règlements impopulaires peut les amener dans une impasse (Pressman et Wildavsky, 1979). Le peu de soutien accordé à un programme par ceux dont la coopération est indispensable peut inciter un organisme à relâcher ses exigences pour un temps, se réservant la liberté de les rétablir seulement quand le programme retrouve ses appuis (Malher, 1976). De même, la compétition entre les organisations publiques pour s'assurer le soutien des clients ou des groupes d'intérêts peut aussi conduire à un relâchement des exigences de contrôle.

Ainsi, des clients et des citoyens influents peuvent non seulement compromettre les normes de performance d'une organisation publique mais également affecter son système de contrôle. Une agence de réglementation qui doit constamment ajuster ses programmes ou négocier les règlements pour obtenir un certain niveau de coopération ne peut pas utiliser une routine de programme pour traiter tous les cas; les problèmes doivent être résolus d'une manière discrétionnaire, ce qui exige des effectifs plus nombreux et plus qualifiés et la création d'unités frontières spécialisées (Thompson, 1967, p. 70-73). Comme on l'a noté plus tôt dans le chapitre 4, il est nécessaire alors de recourir à une structure plus différenciée et à des moyens de coordination plus complexes étant donné les caractéristiques d'hétérogénéité et d'instabilité de l'environnement. Dans ces circonstances, comme les cas sont plus variés et les politiques plus incertaines, le processus de contrôle interne risque de devenir plus complexe et moins routinier. C'est aussi la situation pour ce qui concerne les mesures de performance qui sont plus complexes lorsque le travail est plus varié et plus discrétionnaire. Ainsi, l'influence des clients et leur capacité à négocier les règlements rendent les activités moins répétitives, la gestion plus complexe et les systèmes de contrôle internes plus difficiles à appliquer.

Les activités des contrôleurs externes agissent directement sur la structure et les opérations du système de contrôle des organisations publiques. Ceux qui conçoivent les politiques déterminent non seulement les programmes à mettre en place, mais aussi l'étendue des systèmes de contrôle internes dans la mesure où ils doivent faire la surveillance des organisations publiques et que cette surveillance peut prendre diverses formes. De plus, les dirigeants des organisations publiques doivent souvent adapter les contrôles internes en fonction de la surveillance externe dont ils sont l'objet. Les groupes d'intérêts qui font opposition ou ceux qui cherchent à augmenter les services dont ils profitent surveillent attentivement les erreurs de procédure ou les cas d'abus de pouvoir. Les groupes de recherche sur l'intérêt public [*public interest research groups*] se sont souvent avérés des chiens de garde efficaces des intérêts des consommateurs et des environnementalistes; par exemple, les groupes antinucléaires suivent de très près l'élaboration des règlements et l'émission des permis. La croissance d'une organisation publique dans un environnement qui comporte des éléments hostiles requiert que la preuve de son efficacité soit souvent faite pour faire taire les critiques. Comme les critiques externes deviennent plus vigilants, on doit pouvoir compter sur des systèmes de contrôle internes plus rigoureux pour prévenir ou limiter les dommages causés par les changements de politique que les dirigeants de l'organisation publique doivent justifier. Les dirigeants de la Nuclear Regulatory Commission, par exemple, espèrent être en mesure de démontrer que les accusations de ceux qui les critiquent sont gratuites en faisant valoir qu'ils utilisent des systèmes de contrôle infaillibles.

Il ne faut pas oublier, cependant, que l'intensité des contrôles peut être imputable à des facteurs internes. Le dirigeant qui craint une perte d'autorité et les employés qui craignent la critique des jugements qu'ils portent en faisant leur travail peuvent souhaiter des contrôles plus intenses. De manière générale, on peut dire que les programmes qui n'ont pas l'appui du personnel professionnel exigent la mise en place de contrôles plus légers pour assurer la réussite de leur implantation. Montjoy et O'Toole (1979) ont mis en évidence les limites de cette approche, comme nous l'avons souligné dans le chapitre 4 sur les structures.

Résumé

Les systèmes de contrôle externes, qui concernent toutes les organisations publiques soit comme contrôleurs ou comme objets de contrôle, imposent des contraintes sur les opérations internes de ces organisations et sur leurs propres systèmes de contrôle. La présence de critiques et de supporteurs externes, que ce soit des politiciens ou des groupes d'intérêts, obligent les dirigeants des organisations publiques à adapter leurs contrôles internes en fonction du type de vérification auquel ils sont soumis. Le rôle joué par certaines organisations publiques dans l'implantation et le suivi des contrôles dans d'autres organisations publiques les oblige souvent à recourir à des compromis et à négocier pour se faire obéir ou éviter les oppositions sérieuses. Ces complications de procédures rendent, à leur tour, les contrôles internes dans ces organisations plus complexes et réduisent les possibilités d'application de jugements discrétionnaires.

CONCLUSION

Dans ce chapitre sur les systèmes de contrôle de gestion, nous avons mis l'accent sur la logique des diverses techniques de contrôle. On note, par ailleurs, une préoccupation grandissante chez les gestionnaires des organisations publiques et privées qui considèrent exagérée l'importance accordée au contrôle dans les fonctions de gestion: ils estiment que la trop grande disponibilité et la validité douteuse de techniques comme les systèmes d'information de gestion ou les évaluations de programmes déforment le rôle du gestionnaire et entravent la bonne marche des organisations. Tout se passe, selon eux, comme si l'on faisait l'hypothèse que, les systèmes de contrôle étant de plus en plus raffinés, la gestion est appelée à devenir un processus plus certain et plus automatique, une sorte de science appliquée.

Downs s'oppose à cette vision des choses dans sa «loi du contre-contrôle», se réclamant de l'indocilité qui caractérise la nature humaine. Landau et Stout poussent leurs critiques plus loin: «Le contrôle est fonction de la connaissance et, dans des environnements incertains, la connaissance, souvent, n'existe pas»

(1979, p. 148). Ils assimilent l'erreur de sur-contrôle dans les organisations publiques à l'erreur statistique de type II, c'est-à-dire qu'on établit de façon prématurée des règles de programme strictes ou on rejette, de façon trop prématurée également, une option potentiellement prometteuse. Leur critique est basée sur le fait que le processus de production des politiques publiques et la gestion des ressources humaines et matérielles nécessaires à leur implantation sont imprégnés d'incertitudes et d'inconnus. Dans un tel contexte, prétendre repérer un problème et lui appliquer une solution relève plus de la théorie que de la pratique. Les processus de réalisation des programmes sont pour ainsi dire en état d'expérimentation continue. Nous ne pouvons pas être certains qu'un programme va vraiment bien et encore moins certains de la bonne façon de «traiter» un problème une fois qu'il a été relevé. Même en ayant l'information que le programme ne fonctionne pas tel que prévu, nous n'avons souvent aucune idée des moyens qui permettraient de changer les procédures existantes. Il nous manque simplement de savoir comment modifier à notre avantage la société, l'économie ou les politiques internationales. Par contre, les changements dans l'environnement ou dans les programmes eux-mêmes peuvent annuler l'efficacité d'une solution considérée applicable antérieurement.

Les gestionnaires de programmes qui ont énormément confiance dans les systèmes de contrôle peuvent être portés à mettre trop l'accent sur la reconduction des contrôles et à favoriser les niveaux de résultats antérieurs; ils ne prennent pas la peine de considérer les autres options de programmes qui s'offrent ou, pire encore, ils évitent de s'engager dans les débats politiques et professionnels qui permettraient d'ouvrir de nouvelles voies. La conséquence sans doute la plus sérieuse de la trop grande confiance mise dans les systèmes de contrôle réside dans le danger que la gestion en vienne à être considérée comme un simple procédé technique de contrôle plutôt que comme un large processus expérimental, ce qu'il est réellement.

En somme, les systèmes de contrôle de gestion jouent un rôle important dans le processus de clarification de la performance des programmes, mais ils ne peuvent remplacer les jugements des gestionnaires et des professionnels pour fixer le moment propice à l'adoption des programmes et établir leurs orientations.

Les contrôles implicites et les contrôles fondés sur la participation, en réduisant le recours aux formes de contrôle direct, contribuent à éliminer la trop grande confiance mise dans les systèmes de contrôle comme moyens de gestion. Ces approches, bien que très prometteuses, ne sont pas encore assez bien rodées, et d'autres recherches sont nécessaires pour évaluer si elles peuvent remplacer ou compléter les méthodes plus directes de contrôle. Le domaine du contrôle peut, par conséquent, être appelé à changer rapidement.

BIBLIOGRAPHIE

ACKOFF, Russell et Maurice SASINI (1968). *Fundamentals of Operations Research*, New York, John Wiley & Sons.

AKEL, Anthony M. et Joel G. SIEGEL (1988). «Participative Management: Thoughts and Prescriptions», *Leadership & Organization Development Journal*, vol. 9, n° 5, p. iv-v.

BERKLEY, George, John ROUSE et Ray BEGOVICH (1991). *The Craft of Public Administration*, Dubuque, Wm C. Brown, 413 p.

BERKOVWITZ, M. K. et Y. KOTOWITZ (1982). *The Organization and Control of Crown Corporations*, Ottawa, Conseil économique du Canada, 116 p.

BINGHAM, Richard D. et Claire L. FELBINGER (1989). *Evaluation in Practice*, White Plains NY, Longman.

BOUCKAERT, Geert (1990). «The History of the Productivity Movement», *Public Productivity & Management Review*, vol. 14, n° 1, p. 53-89.

BOX, George (1989). «When Murphy Speaks – Listen», *Quality Progress*, vol. 22, n° 10, p. 79-84.

BRUHN, John G. (1991). «Control, Narcissism, and Management Style», *Health Care Supervisor*, vol. 9, n° 4, p. 43-52.

BRYANT, Stephen et Joseph KEARNS (1982). «Workers' Brains as Well as Their Bodies: Quality Circles in a Federal Facility», *Public Administration Review*, vol. 42, p. 144-50.

BURNS, Tom et Gerald STALKER (1966). *The Management of Innovation*, London, Tavistock.

CAIN, Glen et Harold WATTS (1972). «Problems in Making Policy Inferences from the Coleman Report», dans *Evaluating Social Programs: Theory, Practice and Politics*, Peter. ROSSI (éd.), New York, Seminar Press.

CARROLL, Stephen et Henry TOSI (1973). *Management by Objectives: Applications and Research*, New York, Macmillan.

COLEMAN, J.S. *et al.* (1966). *Equality of Educational Opportunity*, Washington, D.C., U.S. Government Printing Office.

COOMBS, Rod, David KNIGHTS et Hugh C. WILLMOTT (1992). «Culture, Control and Competition; Towards a Conceptual Framework for the Study of Information Technology in Organizations», *Organization Studies*, vol. 13, n° 1, p. 51-72.

CYERT, Richard et James MARCH (1963). *A Behavioral Theory of the Firm*, Englewood Cliffs, N.J., Prentice-Hall.

DAS, T.K. (1989). «Organizational Control: An Evolutionary Perspective», *Journal of Management Studies*, vol. 26, n° 5, p. 459-475.

DOWNS, Anthony (1967). *Inside Bureaucracy*, Boston, Little, Brown.

DRUCKER, Peter (1975). *La nouvelle pratique de la direction des entreprises*, Paris, Éditions d'Organisation, 870 p.

DUPUIS, Jérôme (1991). *Le contrôle de gestion dans les organisations publiques*, Paris, Presses universitaires de France, 170 p.

EDELMAN, Murray (1964). *The Symbolic Uses of Politics*, Urbana, Ill., University of Illinois Press.

ELDER, Charles et Roger COBB (1983). *The Political Uses of Symbols*, New York, Longman.

EPSTEIN, Paul (1984). *Using Performance Measurement in Local Gouvernment*, New York, Van Nostrand Reinhold.

ETZIONI, Amitai (1965). «Organizational Control Structure», dans *Handbook of Organizations*, James MARCH, (éd.), Chicago, Rand McNally.

FILLEY, Alan, Robert House et Steven Kerr (1976). *Managerial Process and Organizational Behavior,* 2ᵉ éd. Glenview, Ill., Scott, Foresman.

FINZ, Samuel (1980). «Productivity Measurement Systems and Their Implementation», dans *Productivity Improvement Handbook for State and Local Government,* George Washington (éd.), New York, John Wiley & Sons.

FREDERICKSON, H. George (1993). *Ethics and Public Administration*, Armonk, M.E. Sharpe, 269 p.

GALAMBERT, Patrice (1991). *Les nouveaux objectifs du contrôle de gestion: de la mesure des performances à l'intéressement aux résultats*, Paris, Éditions d'Organisation, 171 p.

GOLDENBERG, Edie N. (1983). «The Three Faces of Evaluation», *Journal of Policy Analysis and Management*, p. 515-525.

HACHMANIAN, Elisabeth et Philippe HUSSENOT (1985). *Les contrôleurs de gestion des organisations publiques*, Paris, Fondation nationale pour l'enseignement de la gestion des entreprises, Arcueil, Institut de management public, 156 p.

HALPERIN, Morton (1974). *Bureaucratic Politics and Foreign Policy,* Washington, D.C., The Brookings Institution.

HARGROVE, Erwin C. (1980). «The Bureaucratic Politics of Evaluation: A Case Study of The Department of Labor», *Public Administration Review,* vol. 40, p. 150-159.

HERBERT, Leo, Larry KILLOUGH et Alan Walter STREISS (1987). *Accounting and Control for Gouvernmental and Other Nonbusiness Organizations*, New York, McGraw-Hill, 666 p.

HUSSENOT, Philippe (1983). *La gestion publique par objectifs: des ambitions à la pratique,* Paris, Éditions d'Organisation, 249 p.

JANOWITZ, Morris (1960). *The Professional Soldier*, New York, Free Press.

KATZ, Daniel et Robert KAHN (1978). *The Social Psychology of Organizations*, 2ᵉ éd., New York, John Wiley & Sons.

KATZMAN, Robert (1980). *Regulatory Bureaucracy: The Federal Trade Commission and Antitrust Policy*, Cambridge, Mass., MIT Press.

KAUFMAN, Herbert (1967). *The Forest Ranger*, Baltimore, Johns Hopkins Press.

KAUFMANN, Franz-Xaver (1991). *The Public Sector: The Challenge for Coordination and Learning*, Berlin, Walter de Gruyter, 553 p.

KERNAGHAN, Kenneth (sous la direction de) (1985). *Public Administration in Canada: Selected Readings*, Toronto, Methuen, 390 p.

KIDDER, Tracy (1981). *The Soul of a New Machine*, Boston, Little Brown.

LAL, Mohan (1991). «Organizational Size, Structuring of Activities, and Control Information System Sophistication Levels: An Empirical Study», *Management International Review,* vol. 31, n° 2, p. 101-113.

LANDAU, Martin et Russell STOUT, Jr. (1979). «To Manage Is Not to Control: Or the Folly of Type II Errors», *Public Administration Review,* vol. 39, p. 148-56.

LEVITON, Laura et Edward HUGHES (1981). «Research on the Utilization of Evaluations», *Evaluation Review*, vol. 5, p. 525-48.

LOGEAIS, Claude (1990). *Bureaucratic Controls and Efficiency in Social Services Offered by Public Administration: The Case of Professionnals*, Montréal, UQAM, Centre de recherche en gestion, 23 p.

MAHLER, Julianne (1984). «Forms of Organizational Myth», conférence prononcée en 1984 devant la Southern Political Science Association, Savannah, Georgia.

MERTON, Robert (1957). «Bureaucratic Structure and Personality», dans *Social Theory and Social Structure*, édition révisée, New York, Free Press.

MONTJOY, Robert et Laurence O'TOOLE, Jr. (1979). «Toward a Theory of Policy Implementation: An Organizational Perspective», *Public Administration Review*, vol. 39, p. 465-76.

MORRISEY, George (1976). *Management by Objectives and Results in the Public Sector*, Reading, Mass., Addison-Wesley Publishing.

NOLL, Roger (1971). *Reforming Regulation: An Evaluation of the Ash Council Proposal*, Washington, D.C., Brookings Institution.

OUCHI, William (1982). *Théorie Z: Faire face au défi japonais*, Paris, InterÉditions, 252 p. Traduction de l'ouvrage *Theory Z*, Reading, Mass., Addison-Wesley paru en 1981.

PAQUIN, Michel (1982). *L'intégration d'unités administratives dispersées géographiquement: le pouvoir des administrateurs publics en région*, thèse de doctorat, École des Hautes Études Commerciales, 422 p.

PATTON, Michael (1978). *Utilization Focused Evaluation*, Beverly Hills, Calif., Sage Publications.

PETERS, Thomas et Robert WATERMAN (1983). *Le prix de l'exellence: les secrets des meilleures entreprises*, Paris, InterÉditions. Traduction de l'ouvrage *In Search of Excellence*, New York, Warner Books paru en 1982.

PONDY, Lewis, Peter FROST, Gareth MORGAN et Thomas DANDRIDGE (éds), (1983). *Organizational Symbolism*, Greenwich, Conn., JAI Press.

PRESSMAN, Jeffrey et Aaron WILDAVSKY (1979). *Implementation*, 2e éd. Berkeley, Calif., University of California Press.

PRITCHARD, Robert D. et Patricia GALGAY ROTH (1991). «Accounting for Nonlinear Utility Functions in Composite Measures of Productivity and Performance», *Organizational Behavior & Human Decision Processes*, vol. 50, n° 2, p. 341-359.

RADNER, Roy (1991). «Dynamic Games in Organization Theory», *Journal of Economic Behavior & Organization*, vol. 16, n° 1, p. 217-260.

REEDY, George (1970). *The Twilight of the Presidency*, New York, Mentor.

ROBEY, Daniel (1982). *Designing Organizations*, Homewood, Ill., Richard D. Irwin.

SAPOLSKY, Harvey (1972). *The Polaris System Development: Bureaucratic and Pragmatic Success in Government*, Cambridge, Mass., Harvard Univ. Press.

SCHLESINGER, Arthur, Jr. (1959). *The Coming of the New Deal*, Boston, Houghton Mifflin.

SELZNICK, Philip (1966). *TVA and the Grass Roots*, New York, Harper.

SHARKANSKY, Ira (1982). *Public Administration: Agencies, Policies, and Politics*, New York, Freeman, 1982, 393 p.

SHERWOOD, Frank et William PAGE (1983). «MBO and Public Management», dans *Public Management: Public and Private Perspectives*, James PERRY et Kenneth KRAEMER (éds), Palo Alto, Calif., Mayfield.

STRAUSS, George (1963). «Some Notes on Power Equalization», dans *The Social Science of Organizations,* Harold LEAVITT (éd.), Englewood Cliffs, N.J., Prentice-Hall.

SUCHMAN, Edward (1967). *Evaluation Research: Principles and Practice in Public Service and Social Action Programs*, New York, Sage Publications.

TANNENBAUM, Arnold *et al.* (1974). *Hierarchy in Organizations*, San Francisco, Jossey Bass.

THE URBAN INSTITUTE (1975). *State and Local Government Research Program The Status of Productivity Measurement in State Government: An Initial Examination*, Washington, D.C., The Urban Institute.

THE URBAN INSTITUTE (1981). *Developing Client Outcome Monitoring Systems*, Washington, D.C., The Urban Institute.

THOMPSON, James D. (1967). *Organizations in Action,* New York, McGraw-Hill.

VAN DE WATER, Henry et Jan DE VRIES (1992). «The Organization of Quality Management: From Abstract Model to Real Example», *International Journal of Quality & Reliability Management*, vol. 9, n° 2, p. 10-17.

WALSH, James P. et James K. SEWARD (1990). «On the Efficiency of Internal and External Corporate Control Mechanisms», *Academy of Management Review*, vol. 15, n° 3, p. 421-458.

WAMSLEY, Gary et Mayer ZALD (1976). *The Political Economy of Public Organizations*, Bloomington, Indiana Univ. Press.

WEBER, Max (1971). *Économie et société*, Paris, Plon, Tomes 1 et 2.

WEISS, Carol (1972). *Evaluation Research: Methods for Assessing Program Effectiveness*, Englewood Cliffs, N.J., Prentice-Hall.

WELCH, Susan et John COMER (1983). *Quantitative Methods for Public Administration,* Homewood, Ill., Dorsey Press.

WISE, Lois Recascino et Robert AGRANOFF (1991). «Organizational Characteristics and Productivity Measurement in Research Organizations», *Public Productivity & Management Review*, vol. 15, n° 1, p. 1-17.

APPENDICE

Les systèmes de contrôle ont été abordés globalement dans le chapitre 6. Pour illustrer les formes élaborées que de tels systèmes peuvent prendre dans un organisme public d'envergure, nous reproduisons une partie de la thèse de doctorat de M. Michel Paquin, professeur à l'École nationale d'administration publique. M. Paquin y décrit et analyse les systèmes de planification et de contrôle au ministère québécois de l'Énergie et des Ressources.

Ensuite, nous soumettons un cas invitant le lecteur à analyser les impacts des différents systèmes de contrôle de la performance des agents de recouvrement utilisés à différentes époques par le ministère canadien du Revenu.

Les systèmes de planification et de contrôle (au ministère de l'Énergie et des Ressources du Québec)[1]

Michel PAQUIN, professeur
École nationale d'administration publique

Un des mécanismes de coordination utilisé par les organisations consiste à spécifier les résultats désirés, autrement dit à standardiser les extrants, puis à contrôler si les résultats ont été atteints. Ce sont les plans qui spécifient la quantité, la qualité, les caractéristiques du produit, la localisation des projets ainsi que le coût et les échéanciers à respecter.

La planification peut prendre plusieurs formes: énoncés d'orientations et de politiques, formulation de stratégies, élaboration de programmes, préparation de budgets, établissement d'objectifs de production, d'échéanciers et de plans d'opération, etc.

Le contrôle consiste à évaluer si les standards ont été respectés, si les résultats fixés ont été atteints. Le contrôle peut prendre plusieurs formes: évaluation de la performance (coût, volume de production, progression des travaux, etc.), analyse de rapports d'activité, vérification et inspection, contrôle budgétaire, etc.

La figure XVII (Système de gestion au ministère de l'Énergie et des Ressources) présente une image d'ensemble des systèmes de planification et de contrôle reliés à la gestion du secteur de la forêt. Dans ce chapitre, en plus de présenter trois éléments majeurs du système de gestion (plan de gestion, processus de planification et d'allocation des ressources, évaluation de gestion), nous traitons de la vérification et de l'inspection, puis des rapports administratifs et techniques et, enfin, nous analysons le processus de planification et de contrôle.

---

1. Paquin, Michel (1982). *L'interprétation d'unités administratives dispersées géographiquement: le pouvoir des administrateurs publics en région*, Montréal, HEC, (thèse de doctorat). Reproduit avec la permission du ministère de l'Énergie et des Ressources du Québec et de l'auteur, 1993.

FIGURE XVIII

Système de gestion au ministère de l'Énergie et des Ressources

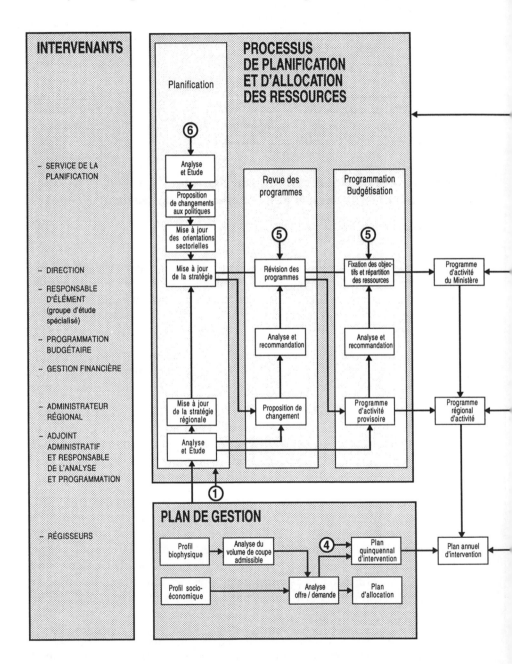

FIGURE XVIII (suite)

Système de gestion au ministère de l'Énergie et des Ressources

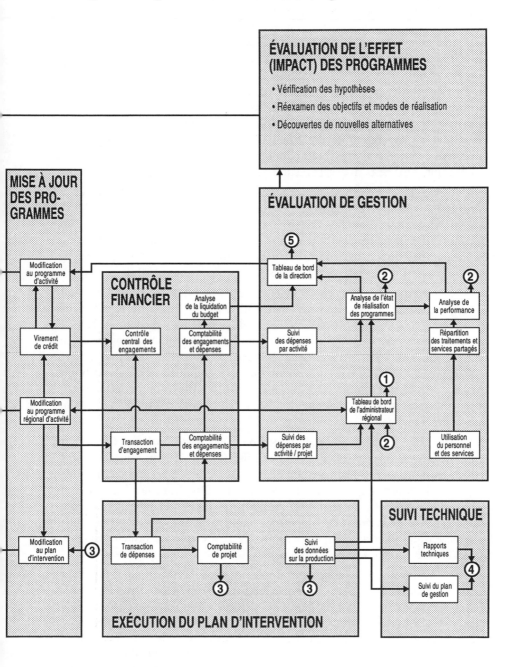

I. Le plan de gestion

Suite à la décision de révoquer les concessions forestières et de subdiviser le territoire en unités de gestion, le ministère lançait à la fin de 1975 «l'opération plan de gestion» devant conduire à la confection d'un plan de gestion pour chacune des quarante-quatre unités. Un groupe spécial de conseillers en gestion des forêts (COGEF) est alors créé pour coordonner l'opération et agir à titre de conseiller auprès des différents services du ministère impliqué dans l'opération. Les activités de COGEF débutent en janvier 1976 et l'opération doit s'échelonner sur une période de cinq ans (elle sera plus tard prolongée d'une année). La préparation des plans de gestion suit un ordre de priorité. Le premier plan a paru en 1978 et l'ensemble de l'opération devrait être complété en décembre 1981. Ne devant concerner à l'origine que les forêts publiques, les plans de gestion intègrent aussi maintenant, dans certains cas, la gestion des terres publiques.

Considéré comme une organisation temporaire, COGEF est, au départ, constitué de quelques employés contractuels. Des ressources internes du Ministère vont, à compter du milieu de 1976, se joindre au groupe qui va atteindre une douzaine de personnes. Le 1er avril 1981, COGEF disparaissait mais un groupe de gestion des forêts était constitué au Ministère pour compléter les plans de gestion non terminés et assurer le suivi et la mise à jour des plans de gestion.

Le plan de gestion est un document comprenant une description de l'unité de gestion (situation géographique, milieu physique, infrastructure, milieu humain, industrie forestière, forêt), les objectifs de gestion (compte tenu de l'offre et de la demande et des options possibles), un plan d'affectation prévoyant le partage de la ressource entre la récolte commerciale du bois et les autres utilisations, l'allocation des bois entre les utilisateurs, un plan quinquennal d'intervention et un plan détaillé pour la première année et, enfin, les prévision budgétaires et la structure administrative de l'unité de gestion. Le plan doit être révisé à chaque année par le régisseur.

La rédaction même du plan de gestion, qui est effectuée par COGEF, fait suite à une série de travaux effectués par différents services du Ministère. Ainsi, les administrations régionales ont dû élaborer un profil socio-économique de la région et de l'unité de gestion. Le service des Plans d'aménagement a fait le profil biophysique de l'unité de gestion, le service général de la Planification a contribué à l'analyse de l'offre et de la demande, etc. Un comité coordonne la confection de chaque plan de gestion. La figure XVIII présente les principales étapes dans l'élaboration d'un plan de gestion.

Le régisseur est grandement impliqué dans l'élaboration du plan de gestion. Sa contribution peut varier d'une région à l'autre dépendant de son expérience, de sa connaissance de l'unité de gestion et du degré d'implication de personnes du bureau régional (notamment l'administrateur adjoint et le responsable de l'analyse et de la programmation). Le régisseur élabore le parcellaire de son unité de gestion et participe généralement à l'élaboration du profil socio-économique et du profil biophysique. De plus, il est impliqué à toutes les étapes et participe aux diverses rencontres où l'on cherche à établir un consensus. En effet, l'élaboration du plan de gestion repose sur une large consultation où les parties intéressées (divers services du Ministère, les utilisateurs de la forêt et le public en général) peuvent intervenir à une étape ou l'autre.

FIGURE XVIII

**Principales étapes dans l'élaboration d'un plan de gestion
(forêt publique)**

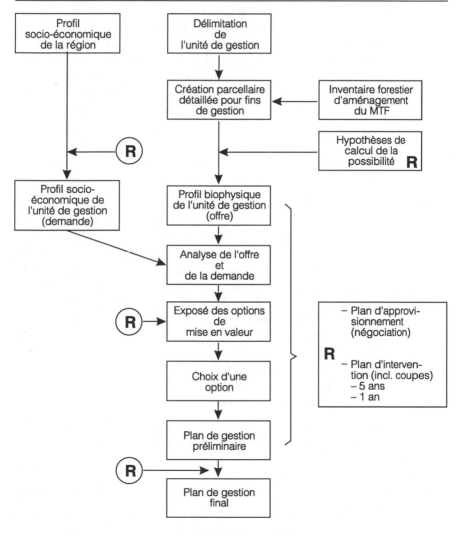

R : Principaux points de rencontres avec les intéressés.

Le 15 août 1978   GROUPE COGEF

II. Le processus de planification et d'allocation des ressources

Lorsqu'à la fin des années 60, dans la foulée du P.P.B.S.[2] américain, apparurent dans la fonction publique du Québec les premières initiatives pour regrouper les activités gouvernementales en programmes afin de faciliter la planification, le ministère des Terres et Forêts compta parmi les pionniers. Dans ce ministère, la notion d'une structure de programmes suscita immédiatement l'intérêt des gestionnaires. En effet, on se trouvait, à toutes fins pratiques, dans l'impossibilité de connaître à quelles fins étaient utilisées de grandes portions du budget. Ainsi, par exemple, plus de 35 pour cent du budget du Ministère était consacré aux districts dont les crédits se trouvaient regroupés dans un seul article budgétaire, alors que la «production» des districts était extrêmement variée et concernait une foule de programmes. L'élaboration d'une structure de programmes présentait l'avantage de fournir au budget une structure d'accueil axée vers les objectifs, d'identifier la contribution aux divers programmes de chaque unité administrative et de fournir un instrument de contrôle dans la réalisation des objectifs de chaque programme.

En 1970, une première structure de programmes était dégagée. Jusqu'à l'année 1973-1974 qui marque officiellement l'implantation du budget de programmes au gouvernement du Québec, le Ministère va préparer son budget à la fois selon le mode traditionnel et par programmes[3]. Jusqu'alors, le processus budgétaire est assez centralisé.

À compter de 1974-1975, le processus de préparation des budgets va viser à favoriser la participation des gestionnaires. À chaque année, par la suite, de nouveaux éléments seront ajoutés ayant pour effet d'introduire des orientations à plus long terme, de détailler la structure de programmes (infrastructure d'activités), d'analyser de façon plus systématique les demandes des gestionnaires (groupes de travail spécialisés) et de mettre en place un système d'évaluation de gestion. La régionalisation du Ministère n'est pas étrangère à ces diverses innovations. Au contraire, celles-ci reflètent en grande partie le souci de faire participer davantage les directions régionales aux discussions budgétaires, de leur fournir un cadre de gestion où les priorités régionales sont articulées avec les objectifs du ministère, de pouvoir mesurer leur contribution aux différents programmes et d'évaluer la performance des activités réalisées en région.

Le processus d'allocation des ressources au ministère de l'Énergie et des Ressources est ainsi devenu, au fil des années, extrêmement élaboré. Le cycle

---

2.   Planning-Programming-Budgeting System.

3.   Le budget traditionnel consiste à demander à chaque unité administrative de formuler ses demandes budgétaires en détaillant les items de dépense. Avec le budget de programmes, chaque unité administrative formule ses demandes en exprimant ses besoins en regard des programmes et leurs subdivisions (éléments, activités, sous-activités, projets) et seules quelques grandes catégories de dépense sont utilisées.

complet s'étale sur plus de dix-huit mois et comporte trois phases: la planification, la revue des programmes et la programmation-budgétisation.

A. La planification

La phase de planification vise à établir des stratégies annuelles sectorielles pour le Ministère. Elle repose sur l'élaboration de documents d'orientation sectorielle (terres, forêts, connaissance du territoire, etc.) à horizon de trois ans et de documents d'analyse complémentaire qui conduisent à la formulation d'une stratégie annuelle provisoire pour chaque secteur[4]. Par la suite, les centres de gestion (les services centraux et les directions régionales) préparent leur propre stratégie basée sur le document de stratégie annuelle provisoire. Ces diverses stratégies des centres de gestion font ensuite l'objet d'analyses et d'une concertation, dans le cadre d'une conférence de planification, où l'on discute les points de convergence et de divergence avec les stratégies provinciales. Compte tenu des résultats de ces discussions, les centres de gestion modifient et complètent leur stratégie, à la suite de quoi des stratégies annuelles sectorielles définitives sont élaborées pour l'ensemble du Ministère, sur la base des décisions prises en dernier ressort par la direction supérieure. En pratique, ce processus de planification est assez respecté bien que parfois certaines étapes soient escamotées. Ainsi, pour l'exercice 1980-1981, ce sont les décisions prises par le sous-ministre et les sous-ministres adjoints qui ont été communiquées à la conférence de planification, ce qui limitait la marge des discussions, bien que des amendements demeuraient possibles.

B. La revue des programmes

L'objet de la revue des programmes est d'établir les changements à apporter au budget des différents programmes du Ministère en vue de réaliser les objectifs identifiés au niveau des stratégies sectorielles. Cette démarche doit tenir compte évidemment des règles gouvernementales concernant la préparation des prévisions budgétaires. Depuis quelques années, les règles sont de plus en plus restrictives. Ainsi, pour le budget de l'année 1981-1982, l'expansion d'activités existantes, les améliorations de programmes et l'organisation de nouvelles activités ou interventions pour l'année visée devaient être financées par des réaménagements budgétaires en réallouant les crédits de programmes moins prioritaires vers des programmes plus prioritaires. Les demandes additionnelles ne sont pas exclues, mais elles doivent originer exclusivement du Comité des priorités du conseil des ministres. Ceci suppose qu'auparavant on se soit entendu au Ministère sur les priorités que le ministre soumet au conseil des ministres. Enfin,

---

4.   La stratégie annuelle fait l'objet d'un document où le Ministère précise pour le secteur concerné ses principaux objectifs et les mesures à prendre pour les rencontrer. Par exemple, le document de stratégie sectorielle du secteur des forêts pour l'année 1980-1981, préparé par le service général de la Planification, propose une série de mesures dans le cadre de trois objectifs: réduire le coût du bois, réduire le coût de la transformation et réduire le coût du transport du produit fini.

l'enveloppe des effectifs devait subir pour l'année 1981-1982 une compression de l'ordre de 2 pour cent.

La revue des programmes au ministère de l'Énergie et des Ressources (pour le budget de l'année 1981-1982) a débuté en août 1980 par l'élaboration de la politique budgétaire de chaque secteur, cette tâche ayant été confiée à chacun des sous-ministres associés. Par la suite, s'amorçait un cycle décisionnel comprenant plusieurs étapes et devant conduire à l'élaboration des mémoires et documents budgétaires adressés au Conseil du Trésor. Le tableau XV présente le cycle décisionnel de la revue des programmes.

TABLEAU XV
Cycle décisionnel de la revue des programmes
Budget 1981-1982

ÉTAPE	INTERVENANT	ÉCHÉANCIER
Phase I		
1. Élaboration de la politique budgétaire de chaque secteur	Sous-ministres associés Sous-ministres adjoints	25 août
2. Discussion de la politique au niveau sous-ministériel de façon à dégager un consensus relativement aux priorités à retenir	Sous-ministre Sous-ministres associés	25 août
Phase II		
3. Évaluation des besoins de ressources additionnelles et réaménagements budgé-taires possibles	Managers impliqués, spéci-fique à chaque secteur	11-29 août
4. Analyse des propositions des managers	Spécifique à chaque secteur	2-5 septembre
5. Sélection et ordonnancement des demandes budgétaires au niveau de chaque secteur	Sous-ministres associés Sous-ministres adjoints	8-12 septembre
Phase III		
6. Discussion des besoins de ressources additionnelles et des réaménagements budgétaires de chaque secteur	Sous-ministre Sous-ministres adjoints et associés (D.G. Administration)	15-19 septembre
7. Proposition de la stratégie retenue au ministre et correction, si nécessaire	Ministre Sous-ministre et Sous-ministres associés (D.G. Administration)	15-19 septembre
8. Élaboration des mémoires et documents budgétaires adressés au C.T.	Managers Directeur de la programma-tion budgétaire	8-26 septembre

Source: Ministère de l'Énergie et des Ressources. Direction de la programmation.

C. La programmation-budgétisation

La phase de programmation-budgétisation vise à répartir les ressources disponibles (l'enveloppe finale du Conseil du Trésor) et à élaborer le programme d'activités du Ministère par centre de responsabilité. Auparavant, des groupes de travail spécialisés[5] auront établi des critères d'allocation qui, une fois soumis aux gestionnaires pour consultation et approuvés par la direction, feront partie de guides de programmation. Ces guides identifient le profil d'activités souhaitable à l'échelle régionale pour certains éléments qui font l'objet d'une orientation nouvelle et les critères d'allocation sur lesquels les centres de gestion devront se baser pour formuler leur demande.

Chaque gestionnaire (directeurs de services centraux et administrateurs régionaux) prépare ensuite un programme annuel d'activités provisoire, ces programmes étant ensuite analysés par les groupes d'études spécialisés qui auront à établir un ordre de priorité pour toutes les demandes. Le responsable d'élément transmet les recommandations du groupe de travail à la direction pour que les directeurs généraux consultent les gestionnaires. Par la suite, une fois connue l'enveloppe finale du Conseil du Trésor, la direction va faire le choix définitif des demandes, chaque directeur général communiquant alors le choix de la direction à ses propres gestionnaires qui pourront ainsi préparer leur programme d'activités.

D. La préparation du budget dans les régions administratives

On a vu que les régions administratives sont appelées à participer à chaque étape de ce long processus d'allocation des ressources. Elles doivent présenter leurs stratégies régionales, proposer des changements aux programmes, préparer un programme annuel d'activités provisoire et, enfin, un programme d'activités définitif une fois connus les choix de la direction. Les administrateurs régionaux participent à la conférence de planification où est discutée la stratégie annuelle du Ministère. D'autres employés des régions (dans beaucoup de cas, il s'agit de régisseurs) participent aux différents groupes de travail spécialisés.

La façon dont une région participe au processus budgétaire est très variable d'une région à l'autre. Le service régional d'Analyse et Programmation a généralement un rôle important à jouer lors de la définition de la stratégie régionale. Selon les régions, ce service est plus ou moins impliqué lors des autres étapes, tandis que le responsable régional de l'administration est habituellement chargé de faire les compilations nécessaires pour le programme d'activités régional.

Le régisseur est généralement responsable de l'élaboration du programme d'activités de son unité de gestion. Ce programme est ensuite discuté au niveau

---

5.   En règle générale, il y a un groupe de travail spécialisé par élément de programme. Ces groupes sont présidés par le responsable de l'élément de programme, qui est un directeur de direction, ou par son délégué. Lorsque l'élément de programme est régionalisé, quelques membres du groupe de travail proviennent des régions.

régional où l'on doit établir un programme d'activités pour l'ensemble de la région. Pour procéder à ces discussions, la plupart des régions se sont dotées d'un comité de budget par élément de programme. Ces comités comprennent généralement le responsable régional concerné, la provenance des autres membres variant selon les régions (on rencontre quelques personnes parmi les suivantes: l'administrateur régional, l'adjoint à l'administrateur, le responsable de l'administration, un ou l'ensemble des régisseurs).

III. Le système d'évaluation de gestion

Le système d'évaluation de gestion élaboré et mis en place en 1977-1978 a été conçu comme un outil de gestion qui vise à suivre le rythme de réalisation des programmes. Le système ne traite pas toutes les actions du Ministère mais seulement celles qui ont été sélectionnées par la direction. Le tableau XVI fournit la liste des interventions soumises à l'évaluation de gestion.

TABLEAU XVI

Interventions soumises à l'évaluation de gestion

ÉLÉMENTS DE PROGRAMME	INTERVENTIONS
Reboisement	– Production de semences – Production de plants – Reboisement sur les terrains publics – Reboisement sur les terrains privés – Ensemencement – Entretien des aires régénérées
Travaux sylvicoles	– Planification – Coupes commerciales – Coupes précommerciales – Chemins forestiers – Autres travaux
Voirie forestière	– Plans et devis – Construction et amélioration de chemins – Construction et amélioration de ponts – Entretien du réseau

L'évaluation de gestion repose sur des rapports de progrès trimestriels dans le cas du reboisement et des travaux sylvicoles, et de rapports mensuels dans le cas de la voirie forestière. Dans ce dernier cas, l'évaluation de gestion touche seulement les travaux en régie.

Les rapports d'évaluation de gestion semblent peu utiles pour la rétroaction à court terme. Les services centraux possèdent d'autres sources d'information et connaissent assez bien ce qui se passe sur le terrain. Les informations des rapports d'évaluation de gestion sont générales (programmation initiale, programmation modifiée, réalisation à date, progression des travaux) et servent essentiellement à deux fins: premièrement, les rapports sont remis au Comité directeur de l'entente auxiliaire sur le développement forestier et sont admis pour fin de paiement dans le cadre de cet accord fédéral-provincial; deuxièmement, les informations tirées des rapports peuvent être utiles lors de la programmation et ont effectivement servi à cette fin, notamment dans le cas du reboisement.

Au niveau régional, les rapports d'évaluation de gestion servent peu. La plupart des administrateurs ne les regardent pas. Il existe des systèmes pour suivre, au niveau régional, la réalisation des projets sur une base plus détaillée et plus fréquente.

Les rapports d'évaluation de gestion ne sont d'aucune utilité dans les unités de gestion où les projets sont suivis au jour le jour par les différents responsables.

Selon les régions, les rapports d'évaluation de gestion sont remplis soit par le bureau régional (le responsable de l'administration communique alors avec les responsables de projets dans les unités de gestion pour recueillir les informations), soit par les unités de gestion, sur demande du bureau régional. Dans ce dernier cas, l'agent de bureau prépare les rapports à partir de la tenue comptable de chaque projet et obtient de l'ingénieur forestier les données relatives à la production.

IV. La vérification et l'inspection technique

A. La vérification interne

En septembre 1974, le ministère des Terres et Forêts élaborait les principes directeurs d'une politique de vérification interne. Une équipe de vérificateurs internes était alors constituée au sein du service de la Gestion financière. Par la suite, cette équipe fut rattachée au directeur général de l'Administration et compte présentement quatre personnes.

Il existe une relation entre la régionalisation et la vérification interne au Ministère. En effet, la régionalisation a entraîné l'implantation de systèmes administratifs au niveau régional pour la gestion financière et budgétaire, la gestion du personnel et celle du matériel. L'utilisation au niveau des services régionaux de l'Administration de techniciens puis de professionnels reflète une situation où la gestion des ressources était de plus en plus décentralisée. De son côté, le centre avait prévu l'implantation de systèmes administratifs dans les régions (avant la régionalisation, il n'y avait pas de registre au niveau des districts). L'introduction de la vérification interne avait comme préoccupation, entre autres, de vérifier la fiabilité des systèmes mis en place dans les régions.

La vérification s'effectue d'après un programme prévoyant une visite de chaque unité administrative sur une période de deux ans. Les divers aspects de la gestion du personnel, de la gestion du matériel et de la gestion financière sont examinés. De plus, une vérification adaptée à chaque cas particulier peut être effectuée au niveau des opérations (étude du système de production).

La vérification a permis de déceler un bon nombre d'anomalies. Lorsque cela se produit, le problème est soulevé avec le responsable de l'unité administrative et le rapport de vérification contient des recommandations ainsi que, le cas échéant, les objections du responsable. En pratique, les recommandations principales des vérificateurs internes ont généralement été suivies, surtout dans le cas des régions.

En plus de contribuer à déceler les écarts de conduite (procédures non suivies, ressources utilisées de façon non économique) et à corriger les situations fautives, la vérification interne a un effet préventif. En effet, les commentaires recueillis en région permettent de croire que l'éventualité d'une visite des vérificateurs incite les employés à se conformer davantage aux règles.

B. La vérification externe

En plus des vérificateurs internes, plusieurs vérificateurs externes (c'est-à-dire de l'extérieur du Ministère) sont appelés à faire des vérifications dans les régions. Le Contrôleur des finances, en plus de faire de la vérification avant paiement (par le service de la Comptabilité qu'il a dans chaque ministère), peut procéder à des enquêtes (en particulier, pour des contrats choisis au hasard) confiées à sa direction des Enquêtes et vérifications externes. De plus, son service de Vérification informatique procède à la vérification des systèmes de traitements de données dans les ministères.

Le Vérificateur général (qui relève de l'Assemblée nationale) procède à chaque année à la vérification de certains programmes. Sa vérification est surtout de nature financière et le groupe de vérification interne coordonne son action avec celle du Vérificateur général afin d'éviter de doubler le travail effectué.

Enfin, le ministère fédéral de l'Expansion économique régionale procède à des vérifications dans le cas des projets réalisés dans le cadre des ententes auxiliaires de développement.

C. L'inspection technique

Les services techniques centraux sont souvent appelés à aller sur le terrain, parfois sur demande des fonctionnaires des bureaux régionaux ou des unités de gestion, parfois de leur propre initiative. Ces visites ont souvent pour objet de fournir de l'assistance ou des conseils techniques mais consistent également en des tâches d'inspection ou de vérification. En faisant leurs tournées, les spécialistes du centre peuvent être amenés à expliquer les nouvelles politiques ou procédures, à donner des conseils d'ordre technique, à entraîner des employés à de nouvelles méthodes de travail, à inspecter les travaux effectués et à collecter des renseignements pour alimenter les connaissances techniques (particulièrement, dans ce dernier cas, s'il s'agit d'activités nouvelles peu documentées).

Le tableau XVII décrit les principales activités d'inspection technique des services centraux s'adressant aux employés des directions régionales. Lorsque des anomalies sont constatées, un rapport pourra être adressé à l'administrateur régional à qui il appartient de prendre les mesures qui s'imposent pour corriger la situation. Les services centraux ne peuvent ni imposer de sanctions, ni arrêter un projet, ce qui ne signifie pas cependant que leurs recommandations restent lettre morte. En réalité, les inspections techniques mettent à la disposition de l'administrateur une expertise qui lui est souvent utile.

TABLEAU XVII
Activités d'inspection technique des services centraux

SERVICES	TYPES DE TRAVAUX CONCERNÉS
Restauration	Vérification opérationnelle (sur échantillonnage) de travaux en pépinières, de projets de plantation, de scarifiage, d'ensemencement, d'inventaire de régénération et de traitements sylvicoles.
Plans d'aménagement	Vérification des prescriptions de coupe
Inventaires	Vérification du plan de sondage
Exploitation	Vérification de l'inspection après coupe (parcelles-échantillons)
Voirie forestière	Inspection des travaux de voirie forestière réalisés par les régions (généralement associé à l'aide technique)
Éducation en conservation	Inspection des projets d'aménagement de centres d'interprétation de la nature (généralement associée à l'aide technique)
Aménagement des terres	Inspection des projets de mise en valeur des terres publiques (souvent associée à l'aide technique)

En plus des services centraux, les services régionaux peuvent également procéder à des inspections des travaux effectués par des employés de la direction régionale. Le tableau XVIII fournit une liste de ces activités d'inspection.

TABLEAU XVIII
Activités d'inspection technique des bureaux régionaux

SERVICE RÉGIONAL	TYPES DE TRAVAUX CONCERNÉS
Amélioration de la forêt	Inspection lors de l'exécution de projets de reboisement et de travaux sylvicoles (dans certaines régions)
Lois et règlements	Vérification du mesurage effectué par les employés du Ministère
Terres publiques	Inspection des projets de mise en valeur des terres publiques (dans certaines régions; souvent associée à l'aide technique)

V. Les rapports administratifs et techniques

Le contrôle exercé par les services centraux peut prendre la forme de rapports à fournir par les directions régionales. Ces rapports peuvent être de nature administrative (budget, personnel, etc.) ou technique. Le tableau XIX fournit la liste des principaux rapports transmis au centre par les directions régionales. Cette liste ne comprend pas tous les formulaires ou documents transmis au centre dans le cadre des opérations courantes, mais seulement les rapports périodiques exigés par les services centraux.

Les rapports exigés par le centre visent plusieurs fins. Premièrement, plusieurs de ces rapports consistent en des compilations régionales transmises au centre pour un traitement à l'échelle de la province, notamment dans le cadre de la préparation du rapport annuel du Ministère. D'autres rapports sont préparés dans le but d'assurer un contrôle central en matière de gestion des programmes, des budgets, du personnel, etc. Finalement, plusieurs rapports ont pour but de fournir aux services centraux les informations techniques et économiques nécessaires au développement des connaissances et à la planification (par exemple, pour développer des modèles de coût par type de projet).

VI. Analyse du processus de planification et de contrôle

Les systèmes de planification et de contrôle sont reliés au besoin de communication, de coordination et d'ajustement dans un système de production différencié à la fois sur le plan des programmes, sur le plan fonctionnel et sur le plan géographique. Pour reprendre une expression de Benveniste, ces systèmes représentent un instrument d'articulation et plus on redoute les erreurs d'articulation, plus les demandes se font pressantes pour planifier, pour contrôler le budget, pour demander aux gestionnaires de rendre des comptes et pour mesurer la performance.

Les exercices de rationalisation qui ont été décrits précédemment (orientations sectorielles, stratégies régionales, plan de gestion, revue des programmes, budget de programmes) sont importants parce qu'ils fournissent une façon d'articuler les éléments d'un système. Ils facilitent ainsi la coopération entre les unités administratives et l'intégration des éléments. À ce sujet, il convient de souligner le rôle central de la structure de programmes comme cadre d'articulation. C'est un instrument indispensable au processus reliant les orientations sectorielles aux objectifs des programmes et éléments puis aux actions détaillées des centres de responsabilité.

Tableau XIX

Rapports transmis au centre par les directions régionales

SERVICE CENTRAUX	RAPPORTS TRANSMIS
Direction de la gestion financière	– Compilation mensuelle des feuilles de temps (1) – Compilation mensuelle des feuilles de salaires – Rapport mensuel des dépenses et des disponibilités budgétaires par supercatégorie (2)
Direction de la programmation	– Rapports du système d'évaluation de gestion (rapports trimestriels pour le reboisement et les travaux sylvicoles et rapport mensuel pour les travaux de voirie forestière effectués en régie)
Direction du personnel	– Rapport hebdomadaire d'absences et de retards (préparé à partir du registre quotidien des présences) – Rapport d'assiduité et présences-professionnels (mensuel)
Service des Plans d'aménagement	– Rapport sur l'allocation des feuillus – Rapport après coupe pour la forêt domaniale (original)
Service de l'Exploitation	– Rapport après coupe pour la forêt domaniale (copie) – Compilation des permis d'érablières – Compilation des permis domestiques
Service de la Restauration	– Rapport pour chaque projet complété: ensemencement direct, scarifiage, plantation, coupe commerciale, traitements non commerciaux (dégagement et nettoiement), travaux divers
Service de l'Éducation en conservation	– Rapport annuel d'activités fourni par chaque centre éducatif forestier
Service de l'Aide à la forêt privée	– Rapport sur le reboisement des terrains privés – Compilation du reboisement des terres privées (quantité par essence et par comté)
Service de la Voirie forestière	– Relevés mensuels d'inspection (travaux des compagnies) – Rapport annuel (travaux en régie)
Service de la Concession des terres	– Rapports statistiques sur les activités (renseignements, demandes traitées, etc.) – Rapport annuel d'activités
Service de l'Aménagement des terres	– Rapport de fin de projet («Projet de mise en valeur des terres publiques, rapport final»)

(1) Les employés qui sont payés suite à la préparation de bordereaux de salaires ne remplissent pas de feuille de temps. Ces employés doivent être inclus à une feuille de salaires (peut comprendre des étudiants, des ouvriers et des fonctionnaires occasionnels). Les employés concernés remplissent à chaque mois une feuille de temps où apparaît le total des demi-journées par sous-activité. Grâce à ces informations, le M.I.S. répartit les traitements par centre de gestion et par activité.

(2) Ce rapport est préparé à partir des deux registres suivants:
– contrôle de la disponibilité budgétaire et sommaire des dépenses par supercatégorie;
– contrôle des dépenses par engagement.

En plus de favoriser l'articulation des éléments, les exercices de rationalisation sont également un outil utilisé pour réduire l'incertitude. En effet, la planification recherche un accord concernant le futur et les actions à entreprendre. Elle sert à légitimer une image du futur autour de laquelle un consensus peut être créé. Cette croyance, nécessaire pour assurer le succès de la planification, peut être obtenue, selon Benveniste, à partir de trois sources d'influence: la croyance dans la connaissance, l'existence d'un accord au sein d'une coalition de supporteurs et le contrôle que les planificateurs peuvent exercer sur les budgets. En conservant ces facteurs à l'esprit, examinons maintenant quelques-uns des exercices de rationalisation de l'administration des terres et forêts.

La plupart des personnes rencontrées, notamment les régisseurs, ont manifesté beaucoup d'enthousiasme face au plan de gestion. Le plan de gestion serait particulièrement utile en fournissant une connaissance systématique de l'unité de gestion. Dans le passé, cette connaissance «était plutôt entre les mains des compagnies» ou, du moins, n'était pas articulée. Avec le plan de gestion, les possibilités forestières étant connues et les interventions à faire sur le terrain étant précisées, on sait où l'on va. Le plan de gestion permet de gérer la forêt efficacement grâce aux connaissances obtenues sur l'offre et la demande.

En second lieu, on note que le plan de gestion repose sur un accord entre les principaux intéressés. Cet accord doit être dégagé au niveau de l'offre (les possibilités forestières), de la demande (les besoins de l'industrie et des autres utilisateurs) et des interventions nécessaires pour que l'offre et la demande puissent s'équilibrer. Le plan de gestion arrive généralement à un tel accord, mais le processus n'est pas exempt de tout marchandage. Il y a de la place pour des discussions et des échanges de faveur entre les hommes politiques, les fonctionnaires, les exploitants forestiers et les divers groupes d'intérêt. Ainsi, par exemple, les compagnies forestières ont tendance à sous-estimer les possibilités forestières pour conserver une marge de manœuvre en cas d'expansion de leur capacité de production, tandis que les fonctionnaires arrivent à des chiffres plus optimistes. Les possibilités forestières sont également fonction de l'importance accordée à d'autres usages de la forêt, dont la création de parcs de conservation. Ces autres utilisations sont négociées avec les groupes intéressés, notamment avec le ministère du Loisir, de la Chasse et de la Pêche.

Lors de l'élaboration du plan de gestion, il y a donc des ajustements, c'est-à-dire que chacun, compte tenu du pouvoir et des besoins des autres, peut faire des compromis pour arriver à un accord. Ce n'est donc pas un processus désincarné conduisant à une solution optimale et évidente pour tous, mais plutôt un processus où il y a de la place pour le jeu politique. Cependant, l'analyse, même limitée, est importante car elle aide le politique en identifiant les buts qui peuvent être poursuivis et les alternatives possibles. De plus, les buts étant spécifiés, l'analyste peut déterminer l'utilisation optimale des ressources pour les atteindre. Enfin, l'analyste est un partenaire de ce jeu politique et il dispose d'un pouvoir considérable, d'une part, parce qu'il maîtrise la méthode et, d'autre part, parce que l'apparence de cohérence est valorisée et représente un atout pour ceux qui l'ont dans leur jeu.

C'est au niveau du troisième facteur de succès, c'est-à-dire le contrôle que les planificateurs peuvent exercer sur le budget, que le plan de gestion est le plus menacé. Le régisseur compte sur le plan de gestion pour réduire l'incertitude au niveau de l'obtention des ressources. En effet, pour plusieurs, le plan a un caractère impératif et les ressources devront suivre. À l'appui de cette thèse, on fait état en particulier du caractère public du plan qui devrait en assurer la réalisation, via les pressions populaires.

Cependant, certains font preuve de moins d'optimisme. Ils soulignent les coûts faramineux de réalisation de quarante-quatre plans de gestion. À court terme, on peut bien compter sur l'entente fédérale-provinciale sur le développement forestier et, à plus long terme, sur un «fonds forestier» alimenté par les utilisateurs, mais il n'existe pas de certitude de financement, le gouvernement du Québec pouvant même ne pas dépenser, s'il a d'autres priorités, les sommes prévues dans l'entente fédérale-provinciale. Dans un contexte où le gouvernement du Québec cherche à réduire les budgets et les effectifs, les plus cyniques prétendent que «les plans de gestion vont mourir de leur belle mort, comme tous les projets de longue haleine au gouvernement[6]».

Le problème de l'absence de contrôle des planificateurs sur les budgets est aussi la pierre d'achoppement du processus de planification et d'allocation des ressources[7]. De plus, les autres facteurs (croyance dans la connaissance et existence d'un accord au sein d'une coalition de supporteurs) sont plus ou moins présents selon les programmes et, en conséquence, la planification est plus ou moins utile en tant qu'instrument pour réduire l'incertitude.

L'analyse est peu utile pour déterminer l'importance de chaque programme. Ce type de décision relève plus de l'expérience et du jugement de la direction supérieure et doit tenir compte des rapports de force au sein de l'organisation et des relations que celle-ci noue avec son environnement. Ainsi, par exemple, le budget consacré à la forêt privée dépend, pour une part, de l'importance accordée à

---

6. En réaction, certains ont proposé la création de sociétés d'aménagement forestier ayant leur propre source de financement. Le 18 février 1981, le conseil des ministres acceptait le principe de créer, dans la région de l'Outaouais, une Société d'aménagement forestier à but lucratif dont REXFOR serait l'actionnaire majoritaire. REXFOR se voyait confier le soin de réaliser les études de base nécessaires à la mise sur pied d'une telle société, études dont les conclusions devaient être ultérieurement soumises au conseil des ministres pour approbation définitive.

7. Le processus budgétaire annuel du gouvernement contribue à maintenir une incertitude qui fait perdre beaucoup de signification à la planification en tant qu'instrument pour réduire l'incertitude. Ainsi, par exemple, en septembre 1980, les ministères se sont vu demander de couper le temps supplémentaire, les voyages à l'étranger et les congrès. Le 14 novembre, une décision du Conseil du Trésor gelait les effectifs, les achats et autres contrats, à moins de dérogations spéciales. Le ministère de l'Énergie et des Ressources dut réduire de 32,4 millions $ son budget de l'exercice 1980/1981.

ce programme au sein du Ministère, mais aussi de la force du groupe d'intérêt avec lequel ce budget est négocié, c'est-à-dire la Fédération des producteurs de bois du Québec.

Même si, généralement, le processus de planification et d'allocation des ressources réduit peu l'incertitude, il demeure utile pour articuler, dans certains cas, les objectifs des régions avec ceux du Ministère, pour établir l'ordre de priorité à l'intérieur de chaque programme ou élément et pour répartir les ressources une fois connue l'enveloppe finale allouée par le Conseil du Trésor.

Au niveau du contrôle, nous avons vu que divers moyens formels sont utilisés tels que la production de rapports, l'inspection technique et la vérification interne et externe. Ces moyens ne sont pas les seuls à la disposition des gestionnaires en région et des services centraux pour connaître ce qui se passe sur le terrain. Nous avons constaté qu'il existe une toile très serrée de rapports personnels constituant une façon très efficace d'obtenir de l'information[8]. D'autres sources sont également utilisées, mais à un degré moindre. Il faut souligner ici particulièrement le rôle joué par les clients et les médias.

Les plaintes des clients ne représentent pas un moyen de contrôle utilisé de façon systématique mais les requêtes adressées aux autorités du Ministère ou, plus souvent, au ministre ou même au député du comté, représentent un moyen de détecter et de prévenir les écarts de conduite. Plusieurs vérifications ou enquêtes ont été entreprises à la suite de telles démarches et, dans certains cas, des irrégularités ont été constatées.

Les médias jouent aussi à l'occasion un rôle qui est loin d'être négligeable. Le milieu politique est particulièrement sensible à ce que les journalistes peuvent rapporter sur la façon dont les fonctionnaires s'acquittent de leurs responsabilités. Un fonctionnaire attaqué, même à tort, par les médias peut être l'objet de mesures sévères s'il a entaché la réputation du Ministère.

En dépit des limites du contrôle, il apparaît que les gestionnaires qui le veulent sont en mesure de savoir ce qui se passe sur le terrain. L'abondance des informations et la multiplicité des canaux rendent pratiquement impossibles des déviations importantes et continues. Le système n'est toutefois pas à toute épreuve et il est certain que des déviations majeures peuvent se produire à l'occasion ou que des déviations mineures peuvent se poursuivre pendant un certain temps.

*

*   *

---

8.   Cette conclusion rejoint celle de Kaufman dans son analyse du «feedback» administratif dans 9 bureaux de divers départements du gouvernement fédéral des États-Unis.

CAS

L'utilisation de quotas au ministère canadien du Revenu

Au cours des dernières décennies, on a mis beaucoup d'accent dans la littérature en gestion (ainsi que dans la pratique) sur l'utilisation d'objectifs à atteindre pour stimuler la performance individuelle et organisationnelle. Malheureusement, on a souvent sous-estimé les difficultés qu'une telle gestion pouvait soulever du point de vue de l'organisation publique dans son ensemble, de ses gestionnaires, de ses employés ou encore des citoyens qu'elle dessert. Dans le but de sensibiliser le lecteur aux avantages et aux difficultés de la gestion par objectifs (ou par «quotas»), nous reproduisons un article paru dans Le *Devoir* du 20 juillet 1984 et traitant de la pratique des quotas au ministère canadien du Revenu (voir l'encadré).

Les «quotas»: la pratique remonterait aux années 50
François BARBEAU (Le Devoir, 20 janvier 1984)

Un ancien fonctionnaire de l'impôt fédéral soutient que les Québécois sont également touchés.

Les contribuables québécois sont eux aussi victimes des «quotas» imposés au personnel de Revenu Canada et que dénoncent, depuis plusieurs semaines, deux députés conservateurs de l'Ontario, MM. Perrin Beatty et Chris Speyer.

C'est ce que soutient un ancien employé du ministère qui, affecté pendant des années à des enquêtes auprès des propriétaires de petites et moyennes entreprises et de professionnels, a dû se soumettre contre son gré aux directives que lui imposaient ses surveillants de section et rapporter au moins 600 $ l'heure au fisc. Ce fonctionnaire à la retraite, encore lié par la loi sur les secrets officiels, préfère garder l'anonymat par crainte de représailles. Il a cependant consenti à donner ses lettres de créances au DEVOIR et est même prêt à signer un affidavit attestant la véracité de ses déclarations.

Les choses n'ont pas changé depuis, croit-il pouvoir affirmer en connaissance de cause, puisqu'il a gardé des amis à la division des impôts de Revenu Canada. Selon lui, un «groupe» formé de six enquêteurs doit maintenant rapporter 3 500 000 $ par année en contributions supplémentaires. Chaque enquêteur est tenu à 1 100 heures de travail par année, sans compter les multiples cours et conférences auxquels il doit assister, et doit consacrer un maximum de 45 heures de travail à chacune des 24 enquêtes qui lui sont confiées dans le cours d'une année.

Dans les années 50 à 60, raconte cet ancien employé du fisc, «on était évalué sur le montant d'impôts qu'on percevait. Par la suite, après l'informatisation du système, nous avons été évalués sur le revenu imposable. On nous confiait aussi, à cette époque, 24 enquêtes par année et, il fallait rapporter, coûte que coûte, 600 $ l'heure. Autrement, nous tombions sous le coup d'une "démotion" et nous étions affectés à du travail de routine, entre quatre murs».

C'est le Globe and Mail qui, le premier, a dénoncé cette pratique en vigueur dans des bureaux de districts de Revenu Canada en Ontario. MM. Speyer et Beatty ont enfourché ce cheval de bataille aux Communes et adressé d'amers reproches à ce propos au ministre du Revenu, monsieur Pierre Bussières, qui s'est empressé de nier que de telles choses se produisaient au sein de son ministère.

Le chef de la cotisation du bureau de Revenu Canada a, par la suite, confirmé l'existence d'une directive établissant des quotas pour les enquêteurs et monsieur Bussières a dû reconnaître cette semaine en Chambre que si de telles choses s'étaient produites, il venait d'y mettre fin en interdisant la pratique des quotas.

Quand les contribuables, qui recevaient la visite de ces messieurs du fisc, paraissaient être en règle, raconte l'ancien fonctionnaire, «on leur cherchait des bêtes noires pour remplir notre quota. Nous étions considérés comme des vendeurs avec un chiffre d'affaires bien déterminé à obtenir chaque mois. L'enquêteur était évalué en fonction de ce qu'il rapportait chaque mois».

Les contribuables n'étaient évidemment pas préparés à de pareilles confrontations et même leurs comptables appelés à la rescousse, s'ils n'avaient pas beaucoup d'expérience avec les agents du fisc, «fondaient devant nous, comme leurs clients».

Ces contribuables pouvaient évidemment aller en appel mais, comme le déplore le député conservateur de Cambridge, monsieur Chris Speyer, ces contribuables doivent d'abord payer les impôts qu'on leur réclame, puis se présenter en appel avec des experts comptables, des avocats, etc. S'ils obtiennent justice, ils ne sont cependant pas dédommagés de leurs frais, avec comme résultat que bien peu de contribuables pris dans cet étau se prévalent de leur privilège d'appel.

Revenu Canada se défend bien d'avoir recours à cette méthode à l'heure actuelle. Madame Christiane Favreau, de Revenu Canada, coordonnatrice des affaires publiques pour la région de Montréal, reconnaît que le personnel est sujet à des «quotas» mais il s'agit, explique-t-elle, d'évaluer leur rendement de la même façon que les autres compagnies évaluent le rendement de leur personnel.

Dans cet article, un ancien fonctionnaire de Revenu Canada indique que trois systèmes de travail ont été utilisés successivement au cours des ans pour récupérer les impôts impayés. Une première méthode (années 50 et 60) consistait à évaluer le rendement du percepteur *sur la base du montant perçu*. La seconde méthode correspondait ni plus ni moins à un *quota individuel*: le percepteur devait rapporter 600 $ l'heure. Finalement, la méthode utilisée au moment de la rédaction de l'article consistait, selon lui, en *des quotas de groupes,* chaque groupe de 6 enquêteurs devant rapporter annuellement 3 500 000 $.

Voici les hypothèses sur la base desquelles nous vous demanderons, par la suite, de répondre à trois questions.

1. Le système qui aurait prévalu dans les années 50 et 60 n'est pas à proprement parler un système de quotas. Les agents de recouvrement étaient évalués sur la base des montants recouvrés. On peut penser qu'on procédait alors à une comparaison «historique» des rendements pour juger de leur performance ou encore qu'on comparait le rendement individuel à partir d'une moyenne.

2. On indique plus loin dans l'article que «par la suite», les agents de recouvrement du fisc étaient «évalués sur le revenu imposable». Dans la mesure ou un agent réussissait à démontrer qu'un contribuable avait un revenu imposable supérieur à celui déclaré, ce dernier se voyait dans

l'obligation de verser une cotisation additionnelle correspondant, ajoutant ainsi aux montants perçus par le Ministère.

Dans le cadre de ce système, un agent de recouvrement devait rapporter 600 $/heure et faire 24 enquêtes par année. En supposant que chaque agent travaillait en moyenne 1 100 heures, par année (à l'exclusion des heures passées à se former et à participer à diverses activités non directement reliées au recouvrement), on peut estimer à 660 000 $, soit 27 500 $ par enquête (ou par dossier), le quota individuel que devait atteindre chaque agent (1 100 heures de travail par an × 600 $ = 660 000 $ / 24 = 27 500 $). Ainsi, évaluait-on leur rendement par rapport à un objectif préétabli.

Il est important de garder à l'esprit que le montant de 48 000 $ équivaut à une cotisation à payer par le contribuable (individuel ou corporatif) suite à une réévaluation de son revenu imposable.

3. Le troisième système serait basé sur l'établissement de quotas de groupes (et non de quotas individuels comme dans le cas précédent), chaque groupe devant rapporter 3 500 000 $. Un groupe était constitué de six enquêteurs et, en moyenne, chacun des membres devait «rapporter» environ 583 000 $ en contributions supplémentaires ou 530 $ l'heure (sur la base de 1 100 heures consacrées aux enquêtes). Avec 24 enquêtes à mener, chaque individu devait rapporter en moyenne 23 850 $ (45 heures d'enquête × 530 $).

Questions

1. Dans une perspective de contrôle, énoncez les avantages et les difficultés de chacun des systèmes utilisés, du point de vue de l'organisation, de l'employé (l'agent de recouvrement), des contribuables, du citoyen visé par les efforts de recouvrement. Vous pouvez répondre à cette question en utilisant le tableau suivant.

Avantages/difficultés possibles pour:	Le système des années 50 et 60	Le système de quotas individuels	Le système de quotas de groupe
L'organisation dans son ensemble			
L'employé			
Les contribuables			
Les citoyens visés par le recouvrement			

2. Plusieurs ont dénoncé, à l'époque, le système de quotas. Pourtant, on s'accorde généralement pour dire qu'il comporte de sérieux avantages sur la plupart des systèmes de contrôle habituellement mis en place dans les organisations. À titre d'exemple, signalons que ce système s'appuie sur la définition d'objectifs clairs et précis à atteindre et que le contrôle porte véritablement sur les résultats, ce qui concourt à améliorer l'efficacité de l'organisation et de ses employés. Commentez.

3. Que proposeriez-vous pour corriger les effets pervers d'un système de quota (individuel et en groupe) dans ce cas-ci?

Chapitre 7

LA PRISE DE DÉCISION ORGANISATIONNELLE

INTRODUCTION

La prise de décision dans les organisations est généralement une activité non seulement très complexe mais aussi très politique (dans la mesure où elle met en relation plusieurs individus ou groupes d'individus aux objectifs et intérêts divers). Bien que la plupart des décisions de fond concernant les politiques publiques relèvent des élus ou des tribunaux, les décisions administratives portant sur la mise en œuvre des programmes, l'affectation du personnel et les budgets, ont des effets significatifs et durables sur ces politiques. Même les décisions apparemment mineures concernant les activités quotidiennes d'un programme peuvent avoir des conséquences notables sur son efficacité ou sur la satisfaction des clientèles. Le débat classique sur la séparation entre le politique et l'administratif, toujours d'actualité, porte justement sur la prise de décision dans les organisations publiques.

Les méthodes et les procédures utilisées pour prendre des décisions dans les organisations publiques ont des implications considérables et variées. Ces méthodes et procédures peuvent déterminer qui doit ou peut participer aux processus décisionnels, comment s'établissent les priorités à respecter et les options à considérer, les façons de comparer et d'analyser ces dernières et, finalement, les critères (ou valeurs) qui présideront au choix final de l'une d'entre elles. Comme nous aurons l'occasion de le constater, les *procédures* utilisées conditionnent souvent le *contenu* même du choix final et peuvent avoir des conséquences sur le plan politique. C'est pourquoi il importe de s'interroger sur les méthodes de prise de décision les plus appropriées, celles qu'il est préférable d'utiliser compte tenu des problèmes à résoudre et des contextes dans lesquels ils se posent. L'étude des processus décisionnels est d'autant plus importante que:

> Le fait d'être associé à un choix ou à une décision de portée sociale constitue, pour plusieurs gestionnaires publics, sinon pour la plupart, une des principales satisfactions professionnelles et un ingrédient important dans le maintien d'un bon moral[1].

Les théoriciens de l'organisation s'intéressent plus aux méthodes de prise de décision qu'à son domaine d'application. Depuis un certain temps, ces théoriciens ont privilégié deux approches à la prise de décision: l'approche rationnelle et l'approche incrémentale. La première approche renvoie au modèle classique du choix rationnel qui prescrit une analyse rigoureuse d'options de manière à choisir la «meilleure». Il s'agit là du modèle de prise de décision implicitement privilégié dans une bureaucratie dont les postes sont occupés par des experts; c'est aussi le modèle préféré en économique et dans les affaires. Ce modèle a été critiqué par plusieurs qui le jugent peu conforme à la réalité des organisations; pourtant, il est utilisé de plus en plus dans l'analyse des politiques et a connu un regain d'intérêt au cours des dernières années.

L'approche incrémentale est l'approche de base en politique où les conflits doivent être réglés par la négociation; cette méthode est fort controversée. Plusieurs seraient prêts à admettre qu'elle décrit fidèlement comment se prennent concrètement les décisions dans les organisations, mais ils sont beaucoup moins nombreux à accepter les choix qui en résultent. Nous examinerons plus loin dans ce chapitre les critiques de ce modèle.

La troisième approche réfère à des techniques et des méthodes qui cherchent à faciliter la participation de personnes aux processus décisionnels. Cette approche suscite beaucoup d'intérêt tant au plan des théories de l'organisation que dans la pratique administrative. Le procédé Delphi et la technique du groupe nominal sont des exemples de telles méthodes visant à faciliter l'expression des opinions individuelles tout en fournissant des moyens de mettre en évidence les idées, les propositions qui pourront alimenter les processus décisionnels. Ces méthodes sont de plus en plus utilisées par des consultants qui jouent le rôle de facilitateurs auprès des cadres ou des conseils d'administration lorsqu'ils ont à prendre des décisions au sujet de politiques et de programmes. La recherche de consensus et de l'adhésion des personnes concernées au moyen d'une participation dynamique, sans égard aux différences de statut, caractérisent ces méthodes. On ne fait que commencer à s'intéresser à leur portée politique et administrative.

---

1.   Harlan Cleveland, «The Future Executive», dans Chester A. Newland (éd.), *Professional Public Executives*, Washington, D.C., American Society for Public Administration, 1980.

Nous ferons référence à cette approche comme étant celle du «regroupement des préférences individuelles».

La quatrième approche correspond à ce que March et Olsen (1979a) appellent le modèle de la «corbeille à papier» [*garbage can*] ou de l'«anti-décision». Cette approche rejette toute forme de rationalité, même celle que peuvent manifester les partisans de l'approche incrémentale. Cette quatrième approche met plutôt l'accent sur tout ce qui est susceptible d'être observé ou de se manifester lors d'un processus décisionnel. Il va sans dire que bien de ces manifestations n'ont souvent rien à voir avec l'objet même de la décision (du moins, selon les partisans d'autres approches). Par exemple, les tenants de ce modèle ont relevé le phénomène suivant: dans les organisations, l'attention est souvent détournée des points à l'ordre du jour des rencontres visant à résoudre un problème spécifique, pour se porter sur une variété de sujets d'ordre personnel ou social qui finissent par se substituer à l'étude du problème de départ. De même, on indique que certaines décisions sont prises par défaut, qu'elles sont prises non intentionnellement et que, plus important encore, les discussions portant sur les objectifs et les moyens pour les atteindre se déroulent souvent en parallèle, plutôt que de viser à dégager l'option qui permettrait d'atteindre des objectifs prédéterminés. Ce modèle remet, en outre, sérieusement en question la conception classique du processus de prise de décisions dans les organisations publiques.

En fin de chapitre, nous comparerons ces diverses approches à partir de trois composantes du processus de prise de décision: la recherche d'options, l'analyse des options relevées et, finalement, l'établissement du critère utilisé pour choisir une option particulière. Le fait de choisir n'est en définitive qu'un élément d'un processus fort complexe où la recherche des options et leur examen constituent des étapes critiques. On peut donner une définition générale de la prise de décision à partir de ces trois composantes: il s'agit d'un processus élaboré qui permet de dégager un certain nombre d'options, de les analyser et de sélectionner l'une d'entre elles.

Dans les organisations publiques, on a recours à diverses techniques pour relever les options susceptibles d'améliorer les activités courantes; les approches décrites ci-dessus diffèrent radicalement dans leurs façons de repérer de telles options. Par exemple, la technique dite du remue-méninges, souvent utilisée dans le cadre de l'approche dite du «regroupement des préférences», permettra l'émergence d'options vraiment nouvelles alors que l'approche incrémentale ne favorisera pas l'analyse d'options vraiment originales. La composante «analyse des options» varie, elle aussi, d'une approche à l'autre. Les tenants de l'approche rationnelle font grand usage des techniques quantitatives utilisées par les économistes ou les ingénieurs. Les partisans de l'approche incrémentale ont aussi recours à des calculs sophistiqués, mais ce sont des calculs politiques portant sur les manières de partager les bénéfices de chaque option entre des groupes ou des acteurs dont les intérêts s'opposent. Signalons, en dernier lieu, que le critère qui sert finalement à retenir une option diffère également d'une méthode à l'autre: le critère retenu par les rationalistes s'inspire essentiellement du rapport entre les coûts et les avantages de chaque option; ceux qui prônent l'utilisation de l'approche «du regroupement des préférences individuelles» favorisent l'option qui rallie le plus grand nombre de participants. Le tableau ci-dessous résume les différences entre les approches au regard des trois composantes du processus de prise de décision que nous avons retenues.

ÉLÉMENTS DU PROCESSUS DE DÉCISION

APPROCHES	RECHERCHE D'OPTIONS	ANALYSE DES OPTIONS	CRITÈRE DE CHOIX
Approche rationnelle	L'analyse porte sur des options respectant des objectifs préétablis.	Les avantages et les inconvénients sont quantifiés.	Optimisation des gains
Incrémentalisme	On considère les options s'apparentant au statu quo.	Redistribution des ressources découlant de l'adoption des options.	Accord du groupe
Regroupement des préférences individuelles	On favorise l'émergence d'options nouvelles (remue-méninges).	Les points de vue sont partagés (Delphi).	Le vote
Corbeille à papier	Chaque participant pourra choisir.	Comparaison séquentielle	Le choix est un artéfact.

Le contexte de la prise de décision dans les organisations publiques

Plusieurs éléments dont certains sont caractéristiques du contexte des organisations publiques influent sur la prise de décision. D'abord, le champ de juridiction dans lequel doit s'inscrire la décision (fédéral, provincial, municipal, etc.) et le niveau de décision (stratégique par opposition à opérationnel) déterminent le degré d'autonomie des gestionnaires. Deuxièmement, certains théoriciens estiment que le contexte particulier à chaque organisation publique (degré de bureaucratisation, sa taille, son âge, etc.) constitue une contrainte à la recherche de nouvelles options, limitant ainsi le nombre d'options parmi lesquelles les choix peuvent se faire. Troisièmement, le processus de prise de décision dans les organisations publiques dépend de leurs systèmes particuliers de communication, de traitement de l'information et de contrôle. Finalement, le contexte politique d'un grand nombre d'organisations publiques, les relations de ses membres avec des agents externes, le pouvoir de ses supporteurs et de ses détracteurs influencent grandement les décisions qui y sont prises et, possiblement, les modèles de décision utilisés.

Les différents niveaux de décision auxquels on peut être associé dans une organisation ont été l'objet de longs et intenses débats dans l'étude de l'administration publique. Kraemer et Perry (1983), dans une de leurs nombreuses descriptions des divers processus de choix en milieu organisationnel, relèvent trois niveaux de décision: le niveau des opérations, le niveau de la gestion des programmes et le niveau de la planification stratégique. Le type d'analyse approprié aux décisions du niveau opérationnel (niveau de décisions prises au jour le jour) se fait à l'aide de techniques quantitatives telles que celles utilisées en recherche opérationnelle; le critère de décision auquel on se réfère le plus souvent à ce niveau est l'efficience et, généralement, on convient qu'il est bon de laisser une marge d'autonomie à ceux qui font les analyses et qui doivent décider. Kraemer et Perry sont d'avis que les décisions relatives à la conception et à la gestion des programmes sont prises de façon plus éclairée si elles s'appuient à la fois sur des méthodes qualitatives et quantitatives, comme c'est le cas lorsque l'on fait des simulations sur les conséquences économiques et sociales d'un programme. Ceux qui prennent les décisions au niveau stratégique, concernant le choix des objectifs pour l'ensemble de l'organisation, gagnent à s'appuyer davantage sur des procédés d'analyse qualitative telle que la technique Delphi.

Il fut un temps où les théoriciens de l'organisation se sont peu intéressés aux liens entre le niveau de la décision et la méthode utilisée pour la prendre parce que, dans l'ensemble, leur objet d'étude privilégié se limitait à la firme où de telles considérations sont généralement perçues comme des questions de politique interne. Nous croyons, quant à nous, qu'il importe d'insister sur ces liens en raison des nombreuses contraintes politiques et légales qui pèsent sur le gestionnaire public lorsqu'il prend des décisions. Nous approfondirons davantage ces questions plus loin dans ce chapitre lorsque nous étudierons les différents modèles de prise de décision.

Une autre particularité de la prise de décision dans les organisations publiques (cette spécificité ayant fait l'objet de nombreux commentaires, notamment de la part des théoriciens de la décision qui adoptent une perspective économique) concerne le peu d'efforts consacrés à la recherche de nouvelles options: les options réellement novatrices y sont en effet fort rares. Cela peut s'expliquer de la façon suivante: dans les organisations publiques, on a tendance à ne pas trop s'éloigner des procédures standard qui sont traditionnellement utilisées (ce que March et Simon (1958, p. 141) appellent des «performance programs»). Cette expression signifie que la procédure de recherche des options est programmée à l'avance. Ce que nous appelons des décisions de routine (ou encore des décisions programmées) renvoie à des processus dans lesquels l'établissement des options, leur analyse et la détermination du critère de sélection sont faites de façon automatique. Ce haut niveau de formalisation contribue à rendre stables, cohérents et prévisibles les comportements des personnes dans les organisations publiques, ce qu'on attend d'ailleurs des personnes chargées d'appliquer des lois. Cependant, on comprendra que cette formalisation encourage l'adoption de comportements caractérisés par beaucoup de rigidité et réduit ainsi les possibilités d'innovation. Les tenants de l'approche incrémentale sont particulièrement sensibilisés à cette particularité de la prise de décision dans les organisations publiques (pour ne pas dire dans les organisations bureaucratiques).

Dans toute organisation, la prise de décision est aussi influencée par les systèmes de communication et de contrôle. Comme nous l'avons signalé dans le chapitre 5, le système de communication est l'épine dorsale de la plupart des contrôles organisationnels, car pour s'assurer que les activités de l'organisation sont conformes aux spécifications des programmes et des politiques, la communication de toute sorte d'informations est primordiale. La communication est également un facteur capital dans l'intégration des diverses unités spécialisées de l'organisation. Elle est aussi déterminante dans la prise de décision étant donné que, quelle que soit l'approche utilisée, le choix d'une option se fait toujours en fonction d'une diversité d'informations qui peuvent porter sur les besoins de l'organisation, sur les occasions dont elle pourrait profiter, sur ses ressources, sur les conflits internes et sur les groupes d'intérêts. Le fait que l'information soit gardée secrète, ou au contraire rendue publique – ce dont on traite dans le chapitre 5 – a des conséquences immédiates sur la prise de décision. Un ensemble d'autres facteurs liés à la communication et au contrôle influencent aussi la prise de décision, notamment, le moment propice pour divulguer de l'information, la facilité avec laquelle le système de contrôle permet de déceler et de rapporter les dérogations aux programmes, la crédibilité accordée par les professionnels aux informations qu'ils reçoivent et la capacité de comprendre et d'utiliser ces informations pour réformer ou améliorer les programmes existants. Chaque approche à la prise de décision réagit différemment aux faiblesses des systèmes de communication et de contrôle; nous nous proposons d'en tenir compte dans la présentation que nous ferons de chacune de ces approches.

Le contexte politique des organisations publiques a des conséquences directes sur la prise de décision et, plus spécifiquement, sur les choix qui y sont faits; chaque approche à la prise de décision traite à sa façon les préférences politiques des différents agents – celles des bureaucrates et des acteurs externes. Certains analystes ont tendance à ne considérer que les aspects économiques des décisions à prendre et n'abordent pas ouvertement cette dimension politique. D'autres auteurs, partisans d'approches différentes, considèrent au contraire ouvertement et spécifiquement les facteurs politiques et, pour eux, tout choix comporte une forme de calcul politique. Les tenants de l'approche «du regroupement des préférences individuelles» essaient justement d'éliminer les considérations politiques et de minimiser leur influence sur les choix. Nous allons revenir sur les hypothèses sous-jacentes à chacune des approches au regard de la politique – même si certaines d'entre elles évitent d'aborder ces questions.

Le but de ce chapitre est d'expliquer ce qui différencie les diverses approches de la prise de décision, d'analyser les hypothèses qui les sous-tendent et de décrire certaines techniques utilisées. Après avoir exposé certaines des critiques les plus fréquentes à l'endroit de chaque approche, nous nous proposons de caractériser leurs différences au regard de la recherche des options, de leur analyse et des critères décisifs. Cela nous servira à jeter les bases d'une théorie de la contingence applicable à la prise de décision, permettant ainsi de lier le choix d'une approche aux contextes particuliers de la décision.

LA MÉTHODE RATIONNELLE D'ANALYSE DES POLITIQUES

La méthode rationnelle de prise de décision a longtemps été considérée comme le processus idéal de choix et ce, tant pour le secteur public que pour le secteur privé; sa popularité s'explique par l'importance accordée à l'analyse d'un grand nombre d'options et à des critères qui permettent d'optimiser l'efficience et le rendement des investissements. L'accent mis sur l'efficience convient bien, du moins en principe, à la bureaucratie publique dont la mission est de mettre en application des politiques établies par des décideurs externes.

Toutefois, les recherches sur les comportements des administrateurs ont remis en question les hypothèses sous-jacentes au modèle rationnel que l'on est venu à considérer comme tout à fait irréalistes; c'est dans ce contexte qu'on a préféré à ce modèle des modèles plus descriptifs, comme le modèle incrémental et le modèle dit du «choix satisfaisant[2]». Depuis, la méthode rationnelle a connu un regain de popularité dans les domaines de l'analyse de politiques et de l'analyse de systèmes. Si cette méthode n'est pas utilisée aussi souvent que certains le souhaiteraient, c'est en raison de ses coûts de réalisation élevés et de sa complexité.

La méthode rationnelle, appliquée, par exemple, à l'analyse des politiques, n'est rationnelle que dans seulement un des deux sens que l'on attribue à ce terme. Ce que nous appelons un choix rationnel est rationnel dans la mesure où l'on choisit les moyens les plus efficaces pour réaliser un objectif donné; on appelle parfois cette rationalité la «rationalité instrumentale». Il s'agit de déterminer l'option qui produira le meilleur résultat ou celle qui donnera le rendement le plus élevé; l'efficience est le seul critère de choix pris en considération. Une autre forme de rationalité, la rationalité dite «substantive», renvoie aux diverses valeurs qui sont considérées dans la prise de décision et à la pertinence des objectifs visés. La rationalité «substantive» permet de soulever des questions telles que: Cet objectif est-il désirable? Devons-nous le poursuivre si nous sommes rationnels? Ce qui relève de la rationalité «substantive» fait généralement l'objet de débats chez les philosophes politiques et, de façon plus immédiate, chez les magistrats, les législateurs et les autres concepteurs de politiques publiques. En général, on s'attend à ce que le fonctionnement des administrations repose davantage sur la «rationalité instrumentale» étant donné que leurs activités concernent plus les moyens que les fins. Comme nous le verrons toutefois, il n'est pas facile dans la pratique de maintenir la distinction entre, d'une part, la conception

---

2.   Nous traduisons ainsi le concept de «satisficing»utilisé par Herbert Simon (1945) pour décrire le comportement des preneurs de décisions qui font preuve de rationalité limitée (*bounded rationality*), lorsque associés à des processus décisionnels. (N.D.T.)

d'une politique et, d'autre part, le choix des moyens les plus efficaces pour assurer sa réalisation.

Le processus de prise de décision, expression d'une «rationalité instrumentale», comporte généralement quatre étapes (March et Simon, 1958). La première étape concerne la détermination du but à poursuivre, à réaliser ultérieurement; dans le secteur public, les buts à privilégier dépendent du contexte général de la prise de décision; on fait l'hypothèse que ces buts sont préétablis par les agents externes qui ont pour tâche de concevoir les politiques. Il arrive souvent que toutes les options (ou les moyens d'atteindre l'objectif) soient aussi déterminées à l'avance. En principe, la recherche d'options ne serait donc pas un processus contrôlé par ceux qui sont chargés d'administrer les politiques; cependant, on constate que, souvent, cela ne correspond pas à la réalité. En pratique, ceux qui seront chargés d'administrer ces politiques sont souvent associés à la détermination des options parmi lesquelles il faudra choisir et, pour ce faire, ils doivent à la fois tenir compte des considérations politiques et techniques.

Dans la deuxième étape, les options sont soumises à une analyse minutieuse pour déterminer toutes les conséquences, désirables ou non, intentionnelles ou non, associées à chaque option; ces conséquences peuvent être connues avec certitude ou peuvent comporter un élément de risque. L'analyse de ces options se fonde souvent sur des projections faites à partir d'expériences passées.

La troisième étape, le classement des options, est critique; elle consiste à ordonner les options et à établir un ordre de préférence à partir des conséquences découlant de chaque option. Puisqu'à chaque option correspond un ensemble de conséquences précises, il faut établir parmi celles-ci un ordre de priorité, lequel guidera le classement des options. Par exemple, certaines des options considérées peuvent avoir des conséquences économiques et environnementales, d'autres des conséquences éducationnelles, etc. Le décideur doit établir l'importance relative de ces conséquences avant de faire un choix rationnel (rationalité de type instrumentale).

La quatrième étape est celle où l'on fait le choix d'une option; l'option retenue est celle dont les conséquences ont obtenu le meilleur résultat, selon l'évaluation faite par le décideur: les exigences d'une efficience optimale sont ainsi satisfaites. Le critère du choix est la maximisation des avantages ou la valeur la plus élevée accordée aux conséquences: la simplicité de cette dernière étape ne doit cependant pas nous faire oublier la complexité des précédentes.

La rationalité instrumentale a longtemps été la norme utilisée pour juger des décisions prises dans les administrations publiques et ailleurs, et ce, en dépit du fait qu'en pratique la grande majorité des décisions ne se prenaient pas en suivant cette démarche. Un nouvel intérêt pour des méthodes visant à améliorer l'opérationnalisation de cette approche s'est cependant manifesté, notamment dans les domaines de l'analyse des politiques et dans celui de l'analyse des systèmes. Ceux qui s'intéressent à l'analyse des politiques sont ainsi amenés à

évaluer les conséquences de politiques, de programmes et de procédures diverses; ils utilisent, pour ce faire, différents outils développés par les économistes,
les mathématiciens et les statisticiens.

C'est une démarche qui peut s'appliquer à tous les niveaux de la prise de
décision. Cependant, elle n'est utilisée que de façon subsidiaire dans le processus
de conception des politiques lorsque leurs objectifs et leur bien-fondé sont en
cause; par contre, on y fait plus directement appel lorsqu'il s'agit de trouver les
programmes et les procédures les plus appropriées pour accomplir des objectifs
prédéterminés. Bien que la distinction entre les décisions portant sur les moyens
et celles portant sur les fins soit maintenue en principe, elle n'est pas aussi clairement observable en pratique. Cela soulève évidemment des questions sur les
possibilités d'application réelle de la démarche rationnelle.

Critique de la méthode rationnelle d'analyse des politiques

Des questions ont été soulevées quant à l'utilisation possible de l'approche rationnelle dans les organisations publiques. James March et Herbert Simon (1958),
qui considèrent la prise de décision comme l'activité la plus importante dans
toute organisation, critiquent cette approche et, plus précisément, le caractère
irréaliste de trois des hypothèses qui la sous-tendent. En premier lieu, rien dans
l'approche ne nous informe au sujet de qui a la responsabilité de relever et de
classer les options ni comment on doit procéder pour le faire. March et Simon
soutiennent qu'il est impossible de considérer toutes les options réalisables dans
la mesure où l'imagination est en soi limitée et que, de toute façon, la perception
humaine agit comme un filtre qui opère une sélection souvent au détriment d'options qui pourraient être intéressantes. En d'autres termes, quelles options sont
retenues et étudiées et à partir de quels critères les choisit-on? Ces questions ne
sont pas traitées par les tenants de l'approche rationnelle qui postulent sans doute
que les options sont relevées par ceux qui conçoivent les politiques. Dans le
même ordre d'idée, aucune précision n'est fournie sur la façon dont s'effectue la
recherche des options; pourtant ce processus de recherche joue un rôle crucial
dans la détermination du choix final. Cela laisse entendre que l'approche rationnelle peut s'accommoder de situations de prise de décision où la sélection
d'options se fait de manière arbitraire et non systématique. Or, on ne peut que
douter de l'objectivité d'un processus de recherche d'options et de sa conformité
au principe d'efficience si les options retenues pour analyse sont déterminées
aussi arbitrairement.

Deuxièmement, March et Simon critiquent une autre hypothèse de la méthode rationnelle suivant laquelle les conséquences de chaque option peuvent
être connues, avec certitude ou non; cela revient à dire que le degré de risque ou
d'incertitude lié aux conséquences est connu. C'est là une hypothèse contestable,
comme l'illustrent plusieurs exemples d'erreurs de planification et de prévisions.
Ainsi, peut-on rappeler l'effort avorté de sauvetage des otages américains en Iran

en 1979 ou encore la faillite de la politique énergétique canadienne qui reposait sur des hypothèses d'évolution du prix du baril de pétrole qui ne se sont pas réalisées[3]. Non seulement nous surestimons ou sous-estimons les conséquences que nous pensons connaître, mais encore nous ne tenons pas compte de toutes les conséquences. Cela n'est pas une critique des talents souvent remarquables des planificateurs et des futurologues, mais plutôt une remise en question des capacités surhumaines que leur prêtent les tenants de l'approche rationnelle.

Enfin, March et Simon mettent en doute le postulat selon lequel le preneur de décision, que ce soit un individu ou un groupe, a une connaissance parfaite de ses préférences et qu'il est capable de les ordonner pour évaluer les conséquences des options. La difficulté vient ici du fait que les options entraînent plusieurs types de conséquences, certaines étant souhaitées ou non souhaitées, désirables ou non désirables. Suivant ce postulat, il faudrait, pour le respecter, non seulement comparer les options retenues à partir d'un type de conséquences (par exemple, les effets sur l'environnement), mais aussi sur la base de tous les types de conséquences liées à ces options. Est-ce que, par exemple, un décideur choisira l'option A dont il prévoit les effets positifs sur la santé, avec un certain risque de se tromper, et des conséquences désirables pour l'environnement, plutôt que l'option B qui a de meilleures chances d'avoir des effets bénéfiques pour la santé, quoiqu'elle puisse avoir des effets négatifs pour l'environnement et l'économie. Pour résoudre ce dilemme, il faut pouvoir ranger de manière cohérente les préférences des décideurs de manière à pouvoir choisir entre les différentes options. Il s'agit là d'une tâche très difficile pour un seul individu et elle l'est davantage pour un groupe. L'économiste Kenneth Arrow a démontré qu'il n'existe pas de procédure claire qui permette de mesurer et de combiner les préférences de deux ou plusieurs individus en vue d'en arriver au classement des préférences d'un groupe (Stokey et Zeckhauser, 1978, p. 276).

Classer de manière cohérente les préférences pour permettre la comparaison des conséquences de différentes options a toujours été une difficulté théorique et pratique importante de l'analyse des politiques. Les analystes de politique contournent cette difficulté en estimant les diverses conséquences en termes de dollars; l'analyse coûts-bénéfices illustre bien un tel procédé. Cette analyse consiste à comparer la valeur monétaire, pour l'ensemble de la société, de tous les coûts et de tous les bénéfices de différentes options. Ainsi, pour trouver la solution optimale, on n'a qu'à comparer la valeur de chaque option établie en dollars; l'option choisie est celle qui amène le bénéfice net le plus important pour l'ensemble de la société.

La logique de l'analyse coûts-bénéfices repose sur deux critères de décision. Selon le principe avancé par Wilfredo Pareto, économiste et sociologue italien, un changement de politique est légitime si l'on peut démontrer qu'au moins un

---

3.   Ce dernier exemple est ajouté à l'ouvrage original. (N.D.T.)

individu en bénéficie et que, par ailleurs, personne d'autre n'est pénalisé par le changement; bien entendu, cela est plutôt rare. Le principe de Kaldor-Hicks, deux économistes britanniques, est plus souvent utilisé; ces auteurs soutiennent qu'un changement (ou une nouvelle politique, par exemple) sera adopté si ceux à qui il profite en tirent des bénéfices tels qu'ils peuvent indemniser ceux qui sont pénalisés et en ressortir gagnants. Le principe n'implique pas que la compensation ait véritablement lieu; en pratique, il signifie simplement que les bénéfices nets de la politique, c'est-à-dire ses bénéfices moins ses coûts, soient démontrés. Ce principe, appliqué aux politiques publiques, en apparence non conforme aux valeurs démocratiques, trouve sa légitimité dans le fait qu'on suppose qu'à long terme les divers avantages découlant des politiques publiques vont se répartir équitablement entre les groupes sociaux (Stokey et Zeckhauser, 1978). En pratique, rien ne garantit toutefois l'équité dans la distribution des bénéfices.

L'analyse coûts-bénéfices illustre d'autres faiblesses de l'approche rationnelle lorsqu'appliquée à l'analyse de politiques. D'abord, il y a de profonds désaccords sur la manière d'attribuer une valeur monétaire à des bénéfices et à des coûts qui sont intangibles. Dans le domaine de la prévention des blessures ou des maladies, par exemple, comment donner une valeur monétaire à la vie ou à l'absence de maladie? De toute évidence, chaque individu valorise la santé d'une manière qui lui est propre; les efforts et les investissements en dollars pour l'améliorer varient énormément d'un individu à l'autre: tandis que certains s'adonnent au jogging et mangent du poisson grillé, d'autres apprécient le steak et sont des fumeurs invétérés. Une façon de mesurer la valeur de la santé est d'observer la baisse de productivité dans l'économie causée par un ensemble de maladies diverses; on estimera, par exemple, la baisse de productivité en additionnant les pertes de revenu de travailleurs blessés ou malades. On pourra reprocher à un tel calcul d'accorder une plus grande importance à la santé de ceux et celles qui sont productifs (qui travaillent) par rapport à ceux et celles qui le sont moins ou pas du tout (les personnes âgées, par exemple). Bien qu'on ait maintenant des moyens de corriger ces estimations, leur utilisation n'en illustre pas moins les biais inhérents à toute tentative d'évaluation monétaire d'aspects plus ou moins intangibles.

Un autre inconvénient de l'utilisation de l'analyse coûts-bénéfices, comme principal instrument de prise de décision, est qu'on néglige souvent les jugements de professionnels au profit d'évaluations faites uniquement en fonction de facteurs économiques ou de l'efficacité technique. Cohen (1980) soutient que le recours à l'analyse coûts-bénéfices dans le domaine de l'armement laisse souvent de côté les bénéfices liés aux utilisations qui peuvent être faites de différents systèmes d'armements et des stratégies qui leur sont associées. L'analyste a plutôt tendance à s'interroger sur les moyens les plus efficients, en termes de coûts, de réaliser une politique ou d'accomplir une mission particulière. Cohen prétend que cette façon de procéder place les économistes et les ingénieurs dans la position d'avoir à estimer la capacité de divers systèmes d'armements à remplir certaines fonctions militaires dont ils ont une conception limitée et ce, sans considérer les facteurs politiques ou psychologiques associés à la guerre. Par exemple, un vaisseau à puissance nucléaire coûte beaucoup plus cher qu'un vaisseau muni d'armes conventionnelles, et si les deux peuvent accomplir la même mission, il semblera rationnel de choisir celui qui est armé conventionnellement. Cependant, la capacité dissuasive d'une flotte à puissance nucléaire est plus grande que celle d'une flotte à puissance conventionnelle; de plus, un navire équipé d'armements nucléaires permet de mieux réagir aux événements inattendus, c'est pourquoi les militaires favoriseraient plutôt un navire équipé d'un armement nucléaire. Ainsi, constate Cohen, le jugement des militaires pourra être négligé parce que le choix fait à partir d'une analyse coûts-bénéfices aura tendance à privilégier les seules considérations techniques. Il faut réaliser que l'utilisation de l'analyse coûts-bénéfices comme principal instrument de choix incite à donner trop d'importance aux aspects quantitatifs des options et pas assez aux aspects plus intangibles et à l'avis des professionnels.

En contrepartie, on peut avancer que l'approche rationnelle, même incomplète, vaut mieux que l'absence d'analyse et vaut certainement beaucoup mieux que les efforts de ceux qui, pour des motifs politiques, cherchent à voiler les différences entre les options. Certains soutiendront que, malgré les limites de l'approche, elle améliore les choix en forçant la remise en question de certains postulats et de leurs conséquences. Par exemple, la difficulté de déterminer la valeur monétaire de facteurs intangibles ne doit pas justifier le maintien de certaines pratiques, politiques ou programmes qui devraient être améliorés. En somme, non seulement l'analyse d'options à partir d'une telle approche peut être corrigée, mais elle peut en outre favoriser une plus grande prise de conscience des iniquités dans les pratiques, politiques et programmes sociaux existants.

Finalement, les conséquences politiques associées à l'approche rationnelle ont fait l'objet de nombreux débats. En général, les défenseurs des méthodes découlant de cette approche prétendent qu'elles sont objectives et apolitiques et que, dans le domaine de la conception des politiques, leur rôle est de fournir des avis plutôt que de trancher sur le choix à privilégier. Ainsi, respecte-t-on le principe selon lequel on distingue entre ceux qui conçoivent les politiques et ceux qui ont à les conseiller et à les mettre en place. Par ailleurs, ceux qui critiquent de telles méthodes font valoir que leur utilisation modifierait inévitablement la nature du système politique. Selon eux, privilégier de telles méthodes équivaut à conférer trop de pouvoirs aux analystes, technocrates et spécialistes aux dépens des élus. D'une certaine manière, le processus de prise des décisions dans notre système politique est ainsi modifiée. Dans une toute autre perspective, Gawthrop déclare: «Il n'y a pas d'outils administratifs neutres, [...] et, si certains prétendent que l'approche analytique peut ignorer la dimension politique de certaines décisions, ils apprendront rapidement à la prendre en considération, s'ils veulent exercer une influence avec une telle approche» (1971, p. 75).

Merewitz et Sosnick (1971, p. 118) montrent comment des considérations politiques, voire partisanes, peuvent modifier les résultats de méthodes inspirées de l'approche rationnelle. Ainsi ont-ils pu noter que lors d'analyse coûts-bénéfices, les uns et les autres utilisent des taux d'actualisation plus ou moins hypothétiques qui ont pour effet d'avantager certaines options et d'en rendre d'autres moins attrayantes; le choix d'un tel taux traduit souvent indirectement les préférences des décideurs pour certaines options. Ceci permet à tout le moins de nuancer le caractère objectif et prétendument apolitique de l'approche rationnelle et des méthodes qui s'en inspirent.

LE MODÈLE INCRÉMENTAL

Au cours des années 50, l'intérêt des béhavioristes pour l'étude de la prise de décision a eu comme effet de mettre l'accent sur la description des processus réels de prise de décision, contrairement aux tenants de l'approche rationnelle, intéressés plutôt à prescrire des modèles permettant de prendre de «meilleures» décisions. La prise de décision devint alors un sujet important chez les théoriciens de l'organisation, peut-être parce qu'il est relativement facile d'étudier les comportements des décideurs. Ils ont développé plusieurs modèles que l'on souhaitait le plus conformes possible à la réalité; c'est le cas en particulier du modèle incrémental et de celui dit «du choix satisfaisant» [satisficing].

En bref, le modèle incrémental décrit la prise de décision comme un processus de marchandage entre les acteurs concernés, chacun d'eux essayant d'améliorer sa position au regard de ressources telles que le budget, le nombre d'employés, l'autorité ou l'autonomie; la «meilleure» option est celle sur laquelle les acteurs s'entendent. Pour que la solution soit acceptable, chaque participant doit pouvoir y trouver son bénéfice[4]; la description classique de ce modèle est celle qu'en a faite Charles Lindblom (1959).

L'incrémentalisme est caractérisé par des décisions qui modifient les programmes et les politiques marginalement et qui, par conséquent, varient peu par rapport au statu quo. Cela s'explique par le fait que la prise de décision de type incrémental est un processus de marchandage dont le fonctionnement est assuré par la persuasion, les discussions et la négociation plutôt que par des analyses systématiques du genre de celles que prônent les partisans de l'approche rationnelle. Les propositions et les contre-propositions se succèdent jusqu'à ce qu'une solution acceptable pour l'ensemble des participants soit trouvée. Les solutions qui s'écartent peu du statu quo constituent des solutions acceptables dans la mesure où elles ne nécessitent pas une renégociation radicale de l'ensemble des ressources existantes, mais seulement la répartition de nouvelles ressources ou

4.   On pourrait nuancer cette proposition en indiquant que tous les participants peuvent se rallier à une option sans pour autant y trouver un bénéfice. On doit considérer la possibilité que certains participants, plus influents, obligent d'autres participants à soutenir une position donnée sans que cette dernière ne comporte d'avantages pour chacun. (N.D.T.)

d'une faible partie des ressources existantes qu'il faut réallouer à la suite d'un changement; une renégociation de l'ensemble des ressources serait longue et jonchée d'obstacles. Les incrémentalistes visent donc à minimiser les conflits et à favoriser l'expérimentation graduelle de nouvelles idées ou options.

L'approche incrémentale s'applique généralement à des programmes et à des projets tangibles plutôt qu'à de vagues énoncés de politiques et à des objectifs abstraits. Lindblom (1959) fait remarquer qu'il est beaucoup plus facile de faire des compromis sur des aspects concrets tels que le partage d'une subvention dans le domaine de l'éducation ou la négociation d'un projet d'autoroute que de négocier sur l'idéologie, les valeurs, les principes et les buts. On peut facilement concevoir que le résultat de la négociation puisse être une série de compromis entre les participants sur les différentes composantes d'un programme spécifique; de tels compromis sont beaucoup plus problématiques lorsqu'il s'agit de politiques ou d'objectifs abstraits. En conséquence, on peut affirmer que les décisions résultant d'une approche incrémentale permettent de régler des situations de crises (réelles ou appréhendées), tendent à être fragmentaires, voire contradictoires; l'utilisation de l'approche se traduit souvent par une série de décisions ponctuelles plutôt que par des énoncés intégrés de politiques ou de missions.

L'approche incrémentale semble décrire fidèlement les activités d'élus qui prennent des décisions politiques (telles que les législatures); elle est aussi utile dans la description de décisions, dites administratives, concernant l'établissement des budgets, par exemple, là où plusieurs unités de différents niveaux sont concernées. Qu'il s'agisse de budgets ou de programmes, la persuasion et la négociation nécessitent l'intervention de représentants des milieux professionnels, organisationnels et politiques.

Lindblom (1959) résume ainsi les avantages de l'approche incrémentale par rapport à l'approche rationnelle. *Premièrement*, les décideurs ont rarement une idée claire de leurs préférences, comme le supposent les tenants de l'approche rationnelle. Généralement, les preneurs de décision expriment leurs préférences pour des propositions concrètes qui ne reflètent qu'indirectement des valeurs et des buts abstraits; c'est pourquoi les décideurs, d'après les incrémentalistes, ne négocient que sur des programmes précis. *Deuxièmement*, les moyens (les politiques et les programmes) et les fins (les buts et les valeurs) ne peuvent clairement être distingués en pratique. *Troisièmement*, une décision touchant une politique publique, par exemple, est «bonne» lorsque les acteurs se mettent d'accord pour l'appuyer sans qu'ils soient pour autant en mesure de s'entendre sur les valeurs qui la sous-tendent. *Quatrièmement*, l'analyse des options est superficielle et ne porte que sur un nombre limité d'options qui ne s'éloignent que marginalement du statu quo. Cela veut dire que des options nouvelles et importantes seront ignorées et que certaines valeurs légitimes ne seront pas prises en considération; cependant, Lindblom soutient que l'éventail des intérêts représentés par les décideurs dans tout le cycle de décision est tellement vaste qu'en définitive une gamme quasi complète de problèmes et d'options sont analysés. Ainsi, ce qui n'apparaît que comme un processus fragmenté est en réalité un système pluraliste décentralisé qui se coordonne automatiquement parce que les acteurs rivalisent pour obtenir les appuis qui leur sont nécessaires. Les hypothèses sur le caractère pluraliste de la méthode jouent en sa faveur dans la mesure où elle se trouve ainsi à refléter le système politique. *Cinquièmement*, les décisions se traduisent par une série d'approximations successives d'un ensemble de buts et de valeurs à privilégier. C'est manifestement un processus politique, et non un processus analytique, car nous n'avons pas une bonne compréhension théorique de la façon de réaliser avec succès une politique publique ou un programme. Ainsi, l'approche incrémentale, avec ses approximations successives, permet d'éviter de faire des erreurs dont les effets pourraient être durables et d'évoluer ainsi, quoique graduellement, vers les buts multiples d'une société complexe et pluraliste.

Innovation et incrémentalisme

La recherche d'options dans le cadre d'une approche incrémentale est très limitée et cela pour plusieurs raisons. Lindblom (1959) soutient que le processus de négociation ne permet que des changements mineurs; d'autres théoriciens croient plutôt que le caractère bureaucratique des organisations fait en sorte que la recherche d'options ne retient que celles proches du statu quo. La recherche de nouveaux programmes et de nouvelles approches suppose une certaine planification, la réalisation d'études et de l'expertise: cela coûte cher d'autant que, dans une organisation, ceci entraîne souvent la réaffectation des employés à de nouvelles tâches. En outre, les administrateurs ont tendance à consacrer une bonne partie de leur temps à traiter de projets urgents et à réagir aux crises plutôt qu'à planifier. On observe aussi que la grande complexité qui caractérise la mise sur pied de programmes dans bien des organisations publiques, notamment les plus anciennes, ne favorise pas la recherche de nouvelles options (Downs, 1967).

La thèse la plus intéressante et la mieux articulée pour justifier le peu d'efforts déployés dans les organisations publiques pour trouver de nouvelles options est celle qui accuse la trop grande formalisation des activités. March et Simon (1958, p. 141-150) considèrent que les procédés standard qu'on y trouve sont en fait des programmes de performance organisationnelle [*organizational performance programs*], composés d'un ensemble plus ou moins élaboré d'activités routinières et formalisées. Ces programmes se développent au fur et à mesure que des améliorations sont apportées aux activités en vue de leur assurer un fonctionnement harmonieux, sûr et efficace. Quand un problème survient, les employés de l'organisation dans laquelle de telles procédures existent peuvent le résoudre de manière efficace en choisissant une routine déjà programmée. Bien que cette façon de faire soit très efficace, elle limite le développement d'options nouvelles pour régler les problèmes. Graham Allison (1971) illustre bien les inconvénients des routines standard dans son étude des décisions prises dans l'affaire des missiles soviétiques à Cuba; les procédures d'interventions préprogrammées pour réagir promptement à diverses situations militaires hypothétiques ont pratiquement empêché les conseillers militaires d'envisager de nouvelles options.

Une fois instaurées, les routines ne sont pas faciles à modifier ou à changer. Comme elles ont fait l'objet d'investissements importants, notamment pour la formation du personnel et l'achat d'équipements spécialisés, la réaction la plus rationnelle (la plus efficace) lorsque se présente une situation nouvelle consiste, soit à redéfinir cette situation de manière à ce que les routines existantes constituent des solutions acceptables, soit à modifier légèrement ces routines, soit encore à combiner des routines existantes. De nouvelles routines ne seront activées, généralement à un coût considérable, qu'à la suite de vives protestations ou d'échecs retentissants. D'autres conditions favorisant la recherche de nouvelles options sont l'accès à des fonds additionnels (Montjoy et O'Toole, 1979), un plus long délai pour la prise de décision, la participation d'un plus grand nombre d'experts apportant des points de vues différents et l'allégement de la charge de travail des décideurs (Downs, 1967, p. 185).

En somme, les incrémentalistes soumettent deux arguments pour expliquer pourquoi, dans les organisations publiques, les décisions finales, et même les options à partir desquelles les choix sont faits, diffèrent très peu du statu quo. Premièrement, le processus de négociation requiert la distribution de ressources limitées parmi les membres d'une coalition assez large pour permettre l'adoption d'une option en particulier. Généralement, la manière la plus facile de s'assurer un tel appui est de distribuer les nouvelles ressources à partir de l'ensemble des ressources déjà accordées, évitant ainsi de soulever des questions fondamentales sur les valeurs à privilégier, ce qui pourrait entraîner des conflits et même conduire à une impasse. Deuxièmement, la recherche de nouvelles options est limitée par l'existence de procédés d'opérations standardisés qui visent à favoriser la coordination et l'efficacité des activités.

La méthode du choix satisfaisant

La méthode du choix satisfaisant, proposée par March et Simon (1958) dans leur étude de la prise de décision, ressemble à bien des égards à la méthode incrémentale. March et Simon simplifient beaucoup les processus de recherche et d'analyse des options comme c'est aussi le cas dans la méthode incrémentale. Ils situent leur analyse au niveau d'un décideur unique (ou d'un groupe homogène de décideurs) et soutiennent que la première option qui satisfait les attentes minimales de ce décideur est celle qui sera retenue. Si, après avoir considéré les options possibles, aucune ne satisfait ces attentes, alors le décideur diminue ses exigences et fixe plus bas la norme qui lui permet de faire un choix; cette norme peut donc être modifiée dans le temps, suivant les informations que le décideur reçoit de l'environnement.

Contrairement à ce qui se passe dans le modèle incrémental où l'on postule que le décideur examine simultanément les diverses options, le décideur considère ici chacune des options successivement, retenant la première qui respecte ses exigences minimales. La recherche de nouvelles options se fait de façon séquentielle (comme dans le cas de la méthode incrémentale) et se limite aux options qui s'apparentent au statu quo et ce, pour les mêmes raisons que celles que nous avons déjà relevées. March et Simon ont recours à l'analogie suivante pour illustrer la distinction entre leur approche et l'approche rationnelle: cette distinction correspond à «la différence entre chercher dans une botte de foin l'aiguille la plus pointue et y chercher une aiguille assez pointue pour coudre» (1958, p. 141).

Les différences entre le modèle incrémental de Lindblom et le modèle du choix satisfaisant sont intéressantes. La méthode du choix satisfaisant suppose une norme préétablie plutôt qu'une norme résultant d'un procédé de négociation entre plusieurs individus ou plusieurs groupes; sur ce point, la méthode du choix satisfaisant s'apparente davantage au modèle rationnel. Par ailleurs, l'ordre de prise en considération des options est beaucoup plus important dans le modèle du choix satisfaisant. Ainsi, le procédé de recherche d'options, l'environnement de l'organisation et les intérêts professionnels des participants sont susceptibles d'avoir plus d'impact sur les décisions prises suivant cette méthode que sur celles prises suivant la méthode incrémentale. Les deux modèles sont toutefois de bons indicateurs de la dynamique de la prise de décision dans l'organisation et il est possible de les concilier. La méthode du choix satisfaisant permet de décrire comment procèdent les décideurs individuels tandis que le modèle incrémental s'applique à la prise de décision interactive au sein de groupes dans des contextes plus larges et souvent plus politiques.

L'approche du «balayage mixte»

L'approche dite du «balayage mixte» [mixed scanning] est une autre variante de l'approche incrémentale qui permet d'en corriger certaines limites. Etzioni (1967) décrit le «balayage mixte» comme une approche portant à la fois sur la recherche d'options et sur la prise de décision proprement dite; cette approche, selon lui, ne correspond pas complètement à l'approche rationnelle, considérée trop coûteuse et trop longue, ni à l'approche incrémentale, trop biaisée en faveur des options proches du statu quo et des groupes intéressés à son maintien. Selon l'approche du balayage mixte, la prise de décision se fait en deux temps: on effectue d'abord une revue rapide de toutes les options possibles et, ensuite, on procède à une analyse détaillée des plus prometteuses d'entre elles. De cette manière, les options porteuses d'innovations ont plus de chance d'être prises en considération et ce, même s'il n'est pas nécessaire de faire chaque fois une recherche élaborée d'options.

L'approche du balayage mixte peut donner lieu à des décisions prises conformément à l'approche incrémentale alors qu'au préalable des décisions plus fondamentales concernant les valeurs à privilégier, par exemple, auront été prises en s'inspirant de l'approche rationnelle. Ne retenir qu'une approche pour expliquer la prise de décision dans une organisation n'est, de toute manière, pas toujours judicieux ni même réaliste.

Ainsi, l'approche du balayage mixte est à la fois descriptive et normative; descriptive, dans la mesure où elle prétend qu'on peut observer, plus souvent que ne le suggère l'approche incrémentale, des changements mineurs dans les organisations; normative, dans la mesure où, se faisant critiques de l'approche incrémentale, ses tenants proposent une méthode systématique de prise de décision et soulignent l'importance fondamentale des décisions se rapportant aux valeurs à privilégier.

Critiques

L'approche incrémentale est l'objet de nombreuses critiques, tant sur le plan technique que dans sa dimension politique. Sur le plan technique, les critiques font valoir qu'en l'absence de planification et d'analyse systématiques, les décisions ne sont prises que dans une perspective de court terme, les options innovatrices ne sont pas considérées et, tout compte fait, les décisions sont un peu prises à l'aveuglette (Etzioni, 1967). En outre, cette approche risque de ne pas prendre en compte les résultats des recherches et des expériences passées pour éclairer de nouveaux choix. Les conflits peuvent devenir un problème majeur, drainant les énergies des participants, menaçant de conduire à des impasses et occasionnant des retards coûteux dans les activités. Enfin, le fait de négliger les points de vue innovateurs peut retarder le développement des programmes ou de politiques.

Les critiques de l'approche incrémentale sous l'angle de sa dimension politique ont relevé que, appliquée aux affaires publiques, elle exclut d'importantes couches de la population (Gawthrop, 1971; Etzioni, 1967). Etzioni soutient que cette méthode ne reflète que les intérêts des groupes puissants et bien organisés qui réussissent à influencer les législateurs et les administrations; en d'autres termes, seuls ceux qui ont le talent et les ressources pour «jouer le jeu» peuvent y participer. Le pluralisme que prétend respecter cette approche n'est pas réaliste car elle ne permet, en fait, l'accès à la prise de décision qu'à un nombre limité de personnes (ou de groupes). Gawthrop, pour sa part, fait remarquer que l'instauration de l'approche incrémentale dans un système politique comme le nôtre privilégierait les groupes d'intérêts régionaux au détriment des groupes d'intérêts nationaux qui sont moins bien organisés. Finalement, Gawthrop et Etzioni sont d'avis que l'approche incrémentale favorise l'inertie et sert principalement les intérêts des gens influents. Les valeurs intangibles, telle que l'équité, sont généralement ignorées parce qu'on ne peut pas en traiter de façon appropriée dans un processus aussi éclaté. En somme, l'incrémentalisme reflète bien à certains égards le modèle politique américain, pluraliste par essence, bien qu'il n'arrive pas à répondre aux aspirations et aux promesses sous-jacentes à ce modèle. Les tenants de l'approche dite du «regroupement des préférences individuelles», que nous décrivons dans la prochaine section, tentent d'éliminer les jeux d'influence dans la prise de décision, en partie pour répondre aux critiques faites à l'endroit de l'approche incrémentale.

L'APPROCHE DU «REGROUPEMENT DES PRÉFÉRENCES INDIVIDUELLES»

Ces dernières années, une troisième approche à la prise de décision en groupe est apparue dans les organisations des secteurs public et privé. Les techniques liées à cette approche sont normatives et recommandées pour résoudre des problèmes spécifiques. Les techniques liées à cette approche nécessitent l'assistance d'un expert-consultant qui joue le rôle de facilitateur: c'est notamment le cas de la technique Delphi et de la technique du groupe nominal [NGT – Nominal Group Technique]. Pour illustrer cette approche, nous allons examiner en détail la technique du groupe nominal.

En général, ce type de technique est utilisé pour favoriser chez les membres d'un groupe l'émergence d'un grand nombre d'options. Une option est finalement sélectionnée au moyen d'un système de vote ou d'un système permettant de dégager un consensus dans le groupe. Le choix final est considéré comme une agrégation des préférences individuelles des participants et non pas comme la synthèse négociée des préférences, résultat propre à l'approche incrémentale. Ceux qui utilisent les techniques liées à l'approche du regroupement des préférences individuelles cherchent justement à éviter les jeux politiques et les impasses auxquelles peut conduire l'approche incrémentale. Ils prétendent que ces techniques permettent aux groupes de trouver des options plus nombreuses, plus diversifiées et plus innovatrices que celles issues de l'approche rationnelle ou incrémentale; elles permettent aussi, selon eux, de bloquer le réflexe trop fréquent d'utiliser des solutions préprogrammées ou encore des procédures d'opérations standardisées. Ces techniques privilégient le recours au remue-méninges [brainstorming] et s'opposent aux critiques prématurées des nouvelles idées proposées en cours de processus. Elles permettent de maintenir une interaction saine et équilibrée entre les membres du groupe sans imposer de règles strictes, tout en évitant que des situations trop conflictuelles se produisent comme cela est souvent le cas dans certaines organisations publiques et dans certaines assemblées d'élus.

Ces techniques peuvent être utilisées avec des groupes d'employés, avec des comités consultatifs composés d'experts ou encore avec des assemblées d'élus; on y a souvent recours dans les processus de planification pour établir des priorités parmi un ensemble de problèmes et de projets, pour déterminer les besoins futurs en ressources humaines et matérielles et pour formuler des objectifs. Elles peuvent aussi servir à élaborer des tactiques pour assurer l'implantation d'un projet et pour mettre sur pied des échéanciers de réalisation de projets.

La technique Delphi est fréquemment employée comme méthode de planification et de prévisions; elle consiste à trouver des experts dans un champ donné et à leur demander de produire une liste personnelle de propositions sur l'évolution probable de certaines questions liées à leur compétence. Par exemple, on demande à des spécialistes des affaires urbaines quelles pourraient être les priorités des gestionnaires municipaux en l'an 2000? Ces priorités, fournies par les spécialistes, sont comparées et classées selon un ordre déterminé puis, cette liste est soumise aux experts pour obtenir leurs commentaires, ce qui donne lieu à une seconde demande de propositions qui sont à leur tour comparées et classées. Ce processus est répété plusieurs fois en vue de réduire graduellement le nombre de propositions et de dégager un consensus sur des priorités ou encore sur l'évolution probable d'une question donnée.

Comparée à l'approche incrémentale, la technique Delphi offre beaucoup moins de possibilités d'interactions entre les participants; c'est aussi une caractéristique du «groupe nominal» (TGN) qui illustre bien les procédures utilisées dans l'application des techniques qui s'inscrivent dans le cadre de l'approche du regroupement des préférences individuelles ainsi que les hypothèses sur lesquelles s'appuie cette approche. Le nom de la technique, «groupe nominal», est révélateur de sa nature même: il indique clairement que les participants forment un ensemble auquel on attribue le nom de «groupe» alors qu'en fait ce n'est pas un véritable groupe; les échanges entre les membres sont réduits au minimum, particulièrement ceux qui peuvent donner lieu à des débats. La principale caractéristique de la technique est de permettre à chaque participant d'exprimer librement ses idées et ses valeurs et ce, sans laisser aux autres membres du groupe la possibilité de l'influencer ou de le contester. Dans la description qu'ils font de la technique TGN qu'ils ont conçue, Delbecq, Van de Ven et Gustavson indiquent qu'il est important de «réduire au minimum les barrières liées aux différences de statut entre les membres, d'encourager la communication la plus libre possible et de réduire la tendance naturelle qu'ont les personnes jouissant d'un statut élevé à trop parler» (1975, p. 42). À chaque étape de la technique, on insiste particulièrement sur l'importance de minimiser les interventions qui pourraient entraver l'expression spontanée des positions personnelles des participants.

La première étape du procédé TGN est de formuler une question claire sur laquelle les membres du groupe devront se pencher. Le travail du consultant consiste, entre autres, à s'assurer de la clarté de l'énoncé. Cette question doit être assez précise pour que les résultats du travail du groupe puissent se traduire facilement en actions concrètes. Coke et Moore donnent les exemples suivants d'une bonne et d'une mauvaise question:

Mauvaise question: Quels sont les buts que l'on devrait viser pour assurer le développement de la municipalité et quels sont les projets et les programmes qui devraient être mis sur pied pour les atteindre?

Bonne question: Quels obstacles prévoyez-vous rencontrer dans la mise en œuvre des programmes de rénovation des logements de la municipalité?

Le processus de décision proprement dit débute par «la production silencieuse des idées par écrit» (Delbecq, Van de Ven et Gustavson, 1975, p. 44): chaque participant, dans un groupe composé de cinq à neuf personnes, produit une liste personnelle d'objectifs ou de projets, selon ce qui est demandé. Le but de cet exercice individuel est de favoriser l'expression spontanée de la plus grande variété possible de points de vue en éliminant l'inhibition que pourrait entraîner le fait d'être exposé à la critique des membres du groupe. Lors de l'étape suivante, les participants présentent, à tour de rôle, les éléments de leur liste qui sont retranscrits sur un tableau placé devant eux. Cette étape est importante car elle fait prendre conscience aux participants du large éventail de solutions possibles et du degré de consensus qui existe déjà; elle permet aussi aux membres de ne pas arrêter de façon trop prématurée une définition du problème (Delbecq, Van de Ven et Gustavson, 1975, p. 49).

La discussion dans le groupe n'est pas permise tant que toutes les propositions des participants n'ont pas été retranscrites au tableau de façon à ne pas empêcher la libre expression des idées. Quand cette étape est complétée, on passe à la troisième au cours de laquelle chaque proposition fait l'objet d'une brève séance de clarification (les participants sont autorisés à poser des questions à celui qui a fait la proposition pour en avoir une meilleure compréhension). Les discussions sur le bien-fondé des propositions ou toute intervention tendant à les approuver ou à les désapprouver sont interdites; s'il survient un conflit sur une proposition, les animateurs du groupe sont incités à intervenir de façon diplomatique et à passer discrètement à la proposition suivante. Le but visé ici est d'empêcher le participant auréolé d'un statut particulier de dominer le groupe «en tentant d'influencer d'autres membres qui sont en désaccord avec sa logique» (Delbecq, Van de Ven et Gustavson, 1975, p. 52).

Les dernières étapes du procédé consistent à prendre le vote pour choisir l'objectif à poursuivre (ou le programme à implanter) ou encore pour établir un ordre de priorité parmi les propositions soumises. En premier lieu, pour réduire le nombre de ces propositions, on demande à chaque participant de sélectionner les cinq propositions qu'il juge les plus importantes, lesquelles sont ensuite combinées à celles des autres participants, ce qui permet d'établir une liste pour tout le groupe. Cette liste est alors soumise au vote (ou à toute autre technique de classement d'une liste de propositions) afin de mettre en évidence les propositions qui sont les plus importantes aux yeux des membres du groupe. Le vote peut se dérouler de différentes manières. Par exemple, chaque participant peut utiliser une échelle numérique de 1 à 5 pour mettre en ordre de priorité les cinq propositions qu'il juge les plus importantes; la proposition à laquelle il affecte la cote 5 est celle qu'il juge prioritaire, et ainsi de suite. On considère que l'utilisation du système de votation plus traditionnel portant sur une seule proposition pourrait résulter en une sous-représentation des points de vue de la minorité et susciter le genre de conflit et de jeu d'influence que l'on veut justement éviter.

L'objectif recherché par les tenants de cette technique est de favoriser le plus possible l'expression du jugement individuel. Ils considèrent qu'un consensus basé sur les véritables préférences des membres du groupe est facilité du fait qu'il y a d'abord une ronde préliminaire de classement des propositions, suivie de séances de discussion dont le but est de clarifier les avantages et les inconvénients de chacune. Des procédures de classement des propositions programmées sur ordinateur ont aussi été utilisées pour faire ressortir le choix du groupe. À l'aide de ces techniques, les participants énoncent leur préférence à partir d'une comparaison des propositions considérées deux à deux pour parvenir, en fin de processus, à un classement de toutes les propositions retenues (Ostrowski, White et Cole, 1984).

Interrogations et critiques

Les recherches sur les utilisations et les résultats des techniques du regroupement des préférences ne sont pas très abondantes; nous nous bornerons donc à soulever certaines questions qui nous semblent pertinentes. Premièrement, dans quelle mesure ce type de technique est-il réaliste, voire acceptable, chez les membres d'une organisation publique ou chez ses clientèles? L'approche incrémentale semble tellement enracinée dans plusieurs organisations publiques qu'un décideur qui éliminerait la négociation et ignorerait la répartition réelle du pouvoir, dans et hors l'organisation (tous ont conscience de l'inégalité de cette répartition), risquerait de voir ses décisions systématiquement remises en cause. Si la légitimité du processus n'est pas assurée, il y a fort à parier que les recommandations qui en résultent ne seront jamais suivies.

Deuxièmement, est-ce que l'hypothèse soutenue par les partisans de la méthode TGN, à savoir que le processus TGN est celui qui permet de faire la meilleure lecture des préférences d'un groupe, est fondée? Chaque étape du processus est conçue de manière à éliminer l'influence ou la force de persuasion des leaders qui pourraient tirer profit soit de leur statut dans l'organisation, de leur expertise ou encore de leur habileté politique. L'hypothèse voulant que la politique fausse les préférences et les intérêts véritables des membres d'un groupe n'est pas sans soulever de questions: elle repose en fait sur un jugement plus large et pas toujours exprimé ouvertement, suivant lequel le pouvoir ou encore l'influence politique ne sert qu'à manipuler des participants naïfs en vue de les faire agir contre leurs véritables intérêts. C'est une vision très étriquée du pouvoir ou de la politique, une vision qui ne reconnaît pas qu'il peut s'agir de moyens pour articuler et promouvoir des intérêts supérieurs ou de grands principes sociaux et offrir une alternative au système d'allocation des ressources strictement axé sur l'économique. La persuasion, instrument par excellence en politique, peut aussi bien contribuer à clarifier les intérêts des participants qu'à les obscurcir. Et la négociation, comme l'ont si bien montré les incrémentalistes, est une manière efficace de résoudre les conflits sur les questions d'allocation des ressources.

Il est tout à fait compréhensible que les tenants de la méthode du regroupement des préférences veuillent écarter de la prise de décision de groupe les conflits et les délais qui leur paraissent inutiles et, pour le faire, les techniques décrites ci-dessus sont sans aucun doute efficaces. Les membres du groupe ainsi que les groupes externes qui en dépendent deviennent frustrés quand ils prennent conscience que certains comportements entravent le bon fonctionnement du groupe et sont la cause d'impasses et de retards dans la livraison des services. Les incrémentalistes peuvent considérer que ces comportements sont caractéristiques du processus de la négociation partisane mais, dans la perspective sociopsychologique adoptée par les tenants des méthodes du regroupement des préférences, de tels comportements sont jugés pathologiques et stériles. Il arrive aussi parfois que l'impasse apparaisse inutile au plan politique bien qu'elle soit toujours le résultat du blocage, par un groupe, d'une action jugée inacceptable parce qu'elle vient d'un autre groupe.

LE MODÈLE DE LA CORBEILLE À PAPIER OU DE L'ANTI-DÉCISION

En concevant le modèle de prise de décision dit «de la corbeille à papier» [*garbage can model*], March et Olsen (1979a) se proposaient de décrire aussi exactement que possible comment se prennent concrètement et réellement les décisions dans les organisations. Ils vont au-delà de l'approche incrémentale en présentant les limites de la rationalité et suggèrent finalement que les modèles incrémental et du «choix satisfaisant» supposent, de façon un peu trop naïve, que les intentions sont toujours claires, que les problèmes sont toujours bien compris et que la relation entre les activités individuelles et celles de l'organisation est toujours prévisible. Ils font valoir que, dans le fonctionnement réel des organisations, la prise de décision est un processus ambigu; elle est une occasion qu'utilisent les individus et les groupes pour faire émerger des conflits, exprimer des valeurs ou des mythes, tirer profit des amitiés et exercer du pouvoir. Toutes ces manifestations montrent que la prise de décision dans les organisations répond davantage à des besoins sociaux et personnels qu'elle ne sert d'outil pour faire des choix réels.

Rejetant les modèles de prise de décision rationnelle qui reposent sur la seule analyse des différents moyens d'atteindre un objectif unique et bien défini, Cohen, March et Olsen (1979, p. 26) conçoivent plutôt le processus décisionnel comme:

> [...] une occasion de choix, comme une corbeille à papier, dans laquelle divers problèmes et diverses solutions sont «déversés» [*dumped*] par les participants. Le mélange des papiers dans une corbeille donnée dépend partiellement des étiquettes attachées aux autres corbeilles qui s'offrent aux participants: mais ce mélange dépend aussi des types de papier qui sont

déversés à ce moment-là, de la variété des corbeilles disponibles et de la vitesse avec laquelle le papier est déversé et retiré des corbeilles.

Au-delà de la métaphore, les auteurs considèrent la prise de décision comme une activité qui offre l'occasion de s'exprimer sur une foule de sujets, de jouer des rôles, de remplir des engagements pris antérieurement, de définir la vertu et la vérité, d'interpréter les événements et les objectifs, de féliciter et de critiquer, de raffermir des amitiés ou de renier des relations sociales, de changer les relations de pouvoir, d'exprimer ou de découvrir ses intérêts personnels (ou ceux du groupe), de socialiser de nouveaux membres et de savourer les plaisirs d'une décision prise en groupe (March et Olsen, 1979b, p. 11-12).

Selon ces auteurs, les tenants des approches rationnelle et incrémentale sous-estiment l'incertitude à laquelle font face les décideurs et surestiment la compétence de ces approches. En réalité, la plupart des situations de prise de décision sont très ambiguës: les objectifs ne sont pas clairs; la direction n'a pas exprimé ses préférences ni ses intentions; la technologie utilisée est difficile à décrire et les facteurs de l'environnement sont imparfaitement connus; les événements passés sont interprétés différemment par les participants; enfin, la participation des principaux acteurs est incertaine car leur attention est aussi attirée vers d'autres activités et d'autres décisions (March et Olsen, 1979b, p. 12).

À partir de ces constats, les auteurs arrivent à la conclusion que la prise de décision n'est pas un processus permettant d'atteindre des objectifs précis en choisissant des moyens considérés optimaux. Bien au contraire, pensent-ils, les décisions sont le reflet des changements dans les objectifs, les croyances et les préoccupations des participants. Les objectifs sont définis – quand cela est possible – seulement en cours de processus, au moment de la prise en considération de propositions spécifiques et des discussions sur leur acceptation ou leur rejet. Des exemples de ce type de situation sont présentés dans certaines des études de cas contenues dans l'ouvrage de March et Olsen (Olsen, 1979; Rommetveit, 1979) et par Anderson (1983) dans son analyse de la crise des missiles de Cuba (où il apporte certaines modifications à la théorie).

Dans son analyse de la crise des missiles de Cuba, Anderson a pu constater que les acteurs n'ont pas pris en considération un ensemble défini d'options et qu'ils n'ont pas choisi l'option optimale (comme le suggèrent les tenants de l'approche rationnelle ou incrémentale). Il a plutôt pu se rendre compte que la prise de décision (d'établir un blocus maritime autour de Cuba) a suivi un processus séquentiel de choix binaires (oui-non) sur des propositions spécifiques. D'après Anderson, les objectifs qui auraient servi de guide aux décisions prises pendant la crise n'ont même pas été mentionnés au cours des premières rencontres entre les décideurs et furent «découverts» seulement dans le cours des délibérations (1983, p. 211). Lorsque des problèmes très difficiles se posaient, les décideurs n'ont pas nécessairement choisi les solutions susceptibles de résoudre le problème mais ont plutôt opté pour des choix ni trop prometteurs, ni trop risqués, et dont les conséquences leur apparaissaient raisonnablement prévisibles – ce que

Anderson a appelé, après March et Simon (1958), des choix «accommodants» [*bland alternative*]. Ces caractéristiques d'une prise de décision concrète correspondent à plusieurs des aspects de l'approche de la «corbeille à papier», bien qu'on ne l'ait pas étudiée en tenant compte des occasions qu'elle donnait aux participants d'exprimer toutes sortes de choses sans rapport direct avec l'objet de la décision.

Une variante de l'approche de la corbeille à papier est le modèle «artéfactuel» (ou de l'anti-décision) qui privilégie les aspects inconscients et non intentionnels de la prise de décision. Ce que nous appelons une décision n'est souvent, selon Olsen (1979), qu'une reconstruction socialement acceptable de ce qui est arrivé; appeler quelque chose une décision ne veut pas nécessairement dire qu'il y a eu choix délibéré. Cette façon de voir la prise de décision illustre une perspective phénoménologique de l'organisation selon laquelle ce que nous considérons ordinairement comme une réalité est en bonne partie une construction sociale; les décisions sont alors assimilées à d'intéressantes fictions.

Interrogations et critiques

L'approche de la corbeille à papier n'a pas fait l'objet d'autant d'études et de discussions que les autres modèles et son application particulière dans les organisations publiques n'a pas reçu beaucoup d'attention, bien qu'il s'agisse implicitement d'un modèle de prise de décision bureaucratique. C'est une approche plutôt descriptive, mais les contextes qu'elle décrirait mieux que l'approche incrémentale n'ont pas encore été bien explorés. Olsen est d'avis que le modèle de l'anti-décision donne une meilleure description d'une situation instable, c'est-à-dire celle où les objectifs organisationnels et les occasions d'agir sont très ambigus (1979, p. 83-85), mais les études de cas qui accompagnent son analyse ne peuvent pas nécessairement servir d'appui à une telle généralisation. On soutient aussi que l'approche de la corbeille à papier correspond bien à des conditions anarchiques, quoique les caractéristiques de ce genre de situation ne soient pas clairement définies.

Il reste beaucoup à faire pour explorer l'intérêt d'une telle approche dans la formulation des politiques publiques. Il s'agit néanmoins d'une approche qui reflète bien les préoccupations de ceux qui assimilent la réalité des organisations à une construction sociale et qui s'intéressent au phénomène de socialisation des membres aux valeurs de ces organisations.

Ces quatre approches de prise de décision – l'approche rationnelle, l'approche incrémentale, l'approche du regroupement des préférences individuelles et l'approche de la corbeille à papier – seront maintenant comparées pour évaluer leurs avantages et leurs limites, notamment en ce qui concerne la prise de décision dans les organisations publiques.

RÉSUMÉ ET EXAMEN DES DIFFÉRENCES ENTRE LES APPROCHES

Les quatre approches montrent des différences intéressantes au regard des composantes du processus de prise de décision que nous avons relevées dans l'introduction: la recherche d'options, l'analyse des options et le ou les critères de choix d'une option. Nous allons examiner ces différences et les hypothèses que font les tenants de chacune des approches quant à la participation, l'imputabilité et le milieu organisationnel. Nous traiterons ensuite, dans la dernière section, de l'importance de ces différences dans l'optique d'une théorie de la contingence applicable à la prise de décision dans les organisations publiques.

La recherche d'options

Le procédé de recherche d'options réfère à l'ensemble des activités du personnel qui, à tous les niveaux de l'organisation, cherche des moyens d'améliorer les politiques, les programmes et les opérations. C'est en quelque sorte un procédé permanent puisque l'on cherche toujours des manières d'améliorer la gestion et l'administration des programmes. Mais, comme le fait remarquer Downs, reconnaître qu'il y a une lacune dans l'exécution d'un programme et décider d'en modifier un élément fondamental suscitent beaucoup de résistance parce que cela va à l'encontre des procédures établies et formelles rattachées à la gestion. Le besoin d'un changement fondamental n'est en général reconnu qu'avec grande difficulté soit à la faveur d'un mouvement de personnel, de l'adoption d'une nouvelle technologie ou d'une modification de la structure de pouvoir dans l'organisation qui force une réévaluation de la performance d'ensemble (Downs, 1967, p. 192-193). Faire face à l'inertie et aux coûts élevés du changement est souvent le lot de ceux qui veulent procéder à des modifications qu'ils jugent nécessaires, contrer un changement imposé par des acteurs extérieurs ou améliorer leur propre position dans l'organisation. Ainsi, même si la recherche d'options est un processus permanent, elle ne débouche pas nécessairement sur la prise de décisions à proprement parler.

En général, on s'attend à ce que la recherche d'options soit plus approfondie, plus systématique et plus détaillée lorsque l'on applique l'approche rationnelle. Ainsi, la liste des options devrait inclure des politiques, des programmes ou des solutions opérationnelles à caractère innovateur ou qui ont déjà fait leur preuve ailleurs ou encore qui semblent, aux yeux des acteurs concernés, offrir de bonnes chances de succès. Dans une organisation, le personnel administratif est souvent celui qui est le plus familier avec les méthodes d'analyse quantitative et peut, par conséquent, être privilégié dans ce processus de recherche et d'identification des options qui seront soumises à l'analyse.

Pourtant, l'approche rationnelle, lorsque appliquée à l'analyse des politiques publiques, accorde généralement peu d'attention au processus de recherche d'options. On tient pour acquis que l'identification des options fait partie du processus d'adoption des politiques publiques et qu'elle est la responsabilité d'agents souvent situés à l'extérieur des organisations publiques (soit les élus, leurs conseillers et les partis politiques). Le rôle des analystes rattachés aux organisations publiques est donc très limité au chapitre de l'établissement des options. On veut ainsi respecter la prérogative des élus et se concentrer sur l'identification et l'analyse des options qui leur sont soumises; c'est du moins ce qui devrait théoriquement se passer.

En pratique, toutefois, les analystes participent à la recherche et à l'identification d'options, de sorte que la séparation des rôles entre le pouvoir politique et l'administration n'est pas toujours strictement respectée. Les partisans d'une ligne de démarcation nette entre le pouvoir politique et l'administration sont très critiques à l'endroit de l'approche rationnelle (Goldwin, 1980); certains considèrent même que l'utilisation de cette méthode met les bureaucrates en position de porter atteinte aux prérogatives du gouvernement et des élus.

À l'opposé, le procédé de recherche d'options utilisé dans le cadre de l'approche incrémentale est considéré comme étant trop limité, pas assez systématique et trop influencé par des acteurs situés à l'extérieur des organisations publiques (élus, groupes de pression, etc.). La recherche d'options n'est ni très approfondie ni encouragée et on ne se préoccupe généralement pas de découvrir des options novatrices. De plus, comme l'approche incrémentale cherche à minimiser les conflits et à encourager la négociation, ceci peut avoir comme conséquences de masquer les véritables enjeux d'un programme et d'atténuer les différences entre des programmes ou des politiques.

L'ampleur des activités visant à trouver des options et le nombre d'options considérées dépendent de la diversité des intérêts des participants. Plus le nombre de participants est grand et plus leurs intérêts et leurs compétences sont variés, plus il y aura d'options soumises à l'analyse (Downs, 1967, p. 185). En général, la participation à la recherche d'options n'est pas limitée aux seuls experts; elle dépend plutôt des habiletés politiques et techniques des acteurs concernés.

Le procédé de recherche d'options est moins complexe dans l'approche dite du «regroupement des préférences individuelles» que dans les autres approches. L'ampleur que prendra la recherche et la connaissance des conséquences de chaque option dépend des compétences des individus qui participent à la prise de décision. Puisque l'identification des options résulte d'une démarche spontanée de la part de ceux qui y participent, il est impossible de faire une analyse détaillée du contexte d'application d'une option, de sa faisabilité ou de ses conséquences probables, ce qui, bien sûr, constitue la force de l'analyse de politique faite selon l'approche rationnelle. Les conséquences politiques des options ne sont pas non plus toujours bien connues lors de cette première étape de l'approche du regroupement des préférences individuelles alors que c'est un aspect privilégié dans l'approche incrémentale qui se préoccupe du partage des bénéfices entre les participants.

Par contre, l'approche du regroupement des préférences individuelles favorise beaucoup l'émergence d'options nouvelles et originales, dans la mesure où les participants utilisent des techniques, tel le remue-méninges [*brain-storming*], qui encouragent l'expression d'idées novatrices et dans la mesure aussi où les critiques ou les débats sur le mérite respectif des options proposées sont exclus. La faiblesse de l'approche au regard de l'évaluation critique des options est compensée, si l'on peut dire, par sa capacité de susciter de nouvelles idées au chapitre des changements à apporter aux programmes et aux opérations.

Dans l'approche de la corbeille à papier, la recherche d'options n'est pas systématique mais elle encourage la créativité et permet de trouver un plus grand nombre d'options que l'approche incrémentale, par exemple. Rappelons que, dans cette approche, la recherche d'options, l'analyse et le choix se font plutôt de manière anarchique et souvent simultanément. Le rejet d'une option (ou la définition d'un nouvel objectif) peut amener les participants à se pencher sur une option qu'ils considéraient jusque-là en dehors du domaine du possible ou à laquelle ils n'avaient pas songé du tout. De même, la découverte d'une nouvelle option peut mener à l'élaboration d'un nouvel objectif, ce qui confère à ce procédé un caractère circulaire plutôt que séquentiel. Dans l'approche de la corbeille à papier, la recherche d'options est une activité continue et non pas strictement une étape qui en précède une autre à un moment déterminé.

L'analyse des options

Le processus d'analyse consiste à examiner les options à la lumière de facteurs précis tels que leur faisabilité, leurs coûts et les personnes qui sont susceptibles d'en tirer avantage ou d'être visées par elles. La faisabilité d'une option est une question à la fois politique et technique; les gestionnaires doivent se préoccuper tout autant de l'approbation des programmes par les élus que du financement et du support des bureaucrates dont le rôle pourrait être déterminant dans l'implantation des programmes. Les aspects concernant le fonctionnement efficace des programmes publics et les façons d'apporter des modifications sur le plan social, économique ou au chapitre des affaires étrangères sont de plus en plus des domaines d'intérêt pour les sciences sociales et exigent des expertises de plus en plus poussées.

Chacune des approches à la prise de décision aborde l'analyse des options de manière différente. Ceux qui utilisent l'approche rationnelle ont recours à des techniques d'analyse sophistiquées pour examiner les options et sélectionner celles qui sont les plus économiques. En analyse de politiques, on utilise une grande variété de techniques telles que l'analyse coûts-bénéfices, des modèles de recherche opérationnelle permettant d'estimer les coûts et les résultats de projets ou de programmes ainsi que diverses méthodes d'évaluation de l'efficacité et de l'efficience des programmes. Du moment que l'approche rationnelle s'est imposée, notamment au chapitre de l'analyse des politiques, une véritable industrie de la consultation s'est développée autour de ces techniques d'analyse et elles se sont rapidement propagées à tous les niveaux de gouvernement.

Ces techniques sont toutefois très coûteuses, car elles requièrent beaucoup de temps, d'expertise et de soutien logistique; les analyses de décisions importantes qui exigent des recherches approfondies peuvent durer des mois, voire des années. Les décisions portant sur des changements mineurs requièrent aussi la collaboration d'experts extrêmement bien entraînés. On s'attend évidemment à ce que la qualité de la décision découlant de l'utilisation de ces techniques et les économies réalisées par le choix de l'option la plus efficiente compensent les coûts élevés de l'analyse; mais, dans les faits, cette hypothèse est rarement vérifiée. Dans certains cas, cependant, les coûts élevés de l'analyse peuvent avoir pour effet de limiter le nombre d'options qui seront analysées et comparées.

Gawthrop (1971) fait remarquer que l'analyse rationnelle appliquée aux politiques s'accommode bien d'une structure de pouvoir centralisé aux niveaux supérieurs d'une organisation; la centralisation est ici nécessaire pour faciliter la coordination des nombreuses informations qui servent à la prise de décision. La coordination et le traitement de ces informations représentent des coûts qui s'additionnent à ceux énumérés plus haut. La méthode incrémentale, au contraire, s'accommode d'une structure décentralisée qui laisse aux niveaux inférieurs suffisamment d'autonomie pour conduire les négociations nécessaires.

L'analyse des options dans l'approche incrémentale est beaucoup moins systématique et se prête moins à la quantification; une option est examinée en fonction des avantages qui découlent quant à la redistribution des ressources existantes ou la distribution de nouvelles ressources ou au chapitre d'avantages plus intangibles pour les participants au processus décisionnel. Ce type d'analyse requiert une combinaison de compétences politiques et techniques, et de plus une évaluation de l'appui potentiel des membres d'autres organisations publiques, notamment les professionnels, le personnel politique et les groupes de pression externes.

L'approche du regroupement des préférences individuelles, dont le fonctionnement repose essentiellement sur le jugement individuel des participants, ne comporte pas d'étapes spécifiques de recherche et d'analyse des options. Évidemment, les participants peuvent être eux-mêmes des experts et faire les analyses pertinentes en se basant sur leur compétence avant de recommander une option mais, puisque les discussions et les échanges ne sont pas permis, les autres participants ne sont pas influencés par ces analyses. En général, cette méthode ne favorise pas l'analyse en profondeur tant au plan politique qu'au plan technique et, pour cette raison, elle est plus utile pour trouver des options que pour choisir parmi ces dernières celle qui doit être retenue.

La façon de concevoir l'analyse des options dans le cadre de l'approche de la corbeille à papier est sensiblement différente de celle des autres modèles. L'analyse n'est pas une étape séparée, distincte, séquentielle du processus de décision; c'est plutôt l'une des activités couvertes lors des discussions et des débats. Les critères de rejet ou d'acceptation des options sont particulièrement complexes étant donné la nature même de ce processus de décision qui est ouvert à toute intervention de la part des participants, que celles-ci s'inspirent de leurs préoccupations personnelles ou de préoccupations à caractère social et culturel. Les objections à une proposition peuvent aussi bien viser à raffermir une amitié que pour en contester la faisabilité politique ou technique. Une autre caractéristique de l'approche de la corbeille à papier au chapitre de l'analyse des options est que la comparaison entre les options ne se fait pas en confrontant l'ensemble des options mais plutôt de façon séquentielle, chacune des options étant considérée isolément comme dans la méthode du choix satisfaisant (c'est du moins ce que soutient Anderson, 1983). Par conséquent, une option rejetée en début de processus peut fort bien ne pas être reprise en considération plus tard alors que les objectifs poursuivis ont changé et que les intérêts en jeu se sont modifiés et ce, même si l'option rejetée initialement pourrait s'avérer très intéressante dans la nouvelle situation. Aussi, l'ordre dans lequel les options sont considérées est-il un aspect très important de ce type d'analyse.

Le critère de choix d'une option

Un critère de choix est ce qui permet de sélectionner une option plutôt qu'une autre. Ce critère traduit les valeurs politiques privilégiées par une approche donnée et ce qui, pour les partisans de cette approche, constitue la «meilleure» décision. Chacune des approches à la prise de décision que nous avons décrites reflète un ensemble de normes tant politiques, économiques que personnelles.

Le critère formel utilisé par ceux qui appliquent l'approche rationnelle pour choisir parmi plusieurs politiques publiques est le critère Kaldor-Hicks; ce critère, comme nous l'avons déjà indiqué, favorise l'adoption de projets dont les bénéfices sociaux globaux sont supérieurs aux coûts sociaux totaux. Par définition, ce critère cherche à sélectionner le programme le plus efficient; un tel critère semble d'autant plus approprié à la prise de décision dans le secteur public que l'efficience est une valeur fortement privilégiée dans les bureaucraties. Cependant, l'efficience peut être contestée comme critère ultime de choix dans une société où d'autres valeurs telles que l'équité et la justice sont jugées tout autant sinon plus importantes.

Plusieurs partisans de l'approche rationnelle considèrent que les bureaucrates jouent un rôle essentiellement au chapitre de l'analyse des options, qu'ils ne jouissent d'aucune autonomie (ou très peu) et qu'ils font leurs choix à l'intérieur des balises déterminées par les décideurs extérieurs. Les bureaucrates ne sont donc pas vraiment à leurs yeux des preneurs de décision mais plutôt des analystes au service des législateurs, des cours de justice et des ministres qui sont les véritables concepteurs des politiques à qui ils doivent rendre des comptes. La réalité est cependant beaucoup plus complexe. Souvent les énoncés de politiques

publiques sont vagues et les analystes ont toute la latitude voulue pour les interpréter. De plus, la maîtrise que les analystes ont des procédés de recherche et
d'analyse leur confère une grande autonomie dans la définition des options parmi
lesquelles les décideurs de politiques devront finalement trancher. Ainsi, les analystes sont en mesure de jouer des rôles déterminants, beaucoup plus déterminants que le pensent certains, au regard de la prise de décision. Cependant, contrairement à ceux qui fonctionnent dans le cadre de l'approche incrémentale, ils
ne sont pas habilités, du moins à certains niveaux, à négocier des compromis
entre certains participants aux points de vue divergents (du moins, ils ne peuvent
le faire ouvertement). Ceci s'explique, en partie, du fait que les problèmes qui
sont alors soulevés se règlent mal à partir d'une approche rationnelle.

Le critère à partir duquel les tenants de l'approche incrémentale décident
des politiques ou des programmes à implanter correspond à l'étendue de l'appui
qu'ils estiment pouvoir obtenir de ceux qui participent au processus; cet appui
peut s'exprimer par le vote. Si, dans certains cas, une majorité absolue de votes
sera jugée suffisante, dans d'autres cas, le consensus pourra être exigé. Bref, la
«meilleure» option est celle qui obtiendra l'appui nécessaire à son adoption. C'est
un critère très concret qui permet de tenir compte du pluralisme des opinions et
des valeurs qui, dans bien des cas, sont en opposition, d'où la nécessité d'avoir
recours aux arbitrages (Dahl, 1984, p. 135). Ainsi, les programmes et les politiques choisis à la suite de l'application de l'approche incrémentale réconcilient
plusieurs intérêts variés et souvent divergents. Ces programmes et politiques sont
le résultat d'accords conclus par négociation entre des participants qui privilégient la stabilité du système et désirent éviter tout changement radical.

Ceux qui utilisent l'approche du regroupement des préférences individuelles choisissent aussi une option en fonction du nombre de supporteurs. Leur
critère est cependant différent de celui des incrémentalistes puisqu'il n'y a pas de
mécanismes favorisant l'élaboration de compromis ou l'émergence de coalitions
entre les participants. En fait, comme la technique du groupe nominal (TGN) l'illustre, les préférences d'un participant pour une proposition ne donnent généralement pas lieu à des explications et à des échanges; même quand le groupe est
composé d'experts, on ne cherche pas à comprendre les motifs de leur choix.

Concrètement, le critère privilégié par les tenants de l'approche est le vote
pris sans confrontation préalable des idées. Ce critère est fondé sur l'hypothèse
plutôt naïve que la règle de la majorité produit la «meilleure» solution pour
l'ensemble des participants et sur celle selon laquelle la négociation conduit inéluctablement à des manipulations politiques. De plus, étant donné qu'ils s'af-
fichent comme des opposants aux approches «politiques» à la prise de décision,
les partisans de cette approche ne se préoccupent pas de discuter des conséquences politiques de la procédure qu'ils privilégient.

Comme l'a fait remarquer Anderson, l'option retenue au terme de l'approche
de la corbeille à papier ne correspond pas nécessairement au choix optimum. Ce

ne sera pas non plus nécessairement l'option que les participants prévoyaient ou celle qui permet de mieux atteindre les objectifs établis en début de processus (Rommetveit, 1979). Le critère à partir duquel le choix final sera fait varie apparemment et, d'une certaine manière, ce que nous appelons des décisions ne sont désignées comme telles qu'arbitrairement. Par exemple, en décrivant la méthode de l'anti-décision, Olsen caractérise les décisions comme des interprétations faites a posteriori (1979, p. 83). Selon Olsen, notre habileté à théoriser et à interpréter les événements est plus grande que notre capacité à vraiment prendre «des décisions dans le cadre d'objectifs prédéterminés» (1979, p. 83). Les rencontres, les débats, les discussions qui constituent l'essence même du procédé de la corbeille à papier se poursuivent tant que n'ont pas été épuisés tous les points, mineurs ou majeurs, des ordres du jour des participants.

Il importe de bien saisir les différences entre les quatre approches au regard des trois éléments du processus de prise de décision que nous avons retenus et ce, pour mieux apprécier les forces et les faiblesses de chacune. À partir de ces différences, nous pouvons maintenant entrevoir la possibilité d'une théorie de la contingence applicable à la prise de décision dans les organisations.

LA POSSIBILITÉ D'UNE THÉORIE DE LA CONTINGENCE

Une théorie de la contingence applicable à la prise de décision dans les organisations doit chercher à préciser les contextes dans lesquels chacune des approches discutées est la mieux indiquée. Ces contextes mettront en relief le type de décision, les coûts, l'ampleur des désaccords sur les options connues, le degré d'homogénéité des intérêts en jeu, le degré d'ambiguïté des objectifs, la fréquence des changements dans le système et même l'accès à l'information.

Le type de décision constitue, à notre avis, un point de départ intéressant pour l'élaboration d'une théorie de la contingence. Dans l'introduction de ce chapitre, nous avons analysé trois niveaux de décision: les décisions portant sur les politiques d'ensemble ou sur les objectifs généraux de l'organisation; les décisions portant sur les programmes et les moyens à mettre en place pour réaliser ces objectifs; les décisions portant sur l'opérationnalisation des programmes et sur le système de gestion de l'organisation. Si nous pouvions associer les différentes approches à la prise de décision à ces trois niveaux de décision, nous aurions alors les premiers éléments d'une théorie de la contingence qu'il serait, bien sûr, nécessaire de développer et de vérifier empiriquement.

Nous croyons que l'approche rationnelle est la plus appropriée aux décisions qui se prennent au niveau des opérations comme, par exemple, celles relatives à la sélection du personnel ou encore celles qui se rapportent à la conception d'une infrastructure; il s'agit là du genre de questions souvent soulevées dans les organisations publiques. La principale préoccupation de ceux qui utilisent l'approche rationnelle est l'efficience et c'est précisément ce qui prime au chapitre des décisions portant sur les opérations. La recherche opérationnelle et

les techniques quantitatives qui s'inscrivent dans le cadre de l'approche rationnelle sont justement conçues pour traiter ce genre de question. Par ailleurs, les
objectifs et les valeurs autres que l'efficience s'accommodent mal de cette
approche.

L'approche incrémentale n'est pas particulièrement bien adaptée aux décisions opérationnelles parce que, contrairement à l'approche rationnelle, on
néglige le recours à des techniques quantitatives et rigoureuses. La principale
force de l'approche incrémentale n'est pas de trouver la solution la plus efficiente
mais plutôt d'arbitrer les conflits entre des participants qui ont des valeurs différentes et qui doivent néanmoins trouver un compromis acceptable; ainsi, la
méthode se prête davantage à la conception de programmes généraux qu'à celle
de politiques spécifiques. Cette méthode est donc appropriée à la mise en place,
moyennant compromis, de programmes qui seront largement acceptés. Par
contre, elle ne se prête pas du tout aux choix entre des valeurs fondamentales à
propos desquelles il n'y a généralement pas de compromis possible.

L'approche du regroupement des préférences individuelles pourrait être réservée à l'établissement d'objectifs, de politiques ou de programmes qui seraient,
par la suite, soumis aux procédés d'analyse et de choix final utilisés par l'une ou
l'autre des autres approches. Cette méthode n'est pas recommandée à l'étape du
choix final d'une option dans la mesure où l'on néglige l'analyse technique des
options et qu'on se soustrait à des démarches de négociation, de compromis et
d'arbitrage souvent salutaires. Paradoxalement, on constate parfois qu'en pratique cette approche est utilisée comme dernier recours quand des négociations
sont dans l'impasse.

Selon Olsen (1979, p. 85), l'approche de la corbeille à papier est plus
appropriée lorsqu'on ne connaît pas bien les participants à la décision et que les
objectifs à atteindre et les problèmes à régler ne sont pas précisés clairement.
Cette ambiguïté est une des caractéristiques des décisions stratégiques, c'est-à-
dire celles qui concernent les plans généraux et les politiques d'ensemble des
organisations, particulièrement des organisations publiques. À ce niveau, les
décisions requièrent qu'on donne libre cours à des débats ouverts favorisant l'expression d'idées sur les valeurs fondamentales en cause, ce que permet justement
cette approche.

Une des difficultés inhérentes au développement d'une théorie de la
contingence est que les avantages et les inconvénients de chacune des approches
à la prise de décision sont sujets à controverses et, par conséquent, donnent lieu à
des désaccords. Concevoir une théorie de la contingence applicable à la prise de
décision n'est pas simplement une opération technique visant à intégrer les résultats des recherches sur le sujet; elle implique également qu'on puisse établir qui
contrôle (ou qui doit contrôler) la prise de décision aux différents niveaux proposés. L'utilisation appropriée de chaque approche peut donc en définitive être

considérée comme découlant d'une décision où l'on aura bien saisi la structure de pouvoirs (ou encore les aspects politiques, au sens large).

CONCLUSION

Les processus décisionnels prescrits pour les organisations publiques ont subi de nombreux changements au cours des trois dernières décennies: on est passé de l'approche rationnelle à l'incrémentalisme, puis à l'approche du «choix satisfaisant». Ce fut ensuite le retour du rationalisme dans l'analyse des politiques; actuellement, l'approche du regroupement des préférences individuelles serait plutôt populaire. Cette évolution ne s'explique pas seulement par l'apport de nouvelles théories ou par les résultats des recherches faites sur le sujet; elle reflète davantage des points de vue nouveaux, tant dans la population qu'auprès des instances politiques, sur ce que doit être le rôle des bureaucrates dans l'élaboration des politiques et sur ce qui doit caractériser un processus légitime de décision. Les changements d'approches à la prise de décision dans les organisations publiques semblent suivre un cycle qui serait le suivant: d'abord, la conception traditionnelle de la prise de décision favorise ceux qui détiennent les postes de commande dans la hiérarchie et les experts (et, par conséquent, l'approche rationnelle). Puis, la reconnaissance explicite des aspects politiques du processus décisionnel favorise l'adoption d'une approche incrémentale. Enfin, les efforts visant à «dépolitiser» le processus ramènent au premier plan la nécessité de recourir aux compétences analytiques (l'approche rationnelle) et cherchent à niveler les différences de pouvoir entre les participants (l'approche du regroupement des préférences individuelles).

Les raisons du regain de popularité des méthodes d'analyses complexes qu'on prétend apolitiques ne sont pas faciles à démontrer. Une explication pourrait être la méfiance à l'égard de l'approche incrémentale, les désillusions engendrées par les comportements des groupes d'intérêts et les pratiques de patronage en périodes de restrictions budgétaires, par exemple. Par ailleurs, l'attrait pour des approches plus techniques s'inscrit dans le cadre des développements technologiques extraordinaires des dernières années.

L'évolution dans les approches à la prise de décision utilisées, tant au plan théorique que pratique, illustrent bien les processus décisionnels; ils doivent s'adapter aux nombreux changements politiques et techniques qui se produisent dans les organisations publiques et dans leur environnement. L'identification d'un seul processus décisionnel à être utilisé dans une organisation publique donnée serait fondée, par conséquent, sur l'hypothèse tout à fait irréaliste de la stabilité de cette organisation et de son environnement.

BIBLIOGRAPHIE

ABUALSAMH, Rashad A., Barbara CARLIN et Reuben R. MCDANIEL Jr. (1990). «Problem Structuring Heuristics in Strategic Decision Making», *Organizational Behavior & Human Decision Processes*, vol. 45, p. 59-174.

ALLAIRE, Yvan *et al.* (1989). «Coping with Strategic Uncertainty», *Sloan Management Review*, vol. 30, n° 3, p. 7-16.

ALLISON, Graham (1971). *Essence of Decision: Explaining the Cuban Missile Crisis,* Boston, Little, Brown.

ANDERSON Lance E. *et al.* (1991). «The Effects of Timing of Leaders' Opinions on Problem-Solving Groups: A Field Experiment», *Group & Organization Studies*, vol. 16, n° 1, p. 86-101.

ANDERSON, Neil et Viv SHACKLETON (1990). «Decision Making in the Graduate Selection Interview: A Field Study», *Journal of Occupational Psychology*, vol. 63, p. 63-76.

ANDERSON, Paul (1983). «Decision Making by Objection and the Cuban Missile Crisis», *Administrative Science Quarterly*, 28, p. 201-222.

ASHFORTH, Blake E. (1991). «The Whys and Wherefores of Organizational Catch-22s: Common Types and their Implications for Organization Development», *Public Administration Quarterly*, vol. 14, p. 457-482.

ASHMOS, Donde P. *et al.* (1990). «Differences in Perception of Strategic Decision-Making Processes: The Case of Physicians and Administrators», *The Journal of Applied Behavioral Science*, vol. 26, n° 2, p. 201-218.

BALIGH, Helmy H. (1990). «Decision Rule Theory and Its Use in the Analysis of the Organization's Performance», *Organization Science*, vol. 1, n° 4, p. 360-374.

BARTUNEK, Jean M. *et al.* (1984). «The Nominal Group Technique: Expanding the Basic Procedure and Underlying Assumptions», *Group and Organization Studies*, vol. 9, n° 3, p. 417-432.

BASADUR, Min *et al.* (1985). «Measuring Preference for Ideation in Creative Problem-Solving Training», *The Journal of Applied Behavioral Science*, vol. 21, n° 1, p. 37-50.

BASS, Bernard (1983). *Organizational Decision Making*, Homewood, Ill.,Richard D. Irwin.

BAZERMAN, Max H. *et al.* (1985). «Analyzing the Decision-Making Processes of Third Parties», *Sloan Management Review*, vol. 27, n° 1, p. 39-48.

BÉGIN, C. (1985). *Analyse décisionnelle de l'implantation de projets de rationalisation dans le domaine des affaires sociales*, Document de travail, Faculté des sciences de l'administration, Université Laval.

BENNETT, Scott (1992). «Policy Process Perceptions of Senior Canadian Federal Civil Servants: A View of the State and Its Environment», *Administration publique du Canada*, vol. 35, n° 3, p. 299-316.

BETTENHAUSEN, Kenneth *et al.* (1985). «The Emergence of Norms in Competitive Decision-Making Groups», *Administrative Science Quarterly*, vol. 30, n° 3, p. 350-372.

BLAKE, Robert R. *et al.* (1982). «Catching Up with Multiple Choice Realities», *The Journal of Applied Behavioral Science*, vol. 18, n° 4, p. 473-476.

BOISVERT, Maurice (1985). *L'organisation et la décision: les grands théoriciens de l'organisation*, Montréal, Agence d'Arc, 169 p.

BROWN, L. David *et al.* (1987). «Small Interventions for Large Problems: Reshaping Urban Leadership Networks», *The Journal of Applied Behavioral Science*, vol. 23, n° 2, p. 151-168.

BUTLER, Richard *et al.* (1991). «Strategic Investment Decision-Making: Complexities, Politics and Processes», *Journal of Management Studies*, vol. 28, n° 4, p. 395-416.

CHING, Chee *et al.* (1992). «Reputation, Learning and Coordination in Distributed Decision-Making Contexts», *Organization Science*, vol. 3, n° 2, p. 275-297.

CLEVELAND, Harlan (1980). «The Future Executive», dans *Professional Public Executives*, Chester NEWLAND (éd.), Washington, D.C., American Society for Public Administration.

COHEN, Eliot (1980). «Systems Paralysis», *The American Spectator*, p. 22-27.

COHEN, Michael, James MARCH et Johan OLSEN (1979). «People, Problems, Solutions and the Ambiguity of Relevance», dans *Ambiguity and Choice in Organizations*, 2ᵉ éd., James MARCH et Johan OLSEN (éds), Bergen, Norway, Universitetsforlaget.

COKE, James et Carl MOORE. *Guide for Leaders Using Nominal Group Technique*, Washington, D.C., Academy for Contemporary Problems, s.d.

CONNER, Patrick E. (1992). «Decision-Making Participation Patterns: The Role of Organizational Context», *Academy of Management Journal*, vol. 35, n° 1, p. 218-231.

COOKE, Robert A. *et al.* (1987). «Estimating the Difference Between Versus Individual Performance on Problem-Solving Tasks», *Group and Organization Studies*, vol. 12, n° 3, p. 319-342.

COURSEY, David et Barry BOZEMAN (1990). «Decision-Making in Public and Private Organizations: A Test of Alternative Concepts of Publicness», *Public Administration Review*, vol. 50, n° 5, p. 525-535.

COWAN, David A. (1990). «Developing a Classification Structure of Organizational Problems: An Empirical Investigation», *Academy of Management Journal*, vol. 33, n° 2, p. 366-390.

COWAN, David A. (1991). «The Effect of Decision-Making Styles and Contextual Experience on Executives' Descriptions of Organizational Problem Formulation», *Journal of Management Studies*, vol. 28, n° 5, p. 463-484.

CRAY, David *et al.* (1988). «Sporadic, Fluid and Constricted Processes: Three Types of Strategic Decision-Making in Organizations», *Journal of Management Studies*, vol. 25, n° 1, p. 13-40.

CRAY, David *et al.* (1991). «Explaining Decision Processes», *Journal of Management Studies*, vol. 28, n° 3, p. 227-252.

CROTT, Helmut W., Klaus SZILVAS et Johannes A. ZUBER (1991). «Group Decision, Choice Shift, and Polarization in Consulting, Political, and Local Political Scenarios: An Experimental Investigation and Theoretical Analysis», *Organizational Behavior & Human Decision Processes*, vol. 49, p. 22-41.

CROZIER, Michel et Erhard FRIEDBERG (1977). *L'acteur et le système*, Paris, Seuil, 436 p.

CUNNINGHAM, J. Barton et John FARQUHARSON (1989). «Systems Problem-Solving: Unravelling the "Mess"», *Management Decision*, vol. 27, p. 30-36

DAHL, Robert (1984). *Modern Political Analysis*, 4ᵉ éd. Englewood Cliffs, N.J., Prentice-Hall.

DAY, David V. *et al.* (1992). «Expertise and Problem Categorization: The Role of Expert Processing in Organizational Sense-Making», *Journal of Management Studies*, vol. 29, n° 1, p. 35-48.

DELBECQ, Andre, Andrew VAN DE VEN et David GUSTAVSON (1975). *Group Techniques for Program Planning: A Guide to Nominal Group and Delphi Processes*, Glenview, Ill., Scott, Foresman.

DEVINNEY, Timothy M. (1989). «Rationally Determined Irrationality: An Extension of the Thesis of Rationality as Anti-Entropic», *Journal of Economic Psychology*, vol. 10, p. 303-319.

DIMOCK, Marshall (1986). «Creativity», *Public Administration Review*, vol. 46, n° 1, p. 3-7.

DOWNS, Anthony (1967). *Inside Bureaucracy*, Boston, Little, Brown.

EDEN, Colin *et al.* (1992). «The Analysis of Cause Maps», *Journal of Management Studies*, vol. 29, n° 3, p. 309-325 (numéro spécial sur le «mapping»).

EINHORN, Hillel J. et Robin M. HOGARTH (1987-88). «La prise de décision et l'avenir, *Havard L'expansion*, hiver, p. 59-65.

EISENHARDT, Kathleen M. *et al.* (1988). «Politics of Strategic Decision-Making in High-Velocity Environments: Toward a Midrange Theory», *Academy of Management Journal*, vol. 31, n° 4, p. 737-770.

ERFFMEYER, Robert C. *et al.* (1986). «The Delphi Technique: An Empirical Evaluation of the Optimal Number of Rounds», *Group and Organization Studies*, vol. 11, n°s 1 et 2, p. 120-128.

ETZIONI, Amatai (1967). «Mixed Scanning as a "Third" Approach to Decision Making», *Public Administration Review*, vol. 27, p. 385-392.

ETZIONI, Amitai (1986). «Mixed Scanning Revisited», *Public Administration Review*, vol. 46, n° 1, p. 8-14.

FIOL, C. Marlene (1991). «Seeing the Empty Spaces: Towards a More Complex Understanding of the Meaning of Power in Organizations», *Organization Studies*, vol. 12, p. 547-566.

FORD, Jeffrey d. *et al.* (1984). «Decision Makers' Beliefs About the Causes and Effects of Structure: An Exploratory Study», *Academy of Management Journal*, vol. 27, n° 2, p. 271-291.

FORESTER, John (1984). «Bounded Rationality and the Politics of Muddling Through», *Public Administration Review*, vol. 44, n° 1, p. 23-31.

FRANKEL, Stanley (1987). «NGT ;pl MDS: An Adaptation of the Nominal Group Technique for Ill-Structured Problems», *The Journal of Applied Behavioral Science*, vol. 23, n° 4, p. 543-554.

FREDRICKSON, James W. (1985). «Effects of Decision Motive and Organizational Performance Level on Strategic Decision Processes», *Academy of Management Journal*, vol. 28, n° 4, p. 821-843.

FREDRICKSON, James W. (1986). «The Strategic Decision Process and Organizational Structure», *Academy of Management Review*, vol. 11, n° 2, p. 280-297.

FREDRICKSON, James W. *et al.* (1984). «The Comprehensiveness of Strategic Decision Processes: Extension, Observations, Future Directions», *Academy of Management Journal*, vol. 27, n° 3, p. 445-466.

FREDRICKSON, James W. *et al.* (1989). «Inertia and Creeping Rationality in Strategic Decision Processes», *Academy of Management Journal*, vol. 32, n° 3, p. 516-542.

GALLUPE, R. Brent *et al.* (1992). «Electronic Brainstorming and Group Size», *Academy of Management Journal*, vol. 35, n° 2, p. 350-369.

GARGAN, John J. et Carl M. MOORE (1984). «Enhancing Local Government Capacity in Budget Decision Making: The Use of Group Process Techniques», *Public Administration Review*, n° 6, p. 504-511.

GAWTHROP, Louis (1971). *Administrative Politics and Social Change*, New York, St. Martin's Press.

GLADSTEIN, Deborah L. *et al.* (1985). «Group Decision Making under Threat: The Tycoon Game», *Academy of Management Journal*, vol. 28, n° 3, p. 613-627.

GOLDWIN, Robert (éd.) (1980). *Bureaucrats, Policy Analysis, Statesmen: Who Leads?*, Washington, D.C., American Enterprise Institute.

GOODSELL, Charles T. (1988). «Can Bureaucracies Do Everything?», *The Bureaucrat*, vol. 17, p. 19-23.

GRADSTEIN, Mark et Shmuel NITZAN (1988). «Participation, Decision Aggregation and Internal Information Gathering in Organizational Decision Making», *Journal of Economic Behavior & Organization*, vol. 10, p. 415-431.

GRANDORI, Anna (1984). «A Prescriptive Contingency View of Organizational Decision Making», *Administrative Science Quarterly*, vol. 29, n° 2, p. 192-209.

GREENBAUM, Howard H. *et al.* (1988). «Evaluation of Problem-Solving Groups: The Case of Quality Circle Programs», *Group and Organization Studies*, vol. 13, n° 2, p. 133-147.

GREER, Thomas, V. et Joanne G. GREER (1982). «Problems in Evaluating Costs and Benefits of Social Programs», *Public Administration Review*, n° 2, p. 151-156.

HARMON, Michael M. (1989). «"Decision" and "Action" as Contrasting Perspectives in Organization Theory», *Public Administration Review*, vol. 49, n° 2, p. 144-150 (et «Response to Michael Harmon» par Jay D. White, p. 150-152).

HARRISON, J. Richard et James G. MARCH (1984). «Decision Making and Postdecision Surprises», *Administrative Science Quarterly*, vol. 29, n° 1, p. 26-42. [GOITEIN, Bernard (1984). «The Danger of Disappearing Postdecision Surprise: Comment on Harrison and March, "Decision Making and Postdecision Surprises"», *Administrative Science Quarterly*, vol. 29, n° 3, p. 410-413.]

HAWLEY, Karen E. et Mary LIPPITT NICHOLS (1982). «A Contextual Approach to Modeling the Decision to Participate in a "Political Issue"», *Administrative Science Quarterly*, vol. 27, n° 1, p. 105-119.

HERSHEY, Douglas A., David A. WALSH, Stephen J. READ et Ada S. CHULEF (1990). «The Effects of Expertise on Financial Problem Solving: Evidence for Goal-Directed, Problem-Solving Scripts», *Organizational Behavior & Human Decision Processes*, vol. 46, p. 77-101.

HOLBROOK, Morris B. et Michael J. RYAN (1986). «Modeling Decision Specific Stress: Some Methodological Considerations», *Administrative Science Quarterly*, vol. 27, n° 2, p. 243-258.

ISENBERG, Daniel J. (1986). «Thinking and Managing: A Verbal Protocol Analysis of Managerial Problem Solving», *Academy of Management Journal*, vol. 29, n° 4, p. 775-788.

JARVENPAA, Sirkka L., V. Srinivasan RAO et George P. HUBER (1988). «Computer Support for Meetings of Groups Working on Unstructured Problems: A Field Experiment», *MIS Quarterly*, vol.12, p. 645-666.

KAMEDA, Tatsuya et James H. DAVIS (1990). «The Fonction of the Reference Point in Individual and Group Risk Decision Making», *Organizational Behavior & Human Decision Processes*, vol. 46, p. 55-76.

KIESLER, Sara et Lee SPROULL (1982). «Managerial Response to Changing Environments: Perspectives on Problem Occurring from Social Cognition», *Administrative Science Quarterly*, vol. 27, n° 3, p. 548-570.

KLEIN, Jonathan I. (1990). «Rational Integration: Restoring Rationality to Organizational Analysis», *Human Relations*, vol. 43, p. 527-550.

KRAEMER, Kenneth et James PERRY (1983). «Implementation of Management Science in the Public Sector», dans *Public Management: Public and Private Perspectives,* James PERRY et Kenneth KRAEMER (éds), Palo Alto, Calif., Mayfield.

KRIGER, Mark P. (1992). «Organizational Decision-Making as Hierarchical Levels of Drama», *Journal of Management Studies*, vol. 29, n° 4, p. 439-458.

LANDRY, Maurice et Raymond NADEAU (1986). *L'aide à la décision: nature, instrument et perspectives d'avenir*, Québec, Presses de l'Université Laval.

LANG, James R., John E. DITTRICH et Sam E. WHITE (1978). «Managerial Problem Solving Models: A Review and a Proposal», *Academy of Management Review*, vol. 3, n° 4, p. 854-866.

LANGLEY, Ann (1990). «Patterns in the Use of Formal Analysis in Strategic Decisions», *Organization Studies*, vol. 11, p. 17-45.

LARWOOD, Laurie *et al.* (1986). «Client and Consultant Management Problem-Solving Values», *Group and Organization Studies*, vol. 11, n° 4, p. 374-386.

LEANA, Carrie R. *et al.* (1992). «The Effects of Employee Involvement Programs on Unionized Workers' Attitudes, Perceptions, and Preferences in Decision Making», *Academy of Management Journal*, vol. 35, n° 4, p. 861-873.

LEMAÎTRE-ROSENZWEIG, N. (1986). Le jeu de la décision: pouvoirs, cultures et stratégies dans l'entreprise, Institut de sociologie, Université de Bruxelles.

LEMOIGNE, Jean-Louis (1974). *Les systèmes de décision dans les organisations*, Paris, PUF.

LINDBLOM, Charles E. (1959). «The Science of Muddling Through», *Public Administration Review*, vol. 19, p. 79-88.

LINDBLOM, Charles E. et David K. COHEN (1979). *Usable Knowledge, Social Science and Social Problem Solving*, New Haven, Yale University Press, 129 p.

LINSTONE, Harold A. (1984). *Multiple Perspectives for Decision Making, Bridging the Gap Between Analysis and Action*, New York, North-Holland, 422 p.

LOGSDON, Jeanne M. (1991). «Interests and Interdependence in the Formation of Social Problem-Solving Collaborations», *The Journal of Applied Behavioral Science*, vol. 27, n° 1, p. 23-37.

LOWI, Theodore J. (1970). «Decision-Making vs Policy-Making», *Public Administration Review*, vol. 30, p. 314-325.

LUCONI, Fred L. *et al.* (1986). «Expert Systems: The Next Challenge for Managers», *Sloan Management Review*, vol. 27, n° 4, p. 3-14.

LYLES, Marjorie A. *et al.* (1988). «Strategic Problem Formulation: Biases and Assumptions Embedded in Alternative Decision-Making Models», *Journal of Management Studies*, vol. 25, n° 2, p. 131-146.

LYLES, Marjorie A. et Ian MITROFF (1980). «Organizational Problem Formulation: An Empirical Study», *Administrative Science Quarterly*, vol. 25, n° 1, p. 102-119.

MAHLER, Julianne G. (1987). «Structured Decision Making in Public Organizations», *Public Administration Review*, vol. 47, n° 4, p. 336-342.

MARCH, James (1988). *Décisions et organisations*, Paris, Les Éditions d'Organisation.

MARCH, James et Herbert SIMON (1991). *Les organisations*, Paris, Dunod, 254 p. Traduction de l'ouvrage *Organizations*, New York, John Wiley & Sons paru en 1958.

MARCH, James et Johan OLSEN (1979). «Organizational Choice Under Ambiguity», dans *Ambiguity and Choice in Organizations*, 2e éd., James MARCH et Johan OLSEN (éds), Bergen, Norway, Universitetsforlaget.

MARTEL, J. M., R. NADEAU et BODOUSSOU (1982). «La théorie statistique de la décision: une analyse critique», *F.S.A*, juin.

MASUCH, Michael et Perry LAPOTIN (1989). «Beyond Garbage Cans: An "AI" Model of Organizational Choice», *Administrative Science Quarterly*, vol. 34, n° 1, p. 38-67.

MATHEWS, Robert C. *et al.* (1982). «Toward Designing Optimal Problem-Solving Procedures: Comparisons of Male and Female Interacting Groups», *Group and Organization Studies*, vol. 7, n° 4, p. 497-507.

MAYER, Alan D. (1984). «Mingling Decision-Making Metaphors», *Academy of Management Review*, vol. 9, n° 1, p. 6-17.

MCCANN, Joseph E. *et al.* (1983). «Diagnosing Organizational Decision Making Through Responsibility Charting», *Sloan Management Review*, vol. 24, n° 2, p. 3-16.

MCDANIEL, Jr., Reuben R. *et al.* (1987). «The Use of Decision Analysis for Organizational Design: Reorganizing a Community Hospital», *The Journal of Applied Behavioral Science*, vol. 23, n° 3, p. 337-350.

MCGINNIS, Michael A. (1984). «The Key to Strategic Planning: Integreting Analysis and Intuition», *Sloan Management Review*, vol. 26, n° 1, p. 45-52.

MEINDL, James R. (1982). «The Abundance of Solutions: Some Thoughts for Theoritical and Practical Solution Seekers», *Administrative Science Quarterly*, vol. 27, n° 3, p. 670-685.

MEREWITZ, Leonard et Stephen SOSNICK (1971). *The Budget's New Clothes*, Chicago, Markham.

MILLER, Danny (1989). «Matching Strategies and Strategy Making: Process, Content, and Performance», *Human Relations*, vol. 42, p. 241-260.

MINTZBERG, Henry, James WATERS, Andrew M. PETTIGREW et Richard BUTLER (1990). «Studying Deciding: An Exchange of Views Between Mintzberg and Waters, Pettigrew, and Butler», *Organization Studies*, vol. 11, p. 1-16.

MITCHELL, Terence R. et William G. SCOTT (1988). «The Barnard-Simon Contribution: A Vanished Legacy», *Public Administration Quarterly*, vol. 12, p. 348-368.

MITROFF, Ian I. (1988). «Crisis Management: Cutting Through the Confusion», *Sloan Management Review*, vol. 29, n° 2, p. 15-20.

MONTJOY, Robert et Lawrence O'TOOLE (1979). «Toward a Theory of Policy Implementation: An Organizational Perspective», *Public Administration Review*, vol. 39, p. 465-476.

NUTT, Paul C. (1984). «Types of Organizational Decision Processes», *Administrative Science Quarterly*, vol. 29, n° 3, p. 414-450.

NUTT, Paul C. (1986). «Tactics of Implementation», *Academy of Management Journal*, vol. 29, n° 2, p. 30-261.

NUTT, Paul C. (1990). «Strategic Decisions Made by Top Executives and Middle Managers with Data and Process Dominant Styles», *Journal of Management Studies*, vol. 27, n° 2, p. 173-194.

O'REILLY III, Charles A. (1982). «Variations in Decision Maker's Use of Information Sources: The Impact of Quality and Accessibility of Information», *Academy of Management Journal*, vol. 25, n° 4, p. 756-771.

OLSEN, Johan (1979). «Choice in an Organized Anarchy», dans *Ambiguity and Choice in Organizations*, 2ᵉ éd., James MARCH et Johan OLSEN (éds), Bergen, Norway, Universitetsforlaget, 1979.

OSTROWSKI, John, Louise WHITE et John COLE (1984). «Local Government Capacity Building», *Administration and Society*, vol. 16, p. 3-26.

PASMORE, William *et al.* (1982), «An Action-Research Program for Increasing Employee Involvement in Problem Solving», *Administrative Science Quarterly*, vol. 27, n° 3, p. 343-362.

PEARCE II, John A. (1983). «Attribution Theory and Strategic Decision Making: An Application to Coalition Formation», *Academy of Management Journal*, vol. 26, n° 1, p. 119-128.

PETERS, B. Guy (1992). «The Policy Process: An Institutionalist Perspective», *Administration publique du Canada*, vol. 35, n° 2, p. 160-180.

PINFIELD, Lawrence T. (1986). «A Field Evaluation of Perspectives on Organizational Decision Making», *Administrative Science Quarterly*, vol. 31, n° 3, p. 365-388.

PRICE, Kenneth H. (1985). «Problem-Solving Strategies: A Comparison by Problem-Solving Phases», *Group and Organization Studies*, vol. 10, n° 3, p. 278-299.

PRIEM, Richard L. *et al.* (1991). «Process and Outcome Expectations for the Dialectical Inquiry, Devil's Advocacy, and Consensus Techniques of Strategic Decision-Making», *Group and Organization Studies*, vol. 16, n° 2, p. 206-225.

PROVAN, Lawrence B. (1982). «Interorganizational Linkages and Influence Over Decision Making», *Academy of Management Journal*, vol. 25, n° 2, p. 443-451.

QUINN, James Brian (1989). «Strategic Change: "Logical Incrementalism"», *Sloan Management Review*, vol. 30, n° 4 (réédition classique).

QUINN, Robert E. *et al.* (1982). «Moving Beyond the Single-Solution Perspective: The Competing Values Approach as a Diagnostic Tool», *The Journal of Applied Behavioral Science*, vol. 18, n° 4, p. 463-472.

QUINN, Robert E. *et al.* (1982). «The Illusion of Single-Solution Realities», *The Journal of Applied Behavioral Science*, vol. 18, n° 4, p. 477-480.

REAGAN, Patricia *et al.* (1990). «Group Decision Process Effectiveness: A Competing Values Approach», *Group and Organization Studies*, vol. 15, n° 1, p. 20-43.

ROMMETVEIT, Kare (1979). «Decision Making Under Changing Norms», dans *Ambiguity and Choice in Organizations*, 2ᵉ éd., James MARCH et Johan OLSEN (éds), Bergen, Norway, Universitetsforlaget.

RUBIN, Irene S. (1989). «Aaron Wildavsky and the Demise of Incrementalism», *Public Administration Review*, vol. 49, p. 78-81.

SCHILIT, Warren Keith (1990). «A Comparative Analysis of Strategic Decisions», *Journal of Management Studies*, vol. 27, n° 5, p. 435-462.

SCHMIDT, Warren H. *et al.* (1987). «Managerial Values Across Functions: A Source of Organizational Problems», *Group and Organization Studies*, vol. 12, n° 4, p. 373-385.

SCHWEIGER, David M. *et al.* (1986). «Group Approaches for Improving Strategic Decision Making: A Comparative Analysis of Dialectical Inquiry, Devil's Advocacy, and Consensus», *Academy of Management Journal,* vol. 29, n° 1, p. 51-71.

SCHWEIGER, David M. *et al.* (1989). «Experiential Effects of Dialectical Inquiry, Devil's Advocacy, and Consensus Approaches to Strategic Decision Making», *Academy of Management Journal*, vol. 32, n° 4, p. 745-772.

SCHWENK, Charles R. (1988). «The Cognitive Perspective on Strategic Decision-Making», *Journal of Management Studies*, vol. 25, n° 1, p. 41-56.

SEEGER, John A. (1983). «No Innate Phases in Group Problem Solving», *Academy of Management Review*, vol. 8, n° 4, p. 683-689.

SHANGRAW, Jr., R.F. et Michael M. GROW (1989). «Public Administration as a Design Science», *Public Administration Review*, vol. 49, n° 2, p. 153-158.

SHRIVASTAVA, Paul (1985). «Knowledge Systems for Strategic Decision Making», *The Journal of Applied Behavioral Science*, vol. 21, n° 1, p. 95-108.

SINGER, Alan E. (1992). «Strategy as Rationality», *Human Systems Management,* vol. 11, p. 7-21

SINGH, Jitendra V. (1986). «Performance, Slack, and Risk Taking in Organizational Decision Making», *Academy of Management Journal*, vol. 29, n° 3, p. 562-585.

SKIDD, David R.A. (1992). «Revisiting Bounded Rationality», *Journal of Management Inquiry*, vol. 1, n° 4, p. 343-347.

SNIEZEK, Janet A., Douglas R. MAY et John E. SAWYER (1990). «Social Uncertainty and Interdependence: A Study of Resource Allocation Decisions in Groups», *Organizational Behavior & Human Decision Processes*, vol. 46, p. 155-180.

SPYBEY, Tony (1989). «Frames of Meaning as a Concept of Organization», *International Studies of Management & Organization*, vol. 19, p. 16-33.

STAFFORD, Mark C. (1985). «Public Perceptions of Social Problems: Some Propositions and a Test», *The Journal of Applied Behavioral Science*, vol. 21, n° 3, p. 307-316.

STECKEL, Joel H. (1990). «Committee Decision Making in Organizations: An Experimental Test of the Core», *Decision Sciences*, vol. 21, p. 204-215.

STEPHENSON, Blair Y. *et al.* (1982). «An Empirical Test of the Nominal Group Technique in State Solar Energy Planning», *Group and Organization Studies*, vol. 7, n° 3, p. 320-334.

STEPHENSON, Jr., Max O. et Gerald M. POPS (1989). «Conflict Resolution Methods and The Policy Process», *Public Administration Review*, vol. 49, n° 5, p. 463-473.

STEVENSON, William B. *et al.* (1991). «Information Processing and Problem Solving: The Migration of Problems Through Formal Positions and Networks of Ties», *Academy of Management Journal*, vol. 34, n° 4, p. 918-928.

STOKEY, Edith et Richard ZECKHAUSER (1978). *A Primer for Policy Analysis*, New York, W. W. Norton.

SZWAJKOWSKI, Eugene et Laurie LARWOOD (1991). «Rational Decision Processes and Sex Discrimination: Testing "Rational" Bias Theory», *Journal of Organizational Behavior*, vol. 12, p. 507-527.

THOMAS, James B. *et al.* (1989). «Strategic Issue Analysis: NGT + Decision Analysis for Resolving Strategic Issues», *The Journal of Applied Behavioral Science*, vol. 25, n° 1, p. 189-200.

VITERETTI, Joseph P. (1982). «Policy Analysis in the Bureaucracy: An Ad Hoc Approach», *Public Administration Review*, n° 5, p. 466-474.

WALLACE, William W. et Frank DE BALAGER (1985). «Decision Support Systems for Disaster Management», *Public Administration Review*, vol. 45, numéro spécial, p. 134-146.

WALLACE, William A. et Michael W. HURLEY (1986). «Expert Systems as Decisions Aids for Public Managers: An Assessment of the Technology and Prototyping as a Design Strategy», *Public Administration Review*, vol. 46, p. 563-571.

WANOUS, John P. *et al.* (1986). «Solution Diversity and the Quality of Group Decisions», *Academy of Management Journal*, vol. 29, n° 1, p. 149-158.

WHYTE, Glen (1989). «Groupthink Reconsidered», *Academy of Management Review*, vol. 14, p. 40-56.

APPENDICE

L'information est un élément déterminant dans toute la littérature sur la prise de décision. C'est pour cette raison et parce que le chapitre 7 n'en parle qu'indirectement que nous vous présentons ce texte de M. Rolland Hurtubise, professeur à l'ENAP, qui traite précisément de la gestion de l'information.

On trouvera ensuite un cas de décision auquel a été associé le ministère québécois de l'Environnement. Comme on pourra le constater, les décisions prises dans cette situation qui, soit dit en passant, n'est pas fictive, se sont soldées par la fermeture d'une usine et la perte d'emplois.

Vers le management du continuum
décision <–> information <–> technologie[1]

Rolland HURTUBISE, professeur
École nationale d'administration publique

Le décideur d'abord!

Dans les années futures, une des principales fonctions des gestionnaires d'une organisation demeurera inchangée, *celle qui consiste à prendre des décisions*! En effet, aujourd'hui comme dans l'avenir, les gestionnaires de différents niveaux doivent prendre, approuver, sanctionner des décisions pour atteindre les objectifs visés par l'organisation. Rappelons que c'est Herbert A. Simon, le Prix Nobel 1978 des sciences économiques, qui a affirmé: «Être un manager, c'est décider.» Il est donc significatif de référer au dirigeant, au gestionnaire et à toute personne qui prend des décisions par le titre de **décideur**!

Le décideur décide des actions à entreprendre, notamment, pour planifier, organiser, superviser, diriger, coordonner, contrôler, budgétiser... gérer! La décision demeure et demeurera à la fois l'élément moteur et le point culminant du management. Une décision fait appel à la créativité, car elle introduit du nouveau dans l'organisation. Elle s'inscrit dans un processus qui comporte des phases importantes, dont: l'identification de l'occasion de prendre une décision; la création, l'analyse, la mise en œuvre des options de solutions possibles; la sélection de l'option «optimale»; et l'évaluation des choix passés (Simon, 1980).

Et quelle est la ressource commune à toutes ces phases? **L'information!**

---

1.   Cette section est une adaptation d'extraits tirés d'un livre de l'auteur: *L'intégration de l'information à l'organisation* (1990), Montréal et Paris: Les Éditions Agence d'ARC et Chotard et associés éditeurs. Nous remercions M. Rolland Hurtubise de nous avoir permis de reproduire ce texte.

L'accent sur la ressource informationnelle

L'organisation actuelle, qu'elle soit publique ou privée, produit, consomme et distribue l'information à des vitesses phénoménales. Il est donc devenu essentiel pour une organisation de réaliser que l'information organisationnelle est ni plus ni moins que *la* ressource fondamentale; en quelque sorte, elle est la *métaressource* essentielle à toute prise de décisions managérielles et opérationnelles. Bref, il est facile de convaincre quiconque que l'information doit être gérée d'une manière explicite! Qui plus est, les concepts et les méthodes d'intégration de l'information à l'organisation deviennent de mieux en mieux ancrés (Nugent, 1992b).

L'information peut être relative à l'organisation elle-même, comme elle peut porter sur son environnement ou ses partenaires externes. Elle peut être volumineuse ou pas, diffusée ou non, emmagasinée en classeurs ou... stockée en mémoires d'ordinateur. Somme toute, il est assez facile de se rendre compte de l'importance de l'information dans la prise de décisions. En définitive, *l'information est ce dont le décideur a besoin pour décider.*

L'idée maîtresse consiste à considérer l'information acquise et maintenue par l'organisation comme une ressource importante comparable aux autres ressources qui doivent être gérées, dont le personnel, les finances, les matériaux bruts. Ceci implique une surveillance particulière des coûts d'acquisition et de maintien à jour de l'information et une quantification des bénéfices accrus pour l'organisation grâce à sa disponibilité ponctuelle. Il s'agit aussi d'envisager la ressource informationnelle dans sa totalité, peu importe que l'information soit stockée en mémoire d'ordinateur à la suite d'un traitement informatique ou bureautique, ou conservée sur papier en classeurs traditionnels.

Les flux informationnels

Une partie importante de l'information circule entre les niveaux hiérarchiques et les secteurs de l'organisation, comme elle le fait également entre ces secteurs et certains des éléments de son environnement. C'est ainsi que de nombreux échanges d'information existent, par exemple: entre les secteurs des services, des ressources humaines et celui des ressources financières; entre ces secteurs et les clients, les fournisseurs, les institutions financières, les centrales syndicales, les ministères et les organismes gouvernementaux, etc.

Ces informations permettent de rendre compte ou de contrôler les interactions observées ou anticipées intervenant entre ces différentes entités, tant internes qu'externes à l'organisation, et permettent aussi à chacune d'elles de remplir ses fonctions et, pour les entités internes, notamment, de contribuer au fonctionnement de l'ensemble. Ce fonctionnement est assuré par l'existence de *flux d'informations* au même titre qu'il l'est par des flux de matières, de ressources physiques, financières et humaines.

L'information, c'est aussi le pouvoir

L'information a servi, sert et servira dans le but de jouer – de gagner! – les jeux organisationnels. L'information c'est donc le *pouvoir* (Nugent, 1992a)! De fait, un individu qui contrôle l'information au sein d'une organisation est très puissant: il peut créer des artifices, des biais, des subterfuges; il peut manipuler son entourage en retenant certaines informations et en diffusant certaines autres. Il y a un danger, cependant!

En cherchant à manipuler l'information destinée aux autres membres de l'organisation, l'information ainsi transmise risque de perdre sa signification, sa valeur. En pareille circonstance, l'information devient une ressource rare, car sa communication n'est pas effectuée librement, ni de manière neutre. Dans une telle organisation, le fait d'informer l'autre, de lui communiquer des connaissances qu'il ne possède pas, c'est se départir d'un bien, c'est se rendre vulnérable. Par contre, admettre ne pas recevoir l'information peut constituer une excellente manœuvre!

Mais qu'est-ce que l'information?

Les dictionnaires – Larousse, Robert, Bélisle – n'offrent que des réponses partiellement satisfaisantes à cette question. Ils parlent de connaissance ou d'intelligence, de la théorie de l'information énoncée par Shannon et Weaver (1949), de la cybernétique... Somme toute, la façon dont ces dictionnaires considèrent l'information n'assiste pas l'étude des concepts reliés à *l'information organisationnelle*.

Dans un premier temps, il faut distinguer entre une *donnée* et une *information*!

Brièvement, l'information est la signification que l'humain attribue aux données. Une donnée, une information sont intimement reliées à la personne qui les reçoit. Ce qui est une *donnée* pour l'un est peut-être une *information* pour l'autre! Richard Leifer du Rensselaer Polytechnic Institute de Troy, New York, a proposé une distinction des plus loquaces: *l'information est un intrant qui diminue l'incertitude, tandis qu'une donnée est un intrant qui ne diminue pas l'incertitude.*

Cette différence a été très clairement illustrée par R.P. Ricker (1979) qui s'est interrogé, à savoir, si *donnée* et *information* sont synonymes. Dans un «vieil» article très amusant, il offre les deux exemples suivants:

PREMIER EXEMPLE

Quatre individus	A	B	C	D
Le nombre de caresses qu'ils reçoivent par jour	0	4	40	20

À ce stade-ci, quelle information possédez-vous sur les quatre individus?

À cette information, ajoutez-y:

Quatre individus	A	B	C	D
Le sexe (Féminin ou Masculin)	F	M	F	M

L'information que vous possédiez a-t-elle changé?

Maintenant, ajoutez-y:

Quatre individus	A	B	C	D
Le statut conjugal (Célibataire ou Marié)	C	M	M	C

L'information que vous possédiez a-t-elle changé?

Finalement, à l'information que vous détenez, ajoutez-y:

Quatre individus	A	B	C	D
Le nombre d'années de vie conjugale	0	40	.02	0

L'information que vous avez graduellement acquise sur les quatre individus a-t-elle changé au fur et mesure qu'on vous renseignait à leur égard?

DEUXIÈME EXEMPLE

Lisez les lignes suivantes et appréciez le changement quant à l'information que vous possédez:

> Oh! Claude! Arrêtons-nous et stationnons l'auto...
> Oh! Claude! Arrêtons-nous...
> Oh! Claude! Arrêtons...
> Oh! Claude...
> Oh...

Ces deux exemples aident à mieux distinguer entre une *donnée* et une *information*. Qui plus est, ils permettent – à condition que le lecteur ait joué le jeu! – de mieux saisir le moment de la «conversion» – dans l'esprit! – lorsque la *donnée* est devenue une *information*!

Sur un plan plus formel, une très belle définition de l'information a été offerte par J.L. LeMoigne (1978): «L'information est un objet formaté (doté de formes reconnaissables) artificiellement créé par l'être humain à fin de représentation d'un type d'événement perceptible et identifiable par lui dans le monde réel.» Cette définition fait valoir le point de vue voulant que *l'information est ce que le décideur a besoin pour décider*. Mais au fait, comment expliquer le si grand nombre d'organisations, autant du secteur public que du secteur privé, qui ne se préoccupent pas de gérer consciemment et sciemment leur information?

Le management de l'information: un nouveau concept?

Le concept du *management de l'information* n'est pas un nouveau concept. Il n'implique pas obligatoirement l'emploi de la technologie. En effet, une *analyse de systèmes* effectuée auprès d'une organisation peut démontrer que la solution reliée au management de l'information n'est pas un ordinateur avec sa panoplie de logiciels, mais plutôt un classeur bien géré! Cependant, l'ordinateur sous toutes ses formes – maxi, mini, micro – est présent au sein des organisations et il est souvent le catalyseur (à l'occasion, l'agent provocateur!) qui oblige les gestionnaires à remettre en cause, à davantage rationaliser leurs besoins en information. Malencontreusement, le *management de l'information* s'effectue trop souvent par le biais de la technologie: l'informatique, la bureautique, tous les mots qui se terminent en «tique»! Il semble plus facile de gérer quelque chose qui peut être vu, touché et – surtout! – *comptabilisé*, tel un ordinateur, que de gérer ce que ce matériel et ses logiciels produisent, nommément, l'*information* et, par ricochet, ce que cette information est censée appuyer: la *décision*! Bref, les gestionnaires doivent outrepasser leurs préoccupations très réelles de gérer les éléments technologiques, dont les matériels et les logiciels informatiques, et davantage s'orienter vers le *management de l'information*. Par le fait même, ils ne manqueront pas alors de toucher la *technologie de l'information*.

Mais quel est l'outillage qui permet de gérer l'information et ses technologies?

Les systèmes d'information

Toute organisation quelle qu'en soit sa taille – PME, PMO, ministère, grande entreprise, école, organisme gouvernemental, municipalité, hôpital, industrie, magasin – possède un ou même plusieurs *systèmes d'information* susceptibles de fournir des informations à différentes personnes: dirigeant, gestionnaire, professionnel, personnel technique... *Décideur!* Ces systèmes sont utilisés depuis toujours et ont pour objet de recueillir, au cours des opérations de l'organisation, des données qui seront stockées, accumulées et transformées en informations qui seront, à leur tour, distribuées et enfin utilisées à l'intérieur de l'organisation à la préparation de rapports d'information. Nul doute que le dirigeant et ses gestionnaires ont toujours été intéressés par ces systèmes d'information.

Certains *systèmes d'information* en particulier tirent tout le parti possible de l'informatique et de ses technologies dérivées, dont la micro-informatique! D'autres systèmes, au contraire, s'appuient sur des procédures administratives très conventionnelles qui consistent à mettre «sur papier», de manière dactylographiée ou même simplement manuscrite, les données et les informations. Ils peuvent être classés en fonction de leur vocation (juridique, comptable, industrielle, service, militaire), de leur objet de management (personnel, clientèle, inventaire, vente) ou encore du niveau managériel auquel ils s'adressent (opération, contrôle, planification). Plusieurs de ces systèmes remontent à des temps fort anciens, la comptabilité en est un exemple classique.

Jusqu'à tout récemment, la majorité des *systèmes d'information* ont rarement été conçus de façon rigoureuse. De fait, ils ont, pour la plupart, été instaurés de façon intuitive, sinon de façon purement et simplement inconsciente pour satisfaire certaines nécessités impérieuses. Cela ne signifie pas que ces systèmes ne fonctionnent pas, qu'ils ne sont pas utilisés, qu'ils ne sont pas utiles!

Les niveaux de systèmes d'information dans une organisation

En réalité, on peut distinguer plusieurs *niveaux* de *systèmes d'information* dans une organisation, dont les cinq suivants:

1. Les systèmes dits *opérationnels* qui permettent au personnel d'exécution de recevoir ses instructions et de transmettre, en retour, les données et les informations dont il a la responsabilité. De façon courante, le cycle de ces systèmes s'accomplit sur une base *quotidienne*, mais il peut à l'occasion être hebdomadaire. Les systèmes en cause concernent des opérations ou des transactions élémentaires (inscription de bénéficiaires dans un centre hospitalier, traitement de bons de commande, rapport de contrôle, pointage de feuilles de temps, écritures comptables).

2. Les systèmes dits de *contrôle opérationnel* qui permettent au personnel chargé de l'encadrement direct du personnel d'exécution de remplir dans les mêmes conditions ses propres fonctions. La portée et le cycle de ces systèmes sont généralement *hebdomadaires*, mais ils peuvent s'étendre jusqu'à être mensuels. Les données et les informations traitées par ces systèmes sont relatives aux plans mensuels, ainsi qu'à l'ordonnancement et au suivi des opérations (plans de charge, budgets, temps, délais).

3. Les systèmes dits de *direction* ou de *contrôle managériel* permettent aux différents niveaux de directions intermédiaires ou supérieures d'exercer leurs responsabilités (d'ordre tactique le plus souvent). Ces systèmes peuvent avoir une portée variant du *mois* à l'*année*, selon le niveau où ils sont utilisés. Ils concernent en particulier le suivi des plans et budgets des niveaux inférieurs dans la perspective du respect des plans et des budgets annuels.

4. Les systèmes dits de *planification stratégique* permettent aux paliers supérieurs d'évaluer la situation de l'organisation et de prendre des décisions d'ordre stratégique. La portée de ces systèmes dépasse le plus souvent l'*année*, sans excéder toutefois un horizon de cinq ans. Ces systèmes permettent l'élaboration et le suivi des plans stratégiques (plans triennaux ou quinquennaux), ainsi que des budgets correspondants. Compte tenu de l'importance des environnements externes pour ce niveau de planification, les systèmes touchés doivent être en mesure de suivre les principaux paramètres de fonctionnement de l'organisation, comme ceux relatifs aux éléments les plus déterminants des environnements (tendances politiques, évolution des besoins de la population et de la clientèle, concurrence, technologie, tendances du marché). Pour les premiers, les systèmes internes à l'organisation constituent souvent, par agrégation successive des données obtenues des niveaux inférieurs, une source naturelle d'information. Pour les derniers en revanche, il est souvent nécessaire de se doter de moyens particuliers (enquêtes ou sondages, abonnements à des services d'information et à des revues spécialisées, participations à des colloques, appartenances à des associations professionnelles, contacts avec des organismes de toutes natures, qu'ils soient politiques, scientifiques ou autres).

5. Aux quatre niveaux classiques précédents, il devient nécessaire d'en ajouter un cinquième qui résulte de l'introduction fréquente d'*automatisation* ou de *robotisation* dans les processus de contrôle et de production. C'est celui des systèmes dits de *contrôles physiques* ou de *techniques de production* (contrôles de processus, contrôles d'automatisation ou de robotique). Ces systèmes, reliés aux processus physiques de l'organisation se situent dans le prolongement des systèmes opérationnels. Ils ne s'adressent plus au personnel d'exécution, mais s'interposent entre celui-ci et l'équipement dans les environnements où un haut degré d'automatisation est réalisé. Dans de tels contextes d'intégration, la frontière entre les éléments relevant du management technique et ceux du management tout court tend à s'amenuiser, sinon à disparaître.

Les informations ainsi générées par ces différents niveaux de *systèmes d'information* constituent pour chacun d'eux une ressource indispensable. Vouloir de l'information pour décider ne constitue pas un principe contre-intuitif! Mais ces systèmes suffisent-ils? Voilà une autre question...

Et si les systèmes d'information étaient «intégrés» entre eux?

Qu'arriverait-il si les divers *systèmes d'information* coopéraient entre eux? Quelle serait la conséquence de leur *intégration*, où les systèmes des niveaux inférieurs recevraient leurs commandes (informations) de ceux des niveaux immédiatement supérieurs et, en sens inverse, ceux des niveaux supérieurs obtiendraient les comptes rendus (informations encore!) de ceux des niveaux subordonnés. Une chose est certaine: il résulterait de cette complémentarité que toute déficience de l'un quelconque des systèmes, à un niveau ou à un autre, entraînerait des problèmes affectant inévitablement les processus de décisions de l'organisation tout entière. Comment donc assurer que les *systèmes d'information* répondent adéquatement aux besoins et qu'ils s'inscrivent dans une démarche cohérente par rapport à l'ensemble des processus de prises de décisions de l'organisation?

Vers une meilleure rationalisation

Avec l'avènement de la technologie, l'approche utilisée dans la conception et l'instauration des *systèmes d'information* a trop souvent conduit à submerger systématiquement les utilisateurs de ces systèmes sous un flot de papier, partant du principe qu'il valait mieux fournir trop d'informations que pas assez. On s'est vite rendu compte qu'il était préférable de n'offrir à chaque individu, membre de l'organisation, qu'un ensemble d'informations plus restreint, mais qui soit utile (nécessaire et suffisant) pour ses prises de décisions: un technicien ayant ainsi accès à des informations opérationnelles; un gestionnaire se servant d'informations de contrôle; et un dirigeant utilisant des informations à caractère stratégique dont il a besoin pour la planification.

Cette approche visant à faciliter l'atteinte d'une meilleure *rationalisation* de l'information organisationnelle a donné lieu au concept des systèmes d'information aux fins de management (SIM) ou – comme diraient les Américains – des *Management Information Systems* (MIS). Ce concept étant en pleine évolution et en pleine ébullition, il présente plusieurs variantes; aussi, porte-t-il divers noms: système d'information aux fins de gestion (SIG), système d'information organisationnelle (SIO), système d'information stratégique (SIS), système d'information exécutif (SIE), système d'information pour dirigeants (SID), «Decision Support System (DSS)», système d'aide à la décision (SAD), système interactif d'aide à la décision (SIAD), «Management Support System (MSS)», etc.[2].

Le concept SIM: constamment reverni, éternellement redoré!

C'est tout un concept!

Des milliers de livres et d'articles en discutent. À leur lecture, on en déduit qu'il n'y a pas une seule et unique définition d'un SIM. Historiquement, un SIM ne faisait que produire de l'*information*. On suggérait que le SIM fournissait de l'*information* pour trois principales fonctions: les *opérations* de l'organisation, leur *contrôle*, ainsi que pour les fins de management de divers secteurs et, finalement, pour les fins de *planification* et les activités reliées au volet politique de l'organisa-

---

2. Afin d'éviter tout débat sur le plan de la sémantique, l'expression: systèmes d'information aux fins de management et son sigle correspondant SIM seront utilisés tout au long de cette section.

tion. Il s'agissait alors d'un système qui collectait, intégrait et emmagasinait des données, de sources internes et externes d'une organisation et qui lui étaient requises pour la création d'informations utiles au management efficace et efficient de chacune de ses entités administratives. En principe, il rendait l'information disponible et accessible à tous les paliers et pour toutes les fonctions organisationnelles en offrant des extrants (des rapports d'information) imprimés sur papier ou visionnés sur écran, selon des formats appropriés pour les divers utilisateurs.

Cette définition risque de paraître *primitive* aujourd'hui, car elle ne considère que la «conséquence» du système d'information aux fins de management, c'est-à-dire l'*information* et non pas sa «finalité» qui se résume en un seul mot: *décision*! De fait, le concept des SIM est constamment reverni, éternellement redoré, car les SIM modernes offrent de plus en plus de possibilités. Il faut désormais affirmer qu'un SIM cherche à assister, à appuyer, à seconder, à aider, à soutenir, à éclairer, à faciliter et, somme toute, à permettre les prises de décisions organisationnelles. Par exemple, un tel système peut comprendre des modèles ou des sous-systèmes d'aide aux prises de décisions. Qui plus est, les plus récents SIM et, sûrement, ceux de l'avenir savent et sauront *recommander* et *prendre* des décisions organisationnelles grâce aux réalisations en *intelligence artificielle*, notamment, sur le plan des systèmes experts et des systèmes neuronaux (Hurtubise, 1993). En d'autres termes, un système d'information aux fins de management «moderne» vise à *permettre*, à *recommander* et éventuellement à *prendre* des décisions pour tous les niveaux de management, du niveau opérationnel le plus bas au sommet stratégique le plus élevé[3]. Bref, il vise à convertir les données en informations de telle sorte que ces dernières puissent l'être à leur tour en décisions et en actions significatives.

Vu l'évolution du concept, une définition plus formelle d'un SIM s'impose!

Un SIM est composé de trois ensembles de systèmes (*figure 1*):

1. L'ensemble des *systèmes opérationnels* de management où sont produites les données élémentaires qui subiront des traitements et seront subséquemment converties en information.

2. L'ensemble des *systèmes de «reportages»* ou des producteurs de rapports d'information destinés aux divers décideurs et qui sert à la communication de l'information, à sa présentation et à sa diffusion.

---

3. En témoigne, les SIAD! Pour certaines organisations, dont les centres hospitaliers et les lignes aériennes, c'est-à-dire celles qui doivent offrir des réponses immédiates et rapides à leurs clientèles, l'aboutissement du SIM est son utilisation en «temps réel», c'est-à-dire au moment des prises de décisions. On réfère alors à une variante du SIM, le SIAD, le système interactif d'aide à la décision (De Courcy, 1989). L'emploi d'un SIAD reflète le fait que certains décideurs ont des temps minimaux pour prendre leurs décisions, qu'ils ne peuvent pas se permettre d'interruption, que même si les types de données sont identiques par situations décisionnelles, les valeurs de celles-ci changent constamment.

3. L'ensemble des *systèmes décisionnels* ou de prises de décisions qui a pour objet «d'influencer» plus directement les décideurs

FIGURE 1
La définition d'un SIM

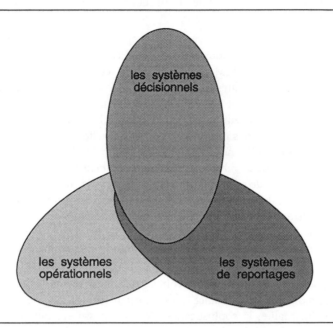

C'est en intégrant – en faisant chevaucher – ces trois ensembles de systèmes: *opérationnel*, *reportage* et *décisionnel* que le concept des SIM se réalise dans l'organisation.

Surprise! Cette définition est très vieille: elle date de 1970! Cependant, elle demeure d'actualité, car elle tient compte de toute la panoplie de SIM possible et ceci pour une raison étonnante: elle est *indépendante* de la technologie (Stanford Research Institute, 1970). Ainsi, un SIM:

sous sa forme *primitive*, transforme les données en informations;

sous sa forme *intermédiaire*, assiste les prises de décisions;

et sous sa forme *évoluée*, *prend les décisions*!

À la lumière de cette *vieille* définition rendue à la *moderne*, il devient donc très important de bien situer la *technologie de l'information*.

Le management de la technologie de l'information

La *technologie de l'information* a fait son apparition dans les organisations comme outil de management il y a environ quarante ans. Son introduction – sous la forme d'un *gros* ordinateur central – a été graduelle. Plus récemment, la réduction des coûts, autant des matériels que des logiciels, ainsi que l'effet combiné de la miniaturisation et la puissance toujours croissante de calcul a rendu la *technologie de l'information* plus accessible. Le «catalyseur» qui explique pourquoi de nombreuses organisations cherchent à mieux gérer leur information afin de prendre de meilleures décisions se résume en un seul mot: *technologie* (Tapscotto et Caston, 1993).

La plupart des experts – économistes, informaticiens, sociologues – ne cessent de nous le répéter: nous sommes arrivés à l'ère de la *technologie de l'information!* Aujourd'hui, les SIM reposent sur les technologies dites «nouvelles»! Voilà pourquoi les possibilités technologiques se font ressentir très tôt lors de leur instauration. Même si l'effet ressenti à la suite de l'instauration d'un SIM est celui de constater que les procédures de suivi et de stockage des données et de transmission et d'utilisation des informations se sont améliorées et sont devenues plus faciles, il reste que l'influence la plus visible des technologies se traduit par: *une diminution considérable du nombre d'intervenants (humains ou autres...) avec lesquels il faut interagir avant de se servir d'un SIM.* Par exemple, un décideur peut désormais accéder seul, de manière conviviale, à une base de données ou visionner un rapport d'information. Aussi, est-ce grâce aux technologies si le temps de réponse d'un système, c'est-à-dire le temps entre le début d'une interrogation et sa réponse est maintenu à quelques secondes, sinon à des fractions de secondes!

Mais, ces «qualités» perçues ne sont pas dues uniquement au volet matériel de la technologie. En effet, le pouvoir *logiciel* de la technologie est beaucoup plus impressionnant et influence plus directement les interactions «humain-machine». En réalité, la sophistication des SIM passe surtout par les logiciels technologiques employés, c'est-à-dire par la «matière grise» composée de l'ensemble des programmes constituant les instructions données aux matériels afin que ceux-ci puissent fonctionner. L'effet est de réduire considérablement l'effort mental requis pour recouvrer des données, effectuer le traitement de celles-ci, obtenir les informations souhaitées et prendre les décisions.

Mais, attention! Se servir de la *technologie de l'information* n'implique pas obligatoirement l'instauration d'un SIM. En effet, nombreuses sont les organisations qui ont des ordinateurs. Sont-elles aussi nombreuses celles qui possèdent des SIM? Comment se fait-il qu'une organisation qui accueille l'informatique, la bureautique et tous les autres bidules technologiques (dont les noms se suffixent souvent en «tique»!) n'ose pas s'offrir une meilleure gestion de ses informations et de ses *situations décisionnelles*? Il semblerait que la «bougeotte» technologique présente le danger de perdre de vue l'ambition qui doit animer toute organisation, celle de gérer le continuum *décision <–> information <–> technologie*.

Au-delà du management de l'information et de ses technologies

Les paragraphes précédents ont suggéré que l'ambition de gérer l'information organisationnelle et ses technologies se concrétise par l'instauration d'un système d'information aux fins de management. Cependant, à l'heure actuelle, l'idée des SIM doit être perçue sous une ambition beaucoup plus vaste, nommément, sous celle du management du continuum: *décision <–> information <–> technologie* (*figure 2*). Voilà pourquoi le dirigeant et ses gestionnaires doivent se poser les questions suivantes: que devons-nous gérer? La technologie? L'information? La décision? Si la décision est le «moteur» de l'organisation, le point culminant de tout effort managérial, que l'information est ce que le décideur a besoin pour décider et que la technologie est présente, alors la réponse se devine assez facilement. C'est tout le continuum *décision <–> information <–> technologie* qui doit alors être géré! De fait, les défis reliés à la conception, à la mise en œuvre et à la mise en place d'un SIM ne se situent plus au niveau des techniques et des procédés «tiques» – informatiques, bureautiques, productiques, etc. –, mais à l'intégration du management des décisions, des informations, ainsi que des technologies à l'organisation.

FIGURE 2

Une perspective plus vaste!

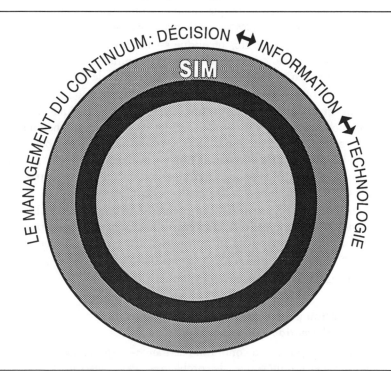

Les principales causes de faillite

Il faut admettre que l'instauration du management du continuum *décision* <–>
information <–> *technologie* dans une organisation n'est pas une tâche facile. Aussi,
est-il vrai que plusieurs organisations n'ont pas réussi l'instauration de leur SIM.
Pourquoi? Voici cinq principales causes de faillite qui ont été inventoriées:

1. La première est sûrement la plus évidente: les besoins en information
   des membres de l'organisation, notamment, des gestionnaires ont été
   peu ou mal définis. En effet, dans (hélas!) trop d'organisations, l'étape
   qui vise non seulement l'établissement des besoins en information, mais
   de façon plus vitale encore, la rationalisation et, qui plus est, la justification de ceux-ci eu égard aux situations décisionnelles est trop souvent
   escamotée. On semble avoir oublié que le principal concepteur d'un
   SIM est le décideur en place! Sans lui, sans sa participation et sa contribution, un SIM ne rime pratiquement à rien.

2. La seconde cause de faillite est plus subtile, mais aussi réelle que la précédente. Souvent on reconnaît que l'effort requis pour concevoir, mettre
   en œuvre et mettre en place le SIM ne coïncide pas avec les objectifs organisationnels; comme quoi les gestionnaires de l'organisation avaient,
   pour ainsi dire, d'autres chats à fouetter! Alors, le manque d'intérêt de
   la part du dirigeant et la faible allocation des ressources humaines et
   financières font en sorte que l'ambition de gérer le continuum *décision*
   <–> *information* <–> *technologie* de manière sérieuse n'est pas partagée.

3. Une troisième cause très répandue est l'incapacité de l'organisation de
   respecter l'échéancier et le calendrier d'instauration du SIM. Cela se traduit donc par un désintéressement face à l'effort de conception et, éventuellement, par la mise au rancart du système.

4. Une quatrième cause de faillite s'avère souvent tragique. Le système
   d'information aux fins de management est instauré, il fonctionne, mais
   on se rend vite compte que sa performance est inacceptable: soit qu'il
   ne parvienne pas à effectuer le traitement d'un nombre de transactions
   exigé en un laps de temps déterminé, soit qu'il ne réussisse pas, au moment requis, à alimenter les décideurs en information.

5. Finalement, la cause de faillite majeure – la plus impardonnable! – pour
   une organisation est celle d'avoir mis la charrue devant le bœuf! Celle
   de s'informatiser ou de se bureautiser avant même d'avoir pensé en
   termes du continuum *décision* <–> *information* <–> *technologie*.

Mais assez de cette perspective pessimiste!

La réglementation pour le management du continuum
décision* <–> *information* <–> *technologie

Le monde du management du continuum *décision* <–> *information* <–> *technologie*
est rempli de défis plutôt que de problèmes. Par conséquent, il convient

d'énumérer ce qu'il faut faire pour assurer l'instauration réussie du système d'information aux fins de management dans l'organisation. Ce qui suit est une réglementation fondamentale, composée de cinq règles, qui permet de contribuer à la réalisation du concept plus global du continuum *décision* <-> *information* <-> *technologie* et à la conception et à la l'instauration d'un SIM dans l'organisation.

La règle du dirigeant

Il est avant tout nécessaire de développer dans l'organisation – au niveau stratégique! – une *philosophie* du continuum *décision* <-> *information* <-> *technologie*. Celle-ci doit être accompagnée d'une *prise de conscience* profonde par l'ensemble de l'organisation du fait que l'information et ses technologies constituent des ressources organisationnelles – au même titre que les ressources humaines, financières et matérielles – et qu'elles méritent beaucoup d'attention sur le plan stratégique. L'*atmosphère* qui en résulte se présente sous le signe de l'*esprit organisationnel* où règnent l'enthousiasme, la motivation, la participation et l'adaptation.

Ce défi qui relève du dirigeant se traduit, à travers l'organisation, par le *support politique* des paliers supérieurs envers le continuum *décision* <-> *information* <-> *technologie* et la conception et l'instauration éventuelle d'un SIM. En définitive, sans l'appui du dirigeant, l'instauration d'un véritable SIM où l'accent est d'abord mis sur la décision et l'information et ensuite sur la technologie s'avère excessivement difficile et pénible, sinon impossible. Même si la technologie permet de faire des choses merveilleuses, elle seule ne peut suffire à réaliser le SIM et gérer les décisions et les informations organisationnelles.

Concrètement, l'instauration d'un SIM doit constituer une priorité pour une organisation. C'est pourquoi la conséquence de la mise en œuvre de cette première règle consiste à bien identifier les objectifs du SIM et à démontrer que ceux-ci coïncident avec les objectifs organisationnels. Il s'agit d'établir l'adéquation entre le «côté» décisionnel – informationnel – technologique et le «côté» organisationnel. Sinon, comment maintenir le support politique des paliers supérieurs de l'organisation et la participation et l'implication de l'ensemble de ses membres?

La règle du décideur-utilisateur

Combien d'organisations souffrent d'un manque d'information ponctuelle? Combien de décideurs continuent, malgré les progrès technologiques, d'être «noyés» sous un flot de données et d'informations non pertinentes, non essentielles à leurs fonctions, encore moins à leurs prises de décisions? En contrepartie, comment expliquer que les SIM de certaines organisations offrent des informations directement utiles aux prises de décisions de ses décideurs-utilisateurs? Ces informations sont ponctuelles, précises, complètes et fiables! Mais quelle est cette règle qui rendrait possible l'existence d'un tel système au sein de l'organisation?

La réponse est à la fois simple et complexe: *l'implication des décideurs-utilisateurs du futur SIM dès les premiers balbutiements de sa conception.*

En effet, la détermination des besoins en information constitue une étape fondamentale à l'instauration de tout SIM. Il appartient alors au décideur de réfléchir de manière rigoureuse à ses besoins en information, ainsi qu'aux formes des rapports (à visionner sur écran ou à lire sur papier, selon le cas) qu'il souhaite obtenir. Normalement, lui seul possède la compréhension de son environnement pour définir et pour évaluer les informations dont il a et aura à se servir pour appuyer ses prises de décisions. Son caractère fondamental n'étant pas suffisamment compris, cette tâche importante et délicate est malheureusement trop souvent négligée et expédiée. Les systèmes qui en résultent en portent quelquefois les marques permanentes! Plus souvent qu'autrement, les étapes d'instauration qui suivent ne font que traduire de façon tangible les attentes plus ou moins bien formulées et les besoins plus ou moins bien identifiés.

On exige beaucoup du décideur-utilisateur! Si la compétence et le professionnalisme des analystes sont importants, la contribution des décideurs-utilisateurs est indispensable. Contrairement à la croyance populaire, ce n'est pas le «spécialiste» qui doit définir la *qualité* du futur système; c'est plutôt son utilisateur éventuel! C'est lui qui, finalement, est responsable de l'établissement des objectifs et de la détermination des exigences du système. Plus brutalement, il est à blâmer si les besoins en information sont peu ou mal définis! Qui plus est, il doit connaître la «mécanique» du système et, bien sûr, il doit apprécier la nécessité d'y introduire des données intègres, mais également de comprendre ce que le système fait avec ses données. Surtout, il doit reconnaître que les matériels et les logiciels seuls ne solutionnent pas le défi posé par le continuum *décision <--> information <--> technologie*! Dans les faits, exiger que le futur utilisateur apporte ses contributions au design suggère qu'il faille se soucier de ce qui a été décrit à la règle précédente quant à l'*atmosphère* qui doit régner dans l'organisation. De toute évidence, bien définir les apports des décideurs-utilisateurs du futur SIM s'avère primordial!

La règle de la distinction: étude de concept ou conception de système?

Une autre préoccupation consiste à distinguer entre l'*étude du concept* du management du continuum *décision <--> information <--> technologie* et la *conception d'un système d'information aux fins de management*. Voilà une distinction très subtile, car nombreux sont les dirigeants et leurs gestionnaires qui «s'embarquent» dans la conception d'un SIM pour leur organisation, sans savoir de manière trop précise de quoi il s'agit. Il aurait donc été plus sage d'effectuer au préalable une étude du *concept* en cause.

L'*étude de concept* cherche à identifier les nombreuses implications (ressources humaines et financières requises) et ramifications (restructurations administratives, changements dans les relations interdivisionnelles). Une telle étude offre au dirigeant et à ses gestionnaires une vision d'ensemble permettant à ceux-ci de mieux connaître et de mieux comprendre, d'une part, ce qu'est le concept du management du continuum *décision <-> information <-> technologie* et, d'autre part, cerner ses avantages et ses implications sur les plans managériel et technologique. En contrepartie, la *conception de système* consiste à bâtir le SIM et à le rendre opérationnel.

Bref, si le dirigeant et ses gestionnaires ne sont pas convaincus que le concept du management du continuum *décision <-> information <-> technologie* convient à leur organisation, s'ils ne savent pas exactement de quoi il s'agit, il serait sage d'entreprendre une *étude de concept*. Lorsque celle-ci les aura suffisamment renseigné et – surtout! – qu'elle les aura convaincus que le concept s'applique à leur organisation, alors il conviendra d'entreprendre la *conception de système*.

La règle de la méthode SIM

Une quatrième règle – corollaire de la précédente – exige qu'une démarche ou une méthode de conception des systèmes d'information aux fins de management soit entreprise. En effet, la réalisation d'un SIM s'effectue dans le cadre d'un management de projet compétent et complet. De telles démarches, de telles méthodes sont disponibles dans le commerce et sont offertes généralement par des firmes de conseillers en systèmes d'information et en technologies. Aussi, la «logique» de conception des SIM est très facile à saisir (Hurtubise, 1990).

La règle du développement organisationnel

Mais quels sont les effets de l'instauration d'un SIM sur une organisation? Est-ce que *management du continuum décision <-> information <-> technologie* et *développement organisationnel* vont de pair, le premier impliquant le second? Il faut avouer que le SIM occasionne des changements et que son instauration va obliger un exercice de développement organisationnel, dont les conséquences tangibles sont des modifications à la structure organisationnelle et des redéfinitions de tâches.

De prime abord, il est désormais faux de prétendre que c'est la *technologie de l'information* qui doit obligatoirement s'adapter à l'organisation. Sur un axe davantage organisationnel, un SIM peut avoir un effet centralisateur sur le contrôle opérationnel et managériel, car il sait occasionner un plus grand contrôle par la normalisation qu'il impose. En pareil cas, le phénomène de la centralisation risque de se manifester malgré la localisation des prises de décisions aux niveaux inférieurs de l'organisation, car un maintien du contrôle des conséquences décisionnelles par l'entremise d'un reportage de rendement s'avère facilement réalisable. Cependant, il est aussi possible de concevoir et d'instaurer des SIM pour des fins de *management participatif* ou d'idéaux démocratiques. Il faut admettre que les structures organisationnelles plus récentes, dont les «organisations à réseau ouvert», sont aussi accueillantes au concept SIM que l'étaient et le sont toujours les organisations plus traditionnelles, dont «les hiérarchies fermées» (Tapscott et Caston, 1993).

Conclusion

Les décideurs, à la recherche d'informations nécessaires à leurs prises de décision, se sont dotés au cours des années de *systèmes d'information*. Au fur et à mesure qu'ils exerçaient leur profession au sein de leur organisation respective, ces décideurs sont devenus de plus en plus sensibles au fait que chacun d'eux avait besoin d'informations propres à chacune de leurs situations décisionnelles (Vroom et Jago, 1988). Ce constat a graduellement suggéré qu'un système intégré et *évolutif* devait être conçu, de telle sorte que des données spécifiques soient transformées en informations pour les fins opérationnelles, de contrôle et de planification. L'expression système d'information aux fins de management – SIM – a été employée pour désigner ce système. Par son entremise, les diverses unités organisationnelles ont pu non seulement exploiter la *technologie de l'information*, mais également mieux gérer leurs informations. Est alors apparue la notion du management de la ressource informationnelle qui consiste aujourd'hui à consolider une ambition, celle de gérer tous les éléments du continuum *décision <–> information <–> technologie*.

BIBLIOGRAPHIE

DE COURCY, Jr., G. (1989). *Systèmes d'aide à la décision. Gestionnaires... êtes-vous prêts pour les SIAD?*, Montréal, Les Éditions Agence d'ARC.

HURTUBISE, R. (1990). *L'intégration de l'information à l'organisation*, Montréal, Les Éditions Agence d'ARC; Paris, Chotard et associés éditeurs.

HURTUBISE, R. (1993). *Les managers-robots. Les systèmes neuronaux aux fins de management*, Montréal, Les Éditions Bo-Pré.

LEMOIGNE, J.L. (1978). «La théorie du système d'information organisationnel», *Informatique et gestion*, n° 102, décembre, p. 28-31.

NUGENT, P.S. (1992a). «L'information: clef du pouvoir du gestionnaire», *Sources-ÉNAP*, vol. 8, n° 2, mars-avril, p. 2-3.

NUGENT, P.S. (1992b). «Développer sa capacité de gérer l'information», *Sources-ÉNAP*, vol. 8, n° 5, septembre-octobre, p. 3-4.

RICKER, R.P. (1979). «Data and Information, Are They Synonyms», *Journal of Systems Management*, vol. 30, n° 9, septembre, p. 22-23.

SHANNON, C.E. et W. WEAVER (1949). *The Mathematical Theory of Communications*, Urbana, Illinois, University of Illinois Press.

SIMON, H.A. (1980). *Le nouveau management. La décision par les ordinateurs*, Paris, Économica.

STANFORD RESEARCH INSTITUTE (1970). *Management Information Systems*, rapport n° 416, octobre.

TAPSCOTT, D. et A. CASTON, (1993). *Paradigm Shift. The New Promise of Information Technology*, New York, McGraw-Hill, Inc.

VROOM, V.H. et A.G. JAGO, (1988). *The New Leadership. Managing Participation in Organizations*, Englewood Cliffs, New Jersey, Prentice-Hall.

QUESTIONS

1. «Être un manager, c'est décider.» Commentez cette affirmation de Herbert A. Simon.

2. Certains prétendent qu'il faut distinguer le palier politique et le palier administratif. Par ailleurs, nous savons que les différentes phases de tout processus décisionnel nécessitent, pour reprendre les mots de Rolland Hurtubise, une «ressource commune», en l'occurrence l'information. Quelles relations établissez-vous entre la dichotomie politique-administratif et le continuum *décision* <–> *information* <–> *technologie*? D'après vous, y a-t-il un lien entre les différentes approches (rationnelle, incrémentale, choix satisfaisant, corbeille à papiers) et la dichotomie politique-administratif?

*

*   *

CAS

«S'il neige, ma maison est à vendre... »[1]

Les citoyens se mobilisent

Octobre 1987. À la direction régionale de la Mauricie–Bois-Francs du ministère de l'Environnement, à Trois-Rivières, le dossier de la compagnie Norton Céramiques du Cap-de-la-Madeleine refait surface et, cette fois-ci, il revient en force. Depuis le début du mois, en effet, ce n'est pas moins de 400 plaintes, en provenance des résidents d'un quartier avoisinant l'usine Norton, qui sont transmises au Ministère. Quatre cents plaintes individuelles (et non pas une pétition comprenant 400 signatures) contre une compagnie que l'on accuse de rejeter dans l'atmosphère des polluants nocifs et néfastes pour les résidents. Une poussière noirâtre recouvre pratiquement tout dans le quartier et l'on se plaint des multiples inconvénients qui en résultent ainsi que des odeurs dégagées par l'usine.

L'usine produisait du carbure de silicium. C'était une vieille usine dont les principales installations n'avaient pas fait l'objet d'améliorations importantes au cours des années. La cause principale des nuisances était la salle des fournaises d'où émanaient la plus grande partie des odeurs et des poussières rejetées dans l'atmosphère. En 1982, à l'intérieur d'un programme d'améliorations demandées par le Ministère, la compagnie s'était engagée à éliminer le séchage du coke[2], à réduire les émissions de poussières en installant des récupérateurs aux endroits appropriés, à réduire les émanations de poussières au moment de l'alimentation des fours et à d'autres étapes du procédé (voir la description du procédé de fabrication en annexe 2).

Or, une visite de l'usine effectuée par des représentants du Ministère à la mi-octobre 1987, à la suite des plaintes des résidents, permit de constater le démantèlement d'un four expérimental et l'absence de système d'épuration relatif à la manutention du coke (qui étaient prévus au programme de 1982), un système d'arrosage des fours inutilisé (et inutilisable) et l'absence de systèmes de mesure des émissions aux évents des toits. L'entreprise affirmait toutefois qu'elle entendait faire certaines améliorations comme celle d'installer un système plus perfor-

---

1.   Étude de cas préparée par Grégoire Tremblay à la demande du Centre de développement des cadres supérieurs de l'École nationale d'administration publique et avec la collaboration de la Direction des opérations régionales du ministère de l'Environnement du Québec. Destinée à favoriser la discussion en commun, cette étude de cas ne prétend pas proposer un exemple de solution correcte ou fautive d'un problème d'administration. (Copyright 1993. École nationale d'administration publique.)

2.   Les odeurs de soufre étaient liées à l'utilisation considérable de coke de pétrole comme matière première. Le coke de pétrole utilisé contenait 82 % de carbone, de 10 à 12 % de matières légères volatiles, 3 à 4 % d'eau, et environ 3,5 % de soufre. Ce coke à teneur moyenne en soufre était la cause principale des mauvaises odeurs qui provenaient de l'usine.

mant d'abattement des poussières sur l'ensemble des fours et, à l'extérieur de l'usine, asphalter les aires de circulation pour empêcher les camions de soulever trop de poussières. Tout compte fait, après sept années d'efforts, peu d'améliorations significatives avaient été apportées.

L'engagement du Ministre

Peu de temps après, par un heureux concours de circonstances pour le groupe VIPOIN (VIctimes de la POllution INdustrielle du Cap-de-la-Madeleine, ces mêmes personnes qui étaient à l'origine des 400 plaintes expédiées plus tôt au Ministère), le ministre de l'Environnement lui-même était de passage à Trois-Rivières. Cette visite faisait suite à un exercice de planification stratégique, réalisé au Ministère au cours de l'année précédente, et qui avait donné lieu à un document d'orientation intitulé «Un nouveau CAP environnemental» (Conservation, Agent de Progrès). Dans toutes les régions, le Ministre, accompagné du sous-ministre, rencontrait les employés des directions régionales, puis les différents groupes intéressés par les questions environnementales: groupes agricoles, municipaux, industriels et environnementaux. À l'occasion de la rencontre publique, où le Ministre exposait ainsi les orientations qu'il voulait privilégier, le groupe VIPOIN se manifesta. Après lui avoir remis à nouveau copie des plaintes des citoyens, la présidente du comité lança au Ministre un appel pathétique:

> «C'est bien beau votre CAP environnemental, mais ici il y a une compagnie qui pollue un quartier complet de la ville et ça fait 20 ans que ça dure. Qu'est-ce que vous allez faire dans le cas de cette compagnie?»

Au grand étonnement des fonctionnaires présents, le Ministre répondit qu'il allait s'en occuper en priorité, qu'il fallait régler ce problème et que, dans six mois tout au plus, des actions correctrices devraient être apportées par la compagnie. Comme le faisait remarquer un représentant de la délégation ministérielle, «du jour au lendemain, un dossier qui piétinait depuis plusieurs années se retrouvait avec une échéance: six mois».

À la même époque, le conseil de ville de Cap-de-la-Madeleine était saisi de la requête des citoyens et adoptait une résolution «pour faire cesser cet état de choses». Un battage médiatique, à la radio et à la télévision, faisait aussi largement état de la situation à la Norton. À la direction régionale, on se disait: «Cette prise de conscience collective est encouragée de quelque façon et paraît être le résultat d'une stratégie bien orchestrée». Tous les éléments politiques étaient en place pour un traitement prioritaire du dossier.

Les nuisances aux résidents

Au mois de novembre, un représentant du Ministère effectue une visite du quartier pour vérifier les nuisances aux résidents. Elles étaient nombreuses, tant à l'intérieur qu'à l'extérieur des maisons. Les murs extérieurs, par exemple, étaient tellement noircis par les poussières qu'on devait les laver régulièrement (soit chaque semaine). Les parterres, les gazons, étaient recouverts de cette même substance qui, pendant la saison estivale particulièrement, rendait la vie à l'extérieur fort désagréable. Les meubles de jardin devaient être constamment recouverts et la possibilité de prendre un repas à l'extérieur était forcément limitée. Pour tondre le gazon, il fallait porter des vêtements spéciaux qui étaient autrement inutilisables. Les gouttières, les bords de fenêtres, les marches d'entrée des maisons étaient tous couverts par ces poussières noires.

La vie à l'intérieur n'était possible qu'à la condition de garder les fenêtres fermées. Une mère racontait qu'elle avait placé son bébé près d'une fenêtre pour le faire dormir et qu'au bout de deux heures elle l'avait trouvé encrassé. Plusieurs personnes souffraient des odeurs de soufre et étaient affectées par des irritations respiratoires. Dans les greniers, la laine minérale, qui est ordinairement de couleur rose, semblait être noire. La vie à l'intérieur était ainsi conditionnée par la présence des poussières: pour maintenir un minimum de propreté, il fallait enlever ses chaussures en entrant, avec tous les inconvénients que cela pouvait comporter pour la vie sociale.

Négociations ardues

À la mi-décembre, le sous-ministre adjoint aux opérations régionales, en accord avec la direction régionale, demande par lettre à la compagnie de présenter, pour la fin de janvier de l'année suivante, un programme complet de corrections. En réponse à cette demande, la compagnie dit qu'elle entend améliorer les collecteurs de poussières, le système d'arrosage et de refroidissement des fours, et faire l'asphaltage des chemins autour de l'usine, entraînant des dépenses de 1,5 million de dollars pour les deux années suivantes. La direction régionale estime que cette proposition de la compagnie n'offre pas de réponse adaptée à la nécessité de contrôler l'ensemble des sources d'émissions pour éliminer rapidement les nuisances.

Il fallait revenir à la charge; mais de quelle manière? La direction régionale, qui ne voulait pas perdre la maîtrise du dossier et désirait toujours conserver la coordination des interventions du Ministère, avait plusieurs préoccupations en tête. Le dossier était particulièrement délicat. Une des difficultés importantes provenait du fait que les émissions de poussières étaient couvertes par le règlement sur la qualité de l'atmosphère. Or, l'article 2 de ce règlement excluait les fours de carbure de silicium. Cette exclusion pouvait s'expliquer par le fait qu'à l'époque de la rédaction du règlement, les technologies d'épuration étaient moins performantes et l'on ne croyait pas qu'il était possible d'épurer une usine de cette envergure. On ne pouvait donc pas intenter des poursuites contre la compagnie pour infraction à un règlement dont elle était spécifiquement exclue[3]. La seule

---

3.   Les émissions permises en vertu de l'annexe A du règlement étaient de 635 livres par jour, alors que la compagnie, selon les données du Ministère, en émettait 1 500.

autre option était l'émission d'une ordonnance en application des articles 20, 25 et 27 de la *Loi sur la qualité de l'environnement* (voir annexe 1). L'article 20 prohibe l'émission de tout contaminant «susceptible de porter atteinte [...] au bien-être et au confort de l'être humain». On pouvait à juste titre se demander si l'exclusion du règlement qui était faite à l'égard des fours de carbure de silicium n'avait pas également pour effet d'empêcher, à toutes fins utiles, une ordonnance d'assujettir de tels fours à une norme d'émission. De plus, à supposer que l'article 20 de la loi pouvait malgré tout s'appliquer, on ne se sentait pas très à l'aise avec l'idée d'aller en cour en devant prouver que les rejets de l'usine nuisaient au confort des résidents. Le confort d'une personne, comme le rappelait un cadre supérieur du Ministère, ce n'est pas codifié: «N'y a-t-il pas sur la terre quelque chose de plus subjectif que le confort des gens? Et comme c'est matière à jugement, c'est aussi matière à contestation.» Il y avait donc fort à parier que l'entreprise en appellerait de l'ordonnance et qu'on allait donc se retrouver en procès, avec tous les aléas que cela comporte.

Les principaux scénarios envisagés, ayant chacun leurs avantages et leurs inconvénients, étaient les suivants:

Scénario 1
Un programme d'épuration global par ordonnance

Obliger la compagnie à se conformer aux exigences du Ministère via une ordonnance par le sous-ministre[a].

Avantages	Inconvénients
1. Assure la clarté des exigences du Ministère.	1. Engendre un climat d'affrontement.
2. Démontre la fermeté du Ministère.	2. Empêche la négociation.
3. Améliore la qualité de l'environnement.	3. Peut obliger le Ministère à des poursuites juridiques advenant un refus de la compagnie.
4. Répond aux attentes des citoyens.	
5. Atteint les résultats environnementaux prévus.	4. Fondements légaux de l'appel à l'article 20 plus faibles.
6. Constitue un cas type avec effet d'entraînement pour les autres entreprises.	5. Obligation pour la compagnie d'investir des sommes considérables.
7. Peut servir de prétexte à la construction d'une usine neuve[b].	6. Peut servir de prétexte à la fermeture de l'usine, entraînant des pertes d'emplois.

a. Jusqu'en décembre 1988, le pouvoir d'ordonnance relevait du sous-ministre. Depuis cette date, par amendement législatif, le pouvoir appartient en propre au Ministre.

b. Quelques années auparavant, la compagnie avait envisagé de relocaliser l'usine à Bécancour où elle possédait des terrains.

Scénario 2
Un programme d'épuration global par négociation

Avantages	Inconvénients
1. Mêmes avantages que dans le premier scénario.	1. Moins grande transparence du Ministère.
2. Sauvegarde la réputation de la compagnie.	2. Ouvre la porte à des compromis, particulièrement en ce qui a trait aux délais.
	3. Peut quand même conduire à la nécessité d'avoir recours à l'ordonnance, dans ce cas les inconvénients énumérés dans le premier scénario s'appliquent.

Scénario 3
Un programme d'épuration partiel par négociation

Amener la compagnie à se conformer aux exigences du Ministère
par la négociation en acceptant des compromis sur les objectifs et les délais
ou encore en acceptant d'autres moyens que la captation des émissions.

Avantages	Inconvénients
1. La compagnie s'implique positivement.	1. Atteinte partielle des objectifs environnementaux.
2. Maintient de bonnes relations avec la compagnie.	2. Les citoyens demeurent insatisfaits.
3. Préserve les emplois.	3. Image du Ministère conciliante, ce qui va à l'encontre des recommandations du protecteur du citoyen[a].
4. Préserve la réputation de la compagnie.	
5. Réduit les sommes à investir pour la compagnie.	4. Ne règle pas complètement le problème de pollution atmosphérique.

a. Dans son rapport annuel de 1986, le Protecteur du citoyen recommandait plus de fermeté de la part du ministère. «[...] Nous croyons que, devant des manifestations évidentes de tergiversations et de mauvaise foi, il serait impératif, pour la protection de la qualité de vie des citoyens, que le Ministère (de l'Environnement) ne craigne pas de montrer les dents» (p. 28).

Scénario 4
Le programme d'épuration proposé par la compagnie
(qui était substantiellement moindre qu'un programme d'épuration partiel)

Avantages	Inconvénients
Exigences acceptables par la compagnie parce que les investissements sont déjà approuvés par le siège social.	1. Le problème de la pollution persiste.
	2. Va à l'encontre des principes du CAP environnemental (fermeté).
	3. Les citoyens ont recours à l'obstruction.
	4. Constitue un précédent embarrassant pour le Ministère.

L'option privilégiée par la direction régionale fut la deuxième, soit un programme d'épuration global par négociation. On revint donc à la charge en précisant les éléments d'un programme d'épuration global: traitement des émissions du séchoir à coke afin de respecter la norme de 50 milligrammes par mètre cube (pour le 31 décembre 1988), utilisation constante d'un type de pétrole compatible avec le procédé et ayant la plus basse teneur en soufre possible, captage des émissions particulaires et gazeuses émanant de l'aire des fournaises, dispersion des particules et filtration des gaz.

En avril 1988 (on est presque arrivés à l'échéance que le Ministre avait fixée six mois auparavant), la compagnie répond à la demande du Ministère en y acquiesçant partiellement. On accepte de compléter les installations pour les émissions du séchoir à coke; par ailleurs, la compagnie estime qu'un groupe de pétrole à faible teneur en soufre n'est pas disponible dans une forme compatible avec le procédé «et son prix serait d'ailleurs deux à trois fois supérieur à celui qui est utilisé présentement». En ce qui concerne le captage des émissions particulaires et gazeuses, la compagnie estime que le bâtiment des fours n'est pas conçu pour un tel projet et que les coûts seraient de 8 à 10 millions de dollars, «ce qui est prohibitif dans la conjoncture actuelle», écrivait le directeur général de l'usine.

Il commençait à devenir évident, au sein du Ministère, qu'on allait devoir envisager la contrainte, si l'on voulait obtenir des résultats significatifs, compte tenu bien sûr des engagements préalables du Ministre. Le débat public continuait d'être soutenu et le comité de citoyens ne ratait pas une occasion de se faire entendre. De semaine en semaine, les plaintes arrivaient régulièrement au Ministère et, par le biais de la *Loi d'accès à l'information*, les demandes pour des documents techniques étaient fréquentes. Tout le monde attendait avec une certaine impatience le résultat des négociations en cours entre la compagnie et le Ministère.

Enclenchement de l'ordonnance

Fin mai, instruction est malgré tout donnée à la directrice régionale de voir à préparer l'avis préalable de l'ordonnance, donc de préparer un dossier juridique au cas où la compagnie déciderait de ne pas aller de l'avant avec un programme d'assainissement conforme aux exigences du Ministère. À cet effet, le dossier technique est approfondi pour s'assurer de la relation entre les poussières observées dans l'air ambiant et la production de l'usine. Le rapport d'un expert de la direction de la qualité de l'air, au Ministère, permit d'établir cette relation:

> L'analyse des échantillonnages démontre l'étendue des retombées autour de l'usine. La hors-norme mensuelle est la règle générale, nettement au-dessus de 7,5 tonnes par km carré. De plus, le niveau des retombées est en relation directe avec les niveaux de production de l'usine. Quand l'usine produit, elles excèdent, et quand elle ne produit pas, elles n'excèdent pas. Donc l'usine est la source des émissions et la source à contrôler est la salle des fours, et il ne s'agit pas des autres usines, ni des autres activités de l'usine. Par conséquent, le Ministère est justifié de demander l'épuration de la salle des fours.

Pour étayer encore davantage le dossier juridique, on fit une nouvelle visite du quartier: on nota les mêmes observations que celles qui l'avaient été la première fois. À cette occasion, on apprend aussi que certains résidents ont obtenu une révision à la baisse de leur évaluation municipale. Les gens se rendaient compte en effet que le marché de la revente, dans le quartier, était beaucoup plus difficile[4]. Le comité des citoyens en avait saisi les élus municipaux et menaçaient de vouloir étendre cette révision des évaluations à tout le quartier.

L'avis préalable est signifié le 27 juillet, et il comprend quatre points principaux:

1° Limiter les émissions, le dépôt, le dégagement, le rejet de matières particulaires dans l'environnement de manière à respecter la norme édictée à l'article 6 du règlement sur la qualité de l'atmosphère.

2° Limiter l'émission, le dépôt, le dégagement, le rejet de poussières du séchoir à coke à la norme édictée à l'article 24 du règlement sur la qualité de l'atmosphère.

3° Procéder au captage des émissions particulaires et gazeuses émanant de l'aire des fournaises, à l'enlèvement de ces matières particulaires à l'aide d'un système d'épuration approprié de façon à rencontrer la norme édictée à l'annexe 1 [...] et à la dispersion de ces gaz de façon à réduire les odeurs en dessous du seuil de perception à la limite des immeubles résidentiels avoisinants, au plus tard le 31 décembre 1990.

4° Soumettre le ou avant le 1er février 1989 à la direction régionale Mauricie–Bois-Francs du ministère de l'Environnement les plans et devis de construction des travaux à être effectués, accompagnés de tous les documents requis pour l'obtention d'un certificat d'autorisation, comme le stipule le règlement sur l'administration de la loi.

Quelques jours plus tard, la compagnie demande une rencontre avec les représentants du Ministère. Cette rencontre permet de conclure que la compagnie n'entend pas réaliser les travaux importants demandés. Un des participants disait à ce propos:

«Il était devenu évident que la compagnie était de moins en moins intéressée à investir pour améliorer l'usine. Il semblait y avoir plus d'argent pour faire des améliorations au début du dossier qu'à la fin.»

À ce moment-là, la possibilité de la fermeture de l'usine devint un élément important de la problématique. La fermeture de l'usine signifiait la mise à pied d'environ 75 travailleurs (emplois directs). Il s'agissait d'une main-d'œuvre peu spécialisée, peu scolarisée et d'âge mûr. Dans une région déjà durement affectée par le sous-emploi et la récession, ce n'était pas une perspective très réjouissante.

Malgré tout, le comité de citoyens continuait de maintenir son action avec autant de vigueur. On voulait maintenant ouvrir un nouveau front contre la

---

4. Les agents d'immeuble avaient compris que le meilleur moment pour faire visiter une maison en vente était immédiatement après une chute de neige, et lorsque le vent soufflait en direction opposée à celle de l'axe allant de l'usine vers le quartier. «S'il neige, ma maison est à vendre», disait-on à la blague.

compagnie, cette fois contre le bruit. On résolut au Ministère de remettre cette question à plus tard, étant donné que les procédures pour l'émission d'une ordonnance étaient déjà enclenchées et qu'on était dans l'incertitude au sujet des positions de la compagnie ainsi que de son avenir dans la région.

Le 16 septembre 1988, l'ordonnance est signifiée et, le 3 octobre suivant, la compagnie en appelle auprès de la Commission municipale du Québec.

Le syndicat des employés de l'usine, qui jusque-là était plutôt demeuré à l'écart du débat, se manifeste par l'envoi d'un communiqué:

«Nous comprenons et voulons déclarer publiquement qu'il est urgent d'agir, et que si aucun changement important n'intervient, le gouvernement n'aura d'autre choix que d'appliquer son ordonnance, ce qui peut être fatal pour la survie de l'usine. L'employeur a donc pour l'instant choisi de gagner du temps en contestant l'ordonnance devant la Commission municipale. Tout en reconnaissant que certains points de l'ordonnance peuvent être débattus, il n'en demeure pas moins que des gestes doivent être posés et ce dès maintenant. À cet effet, nous avons déjà fait parvenir à la compagnie voilà déjà une semaine une série de recommandations touchant les procédures de travail afin de réduire les concentrations de poussières s'échappant de l'usine. Si elles sont appliquées, ces méthodes auront un effet immédiat sur la qualité de l'environnement. Lors d'une rencontre avec les dirigeants de la compagnie, nous avons appris que nos recommandations n'étaient pas retenues par la compagnie [...] Longtemps les travailleurs et travailleuses ont hésité à soulever des questions environnementales, de peur de perdre leur emploi. L'opinion publique est de plus en plus sensible à ces questions.[...] Nous les travailleurs de l'usine devons soulever la question de l'environnement si nous voulons que notre usine demeure en opération pour longtemps.»

Cette intervention laissait entrevoir l'existence de problèmes à l'intérieur de l'usine, au sujet de la santé des travailleurs. De fait, la Commission de la santé et de la sécurité du travail du Québec avait aussi un dossier sur la compagnie et selon les informations disponibles au Ministère, à l'époque, les exigences de la Commission pouvaient entraîner pour la compagnie des investissements considérables pour améliorer les installations.

Menaces de fermeture de l'usine

Coincée de tous côtés, la compagnie ne laissait pas de rappeler qu'étant donné la conjoncture économique, elle pouvait difficilement consentir des efforts aussi colossaux sans risquer de s'exclure du marché et de disparaître. Pour évaluer ces arguments, les fonctionnaires manquaient d'informations. La compagnie appartenait à des intérêts étrangers et les données sur les profits réels et sur les marchés faisaient défaut. Les menaces de fermeture pouvaient-elles être prises au sérieux, alors que certains renseignements fournis par la compagnie étaient parfois erronés? Ainsi lors de la dernière rencontre qu'ils avaient eue, les représentants de la compagnie avaient soutenu qu'une de leurs usines en Allemagne avait été l'objet d'un incendie majeur après qu'on y eut installé le procédé qui était préconisé ici au Québec; il y avait danger que l'usine explose. Quelque temps après, des spécialistes du Ministère avaient pu se renseigner et ainsi apprendre que l'incendie en question n'était aucunement relié à la cause qu'on avait voulu lui imputer. Donc, on se méfiait toujours un peu des objections soulevées par la compagnie concernant le bien-fondé des demandes formulées par le Ministère.

Le comité VIPOIN, lui, ne démordait pas. Il avait obtenu l'appui du député de la région à l'Assemblée nationale et avait ensuite obtenu une rencontre avec le ministre de l'Environnement. Les représentants du comité avaient peine à comprendre la lenteur des démarches et les difficultés de la preuve qui préoccupaient, par ailleurs, grandement les fonctionnaires.

Les premières séances de la Commission municipale, devant laquelle l'appel de l'ordonnance était placé, sont fixées au mois de juin 1989 à l'hôtel de ville de Cap-de-la-Madeleine. Les deux premières journées sont consacrées à l'étude d'une question préalable, à savoir que les motifs de droit invoqués au soutien de l'ordonnance sont erronés parce que le Ministère n'avait pas le pouvoir, vu l'existence de l'article 2 du règlement sur la qualité de l'atmosphère (ce dont il a été question précédemment), de rendre cette ordonnance et que, de ce fait, la Commission municipale n'avait pas juridiction pour entendre la preuve. Il fallut attendre que la Commission rende sa réponse (rejet de l'objection de l'appelante) sur cette question, deux mois plus tard, pour que le débat de fond reprenne. Au mois de septembre, les audiences reprennent avec les témoignages des experts, des hauts fonctionnaires (notamment le sous-ministre, signataire de l'ordonnance) et des résidents.

Le rôle de la Commission consistait à déterminer, dans ce cas:

1. si les motifs de fait ou de droit invoqués par l'appelante au soutien de la décision étaient erronés;

2. si la procédure suivie était entachée d'une irrégularité grave;

3. si la décision n'avait pas été rendue avec impartialité.

C'est sur le premier point que le débat fut le plus difficile. Appelé à témoigner, le sous-ministre, signataire de l'ordonnance, eut à justifier son geste, en démontrant qu'il avait agi en toute connaissance de cause, que malgré les déficiences du rapport d'analyse des données d'air ambiant – qui dataient de 1984, il avait quand même décidé de procéder compte tenu des autres éléments de la preuve. «Pour émettre l'ordonnance, titrait le lendemain *Le Nouvelliste*, le sous-ministre avait en main les données suffisantes.» En tout, la Commission, qui siégea pendant 20 jours, entendit 62 témoins, dont 35 résidents.

L'issue

N'ayant pu répondre affirmativement à aucune des trois questions qui lui étaient soumises, la Commission confirmait l'ordonnance, dans une décision rendue publique, le 2 février 1990. Peu de temps après, la compagnie annonçait qu'elle allait fermer ses portes. «L'usine Norton ferme en juillet», titrait un quotidien de la région le 19 février. Le premier paragraphe de cette nouvelle se lisait comme suit:

> L'usine Norton de Cap-de-la-Madeleine fermera définitivement ses portes le 1er juillet 1990. La haute direction de cette entreprise multinationale a officiellement fait savoir hier qu'en raison du maintien de l'ordonnance du ministre de l'Environnement du Québec à son endroit, elle n'avait pas d'autres choix, pour des raisons économiques, que de mettre fin à ses activités à Cap-de-la-Madeleine où elle était installée depuis près de 40 ans.

La nouvelle eut l'effet d'un coup de massue pour les travailleurs et fut à l'origine des activités d'un nouveau groupe de pression, celui-là voué à la survie de l'entreprise et qui s'était appelé pour la circonstance (NOR-VIE). Composé essentiellement d'employés de l'usine et de leurs conjoints, ce comité se mit à faire des représentations auprès des mêmes instances qui avaient, au départ, été sollicitées par les opposants à la pollution, soit le conseil de ville, le député, le ministre de l'Environnement. Maintenant, les médias qui, quelques mois auparavant, n'avaient d'yeux que pour la pollution créée par l'usine, faisaient largement état du sort des travailleurs, des difficultés de reclassement, etc. C'était comme un réveil après un beau rêve. Les gens commençaient à se rendre compte qu'ils avaient cru tout au long que la compagnie céderait aux pressions de la population et aux exigences du Ministère; s'ils avaient au moins manifesté un minimum d'efforts, se disait-on, les choses n'auraient peut-être pas mal tournées. La présidente du groupe VIPOIN avouait à un journaliste: «On voulait simplement que la compagnie se corrige... »

Au Ministère, on était maintenant sollicité pour retirer l'ordonnance. Inutile de dire qu'il n'en était pas question. Comme le faisait remarquer un haut fonctionnaire du Ministère: «Il n'y avait pas de gagnants dans cette affaire. À chaque geste que l'on posait, on se faisait des ennemis. On bouge, on se fait tirer dessus; on ne bouge pas, on se fait encore tirer.»

Avant la date prévue de la fin des activités, au printemps 1990, il y eut une explosion suivie d'un incendie à l'usine. C'en était fait. Les activités cessèrent et peu de temps après l'usine fut démolie. On a caractérisé les sols, c'est-à-dire qu'on en a déterminé la composition, et on a sorti tous les déchets; maintenant c'est un immense terrain vacant où l'on trouve un panneau bien en vue sur lequel est inscrit: «Terrain à vendre».

Annexe 1

Loi sur la qualité de l'environnement (L.R.Q., c. Q-2)

Section IV
La protection de l'environnement

Émission d'un contaminant

20 – Nul ne doit émettre, déposer, dégager ou rejeter ni permettre l'émission, le dépôt, le dégagement ou le rejet dans l'environnement d'un contaminant au-delà de la quantité ou de la concentration prévue par règlement du gouvernement.

La même prohibition s'applique à l'émission, au dépôt, au dégagement ou au rejet de tout contaminant, dont la présence dans l'environnement est prohibée par règlement du gouvernement ou est susceptible de porter atteinte à la vie, à la santé, à la sécurité, au bien-être ou au confort de l'être humain, de causer du dommage ou de porter autrement préjudice à la qualité du sol, à la végétation, à la faune ou aux biens.

Cessation

25 – Lorsqu'il constate la présence dans l'environnement d'un contaminant visé à l'article 20, le ministre peut ordonner au responsable de la source de contamination de cesser définitivement ou temporairement ou de limiter, selon les conditions qu'il impose, l'émission, le dépôt, le dégagement ou le rejet de ce contaminant.

Signification d'un préavis

Le ministre, avant de rendre une ordonnance, signifie au responsable de la source de contamination un préavis d'au moins 15 jours mentionnant les motifs qui paraissent justifier une ordonnance, la date projetée pour sa prise d'effet et la possibilité pour le responsable de faire ses représentations. L'avis est accompagné d'une copie de tout rapport d'analyse ou d'étude ou autre rapport technique considéré par le ministre aux fins de l'ordonnance projetée.

Transmission de l'avis préalable

Le ministre transmet une copie de l'avis préalable à toute personne qui lui a soumis, relativement à l'objet de cet avis, une plainte assermentée. Avis de l'ordonnance projetée est publié dans un quotidien distribué dans la région où se trouve la source de contamination visée.

Le ministre transmet également une copie de l'avis préalable au secrétaire-trésorier ou greffier de la municipalité où se trouve la source de contamination visée. Celui-ci doit mettre l'avis préalable à la disposition du public pendant la période de 15 jours prévue au deuxième alinéa.

Ordonnance

L'ordonnance doit contenir l'énoncé des motifs du ministre. Elle prend effet à la date de sa signification au responsable de la source de contamination ou à toute date ultérieure indiquée dans l'ordonnance.

Appareil

27 – Le ministre peut, lorsqu'il l'estime nécessaire pour assurer la protection ou l'assainissement de l'environnement, ordonner au responsable d'une source de contamination d'utiliser toute catégorie ou type d'appareil qu'il indique, aux fins de réduire ou d'éliminer l'émission, le dépôt, le dégagement ou le rejet d'un contaminant.

Installation

Il peut de même, lorsqu'il l'estime nécessaire pour assurer la surveillance de la qualité de l'environnement, ordonner au responsable d'une source de contamination d'installer, dans les délais et à l'endroit qu'il désigne, toute catégorie ou type d'équipement ou d'appareil aux fins de mesurer la concentration, la qualité ou la quantité de tout contaminant et obliger le responsable de la source de contamination à transmettre les données recueillies selon les modalités qu'il détermine.

Il peut enfin ordonner au responsable d'une source de contamination d'installer, dans les délais et à l'endroit qu'il désigne, tous les ouvrages qu'il juge nécessaires pour lui permettre le prélèvement d'échantillons, l'analyse de toute source de contamination ou l'installation de tout équipement ou appareil décrit à l'alinéa précédent.

Annexe 2

Le procédé de fabrication

L'usine fabrique du carbure de silicium selon le procédé habituel avec des fournaises ouvertes de type Atcheson dont la capacité totale de production est d'environ 20 000 tonnes par année. L'opération des fours à résistance électrique comprend quatre phases: la préparation, l'allumage, le refroidissement et le déchargement du four.

A. *La préparation.* Le four à résistance électrique mesure environ 30 pieds de long sur 16 de large. D'un côté il y a un mur, alors que de l'autre côté c'est ouvert. À chaque extrémité du four se trouve une tête en ciment qui contient une électrode de carbone. L'opération des fours se fait par fournées. Il y a 9 transformateurs et 42 fours alignés en deux rangées sur la longueur de l'usine.

Les fournées du mélange sont placées dans un four vide jusqu'à ce que le four soit rempli à mi-capacité. Le carbone et le graphite sont ensuite placés sur le dessus du mélange étendus d'une tête à l'autre pour former la résistance au four. D'autres fournées du mélange sont alors placées par-dessus la résistance jusqu'à ce que le four soit rempli. Le four contient alors près de 75 tonnes de mélange, soit environ 30 fournées.

B. *L'allumage*. L'allumage du four demande de 30 à 33 heures. Durant ce cycle, le mélange diminue de volume et des gaz se forment à l'intérieur du four: ces gaz constituent les plus grandes sources de particules polluantes. Durant le cycle d'allumage du four, le mélange réagit à environ 2 200 °C pour former un lingot de carbure de silice.

Pour former chaque tonne de SIC, cela requiert 1,5 tonne de SIO_2 et 0,5 tonne de carbone. Autrement dit, pour chaque tonne de SIC, il se forme 1,4 tonne de gaz de CO. L'oxyde de carbone (CO) est toxique et explosif. Le gaz s'infiltre dans la partie supérieure du four; on l'allume intentionnellement pour le brûler afin de le réduire en partie en du bioxyde de carbone.

C. *Le refroidissement*. À la fin du cycle d'allumage du four, on coupe le courant. La masse chaude du four est d'abord refroidie à l'air lentement et on pulvérise de l'eau sur la masse.

D. *Le déchargement*. À la fin du cycle de refroidissement du four, soit après 60 heures environ, la masse produite est déchargée. Premièrement, la portion du dessus est effeuillée en enlevant une croûte. Ensuite, le vieux mélange est enlevé par le côté ouvert du four à l'aide de chargeurs. Le lingot est alors cassé et le graphite présent au centre est enlevé manuellement. On retire le lingot de la zone intérieure de la masse du four et les mottes du lingot sont transférées dans l'aire du triage par les véhicules.

E. *Le triage de masse produite*. Chaque lingot provenant du four est placé dans un compartiment séparé dans l'aire du triage. Le lingot est trié en trois parties. Le centre du lingot peut encore contenir du graphite lequel est enlevé et conservé pour servir de résistance dans les prochains fours. Une couche de 3 à 6 pouces est enlevée de l'extérieur du lingot avec des tranches pneumatiques pour réutilisation. La partie à l'intérieur du lingot est le produit brut recherché, soit du carbure de silice; la grosseur des mottes peut varier entre 3 pouces et 6 pieds.

F. *Le broyage et le raffinement*. Les mottes de carbure de silice sont broyées et réduites à deux grosseurs: moins de 1,5 pouce et 0,5 pouce. On y parvient en faisant passer le matériau dans deux broyeurs à mâchoires et par-dessus quatre tamis. Aucune pulvérisation n'est faite.

G. *L'emballage et l'expédition*. La plupart des produits de carbure de silice sont expédiés en vrac par chemin de fer ou par camions. Certains produits sont expédiés dans des conteneurs d'une tonne remplis directement des réservoirs.

Annexe 3

Extraits de l'ordonnance du 16 septembre 1988
(quelques-uns des attendus)

ATTENDU que les opérations de l'usine provoquent l'émission, le dépôt, le dégagement ou le rejet dans l'environnement de contaminants, à savoir des matières particulaires, des gaz et des odeurs;

ATTENDU que des échantillonnages de particules en suspension dans l'air ambiant à proximité de l'usine de la compagnie ont été effectués de juin 1976 à août 1984, et qu'aucun changement significatif aux opérations de la compagnie ne s'est produit depuis;

ATTENDU que les résultats de ces échantillonnages démontrent que les normes de l'air ambiant en ce qui concerne les particules en suspension, établies à l'article 6 du règlement sur la qualité de l'atmosphère sont très fréquemment dépassées [...];

ATTENDU que la quantité de matières particulaires émises, dégagées ou rejetées dans l'environnement par la compagnie est directement reliée au volume de production de l'usine;

ATTENDU que les rejets de contaminants dans l'environnement par la compagnie ont donné lieu à de nombreuses plaintes au ministère de l'Environnement de la part des citoyens du quartier environnant l'usine;

ATTENDU que les plaintes font état que les opérations de l'usine provoquent des odeurs désagréables et des irritations respiratoires pour les citoyens;

ATTENDU que les plaintes font état que des poussières noires abrasives sont émises, dégagées ou rejetées dans l'environnement par l'usine de la compagnie;

ATTENDU que ces poussières obligent les citoyens résidant dans les environs de l'usine à un entretien difficile et beaucoup plus fréquent de leur propriété, altèrent le revêtement des propriétés et obligent les citoyens à des dépenses additionnelles de toutes sortes;

ATTENDU que ces poussières noires adhèrent plus particulièrement aux matériaux poreux et cherchent à s'étendre lorsqu'on les frotte;

ATTENDU que la présence des poussières oblige les citoyens à modifier leurs habitudes de vie et, entre autres, à garder les fenêtres fermées en tout temps;

ATTENDU que les poussières émises par l'usine diminuent la valeur marchande des immeubles environnants, tel qu'en fait foi une décision du Bureau de révision de l'évaluation foncière du Québec;

ATTENDU que la municipalité du Cap-de-la-Madeleine est justifiée d'anticiper une diminution de la valeur du rôle d'évaluation pour ce secteur de son territoire;

ATTENDU que les problèmes de rejet de contaminants par l'usine de la compagnie ont fait l'objet de nombreuses discussions, rencontres et échanges de correspondances entre la compagnie et les diverses autorités du ministère depuis plusieurs années;

ATTENDU que les diverses modifications aux opérations de l'usine et ajouts de certains appareils de dépollution dont, entre autres, l'installation de dépoussiéreurs pour une partie des activités de l'usine et d'un système d'arrosage des fours, n'ont pas permis de solutionner de façon satisfaisante et conforme à la *Loi sur la qualité de l'environnement* le problème de contamination;

ATTENDU que les représentants de la compagnie ont fait savoir qu'ils ne comptaient pas procéder à la captation et à la filtration des gaz de la salle des fournaises demandées dans l'avis préalable;

ATTENDU que les citoyens de Cap-de-la-Madeleine ont droit à un environnement sain;

ATTENDU que la situation exige une intervention formelle du soussigné (le sous-ministre) afin d'apporter une solution satisfaisante à ce problème de pollution;

ATTENDU qu'il est nécessaire que l'usine de la compagnie cesse d'émettre dans l'environnement du Cap-de-la-Madeleine des matières particulaires, des gaz et des odeurs susceptibles de porter atteinte à la santé de l'être humain et qui portent effectivement atteinte au bien-être, au confort de l'être humain, causent du dommage ou portent autrement préjudice à la qualité du sol, à la végétation et aux biens.

Questions

1. À laquelle des approches de la prise de décision présentées dans le chapitre 7 vous semble correspondre la démarche adoptée dans la situation exposée dans le cas? Quelles sont les informations concernant la recherche d'options, leur analyse et le critère de choix final sur lesquelles vous basez votre réponse?

2. D'après vous, quels sont les éléments qui illustrent bien certaines difficultés rencontrées lors de processus décisionnels engagés dans le cas pour les organisations publiques?

Chapitre 8

LE LEADERSHIP ET LA GESTION DANS LES ORGANISATIONS PUBLIQUES

INTRODUCTION

Objet de multiples réflexions, par de nombreux universitaires et praticiens, la question du leadership est loin de faire l'unanimité et des désaccords fondamentaux subsistent sur ce dont il s'agit au juste; ainsi, la question de savoir si le leadership est inné ou acquis est l'objet d'une controverse qui persiste toujours. En dépit de tels désaccords, tout le monde reconnaît que le leadership est nécessaire et que des problèmes sérieux surviennent lorsqu'il fait défaut. D'ailleurs, peut-être que l'opinion la plus dommageable pour un premier ministre est celle qu'il a échoué comme leader du pays. De la même manière, quand il est question de la piètre performance industrielle du pays au plan de sa compétitivité sur la scène internationale, on entend souvent dire que les responsables ont manqué ou manquent de leadership. Lorsqu'il est question des fonctionnaires, le manque de leadership est une accusation qui va quasiment de soi; les employés du secteur public sont décrits comme de petits fonctionnaires insensibles, anonymes, qui sont incapables de faire preuve de leadership[1]. Que signifient au juste de telles opinions?

---

1. Bien entendu, si un fonctionnaire fait preuve de leadership pour atteindre des buts différents de ceux que privilégient les critiques, on jugera cette conduite inappropriée et on lui rappellera que son travail consiste à exécuter et à voir à l'application d'un programme, non pas à concevoir des politiques ou à prendre la tête de mouvements.

En dépit des désaccords sur des aspects particuliers du phénomène, il y a suffisamment d'accords sur ses aspects plus généraux pour nous permettre d'avoir sur le sujet un débat valable. On ne peut d'ailleurs pas éviter d'en discuter parce que le leadership a une importance déterminante pour l'avenir d'une société, d'un gouvernement et de chacune des organisations qui les composent. Dans ce chapitre, nous allons d'abord définir le leadership en précisant ses liens avec le management et la supervision dans les organisations. Deuxièmement, nous allons examiner trois principaux groupes de théories qui cherchent à expliquer comment le leadership efficace prend forme. Troisièmement, nous allons brièvement explorer les relations entre les théories du leadership et les autres théories traitant des organisations. Finalement, nous allons voir pourquoi les organisations publiques requièrent un type de leadership bien particulier.

LA NATURE DU LEADERSHIP
DANS LES ORGANISATIONS PUBLIQUES

Alors que le terme «leadership» est utilisé au moins depuis deux siècles et que tout le monde croit savoir ce qu'il signifie, chaque personne semble en avoir une définition propre.

Après avoir examiné la littérature sur le leadership, Warren Bennis (1959, p. 259) a observé ceci:

> Il semble que le concept de leadership nous échappe ou prenne continuellement de nouveaux sens, ce qui illustre qu'il s'agit d'un sujet délicat et complexe. Nous avons donc inventé une prolifération infinie de termes pour en saisir la signification et la portée [...] et pourtant, le concept n'est pas encore suffisamment défini.

On peut se réjouir du fait que cette situation, décrite en 1959, n'ait guère évolué depuis cette date, car dans une société pluraliste comme la nôtre, le leadership ne peut qu'avoir plusieurs sens.

> Dans notre société, le leadership est dispersé plus souvent qu'autrement. Les leaders sont partout, à tous les niveaux et dans tous les secteurs de la société [...] La dépendance excessive que crée l'adoption d'une définition unique et l'établissement de règles résultent en des solutions standard à être appliquées uniformément à tout le système. Mais la réalité, celle dans laquelle nous vivons n'est pas standard. Elle est caractérisée par la diversité, prend différentes formes selon les endroits et est remplie de surprises. (Gardner, 1981, p. 11)

En dépit du fait qu'il y a beaucoup de vrai dans l'énoncé de John Gardner, nous devons quand même avoir une définition commune à partir de laquelle nous pourrons travailler sans pour autant concevoir cette définition comme étant immuable et exhaustive. D'ailleurs, nous allons constamment ajouter de nouvelles dimensions à ce premier essai de conceptualisation. *Comme définition générale, nous dirons que le leadership consiste à influencer le comportement d'autres individus, dans un groupe ou une organisation, à établir des objectifs, à formuler des moyens de les atteindre et à proposer des normes sociales au groupe* (Lundstedt, 1965; souligné par les traducteurs).

Trois niveaux de leadership dans les organismes publics – une précision

Le leadership existe aussi bien à l'extérieur qu'à l'intérieur des organisations. Évidemment, notre attention porte sur le leadership dans les organisations publiques et ce contexte particulier a d'ailleurs alimenté une certaine confusion. À l'intérieur d'un organisme public, nous parlons des postes formels établis par l'organisation ou, dans certains cas – en particulier, aux niveaux supérieurs –, des postes créés en vertu de la loi qui crée l'organisme et qui détermine ses principaux champs d'interventions. Nous distinguerons trois niveaux de postes – les postes d'administrateurs (niveau supérieur de l'organisation), les cadres intermédiaires[2] et enfin les postes de supervision – qui peuvent être occupés par des leaders dans l'organisation. Malheureusement, on réfère à ces niveaux de postes comme s'ils se valaient tous et les théories sur le leadership sont habituellement traitées comme si elles s'appliquaient également à chaque niveau de postes: or, ce n'est pas le cas. Il est nécessaire de tenir compte des différences dans la portée et la nature spécifique des fonctions liées à chaque niveau de postes et de voir l'allure que prend le leadership dans l'exercice de ces différentes fonctions. Évidemment, il y a des aspects du leadership qui sont communs à tous les niveaux des organisations et nous nous y arrêterons bientôt; mais l'étude détaillée du leadership dans les organismes publics requiert l'étude de sa nature et de ses rôles aux trois niveaux. En plus de considérer ces trois niveaux de leadership, nous aborderons également le leadership informel qui se manifeste dans toute organisation et qui doit être l'objet d'une attention spéciale précisément parce qu'il se développe en marge des structures formelles.

Bien que les postes d'administrateurs, de cadres intermédiaires et de superviseurs soient souvent traités indistinctement et qu'il soit difficile d'en établir les limites précises, ils comportent des différences qui doivent être saisies si l'on veut expliquer les divers rôles joués par leurs titulaires. Comme nous l'avons indiqué précédemment, les trois niveaux de postes sont fonction de l'autorité formelle qui, en dernière analyse, leur est conférée par la loi ou des règlements. Les administrateurs ont, entre autres responsabilités, celle d'établir le plan d'organisation de l'organisme, c'est-à-dire l'ensemble des postes occupés par les cadres intermédiaires et les superviseurs. On s'attend à ce que les administrateurs aient une conception générale de l'organisme, qu'ils sachent interpréter les énoncés et les buts

---

2. On peut également parler de gestionnaires pour qualifier ce niveau de poste. Pour mieux situer cette catégorie, admettons que le poste d'administrateur, dans un ministère, serait celui de sous-ministre; un sous-ministre adjoint dans ce contexte serait un cadre intermédiaire, un gestionnaire. Donc, la catégorie cadre intermédiaire doit être comprise comme désignant les niveaux qui se situent entre le niveau des administrateurs et celui des superviseurs. (N.D.T.)

politiques, habituellement vagues et souvent contradictoires. En plus de chercher à les réaliser, ils doivent les traduire en des politiques et des procédures pratiques et utilisables par ceux qui sont au centre des activités de l'organisation. À titre de fonctionnaires situés au plus haut niveau dans la hiérarchie, les administrateurs établissent ou interprètent les buts généraux de l'organisme et essaient de créer une atmosphère ou un environnement propices à l'atteinte de ces buts. Finalement, on s'attend à ce que les administrateurs portent une attention spéciale à l'environnement de sorte qu'ils puissent profiter d'occasions qui s'y présentent, protéger l'organisme quand il est attaqué ou en danger, et le représenter dans les inévitables tiraillements d'ordre administratif ou politique.

Les cadres intermédiaires et les superviseurs tirent leur autorité des administrateurs et de leurs supérieurs hiérarchiques. Par ailleurs, les titulaires de ces postes exercent également, à l'égard de subalternes, une autorité formelle définie. Les cadres intermédiaires et les superviseurs doivent interpréter les buts généraux de l'organisation d'une manière encore plus concrète pour les appliquer d'abord à de petites unités de travail, puis, en fin de compte, aux individus qui exercent des fonctions très spécifiques dans l'organisation.

Les superviseurs, qui sont au bas de la hiérarchie, doivent mettre l'accent sur la motivation, la productivité et les relations interpersonnelles parce qu'ils travaillent avec ceux qui sont le plus directement impliqués dans la production et la livraison des biens et services fournis par l'organisme. C'est pourquoi les superviseurs doivent essayer de protéger leurs subordonnés des pressions politiques, puisque ces derniers fonctionnent habituellement dans le cadre d'un système qui s'appuie en partie sur la notion de mérite. Les superviseurs, dans une organisation publique, doivent travailler *sans* avoir les pouvoirs et la flexibilité qui sont habituellement présents dans le secteur privé et ce, à cause des contraintes légales et réglementaires affectant le recrutement, la promotion, la rémunération, les moyens tangibles de souligner le bon travail et les actions disciplinaires.(Pour un traitement plus élaboré de la nature de la fonction publique et des limites qu'elle impose à ceux qui veulent motiver les fonctionnaires, voir le chapitre 9.) Les superviseurs dans le secteur public sont tout aussi responsables de l'atteinte d'objectifs que les directeurs de groupe dans n'importe quelle organisation, mais ils doivent le faire avec moins d'outils à leur disposition. Finalement, ces objectifs et même les routines qu'adoptent les subordonnés sont souvent déterminés ailleurs dans l'organisation. Alors que les administrateurs conçoivent des politiques et traitent des aspects les plus généraux de la vie de l'organisme, les superviseurs surveillent et dirigent le travail d'ouvriers ou de techniciens qui remplissent des tâches définies.

Les cadres intermédiaires, comme leur nom l'indique, se situent entre ces deux pôles. Ils sont souvent sollicités à la fois par les administrateurs et les subordonnés, souvent tiraillés entre les deux alors qu'ils cherchent à traduire les objectifs généraux et les politiques en actions concrètes pour les différentes unités de l'organisation et pour les individus (Likert, 1961, 1967). Donc, une préoccupation centrale chez les cadres intermédiaires concerne la structure, les directives et les procédures, c'est-à-dire les moyens de bien structurer l'organisation pour que les objectifs généraux soient atteints. Ils ne définissent pas des objectifs pour l'ensemble de l'organisation – cela est fait ailleurs, aux échelons supérieurs de l'organisation ou en dehors d'elle – mais ils n'en sont pas moins des acteurs décisifs dans la transformation des énoncés de politiques générales sur les plans de la structure, de l'action et des résultats. Les cadres intermédiaires dirigent des superviseurs; quoique certains cadres intermédiaires puissent parfois diriger directement des professionnels, des techniciens ou des agents de bureau, ils ont habituellement des superviseurs sous leur responsabilité. Bref, les cadres intermédiaires se retrouvent à plusieurs niveaux d'une organisation et jouent un rôle de coordination d'unités semi-autonomes.

Le fait qu'un individu occupe une position formelle dans la hiérarchie ne lui confère pas automatiquement des qualités de leader; quelqu'un peut occuper n'importe lequel des trois types de positions dans l'organisation sans exercer beaucoup de leadership. Bien que l'organisation puisse souffrir grandement d'une telle situation, il faut reconnaître qu'elle se produit régulièrement. Par ailleurs, si les qualités de leader sont utiles à tous les niveaux, on conviendra que le type de leadership et ses modalités d'exercice doivent varier selon le niveau. Nous allons indiquer certaines de ces différences au fur et à mesure que nous cheminerons dans ce chapitre.

Finalement, après avoir traité des trois niveaux formels de leadership, nous verrons que le leadership vient souvent d'individus qui n'ont pas de statut officiel dans l'organisation (bien que plusieurs, sinon la plupart des leaders, acquièrent tôt ou tard un tel statut); nous référons ici aux leaders informels. Plusieurs individus qui ne sont pas titulaires d'un poste d'autorité formelle dans une organisation n'en influencent pas moins les comportements, les buts et les procédures dans l'organisation. Ils remplissent alors les rôles énoncés précédemment dans la définition suggérée du leadership même s'ils les exercent sur une autre base que celle que procure un statut formel et hiérarchique. Pour avoir une vue d'ensemble complète de ce qui se passe à l'intérieur d'un organisme public, nous devons considérer l'impact du leadership informel en même temps que celui du leadership formel. Dans ce chapitre, il est important de noter le traitement que font de la dimension informelle des organisations les théories que nous verrons, même si ces théories privilégient, au niveau de leur présentation, l'organisation formelle. Dans la plupart des cas, les théories considérées seront utiles pour comprendre le leadership s'exerçant dans les organisations tant dans sa dimension formelle que dans sa dimension informelle.

Définir le leadership

Comme nous l'avons noté dans l'introduction de ce chapitre, il y a désaccord sur la définition et sur la manière d'étudier le leadership. La meilleure façon d'aborder le sujet est de le faire à partir tout d'abord des deux aspects qui font consensus, auxquels on ajoutera quatre concepts qui nous paraissent essentiels. Nous pourrions évidemment aller plus loin et approfondir le sujet en tenant compte de la multitude et de la richesse d'autres informations disponibles. Une telle entreprise pourrait se réaliser mais à l'intérieur d'un programme d'études spécialisées, ce qui dépasse l'objectif que nous nous sommes fixé ici.

Les deux aspects qui font consensus – le leadership comme phénomène de groupe et comme démarche d'influence. Actuellement, les différentes définitions du leadership se rejoignent sur deux points, et sur deux points seulement. Premièrement, on convient que le leadership est un phénomène de groupe; donc, au moins deux personnes doivent y prendre part. Deuxièmement, le leadership fait intervenir une démarche d'influence; le leader influence intentionnellement les gens qui acceptent de le suivre (les partisans). Peu importe les formes que cette influence peut prendre (nous y reviendrons plus loin dans ce chapitre), elle poursuit toujours le même but, à savoir rallier les gens et les motiver à réaliser certains objectifs communs. Ainsi, un aspect tangible (un groupe) et une démarche (l'influence) doivent être réunis pour qu'il y ait leadership.

Cependant, dès lors qu'on s'interroge sur la cause et/ou le sens d'une démarche ou d'un processus visant à influencer, on suscite un débat. Pour beaucoup de gens, le processus est toujours enclenché par le leader pour ensuite atteindre le groupe (les partisans). Toutefois, plusieurs chercheurs prétendent que dans un tel processus d'influence il y a un mouvement en sens inverse, c'est-à-dire du groupe vers le leader. Ce mouvement confirme ou consacre le rôle de leader chez celui ou celle qui prétend jouer ce rôle[3]. On débattra également d'autres éléments liés aux dimensions formelles et informelles du fonctionnement des groupes. En résumé, on conviendra que de nombreux facteurs interviennent souvent simultanément dans les manifestations de leadership et qu'il faut en tenir compte. Cependant, les deux aspects fondamentaux cités précédemment, à savoir que le leadership est un phénomène de groupe et un procédé d'influence, sont les seuls à devoir faire partie de toute manifestation de leadership.

Nous allons maintenant discuter de quatre facteurs additionnels dont il faut tenir compte lorsqu'on examine le leadership dans le contexte particulier des

---

3. Un exercice simple permet de saisir toute la portée de cette dimension du leadership. Supposons que vous faites partie d'une classe d'étudiants qui se connaissent depuis quelques mois. Lors d'une rencontre avec un professeur sur le thème du leadership, il demande à ceux ou celles qui croient être les leaders du groupe de se présenter. Vous êtes susceptible alors d'observer deux réactions. Premièrement, il y a de bonnes chances que les leaders n'osent pas s'affirmer comme tel, de leur propre chef. Ceci illustre le fait que sans l'accord explicite ou implicite du groupe dont on prétend être le leader, se présenter comme tel (seconde réaction) risque, à la limite, de remettre en cause l'appui du groupe à notre leadership. Évidemment, il est possible que personne ne se manifeste comme leader ou que personne ne soit désigné comme tel pour d'autres raisons. (N.D.T.)

organisations publiques. Nous présumons ici que chaque organisme a un groupe de leaders occupant des postes d'autorité formelle. Ces leaders occupent des postes qui sont créés par la loi ou par des règlements de l'organisation, ils ont une sphère relativement bien définie à l'intérieur de laquelle ils exercent leurs compétences et ils sont en droit d'attendre de leurs subalternes un certain degré de respect et d'obéissance (qu'on se rappelle à ce sujet le modèle bureaucratique de Max Weber). Nous devons nous rappeler que le leadership formel constitue une dimension centrale des organisations publiques. Nous allons pourtant mettre l'accent sur les aspects informels ou interpersonnels du leadership, parce que c'est à ce chapitre qu'on observe des différences majeures lorsqu'on étudie le phénomène ou qu'on l'observe en pratique. Plusieurs facteurs doivent donc être précisés afin de donner au leadership tout son sens.

Le leader comme symbole. Le leadership ne serait pas nécessaire si ce n'était que les groupes ont des besoins à satisfaire et des objectifs à atteindre. Le leader incarne le but du groupe – non seulement aux yeux de ceux qui en font partie, mais également aux yeux de ceux qui sont extérieurs au groupe. Et, que le leader ait déterminé, seul ou avec le groupe, les objectifs à atteindre, il a à l'esprit un programme d'actions ou une stratégie qui va précisément aider le groupe à les réaliser (Urwick, 1953; Cowley, 1928).

L'unicité des rôles de leadership. Lorsque le leader est reconnu comme tel par les autres membres du groupe, les attentes à son égard et les interactions entre lui et les autres membres du groupe confèrent à ses comportements un caractère unique et différent des comportements des autres membres du groupe. Les leaders n'agissent pas comme leurs partisans et ceux-ci se comportent différemment à l'égard de leur leader qu'ils ne le font à l'égard des autres membres du groupe. Par exemple, les leaders peuvent modifier leurs comportements en s'écartant des normes acceptées par le groupe à condition que leurs nouveaux comportements profitent au groupe, soit en l'aidant à acquérir des ressources additionnelles, soit pour atteindre des objectifs recherchés. Le rôle différencié des leaders entraîne un changement dans les attentes à l'égard de leur contribution au fonctionnement du groupe; la contribution des leaders est censée être indispensable et/ou avoir des conséquences considérables pour le groupe; voilà pourquoi le groupe gagne à avoir un leader. En retour, le leader retire certains avantages qui rendent le rôle encore plus stimulant et satisfaisant.

Comment devenir un leader ou occuper un rôle de leadership. Nos propos ont porté jusqu'ici sur le leadership exercé par quelqu'un qui s'était vu confier un rôle de leader. Nous n'avons pas encore répondu à la question, pourtant fondamentale, de savoir comment quelqu'un obtient (ou se voit confier) un tel rôle. La réponse à cette question s'articule autour de deux aspects. D'une part, le leadership formel s'obtient à la suite d'une affectation officielle par l'organisation; d'autre part, dans la mesure où le leadership exercé s'appuie sur quelque chose de plus que le seul fait de détenir un poste formel, il doit être consenti par le groupe. Ainsi donc, le leadership informel, celui qui n'est pas rattaché à l'occupation d'un poste formel dans l'organisation, est un leadership qui est accordé, reconnu par les autres. Nous traitons ici de cet aspect informel du leadership. Premièrement, il est vrai que le leadership est fonction d'interactions – ce qui signifie que le leadership peut se manifester seulement *si les autres l'acceptent*. Stogdill (Bass, 1981) est d'avis qu'un individu se voit reconnaître le statut de leader parce que ses comportements ont suscité des attentes chez les membres du groupe et que le groupe considère que lui, mieux que quiconque, lui permettra de combler ces attentes. Cependant, on se méprendrait en croyant que les leaders sont toujours choisis à la suite d'un ralliement volontaire des membres d'un groupe: quelqu'un peut aussi devenir un leader en utilisant la contrainte ou la force.

Deuxièmement, le leadership résulte non seulement d'interactions, mais d'initiatives prises par le leader. Ainsi, les leaders cherchent ordinairement à obtenir d'abord leur statut ou leur poste de leadership puis s'affairent ensuite à le conserver. Si vous désirez être un leader politique *ou* bureaucratique, mieux vaut ne pas attendre qu'on vous découvre ou qu'on vienne vous chercher – il y a de fortes chances que vous soyez désappointé. Les leaders sont habiles à reconnaître les besoins d'un groupe pour ensuite organiser et structurer le fonctionnement du groupe de manière à ce que ses besoins soient satisfaits; et, dans la mesure où le leader continue de jouer ce rôle, ce qui est précisément ce qu'un leader efficace est censé faire, il conservera son leadership. De plus, puisque le leader est habituellement le mieux placé pour recevoir et interpréter l'information pertinente pour son groupe, il est en très bonne posture pour continuer d'exercer son rôle de leader. L'information, c'est le pouvoir et ce pouvoir peut être utilisé pour perpétuer les aspirations du groupe ou de l'organisation mise en place, ce qui en fait contribue à consolider le rôle du leader.

L'influence, le pouvoir et l'autorité en rapport avec l'exercice du leadership dans les organismes publics. Lorsqu'on commence à traiter de la fonction pro-active du leader qui est de convaincre le groupe du rôle qu'il doit et peut jouer, on déborde des aspects centrés sur les facteurs du groupe pour traiter de ceux qui sont reliés à l'exercice de l'influence. L'influence, faut-il le rappeler, réfère à l'habileté d'obtenir la coopération des gens, soit «parce qu'ils veulent réaliser un objectif donné qui leur paraît désirable, soit encore parce qu'ils trouvent la personnalité du leader particulièrement attirante». Selon cette conception, le leadership est fonction de la force de la personnalité du leader ou de certaines de ses qualités personnelles (bien s'exprimer, savoir persuader, posséder une expertise, etc.) qu'il utilise pour exercer son emprise sur les autres (Weber, 1947; Bogardus, 1934). Certains individus seront attirés par les objectifs poursuivis par le groupe ou encore par le discours et les actions du leader en regard de ces objectifs; d'autres seront plutôt attirés par le charisme du leader. Cette double attraction (liée à la cause et à la personne du leader) agit d'une manière synergique, créant ainsi des effets combinés qui sont plus importants que la simple addition des effets d'attachement au leader et de fidélité à une cause. J. Edgar Hoover et l'amiral Hyman Rickover ont tous les deux fait appel à la fois à leur charisme personnel et à leurs positions d'influence pour obtenir des engagements fermes à l'appui de leurs activités et programmes respectifs; ils ont ainsi grandement influencé, l'un le FBI, l'autre le programme de sous-marins nucléaires.

TABLEAU 8.1
Différentes formes d'influence

---

1. **La demande légitime** – une personne se soumet à la demande d'un responsable parce qu'elle lui reconnaît le «droit» de faire une telle requête.

2. **La conformité instrumentale** – une personne est incitée à modifier son comportement par une promesse implicite ou explicite faite par un responsable qu'un résultat tangible désiré s'ensuivra.

3. **La coercition** – une personne se soumet à une menace explicite ou implicite d'un responsable pour éviter d'être punie.

4. **La persuasion rationnelle** – la personne est convaincue par le responsable que le comportement suggéré est la meilleure manière de satisfaire son besoin ou d'atteindre ses objectifs.

5. **La foi rationnelle** – une suggestion sans explications détaillées suffit à convaincre l'individu d'adopter un comportement.

6. **Le lien évocateur** – la personne est persuadée par l'agent qu'il y a un lien nécessaire entre le comportement, une valeur quelconque suffisamment importante pour justifier l'adoption dudit comportement.

7. **L'endoctrinement** – le comportement est commandé par l'adhésion de l'individu à des valeurs (qu'il fait siennes).

8. **La distorsion de l'information** – le comportement est adopté à partir d'informations limitées, falsifiées ou interprétées dans un certain sens.

9. **L'ingénierie situationnelle** – les attitudes et le comportement résultent de la manipulation par quelqu'un des aspects physiques et sociaux de la situation.

10. **L'identification personnelle** – une personne imite les attitudes et le comportement de quelqu'un d'autre à cause de l'admiration qu'elle lui porte.

11. **L'identification à la décision** – le comportement adopté s'explique par sa participation et sa possibilité d'influencer substantiellement la prise de décision, entraînant par conséquent son identification avec l'objectif final du procédé.

Source: Gary A. Yukl, *Leadership in Organizations*, Englewood Cliffs, N.J., Prentice-Hall, 1981, p. 12-17.

Lorsqu'on parle de «gagner l'appui des membres du groupe à la poursuite d'objectifs communs», c'est l'habileté du leader à influencer ces personnes en recourant à des moyens coercitifs ou non coercitifs. Gary Yukl relève onze types de moyens (voir le *tableau 8.1* ci-dessus) qui peuvent être utilisés par un leader, et un seul d'entre eux réfère explicitement à la coercition. En fait, la coercition fait partie implicitement de plusieurs autres formes d'influence présentées par Yukl. L'usage de la contrainte révèle le côté autoritaire d'un individu et signifie que d'autres formes d'influence n'ont pas réussi (ou n'ont pas été utilisées). On notera également qu'un seul des onze moyens d'influencer est directement associé au poste formellement occupé par le leader dans l'organisation. Le succès de n'importe quel leader dépend de son habileté à utiliser la variété des moyens dont il dispose pour se faire obéir et obtenir la collaboration des membres à la réalisation des objectifs de l'organisation. Aucune forme d'influence ne fonctionne dans toutes les situations; le leader doit plutôt choisir et adapter les formes d'influence de manière à satisfaire les besoins des individus, les besoins du groupe lui-même et agir dans bien des cas sur l'environnement de travail du groupe. On peut comparer le leader à un musicien qui improvise sur un thème: cela requiert, pour réussir, du talent, beaucoup de travail et une bonne dose d'expérience; seulement quelques individus y parviennent avec brio.

Même si les mots *influence* et *pouvoir* peuvent être utilisés d'une manière interchangeable, il importe de signaler la confusion qui existe autour de la notion de pouvoir. Le concept de «pouvoir» est utilisé d'une manière plutôt vague et on lui donne très souvent un sens normatif. Par exemple, James MacGregor Burns écrit que «le pouvoir considéré comme l'exercice de la domination totale prédomine dans ce siècle d'Hitler et de Staline comme c'était peut-être le cas dans tous les autres» (1978, p. 52). De telles affirmations, bien que s'appliquant au «pouvoir» dans son sens le plus large, nous empêchent de voir toutes les nuances que l'utilisation du concept commande. Le pouvoir doit être compris dans un contexte plus large que celui plus restreint où se développe la domination. French et Raven, par exemple, parlent de cinq types de pouvoir (voir le *tableau 8.2*), dont un seul est explicitement basé sur la force physique ou punitive, tandis qu'un autre (le pouvoir légitime) peut inclure la menace du recours à de tels moyens. Comme on peut le constater, les pouvoirs auxquels se réfèrent French et Raven correspondent grosso modo à la liste plus complète des formes d'influence développée par Yukl. *Voilà pourquoi, dans ce livre, nous utiliserons le terme pouvoir que nous considérons comme essentiellement un synonyme d'influence*, adoptant ainsi le point de vue de Yukl (1981, p. 118; souligné par les traducteurs).

> Le pouvoir est défini en gros comme la capacité qu'a un individu, à un moment donné, d'influencer dans un sens précis les attitudes et/ou le comportement d'une ou de plusieurs personnes explicitement visées. Le pouvoir est considéré comme une variable dynamique qui dépend de la relation entre celui qui l'exerce et une ou des personnes visées. Puisque le pouvoir qu'on acquiert dépend finalement des besoins de ceux qui en sont les cibles, tout changement dans ces besoins ou dans les moyens de les satisfaire modifie les pouvoirs de celui qui les contrôle.

Dans les organisations publiques, on utilise aussi le terme «autorité» comme synonyme de «pouvoir»: le concept d'«autorité» doit également être précisé. *L'autorité, c'est le pouvoir légitime, ou une forme particulière d'influence basée sur le droit qu'a une personne d'exercer cette forme d'influence* (souligné par les traducteurs). Il est donc nécessaire de pouvoir se référer à certaines formes d'influence parce que l'autorité est associée aux fonctions officielles dans les organisations et que dans les organismes publics aucun poste ne confère à son détenteur une autorité absolue sur tous les aspects de la vie des autres membres. À un poste correspond une sphère de compétence (Weber, 1947) qui limite précisément l'autorité que son titulaire peut exercer. Un leader peut cependant avoir une influence qui va au-delà de l'autorité que lui confère l'occupation d'un poste dans l'organisation; il est donc essentiel, dans l'étude ou l'exercice du leadership, d'aller au-delà du domaine restreint de l'autorité.

TABLEAU 8.2

Les bases du pouvoir social

1. **Le pouvoir de récompense** – basé sur la conviction qu'une personne est capable de récompenser l'obéissance ou la loyauté dont fait preuve une autre personne.

2. **Le pouvoir coercitif** – basé sur la perception qu'une personne est capable et est prête à punir soit psychologiquement, soit physiquement quelqu'un qui n'obéit pas ou n'est pas loyal.

3. **Le pouvoir légitime** – repose sur le droit légal qu'a un individu de prescrire un comportement ou de donner un ordre.

4. **Le pouvoir de référence** – basé sur la référence à un individu particulier, un groupe d'individus, un but ou un idéal particulier poursuivi par un individu ou un groupe auquel on s'identifie.

5. **Le pouvoir lié à l'expertise** – basé sur une habileté ou des connaissances reconnues.

Source: John R.P. French et Bertram Raven, «The Bases of Social Power», in *Studies of Social Power,* Dorwin Cartwright Ann Arbor, Mich, Institute for Social Research, 1959, p. 150-167.

Le leadership dans les organisations publiques

Dès que le leadership a été reconnu par les intellectuels comme un phénomène important, on a essayé de le définir et d'expliquer pourquoi certains individus devenaient des leaders et pourquoi d'autres n'y arrivaient pas. Platon, dans «La République», décrit longuement comment des jeunes gens, choisis avec soin, étaient entraînés pour avoir la personnalité et les talents appropriés pour l'exercice du leadership dans la cité-État. Bien que ce soit les traits personnels des leaders qui aient attiré, au départ, l'attention des universitaires, ceux-ci ont rapidement constaté que des théories portant sur la personnalité ou les traits personnels des leaders n'étaient pas suffisantes pour bien comprendre le phénomène; c'est alors qu'on s'est intéressé à d'autres aspects, plus larges, du leadership. Nous avons aujourd'hui un éventail de théories qui tentent d'expliquer le leadership et les adeptes de certaines de ces théories prétendent même être capables d'enseigner à quelqu'un comment devenir un leader efficace. Quand ces diverses théories sont combinées en un modèle intégrateur, on réussi à comprendre le phénomène du leadership beaucoup mieux qu'on l'a fait dans le passé. Cependant, il faut envisager avec beaucoup de réserves toute promesse d'«enseigner» le leadership à quelqu'un parce qu'il y a encore trop d'aspects que nous ne connaissons pas au sujet du leadership. De plus, il y a plusieurs facteurs associés au leadership qui ne peuvent pas être contrôlés et/ou «appris», acquis ou intégrés par la lecture, la discussion ou encore par la pratique d'exercices conçus à partir des idées d'un auteur sur les dimensions déterminantes d'un leadership efficace.

Pour mettre de l'ordre dans les nombreuses théories qui existent sur le sujet, examinons ces différents points de vue au regard des trois catégories de gestionnaires proposées plus tôt dans le texte: les administrateurs, les cadres intermédiaires et les superviseurs. À notre avis, la littérature portant sur les théories de l'organisation a surtout traité des niveaux de gestion intermédiaire et de supervision, c'est-à-dire la direction, la coordination et la motivation des individus et l'exercice des fonctions internes dans les bureaucraties. Nous devons donc chercher du côté de l'analyse des politiques publiques pour traiter des rôles des administrateurs; ensuite, nous reviendrons aux théories de l'organisation et à la littérature traitant des comportements de gestion pour aborder le leadership qui s'exerce aux échelons inférieurs de la hiérarchie. En distinguant les niveaux et/ou les types de leadership de cette manière, nous ne voulons pas insinuer que les théories qui portent sur un niveau ne peuvent pas s'appliquer à un autre niveau de la hiérarchie organisationnelle. En fait, ces théories peuvent s'appliquer à plus d'un niveau, mais leur interprétation et leur application varient sensiblement lorsqu'on passe du niveau d'administrateur à celui de cadre intermédiaire ou encore à celui de superviseur. Les différences dans l'application des théories tiennent compte des styles différents de leadership dans chacune de nos trois catégories, arbitrairement établies, ainsi que des différentes tâches qui y sont assumées. Par conséquent, dans les propos qui vont suivre, il faut se rappeler qu'il peut être utile à des individus fonctionnant à un des trois niveaux de saisir les particularités liées à l'exercice du leadership aux autres niveaux.

LE LEADERSHIP DES ADMINISTRATEURS: LE CONTEXTE SOCIAL ET POLITIQUE

Les organisations publiques évoluent dans un contexte politique, ce qui constitue d'ailleurs la caractéristique la plus importante de leur environnement. Qu'ils viennent de l'extérieur ou qu'ils aient fait l'objet d'une promotion, les administrateurs doivent bien comprendre le contexte plus large dans lequel s'exerce le leadership, celui qui va au-delà des fonctions de l'organisation et comprend l'univers social dans lequel l'organisme doit évoluer. Bien qu'ils ne puissent pas ignorer les activités internes, les administrateurs doivent s'intéresser d'abord aux problèmes touchant l'ensemble de l'institution. Avoir de l'influence est gage de succès pour ceux qui font carrière dans le secteur public. Cette influence s'acquiert en jouant habilement le jeu «politique», et le *pouvoir* est ce que gagnent les joueurs habiles. Comme en font état plusieurs études sur les processus d'élaboration des politiques publiques, les bureaucrates – et spécialement ceux qui œuvrent aux niveaux les plus élevés de la hiérarchie – sont dans une position enviable lorsque se disputent les joutes politiques, en raison des avantages liés à leurs fonctions; en poste depuis longtemps, certains d'entre eux possèdent des informations et une expertise souvent indispensables (Rourke, 1984; Jones, 1977; Lindblom, 1980). Les leaders qui évoluent dans cet environnement – à la fois public et politique – doivent reconnaître l'importance des différents éléments associés à l'exercice du leadership, savoir comment ces éléments peuvent être mis à profit et, dans certains cas, mener à des abus. Bref, ils doivent pouvoir développer des habiletés à faire preuve de leadership.

Les jeux d'influence (et le pouvoir qui en résulte) se déroulent dans trois environnements différents. D'abord, bien sûr, à l'intérieur de l'organisation (environnement «interne»), mais nous allons y revenir plus loin dans ce chapitre. Pour le moment, nous allons principalement voir comment les leaders peuvent exercer leurs talents dans le cadre des deux autres environnements, soit le système politique et le système social. Le système politique compte plusieurs acteurs ou groupes d'acteurs, exerçant leur influence sur une ou des parties du système. Les partis politiques, par exemple, sont des acteurs importants du processus politique, comme le sont les groupes d'intérêts et les autres groupes de pression dans notre société. Les leaders travaillant aux niveaux supérieurs d'un organisme public doivent comprendre comment ces différents acteurs (ou groupes d'acteurs) cherchent à mettre à profit le système politique, quels rôles ils jouent dans la vie démocratique de la société et comment on doit travailler avec chacun d'eux.

Avant de pouvoir saisir toute la dynamique politique, les leaders se doivent de comprendre le contexte social élargi dans lequel cette dynamique politique s'inscrit. Les valeurs privilégiées dans (et par) une société changent avec le temps. Par exemple, un débat a existé pendant des années, débat qui persiste toujours, sur les moyens d'assurer le développement et la distribution des ressources économiques dans la société. Certains (se manifestant via une diversité de groupes d'intérêts réunis pour la cause par des motifs très variés) croient que c'est le secteur privé qui devrait traiter des problèmes économiques alors que d'autres sont d'avis que le gouvernement devrait jouer un rôle prédominant en déterminant les secteurs d'activités économiques où les efforts de développement devraient se concentrer et en décidant comment les ressources économiques devraient être réparties dans la population. Entre ces deux positions extrêmes, il y a plusieurs positions intermédiaires qui évoluent au gré du climat économique et social. Comme les coalitions dominantes changent, les rôles des leaders des organisations publiques doivent s'adapter. Les leaders d'organismes publics doivent être sensibles aux valeurs sociales, politiques et bureaucratiques – qui évoluent toutes à un rythme plus ou moins rapide bien que souvent de manière dramatique – et doivent ensuite dans leur gestion adapter leur rôle de leader selon les changements qui se produisent dans la société qu'ils sont supposés servir.

Un administrateur situé aux échelons supérieurs d'une organisation publique peut avoir à prendre en considération une variété de facteurs externes (facteurs en dehors de son contrôle) dans le choix d'un style de leadership (voir encadré 8.1); évidemment, il doit être en mesure de bien comprendre le climat politique du moment. Aux États-Unis, par exemple, lors du premier mandat de l'administration Reagan, il régnait un climat anti-bureaucratique qui devait faciliter le règne des partisans politiques nommés à des postes politiques et qui devait mettre les bureaucrates au pas[4].

ENCADRÉ 8.1

Gérer dans le secteur public

Gordon CHASE et Elizabeth REVEAL

Les gestionnaires publics qui ont été sous l'autorité du même responsable pendant plusieurs années ont développé leurs propres opinions sur l'habileté et le style de gestion que doit avoir un chef. Cependant, compte tenu des mandats plutôt limités dans le temps des directeurs nommés aux plus hauts niveaux, le gestionnaire a souvent à travailler pour un nouveau patron – souvent inexpérimenté.

Le nouveau patron appartiendra à l'une ou l'autre des catégories suivantes: les «généraux» ou les «technocrates». Les «généraux» considèrent que le travail consiste à faire fonctionner le gouvernement et que les gestionnaires doivent faire en sorte que les programmes s'appliquent et que les choses se réalisent. Ce genre de patron ne comprend cependant pas réellement comment le tout fonctionne. Le général voit la gestion comme un simple exercice militaire où le général dit aux subordonnés quoi faire, messages que les subordonnés transmettent à leur tour aux troupes jusqu'à ce que finalement l'«ordre» soit exécuté. Selon ce type de patron, il suffit d'être exigeant et dur et de donner suffisamment d'ordres pour que tous reçoivent le message et agissent en conséquence. Ces qualités, tout admirables qu'elles soient, ne suffisent pas à faire fonctionner efficacement un gouvernement.

Alors que le style du général peut être approprié dans l'armée (et même là, diront certains, ce style ne fonctionne pas toujours), ce style ne convient pas tout à fait dans les organisations publiques où les employés ne sont pas des militaires. Chez les militaires, l'officier contrôle toutes ou presque toutes les ressources nécessaires pour donner suite aux ordres; mais dans le secteur public, le chef a rarement, pour ainsi dire jamais, un contrôle aussi absolu. De plus, les ressources que les cadres publics contrôlent sont habituellement soumises aux règles de la fonction publique, aux dispositions de conventions collectives et aux ressources budgétaires. De plus, dans la fonction publique, les patrons ne peuvent exercer leur pouvoir répressif comme bon leur semble.

Ce dont un «général» n'est pas toujours conscient, c'est que l'application d'une décision ou d'une politique gouvernementale est une chose complexe. C'est une chose de décider que la surpopulation de la prison doit cesser, mais une tout autre chose de corriger une telle situation. Rien n'est plus décourageant pour un gestionnaire public que de réussir à mettre en place un programme particulièrement complexe à l'intérieur d'un an et de se faire reprocher de ne pas l'avoir fait en six mois. Et il est encore plus difficile d'entendre un responsable promettre qu'un programme sera instauré dans six mois alors qu'il est pratiquement impossible de le faire en moins d'un an. Éveiller les «généraux» aux réalités de la gestion publique est une tâche particulièrement frustrante pour les gestionnaires.

---

4. On se souviendra qu'au Québec un climat similaire s'est installé au milieu des années 80. M. Paul Gobeil, alors ministre responsable du Conseil du Trésor, était perçu comme celui qui allait «mettre de l'ordre» dans l'appareil gouvernemental. (N.D.T.)

> Le deuxième type d'apprenti chef est le «technocrate». Pour lui, l'exécution et la gestion ne font tout simplement pas partie de ses responsabilités. Ce type de chef ne comprend pas réellement qu'il gère une organisation complexe, avec des budgets, des ressources humaines et physiques qui doivent être organisées de manière à fonctionner efficacement. Les technocrates viennent des milieux législatifs et souvent, ils voient leur nouveau travail comme le prolongement de l'ancien. Le technocrate voit son rôle de cette façon pour un certain nombre de raisons: parce que c'est plus commode, parce que gérer est ennuyant ou encore parce que, de toute façon, on ne peut faire tout dans le secteur public. Enfin, ce genre de chef peut agir de la sorte parce qu'il ne connaît pas d'autres façons d'agir.
>
> Source: Gordon Chase et Elizabeth C. Reveal, *How to Manage in The Public Sector*, Reading, Mass., Addison-Wesley Publishing, 1983, p. 27-28.

Dans le même ordre d'idées, il fut un temps où certains administrateurs publics avaient une attitude plutôt cavalière à l'égard des politiques de discrimination positive. Aujourd'hui, une telle attitude dans l'engagement du personnel et dans les promotions, ou encore à l'égard des cas de harcèlement sexuel ou racial, risquent d'occasionner beaucoup de controverses et de créer des situations embarrassantes. Le climat social et, par conséquent, la nature des pressions ont changé.

Une autre question importante touche au volume de ressources que les citoyens et leurs représentants élus sont prêts à mettre à la disposition des organismes publics. Il y a une quinzaine d'années, les gouvernements nord-américains ont semblé tenir pour acquis que les ressources étaient facilement disponibles et qu'elles continueraient à augmenter sans problème, au gré des besoins. Cette attitude a profondément influencé les intervenants dans l'arène politique et a fait de la croissance et du développement de tous les programmes publics un but appuyé tant par les politiciens que par les bureaucrates. Aujourd'hui, la perspective a changé radicalement et les valeurs des politiciens, des citoyens et des bureaucrates se sont modifiées en conséquence. L'accent est maintenant mis sur les coupures, la réduction des taux de croissance (quand on ne parle pas carrément de décroissance) et sur l'amélioration de l'efficacité; un responsable qui désire réussir doit avoir ces objectifs en tête.

Une troisième préoccupation au sujet du climat politique est de savoir comment les responsables d'un organisme public réussiront à obtenir l'appui nécessaire à la réalisation de leurs programmes. Il s'agit là d'un autre exemple qui illustre comment la faisabilité politique d'un programme conditionne le style de leadership à adopter. Certains groupes d'intérêts, dans l'environnement politique des organismes publics, semblent toujours être en mesure de mieux s'organiser et de se mobiliser au besoin. C'est le cas des milieux d'affaires et des milieux syndicaux et, bien que chacun de ces milieux ait ses forces et ses faiblesses, les responsables des organismes publics doivent en tenir compte lorsque leurs intérêts et ceux des programmes qu'ils dirigent sont en jeu. Ces groupes peuvent se mobiliser pour s'opposer ou appuyer des programmes publics et le leader peut ainsi prévoir leur coopération ou leur résistance. Ceux qui profitent des programmes d'aide de l'État peuvent être beaucoup plus difficiles à mobiliser parce qu'ils sont généralement moins bien organisés (les bénéficiaires de l'aide sociale en sont un exemple). Dans un tel cas, le style de leadership à adopter est plus problématique et les options sont plus limitées. Cela ne signifie pas qu'en de telles occasions, le style ou les talents particuliers de quelqu'un ne peuvent pas être du tout mis à profit, mais plutôt qu'un leader doit faire preuve à la fois d'imagination et de flair politique pour défendre certains aspects primordiaux d'un programme comme celui de l'aide sociale. Il doit dans un tel cas réussir à sensibiliser les acteurs importants dans l'environnement externe, et doit le faire en adoptant un style acceptable tant à l'intérieur qu'à l'extérieur de son organisation. En d'autres mots:

> Si les leaders sont durs, inflexibles et sans imagination, et n'adaptent pas leurs styles dominants aux défis politiques à relever, ils limitent sérieusement leurs chances d'implanter leurs politiques. Par conséquent, le plus déterminant des facteurs de succès dans l'implantation d'une politique est associé au leadership personnel du responsable. (Nakaruma et Smallwood, 1980, p. 167)

S'ils doivent faire preuve de flexibilité et d'imagination, les responsables d'agences ou d'organismes publics doivent aussi assumer les quatre fonctions qu'implique l'exercice du leadership. Selon Philip Selznick (1957, p. 56-64), ces fonctions sont les suivantes:

1. La définition de la mission institutionnelle et de son rôle (c'est-à-dire, l'établissement de buts, une tâche qui requiert une certaine dose de créativité).

2. L'adoption et l'intégration par l'institution des objectifs à atteindre (c'est-à-dire la capacité de faire en sorte que la structure s'adapte pour appuyer la réalisation des politiques).

3. La défense de l'intégrité institutionnelle (c'est-à-dire défendre les valeurs et l'identité institutionnelles).

4. La résolution des conflits internes (ceux qui peuvent éclater entre groupes aux intérêts rivaux).

TABLEAU 8.3

Cinq types d'exécutants des politiques publiques

Technocrates classiques. *Les exécutants ont une certaine discrétion sur le plan technique, mais ils ont très peu de pouvoir sur des décisions touchant les politiques publiques en général.*
Postulats:
- Les décideurs déterminent des objectifs clairs que les exécutants appuient.
- Les décideurs fonctionnent dans le cadre d'une structure hiérarchique et délèguent aux exécutants l'autorité nécessaire pour traiter de la dimension proprement technique de l'exécution.
- Les exécutants ont les habiletés techniques nécessaires à l'atteinte des objectifs.

Les mandataires. *Les mandataires ont plus de pouvoir pour déterminer les moyens qui seront employés pour atteindre les objectifs des politiques établies par les décideurs.*
Postulats:
- Les décideurs définissent clairement les objectifs à poursuivre, objectifs qu'appuient les exécutants.
- Les décideurs confient à un ou plusieurs groupes d'exécutants le mandat de réaliser lesdits objectifs et leur accordent pour ce faire des pouvoirs discrétionnaires.
- Les exécutants possèdent les habiletés techniques, administratives et de négociation pour assurer la réalisation des objectifs.

Les négociateurs. *Les pouvoirs de ce type d'exécutants vis-à-vis les décideurs augmentent considérablement parce qu'ils peuvent menacer de ne pas se conformer aux désirs des décideurs ou refuser d'exécuter les politiques.*
Postulats:
- Les décideurs déterminent les buts que doivent chercher à réaliser les politiques.
- Les décideurs et les exécutants ne s'entendent pas nécessairement entre eux sur le bien-fondé des buts à poursuivre.
- Les exécutants négocient avec les décideurs aussi bien au sujet des buts à poursuivre que des moyens à utiliser pour les réaliser.

Les expérimentateurs dotés de pouvoirs discrétionnaires. *Les exécutants ont carte blanche quant aux moyens d'exécution.*
Postulats:
- Les décideurs proposent les buts abstraits et à caractère très général; ils ne sont pas en mesure de les préciser et d'en clarifier le sens en raison de leur manque d'expertise ou des incertitudes quant aux moyens à prendre pour réaliser les objectifs.
- Les décideurs délèguent de larges pouvoirs discrétionnaires aux exécutants pour que ces derniers précisent les buts à poursuivre et développent les moyens pour en assurer la réalisation.
- Les exécutants sont consentants et capables d'assumer ces responsabilités étendues.

Les entrepreneurs bureaucratiques. *Le pouvoir est transféré aux exécutants parce qu'ils gèrent et contrôlent l'information et qu'ils peuvent assurer une continuité, voire une permanence, au chapitre de la gestion des politiques. Ils peuvent ainsi survivre aux décideurs et les contrecarrer, utiliser leurs talents d'entrepreneur et de politicien pour dominer le procédé de formulation des politiques.*
Postulats:
- Les exécutants formulent eux-mêmes les objectifs que doivent privilégier les politiques publiques et sont suffisamment puissants pour convaincre les décideurs d'appuyer ces objectifs.
- Les exécutants négocient avec les décideurs pour l'obtention des moyens nécessaires à la réalisation des objectifs des politiques publiques.
- Les exécutants sont prêts et en mesure d'assurer l'exécution des objectifs établis dans le cadre des politiques publiques.

Source: Robert Nakamura et Frank Smallwood, *The Politics of Policy Implementation*, New York, St.Martin's Press, 1980, p. 112-133.

En d'autres mots, les leaders appelés à intervenir dans l'arène politique doivent exercer leurs responsabilités en harmonie avec cet environnement. Dans la littérature portant sur l'implantation des politiques publiques, les universitaires ont essayé de décrire comment les leaders réussissent à bien composer avec leur environnement politique[5]. Nakamura et Smallwood (1980), par exemple, relèvent une série de problèmes «politiques» que doivent gérer les leaders d'organismes publics, problèmes peu traités dans la littérature sur les théories de l'organisation et leur gestion. La littérature traditionnelle sur les comportements de gestion tend à mettre l'accent sur ce qui se passe dans l'organisation, sur l'amélioration de sa structure interne et de son fonctionnement; la littérature portant sur l'implantation des politiques publiques souligne au contraire la nécessité de comprendre l'influence des facteurs externes sur la capacité d'un leader à assumer les quatre fonctions décrites par Selznick. Nakamura et Smallwood proposent de regrouper ceux qui gèrent l'implantation des politiques publiques en cinq types différents: les technocrates classiques, les mandataires, les négociateurs, les expérimentateurs dotés de pouvoirs discrétionnaires et les entrepreneurs bureaucratiques, comme indiqué au *tableau 8.3* de la page précédente.

Alors que Nakamura et Smallwood prétendent que chaque leader tend à s'identifier à un des cinq modèles, on peut aussi soutenir que des leaders efficaces adoptent au cours des années des styles de comportement différents, dépendant des orientations des leaders politiques, de leur clientèle, des groupes d'intérêts qui surveillent leurs interventions et du public en général. Ces changements peuvent se produire graduellement à mesure que la perception du public quant au rôle du gouvernement évolue; ils peuvent aussi se produire rapidement lorsque, par exemple, un nouveau parti politique prend le pouvoir. On peut très certainement voir un tel changement si l'on compare «the Great Society» des années 60 – sous la présidence de L.B. Johnson – et l'attitude du gouvernement Reagan dans les années 80 à l'égard du rôle du gouvernement. (Assez paradoxalement, durant sa campagne de 1980, alors qu'un de ses thèmes favoris était la nécessité de réduire l'appareil gouvernemental et sa fonction publique, Reagan faisait continuellement appel à l'esprit de F. D. Roosevelt, le père du «New Deal»[6]). Ce qu'il faut retenir, c'est l'habileté du leader à évaluer l'environnement politique

---

5.   La littérature sur l'implantation (*implementation*) réfère à ce groupe d'auteurs qui se sont intéressés à l'analyse des politiques publiques en mettant l'accent sur la phase d'implantation de ces politiques, laquelle ne constitue qu'une des phases du processus qui comprend l'élaboration, l'implantation et l'évaluation des politiques publiques. Certains critiques reprocheront à ces auteurs d'insister trop sur la dimension politique de cette étape et pas assez sur ses dimensions organisationnelle et managériale. (N.D.T.)

6.   Franklin Delano Roosevelt, président des États-Unis de 1933 à 1944, a proposé le «New Deal» aux Américains lors de la crise économique des années 30. Conformément à ce nouvel arrangement, l'État (fédéral) serait beaucoup plus interventionniste et mettrait en place des pro-

et à choisir le style de leadership qui répondra le mieux aux besoins de l'organisme et du public en général. Après tout, l'organisation publique est au service du public et des citoyens.

James MacGregor Burns (1978), dans sa discussion du leadership «transactionnel» et du leadership «transformationnel», présente une vision différente et plus traditionnelle du leadership, qui a cependant le mérite d'attirer l'attention sur un aspect important du leadership dans le secteur public. Le rôle joué par un leader «transactionnel» est d'agir comme intermédiaire entre des individus aux intérêts variés, soit à l'intérieur d'un groupe, soit entre les divers groupes de la société. Par leur recours à l'arbitrage et leur contrôle des ressources, de l'information ou d'autres aspects d'importance pour la société, ces leaders aident cette dernière à fonctionner de façon relativement harmonieuse et à assurer que des biens et des services soient créés, distribués et utilisés d'une façon relativement efficace et rationnelle (nous ne portons pas de jugements de valeur sur les prémisses ou le bien-fondé d'une telle conception de la rationalité parce qu'elle peut revêtir des sens différents selon les sociétés).

Le leadership «transformationnel» est, selon Burns, celui qui a été le plus négligé dans les études modernes sur le leadership; c'est pourquoi il en propose un examen détaillé tant dans ses aspects positifs que dans ses aspects négatifs. Les leaders «transformationnels» aident les individus, les groupes et les sociétés à préciser et à réaliser leurs aspirations les plus nobles, les amenant à développer une morale et une éthique plus élevées. Alors que, au niveau d'une société, il y a relativement peu de cas de leadership «transformationnel», les quelques exemples repérables prennent dans l'histoire des proportions considérables bien qu'au moment où il se manifeste, ce type de leadership est d'abord l'affaire d'un individu, d'une personne.

> L'essence du leadership dans toute situation tient à la reconnaissance du véritable besoin, à la découverte et à l'exploitation des contradictions parmi les valeurs et entre les valeurs et la pratique, au «réalignement» des valeurs, à la réorganisation des institutions où c'est nécessaire et à la question du changement. (Burns, 1978, p. 43).

Il faut pour cela que le leader soit au fait des différentes pressions et mouvements du moment ainsi que des différents points de vue éthiques en cause. Burns fait remarquer que Max Weber oppose deux formes d'éthique dans ses écrits: l'«éthique de responsabilité» et l'«éthique des finalités ultimes». Dans la perspective de cette dernière, on examine le comportement du leader du point de vue de son adhésion à des finalités légitimes (le bien) ou à des idéaux élevés (le

---

grammes sociaux afin d'assurer un minimum vital aux Américains. Lyndon B. Johnson, qui a succédé à John F. Kennedy en 1963 et qui gagna les élections présidentielles de 1964, avait déclaré la «guerre» à la pauvreté. Cette «guerre» devait être «menée» par l'État fédéral, ce qui donna lieu à une multiplication de programmes sociaux. Ronald Reagan adopta une position opposée soutenant qu'en fait une partie des problèmes économiques étaient attribuables à la trop grande présence de l'État (notamment de l'État fédéral). (N.D.T.)

mieux). Quant à l'éthique de responsabilité, elle se rapporte à la façon d'agir du leader: sa capacité d'utiliser une approche calculée, prudente et rationnelle; sa capacité de faire des choix basés sur des valeurs, des attitudes et des intérêts multiples; sa capacité de saisir les liens entre les buts; sa capacité de saisir les implications d'un choix au plan des moyens nécessaires à sa réalisation (rapports coûts-bénéfices); et sa capacité de reconnaître les effets directs et indirects de différents objectifs pour de nombreuses personnes aux intérêts souvent divergents. Le facteur le plus important chez le leader qui incarne l'éthique de responsabilité, consiste à soupeser tous ces éléments rapidement et concrètement et d'avoir à l'esprit les conséquences probables et à court terme de la poursuite de certains objectifs (Burns, 1978, p. 45). Parmi les études récentes, plusieurs se sont intéressées essentiellement à l'éthique de responsabilité et ont ignoré l'éthique dite des «finalités ultimes». Ainsi, nous avons négligé une dimension essentielle du leadership car, comme le note Burns (1978, p. 46):

> En ce qui concerne [...] le leadership, la dichotomie n'est pas entre les deux éthiques de Weber mais entre d'une part, l'engagement du leader à l'égard d'un nombre de valeurs primordiales orientées vers le bien-être général et, d'autre part, son appui et son implication à l'égard de valeurs et de «responsabilités» de moindre importance.

Et par-dessus tout, le leader doit accepter et tolérer l'ambiguïté tout en essayant de développer et de poursuivre certains objectifs généraux car, comme l'a noté Harlan Cleveland (1972, p. 78):

> Le travail du responsable d'une organisation consiste souvent à franchir une série d'obstacles imprévisibles dans la poursuite d'un objectif qui ne peut pas être clairement défini sauf lorsqu'on est sur le point de l'atteindre. Il essaie d'imaginer l'imprévisible en élaborant des difficultés hypothétiques et en se demandant comment l'organisation s'ajusterait si elles survenaient. Mais le scénario imaginé ne se réalise jamais; à la place, c'est un autre qui se réalise.

Quand nous parlons de leadership dans un sens aussi large, nous devons discuter des caractéristiques personnelles du leader, de ses comportements, des forces dans l'environnement et des particularités des situations vécues[7]. Les traits et comportements personnels seront discutés de manière détaillée dans la prochaine section de ce chapitre; qu'il nous soit cependant permis d'émettre quelques commentaires au sujet des hauts responsables.

---

7.   Bien que son propos traite d'un niveau de gouvernement plus élevé, James Barber (1985) estime que la personnalité d'un président est modelée par diverses influences: ce modelage est affaire de tendances. Il existe trois facteurs au centre de ce processus:

   1. Le style, la façon habituelle du président de s'acquitter de ses trois rôles politiques: l'éloquence, les relations personnelles et le travail quotidien. Son style, c'est sa façon d'agir.

   2. La conception du monde, les croyances politiques fondamentales du président, en particulier sa conception des relations de cause à effet, de la nature humaine, et des principales questions éthiques à l'ordre du jour. Sa conception du monde, c'est sa façon de voir.

   3. Le caractère, la façon du président de se situer face à la vie (non pas dans une perspective immédiate, mais à long terme). Au cœur du caractère, l'individu se confronte à lui-même. Le caractère, c'est sa façon de s'évaluer et de se juger lui-même.

Les leaders des bureaucraties publiques doivent combiner des capacités d'analyser et d'agir; trop souvent, on voit des individus qui excellent dans un seul domaine. Si une conceptualisation claire, une analyse magistrale et l'établissement de résultats ambitieux sont tous des objectifs très louables, toute tentative de réaliser ces activités à la perfection peut paralyser l'individu, l'organisation et conduire à des réalisations marginales. Il suffit de quelques exemples de leaders qui font preuve d'intellectualisme, qui tergiversent et manquent d'esprit de décision, qui laissent passer une occasion d'agir pour quérir une dernière information utile à la décision, pour créer et entretenir des préjugés ou mythes défavorables à l'endroit de ce qui est intellectuellement rigoureux. D'ailleurs, de tels préjugés et de tels mythes à l'endroit des bureaucrates sont très répandus chez les acteurs politiques. D'un autre côté, il y a de nombreux exemples de gens qui, comme des éléphants dans un magasin de porcelaine, se sont précipités, sans réfléchir, naïvement ou en se basant sur des informations insuffisantes, et qui ont ainsi créé des problèmes majeurs à d'autres membres de l'administration. Ce qu'il faut idéalement, c'est un leader qui soit capable de jongler avec des concepts et des valeurs et qui puisse les utiliser à bon escient pour influencer l'environnement (Burns, 1978) (voir l'encadré ci-dessous).

ENCADRÉ 8.2

La responsabilité d'un dirigeant
Chester BARNARD

Les postes de dirigeants a) impliquent qu'ils aient à fonctionner à partir de plusieurs codes moraux complexes, b) exigent d'eux une capacité exceptionnelle d'agir de manière responsable, c) s'inscrivent dans un contexte d'action, d) et nécessitent une proportion équivalente d'habiletés générales et spécifiques constituant un facteur d'ordre moral. En plus, on requiert d'eux e) la faculté de développer un sens moral chez les autres...

a) Tout dirigeant possède, indépendamment de la position qu'il occupe, des codes moraux personnels. Quand un individu occupe une telle position, il lui incombe, au moins officiellement, de tenir compte de plusieurs codes *additionnels* qui sont les codes propres à son organisation.

b) La capacité d'agir de manière responsable consiste à avoir pour guide certains codes moraux – et non pas des impulsions, des désirs ou des intérêts soudains et incomptables – et des désirs ou des intérêts conformes à ces codes. Cette fiabilité signifie que, connaissant les codes d'un homme – c'est-à-dire étant au courant de son «caractère» – nous pouvons raisonnablement prévoir ce qu'il fera et ce, indépendamment des circonstances.

c) Généralement, le travail du dirigeant est caractérisé par de nombreuses activités. Il est clair que plus le poste est élevé dans la hiérarchie, plus son titulaire est engagé dans des actions commandées de toute part et requérant des prises de décisions.

d) La capacité à agir de manière responsable, chez les hauts dirigeants, s'impose. S'ils peuvent exercer un certain contrôle sur la croissance du niveau d'activités liées à leurs nombreuses fonctions, ils ne peuvent contrôler la complexité croissante des codes moraux. Ainsi, en dépit du contrôle qu'ils peuvent exercer sur leurs activités, le poids des conflits aux dimensions morales augmente à mesure que grandit le nombre de fonctions assumées par un haut dirigeant.

Par conséquent, les complications morales associées aux fonctions d'un haut dirigeant ne peuvent être supportées que par ceux qui possèdent les aptitudes nécessaires. Alors que, d'une part, des aptitudes qui ne tiennent pas compte de la complexité des codes moraux ou s'exercent sans un sens élevé des responsabilités mènent à des actions incohérentes et confuses, souvent décrites comme de «l'incompétence», d'autre part, la seule sensibilité aux codes moraux multiples et au sens élevé des responsabilités, sans les aptitudes nécessaires, mènent à l'indécision fatale ou à des décisions émotionnelles et impulsives qui, à leur tour, conduisent à la détérioration personnelle et la destruction ultime du sens des responsabilités. Les distinctions importantes entre les niveaux hiérarchiques tiennent au fait que plus un niveau hiérarchique est élevé, plus le degré de complexité des codes moraux impliqués est élevé et plus il importe alors de posséder les aptitudes nécessaires pour assumer les responsabilités, c'est-à-dire résoudre les conflits d'ordre moral auxquels le haut dirigeant peut être confronté.

e) La marque distinctive d'un haut dirigeant ne consiste pas seulement à se conformer à un ensemble complexe de codes moraux mais à concevoir des codes moraux pour les autres. L'aspect le mieux connu de cette fonction réfère au fait de défendre, de créer et d'inspirer un sens «moral» dans une organisation. Il s'agit ainsi d'inculquer des points de vue, des attitudes fondamentales, des loyautés, à l'organisation d'un système coopératif et au système d'autorité formelle, qui permettront de subordonner l'intérêt individuel et les prescriptions mineures des codes personnels au bien-être de l'ensemble.

Mais il y a un autre aspect relié à la création d'un sens moral dans l'organisation qui est peu compris, excepté dans le champ de la jurisprudence. C'est l'invention d'un code moral de référence pour la solution des conflits moraux – qu'il s'agisse de «traiter d'un cas exceptionnel», «de faire appel d'une décision», ou «de rendre des jugements». Ce code de référence est utilisé dans des cas qui semblent «bien» d'un certain point de vue, «mal» de l'autre... Il est probable que la plupart de ces cas se résolvent autrement. Mais même alors, les codes qui régissent les relations de l'individu au groupe sont très variés, de telle sorte que l'action tout autant que l'inaction peuvent violer les codes moraux individuels, bien que de différentes manières, selon les individus.

Les hauts dirigeants sont aussi responsables de justifier moralement un changement, une redéfinition ou une précision apportée à un but de l'organisation de sorte qu'on puisse reconnaître qu'ils se conforment aux codes moraux. Un dernier effet est l'élaboration et le raffinement des codes moraux – des codes de conduite [...]. Que ceci puisse dégénérer en de simples subtilités pour éviter d'avoir à assumer des obligations plutôt que de carrément s'en défaire peut être observé par quiconque fait l'expérience de la haute direction. L'invention de fictions nécessaires pour assurer la préservation du moral met à l'épreuve tant le sens des responsabilités que les aptitudes du dirigeant car pour être valables, ces explications et ces fictions doivent être «justes» aux yeux de ce dernier, c'est-à-dire refléter la moralité des membres de l'organisation.

Source: Chester Barnard, *The Functions of the Executive,* réédition, Cambridge, Mass., Harvard University Press, (1933) 1968, p. 272-281

Un leader qui réussit cela doit cependant savoir que son action aura deux conséquences. D'abord, certaines personnes n'apprécieront pas ce qui aura été accompli; les actions posées vont susciter de la controverse et peut-être même de l'hostilité. Chose certaine, tous n'apprécient pas qu'un leader soit habile au plan intellectuel. C'est précisément pourquoi on prétend si souvent qu'il est impossible de juger de la qualité du leadership d'un président des États-Unis sans le recul d'au moins une génération. Selon Burns (1978, p. 34):

> Peu importe sur quel point on espère faire l'unanimité, [...] presque tous les leaders [...] doivent accepter de ne pas être aimés de tous. Ils doivent être prêts à se *faire des ennemis* – à accepter que leurs adversaires ne les aiment pas. Ils doivent accepter le conflit. Ils doivent s'attendre à ne pas être aimés et être en mesure de l'assumer[8]. S'il est difficile de choisir ses amis, c'est encore plus difficile de choisir ses ennemis.

Si cela se produit, c'est que les leaders doivent prendre position. Ils doivent décider des buts qu'ils vont poursuivre, des moyens qu'ils jugent les plus efficaces pour atteindre ces buts, des groupes qu'ils vont diriger. Dans presque chaque cas, il y aura toujours *au moins* une autre solution de rechange – que d'autres individus voudront privilégier.

> La question, donc, n'est pas l'inévitabilité d'un conflit mais comment l'exercice du leadership en favorise l'expression, la mise en forme et la maîtrise [...]. Les leaders, quelles que soient leurs professions de foi en l'harmonie, ne fuient pas le conflit; ils le confrontent, l'exploitent et, en définitive, s'impliquent personnellement afin de les résoudre. (Burns, 1978, p. 37-39)

Le conflit politique, qui est la deuxième conséquence d'un leadership dynamique, se situe à l'intérieur de règles qui permettent de le contenir et de l'utiliser, du moins on l'espère, pour améliorer le fonctionnement de la société. Les dirigeants d'organismes publics doivent être prêts à transiger, à négocier, à bluffer, à manigancer et à exécuter toutes les manœuvres propres au jeu politique. Et aussi longtemps que le jeu politique garantit les droits des minorités et des perdants, le leader doit savoir gagner et perdre, du moins à court terme, tout en reconnaissant que la «marée» politique ne cesse de monter et de descendre.

Comme quelqu'un qui évolue dans un milieu politique, le dirigeant d'un organisme public doit utiliser toutes les ressources à sa disposition, telles que l'opinion publique et l'appui de la clientèle (voir encadré 8.3). Le leader de n'importe quelle bureaucratie doit aussi reconnaître les limites de toute forme d'expertise ainsi que de ses contacts dans les cabinets politiques. Il doit aussi tenir compte des engagements déjà pris, des motifs et des objectifs souvent conflictuels, typiques de la plupart des organisations publiques. Par ailleurs, le temps constitue une contrainte dont tout dirigeant doit tenir compte pour atteindre ses objectifs. Finalement, les dirigeants d'organismes publics trouvent souvent extrêmement difficile de canaliser des appuis idéologiques et politiques à l'extérieur de

---

8. On doit interpréter cette idée avec prudence et se rappeler que la volonté d'être détesté ne peut pas être une excuse valable pour bousculer tout le monde dans l'organisation; s'il est inévitable de se faire des ennemis, ceci ne justifie pas l'utilisation de moyens qui visent à se faire des ennemis.

leur propre organisation; ce problème s'est aggravé au cours des dernières années, avec le courant anti-gouvernemental et anti-bureaucratique et aussi avec la réduction ou la stagnation des ressources à la disposition de l'État. Ainsi, Burns (1978, p. 371-372) a raison de dire que:

> Les caractéristiques distinctives des hauts dirigeants [...] sont le manque d'appuis politiques et institutionnels fiables, la dépendance à l'égard des ressources bureaucratiques telles que le personnel et le budget et par-dessus tout l'utilisation maximum de ce qu'ils sont – leurs talents propres et leur caractère, leur prestige et leur popularité – mis à profit dans le cadre d'intérêts et de valeurs politiques qui s'opposent [...]. Les hauts dirigeants dans une lutte de pouvoir peuvent en appeler à l'opinion publique mais ont peu de moyens de l'activer, la mettre en forme, la canaliser et l'amener à influencer le procédé de prise de décision. Ils doivent dont chercher à s'appuyer davantage sur la manipulation personnelle et leurs capacités de gestion que sur un appui institutionnel.

Ils doivent aussi s'appuyer sur ceux qui occupent des postes formels d'autorité dans l'organisation, qu'il s'agisse de cadres intermédiaires ou de superviseurs. Ceci nous amène maintenant à discuter de théories qui s'appliquent principalement à ces deux niveaux.

ENCADRÉ 8.3

La mission du gestionnaire

Gordon CHASE et Elizabeth REVEAL

Lorsque je suis devenu pour la première fois administrateur de la New York City Health Services Administration (c'était alors la première fois que le titulaire de ce poste n'était pas médecin), j'ai invité les commissaires et les cadres supérieurs à me dire ce qu'ils avaient fait – ce sur quoi leurs agences, ou leurs unités avaient travaillé – ou ce sur quoi leurs programmes avaient mis l'accent durant les dernières semaines, mois ou années.

Certains commencèrent par me dire à combien de rencontres ils avaient assisté, combien de mémos ils avaient écrits, combien d'employés ils avaient engagés et référaient à toute sorte d'activités menées par leur service. Alors, je leur ai demandé: «Mais combien d'individus ont une meilleure santé aujourd'hui ou ont amélioré leur état de santé ces dernières semaines ou années à cause de vous? Avez-vous amélioré la santé de quelqu'un à New York, et si oui, comment le savez-vous?»

Assez rapidement, ils ont compris ce qui était important pour moi – pas les mécanismes de fonctionnement des agences publiques mais ce qui résultait des services qu'on offrait. Ce n'est pas que je ne comprenais pas l'importance de traiter avec les responsables, les agences supérieures et autres intervenants, ce qui d'ailleurs constitue notre lot quotidien; mais je voulais situer les choses dans leur vraie perspective – je voulais que les gestionnaires soient conscients du fait que nous étions là pour améliorer la santé des gens et qu'il ne fallait pas perdre de vue cet objectif malgré nos querelles quotidiennes.

Personne ne peut prédire avec certitude ce qui fera d'un gestionnaire public un bon gestionnaire public. Il n'existe pas de combinaison unique faite d'éducation, d'expérience, de personnalité et de talent qui assurera qu'une personne soit un grand commissaire du bien-être pour la ville de New York ou un directeur éclatant des services municipaux de Seattle. Chaque état, ville, comté et commune a un groupe unique de défis politiques, sociaux et économiques auxquels un gestionnaire public doit s'adapter.

Mais [...] il y a des problèmes, des dilemmes, des conflits et des confrontations prévisibles qui vont certainement se produire à un moment donné, ou se manifester à des degrés divers dans la vie de tous les gestionnaires publics. Et une chose [...] est certaine: la conception qu'a un gestionnaire de sa mission sera la clé de son succès dans le secteur public.

Dans la gestion publique, le charisme, la rhétorique et les bonnes relations publiques, bien que parfois cruciaux dans le règlement d'un problème ou d'une controverse, ne suffisent pas. La performance – c'est-à-dire l'habileté à livrer la marchandise malgré les multiples contraintes et de la livrer rapidement et de manière régulière – c'est ça qui compte.

Si la mission d'un gestionnaire est de promouvoir les intérêts d'un politicien ou une idéologie particulière mais que les services sont médiocres, alors ça sert à quoi? Comme gestionnaires, votre mission c'est d'abord et avant tout de vous assurer que le gouvernement fonctionne – d'être conscients de vos valeurs, de voir comment elles s'arriment au rôle du gouvernement, comment cela se traduit dans les programmes gouvernementaux et comment vous pouvez faire fonctionner ces programmes. Avec une telle perspective, un gestionnaire, qu'il soit aspirant ou expérimenté, peut décider où il veut travailler, pour qui il veut travailler et comment gérer l'environnement.

Être assis derrière un bureau, tenir compte de nombreux intérêts, se battre encore une fois contre les tracasseries administratives venant de la direction, du budget et écouter le point de vue d'un gars de vingt-deux ans, membre du cabinet du gouverneur [ou du premier ministre], tout ceci contribue à rendre le maintien de la perspective que nous venons de décrire et de prescrire, un défi en soi. Le management public n'est pas une profession pour les «faibles», pour ceux qui veulent toujours être aimés et admirés ou pour ceux qui pensent qu'il est facile ou qu'il s'agit de faire preuve d'un peu de sens commun et de discernement pour faire fonctionner les organisations publiques. C'est un travail pénible et ses récompenses sont souvent ambiguës bien qu'elles soient loin d'être inexistantes.

Source : Gordon Chase et Elizabeth C. Reveal, *How to Manage in The Public Sector*, Reading, Mass., Addison-Wesley, 1983, p. 177-179.

LE LEADERSHIP CHEZ LES CADRES INTERMÉDIAIRES

Les cadres intermédiaires sont «coincés» de plusieurs manières. Ils ont été recrutés selon les règles de la fonction publique et appartiennent à cette fonction publique; ils sont donc tenus d'agir selon les prescriptions du système «au mérite» — et ce, bien qu'ils aient souvent à répondre de leurs gestes à des élus ou à leurs

représentants[9]. Alors que ces cadres intermédiaires ont eu une formation spécialisée ou professionnelle et ont été promus parce qu'ils exerçaient bien leur rôle
technique dans l'organisation, ils doivent maintenant penser comme des généra-
listes, et remplir des fonctions de coordination qui ne font pas directement appel
à leur formation technique. Pendant que leurs subalternes concentrent leurs
efforts sur des tâches et fonctions bien définies et que leurs supérieurs s'intéressent aux aspects plus généraux des politiques et des objectifs poursuivis par les
organismes, les cadres intermédiaires doivent transformer ces politiques et ces
objectifs en développant des structures appropriées et en coordonnant les tâches.
Finalement, les cadres intermédiaires doivent remplir des rôles souvent contradictoires: leurs subordonnés s'attendent à ce qu'ils représentent et défendent
leurs intérêts vis-à-vis les gestionnaires de niveau supérieur alors que ces derniers
s'attendent des cadres intermédiaires qu'ils présentent à ceux qui sont directement associés aux opérations les buts de l'organisation et s'assurent de leur
réalisation.

En raison des pressions contradictoires, des rôles ambilavents et des changements dans l'ordre des priorités, les cadres intermédiaires ne sont pas seulement «coincés»: ils ont une position des plus difficiles à assumer. Voilà une autre
raison qui explique pourquoi il est si difficile de décrire la gestion et de théoriser
à son sujet (bien que cela n'empêche personne d'essayer, comme vous pouvez le
constater!). Étant donné que les postes de gestion intermédiaire se situent entre
ceux des superviseurs et ceux des administrateurs, il faut que l'étude de ce niveau
de gestion en tienne compte. D'un autre côté, les cadres intermédiaires ont besoin
de comprendre ce qu'implique l'exercice de la gestion à ces deux niveaux puisqu'ils interagissent avec l'un et l'autre et qu'ils doivent assurer des liens entre ces
niveaux (Likert, 1961, 1967). Comme cette connexion entre les niveaux supérieurs et de supervision est fondamentale et critique, bon nombre de théories du
leadership qui se sont rapportées principalement à ces deux niveaux ont pré-
tendu s'appliquer également au niveau intermédiaire. On doit aussi reconnaître
que les théories qui s'intéressent au niveau intermédiaire «empiètent» également
sur les deux autres niveaux. Ceci dit, on examinera trois grandes théories ou modèles qui vont aider à clarifier le rôle des cadres intermédiaires dans les
organismes publics.

---

9.   Cette situation est typique du système administratif américain où les administrateurs situés
       aux échelons supérieurs des grands ministères sont nommés par le pouvoir politique. Leur
       affectation peut prendre fin à tout moment. Elle prend fin automatiquement, sauf exception,
       lorsque le parti politique au pouvoir le perd. Par conséquent, aux États-Unis, les gestionnaires
       situés aux échelons intermédiaires ont à répondre à des supérieurs nommés par le pouvoir
       politique et qui font preuve d'une loyauté reconnue au parti au pouvoir. (N.D.T.)

Les traits de caractère, les motivations et les talents des cadres intermédiaires

Depuis près d'un siècle, l'identification des talents et traits particuliers des leaders a été l'objet d'un intérêt soutenu. À l'origine, on cherchait à découvrir les traits qui étaient propres aux leaders, traits qu'on ne retrouvait pas chez leurs subordonnés ou qui se retrouvaient proportionnellement plus fréquemment chez les leaders. Plus tard, on a mis l'accent sur les moyens de sélectionner des superviseurs et des cadres intermédiaires ou de prédire leur succès comme gestionnaires. On retrouve le compendium le plus complet de la recherche sur les traits de leadership dans le livre *Stogdill's Handbook of Leadership* (Bass, 1981). Dans cet ouvrage, Stogdill a examiné 124 articles traitant des facteurs personnels associés au leadership, articles qui furent tous publiés entre 1904 et 1947. Il a ensuite examiné 163 autres articles parus entre 1948 et 1970. Il est utile de traiter séparément des deux séries d'articles, car la publication de la première synthèse (Bass, 1981, chap. 4, p. 43) s'est avérée:

> [...] un point tournant dans l'étude du leadership. Avant la parution de ce texte, c'étaient les traits universels du leadership qui étaient mis en valeur. Après la publication de ce texte, les analyses contextuelles du leadership ont pris le dessus et de fait ont dominé le champ d'études, une domination que n'endossait pas Stogdill [...]. Les traits individuels et les facteurs situationnels, aussi bien que l'interaction entre eux est importante et cela fut la thèse principale de Stogdill.

Même s'il n'avait pas trouvé de consensus dans les recherches effectuées jusqu'en 1947, Stogdill avait trouvé un certain nombre de thèmes récurrents qu'il avait classés sous les titres généraux suivants: «capacité, réalisation, responsabilité, participation, statut et situation» (voir *tableau 8.4*). La seconde revue de la littérature sur le leadership (jusqu'en 1970) a semblé confirmer cette classification. Bien que plusieurs nouvelles caractéristiques aient été proposées, elles constituaient souvent des variantes des thèmes généraux déjà mentionnés; à preuve, l'énoncé suivant:

> Le leader est caractérisé par un désir brûlant d'assumer des responsabilités et de mener à terme une tâche, une énergie et un dynamisme dans la poursuite de buts, un goût du risque et l'originalité dans la solution des problèmes, le goût de prendre des initiatives, la confiance en soi et le sens de l'identité personnelle, une disposition à accepter les conséquences découlant d'une décision et de l'action, la promptitude à l'action, la promptitude à absorber les tensions interpersonnelles, la volonté de tolérer la frustration, les délais, l'habileté à influencer le comportement des autres personnes et la capacité de structurer les systèmes d'interaction sociale pour atteindre un objectif donné. (Bass, 1981, p. 81)

TABLEAU 8.4

Traits de leadership catégorisés par Stogdill

1. **Capacité:** intelligence, vivacité, facilité d'élocution, originalité, jugement.
2. **Réussite:** études, connaissances, réussites athlétiques.
3. **Responsabilité:** digne de confiance, initiative, persistance, agressivité, confiance en soi, désir d'exceller.
4. **Participation:** activité, sociabilité, coopération, adaptabilité, humour.
5. **Statut:** position socio-économique, popularité.
6. **Situation:** niveau mental, statut, talents, besoins et intérêts des «disciples», objectifs à atteindre, etc.

Source: Bernard M. Bass (éd.), *Stogdill's Handbook of Leadership*, New York, Free Press, 1981, p. 66.

On est loin de s'accorder sur les traits particuliers des leaders. Les résultats des recherches sur le sujet servent davantage à alimenter la réflexion qu'à fournir des réponses définitives. Les chercheurs ne croient plus aux «leaders-nés» et ne croient pas non plus qu'il y ait un groupe de traits essentiels au succès d'un leader. On s'accorde plutôt à dire que les traits notés plus haut augmentent considérablement la probabilité de succès d'un leader.

D'autres approches, liées de près aux recherches sur les traits de leadership, ont privilégié la motivation et les valeurs des cadres intermédiaires et des hauts dirigeants. De nombreux individus se sont intéressés essentiellement à la motivation des cadres intermédiaires. Par exemple, David McClelland (1975) a suggéré que trois facteurs – les besoins de réalisation de soi, de pouvoir et d'affiliation – étaient centraux dans la détermination de l'efficacité des cadres intermédiaires (voir aussi Winter, 1973). Dans les bureaucraties bien établies, ce sont les cadres intermédiaires, motivés par les besoins de pouvoir[10] qui sont les plus efficaces et qui ont le plus de succès. L'attrait pour le pouvoir semble le plus souvent être conjugué à la confiance en soi et à la détermination, deux qualités nécessaires pour diriger et contrôler une organisation complexe. Cet attrait pour le pouvoir doit cependant être tempéré par une préoccupation pour les intérêts du groupe, un sens social, qui font que le pouvoir est utilisé de manière à profiter aux autres et non seulement à celui qui l'exerce. Un leader motivé par le pouvoir mais imprégné d'un certain sens social est habituellement plus ouvert aux conseils des autres, à la participation des subalternes, au développement de structures organisationnelles claires et compréhensibles, ce qui favorise en fin de compte la fierté d'appartenir à l'organisation. Le leader accompli ressent également un besoin modéré d'affiliation, l'amenant à s'acquitter d'une part de ses obligations publiques et sociales qui sont inhérentes aux fonctions de cadre intermédiaire ou de haut

---

10. Le besoin de réalisation dominerait chez les entrepreneurs; par conséquent, le besoin de réalisation serait probablement le facteur de motivation que l'on devrait trouver chez quelqu'un qui doit diriger une organisation publique nouvellement créée qui cherche à se développer.

dirigeant, mais surtout parce que cela est essentiel à l'établissement de relations personnelles efficaces, avec ses subordonnés, avec ses pairs et avec ses supérieurs. Après tout, l'engagement dans de telles relations avec les autres et la loyauté envers les leaders, tendent à être des sentiments réciproques.

Il va sans dire que la réalisation de soi comme source de motivation du gestionnaire ne peut être ignorée. En somme, il doit y avoir un équilibre entre les trois sources de motivation, équilibre qui sera déterminé par la situation à laquelle l'organisation et le leader sont confrontés.

La motivation est étroitement associée aux valeurs des cadres intermédiaires; on pourrait même prétendre que ce sont les valeurs qui alimentent ou créent la motivation. C'est pourquoi on a tenté à plusieurs reprises de relever et de catégoriser les valeurs des cadres intermédiaires ayant du succès. L'enquête de L. Gordon (1975, 1976) constitue l'une de ces tentatives. Gordon (1975, p. 22-25) mesure l'incidence des six valeurs suivantes:

- *Soutien:* être traité avec compréhension, bonté et considération; être encouragé par les autres.
- *Conformité:* respecter le règlement; faire ce qui est acceptable, approprié ou socialement correct.
- *Reconnaissance:* nous accorder une attention favorable; être admiré, reconnu ou important.
- *Indépendance:* être libre de prendre ses propres décisions ou de faire les choses à sa manière; faire l'expérience de la liberté d'action.
- *Générosité:* être généreux et altruiste; partager et aider ceux qui sont moins fortunés.
- *Leadership:* avoir de l'autorité sur les gens; être dans une position d'influence ou de pouvoir.

Certains résultats montrent avec constance que les cadres intermédiaires et les hauts dirigeants efficaces obtiennent un rang élevé sur le leadership mais un rang inférieur en ce qui concerne le support, la conformité et la générosité. D'autres études ont tendance à démontrer que les cadres intermédiaires, lorsqu'on leur demande quelles sont leurs valeurs, se perçoivent plutôt comme des individus pragmatiques et font état de leurs qualités personnelles, de leur talent, de leur ambition, de leur désir de réussite et de leur créativité, qualités qu'ils jugent déterminantes pour avoir du succès (England, 1967). Les facteurs liés aux relations humaines, tels que la rationalité, la personnalité et les facteurs éthiques sont reconnus comme importants mais définitivement moins que les valeurs qui viennent d'être mentionnées[11].

---

11. Tous les facteurs dont il est question ici peuvent ultimement être classés selon qu'il s'agit d'habiletés conceptuelles, d'habiletés techniques et d'habiletés au chapitre des relations humaines (Katz, 1955; Mann, 1965). Ces habiletés qui sont étroitement associées aux valeurs individuelles et aux traits de personnalité, doivent être présentes chez tous les leaders bureaucratiques qui veulent avoir du succès. La situation dans laquelle fonctionne le leader joue un rôle déterminant quant à la combinaison appropriée de traits, de valeurs et d'habiletés. Dans cette recherche, le facteur situationnel le plus important est le niveau hiérarchique du poste occupé.

Quand les traits de caractère, les sources de motivation et les valeurs sont combinés aux habiletés requises pour exercer les fonctions particulières rattachées à un poste de gestion, on obtient ce qui est généralement pris en considération lors du recrutement de cadres intermédiaires dans les organisations publiques. Ce sont là les facteurs considérés comme importants pour réussir en gestion. C'est à partir de ces éléments de base que se sont développés les tests dont il a été fait mention dans le chapitre 3. Les centres d'évaluation des capacités de gestion, par exemple, font passer une série de tests aux individus pour déterminer leur potentiel en tant que gestionnaire; on estime que de tels tests, qui évaluent l'ensemble des dimensions, sont actuellement la meilleure méthode pour examiner les traits, les valeurs et les talents des participants.

Les recherches effectuées depuis au moins quatre-vingts ans ont démontré que les traits de caractère du leader sont tous importants et qu'ils ne pouvaient pas être ignorés. Cependant, d'autres facteurs doivent aussi être pris en considération. Une manière de reconnaître et de traiter ces autres facteurs est d'examiner le comportement réel des cadres intermédiaires et la façon qu'ils ont de jouer leurs multiples rôles.

Le comportement du cadre intermédiaire et l'exercice de plusieurs rôles

Le nombre et la variété des tâches accomplies par un gestionnaire dans un organisme public dépassent l'imagination. Souvent, lorsqu'on demande à des gestionnaires de parler des raisons qui expliquent leur succès, ils arrivent difficilement ou ne peuvent plus verbaliser leurs pensées et leurs actions; c'est alors qu'ils utilisent des aphorismes comme: «j'improvise», «j'utilise mon sixième sens», ou «j'utilise mon intuition». Les universitaires équipés des méthodologies et des outils statistiques les plus sophistiqués ne peuvent expliquer qu'une partie des comportements des cadres intermédiaires, et trouvent peu de points de comparaison entre ceux qui ont du succès et ceux qui n'en ont pas, même si les deux travaillent dans la même organisation ou dans des contextes identiques.

Henry Mintzberg (1973) a procédé à une revue des recherches qui ont porté sur le travail des cadres dans une variété d'organisations. À partir de ce matériel et de ses propres recherches, Mintzberg a conclu que le travail fait par les cadres comportait certaines caractéristiques; de plus, pour résumer toutes les tâches que pouvaient devoir exercer les gestionnaires, il les a regroupées dans une dizaine de rôles. Ces rôles, qui sont tous importants, sont tous susceptibles d'être joués par un cadre à un moment donné. Cependant, l'importance relative des rôles variera en fonction de facteurs divers tels que le niveau hiérarchique du poste occupé, la technologie utilisée par ceux et celles qu'il encadre, la «culture» propre à l'organisation, le type de relations qu'entretient l'organisation avec son environnement et les dangers perçus dans l'environnement. Nous décrirons brièvement ces dix rôles et signalerons de temps à autre (en l'indiquant entre parenthèses) à quel niveau de gestion ce rôle est plus observé. Il faut rappeler qu'en principe les gestionnaires vont exercer *tous* ces rôles quoique à des degrés différents[12].

1. *Rôle de symbole* (un rôle plus important chez les cadres supérieurs). Du fait que les administrateurs et les cadres intermédiaires occupent des postes formels dans l'organisation, ils sont tenus de participer à un certain nombre de «rituels» et de «cérémonies». Il peut s'agir de la signature de certains documents importants, de discours officiels, de l'accueil des visiteurs, du lancement de la première balle lors du pique-nique annuel, ou encore de la remise d'une montre en or à un employé qui prend sa retraite. Ces obligations contribuent à établir et maintenir un climat psychologique apprécié dans l'organisation. Et ce, même si, dans bien des cas, il ne s'agit pas d'obligations directement reliées à la poursuite des objectifs officiels de l'organisation.

2. *Rôle de leader* (joué à tous les niveaux). Superviseurs et cadres intermédiaires doivent engager, entraîner, motiver, intégrer, diriger et même renvoyer des employés. Les administrateurs et les cadres intermédiaires créent les conditions qui permettent au travail d'être accompli de manière efficiente et efficace, des conditions qui contribuent également à l'établissement d'un climat puisque le style de leadership utilisé tend à marquer l'organisation.

3. *Rôle d'agent de liaison.* Pour qu'un organisme public fonctionne bien, il doit y avoir de bonnes communications et une coordination efficace entre les diverses unités à l'interne ainsi qu'entre l'organisation et des éléments de son environnement. Le rôle d'agent de liaison consiste à établir et à maintenir un tel réseau de relations avec certains individus et certains groupes, œuvrant à l'intérieur de l'organisation ou à l'extérieur de celle-ci. Ceux qui font partie de ce réseau exercent des fonctions plus ou moins importantes en regard des activités de l'organisation. Les cadres supérieurs porteront une attention toute particulière à l'environnement externe de l'organisation dans l'établissement d'un tel réseau; ils s'assureront que l'organisation établit des liens appropriés avec d'autres organisations ainsi qu'avec les acteurs politiques les plus importants. Les cadres de niveau intermédiaire et les superviseurs établiront des réseaux en fonction des relations qu'ils jugent importantes pour le bon fonctionnement de leur unité administrative. En établissant des contacts, en accordant des faveurs et en prêtant l'oreille aux rumeurs, chaque gestionnaire essaie de mobiliser ceux qui sont influents à

---

12. La traduction française du texte qui suit s'inspire de l'ouvrage de Mintzberg *Le manager au quotidien*, Paris, Éditions d'Organisation, 1984. (N.D.T.)

l'intérieur ou à l'extérieur de l'organisation et qui, à leur tour, peuvent contribuer au succès de ses opérations. Évidemment, on aura compris que ces activités de liaison sont poursuivies tant de manière formelle que de manière informelle, tantôt à l'intérieur, tantôt à l'extérieur de l'organisation.

4. *Rôle d'observateur actif.* Les gestionnaires reçoivent de l'information de plusieurs sources. Cette information est communiquée à des subordonnés ou à des personnes à l'extérieur de l'unité administrative concernée (d'autres cadres dans l'organisation ou des individus ou des groupes à l'extérieur d'elle). Quoi qu'il en soit, la plus grande partie de l'information est analysée de manière à pouvoir constamment repérer les problèmes et les occasions d'agir, de sorte que les événements externes et les processus internes puissent être mieux compris. De cette manière, les cadres peuvent immédiatement corriger les situations qui leur causent de la difficulté, améliorer les chances de succès et se préparer à faire face à des événements futurs.

5. *Rôle de diffuseur.* Comme les cadres ont accès à de l'information qui n'est pas disponible aux subordonnés, c'est leur rôle d'assimiler et d'interpréter correctement cette information et de la transmettre à ceux qui en ont besoin. Certaines informations sont factuelles: ce type d'information peut habituellement être transmis dans sa forme originale sans être «traité», bien qu'à l'occasion on puisse insister sur certains aspects pour que ceux qui reçoivent cette information puissent plus facilement l'interpréter. D'autres informations réfèrent à des dimensions moins tangibles comme les valeurs à privilégier, les attitudes à adopter ou les préférences des individus ou d'autres organisations dont doivent tenir compte les cadres. Cette information doit être assimilée et évaluée pour ensuite être transmise pour orienter ou répondre aux interrogations des subordonnés.

6. *Rôle de porte-parole.* Les cadres doivent communiquer à leurs supérieurs et aux parties intéressées situées à l'extérieur de l'organisation, de l'information au sujet de leur unité administrative. Ce faisant, chaque cadre est appelé à agir comme lobby, agent de relations publiques et négociateur. Du fait qu'il occupe un poste d'autorité formelle, qu'il est censé connaître mieux que quiconque ce qui concerne son unité et l'environnement dans lequel elle évolue et qu'il est celui qui doit être en mesure de défendre la position de son unité lorsqu'elle traite avec d'autres groupes, le cadre est considéré comme le principal porte-parole de l'unité administrative dont il a la responsabilité.

7. *Rôle d'entrepreneur.* À première vue, le rôle d'entrepreneur peut sembler sans rapport avec un cadre public; mais, à bien y penser, il devient évident que ce rôle est essentiel dans tous les secteurs de la société

(Lewis, 1980). Comme l'a noté Matthew Holden (1966), il y a beaucoup d'«impérialisme bureaucratique» dans les organismes publics; c'est pourquoi les administrateurs et les cadres intermédiaires doivent repérer les «maraudeurs» qui veulent s'approprier les prérogatives et les ressources de leurs unités, ou qui tentent d'en contrôler les opérations. Du même coup, les cadres sont à l'affût d'occasions de renforcer ou d'étendre leurs opérations, en prétendant à tort ou à raison, que cela améliorera les services offerts au public. Les cadres agissent comme initiateurs et agents de changements et cherchent ainsi à améliorer la situation de leur unité. De tels changements peuvent prendre la forme de l'achat de nouveaux équipements, la réorganisation de la structure formelle ou le développement d'un nouveau programme. Mintzberg décrit l'entrepreneur comme un jongleur. «À chaque instant un certain nombre de balles données sont dans les airs. Chacune, à son tour, descend, reçoit un court influx d'énergie et remonte à nouveau. Pendant ce temps, de nouvelles balles attendent leur entrée en jeu et, à intervalles, les anciennes balles sont écartées pour être remplacées par de nouvelles.» (1973, p. 81)

8. *Le rôle de régulateur.* Des crises soudaines, telles qu'un conflit entre subordonnés, un désastre naturel ou la perte d'employés clés, prennent une grande partie du temps du cadre intermédiaire. Ces crises ne peuvent pas être ignorées et les cadres y consacrent tellement de temps qu'ils ont peu d'occasions pour réfléchir systématiquement ou encore élaborer des plans détaillés.

9. *Le rôle de répartiteur de ressources.* Les gestionnaires utilisent le contrôle qu'ils ont sur certaines ressources (l'argent, le matériel et le personnel) pour coordonner et intégrer les nombreuses activités dont ils ont la responsabilité. Pour ce faire, ils peuvent établir des priorités et des stratégies portant sur l'utilisation de ces ressources. L'exercice de ce rôle par le cadre lui garantit le contrôle, au moins partiel, de procédés spécifiques d'allocation des ressources (tel l'établissement des budgets) et d'opérations générales en le faisant participer aux décisions qui portent sur ces questions.

10. *Rôle de négociateur.* Quand un gestionnaire exerce ce rôle, il est probablement déjà en train d'exercer d'autres rôles dont il a été question précédemment, ceux de porte-parole ou de répartiteur de ressources, par exemple. La grande majorité des cadres peuvent représenter ou parler au nom de leurs unités mieux que quiconque. Pour cette raison, une négociation ne peut sérieusement être amorcée si «la personne qui peut prendre les décisions» n'y est pas associée directement. Un autre aspect de l'exercice de ce rôle tient à la détermination qu'a l'individu de défendre ses positions auprès des autorités supérieures puisqu'il est reconnu que ce n'est qu'à ce niveau que des ententes peuvent être finalement

conclues et des engagements formellement et officiellement pris. Bien que la portée et le type de négociations varient selon les niveaux d'une organisation, tout administrateur ou cadre intermédiaire est appelé à jouer le rôle de négociateur.

L'exercice de tous ces rôles peut être observé dans une organisation. Cependant, le choix de la meilleure combinaison de rôles et l'importance relative des rôles à jouer dans une situation donnée sont des décisions que seuls les cadres peuvent prendre, après avoir examiné les principaux facteurs qui les affectent, eux et leur unité. Ces décisions étant prises, les rôles se dynamisent à travers une série d'activités poursuivies par les cadres. Selon Mintzberg, ces activités comportent un certain nombre de caractéristiques plus marquées dans l'emploi du temps des cadres comparativement à celui des autres membres de l'organisation. Bien entendu, ces caractéristiques s'observent à des degrés divers et elles ne sont pas uniques aux cadres, mais on les remarque plus systématiquement chez eux. Mintzberg a relevé cinq caractéristiques majeures dont quatre sont décrites ci-dessous[13].

1. *Le rythme du travail.* Les cadres ont tendance à travailler sans arrêt, durant de longues heures et à un rythme épuisant; ils apportent même du travail à la maison. Deux facteurs peuvent expliquer cette caractéristique. Les cadres tendent à être imbus de l'éthique du travail et à trouver leur plus grande source de gratification personnelle dans leur travail. Deuxièmement, entraînés qu'ils sont à chercher et à analyser les informations reliées à leur travail et à leurs organisations, ils trouvent presque impossible d'arrêter d'y penser quand ils quittent le bureau.

2. *La durée et la variation des activités.* Les cadres tendent à s'engager dans une grande variété d'activités qui se présentent, pourrait-on dire, de façon presque aléatoire, chacune faisant l'objet d'un peu d'attention avant que la prochaine ne s'impose à eux. La plupart des activités ne prennent en moyenne que quelques minutes de leur temps et très peu – approximativement un dixième – requièrent d'eux plus d'une heure. Ces fréquents changements d'activités obligent les cadres à se reconcentrer constamment sur de nouvelles situations. Cette caractéristique serait encore plus prononcée chez un cadre fonctionnant au niveau des opérations.

3. *L'action plutôt que la réflexion.* Les cadres s'engagent rarement dans des exercices de planification générale, des discussions abstraites ou des exercices de réflexion; au lieu de cela, ils tendent à privilégier les aspects dynamiques de leur travail. Ils apprécient les activités non routi-

---

13.   En fait, Mintzberg relève six groupes de caractéristiques. Les deux groupes de caractéristiques non mentionnés ici sont les relations de travail du gestionnaire avec d'autres personnes et l'interaction entre les droits et les devoirs. (1980, p. 28 et 1984, p. 41). (N.D.T.)

nières, n'aiment pas l'ambiguïté et préfèrent fonctionner à partir de buts et de fonctions bien définis. Ils sont davantage attirés par les controverses ou problèmes spécifiques que par les problèmes généraux ou mal définis; de plus, ils tiennent compte davantage de l'information courante plutôt que de celle qui date.

4. *L'usage des médias de communication*. (Cette caractéristique est couverte par plusieurs des rôles déjà mentionnés.) Les cadres utilisent cinq méthodes majeures pour obtenir et communiquer l'information: le courrier, les réunions programmées, les réunions non programmées, les tournées (visuelles) et le téléphone. Si chacune de ces méthodes sert des fins légèrement différentes, la communication verbale est préférée. D'après les observations de Mintzberg, les gestionnaires consacrent en moyenne les deux tiers de leur temps au téléphone ou à des réunions non programmées.

Le style du cadre intermédiaire

Il y a tellement de rôles et de comportements associés à l'exercice de la gestion qu'il est pratiquement impossible pour un individu de prendre des décisions éclairées et explicites au sujet du rôle et du comportement qui convient à chaque situation; les choses vont tout simplement trop vite. Avant que toutes les combinaisons possibles puissent être considérées, la situation a déjà changé et le processus d'analyse doit être repris à nouveau. À vouloir procéder ainsi, le gestionnaire se retrouverait constamment dans des impasses. Conséquemment, il aura tendance à développer un «style» général – ou une façon de fonctionner – pour les situations usuelles et un style plus particulier pour répondre à des crises auxquelles il s'attend d'être confronté ou encore pour gérer des situations qui requièrent une attention spéciale. Ces styles deviennent rapidement connus des autres acteurs, particulièrement de ceux qui sont hiérarchiquement subordonnés au cadre, de telle sorte qu'il n'est pas rare d'entendre les commentaires suivants: «le patron va s'enrager quand il apprendra cela» ou «quelle que soit la crise, le patron ne perd jamais le nord». Les styles sont importants car ils fournissent des informations utiles à tous ceux qui sont à l'interne – et souvent à ceux qui sont à l'extérieur de l'organisation – sur les valeurs du cadre et les perspectives qu'il privilégie de même que sur ses façons de travailler.

Les diverses combinaisons possibles de rôles, de styles et de comportements chez les cadres intermédiaires illustrent à quel point la gestion dans un organisme public peut être très complexe. Qui plus est, on doit se rappeler que le cadre de niveau intermédiaire sert de point de contact entre les hauts dirigeants et les superviseurs. Un des facteurs expliquant le succès de ceux qui occupent de tels postes tient au fait qu'ils ont pu passer d'un poste de technicien ou de professionnel à un poste où ils ont à coordonner, communiquer et remplir des fonctions différentes, plus typiques de la gestion; cette transition les a, la plupart du temps, amenés à occuper un ou des postes de superviseurs. De bons superviseurs dont les responsabilités s'accroissent graduellement et qui profitent d'une formation continue sont souvent assurés de connaître du succès comme cadre intermédiaire. En outre, assumer des responsabilités de cadre intermédiaire constitue habituellement un tremplin pour des postes de direction supérieure.

LE LEADERSHIP AU NIVEAU DE L'INDIVIDU ET DU GROUPE: LES SUPERVISEURS

Les groupes qui, finalement, «font le travail» et assurent la prestation des services sont gérés par des superviseurs. Les superviseurs ne sont habituellement pas appelés à concevoir des politiques pour l'organisation ou même à mettre en place des structures de coordination. Les activités des superviseurs s'articulent plutôt autour de trois aspects principaux: la production, le moral des employés et la cohésion du groupe. Ceux qui occupent les postes les plus élevés dans la hiérarchie décident des objectifs et de la façon dont l'organisation devra être structurée pour les réaliser; le superviseur s'assure que les tâches affectées à son groupe seront accomplies de manière appropriée et productive. Pour que les superviseurs puissent organiser et coordonner adéquatement le travail de leurs groupes, ils doivent être en mesure de combiner les talents de leurs subordonnés et l'habileté à travailler avec ces subordonnés sur un plan interpersonnel. Comme les superviseurs sont habituellement d'ex-subordonnés, on peut s'attendre à ce qu'ils possèdent déjà les connaissances et les habiletés sur le plan technique. C'est plutôt sur le plan des relations humaines qu'ils doivent souvent développer un certain savoir-faire.

La supervision

Une grande partie de la recherche sur le leadership de groupe – menée par l'université de l'État d'Ohio – a porté sur ce que Stogdill a défini comme le degré de sensibilité aux aspects humains du travail [*consideration*] et la capacité d'organiser le travail [*initiation of structure*].

> [La première dimension] référait au degré d'intérêt d'un leader pour le bien-être des autres membres du groupe. Les superviseurs démontrant de la considération exprimaient leur appréciation pour le bon travail, soulignaient l'importance de tirer de la satisfaction du travail, maintenaient et renforçaient l'estime que les subordonnés pouvaient avoir d'eux-mêmes en les traitant comme des égaux, faisaient des efforts particuliers pour que les subordonnés se sentent à l'aise, étaient faciles à approcher, mettaient en œuvre les suggestions des subordonnés et obtenaient leur approbation sur des sujets importants avant de passer à l'action.

> La [seconde dimension] référait au degré d'initiative dont fait preuve un leader dans le démarrage des activités de son groupe, dans l'organisation et la définition des façons de travailler. Cela référait également au rappel du respect de normes et d'échéanciers ainsi qu'à des décisions sur les détails concernant ce qui sera fait et comment ce devait être fait. Un autre aspect

particulièrement important concernait la définition et la structuration du rôle du leader ainsi que des rôles des subordonnés au regard de l'atteinte des buts. (Bass, 1981, p. 358-359)

Ces deux dimensions, en réalité, interviennent simultanément. En fait, d'autres dimensions et d'autres comportements notamment ceux auxquels nous avons fait allusion dans la section portant sur les cadres de niveau intermédiaire sont évidemment adoptés mais les deux dimensions que nous mentionnons ici seraient déterminantes. L'accent plus ou moins important mis sur l'une ou l'autre dimension dépendra évidemment de la situation en cause. Ces deux dimensions étant particulièrement importantes, des études (Fleishman et Harris, 1962; Skinner, 1969) ont démontré que les superviseurs qui mettaient l'accent sur les aspects humains du travail avaient moins de problèmes que ceux pour qui l'organisation du travail était primordiale. Finalement, ces chercheurs ont trouvé que dans les situations où il fallait revoir l'organisation ou la structuration du travail, l'accent mis sur les aspects humains permettait de diminuer sensiblement l'insatisfaction. Donc, pour maintenir les standards et la productivité en minimisant l'insatisfaction, il faut que les superviseurs adoptent des comportements qui tiennent comptent des deux dimensions. Dans le secteur public où l'utilisation de plusieurs techniques ou approches n'est pas possible, des actions combinant judicieusement les deux dimensions sont dès lors très importantes.

Malgré l'intérêt de ces recherches et le fait qu'elles confirment en bonne partie le sens commun, d'autres chercheurs qui ont mis à l'épreuve cette théorie n'ont pas obtenu de résultats concluants. Ainsi, on s'interroge sur les possibilités d'application de la théorie à d'autres types de leaders ou à d'autres situations que celles où la production – de biens, de services ou la poursuite d'objectifs précis – est en cause. Outre ces réserves, il faut savoir que cette théorie a donné lieu au développement de plusieurs modèles, approches et techniques de gestion/supervision largement utilisés à travers le monde occidental. L'examen de ces approches et de ces modèles démontre, par ailleurs, qu'en plus du style, une autre dimension doit être prise en compte pour comprendre ce que les superviseurs font en réalité: il s'agit de la situation particulière à laquelle sont confrontés des gestionnaires. Évidemment, le concept de «situation» (ou la dimension situationnelle) s'applique tout autant à d'autres niveaux de leadership, ce que nous avons d'ailleurs indiqué plus tôt dans ce chapitre. Mais ce concept est caractéristique de la plupart des modèles modernes de leadership au niveau de la supervision et c'est pourquoi nous en traiterons dans les pages suivantes.

Théories situationnelles et leadership de groupe

Les styles de supervision varient énormément suivant le moment et l'endroit où ils s'exercent. Aucun leader ne réagit à toutes les situations de la même manière; un tel comportement serait contre-productif. La réaction sera plutôt déterminée selon les réponses fournies aux trois questions suivantes. Quels sont les facteurs importants qui doivent être pris en considération par un individu donné pour assurer la direction efficace d'un groupe? Comment se combinent ces facteurs et comment peuvent-ils être maîtrisés par l'individu qui veut diriger? Comment le leader peut-il se sensibiliser à des nouveaux facteurs dont il doit tenir compte pour exercer efficacement son leadership? Il faut rappeler que les superviseurs sont des êtres humains comme tout le monde, avec toutes les limites que cela suppose. De fait, ils ne peuvent traiter qu'avec un nombre restreint de facteurs; la réalité est beaucoup trop complexe pour qu'un quelconque modèle puisse en tenir compte complètement. Les modèles de leadership, développés par les chercheurs, sont par conséquent simplificateurs et parfois, carrément simplistes. Lorsqu'on applique un modèle à une situation réelle, il importe donc de relever les facteurs importants et de s'assurer qu'on en fait cas dans le modèle utilisé. Nous adoptons ici une approche permettant de tenir compte des changements qui se produisent souvent dans l'environnement des organisations publiques. Considérons maintenant un certain nombre de modèles développés à partir d'études menées à l'université de l'État d'Ohio.

Un des modèles populaires de supervision des individus et des groupes est la «grille managérielle» développée par Robert R. Blake et Jane S. Mouton (1964, 1969, 1981)[14]. La grille combine les deux dimensions comportementales suivantes, à savoir «les intérêts manifestés pour les gens» et «les intérêts manifestés pour la production» – dimensions très similaires à celles dont il a été question précédemment. Cette grille comporte deux avantages: premièrement, plutôt que de décrire les comportements des gestionnaires de façon dichotomique, elle fournit plusieurs combinaisons de ces deux dimensions. Deuxièmement, les gestionnaires devant s'adapter à plusieurs situations, elle propose des combinaisons qui peuvent être utilisées au fur et à mesure que la situation évolue. Selon cette grille, on cherche un superviseur sensible au besoin de produire qui portera un intérêt réel aux relations humaines. En combinant des intérêts à la fois pour la production et pour la dimension humaine, le superviseur contribue à ce que ses subordonnés sentent que «leurs efforts concourent à la concrétisation d'un enjeu qui leur est commun» (Blake et Mouton, 1969, p. 62); cela augmente, du même coup, les chances pour l'organisation de réaliser ses buts et d'assurer sa longévité.

Une des théories bien connues sur le leadership situationnel est le modèle de contingence proposé par Fiedler (1964, 1967). En demandant au leader d'évaluer sur une échelle bipolaire, mesurant plusieurs caractéristiques personnelles, le cotravailleur qu'il estime le moins, on obtient un résultat (appelé «LPC» pour «Least Prefered Co-worker») que Fiedler prétend pouvoir interpréter et utiliser pour prédire l'efficacité d'un superviseur. Les individus qui sont intransigeants envers le cotravailleur «le moins estimé» reçoivent de faibles pointages «LPC» et ceux qui sont tolérants envers lui en reçoivent de plus élevés. Bien que l'interprétation des résultats LPC ait changé plusieurs fois au cours des années, la variable

---

14.	Bien que la grille s'applique à tous les niveaux d'une organisation, elle traite de fonctions qui s'exercent en premier lieu, selon nous, au niveau de la supervision des opérateurs.

situationnelle considérée dans ce modèle est restée la même. La question à laquelle le modèle cherche à répondre est la suivante: dans quelle mesure la situation permettra-t-elle au leader d'influencer la performance de ses subordonnés? Ce degré d'influence est mesuré à partir de trois critères:

1. *Les relations entre leader et subordonnés.* Si les leaders jouissent de la loyauté et du support des subordonnés, ces derniers, dans la plupart des cas, se conformeront avec enthousiasme à ses désirs et à ses ordres. La situation contraire peut se produire si des attitudes et des sentiments opposés se manifestent à l'égard du leader.

2. *Le pouvoir formel du leader.* Si le leader jouit de pouvoirs formels importants, rattachés au poste qu'il occupe, il peut les utiliser pour récompenser ceux qui se conforment à ses désirs ou à ses ordres, ou encore les punir dans le cas contraire. Si un leader ne jouit d'aucun pouvoir formel, il doit s'appuyer sur d'autres sources d'influence pour assurer cette conformité.

3. *Le degré de structuration des tâches et des procédures.* Si les tâches sont définies de façon précise, que des procédures standardisées s'appliquent aux opérations, que les produits ou les services offerts sont clairement spécifiés et que la qualité du travail attendue des subordonnés est claire, le contrôle et la direction sont facilités. Dans le cas contraire, le leader peut ne pas être en mesure d'exercer un contrôle ou d'orienter les efforts des subordonnés; les travailleurs peuvent alors, par divers moyens, tenter de contourner les désirs et les ordres du leader.

Selon Fiedler, quand, à partir de ces trois critères, le contrôle qu'on a sur une situation donnée est très élevé ou très bas, un individu avec des pointages «LPC» peu élevés sera plus efficace. Quand, au contraire le degré de contrôle sur la situation est modéré, les superviseurs avec des pointages «LPC» élevés auront plus de succès.

L'aspect le plus intéressant de cette approche, c'est que, pour la première fois, on donne les caractéristiques de la situation permettant de déterminer ce qu'est le comportement approprié d'un leader. Fiedler a modélisé ce qui était connu depuis longtemps mais n'avait pas encore fait l'objet d'une proposition formelle, à savoir que le comportement approprié d'un leader doit tenir compte de l'évaluation de la situation particulière du moment (mesuré à partir de trois facteurs).

Un autre modèle qui intègre la dimension situationnelle dans la détermination de comportements appropriés chez les superviseurs est celle de Paul Hersey et de Kenneth H. Blanchard (1982). Ce modèle est illustré par une matrice construite à partir de comportements axés sur l'exécution du travail et de comportements axés sur les relations entre le superviseur et ses subordonnés (une matrice qui, de ce point de vue, est semblable à celle de Blake et Mouton dont on vient de traiter. La variable situationnelle considérée dans le modèle est la «maturité» de l'individu (ou du groupe) avec lequel le leader est en relation[15]. Ce concept de maturité semble avoir été emprunté à McClelland lorsqu'il traite des caractéristiques de ceux qui mènent à terme tout ce qu'ils entreprennent. Ces caractéristiques sont les suivantes: «la capacité de se donner des objectifs ambitieux mais réalistes (et, bien sûr, être motivé à les réaliser), la volonté de prendre des responsabilités et, enfin, l'éducation et/ou l'expérience» (1961, p. 161).

Selon Hersey et Blanchard, les combinaisons de comportements du leader – qui sont axées sur ses relations avec ses subordonnés et/ou sur l'exécution de leur travail – doivent s'ajuster à la maturité des subordonnés (voir la *figure 8.1*). Les comportements axés sur l'exécution du travail diminuent constamment à mesure que la maturité des subordonnés augmente. Par ailleurs, les relations personnelles du leader avec ses subordonnés augmentent en fonction de la maturité. Au-delà d'un certain niveau de maturité, les subordonnés faisant preuve de beaucoup d'autonomie, les relations personnelles qu'entretient le leader avec eux diminuent graduellement; à ce stade, le leader délègue des responsabilités et reconnaît au travailleur une autonomie de plus en plus grande. Autrement dit, les travailleurs «adultes», à cause de leur esprit d'initiative, de leur assurance et de leur engagement, ont besoin d'un minimum de support de la part de leurs supérieurs.

Le modèle de supervision qui tient compte du plus grand nombre de variables[16] est probablement celui du «modèle aux liens multiples» du leader efficace, développé par Gary Yukl. Yukl examine les effets d'une longue liste de variables situationnelles sur la performance de l'individu et celle du groupe, de même que la capacité du superviseur à agir sur les variables qui déterminent la performance. Parmi les facteurs qui influencent la performance du groupe et des individus, Yukl (1981, p. 154) relève:

- *L'effort du subordonné.* Il s'agit de l'effort fourni par les subordonnés pour atteindre un haut niveau de performance, lequel se traduit par un degré élevé de responsabilité et d'engagement personnel pour réaliser les buts et les objectifs de l'unité de travail.

- *La clarté du rôle que doit jouer le subordonné.* Il s'agit du degré de compréhension qu'ont les subordonnés du travail à faire et des responsabilités à assumer.

---

15. La maturité est mesurée à partir de la *capacité* réelle du subordonné et de sa *volonté* d'exécuter le travail demandé. (N.D.T.)

16. De toute évidence aucune série de variables ne peut être complète, mais il est possible de relever et de considérer plusieurs variables importantes.

FIGURE 8.1

Le leadership situationnel (modèle de Hersey et Blanchard)

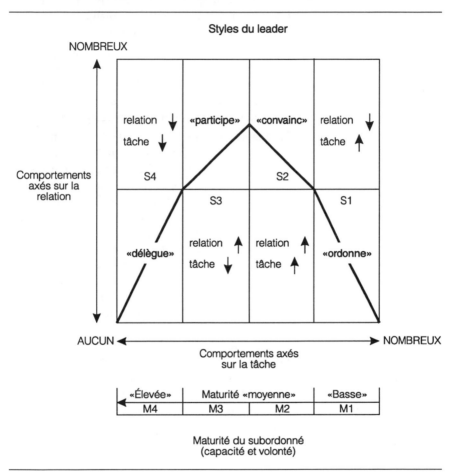

- *Les habiletés du subordonné en regard des tâches à exécuter.* Dans quelle mesure les subordonnés ont l'expérience, la formation et les habiletés nécessaires pour accomplir efficacement tout ce qu'implique leur travail?

- *Les ressources logistiques.* Est-ce que les subordonnés ont les outils, l'équipement, les fournitures et les services de support pour accomplir leur travail?

- *L'organisation du travail.* Est-ce que l'unité de travail est bien organisée pour assurer une utilisation efficace du personnel, de l'équipement, des

espaces physiques et est en mesure d'éviter les délais, les chevauche-
ments et les efforts inutiles?

* *La cohésion du groupe et le travail d'équipe.* Dans quelle mesure les subordonnés travaillent bien ensemble, partagent l'information et les idées,
ont des rapports amicaux, s'entraident, sont prévenants et coopératifs?

La performance individuelle des subordonnés dépend des quatre premiers
facteurs et la performance du groupe dépend des deux derniers. Les six facteurs
interagissent dans la détermination de l'engagement de l'individu et du groupe,
du moral et de la productivité; ces facteurs sont eux-mêmes influencés par un
groupe de variables intermédiaires que Yukl regroupe en trois catégories.

La première catégorie de variables intermédiaires affecte directement un ou
plusieurs des six facteurs énoncés plus haut, agissant par conséquent indirectement sur la performance de l'individu ou du groupe. Des exemples de telles variables sont le système formel de récompense, le caractère motivant de la tâche, le
niveau des obligations formelles associées à l'exercice d'un rôle, le système d'allocation des ressources, financières et autres, et la dimension du groupe de travail.
Le second type de variables intermédiaires affecte l'importance relative des six
facteurs pour le groupe. La technologie, par exemple, peut modifier, augmenter
ou diminuer les habiletés requises des travailleurs ou encore le temps nécessaire
pour fournir aux subordonnés une évaluation du travail accompli. Si, dans l'exécution d'une tâche, peu de fournitures, d'équipements et de services de support
sont requis, alors de telles variables ne seront pas déterminantes. Finalement, le
troisième type de variables intermédiaires dans le modèle de Yukl réfère aux
«contraintes organisationnelles affectant les actions du leader et affectant directement les variables» déjà mentionnées (1981, p. 158). La capacité du leader à agir
est contrainte par des facteurs tels que sa position hiérarchique, son contrôle réel
sur les récompenses et les sanctions et son pouvoir discrétionnaire dans l'attribution du travail, la détermination des procédures et l'allocation des ressources[17].
(À titre d'exemple, le faible pouvoir discrétionnaire des gestionnaires publics est
une contrainte très importante dans les organisations publiques.)

---

17.   D'autres chercheurs, en particulier Kerr et Jermier (1978), ont traité de ces variables qu'ils
      appelaient des variables «qui se substituent au leadership». Ces variables tendent à contrecar-
      rer la capacité du leader à agir sur la satisfaction ou la performance des autres. Plusieurs de ces
      facteurs (comme le fait qu'il s'agisse de travailleurs expérimentés et bien formés, l'orientation
      professionnelle des travailleurs, les méthodes de travail invariables, la cohésion très grande
      dans un groupe de travail, le manque de contrôle sur les récompenses qu'offre l'organisation,
      etc.) ont été traités ailleurs dans cet ouvrage. Gulick (1937) a aussi traité de cet aspect de la
      question quand il a noté que la coordination (ou le leadership) pouvait émerger à travers «une
      idée dominante», laquelle se traduira par un seul objectif à poursuivre, partagé par les
      membres d'un groupe, de telle sorte que chacun ajustera sa contribution individuelle au bien-
      être du groupe dans son entier et ce, avec talent et enthousiasme.

TABLEAU 8.5

Les catégories de comportements de leadership selon Yukl

L'accent mis sur la performance. Le leader accorde de l'importance à la performance des subordonnés, à l'amélioration de la productivité et à l'efficacité, ainsi qu'à l'utilisation optimale de la capacité des subordonnés et à la vérification de la performance.

La sollicitude. Le leader est amical, encourage, porte attention, essaie d'être juste et objectif vis-à-vis des subordonnés.

L'inspiration. Le leader stimule l'enthousiasme parmi les membres d'un groupe de travail et sait susciter chez les subordonnés une confiance en eux leur permettant de s'acquitter de leurs tâches avec succès et d'atteindre les objectifs du groupe.

L'éloge et la reconnaissance. Le leader sait féliciter les subordonnés performants, sait apprécier leurs contributions et efforts exceptionnels et s'assure qu'ils reçoivent le crédit de leurs idées et de leurs suggestions.

Une structure de récompenses adaptée. Le leader sait récompenser de manière tangible ceux qui fournissent le rendement attendu, qu'il s'agisse d'une augmentation de salaire, d'une promotion, de nouvelles affectations, d'un meilleur horaire de travail, de congés additionnels, etc.

La participation aux décisions. Le leader consulte ses subordonnés et/ou leur permet d'influencer sa ou ses décisions.

La délégation et l'autonomie. Le leader délègue son autorité et ses responsabilités à ses subordonnés et leur permet d'être autonomes dans leurs façons d'exécuter leur travail.

La clarification des rôles. Le leader informe les subordonnés sur leurs devoirs et leurs responsabilités, précise les règles et les politiques à observer et ce que l'on attend d'eux.

L'établissement des buts. Le leader souligne l'importance d'établir des objectifs précis de performance pour chaque aspect important du travail du subordonné, mesure le degré de réalisation des buts et fournit un feed-back concret.

La formation et le support. Le leader relève et détermine les besoins de formation des subordonnés et leur fournit toute la formation et le support nécessaires.

La diffusion de l'information. Le leader tient ses subordonnés informés des développements qui affectent leur travail, y compris des événements qui se déroulent dans d'autres unités de travail ou à l'extérieur de l'organisation, des décisions prises par les hauts dirigeants et des progrès découlant de rencontres avec les cadres supérieurs ou des acteurs externes.

La solution de problème. Le leader prend l'initiative de proposer des solutions à des problèmes sérieux reliés au travail et agit de manière décisive pour traiter de tels problèmes quand l'organisation a besoin qu'une solution rapide soit apportée.

La planification. Le leader sait planifier et organiser efficacement le travail à venir, sait comment atteindre les objectifs de son unité de travail et sait préparer des plans d'interventions en cas de problèmes éventuels.

La coordination. Le leader coordonne le travail des subordonnés, souligne l'importance de la coordination et encourage les subordonnés à coordonner leurs activités.

La facilitation du travail. Le leader obtient pour les subordonnés toutes les fournitures, l'équipement, les services de support ou d'autres ressources, élimine les problèmes ou obstacles qui, dans l'environnement de travail, interfèrent avec le travail.

La représentation. Le leader établit des contacts avec d'autres groupes et des gens importants dans l'organisation, les persuade de reconnaître et d'appuyer son unité de travail, et utilise son influence auprès des supérieurs et acteurs externes pour promouvoir et défendre les intérêts de son unité de travail.

La facilitation des interactions. Le leader essaie d'amener les subordonnés à développer des liens amicaux entre eux, à coopérer, à partager l'information et les idées et à s'entraider.

La gestion des conflits. Le leader décourage les luttes et les oppositions entre les subordonnés, les encourage à résoudre les conflits de manière constructive et les aide à régler leurs conflits et leurs désaccords.

Le maintien d'une discipline. Le leader rappelle à l'ordre un subordonné qui maintient une performance inacceptable, viole une règle, ou désobéit à un ordre; les actions disciplinaires incluent un avertissement officiel, une réprimande, une suspension ou un renvoi.

Source: Gary A. Yukl, *Leadership in Organizations*, adapté avec la permission de Prentice-Hall, Inc., Englewood Cliffs, New Jersey, 1981, p. 121-125.

À partir des six facteurs qui influent sur les comportements d'un groupe et des variables situationnelles qui interagissent, Yukl a développé une série de dix-neuf comportements qui peuvent être adoptés dans différentes situations et qui sont énumérés au *tableau 8.5*.

Il s'agit selon toute vraisemblance du modèle de leadership situationnel le plus complexe développé à ce jour. Il utilise la même approche que les théories déjà mentionnées, bien que ce modèle soit de loin plus complexe, plus élaboré et plus délicat à manipuler compte tenu des nombreux facteurs, variables et calculs à considérer. Dans chaque cas, on s'attend à ce que le superviseur (ou le leader) évalue la situation (qu'on peut définir comme un ensemble de circonstances liées à des facteurs internes et externes qui agissent dans ou sur l'organisation) ainsi que les caractéristiques propres à l'organisation (ses forces et ses faiblesses, que ce soit au chapitre de ses membres, de ses ressources, de ses procédés et de ses objectifs), après quoi une décision est prise quant au style particulier de leadership qui conviendrait le mieux. Cette décision doit tenir compte des effets à court et long terme du style à adopter et équilibrer ses coûts et ses bénéfices. Entre temps, le leader doit être en mesure d'apprécier et d'évaluer constamment les réactions au style adopté, d'estimer quand réévaluer la situation ou changer de style de leadership.

Au plus haut niveau d'une grande organisation, l'évaluation de la situation encourage le plus souvent l'adoption d'un style général qui va probablement évoluer lentement. Des changements fréquents et spectaculaires dans le style adopté pourraient créer des conditions chaotiques: parce qu'on veut éviter de tels problèmes et qu'on ne peut s'ajuster que graduellement à un changement de style, on renonce à des changements fréquents et radicaux. Exceptionnellement, en cas de crises par exemple, un changement marqué peut être requis. Cependant, un tel changement de style est habituellement endossé avec l'assurance qu'il permettra de faire face à la crise et qu'il sera accepté pour un certain temps, au moins jusqu'à ce que la crise soit surmontée. Aux plus bas échelons, le superviseur doit considérer à la fois les situations de groupe et les situations individuelles et, dans ce contexte, la diversité et la fréquence des changements de style augmentent à cause de la plus grande volatilité des situations qui mettent en jeu de plus petits groupes d'individus. Si les travailleurs apprécient les leaders qui font preuve de constance dans la direction à suivre, ils s'attendent également d'eux qu'ils reconnaissent et réagissent aux situations changeantes auxquelles ils font face. C'est ici que se trouve la clé de l'approche situationnelle: le chef doit répondre aux besoins de l'organisation et des subordonnés; les subordonnés ne devraient pas avoir à analyser et réagir aux caprices ou au changement d'humeur des patrons. Un individu doit avoir une variété de styles de direction qui évoluent en fonction des situations, mais les subordonnés doivent pouvoir s'attendre à ce que, dans des situations identiques, leurs supérieurs adoptent les mêmes styles.

L'approche situationnelle du leadership est généralement acceptée comme l'approche la plus appropriée pour traiter les problèmes ou relever les défis de gestion dans les organisations publiques modernes. Il n'y a aucune autre façon de gérer qui permette à un individu de faire face aux innombrables pressions qui existent dans le secteur public. Comment un leader, dans un organisme public, peut-il autrement tenir compte de l'individu, de l'organisation et des demandes politiques qui doivent tous être considérés dans la poursuite de l'efficacité et de l'efficience?

CONCLUSION

Après ce survol d'une partie de la littérature traitant du leadership et la présentation de nos propos sur sa pertinence dans les organisations publiques, on peut convenir que l'exercice d'un leadership répond à des cycles. Par ailleurs, si parmi les nombreuses dimensions que revêt le rôle de leader certaines sont plus marquantes à l'un ou l'autre des trois niveaux de l'organisation, ils n'en sont pas moins tous importants. Nous avons également signalé que des individus, qui n'occupent pas des positions d'autorité formelle dans les organisations, peuvent être des leaders informels tout simplement parce qu'ils possèdent certaines des caractéristiques que nous avons attribuées aux leaders ou qu'ils remplissent certaines des fonctions utiles au fonctionnement harmonieux d'un groupe.

Dans le secteur public, exercer un leadership est souvent plus difficile à cause de la dimension politique propre à l'environnement des organisations publiques. Qui plus est, dans bien des cas, il faut agir sans avoir le temps de tout calculer, voire d'analyser ce qu'implique cette dimension. Être un cadre supérieur, un cadre intermédiaire ou un superviseur qui a du succès ou être un leader informel n'est pas chose facile; c'est cependant nécessaire dans les bureaucraties publiques pour réaliser leurs mandats de servir le public et le système démocratique. Si les gestionnaires sont capables de surmonter les difficultés auxquelles nous avons fait allusion, d'assumer leurs tâches et de porter les jugements de valeur qui s'imposent, et ce en conformité avec les exigences de leurs postes, alors, il y a de fortes chances qu'ils puissent exercer un leadership efficace et éprouver, par conséquent, le sentiment d'avoir accompli quelque chose d'utile. Mais il n'y aura pas de répit puisque des changements dans l'environnement politique, sur le plan technologique, de la dynamique d'un groupe ou de la situation économique les obligeront à reprendre l'analyse de tels changements, d'essayer de les comprendre, et d'agir au mieux. C'est là le défi des grands leaders!

BIBLIOGRAPHIE

BARBER, James D. (1985). *The Presidential Character: Predicting Performance in the White House*, 3ᵉ éd., Englewood Cliffs, N.J., Prentice-Hall.

BARNARD, Chester (1938). *The Functions of the Executive*, Cambridge, Mass., Harvard Univ. Press.

BASS, Bernard M. et Enzo R. VALENZI (1974). «Contingent Aspects of Effective Management Styles in Contingency Approaches to Leadership», symposium tenu à la Southern Illinois University, Carbondale, James G. HUNT et Lars L. LARSON (éds), Carbondale, Southern Illinois Univ.

BASS, Bernard M. (éd.) (1981). *Stodgill's Handbook of Leadership*, New York, Free Press.

BENNIS, Warren G. (1959). «Leadership Theory and Administrative Behavior: The Problem of Authority», *Administrative Science Quarterly*, vol. 4, p. 259-260.

BIGGART WOOLSEY, Nicole et Gary G. HAMILTON (1987). «An Institutional Theory of Leadership», *Journal of Applied Behavioral Science*, vol. 23, n° 4, p. 429-441.

BLAKE, Robert R. et Jane S. MOUTON (1964). *The Managerial Grid*, Houston, Tex., Gulf Publishing.

BLAKE, Robert R. et Jane S. MOUTON (1964). *Les deux dimensions du management*, Paris, Les Éditions d'Organisation.

BLAKE, Robert R. et Jane S. MOUTON (1969). *Building a Dynamic Corporation Through Grid Organization Development*, Reading, Mass., Addison-Wesley Publishing.

BLAKE, Robert R. et Jane S. MOUTON (1981). *A Self-Examination of Managerial Grid Styles*, Austin, Tex., Scientific Methods.

BLAKE, Robert R. et Jane S. MOUTON (1987). *La troisième dimension du management*, Paris, Les Éditions d'Organisation.

BLANK, Warren, John R. WEITZEL et Stephen G. GREEN (1990). «A Test of the Situational Leadership Theory», *Personnel Psychology*, vol. 43, n° 3, p. 579-597.

BOGARDUS, Emory S. (1934). *Leaders and Leadership*, New York, Appleton-Century-Crofts.

BOURRICAUD, François (1969). *Esquisse d'une théorie de l'autorité*, 2ᵉ éd., Paris, Plon.

BOWEN, Donald D. et Louis E. BOONE (1987). *The Great Writings in Management and Organizational Behavior*, New York, McGraw-Hill, 479 p.

BRUHN, John G. (1991). «Control, Narcissism, and Management Style», *Health Care Supervisor*, vol. 9, n° 4, p. 43-52.

BURNS, James M. (1978). *Leadership*, New York, Harper & Row.

CALAS, Marta B. et Linda SMIRCICH (1991). «Voicing Seduction to Silence Leadership», *Organization Studies*, vol. 12, n° 4, p. 567-602.

CLEGG, Stewart R. (1989). «Radical Revisions: Power, Discipline and Organizations», *Organization Studies*, vol. 10, n° 1, p. 97-115.

CLEVELAND, Harlan (1972). *The Future Executive*, New York, Harper & Row.

COHEN, Irit et Ran LACHMAN (1988). «The Generality of the Strategic Contingencies Approach to Sub-Unit Power», *Organization Studies*, vol. 9, n° 3, p. 371-391.

COLLERETTE, Pierre (1991). *Pouvoir, leadership et autorité dans les organisations*, Sillery, Presses de l'Université du Québec, 225 p.

COWLEY, W. H. (192 «Three Distinctions in the Study of Leaders», *Journal of Abnormal and Social Psychology*, vol. 23, p. 144-57.

CROZIER, Michel et Erhard FRIEDBERG (1977). *L'acteur et le système*, Paris, Seuil, 436 p.

CZARNIAWSKA – JOERGES, Barbara et Rolf WOLFF (1991). «Leaders, Managers, Entrepreneurs On and Off the Organizational Stage», *Organization Studies*», vol. 12, n° 4, p. 529-546.

DAY, David V. et Robert G. LORD (1988). «Executive Leadership and Organizational Performance: Suggestions for a New Theory and Methodology», *Journal of Management*, vol. 14, n° 3, p. 453-464.

DELUGA, Ronald J. (1988). «Relationship of Transformational and Transactional Leadership with Employee Influencing Strategies», *Group & Organization Studies*, vol. 13, n° 4, p. 456-467.

DRAGO, Robert et Mark WOODEN (1991). «The Determinants of Participatory Management», *British Journal of Industrial Relations*, vol. 29, n° 2, p. 177-204.

ENGLAND, George W. (1967). «Personal Value Systems of American Managers», *Academy of Management Journal*, vol. 10, p. 56-68.

FIEDLER, Fred E. (1964). «A Contingency Model of Leadership Effectiveness», dans *Advances in Experimental Social Psychology*, Leonard BERKOWITZ (éd.), New York, Academic Press.

FIEDLER, Fred E. (1967). *A Theory of Leadership Effectivenes*, New York, McGraw-Hill.

FLEISHMAN, Edwin A. et Edwin F. HARRIS (1962). «Patterns of Leadership Behavior Related to Employee Grievances and Turnover», *Personnel Psychology* vol. 15, p. 43-56.

FRENCH, John R.P. et Bertram RAVEN (1959). «The Bases of Social Power» dans *Studies in Social Power*, Dorwin Cartwright (éd.), Ann Arbor, Mich., Institute for Social Research, p. 150-167.

GARDNER, John W. (1981). *Leadership, a Sampler of the Wisdom of John W. Gardner*, Minneapolis, Hubert H. Humphrey Institute of Public Administration, University of Minnesota.

GEMMILL, Gary et Judith OAKLEY (1992). «Leadership: An Alienating Social Myth?», *Human Relations*, vol. 45, n° 2, p. 113-129.

GIST, Marilyn E., Edwin A. LOCKE, et M. Susan TAYLOR (1987). «Organizational Behavior: Group Structure, Process, and Effectiveness», *Journal of Management*, vol. 13, n° 2, p. 237-257.

GOLEMBIEWSKI, Robert T. (1987). «Public-Sector Management Today: Advanced Differentiation and Early Institutionalization», *Journal of Management*, vol. 13, n° 2, p. 323-338.

GORDON, Leonard V. (1975). *The Measurement of Interpersonal Values*, Chicago, Science Research Associates.

GORDON, Leonard V. (1976). *Survey of Interpersonal Values: Revised Manual*, Chicago, Science Research Associates.

GRIFFIN, Ricky W., Kristen Dahlen SKIVINGTON et Gregory MOORHEAD (1987). «Symbolic and International Perspectives on Leadership: An Integrative Framework», *Human Relations*, vol. 40, n° 4, p. 199-218.

GULICK, Luther (1937). «Notes on the Theory of Organization», dans *Papers on the Science of Administration*, Luther Gulick et Lyndall Urwick (éds), New York, Institute of Public Administration.

HERSEY, Paul et Kenneth H. BLANCHARD (1976). *Le style de leadership selon la situation*, Californie, Center for Leadership Studies.

HERSEY, Paul et Kenneth H. BLANCHARD (1982). *Management of Organizational Behavior*, 4e éd., Englewood Cliffs, N.J., Prentice-Hall.

HOLDEN, Matthew, Jr M. (1966). «"Imperialism" in Bureaucracy», *The American Political Science Review*, vol. 60, p. 943-951.

HOWELL, Jon P., David E. BOWEN, Peter W. DORFMAN, Steven KERR et Philip M. PODSAKOFF (1990). «Substitutes for Leadership: Effective Alternatives to Ineffective Leadership», *Organizational Dynamics*, vol. 19, p. 20-38.

HUMMEL, Ralph P. (1990). «Managers and the Crisis of Work in the Public Service», *Public Administration Quarterly*, vol. 14, n° 2, p. 44-54.

JONES, Charles O. (1977). *An Introduction to the Study of Public Policy,* 2ᵉ éd. North Scituate, Mass., Duxbury Press.

KATZ, Robert L. (1955). «Skills of an Effective Administrator», *Harvard Business Review,* vol. 33, p. 33-42.

KELLERMAN, Barbara (éd.) (1984). *Leadership: Multidisciplinary Perspectives,* Englewood Cliffs, N.J., Prentice-Hall.

KERR, Steven et John M. JERMIER (1978). «Substitutes for Leadership: Their Meaning and Measurement», *Organizational Behavior and Human Performance,* vol. 22, p. 376-403.

KNIGHTS, David et Hugh WILLMOTT (1992). «Conceptualizing Leadership Processes: A Study of Senior Managers in a Financial Services Company», *Journal of Management Studies,* vol. 29, n° 6, p. 761-782.

KOTTER, John (1990). *Le leadership: clé de l'avantage concurrentiel,* Paris InterÉditions, 214 p.

KOZLOWSKI, Steve W.J. et Mary L. DOHERTY (1989). «Integration of Climate and Leadership: Examination of a Neglected Issue», *Journal of Applied Psychology,* vol. 74, n° 4, p. 546-553.

KUHNERT, Karl W. et Craig J. RUSSELL (1990). «Using Constructive Developmental Theory and Biodata to Bridge the Gap Between Personnel Selection and Leadership», *Journal of Management,* vol. 16, n° 3, p. 595-607.

LEWIS, Eugene (1980). *Public Entrepreneurship: Toward a Theory of Bureaucratic Political Power,* Bloomington, Indiana University Press.

LIKERT, Rensis (1961). *New Patterns of Management,* New York, McGraw-Hill.

LIKERT, Rensis (1967). *The Human Organization: Its Management and Value,* New York, McGraw-Hill.

LINDBLOM, Charles E. (1980). *The Policy-Making Process,* 2ᵉ éd., Englewood Cliffs, N.J., Prentice-Hall.

LUNDSTEDT, Sven (1965). «Administrative Leadership and Use of Social Power», *Public Administration Review,* vol. 25, p. 156-60.

MANN, Floyd C. (1965). «Toward an Understanding of the Leadership Role in Formal Organization» dans *Leadership and Productivity; Some Facts of Industrial Life,* éd. Robert Dubin *et al.* San Francisco, Chandler.

MCCLELLAND, David C. (1961). *The Achieving Society,* Princeton, N.J., Van Nostrand Reinhold.

MCCLELLAND, David C. (1975). *Power: The Inner Experience,* New York, Irvington.

MINTZBERG, Henry (1973). *The Nature of Managerial Work,* New York, Harper & Row.

MINTZBERG, Henry (1986). *Le pouvoir dans les organisations,* Paris, Les Éditions d'Organisation et Montréal, Agence d'Arc, 679 p. Traduction de l'ouvrage *Power In and Around Organizations,* Englewood Cliffs, New-Jersey, Prentice-Hall paru en 1983.

NAKAMURA, Robert T. et Frank SMALLWOOD (1980). *The Politics of Policy Implementation,* New York, St. Martin's Press.

OTT, J. Steven (1989). *Classic Readings in Organizational Behavior*, Pacific Grove, Brooks/ Cole Pub. Co., 638 p.

PENG, T.K., Mark F. PETERSON et Yuh-Ping SHYI (1991). «Quantitative Methods in Cross-National Management Research: Trends and Equivalence Issues», *Journal of Organizational Behavior*, vol. 12, n° 2, p. 87-107.

RADNER, Roy (1991). «Dynamic Games in Organization Theory», *Journal of Economic Behavior & Organization*, vol. 16, n° 1, p. 217-260.

ROSS, Alexander (1992). «The Long View of Leadership», *Canadian Business*, vol. 65, n° 5, p. 46-51.

ROURKE, Francis E. (1984). *Bureaucracy, Politics, and Public Policy*, 3ᵉ éd., Boston, Little, Brown.

SCOTT, William G. et Terence R. MITCHELL (1987). «The Universal Barnard: His Macro Theories of Organization», *Public Administration Quarterly*, vol. 11, n° 1, p. 34-58.

SELZNICK, Phillip (1957). *Leadership in Administration*, New York, Harper & Row.

SELZNICK, Phillip (1966). *TVA and the Grassroots: A Study in the Sociology of Formal Organizations*, New York, Harper & Row (Torchbooks), publié d'abord par l'Université de la Californie à Berkeley.

SHAREEF, Reginald (1991). «Ecovision: A Leadership Theory for Innovative Organizations», *Organizational Dynamics*, vol. 20, n° 1, p. 50-62.

SKINNER, Elizabeth W. (1969). «Relationships between Leadership Behavior Patterns and Organizational-Situational Variables», *Personnel Psychology*, vol. 22, p. 489-494.

SOOKLAL, Lessey (1991). «The Leader as a Broker of Dreams», *Human Relations*, vol. 44, n° 8, p. 833-856.

STUPAK, Ronald J. et Jerry E. MOORE (1987). «The Practice of Managing Organization Development in Public Sector Organizations: Reassessments, Realities, and Rewards», *International Journal of Public Administration*, vol. 10, n° 2.

THOMAS, Alan Berkeley (1988). «Does Leadership Make a Difference to Organizational Performance?», *Administrative Science Quarterly*, vol. 33, n° 3, p. 388-400.

URWICK, Lyndall F. (1953). *Leadership and Morale*, Columbus, Ohio State Univ., College of Commerce and Administration.

VAUGHAN, Edward (1989). «The Leadership Obsession: An Addendum to Mangham's "In Search of Competence"», *Journal of General Management*, vol. 14, n° 3, p. 26-34.

WEBER, Max (1971). *Économie et société*, Tomes 1 et 2, Paris, Plon.

WEBER, Max (1947). *The Theory of Social and Economic Organization*, traduit et édité par A.M. Henderson et Talcott Parsons, New York, Oxford University.

WINTER, David G. (1973). *The Power Motive*, New York, Free Press.

WOODMAN, Richard W. (1989). «Organizational Change and Development: New Arenas for Inquiry and Action», *Journal of Management*, vol. 15, n° 2, p. 205-228.

YUKL, Gary A. (1989). *Leadership in Organization*, 2ᵉ éd., Englewood Cliffs, N.J., Prentice-Hall.

APPENDICE

Le texte que nous soumettons maintenant fait état d'un modèle présentant des styles de gestion et interprétant les résultats d'une recherche auprès d'employés professionnels de la fonction publique du Québec sur les styles de gestion de leurs patrons. Nous terminons par une question qui vous invite à réconcilier ce modèle et la thèse des auteurs du chapitre 8 voulant que le leadership doive être approché différemment selon les niveaux de gestion dans l'organisation publique.

L'intérêt pour le pouvoir et les styles de gestion: élaboration d'une typologie et application aux cadres de la fonction publique du Québec[1]

Germain Julien, professeur
École nationale d'administration publique

Depuis les études qu'ont réalisées les disciples de l'école des relations humaines (Mayo, Lewin, Likert, McGregor, Schein...), on considère généralement qu'une organisation doit chercher à remplir deux fonctions principales: une fonction formelle (ou économique) qui concerne l'accomplissement de la mission officielle de l'organisation, soit de produire et de distribuer des biens et des services pertinents et de bonne qualité aux moindres coûts possibles, et une fonction informelle (ou sociale) qui se rapporte au bien-être des membres de l'organisation, soit de leur fournir un cadre de vie professionnelle acceptable. Les adeptes de cette école affirment que le succès de la fonction sociale conditionne en grande partie celui de la fonction économique. Ils croient que le style de gestion de la hiérarchie, c'est-à-dire les comportements adoptés par les supérieurs dans leurs relations avec les employés, a une incidence sur le degré de satisfaction au travail de leur personnel, ce qui influence le degré de réalisation des objectifs économiques de l'organisation.

Si l'on admet que le style de gestion a un effet déterminant sur la satisfaction humaine et sur l'efficience organisationnelle, on peut aussi être tenté de présumer que ces deux types de résultats caractérisent d'une certaine manière le style de direction des cadres. Ainsi, celui-ci serait orienté de préférence vers le bien-être du personnel ou vers la réalisation du travail, si ce n'est vers les deux simultanément. Ces deux orientations servent habituellement de base aux différentes typologies qui sont conçues par les spécialistes de l'enseignement et de la recherche pour classer les styles de gestion.

Ces deux composantes sont utilisées à la fois par certains auteurs qui prétendent qu'il n'existe qu'un seul style idéal de gestion qui soit approprié dans toutes les situations (Likert, Blake et Mouton), et par d'autres qui estiment qu'un style de gestion doit, pour remporter du succès, varier selon les caractéristiques de la situation de travail (Fiedler, Reddin, Hersey et Blanchard).

---

1.   Article publié dans la revue *Administration publique du Canada*, vol. 34, n° 2, 1991, p. 339-358.

Chez les auteurs qui utilisent ces deux composantes dans la définition des styles de gestion, Blake, Hersey et Reddin[2] considèrent qu'un style peut intégrer simultanément le maximum de ces deux orientations. Celles-ci ne représentent pas les termes opposés et incompatibles d'une alternative. Le style de direction est plutôt le résultat d'une combinaison de ces deux orientations du comportement des gestionnaires. En somme, l'orientation vers l'individu et celle vers la tâche constituent dans ces typologies des composantes distinctes mais néanmoins complémentaires de sorte qu'un administrateur peut être fort ou faible dans les deux en même temps. Par contre, Fiedler et Likert[3] semblent concevoir ces orientations comme les deux extrêmes d'un même continuum, de sorte que, dans leur typologie, le style de gestion d'un cadre est centré exclusivement sur les relations humaines ou sur la tâche.

Mais en se concentrant sur la fonction sociale et la fonction économique des styles, ces typologies conduisent à des définitions partielles. Elles réussissent mal à traduire la fonction proprement politique du processus d'influence mutuelle qui régit les rapports entre les supérieurs et leurs employés et qui les amène à adopter des attitudes et des comportements qu'ils n'auraient jamais développés autrement. Elles donnent ainsi une image à la fois imprécise et incomplète des différentes sources de pouvoir qu'utilisent les cadres pour influencer leurs subordonnés, comme des relations de pouvoir qui s'établissent entre eux[4].

---

2. Robert R. BLAKE et Jane S. MOUTON, *La troisième dimension du management* (Paris: Éditions d'Organisation, 1987); Paul Hersey, *Le leader situationnel* (Paris: Éditions d'Organisation, 1989); William J. REDDIN, *Managerial Effectiveness* (McGraw-Hill, 1970).

3. Fred E. FIEDLER et Martin M. CHEMERS, *Leadership and Effective Management* (Glenview, Ill.: Scott/Foresman, 1974); Rensis LIKERT, *New Patterns of Management* (New York: McGraw-Hill, 1961).

4. Sur les fondements de l'approche transactionnelle dans l'analyse des comportements de gestion, voir David KIPNIS, *The Powerholders* (Chicago: University of Chicago Press, 1976); Michel CROZIER et Erhard FRIEDBERG, *L'acteur et le système* (Paris: Le Seuil, 1977); Edwin P. HOLLANDER, *Leadership Dynamics: A Practical Guide to Effective Relationship* (New York: The Free Press, 1978); Lawrence G. ZAHN et Gerrit WOLF, «Leadership and The Art of Cycle Maintenance: A Simulation Model of Superior – Subordinate Interaction», *Organizational Behavior and Human Performance* 28 (1981), 26-49; George B. GRAEN et Terri A. SCANDURA, «Toward a Psychology of Dyadic Organizing», dans L.L. CUMMINGS et Barry M. STAW, *Research in Organizational Behavior*, Volume 9 (Greenwich, Conn.: JAI Press, 1987). Sur les relations de pouvoir qui s'établissent entre les supérieurs et leurs employés, voir David C. MCCLELLAND et David H. BURNHAM, «Power is the Great Motivator», *Harvard Business Review* 54 (1976), 100-110; Michael MACCOBY, *Le joueur: le manager d'aujourd'hui* (Paris: InterÉditions, 1980); David KIPNIS *et al.*, «Patterns of Managerial Influence: Shotgun Managers, Tacticians, and Bystanders», *Organizational Dynamics* 12 (1984), 58-67; Charles Handy, *L'olympe des managers* (Paris: Éditions d'Organisation, 1986); Fernando BARTOLOMÉ et André LAURENT, «Le cadre: maître et esclave du pouvoir», *Harvard l'Expansion* 45 (1987), 30-42; Lloyd DOSIER, Thomas CASE et Bernard KEYS, «How Managers Influence Subordinates: An Empirical Study of Downward Influence Tactics», *Leadership & Organization Development Journal* 9 (1988), 22-31.

L'objectif de cet article est de démontrer qu'il serait préférable, pour décrire les comportements de gestion des cadres d'une façon adéquate, d'utiliser un modèle tripolaire où l'on prendrait en considération trois types d'intérêt: le premier par rapport à l'organisation (l'intérêt pour la réalisation du travail), le second vis-à-vis des employés (l'intérêt pour le bien-être du personnel) et le troisième concernant le supérieur lui-même (l'intérêt pour le pouvoir).

Avant de proposer un modèle qui donne une image complète de tous les paramètres des styles de gestion, cet article analyse dans quelle mesure les typologies les plus réputées tiennent compte des rapports de force entre les cadres et leurs employés. La nouvelle typologie est ensuite présentée puis, finalement, elle est appliquée aux cadres supérieurs de la fonction publique du Québec en vue de connaître l'importance relative des trois composantes de leurs styles de gestion.

1. Les typologies traditionnelles et l'intérêt pour le pouvoir

Un intérêt dominant

Des recherches empiriques, entreprises à la fin des années 40 par une équipe de l'Université du Michigan et par une autre de l'Université d'Ohio, ont permis d'identifier, sur la base d'analyses factorielles, deux composantes majeures des styles de direction, soit une orientation vers l'individu et une autre vers la tâche. Les résultats de l'équipe du Michigan étaient fondés sur les perceptions des cadres et ceux de l'équipe d'Ohio sur celles des employés. Il faut cependant rappeler que certains auteurs ont démontré que ces deux dimensions du comportement des cadres ne sont pas des facteurs indépendants, mais qu'ils sont liés l'un à l'autre puisqu'ils possèdent un élément commun.

D'une part, Weissenberg et Kavanagh[5] ont trouvé que l'indépendance des facteurs dépend du genre de questionnaire utilisé pour mesurer le style de gestion. En faisant la revue des 72 études qui ont examiné le lien entre ces deux facteurs, Weissenberg et Kavanagh rapportent que les chercheurs ont observé des relations dans 75 % des cas (36/48) lorsqu'on a demandé aux subordonnés de décrire le style de direction de leurs supérieurs. En revanche, ces facteurs se sont avérés distincts dans 67 % des cas (16/24) lorsqu'on a demandé aux supérieurs de décrire le style de commandement qu'ils jugeaient idéal (celui-ci ne correspondant pas nécessairement au style qu'ils pratiquaient réellement dans leur milieu de travail).

---

5.   Peter WEISSENBERG et Michael J. KAVANAGH, «The Independence of Initiating Structure and Consideration: A Review of the Evidence», *Personnel Psychology* 25, (Spring 1972), 119-130.

D'autre part, Lowin, Hrapchak et Kavanagh[6] estiment que, dans chacun de ces facteurs, la présence d'un concept dominant se manifeste, à savoir la participation aux décisions. Par exemple, l'orientation vers l'individu est caractérisée, entre autres, par l'écoute des suggestions des subordonnés. À l'inverse, l'orientation vers la tâche est en partie définie par le refus des idées nouvelles formulées par les subalternes. Par ailleurs, la prise de décisions en commun implique un grand respect pour les opinions et les désirs des subordonnés (c'est-à-dire une forte orientation vers l'individu) et un relâchement du contrôle hiérarchique (c'est-à-dire une faible orientation vers la tâche).

Le concept de la participation peut être défini comme le degré d'influence qu'un supérieur permet à ses employés d'exercer sur ses décisions. Dans notre perspective, il renvoie au concept opposé de l'intérêt pour le pouvoir que McClelland et Winter[7] définissent comme la tendance d'un individu à maîtriser son environnement, à influencer et à diriger les autres. Ce concept exprime la détermination avec laquelle un cadre se préoccupe d'exercer son autorité et de préserver son statut, voire d'influencer ses employés et de limiter leur influence. Un cadre fortement orienté vers le pouvoir s'efforce de maintenir un contrôle absolu sur ses subordonnés.

Un intérêt unique

Quelques auteurs[8] définissent les styles de gestion en se basant uniquement sur le degré d'influence qu'un supérieur permet à ses subalternes d'exercer sur les décisions qui les concernent. Selon cette approche, les deux pôles extrêmes de cette composante exclusive représentent en quelque sorte les termes opposés et incompatibles d'une alternative, le point médian constituant un mélange de l'un et l'autre pôle:

– d'un côté, on trouve le style directif ou autoritaire où l'on ne tolère aucune influence des subordonnés dans les décisions. Le dirigeant qui

---

6. A. LOWIN, W.J. HRAPCHAK et M.J. KAVANAGH, «Consideration and Initiating Structure: An Experimental Investigation of Leadership Traits», *Administrative Science Quaterly* 14 (1969), 238-253.

7. David C. MCCLELLAND, «The Two Faces of Power», dans David C. MCCLELLAND et Robert S. STEELE, *Human Motivation* (Morristown: General Learning Press, 1973), 300-316. Dans le même ouvrage, voir David G. WINTER, «The Need for Power», 279-286.

8. Voir en particulier William E. HALAL, «Toward a General Theory of Leadership», *Human Relations* 27 (1974), 401-416; Frank A. HELLER, *Managerial Decision-Making. A Study of Leadership Styles and Power-Sharing among Senior Managers* (Assen: Van Gorcum, 1971); Robert TANNENBAUM et Warren H. SCHMIDT, «How to Choose a Leadership Pattern», *Harvard Business Review* 51 (1973), 162-180; Victor H. VROOM et Philip W. YETTON, *Leadership and Decision-Making* (Pittsburg: University of Pittsburg Press, 1973); T.A. SCANDURA, G.B. GRAEN et M.A. NOVAK, «When Managers Decide Not to Decide Autocratically: An Investigation of Leader-Member Exchange and Decision Influence», *Journal of Applied Psychology* 71 (1986), 001-006.

adopte ce style prend lui-même toutes les décisions dans son unité de travail;

- à l'opposé, les styles participatif et permissif permettent aux subordonnés de prendre une part active dans les décisions. Le dirigeant participatif donne aux avis de ses subordonnés un poids presque égal au sien lors de l'élaboration des décisions, alors que le dirigeant du type laisser-aller délègue à ses subordonnés la responsabilité de prendre les décisions;

- le style «consultatif» se situe entre ces deux extrêmes. Le dirigeant partage, dans une certaine mesure, son pouvoir de décision avec ses subordonnés, mais il se réserve la responsabilité finale des décisions qui seront prises.

Un intérêt mutuel

Les typologies qui classifient les styles de gestion par rapport aux deux composantes utilisées habituellement ne représentent pas suffisamment le niveau de tolérance et de réceptivité des cadres à l'influence de leurs employés. Comme Yukl[9] le déplore, elles précisent mal la manière dont un cadre s'ajuste à l'influence que ses subordonnés tentent d'exercer sur lui, en vue de lui faire accepter leurs propres objectifs et d'orienter dans ce sens ses comportements de gestion.

Dans la relation d'influence qui s'établit entre un cadre et ses employés, il existe une certaine forme d'interaction ou de réciprocité. Il est évident que le supérieur se trouve habituellement dans une position privilégiée, puisqu'il est investi de l'autorité légitime. Cependant, comme le montrent plusieurs auteurs[10], les employés ne sont pas complètement démunis de sources de pouvoir. Ils disposent de certains atouts qui leur permettent de réduire la marge d'arbitraire de leur supérieur, comme de tempérer et de limiter le caractère unilatéral de son pouvoir. En effet, toutes les sources de pouvoir qui sont accessibles à un supérieur le sont également à ses subordonnés. Par exemple, ils peuvent présenter rationnellement leurs idées, retenir ou filtrer certaines informations, utiliser à leur avantage les règlements et les coutumes de leur unité administrative. Ils peuvent aussi pénaliser un cadre en ne faisant strictement que ce que demande leur description de tâche ou en mettant l'accent sur un aspect particulier de cette tâche, en s'abstenant de travailler aussi bien ou aussi rapidement qu'ils en sont capables, en refusant de faire des heures supplémentaires ou, encore, en suivant rigoureu-

---

9.   YUKL, «Toward a Behavioral Theory of Leadership», 414-440.

10.   Voir en particulier CROZIER et FRIEDBERG, L'acteur et le système; D.J. HICKSON et al., «A Strategic Contingencies' Theory of Intraorganizational Power», Administrative Science Quarterly 16 (1971), 216-227; L.W. PORTER, R.W. ALLEN et H.L. ANGLE, «The Politics of Upward Influence in Organizations», dans L.L. CUMMINGS et B.M. STAW Research in Organizational Behavior, Volume 3 (Greenwich, CT: JAI Press, 1981), 109-149; Warren K., SCHILIT et Edwin A. LOCKE, «A Study of Upward Influence in Organizations», Administrative Science Quarterly 27 (1982), 304-316; John J. GABARRO et John P. KOTTER, «Apprenez à gérer votre patron», Harvard l'Expansion 18 (1980), 86-94.

sement les règlements de l'organisation. Ils peuvent même tenter de démoraliser leurs collègues, de susciter une coalition des employés contre leur cadre, de nuire à sa réputation en dehors de son unité administrative ou de recourir à son supérieur hiérarchique. Ces différentes sources de pouvoir permettent aux employés de marchander leur collaboration et d'exercer ainsi une influence sur le style de gestion pratiqué par leur supérieur.

Toutefois, il faut préciser que la réciprocité de l'influence n'est pas universelle. Certains types d'employés n'exploitent pas leurs sources de pouvoir en vue d'influencer le comportement de leurs cadres. Parmi les sept styles de subordination découverts par Angéli[11] (la soumission, l'admiration, la séduction, la négociation, la concertation, la revendication/accusation et la rébellion), les deux premiers ne peuvent ni reconnaître ni tirer profit de leurs contrepouvoirs.

Un intérêt instrumental

En définissant les styles de gestion, les typologies traditionnelles s'intéressent surtout à la nature des objectifs que cherchent à atteindre les cadres, soit le bien-être de leur personnel ou la réalisation du travail. Elles renseignent davantage sur la finalité des comportements que sur leur instrumentalité. Elles expliquent mal la façon dont les supérieurs procèdent, au sein de leur unité de travail, pour influencer les attitudes et les comportements de leurs employés dans la direction des résultats désirés[12].

Dans ces typologies, les divers moyens qu'emploient les supérieurs pour influencer leurs subalternes devraient contribuer davantage à qualifier les styles de gestion, car cet exercice d'influence est une activité fondamentale des cadres dans les organisations. Ils cherchent à influencer leurs employés en recourant à une ou à plusieurs sources de pouvoir. Celles-ci sont multiformes et ne peuvent pas être réduites à la formulation de règlements et de normes, ou à la distribution de punitions et de récompenses. Elles englobent aussi des sources informelles qui ne dérivent pas du statut hiérarchique, comme la manipulation, la compétence, la force de persuasion et le prestige.

L'étude de Dosier, Case et Keys, sur les tactiques formelles et informelles utilisées réellement par les cadres pour influencer leurs subordonnés, conclut que la variété des approches est plus grande que celles suggérées par les typologies traditionnelles des styles de gestion. Cette étude révèle que les explications données aux employés et la délégation de responsabilités sont deux des méthodes

---

11.   Gérard DE ANGÉLI, «Les styles de subordination dans les relations hiérarchiques», dans J. William PFEIFFER et John E. JONES, *Formation aux relations humaines*, Strasbourg: Euro-Training, 1976, 215-222.

12.   Cette critique a été formulée antérieurement par Thomas A. KOCHAN, Stuart M. SCHMIDT et Thomas A. DECOTIIS, «Superior-Subordinate Relations: Leadership and Headship», *Human Relations* 28 (1976), 279-294.

les plus courantes. Les manifestations de confiance, d'encouragement ou d'appui et l'écoute ou la sollicitation d'avis sont également des tactiques habituelles[13].

À l'aide de l'analyse factorielle, Kipnis, Schmidt, Swaffin-Smith et Wilkinson ont identifié sept types d'influence qui résument les diverses tactiques employées par les cadres pour influencer leurs subordonnés. En les classant par ordre décroissant d'utilisation, ces sept types d'influence sont: l'argumentation rationelle, la fermeté ou la ténacité, la bienveillance ou la complaisance, l'obtention du soutien de ses pairs, de ses supérieurs ou de certains subordonnés influents auprès de leurs collègues, le marchandage des avantages ou des faveurs, l'appel à une autorité supérieure et, finalement, la menace, la punition ou la récompense[14].

Mulder démontre que les types d'influence utilisés par les cadres et jugés importants par leurs subordonnés ne sont pas les mêmes dans les circonstances quotidiennes du travail (pouvoir de persuasion, pouvoir de référence, pouvoir d'expertise), que dans les situations de crise (pouvoir formel, pouvoir d'influence extérieure et supérieure, pouvoir de référence)[15]. Van Wagner et Swanson[16] notent que les femmes et les hommes ont tendance à percevoir de façon différente les moyens convenables de manifester leur intérêt pour le pouvoir:

> The small amount of research that has been completed, however, suggests that sexual identity influences people's perceptions of appropriate ways to express power-related behavior. Women perceive building up internal strength and concern for others to be acceptable expressions of their power needs. Men, on the other hand, think that acting aggressively or assertively is an appropriate expression of these needs.

Dans une étude réalisée au Québec, Essiembre[17] a trouvé qu'un cadre qui désire influencer un subordonné qui ne partage pas ses opinions ou ses intérêts:

> aura tendance à ne pas être intéressé à ce dernier en tant qu'individu ainsi qu'à ses problèmes personnels et à ne pas avoir d'intérêt à lui fournir son aide. Ce cadre ne tentera pas de connaître ce subordonné personnellement, négligera de le mettre à l'aise de manière à favoriser des confidences personnelles et n'écoutera pas ou n'aidera pas celui-ci en cas de difficulté... [De plus, ce cadre] aura tendance à utiliser sa position hiérarchique (et même à en abuser) pour imposer sa volonté. Dans ce sens, ce cadre se considérera

---

13.   DOSIER, CASE et KEYS, «How Managers Influence Subordinates», *op. cit.*

14.   KIPNIS *et al.*, «Patterns of Managerial Influence», *op. cit.*

15.   Mauk MULDER, *The Daily Power Game* (Assen, Holland: Van Gorcum, 1972), cité par Renaud SAINSANLIEU, *Sociologie de l'organisation et de l'entreprise*, Presses de la Fondation nationale des sciences politiques et Dalloz, 1987, 111-113.

16.   Karen VAN WAGNER et Cheryl SWANSON, «From Machiavelli to Ms: Differences in Male-Female Power Styles», *Public Administration Review* 39 (1979), 66-72.

17.   Carole ESSIEMBRE, «Mesure de la relation de pouvoir en milieu de travail,» dans Association de psychologie du travail de langue française, *Psychologie du travail: nouveaux enjeux, développement de l'homme au travail et développement des organisations* (Paris: Éditions EAP, 1989).

comme étant la personne la plus compétente pour prendre les meilleures décisions et évitera d'admettre son incompétence.

En somme, le concept de l'intérêt pour le pouvoir implique l'idée de contrôle. Les rapports de pouvoir sont fondés, à un degré plus ou moins élevé, sur l'exercice de la coercition: plus la soif de pouvoir est vive, plus la relation entre le supérieur et ses subordonnés est basée sur l'utilisation de la contrainte et de l'autorité formelle que lui confère son statut hiérarchique. Ce postulat est déduit des recherches de McClelland sur le besoin de pouvoir («need for personalized power»[18] ou «uninhibited power motive»[19]). Cette opinion est aussi partagée par House:[20]

> The need for power, coupled with low-power inhibition, is likely to predispose one to engage in authoritarian behavior in dealing with others and to be impulsively aggressive toward others. Such behavior is encouraged by bureaucratic features of organizations such as hierarchical differentiation and social stratification.

Un intérêt distinct

D'autres auteurs soutiennent, comme nous, qu'il faut ajouter une troisième composante aux deux dimensions utilisées habituellement pour définir les styles de gestion. Yukl et House[21] estiment que la participation est une composante distincte de l'orientation vers les relations humaines et de celle vers la tâche. Ils s'opposent aux auteurs classiques qui considèrent la gestion participative comme une forme particulière de l'ensemble des activités de gestion orientées vers l'individu. Dans la perspective des auteurs traditionnels, la participation n'apparaît pas comme une dimension majeure du style de gestion: elle représente simplement l'un des éléments de la dimension des relations interpersonnelles avec les subordonnés.

2. Un modèle tripolaire des styles de gestion

Un trait commun se dégage des principales typologies des styles de gestion. La dimension de la participation par laquelle un supérieur permet à ses employés

---

18.   MCCLELLAND et BURNHAM, «Power is the Great Motivator», *op. cit.*

19.   David C. MCCLELLAND, «The Power Motive», dans *Human Motivation* (Cambridge: Cambridge University Press, 1987), 268-332.

20.   Robert J. HOUSE, «Power and Personality in Complex Organizations», dans Barry M. Staw et L.L. Cummings, *Research in Organizational Behavior*, Vol. 10 (Greenwich, Conn.: JAI Presse, 1988), 342.

21.   Gary A. YUKL, «Toward a Behavioral Theory of Leadership», *Organizational Behavior and Human Performance* 6 (1971), 414-440; Robert J. HOUSE et Gary DESSLER, «The Path-Goal Theory of Leadership: Some Post Hoc and a Priori Tests», dans James G. HUNT et Lars L. LARSON, *Contingency Approaches to Leadership* (Carbondale, Ill.: Southern Illinois University Press, 1974), 29-55.

d'influencer les décisions qui les concernent y est toujours présente. Cependant, selon les auteurs elle occupe une place d'importance variable.

Le degré de participation aux décisions du personnel n'est toutefois que l'indicateur d'une dimension plus générale qui, à notre avis, devrait servir de base à la définition des styles de gestion, soit des rapports de pouvoir que les cadres et leurs employés vivent dans l'interdépendance. L'intérêt pour le pouvoir se caractérise de façon générale par la tendance à maîtriser son environnement, à influencer et à diriger les autres. La lutte pour le pouvoir est un fait constant des individus dans les organisations. Elle absorbe une part importante de leur énergie. Dans la pratique quotidienne, l'influence réciproque exercée et subie par les supérieurs et les subordonnés constitue la trame de fond des relations d'autorité et de subordination au sein d'une organisation.

Pour décrire de façon adéquate les styles de gestion, il semble préférable d'utiliser un modèle tripolaire où deux composantes majeures, l'intérêt envers le bien-être du personnel et celui pour la réalisation du travail, servent à préciser d'une façon classique les caractéristiques des comportements de gestion des cadres, alors qu'une troisième composante différencie les styles en fonction de l'intérêt des cadres pour le pouvoir.

Comme le montre le *tableau 1*, on obtient neuf styles de gestion en combinant dans des proportions différentes les divers niveaux de préoccupation des cadres vis-à-vis de la réalisation du travail et du bien-être de leur personnel. Par inférence hypothétique, ces styles sont classés sur une échelle selon le niveau d'intérêt d'un cadre pour le pouvoir ou sa stratégie de domination, c'est-à-dire d'après les moyens d'intervention qu'il préfère pour exercer son autorité et influencer ses employés. Nous avons vu, ci-dessus, que cette stratégie de domination est basée sur une plus ou moins grande utilisation de la contrainte et de l'autorité formelle. Les cadres qui s'intéressent beaucoup au pouvoir se servent plus de la coercition que ceux qui s'en préoccupent peu.

TABLEAU 1
Traits distinctifs des styles de gestion selon trois pôles d'intérêt

Style de gestion	Intérêt pour le pouvoir	Intérêt pour le bien-être du personnel	Intérêt pour la réalisation du travail
Dominateur	Élevé	Bas	Élevé
Directif	Élevé	Bas	Moyen
Séducteur	Élevé	Moyen	Élevé
Persuasif	Moyen	Élevé	Élevé
Opportuniste	Moyen	Moyen	Moyen
Consultant	Moyen	Élevé	Moyen
Collégial	Bas	Élevé	Bas
Délégateur	Bas	Moyen	Bas
Abdicataire	Bas	Bas	Bas

Les paragraphes suivants définissent les styles de gestion des cadres selon cette optique, en s'attachant essentiellement à présenter les traits dominants qui permettent nettement de les distinguer les uns des autres:

- le **dominateur** est très axé sur la réalisation du travail de son unité administrative, mais peu soucieux du bien-être de son personnel. Il est exigeant et dur. Sa façon d'exercer le pouvoir est arbitraire et coercitive. Il contraint les gens à obtempérer à ses ordres en exerçant sur eux une pression agressive ou menaçante. Il ne tolère aucune tentative d'influence de la part de ses employés.

- le **directif** est modérément préoccupé par la réalisation du travail, mais il se montre indifférent au bien-être de son personnel. Il est jaloux de ses fonctions et de ses prérogatives. Il a érigé un système détaillé de normes, de règles et de procédures afin d'être en mesure de bien protéger son pouvoir tout en contrôlant étroitement ses employés et en éliminant ou, à tout le moins, en minimisant leur influence.

- le **séducteur** combine une forte orientation vers la réalisation du travail avec un intérêt modéré pour le bien-être du personnel. Il a la ferme volonté d'accomplir la mission qu'il s'est donnée. Il projette une image de dynamisme, de compétence et d'assurance qui séduit ses employés et stimule leur collaboration.

- le **persuasif** conjugue un souci élevé pour la réalisation du travail et une préoccupation marquée pour le bien-être de son personnel. Il fait la promotion de ses idées plutôt que de les imposer et il explique la pertinence de ses décisions de manière à minimiser la résistance de ses employés et à susciter leur adhésion.

- l'**opportuniste** montre un intérêt moyen pour la réalisation du travail comme pour le bien-être de son personnel. Son comportement est caractérisé par la prudence. Avant de résoudre un problème, il fait un sondage d'opinion parmi les individus influents auprès de leurs collègues de travail afin d'évaluer la probabilité d'une acceptation de la décision qu'il envisage de prendre. Au moment de la décision finale, il fait les concessions nécessaires pour éviter d'avoir des difficultés avec ses collaborateurs.

- le **consultant** porte un intérêt élevé au bien-être de son personnel et se préoccupe moyennement de la réalisation du travail. Il encourage ses employés à exercer une assez grande influence sur lui. Il leur présente les problèmes et sollicite leurs commentaires et leurs avis avant de prendre les décisions lui-même.

- le **collégial** se préoccupe beaucoup du bien-être de son personnel mais il est peu axé sur la réalisation du travail. Il s'efforce de créer et de maintenir un bon esprit de coopération dans son équipe. Il privilégie la recherche en commun afin de trouver des solutions aux problèmes qui se posent. Il n'essaie pas de résister à l'influence que ses employés exercent sur lui. Les décisions prises sont fondées sur les apports de chacun et tendent à être le résultat d'un consensus général.

- le **délégateur** se préoccupe modérément du bien-être de son personnel et s'intéresse faiblement à la réalisation du travail. Il a confiance dans ses employés et il veut les aider à exercer leurs talents et à développer leurs aptitudes. Il leur confie une part de ses responsabilités et leur donne le pouvoir de prendre certaines décisions.
- l'**abdicataire** se désintéresse autant du bien-être de son personnel que de la réalisation du travail. Il abandonne ses responsabilités à ses employés. Il tolère l'autogestion en les laissant s'organiser comme ils l'entendent et résoudre entre eux le plus grand nombre possible de problèmes. Il se contente de leur fournir l'information et le soutien qui sont strictement indispensables à l'accomplissement de leurs tâches.

3. Une application du modèle tripolaire

Dans une enquête effectuée en 1988 auprès de 2 289 professionnels de la fonction publique du Québec, cette typologie a été appliquée en vue d'identifier les styles de gestion adoptés par leurs supérieurs immédiats. La méthodologie de cette étude a déjà été exposée en détail dans cette revue[22].

D'après les perceptions des professionnels au sujet de l'intérêt des cadres pour le pouvoir, la situation est la suivante (*tableau 2*). La majorité des professionnels (60,9 %) œuvrent dans des unités administratives dirigées par des cadres persuasifs, opportunistes et consultants dont la préoccupation pour le pouvoir est modérée. En outre, on rencontre trois fois et demie plus de professionnels dans les unités de travail qu'administrent des cadres dominateurs, directifs et séducteurs dont la volonté de puissance est forte, en comparaison avec le nombre de professionnels qui relèvent d'unités gérées par des cadres de types collégial, délégateur et abdicataire dont le goût du pouvoir est faible. Leur proportion est de 30,6 % dans le premier cas et de 8,5 % dans le second.

TABLEAU 2

Répartition des professionnels selon leur description du style de gestion adopté par leur supérieur immédiat

Intérêt pour le bien-être du personnel	Fort ou extrême	Collégial 0,2	Consultant 14,4	Persuasif 12,0
	Moyen	Délégateur 2,9	Opportuniste 34,5	Séducteur 12,4
	Nul ou faible	Abdicataire 5,4	Directif 13,7	Dominateur 4,5
		Nul ou faible	Moyen	Fort ou extrême
		Intérêt pour la réalisation du travail		

22.   Germain JULIEN, «Les styles de gestion des cadres supérieurs vus par les professionnels de la fonction publique du Québec», *Administration publique du Canada* 32 (1989), 449-461.

Les résultats globaux du *tableau 3* révèlent aussi que les professionnels estiment, en général, que les supérieurs attachent moins d'importance au bien-être de leur personnel et plus à la réalisation du travail ou à la recherche du pouvoir, c'est-à-dire que 23,6 % des professionnels dans le premier cas et 8,5 % dans les autres considèrent que leur supérieur est peu préoccupé par ces aspects de son style de gestion.

TABLEAU 3

**Répartition des professionnels selon le degré d'intérêt
de leur supérieur immédiat pour le bien-être du personnel,
la réalisation du travail et la recherche du pouvoir**

Intérêt	Degré			
	Faible	Moyen	Fort	Total
Le personnel	23,6	49,8	26,6	100
Le travail	8,5	62,6	28,9	100
Le pouvoir	8,5	60,9	30,6	100

En tentant d'expliquer pourquoi, dans les relations avec leurs employés professionnels, les cadres de la fonction publique québécoise combinent, selon des niveaux d'intensité qui diffèrent de l'un à l'autre, les trois types d'intérêts qui forment leur style de gestion, cette étude a évalué l'influence exercée par quinze éléments du contexte de travail qui se rapportent au statut de l'unité de travail, à la nature de ses activités et à la qualité de son personnel[23]. Des modèles log-linéaires ont été utilisés afin de vérifier l'existence de relations significatives entre ces trois groupes de facteurs situationnels et les styles de gestion des cadres[24]. Ces relations ont été considérées significatives du point de vue statistique lorsque la probabilité était inférieure à 1 % de chances que la liaison observée provienne du hasard et non de la réalité. Les résultats de ces analyses statistiques montrent l'influence de trois facteurs contextuels dans le façonnement des styles: le degré d'autonomie de l'unité de travail envers la haute direction[25], la

---

23.   Le statut de l'unité de travail était déterminé par sa taille, son niveau hiérarchique, sa localisation territoriale, son degré d'autonomie envers la haute direction et la taille de son organisation d'appartenance. La nature des activités de l'unité de travail était définie par l'intensité de sa croissance, le degré d'extériorité de ses fonctions, l'étendue de la dispersion territoriale de sa clientèle, son degré d'interdépendance avec les autres unités et le niveau de complexité des tâches des employés. La qualité du personnel était circonscrite par le sexe, l'âge, l'ancienneté dans l'unité de travail, la variété de l'expérience dans l'organisation et la compétence.

24.   Mes meilleurs remerciements s'adressent à M. Marc Duchesne, B.Sc. (statistique), pour sa précieuse contribution à l'analyse des tableaux de contingence selon des modèles log-linéaires.

25.   Le degré d'autonomie de l'unité de travail a été estimé en demandant aux professionnels de préciser comment ils qualifient globalement le style de gestion de la haute direction de leur ministère ou organisme: est-ce un style directif, consultatif ou participatif?

complexité des tâches des professionnels[26] et leur compétence[27] conditionnent les choix des cadres par rapport au façonnement ou à l'ajustement de leur style de gestion.

L'intérêt pour le bien-être du personnel

Le *tableau 4* montre que l'intérêt porté par un cadre au bien-être de ses employés professionnels diffère nettement selon le degré d'autonomie de son unité de travail (coefficient de contingence = c = 0,25), la complexité des tâches attribuées aux professionnels (c = 0,27) et leur compétence (c = 0,28).

TABLEAU 4

Répartition des professionnels selon l'autonomie de leur unité de travail, la complexité des tâches et la compétence des membres de leur unité, d'une part, et selon l'intérêt de leur supérieur immédiat pour le bien-être du personnel, d'autre part

Intérêt pour le bien-être de personnel	Autonomie		Complexité		Compétence	
	Faible	Forte	Faible	Forte	Faible	Forte
Faible	30,2	12,2	37,5	16,1	54,7	18,7
Moyen	50,6	47,8	48,9	50,7	38,0	51,8
Fort	19,3	40,0	13,6	33,2	7,2	29,5
Total %	100	100	100	100	100	100
N	1412	813	757	1466	276	1946
Coefficient de contingence	0,25		0,27		0,28	

26. Pour mesurer la complexité des tâches, le questionnaire adressé aux professionnels leur demandait s'ils ont l'impression que les six énoncés suivants s'appliquent (pas du tout, peu, passablement, grandement ou parfaitement) à la plupart des professionnels de leur unité de travail: le travail confié aux professionnels demande une longue période d'apprentissage aux employés inexpérimentés; les professionnels consacrent presque tout leur temps à des tâches de conception, de planification, de prévision, de programmation, d'analyse ou de recherche; les tâches attribuées aux professionnels leur permettent habituellement d'utiliser pleinement leurs capacités; les tâches assignées aux professionnels leur donnent l'occasion d'acquérir en pratique de nouvelles compétences; les professionnels consacrent plusieurs heures par mois à des lectures spécialisées afin de rester à jour dans les connaissances requises pour réaliser leur travail; les professionnels suivent chaque année des cours ou des stages de perfectionnement afin de rester à jour dans les connaissances requises pour faire leur travail.

27. Pour estimer la compétence des professionnels, le questionnaire leur demandait d'indiquer, d'après l'opinion de leur supérieur immédiat, si les trois énoncés suivants s'appliquent à la plupart des professionnels de leur unité: ils sont efficaces dans leur travail; ils ont une formation et une expérience suffisantes pour exécuter leurs tâches avec compétence; ils sont capables d'assumer de plus lourdes responsabilités.

On rencontre souvent chez un cadre un faible intérêt pour le bien-être de son personnel, lorsqu'une petite marge de liberté est conférée à son unité de travail par la haute direction: 30,2 % des professionnels qui font partie d'unités qui disposent d'une faible autonomie et 12,2 % de ceux qui travaillent dans des unités à forte autonomie sont gérés par des cadres de ce genre. À l'inverse, un fort intérêt pour le bien-être de son personnel se manifeste chez un cadre lorsque la haute direction permet à son unité de travail d'exercer une influence sur les décisions: 40 % des professionnels qui relèvent d'une unité dont l'autonomie est forte et 19,3 % de ceux qui appartiennent à une unité dont l'autonomie est faible sont administrés par des cadres de cette catégorie.

La complexité des tâches attribuées aux professionnels semble avoir un effet sur le niveau de préoccupation des cadres pour le bien-être de leur personnel. Lorsque cette complexité est faible, ils sont portés à se désintéresser du bien-être de leur personnel: 37,5 % des professionnels dont les tâches sont peu complexes et 16,1 % de ceux dont les tâches sont très complexes dépendent de cadres de ce type. À l'inverse, lorsque la complexité des tâches est forte, les cadres ont une propension à développer un intérêt maximum pour le bien-être de leur personnel: 33,2 % des professionnels dont la complexité des tâches est forte et 13,6 % de ceux dont la complexité des tâches est faible sont administrés par des cadres de ce genre.

L'intérêt des cadres pour le bien-être de leur personnel semble dépendre de leur évaluation de la compétence qu'ont les professionnels de leur unité de travail. La faiblesse de cet intérêt est évidente dans les unités où les supérieurs estiment que les professionnels manquent de compétence: 54,7 % des professionnels de faible compétence et 18,7 % de ceux de forte compétence sont dirigés par des cadres qui se soucient peu de leur bien-être. À l'inverse, la force de cet intérêt est visible dans les unités où la compétence des professionnels est évaluée de façon positive: 29,5 % des professionnels de forte compétence et 7,2 % de ceux de faible compétence sont administrés par des cadres qui portent un intérêt élevé au bien-être de leur personnel; 51,8 % des professionnels de forte compétence et 38 % de ceux de faible compétence relèvent de cadres qui ont un intérêt modéré pour le bien-être de leur personnel.

L'intérêt pour la réalisation du travail

Le *tableau 5* indique que le degré d'intérêt qu'un cadre manifeste pour la réalisation du travail n'est pas lié de façon significative à l'autonomie de son unité administrative vis-à-vis de la haute direction (c = 0,08), ni à la compétence de ses employés professionnels (c = 0,11), mais qu'il s'explique en partie par la complexité de leurs tâches (c = 0,16). Ainsi, les unités où la complexité des tâches est faible ont une propension à être administrées par des cadres qui portent peu d'intérêt à la réalisation du travail: 14,1 % des professionnels dont les tâches sont d'une faible complexité et 5,7 % de ceux dont les tâches sont d'une forte complexité relèvent de cadres de ce type. À l'inverse, les unités où la complexité des tâches est forte dépendent davantage de cadres qui se préoccupent beaucoup de la réalisation du travail: 32,4 % des professionnels dont les tâches sont d'une forte complexité et 22,9 % de ceux dont les tâches sont d'une faible complexité travaillent pour des cadres de ce genre.

TABLEAU 5

Répartition des professionnels selon l'autonomie de leur unité de travail, la complexité des tâches et la compétence des membres de leur unité, d'une part, et selon l'intérêt de leur supérieur immédiat pour la réalisation du travail, d'autre part

Intérêt pour la réalisation du travail	Autonomie		Complexité		Compétence	
	Faible	Forte	Faible	Forte	Faible	Forte
Faible	10,0	5,8	14,1	5,7	16,2	7,3
Moyen	60,4	65,4	63,0	61,9	58,8	62,9
Fort	29,6	28,8	22,9	32,4	24,9	29,8
Total %	100	100	100	100	100	100
N	1412	815	760	1474	277	1955
Coefficient de contingence	0,08		0,16		0,11	

L'intérêt pour le pouvoir

Le *tableau 6* révèle que l'intérêt qu'un cadre exprime pour le pouvoir diffère selon le degré d'autonomie de son unité de travail (c = 0,21), la complexité des tâches assignées à ses professionnels (c = 0,21) et leur compétence (c = 0,21).

TABLEAU 6

Répartition des professionnels selon l'autonomie de leur unité de travail, la complexité des tâches et la compétence des membres de leur unité, d'une part, et selon l'intérêt de leur supérieur immédiat pour le pouvoir, d'autre part

Intérêt pour le pouvoir	Autonomie		Complexité		Compétence	
	Faible	Forte	Faible	Forte	Faible	Forte
Faible	9,8	5,5	14,0	5,4	16,1	7,1
Moyen	53,1	75,0	47,3	63,3	33,9	65,3
Fort	37,1	19,5	38,7	26,4	50,0	26,7
Total %	100	100	100	100	100	100
N	1404	801	751	1452	274	1928
Coefficient de contingence	0,21		0,21		0,21	

En matière d'exercice de la coercition, les comportements adoptés par un cadre dépendent du degré d'autonomie de son unité de travail. Lorsque la haute direction d'une organisation laisse peu de liberté d'action à ses cadres, ceux-ci adoptent deux types de réactions diamétralement opposées en ce qui a trait à la gestion de leur personnel: ils ont tendance à montrer, soit un intérêt élevé pour le pouvoir (37,1 % des professionnels d'unités qui disposent d'une faible autonomie et 19,5 % de ceux au service d'unités qui possèdent une forte autonomie relèvent de cadres de ce genre), soit un manque d'intérêt (9,8 % des professionnels qui œuvrent dans des unités à faible autonomie et 5,5 % de ceux qui travaillent dans des unités à forte autonomie dépendent de cadres de ce type). En d'autres termes, dans un contexte de faible autonomie les cadres ont tendance à adopter, soit un style dominateur ou directif, soit un style abdicataire. Ces résultats suggèrent l'hypothèse selon laquelle, lorsque la haute direction a un appétit de pouvoir insatiable, certains cadres suivent ce modèle de gestion en adoptant un comportement coercitif vis-à-vis de leurs subordonnés alors que d'autres expriment leur dissension par un comportement de laisser-aller[28]. Au contraire, lorsque la haute direction permet aux cadres d'exercer une influence sur les décisions de l'organisation, ils sont portés à montrer un intérêt modéré pour le pouvoir: 75 % des professionnels qui travaillent dans des unités à forte autonomie et 53,1 % de ceux d'unités qui disposent d'une faible autonomie dépendent de cadres de cette catégorie. En d'autres termes, dans un contexte de forte autonomie, les cadres ont tendance à choisir le style consultant ou persuasif.

L'intérêt que les cadres expriment pour le pouvoir diffère aussi selon la complexité des tâches assignées à leurs professionnels. Dans les unités où cette complexité est faible, les cadres ont tendance à montrer, soit un intérêt élevé pour le pouvoir (38,7 % des professionnels dont la complexité des tâches est faible et 26,4 % de ceux dont la complexité des tâches est forte sont administrés par des cadres de ce type), soit un intérêt faible (14 % des professionnels dont les tâches sont peu complexes et 5,4 % de ceux dont les tâches sont très complexes relèvent de cadres de ce genre). Pour tout dire, dans une situation de faible complexité des activités de son unité de travail, un cadre a tendance à utiliser, soit un style directif ou dominateur, soit un style abdicataire ou délégateur. Ainsi, on peut supposer que certains cadres adoptent un style coercitif et d'autres un style laisser-aller parce qu'ils s'indignent d'avoir à gérer un service peu complexe et sans responsabilités importantes. À l'inverse, dans les unités où cette complexité est forte, les cadres ont tendance à manifester un intérêt modéré pour le pouvoir: 68,3 % des professionnels dont la complexité des tâches est élevée et 47,3 % de ceux dont la complexité des tâches est minime sont administrés par des cadres de

---

28. Pour une interprétation psychanalytique de ces comportements de gestion divergents qui seraient fondés sur des sentiments de toute-puissance ou d'impuissance ayant pris racine au cours de l'enfance, voir Laurent LAPIERRE, «Puissance, leadership et gestion», *Gestion* 13 (mai 1988), 39-49.

ce type. En d'autres termes, les unités où la complexité des tâches est forte constituent un environnement favorable à l'emploi des styles persuasif et consultant.

Finalement, la variation de l'intérêt des cadres pour le pouvoir s'explique aussi par leur confiance dans le degré de compétence de leurs professionnels. Dans les unités où ces derniers sont jugés peu compétents, les cadres ont tendance à montrer, soit un intérêt élevé pour le pouvoir (50 % des professionnels de faible compétence et 27,6 % de ceux de forte compétence sont administrés par des cadres de ce type), soit un manque d'intérêt (16,1 % des professionnels de faible compétence et 7,1 % de ceux de forte compétence dépendent de cadres de cette catégorie). En d'autres termes, dans les unités où les professionnels manquent de compétence, les cadres ont tendance à adopter un style, soit directif ou dominateur, soit abdicataire. Ainsi, lorsque la compétence de leurs employés est faible, certains cadres manifestent leur déception en pratiquant un style de gestion coercitif et d'autres en adoptant un style laisser-aller. Par contre, dans les unités où la compétence des professionnels est positive, les cadres ont une propension manifeste à exprimer une préoccupation modérée pour le pouvoir: 65,3 % des professionnels de forte compétence et 33,9 % de ceux de faible compétence sont dirigés par des cadres de ce type. En fait, dans les unités où la compétence des professionnels est grandement appréciée, les cadres ont tendance à opter pour l'un des quatre styles de gestion suivants: consultant, persuasif, opportuniste ou délégateur.

Les données présentées ci-dessus révèlent que, dans le façonnement des styles de gestion, les facteurs contextuels influencent plus l'intérêt des cadres pour le pouvoir que celui envers la réalisation du travail. Cependant, nous avons démontré ailleurs[29] que ces deux types d'intérêt ont un impact d'une force égale sur la satisfaction des professionnels vis-à-vis des pratiques de gestion de leur supérieur. Mais, le désir de pouvoir d'un cadre a une incidence plus grande sur la satisfaction des professionnels à l'égard de la nature de leur tâche et sur leur propension à quitter leur emploi. Toutefois, nous avons aussi démontré dans un autre article[30] que cet intérêt a moins d'effet sur leur productivité que celui pour la réalisation du travail.

Par l'application de notre typologie aux cadres supérieurs de la fonction publique du Québec, mais en se basant sur les perceptions de leurs employés professionnels et non sur les leurs, on remarque que, malgré cette restriction, l'intérêt pour le pouvoir est un facteur de différenciation plus important que l'un des deux paramètres utilisés habituellement pour définir les styles de gestion. Dans ces conditions, en effet, on observe que la préoccupation manifestée à l'égard du pouvoir caractérise mieux les styles des cadres que le souci de la réalisation du

---

29.   Germain JULIEN, «La qualité de la vie au travail des professionnels de la fonction publique du Québec», *Relations industrielles* 46 (1991).

30.   Germain JULIEN, «Les facteurs affectant la productivité des professionnels de la fonction publique du Québec», *Optimum* 20 (4, 1989/90), 51-65.

travail, bien que ces styles se définissent surtout par la force de l'orientation vers le bien-être du personnel. Ainsi, les styles de gestion se différencient surtout les uns des autres par leur degré d'orientation vers le bien-être du personnel. Ensuite, ils se distinguent dans une moindre mesure par la recherche du pouvoir. Enfin, c'est par le souci de la réalisation du travail qu'ils diffèrent le moins entre eux.

Conclusion

La volonté d'influencer les autres constitue, en général, l'une des caractéristiques fondamentales des cadres dans les organisations. De plus, aucun cadre ne peut prétendre diriger son personnel sans utiliser une base de pouvoir. Ainsi, en mettant en valeur l'intérêt des cadres pour le pouvoir, ce modèle tripolaire des styles de gestion explicite une composante inéluctable qui n'est pourtant présente qu'à l'état latent dans les modèles bipolaires habituels. Il rend mieux compte de la spécificité des rapports de pouvoir qui s'établissent entre les supérieurs et leurs employés. Il donne une image plus nette des principales stratégies de domination employées par les cadres pour exercer leur autorité et influencer leurs subalternes.

En complétant la définition des styles de gestion, ce modèle tripolaire permet de tracer un portrait plus réaliste de la hiérarchie de leurs principales composantes. D'après les informations recueillies auprès des professionnels de la fonction publique du Québec, par exemple, les styles de gestion de leurs supérieurs se différencient principalement par rapport à leur intérêt pour le bien-être du personnel. Mais ces styles varient plus en fonction de l'intérêt pour le pouvoir que de celui pour la réalisation du travail. Les résultats de cette étude montrent que la recherche du pouvoir caractérise mieux les comportements adoptés par les cadres dans leurs relations avec les professionnels que l'une des deux composantes utilisées habituellement pour définir les styles de gestion. Cependant, pour confirmer la valeur de ces conclusions, on devrait effectuer des études supplémentaires directement auprès des cadres de la fonction publique québécoise. De plus, si l'on voulait généraliser ces conclusions, les recherches futures devraient aussi inclure d'autres populations afin de vérifier si l'importance relative des composantes des styles demeure la même dans différents milieux.

Ce modèle permet d'attribuer avec plus de justesse aux principales composantes des styles de gestion la responsabilité des effets qu'elles exercent sur la satisfaction au travail et la productivité des employés. Les données de cette étude révèlent que l'intérêt des cadres de la fonction publique québécoise pour le bien-être de leur personnel est la composante qui a le plus d'impact sur tous ces éléments, particulièrement sur la satisfaction des professionnels envers les pratiques de gestion de leur supérieur. L'intérêt pour le pouvoir se distingue par son incidence sur la satisfaction des professionnels à l'égard de la nature de leur tâche et sur leur propension à quitter leur emploi. L'intérêt pour la réalisation du travail est remarquable pour ses effets sur la productivité des professionnels. Néanmoins, il est important de noter que ces conclusions ne peuvent être appliquées à d'autres milieux sans la réalisation de recherches supplémentaires.

Ce modèle est également utile en fournissant aux cadres des éléments d'analyse et de réflexion sur leurs comportements de gestion. En les rendant plus conscients de leur potentiel de pouvoir et de leur attitude face à ce dernier comme à celui de leurs subordonnés, il leur permet de mieux identifier leur style personnel et de le situer par rapport aux différentes stratégies possibles. Il peut aussi les aider à adopter un style plus approprié qui tienne compte à la fois de l'impact sur leur projet de carrière, sur le bien-être de leurs employés et sur la productivité de leur unité de travail. Les cadres qui savent utiliser opportunément leurs bases de pouvoir sont vraisemblablement plus efficaces que ceux qui ne le savent pas.

En conclusion, ce modèle pourrait inciter les dirigeants des organisations à tenir compte de critères additionnels reliés à l'intérêt pour le pouvoir au moment du recrutement et de la promotion des cadres.

Question

Dans son étude, Germain Julien développe un modèle à partir de trois variables et identifie à partir des combinaisons possibles neuf styles de gestion. Par ailleurs, les auteurs du chapitre huit défendent l'hypothèse que toute réflexion sur les styles de leadership dans les organisations publiques doit tenir compte du niveau hiérarchique d'encadrement. À cet égard, ils distinguent trois niveaux soit celui d'administrateur, de cadre intermédiaire et de superviseur. À votre avis, à quel(s) niveau(x) de gestion ou d'encadrement le modèle tripolaire et les conclusions de Germain Julien s'appliquent-ils? Justifiez votre réponse.

Chapitre 9

LA MOTIVATION AU TRAVAIL

Les organisations sont d'abord et avant tout des systèmes humains. Le comportement humain est une composante fondamentale du fonctionnement et de l'efficacité des organisations, qu'elles soient publiques ou privées, et la motivation est un des processus psychologiques les plus importants de ce comportement.

Le terme «motivation» vient du mot latin «motivus» qui veut dire «mobile». D'un point de vue psychologique, la motivation renvoie à des états intérieurs de la personne et est de ce fait un phénomène difficile à appréhender. L'idée que nous nous faisons de la motivation est hypothétique et se fonde sur notre conception des besoins internes et des comportements que ces besoins déclenchent. Une bonne définition de la motivation est celle de Bernard Berelson et Gary Steiner: «La motivation est un état intérieur qui stimule, active ou met en mouvement (d'où le terme "motivation") et qui oriente le comportement vers des buts» (1964, p. 240).

Les besoins d'un individu sont à la source de ses motivations et l'amènent à agir pour atteindre des buts, répondre à des incitations ou rechercher des récompenses. Ces besoins sont endogènes à l'individu tandis que les incitations, les buts ou les récompenses lui sont le plus souvent exogènes et constituent des éléments de son environnement. Par exemple, la faim est un besoin ressenti intérieurement alors que la nourriture vers laquelle elle dirige l'attention est un élément de l'environnement externe. Les membres qui font partie d'une organisation dont les buts, les récompenses ou les incitations sont conformes à leurs besoins sont plus susceptibles d'être motivés.

Un bon gestionnaire ne travaille pas seul, car aucun gestionnaire ne peut assurer, seul, le bon fonctionnement d'une organisation. Pour atteindre les buts de l'organisation, les énergies et les activités de plusieurs individus doivent être mises à contribution et coordonnées. Les gestionnaires doivent généralement déléguer certaines tâches à d'autres personnes et une bonne compréhension de ce qui motive ces personnes contribue certainement à améliorer à la fois l'efficacité de l'organisation et celle de la gestion.

La motivation est un phénomène organisationnel important et ce, pour les raisons suivantes: elle est un des facteurs expliquant pourquoi les employés participent aux activités de l'organisation; elle permet de comprendre ce qui les incite à poursuivre des objectifs personnels ou organisationnels, ou les deux, et dans quelle mesure ils acceptent que d'autres les dirigent et contrôlent leurs comportements.

Daniel Katz et Robert Kahn (1966, p. 337-340) ont relevé des modèles de comportement individuel qui favorisent l'efficacité des organisations. Premièrement, il faut un nombre suffisant de personnes qui sont incitées à participer aux activités de l'organisation et à maintenir cette participation. Deuxièmement, il est nécessaire que ces personnes exercent correctement les rôles qui leur sont assignés. Un troisième prérequis, plus subtil, renvoie à des activités non spécifiées formellement dans les rôles mais néanmoins nécessaires pour faire face aux changements inattendus ou aux imprévus; la production de nouvelles idées, la coopération avec les autres employés et la création et le maintien d'un bon climat de travail dans l'organisation en sont des exemples. Chacun de ces modèles de comportement est lié à des facteurs de motivation qui lui sont spécifiques.

La motivation en milieu de travail n'a pas encore donné lieu à une théorie universellement acceptée. Les programmes de recherche dans ce domaine prennent la forme d'études empiriques où l'on cherche à comparer ou à combiner différentes approches à la motivation en vue de montrer l'éventuelle synergie des nombreux facteurs susceptibles de l'améliorer, à vérifier comment peuvent s'intégrer les différentes théories existantes et dans quelles circonstances une approche spécifique est plus appropriée (Mitchell, 1982). À ce jour, les théories de la motivation sont caractérisées par une diversité de modèles et de cadres théoriques. Cette diversité n'en est pas moins utile pour traiter des nombreuses facettes de la question; elle fournit au chercheur, au théoricien, au praticien et à l'étudiant une variété de perspectives à partir desquelles il peut choisir ou procéder à des combinaisons.

On peut sans aucun doute regrouper de bien des manières les nombreuses théories de la motivation. Dans ce chapitre, nous avons choisi de traiter des quatre groupes suivants de théories: les théories des besoins [*content theories*], les théories cognitives [*cognitive process theories*], les théories béhavioristes, et enfin une théorie spécifique aux organisations publiques [*bureau-based perspectives theory*]. Dans les pages qui suivent, nous décrivons les cadres conceptuels de ces diverses théories et, lorsque ce sera approprié, nous aborderons également des questions liées à leur application concernant, par exemple, la satisfaction au travail et la performance. Nous nous attarderons aussi à l'application de ces théories dans le contexte des organisations publiques.

Les tenants des diverses théories basées sur les besoins cherchent à en déterminer la nature pour ensuite tenter de découvrir ce qui motive les individus. Les théoriciens qui conçoivent la motivation comme un processus cognitif cherchent à expliquer comment et pourquoi les personnes sont motivées. La motivation est considérée ici comme un processus complexe dans lequel la cognition – plus particulièrement la perception et les attentes – prend une part importante. C'est l'interaction de ces variables psychologiques avec d'autres facteurs liés à la situation ou à l'environnement qui distingue les modèles cognitifs des autres modèles. Contrairement à cette approche, la théorie béhavioriste de la motivation ne tient aucunement compte des variables psychologiques «internes» aux individus; seuls sont considérés les facteurs externes, principalement les réactions de l'environnement à ces comportements.

La quatrième approche abordée dans ce chapitre complète les trois précédentes et comporte un intérêt spécial pour nous dans la mesure où elle se rapporte aux organisations publiques. Le modèle d'Anthony Downs sur la motivation tient compte du contexte des organisations publiques et de la façon dont ces dernières sont structurées. (Les intérêts et les buts personnels traités dans les autres théories le sont aussi dans le modèle de Downs.) Ce modèle ajoute à notre compréhension de la motivation individuelle dans les organisations publiques en tenant compte du fait que celles-ci poursuivent des objectifs liés aux politiques et à l'intérêt publics. Ce modèle est également intéressant parce qu'il permet de mettre en relief la relation entre les théories de la motivation privilégiées par les gestionnaires et le fonctionnement des organisations publiques ainsi que leurs politiques.

LA MOTIVATION ET LE CONTEXTE DES ORGANISATIONS PUBLIQUES

La motivation et les comportements humains sont des phénomènes complexes. Ils ne mettent pas en cause seulement l'individu; ils résultent plutôt des interactions entre des variables individuelles et des variables conjoncturelles. Dans les organisations publiques, la motivation agit dans un contexte tout à fait différent de celui du secteur privé qui a été le lieu privilégié du développement de la plupart des théories de la motivation. Le contexte des organisations publiques est fait de contraintes, de valeurs et d'occasions particulières qui agissent sur la motivation humaine. Les organisations publiques diffèrent des firmes au regard de leurs systèmes de gestion du personnel, de leurs mécanismes d'incitations, de l'attrait qu'elles exercent sur certaines catégories de travailleurs et des attitudes du public à leur égard. Ces différences ne justifient pas nécessairement l'élaboration d'une théorie de la motivation propre aux organisations publiques mais leurs effets sur la motivation des employés et sur le fonctionnement de ces organisations sont très considérables.

Dans plusieurs pays, dont les États-Unis et le Canada, les réactions à l'ingérence de politiciens dans le recrutement et l'embauche du personnel régulier et dans la gestion des organismes publics ont milité en faveur de l'établissement d'un système de recrutement au mérite. Ce système s'appuie sur deux principes fondamentaux de la gestion des ressources humaines dans le secteur public: la compétence technique du personnel et une rémunération équivalente pour des tâches équivalentes.

La compétence technique est devenue le principal critère de sélection, de promotion et des autres décisions relatives au choix du personnel. Ainsi, le système de recrutement au mérite nécessite, pour un poste donné, la description des tâches à accomplir et les qualifications requises pour occuper ce poste; cela se fait au moyen d'un système de classification où les postes sont structurés en strates sur la base du type de tâches exécutées, des responsabilités assumées et des qualifications requises. Même si le système du recrutement au mérite a manifestement ajouté au professionnalisme et à la compétence dans la gestion des ressources humaines des organisations publiques, il n'en a pas moins eu des effets négatifs, bien que non intentionnels, sur la motivation.

La rémunération est basée essentiellement sur le système de classification des postes, et le salaire est déterminé en fonction du poste et non de l'individu qui l'occupe. Le principe qui a conduit au rapprochement entre la classification des postes et la rémunération était celui d'assurer un salaire équivalent pour un travail équivalent. L'application de ce principe a produit des systèmes de classification des emplois très complexes, quoique trop simplificateurs; des myriades d'emplois ont été réduites à une quinzaine de catégories. Comme on établit une échelle salariale pour chaque catégorie, il en résulte une quasi absence de flexibilité dans les salaires. Une telle façon de faire peut engendrer la surspécialisation et un rétrécissement des tâches, mais ce ne sont pas là ses conséquences les plus néfastes. Plus important encore est le fait que les gestionnaires publics ont très peu de latitude pour réassigner des employés, ou encore pour adapter le contenu de leurs tâches à leurs habiletés.

Les exigences d'imputabilité compliquent encore davantage le système de mérite. Par exemple, le fait d'avoir à justifier l'évaluation qu'ils font de leurs employés incite les cadres à donner des évaluations plutôt moyennes étant donné qu'une évaluation très élevée nécessite d'être bien documentée et qu'une évaluation défavorable exige encore davantage de justification et risque de déclencher la procédure de grief.

Les systèmes d'incitations non monétaires, qui font intervenir des automatismes basés sur l'ancienneté dans l'organisation, sont prédominants par rapport à ceux qui favorisent des rétributions spécifiques accordées en fonction de la performance des employés. Ainsi en est-il des vacances, qui augmentent en fonction du nombre d'années de service, et des régimes de retraite, dont les avantages vont de pair avec la participation et l'ancienneté. Ce genre de système coûte moins cher qu'un système d'incitations monétaires, est moins apparent dans le processus budgétaire et facilite ainsi la tâche des élus qui doivent répondre de l'utilisation des deniers publics. Mais ces systèmes ne sont pas liés directement à la performance individuelle et, conséquemment, réduisent la marge de manœuvre dont le gestionnaire public dispose pour récompenser et motiver ses employés.

Les facteurs externes ont des conséquences notables sur la motivation et les systèmes de rétribution dans les organisations publiques (voir encadré ci-dessous). Comme le font remarquer Perry et Porter: «Dans la mesure où le public en général a des attitudes défavorables à l'endroit des bureaucraties publiques et de leurs employés, ceux-ci seront selon toute probabilité affectés dans leur motivation, notamment en ce qui concerne la valorisation personnelle et la signification du travail» (1982, p. 93).

ENCADRÉ 9.1

Les fonctionnaires fédéraux: mal aimés et assiégés
Paul TAYLOR

La fonction publique fédérale américaine célèbre aujourd'hui son centième anniversaire, assiégée, malade et malheureuse. Les critiques lui viennent de tous les milieux à la fois. Même «Madison Avenue» est entrée dans le jeu avec une campagne publicitaire pour le compte de Federal Express qui dépeint les employés du service des Postes, leurs compétiteurs, comme des gens paresseux, arrogants, insensibles aux clients. «Le pire dans tout ça, c'est que c'était drôle», avouait George Gould, secrétaire juridique de l'Association nationale des postiers, dont les protestations d'ailleurs ont permis d'interrompre la diffusion de cette campagne.

Mais les chiffres sont éloquents. En effet, depuis 1977, le sort des employés fédéraux s'est détérioré à plus d'un niveau:

- Les salaires, qui devaient être maintenus, par la loi, sur un pied d'égalité avec ceux du secteur privé, leur sont en réalité inférieurs de 13,9 %.
- Au cours des deux dernières années, les primes du programme d'assurance santé des fonctionnaires fédéraux ont grimpé de 55 %, alors que les couvertures ont été réduites en moyenne de 12 à 16 %.
- Le fonds de pension, ce joyau des avantages sociaux des employé fédéraux, a été rogné pour quatre des cinq dernières années et doit affronter aujourd'hui les pires attaques de ses 62 ans d'existence.
- Depuis l'adoption du *Civil Service Reform Act* de 1978, dont le but était de rendre les bureaucrates plus sensibles aux demandes des élus, la sécurité d'emploi des hauts fonctionnaires a beaucoup diminué, résultat notamment de certaines purges.

Du point de vue des fonctionnaires de carrière, la perte de la sécurité d'emploi et l'arrivée d'une bande de fanatiques, nommés politiquement, qui considèrent l'administration comme un ennemi, a été tout simplement un désastre. Bernard Rosen, ancien directeur général de la Commission de la fonction publique fédérale, avouait que: «C'est rendu au point que plusieurs des plus brillants administrateurs publics ont été réduits à des rôles de simples courtisans. Ça n'a jamais été aussi pire». Cela, bien sûr, a eu des effets sur le moral des employés.

«Nous sommes devenus les nouveaux parias de la société», disait G. Jerry Shaw, président de l'Association des cadres supérieurs, qui représente les hauts fonctionnaires de carrière. «Les gens font à notre sujet des farces qu'ils n'osent plus faire à propos des groupes ethniques et des minorités.»

James Beggs, directeur de la NASA, disait pour sa part: «Chaque fois qu'on vous accuse d'être comme des sangsues exploitant la société, le moral en prend pour son rhume». Il s'inquiète, comme le font la plupart des cadres fédéraux, du fait que cette image, et les autres problèmes (salaires inférieurs, moral bas) produisent un exode des cerveaux dans le gouvernement.

Source: Paul Taylor, *Washington Post*, le 16 janvier 1983, A1.

Des résultats de recherches indiquent que les organisations publiques attirent des personnes quelque peu différentes de celles qui travaillent dans les organisations privées à but lucratif. Ceux qui entrent dans le secteur public valorisent moins la dimension économique que ceux qui choisissent le secteur privé (Rawls et Nelson, 1975; Rawls, Ulrich et Nelson, 1975; Gortner, 1970) et, contrairement à ces derniers, ceux qui font carrière dans des organisations publiques manifestent leur intérêt pour le service au public (Gortner, 1970). Certains autres résultats font état d'un plus grand besoin de sécurité chez ceux qui ont choisi le secteur public; cependant dans d'autres cas, les différences à ce chapitre sont beaucoup moins évidentes (Gortner, 1970; Rawls et Nelson, 1975; Rawls, Ulrich et Nelson, 1975).

Des études indiquent aussi que l'engagement vis-à-vis l'organisation diffère quelque peu selon qu'il s'agit d'employés du secteur public ou d'employés du secteur privé. Le mot «engagement» comporte plusieurs dimensions: le désir de demeurer membre de l'organisation, la volonté de travailler à des niveaux de performance élevés et l'acceptation des buts et des valeurs de l'organisation. Les firmes profitent énormément du haut niveau d'engagement de leurs gestionnaires par rapport à l'organisation alors que le contexte de travail et certaines caractéristiques de l'environnement des organisations publiques n'incitent pas leurs membres à s'impliquer à un tel degré.

Une étude comparative des gestionnaires du gouvernement et d'organismes à but lucratif a démontré que la perception d'avoir contribué au succès de l'organisation est le facteur déterminant du degré d'implication du gestionnaire (Buchanan, 1974). Les gestionnaires très engagés dans leur organisation conçoivent leurs tâches comme d'importants défis à relever, contribuent à la cohésion des groupes dont ils font partie et ont pleinement conscience de ce que l'organisation attend d'eux. Par ailleurs, les objectifs fondamentaux de la plupart des agences gouvernementales sont ambigus et leur efficacité est difficile à mesurer; il en résulte que les liens entre ce qu'un gestionnaire public fait et le succès de l'organisation sont plus difficiles à cerner. Un autre facteur déterminant est la stabilité de l'engagement de l'organisation envers ses propres buts; dans certaines circonstances, les périodes électorales ou encore les changements imprévus dans l'opinion publique et politique sont quelques exemples où les buts de certains organismes publics peuvent être remis en question (Buchanan, 1974).

En général, les études concluent que la satisfaction des membres (Paine, Caroll et Leete, 1966; Rinehart *et al.*, 1969; Buchanan, 1974; Rainey, 1979) et le degré de leur engagement sont plus élevés dans les organisations privées à but lucratif. Et pourtant d'autres études, dont celle rapportée par le National Center for Productivity and Quality of Working Life (1978), suggèrent que le contenu des tâches et les défis qu'elles présentent satisfont relativement bien les besoins des employés des organismes publics: 84 % des gestionnaires et 64 % des employés n'exerçant pas des tâches de gestion se sont dits satisfaits de la nature de leurs tâches; de même 86 % des premiers et 77 % des seconds disent être satisfaits des défis que leur apporte leur travail.

Les recherches comparatives sur cette question ne sont pas nombreuses et il est trop tôt pour pouvoir évaluer correctement les différences de satisfaction entre les tâches réalisées dans les organisations publiques et dans les firmes; on ne peut pas davantage conclure à un degré d'engagement moindre chez les employés d'organismes publics (voir encadré 9.2).

On peut relever certains facteurs qui donnent aux organisations publiques des avantages naturels pour ce qui est de l'engagement. Ainsi, plus la mission d'un organisme public est originale et intéressante, plus il y a de chances que ses membres s'y engagent à fond. L'Agence américaine de développement international [*The Agency for International Development*][1], par exemple, a une mission que ses gestionnaires et son personnel qualifient d'humanitaire et considèrent importante pour la politique étrangère américaine (Malher, 1985). Plus la socialisation des employés aux valeurs et aux normes de l'organisation publique est grande, plus leur niveau d'engagement vis-à-vis cette organisation a des chances d'être élevé (Van Maanen, 1975a, 1975b; Kaufman, 1960; Mahler, 1985). Des mécanismes de recrutement spécifiques renforcés par une mission originale ont pour effet d'attirer ceux qui s'identifient à l'organisation et acceptent de s'y engager (Mahler, 1985; Kaufman, 1960; Van Maanen, 1975a).

Les théories générales traitant de la motivation, telles que les théories des besoins, les théories cognitives et les théories béhavioristes, que nous décrirons dans les sections suivantes, sont utiles à la compréhension de la motivation dans les organisations publiques. Néanmoins, on ne doit pas ignorer les contraintes

---

1. On peut penser que le même commentaire vaut pour l'Agence canadienne de développement international (ACDI). (N.D.T.)

propres à ces organisations ni la motivation que représentent pour leurs membres les occasions qu'ils ont d'orienter les politiques et de servir le public.

Ce n'est pas une espèce à part
Eileen SIEDMAN

Les gens qui travaillent pour le gouvernement ne forment pas une espèce à part. Nous ne sommes pas différents de ceux qui travaillent pour l'entreprise privée. Nous voulons un salaire convenable, de l'encouragement pour le bon travail, de la reconnaissance pour des réalisations exceptionnelles, un environnement de travail décent, des chances d'avancement, le respect, de la considération pour nos idées et suggestions, et, de façon générale, un traitement juste.

Un gouvernement démocratique n'est pas uniquement une gigantesque machine à argent et l'administration publique est bien plus que la gestion du personnel, les approvisionnements et services, et la distribution de chèques. C'est une activité qui offre la sécurité et la stabilité qui rendent toutes les autres activités non gouvernementales possibles, y compris un système de libre-échange, la liberté de parole, le droit d'être différent sans subir de reproches et la recherche du bonheur. En conséquence, les fonctionnaires ont tendance à s'approprier les programmes qu'ils administrent, à être fiers de servir le public, et détestent profondément les sarcasmes dont la profession qu'ils ont choisie fait l'objet.

Source: Eileen Siedman, «Of Games and Gains... », *The Bureaucrat*, 13, été 1984, p. 4-8.

LES THÉORIES DES BESOINS

Rien n'est plus naturel que de se demander ce qui motive intrinsèquement les êtres humains. Les anciens philosophes grecs croyaient que les humains étaient des hédonistes, qu'ils cherchaient le plaisir et essayaient d'éviter la souffrance, la privation et la perte de ce qui leur était cher. Beaucoup plus tard, ces croyances ont formé la base des théories sociales et économiques de Jeremy Bentham et d'Adam Smith. Plus tard encore, au moment où Freud et d'autres prétendaient que les comportements humains étaient motivés par des désirs inconscients, l'idée émergea que la motivation est un phénomène instinctif. Il y a un large consensus sur le fait que les théories des besoins ont marqué les débuts des études modernes sur la motivation au travail.

La hiérarchie des besoins de Maslow

C'est une coutume d'ouvrir les discussions sur les théories de la motivation au travail par une description de la hiérarchie des besoins d'Abraham Maslow. Psychologue clinique, Maslow s'est beaucoup inspiré des histoires de cas que lui racontaient ses patients; l'élaboration de son modèle ne s'est pas faite à partir d'observations de travailleurs en contexte organisationnel. Son modèle n'est donc pas un modèle de la motivation au travail; il découle plutôt d'un intérêt plus général pour les relations entre les facteurs héréditaires et l'apprentissage comme éléments d'explication de la motivation. Il n'en demeure pas moins que le développement des théories de la motivation au travail a grandement été influencé par les idées de Maslow (1954).

Selon Maslow, les individus sont motivés par la recherche de la satisfaction de besoins non comblés. Il fait l'hypothèse que les besoins des individus sont organisés hiérarchiquement: les individus ne considèrent pas les besoins situés au haut de la hiérarchie et ne sont pas motivés par eux tant que les besoins situés plus bas dans cette hiérarchie n'ont pas été relativement satisfaits. Les cinq niveaux de besoins relevés par Maslow sont, en commençant par le bas de la hiérarchie: les besoins physiologiques, les besoins de sécurité, les besoins sociaux et d'affiliation, les besoins d'estime et de reconnaissance, et finalement, les besoins de réalisation de soi (voir la *figure 9.1*). Les besoins du premier niveau de la hiérarchie – les besoins physiologiques – sont héréditaires, mais à mesure qu'on monte dans la hiérarchie, l'expérience et l'apprentissage ont une influence de plus en plus déterminante sur la genèse des besoins aux différents niveaux.

FIGURE 9.1

La hiérarchie des besoins de Maslow

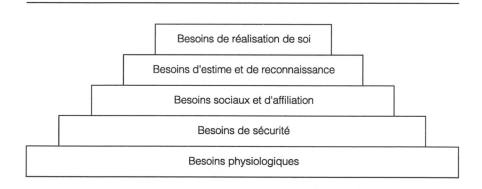

Les besoins physiologiques. Se nourrir, boire et s'abriter sont des besoins innés et bien que ces besoins ne soient pas des phénomènes que l'on apprend à connaître, notre culture et nos apprentissages influencent notre manière de les exprimer.

Les besoins de sécurité. Nos expériences diverses – par exemple, le fait d'avoir été abandonné, blessé ou ébranlé lors d'événements angoissants ou imprévus – influencent l'expression de ces besoins de même que les façons de les satisfaire. Maslow a inclu dans les besoins de sécurité autant les besoins d'ordre psychologique et émotionnel que les besoins d'ordre physique. La discipline qui règne dans une organisation de même que la manière dont elle est structurée peuvent, par exemple, satisfaire les besoins de sécurité psychologique et émotionnelle. Les

conventions collectives, les contrats de travail, la norme de l'ancienneté et les régimes de retraite permettent d'informer les employés sur ce qui est attendu d'eux
et de leur donner du feed-back sur leur performance, constituant ainsi autant de
moyens utilisés dans les organisations pour satisfaire les besoins de sécurité des
employés.

Les besoins sociaux et d'affiliation. Une fois les besoins de sécurité relativement satisfaits, nous devenons motivés par les besoins sociaux, des besoins que
nous commençons à ressentir au moment où nous réalisons l'importance des
autres. La satisfaction ou la non-satisfaction de nos autres besoins dépend des
agissements et des attitudes qu'auront les autres personnes à notre endroit. Les
besoins d'amour, d'appartenance et d'intimité marquent une étape cruciale dans
le développement de la personne. Comme l'ont révélé les études d'Hawthorne,
les besoins d'appartenance de l'individu au groupe – combinés à la dynamique de
groupe ont dans les organisations des implications considérables sur la satisfaction des membres, sur la productivité et sur le contrôle. Les groupes et les
réseaux de communications informels sont des moyens qui émergent spontanément dans les organisations pour satisfaire en partie les besoins sociaux et d'affiliation.

Les besoins d'estime et de reconnaissance. On réfère souvent à ces besoins
comme étant les besoins de l'ego. Ils renvoient aux désirs d'acquérir un statut,
d'être reconnu par les autres, de se percevoir de manière positive. Maslow souligne que ce type de besoins concerne autant l'estime qu'on a de soi que celle que
nous portent les autres. Les cérémonies de remise de prix, les mentions d'excellence ou de réalisations individuelles dans le journal interne de l'organisation, les
éloges d'un patron ou des pairs et le respect que nous témoignent d'autres professionnels sont des façons de répondre à ces besoins que l'on rencontre dans les
organisations publiques.

Les besoins de réalisation de soi. Ces besoins sont au sommet de la hiérarchie.
Les besoins de réalisation de soi renvoient au désir d'une personne de réaliser ses
capacités. Ici, la perception qu'a la personne d'elle-même prend forme dans la
réalité au travers ses propres activités. Ces activités sont réalisées pour la satisfaction personnelle qu'elles apportent et le fait de jouer un rôle est gratifiant en soi.
Autrement dit, la personne trouve une satisfaction intrinsèque dans son développement et ses réussites.

Une façon d'évaluer l'influence d'une théorie ou d'une idée est de considérer dans quelle mesure elle a suscité des développements conceptuels importants,
encouragé de nouvelles recherches et provoqué des applications inédites. De ce
point de vue, la hiérarchie des besoins de Maslow a, sans conteste, eu un impact
considérable.

Bien que la hiérarchie des besoins soit une théorie très générale de la motivation, tant les praticiens que les théoriciens en ont saisi les implications sur le

fonctionnement des organisations, dans la mesure où ils considéraient possible d'y réaliser la transition entre les besoins des personnes et leur motivation au travail. La théorie permettait, en effet, de concilier les possibilités qu'offre l'organisation de satisfaire les besoins des personnes et les possibilités réciproques de chercher à combler ces besoins, en vue de contribuer à la fois à l'amélioration de la motivation au travail et à l'atteinte des buts de l'organisation. Le concept de réalisation de soi, entre autres, permet de joindre les besoins des personnes aux buts de l'organisation. La théorie de Maslow et la description des besoins qui y est faite permettent aux gestionnaires et aux théoriciens de l'organisation de faire aisément la relation entre les besoins décrits dans le modèle et les incitations particulières que l'on trouve dans l'organisation.

La théorie des deux facteurs de Herzberg

La théorie des deux facteurs, développée par Frederick Herzberg, donne une extension considérable à la hiérarchie des besoins de Maslow. Cette théorie a été élaborée à partir d'une recherche portant sur 200 professionnels (des ingénieurs et des comptables) travaillant dans des firmes privées en Pennsylvanie. Des centaines d'entrevues additionnelles ont été menées par la suite auprès d'employés occupant des postes de différents niveaux dans diverses organisations; on leur posait la question suivante:

> Pensez à une occasion où vous vous êtes senti exceptionnellement bien ou exceptionnellement mal au travail, qu'il s'agisse de votre emploi actuel ou d'un emploi passé. Ce peut être une situation qui a perduré ou qui, au contraire, a été temporaire. Dites-moi ce qui s'est passé (Herzberg, Mausner et Snyderman, 1959, p. 141).

Les répondants ont assez régulièrement associé leurs mauvaises sensations à des facteurs liés au contexte de la tâche: les conditions de travail, les relations interpersonnelles, la supervision, les politiques et l'administration de la compagnie, les salaires et autres conditions pécuniaires. Les sensations agréables étaient imputées à un ensemble différent de facteurs liés, non pas au contexte, mais au contenu du travail: le développement personnel, la responsabilité, le travail en soi, la reconnaissance et la réalisation de soi. Les facteurs intrinsèques au travail engendraient la satisfaction; Herzberg les a appelés *facteurs de motivation*; les facteurs extrinsèques au travail, qu'il a appelé *facteurs d'hygiène*, étaient associés à l'insatisfaction au travail (voir le *tableau 9.1*).

L'insatisfaction au travail et les facteurs qui la causent sont différents, et non pas opposés, aux facteurs qui engendrent la satisfaction. Herzberg conclut qu'il y a une différence de nature entre les concepts de satisfaction et d'insatisfaction et qu'ils ne constituent pas les deux extrêmes d'un continuum.

TABLEAU 9.1

La théorie des deux facteurs de Herzberg

Les facteurs d'hygiène	Les facteurs de motivation
Le contexte du travail	**Le contenu du travail**
• Les politiques de l'organisation et son administration	• L'accomplissement
	• La reconnaissance
• La supervision	• Un travail qui présente des défis
• Les conditions de travail	• La responsabilité
• Les relations interpersonnelles	• La croissance et le développement personnels
• L'argent, le statut et la sécurité	

Les facteurs de motivation, qui correspondent aux besoins des niveaux supérieurs de la hiérarchie de Maslow, augmentent la satisfaction et la performance du travailleur. Selon Herzberg, les facteurs d'hygiène, qui correspondent aux besoins des niveaux inférieurs de la hiérarchie de Maslow, peuvent réduire ou prévenir l'insatisfaction au travail, mais ils n'engendrent pas la satisfaction. Ils peuvent atténuer les symptômes de l'insatisfaction au travail tels que l'absentéisme et un changement fréquent de personnel, mais ils n'incitent pas les travailleurs à devenir plus productifs. Dans les organisations où l'on se préoccupe de réduire l'insatisfaction au travail, les personnes travaillent à des niveaux de performance juste assez acceptables pour éviter la perte de leur emploi; pour amener les gens à dépasser ces niveaux, pour augmenter leur satisfaction et leur performance, on doit nécessairement intervenir sur les facteurs de motivation.

Des études ultérieures ont confirmé la théorie des deux facteurs d'Herzberg (Herzberg, 1966; Bockman, 1971; Grigaliunas et Herzberg, 1971) mais d'autres études la contestent (Vroom, 1964; Schwab, Devitt et Cummings, 1971). Malgré tout, les contributions d'Herzberg sont très importantes. Ses recherches ont accru les possibilités d'utilisation de la hiérarchie des besoins de Maslow pour motiver les employés et fournissent une description plus précise de ces besoins et son modèle des deux facteurs a attiré l'attention sur l'importance du contenu du travail comme élément de motivation. Les idées de Herzberg ont gagné en popularité auprès des gestionnaires et ont été largement appliquées dans les organisations; par exemple, l'enrichissement des tâches, la conception des groupes de travail et plusieurs autres aspects de l'organisation du travail reposent sur l'idée qu'il faut motiver les personnes en leur fournissant des défis à relever, des occasions d'être reconnues, respectées et de se développer.

La théorie «ESC» d'Alderfer

Une théorie récente de la motivation a été développée par Clayton Alderfer qui, comme Herzberg, a fondé son modèle sur des recherches réalisées dans des organisations (1972). Alderfer a regroupé les cinq besoins de Maslow en trois catégories: les besoins d'*existence*, les besoins de *sociabilité* et les besoins de *croissance* (voir la *figure 9.2*); cette théorie est connue sous le nom de «théorie ERG²». Les besoins d'existence équivalent aux besoins physiologiques de Maslow et, à certains égards, aux besoins de sécurité; les besoins de sociabilité renvoient au désir d'être accepté socialement et d'avoir un statut au sein d'un groupe; les besoins de croissance correspondent aux besoins d'estime et de réalisation de soi. Les recherches d'Alderfer n'ont toutefois pas démontré l'existence d'un ordre hiérarchique dans ces besoins; elles tendent plutôt à soutenir qu'il existe une relation plus complexe entre l'intensité d'un besoin et sa satisfaction. Selon les expériences vécues par un individu ou les valeurs qu'il a assimilées, les besoins de croissance, par exemple, pourraient prendre le pas sur les besoins d'existence non satisfaits. D'autres recherches appuient ce point de vue, bien qu'elles semblent également démontrer que les préoccupations pour la satisfaction des besoins de haut niveau tendent à être exclues quand les besoins de plus bas niveau sont grandement insatisfaits (Lawler et Suttle, 1972).

FIGURE 9.2

**Relation entre la théorie des deux facteurs de Herzberg,
la hiérarchie des besoins de Maslow
et la théorie ESC d'Alderfer**

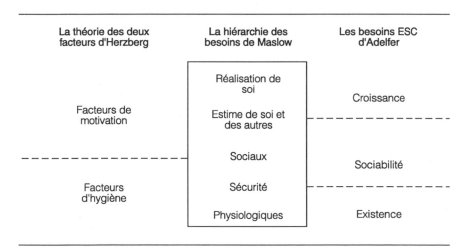

Source: Fred Luthans, *Organizational Behavior*, 4ᵉ éd., New York, McGraw-Hill, 1985, p. 204.

Un des aspects intéressants de cette théorie est que la satisfaction des besoins de sociabilité stimule l'intérêt que l'on peut avoir pour d'autres besoins: si ces besoins de sociabilité sont satisfaits chez une personne, des besoins d'un plus haut niveau deviennent alors importants pour elle. De plus, la privation stimule

2.   Un acronyme anglais construit à partir des catégories de besoin: *«existence»*, *«relatedness»*, *«growth»*. Nous utiliserons l'acronyme français «ESC» dans la suite du texte. (N.D.T.)

généralement le désir de satisfaire un besoin et ajoute à l'importance de ce besoin; cependant, les besoins de réalisation ou de croissance peuvent devenir plus importants même une fois qu'ils sont satisfaits.

La dimension sociale de la motivation, selon McClelland

David McClelland est un important critique du travail de Maslow, notamment en ce qui concerne sa façon de traiter les besoins de réalisation de soi. Certains besoins ne sont pas déterminés de manière biologique; ils sont plutôt déterminés socialement, si bien qu'ils peuvent varier d'un individu à l'autre, d'une culture à l'autre. C'est pourquoi, selon McClelland, la réalisation de soi prend un sens différent selon les individus et les sociétés. Le travail de McClelland jette un éclairage nouveau à la fois sur ce que sont les besoins de réalisation de soi et sur leurs implications dans les organisations au regard de la productivité, la cohésion, les conflits et les relations entre les leaders et leurs disciples.

McClelland et ceux qui partagent son point de vue, dans des recherches à caractère psychologique, ont eu abondamment recours aux techniques de projection de soi. Ces recherches consistaient à montrer aux participants une série d'images, simples mais ambiguës, et à leur demander d'écrire une courte histoire sur chacune d'elles. Les psychologues enregistraient ces histoires et les analysaient en fonction de trois types de besoins importants: les besoins d'affiliation, les besoins d'accomplissement et les besoins de pouvoir.

Les besoins d'affiliation. Les personnes pour qui les besoins d'affiliation sont importants vont chercher à interagir avec les autres membres de la société ou de l'organisation. Elles veulent être aimées; en retour, elles ont tendance à être serviables et à aider les autres. Elles peuvent contribuer grandement au bon fonctionnement de l'organisation et des groupes en favorisant la promotion et le maintien de bonnes relations interpersonnelles. Il peut arriver que des conflits soient évités grâce à leurs interventions qui sont de nature à réduire les tensions.

Les besoins d'affiliation constituent, il va de soi, une incitation importante à joindre des groupes informels dans l'organisation. La satisfaction de ces besoins a des conséquences sur la cohésion du groupe et sur le degré d'adhésion des membres aux normes informelles qui y sont en vigueur (Cartwright, 1968, p. 92), et cela renforce la collaboration de tous à accomplir la tâche commune. Toutefois, ces besoins et l'attention qu'on leur prête auront un impact positif ou négatif sur la productivité et l'atteinte des buts de l'organisation dans la mesure où il y a adéquation entre les normes et les buts du groupe informel et ceux de l'organisation dans son ensemble (Likert, 1961, p. 31-33).

Les besoins d'accomplissement. Les personnes qui recherchent systématiquement les performances exceptionnelles, en misant sur la compétence et l'excellence, sont fortement motivées par des besoins d'accomplissement. Ces personnes cherchent à se rendre personnellement responsables de la résolution de problèmes; ont tendance à se fixer des objectifs assez difficiles à atteindre, préférant prendre des risques modérés et ne s'engageant pas dans des activités dont les résultats peuvent être aléatoires à long terme; et veulent avoir un feed-back concret sur leur performance (McClelland, 1961, p. 103, 205-233).

Les gestionnaires qui assignent des objectifs irréalisables à des personnes désireuses de s'accomplir ne les motivent en aucune façon dans la mesure où ces personnes tirent précisément une grande satisfaction de la réalisation effective de leurs objectifs; des objectifs trop faciles ne motiveront pas davantage ces personnes. On discerne actuellement une nouvelle tendance dans les recherches qui se font sur la motivation par l'accomplissement de soi: on ne porte plus l'attention sur l'individu qui veut s'accomplir mais plutôt sur le climat dans l'organisation et sur les structures qui favorisent les réalisations importantes.

Il n'est pas surprenant qu'une performance élevée soit associée à des besoins d'accomplissement élevés. Mais, comme le soulignent McClelland et David Winter (1971), ce phénomène dépend aussi de dimensions d'ordre organisationnel; moins l'organisation est bureaucratique, par exemple, plus le contexte est favorable à l'expression de comportements orientés vers les performances élevées.

Les opinions sont partagées sur la relation entre la motivation par l'accomplissement de soi et l'efficacité des gestionnaires. McClelland croit qu'«il est assez clair qu'un besoin d'accomplissement élevé n'habilite pas une personne à gérer efficacement les relations humaines» (1970, p. 30), car contrairement aux besoins d'affiliation et aux besoins de pouvoir qui, pour être satisfaits, nécessitent des relations avec d'autres personnes, la motivation par l'accomplissement de soi «est l'affaire d'un individu qui n'a jamais besoin d'impliquer d'autres personnes» (McClelland, 1970, p. 29). «Motiver ceux qui ont des besoins d'accomplissement, conclut McClelland, requiert des motivations et des habiletés différentes de celles qui sont requises pour assurer la satisfaction de ses propres besoins d'accomplissement.» (1970, p. 30)

D'autres résultats de recherche démontrent que l'on peut établir des liens entre, d'une part, le style de leadership et l'efficacité et l'intensité des besoins d'accomplissement, d'autre part. Contrairement à l'image que présente McClelland des individus motivés essentiellement par des besoins d'accomplissement – des solitaires qui n'ont aucune habileté au plan des relations interpersonnelles – les résultats de ces recherches révèlent que les gestionnaires fortement motivés par de tels besoins ont une conception optimiste de la nature humaine, favorisent la participation et montrent autant d'intérêt pour les personnes que pour les résultats. Ceux qui ont des besoins d'accomplissement modérés sont plus intéressés par les symboles associés au prestige, et les gestionnaires faiblement motivés par ces besoins sont surtout intéressés à protéger leurs acquis et à assurer leur sécurité. Chaque gestionnaire essaie de motiver ses subordonnés de la même façon qu'il se motive lui-même (Zemke, 1979).

Les besoins de pouvoir. Ceux qui retirent une grande satisfaction à influencer les autres sont des personnes qui ont des besoins prononcés de pouvoir (Veroff, 1957; McClelland, 1970). Les personnes sont motivées par différentes formes de pouvoir. Selon McClelland, «il y a deux facettes au pouvoir. On peut chercher à gagner aux dépens d'adversaires alertes. La vie est alors considérée comme "un jeu à somme nulle" dans lequel "si je gagne, vous perdez" ou "je perds si vous gagnez"» (1970, p. 36). C'est une première facette du pouvoir que McClelland appelle le pouvoir personnalisé. L'autre facette du pouvoir est, selon lui, «un pouvoir plus "socialisé" [*socialized power*[3]]». Ce pouvoir «socialisé» s'exprime par des préoccupations d'exercer le pouvoir pour le bénéfice des autres et par des impressions de grande ambivalence concernant la détention du pouvoir (1970, p. 36).

Il y a des différences dans les manières d'exercer le pouvoir personnalisé et le pouvoir «socialisé», et chacun a des implications différentes sur la motivation des autres. Mû par un besoin de pouvoir personnalisé, le leader pourra chercher à écraser les autres et les obliger à se soumettre en les dominant. Ce comportement peut susciter l'obéissance des autres, mais le prix à payer est souvent leur cantonnement dans la passivité ou, au contraire, leur détermination à résister. McClelland fait également remarquer que le pouvoir personnalisé peut être efficace dans des petits groupes et que les processus d'influence dans les grandes organisations et les grands groupes nécessitent des formes de motivation plus «socialisées».

Les leaders qui sont motivés par des besoins de pouvoir «socialisé» ne sont pas enclins à forcer les autres à se soumettre. Ces leaders sont fortement imprégnés des buts du groupe et non seulement vont-ils s'identifier à ces buts, mais ils s'emploieront aussi à faire participer les membres à leur définition. Le pouvoir «socialisé» suscite la confiance chez les membres du groupe qui se sentent alors davantage incités à accomplir les objectifs qu'ils partagent, quels que soient ces objectifs; aussi ont-ils la perception d'être dotés de beaucoup de pouvoir.

Dans notre société, nous avons une conception tellement négative du pouvoir que nous avons tendance à confondre ses deux facettes et à ne considérer que le pouvoir exercé à des fins personnelles. Nous avons tendance à croire qu'un leader ne réussit à avoir de l'influence sur les autres que dans la mesure où il a recours à la domination ou à la manipulation. Et «plus un leader est efficace, plus nous sommes portés à lui reconnaître un plus grand pouvoir personnel sans égard aux moyens utilisés pour atteindre ses objectifs» (McClelland, 1970, p. 42). McClelland reconnaît cependant que cette perception, tout erronée qu'elle soit, repose sur un fond de vérité.

---

3.   Cette expression est difficile à rendre en français; nous la traduirons par «pouvoir socialisé»; cette expression renvoie à un pouvoir exercé dans le sens des intérêts de l'ensemble de la société. (N.D.T.).

Dans la vie réelle, un leader est mis dans des situations où il a tendance à osciller entre le pouvoir personnel et le pouvoir plus «socialisé». Il peut arriver qu'il ait d'abord recours au premier et qu'il utilise par la suite le second. Cela s'explique par le fait qu'en tant que leader, même s'il privilégie l'exercice d'un pouvoir «socialisé», il doit prendre l'initiative d'aider le groupe à définir ses objectifs. Jusqu'où doit aller dans ses initiatives, dans ses tentatives de persuader, dans l'expression de son enthousiasme pour certains objectifs alors que cet enthousiasme peut être interprété, à tort ou à raison, comme une indication que ces objectifs doivent être retenus quoi qu'en pensent les membres du groupe? Voilà autant de questions propres à décevoir le leader le mieux intentionné. (1970, p. 42)

Certaines valeurs de la culture nord-américaine, comme par exemple l'individualisme et l'esprit de compétition, encouragent la pratique du pouvoir personnel, alors que d'autres valeurs favorisent l'apprentissage du pouvoir «socialisé». La crainte qu'ont les Américains des abus de pouvoir s'est traduite par un système de gouvernement dans lequel l'autorité est fragmentée. L'exercice du pouvoir requiert qu'on tienne compte jusqu'à un certain point des objectifs et des intérêts des autres et souvent il faut accepter que ceux-ci soient associés étroitement au choix et à la formulation des objectifs. C'est ce qui se passe dans les grandes organisations publiques où les règles et les procédures abondent, où l'autonomie et les responsabilités des personnes sont limitées, et où l'imputabilité vis-à-vis du public doit être en tout temps assurée.

Les formes de motivation dans l'organisation selon Katz et Kahn

David Katz et Robert Kahn (1966) approchent le phénomène de la motivation dans les organisations en tenant compte à la fois de facteurs individuels et de facteurs organisationnels. Ils distinguent différentes formes de motivation qui leur permettent de concentrer leur attention autant sur les désirs ou les valeurs des personnes que sur les systèmes de récompenses et de contrôle dans l'organisation. Katz et Kahn relèvent quatre types de systèmes d'incitations organisationnelles qui correspondent à autant de formes de motivation, qui avantagent ou désavantagent l'organisation (voir le *tableau 9.2*). Ces formes de motivation concernent la soumission aux règles[4], la participation aux bénéfices qu'apporte l'organisation[5], l'expression de soi et l'intériorisation des valeurs de l'organisation.

La soumission aux règles implique que l'individu accepte de se plier à l'autorité et aux règles parce qu'il les considère légitimes. La description précise et claire des rôles des membres et des contrôles exercés sur eux sont des facteurs externes destinés à favoriser cette forme de motivation et de comportement (le res-

---

4. Nous choisissons de traduire ainsi l'expression «legal compliance», utilisée dans le texte original anglais. Katz et Kahn (1978, p. 406) utilisent l'expression «rule enforcement». (N.D.T.).

5. Nous choisissons de traduire ainsi l'expression «instrumental satisfaction» utilisée dans le texte original anglais. Katz et Kahn (1978, p. 406) utilisent l'expression «external rewards». (N.D.T.).

pect des règles). Toutefois, la principale limite de ce système d'incitations est son incapacité à motiver les membres à ce qui est explicitement et formellement exigé dans la description des rôles et dans l'énoncé des règles. D'une certaine façon, ce système destiné à fixer un seuil minimal à la performance individuelle se trouve, en fait, à établir aussi un seuil maximal. Katz et Kahn font la mise en garde suivante: «l'accent mis sur les contrôles formels signifie souvent, en pratique, que les normes minimales de quantité et de qualité sont également perçues comme étant les normes maximales» (1966, p. 347).

La motivation a aussi des liens avec les bénéfices que tire l'individu de l'organisation. Katz et Kahn relèvent quatre types de bénéfices, selon qu'ils sont liés au système général des récompenses, à la performance individuelle, à l'approbation des leaders et à l'approbation des pairs.

Les bénéfices liés au système général des récompenses vont de pair avec la participation à l'organisation et ils sont généralement accordés à partir du critère de l'ancienneté (par exemple, les régimes de retraite, le nombre de jours d'absence pour maladie ou les compensations pour l'augmentation du coût de la vie). Ces bénéfices ont pour effet de réduire le changement de personnel et sont forts efficaces pour inciter les membres à demeurer dans l'organisation. Par contre, ils n'inciteront pas les membres à avoir des performances individuelles supérieures au seuil minimal requis pour pouvoir conserver leur poste dans l'organisation. Toutefois, ces récompenses peuvent expliquer les différences de productivité *entre* organisations dans la mesure où celles qui offrent de meilleurs avantages sont en meilleure position pour obtenir de leurs membres des niveaux de performance élevés (Katz et Kahn, 1966, p. 361).

Les bénéfices liés à la performance individuelle, comme les augmentations de salaire et les promotions, sont accordés au mérite. Ces bénéfices sont tout à fait appropriés pour attirer de nouveaux membres dans l'organisation et pour les y maintenir; ils peuvent aussi inciter les membres à atteindre ou à excéder les normes de performance en vigueur, à réduire les changements de personnel et à diminuer l'absentéisme. Ces bénéfices individuels sont aussi très pertinents lorsque la contribution d'un individu au bon fonctionnement d'un groupe ressort clairement; cependant, quand cette contribution ne peut être aisément établie ou quand c'est le travail de groupe qui est valorisé, les bénéfices liés au système des récompenses s'avèrent plus appropriés, d'autant plus qu'ils favorisent en même temps une meilleure identification à l'organisation.

L'estime de la part des leaders et les manifestations auxquelles elle donne lieu sont une troisième forme de bénéfices que l'on trouve dans les organisations. Les évaluations positives à l'endroit d'une personne de la part de ses collègues de travail en constituent une quatrième forme. Ces marques d'estime venant des supérieurs ou des pairs contribuent souvent à réduire les changements de personnel. Cependant, si ces relations sociales n'ont aucun lien avec les tâches à exécuter, elles n'incitent pas à augmenter la productivité ou la qualité du travail.

TABLEAU 9.2

Les formes de motivation organisationnelles selon Katz et Kahn et leurs implications sur les comportements

Les formes de motivation	Type de comportements qui en résultent
1. La soumission aux règles	
L'acceptation volontaire de l'autorité ou la reconnaissance du caractère légitime des règles de l'organisation et/ou des moyens utilisés pour contraindre à la soumission aux règles.	Une quantité de travail jugée minimalement acceptable peut réduire l'absentéisme.
2. Les bénéfices qu'apporte l'organisation.	
Le système général des récompenses	Performance minimale au regard de la qualité et de la quantité de travail produit Moins de changement de personnel et moins d'absentéisme
Les récompenses individuelles	Une augmentation possible de la productivité Une réduction possible du changement de personnel et de l'absentéisme
L'approbation des supérieurs	Une réduction possible du changement de personnel et de l'absentéisme Une augmentation (ou une diminution) possible de la productivité
L'approbation des pairs	Une réduction possible du changement de personnel et de l'absentéisme Augmentation (ou diminution) possible de la productivité
3. L'expression de soi	
L'identification de l'individu à son travail et la satisfaction intrinsèque liée à son exécution.	Productivité élevée Baisse de l'absentéisme
4. L'intériorisation des buts de l'organisation	
L'expression des valeurs personnelles et l'identification aux buts de l'organisation	Productivité accrue Des comportements spontanés et innovateurs Changement de personnel et absentéisme réduits

Source: Inspiré de l'ouvrage de Daniel Katz et Robert L. Kahn, *The Social Psychology of Organizations*, New York, John Wiley and Sons, 1966, p. 347-366.

La motivation basée sur l'expression de soi est intérieure à l'individu pour qui le fait de bien faire son travail porte en soi sa récompense. Pouvoir déterminer soi-même quoi faire et comment le faire, pouvoir aussi s'exprimer à travers son travail, sont des motivations propres à satisfaire l'ego. Ces formes de motivation se traduisent généralement par une productivité et une qualité de travail de niveau élevé aussi bien que par une grande satisfaction personnelle. Mais il arrive que les contextes des organisations ne favorisent pas l'expression de soi:

> Si l'on veut faire émerger l'identification au travail et la satisfaction intrinsèque par rapport aux tâches à exécuter, il faut alors que ces tâches soient

suffisamment variées et suffisamment complexes tout en offrant des défis qui mettent à profit le talent et les habiletés de l'employé. (Katz et Kahn, 1966, p. 363)

La quatrième forme de motivation proposée par Katz et Kahn est l'intériorisation des buts organisationnels. Ici, les personnes considèrent que les valeurs et les buts de l'organisation correspondent tout à fait à leurs façons de voir les choses. «Les personnes ainsi motivées sont généralement préoccupées par la mission de l'organisation et par ses orientations stratégiques et lui sont fortement dévouées. Dans la plupart des organisations, il y a un petit noyau de personnes qui s'impliquent de la sorte et qui s'identifient aux valeurs du système.» (Katz et Kahn, 1966, p. 340)

Dans les organisations, on observe surtout des phénomènes d'intériorisation partielle des objectifs du système. L'identification à des valeurs très générales qui débordent les cadres d'une organisation est une forme d'intériorisation partielle. Par exemple, des professionnels comme les avocats, les informaticiens ou les comptables intériorisent les valeurs propres à leur profession mais pas nécessairement celles des organisations où ils travaillent. De même, il y a des personnes qui peuvent approuver les valeurs et les buts d'une partie de l'organisation ou d'une de ses unités sans pour autant adhérer à ceux de l'ensemble du système. Ces deux formes d'intériorisation partielle ne créent pas de problèmes de fonctionnement dans les grandes organisations à la condition que les intérêts des personnes, et ceux du groupe auquel elles appartiennent, n'aillent pas à l'encontre des objectifs de l'organisation.

Trois conditions additionnelles favorisent chez les membres l'intériorisation des valeurs et des buts de l'organisation: leur participation aux décisions, la perception qu'ils ont de contribuer de façon significative à la performance d'ensemble de l'organisation et l'attribution de récompenses en fonction des réalisations du groupe auquel ils appartiennent. Plusieurs organisations ne réunissent pas ces conditions, ce qui amène Katz et Kahn à conclure que «l'intériorisation des buts de l'organisation est à la fois la forme de motivation la plus efficace et la plus difficile à instaurer dans les organisations étant donné les limites que posent leurs modalités conventionnelles de fonctionnement» (1966, p. 389).

Résumé

L'évolution des théories de la motivation fondées sur les besoins individuels a été marquée notamment par l'inclusion de variables conjoncturelles et par leur application dans des contextes organisationnels.

Les théoriciens ont dès lors cherché à élargir les fondements conceptuels des théories fondées sur les besoins humains et à être plus utiles aux gestionnaires. Une de leurs contributions importantes a été de faire en sorte que le traitement explicite des besoins individuels serve à combler le fossé entre ces besoins et les sources de motivation dans l'organisation. Les efforts de ces théoriciens en vue de découvrir les liens entre, d'une part, les satisfactions individuelles et, d'autre part, la productivité et même l'efficacité de l'organisation, ont largement contribué au développement de théories de la motivation au travail et à leurs applications dans les organisations.

Pour réussir à établir une relation entre les incitations dans l'organisation et la motivation, il faut chercher à comprendre les besoins et les objectifs des travailleurs. Par ailleurs, l'organisation doit pouvoir se donner des ressources conformes à ses besoins et les gestionnaires doivent pouvoir moduler les systèmes de récompense (voir l'encadré ci-dessous). Or, ceci s'avère plus difficile dans les organisations publiques que dans les firmes privées.

ENCADRÉ 9.3

Ce gestionnaire peut devoir rembourser lui-même les augmentations de salaire accordées à ses employés étrangers.
Cass PETERSON

Aux prises avec un taux de changement annuel de 100 % chez ses informaticiens, Robert L. Gingles fit ce que tout bon gestionnaire, à son avis, devrait faire dans les circonstances: relever les salaires.

Malheureusement pour lui, les gens du siège social ne l'entendaient pas de la même façon; et le siège social, en l'occurrence, c'était le Département d'État américain.

Certes, les promotions furent sanctionnées par l'organisation, mais seulement six mois après que Gingles, qui était le directeur d'un centre administratif régional situé à Paris, eut effectivement accordé à 25 de ses employés une augmentation de salaire de 30 $ par semaine.

En conséquence de ce geste, Gingles a reçu personnellement une facture de 17 899,98 $, soit le montant qu'il en avait coûté au gouvernement pour avoir accordé les augmentations en question sans autorisation officielle.

Maintenant en poste à Washington, Gingles admet avoir lui-même autorisé les augmentations, non sans avoir attendu en vain pendant deux ans une autorisation officielle de la part du Département.

Les augmentations étaient allées, pour la plupart, à des ressortissants français qui avaient été embauchés comme informaticiens au bureau de Paris, par où transitent annuellement quelque 3 milliards de dollars en monnaies étrangères pour la rémunération des employés des 94 ambassades américaines à travers le monde.

À l'époque, il n'y avait pas de classification de postes applicable aux employés étrangers; pour combler cette lacune, Gingles en avait proposé une au Département d'État pour approbation. De plus, ces employés pouvaient difficilement faire collectivement des représentations alors qu'on les obligeait à s'abstenir de former un syndicat. «Si l'on avait traité un Américain comme ça, disait Gingles, on aurait créé toute une commotion. Le taux de changement annuel dans le personnel était de 100 % et on ne pouvait pas se permettre de continuer à gérer de cette façon, avec tout l'argent qui nous passe entre les mains. C'était aller au devant des problèmes.»

Mais, en fin de compte, le problème c'était Gingles lui-même. Le mois dernier, peu de temps après que le Département d'État eut sanctionné les augmentations,

Gingles a reçu une courte lettre de réprimande, l'accusant d'avoir commis un manquement grave et l'obligeant à rembourser personnellement les sommes d'argent versées aux employés du bureau de Paris.

Chris Grant, un conseiller juridique du Département d'État, a dit que les fondements juridiques de l'action du Département se trouvaient dans «le manuel des services à l'étranger», ou peut-être dans l'U.S. Code, sans offrir plus de précisions.

«L'avis de cotisation, a-t-il ajouté, n'était pas inusité dans les circonstances. Les circonstances, bien sûr, étaient assez exceptionnelles.»

Entre-temps, l'American Foreign Service Association, qui avait plutôt été neutre jusque-là, s'est rangée récemment du côté de Gingles. La secrétaire générale de l'association, Susan Kolik, déclare: «Nous n'avons pas encore connu de situations comme celles-là [...] où un responsable fait preuve d'initiative et qu'on lui demande par la suite de prendre les frais à sa charge. Nous n'avons jamais rien vu de pareil.»

Gingles a fait savoir que la publicité à son sujet lui a valu quelques contributions privées et qu'il avait reçu l'appui de quelques membres du Congrès en faveur d'un projet de loi privé pour le dédommager.

«Je ne suis pas encore prêt pour le projet de loi privé», a-t-il précisé. «Je veux contester cette décision.»

Source: Cass Peterson, *Washington Post*, 2 décembre 1983.

Les organisations publiques ne sont pas en mesure de fonctionner comme les firmes pour ce qui est des avantages pécuniaires tels que les salaires, les bonis, les avancements et les promotions. De plus, dans les organisations publiques, ces avantages sont souvent accordés de façon statutaire – c'est-à-dire qu'il suffit d'être membre de l'organisation et d'avoir une certaine ancienneté – plutôt que suivant une performance individuelle jugée au-dessus de la moyenne. Les occasions de promotion sont souvent limitées par les gels de l'embauche et des promotions, de même que par certaines règles concernant l'obligation de passer par tous les échelons de l'échelle des salaires.

Comme dans les organisations publiques les avantages pécuniaires sont limités et que les gestionnaires ont très peu de contrôle sur eux, c'est devenu une pratique courante de leur substituer des récompenses non monétaires ou des témoignages de reconnaissance officielle tels que, par exemple, les affichages à des tableaux d'honneur, les mentions de l'employé du mois, etc. D'autres formes de récompenses de cette nature semblent cependant plus prometteuses. Par exemple, les membres de l'Environment Protection Agency peuvent se considérer comme faisant partie d'un vaste mouvement social pour un environnement plus propre et plus beau. Le fait de faire siens les objectifs d'un service offert à la communauté peut constituer un facteur de gratification et de fierté pour les membres d'une organisation publique, particulièrement au niveau local où les besoins de la communauté et les résultats de leurs actions sont plus tangibles et plus visibles.

Il faut aussi signaler la dimension normative des théories des besoins: elles comportent implicitement l'hypothèse que les organisations ne doivent pas être des endroits désagréables. La motivation d'un travailleur ne peut plus se limiter, comme cela a été longtemps le cas dans le passé, aux seuls avantages pécuniaires combinés à une aversion profonde pour le travail. Potentiellement et empiriquement, la nature de la motivation d'un travailleur tient à une gamme beaucoup plus étendue de besoins et d'incitations qui s'élaborent aux plans tant organisationnel que sociétal. Les organisations n'ont pas à être punitives pour être productives. Les théories de la motivation fondées sur les besoins ont contribué à appuyer scientifiquement l'idée que l'organisation du travail peut être imprégnée de valeurs humanistes.

LES THÉORIES COGNITIVES

Dans les recherches qui se font actuellement sur la motivation, les théories cognitives et les théories béhavioristes (dont il sera question dans la prochaine section) prédominent. Les tenants de ces théories mettent l'accent sur le traitement de l'information et sur les processus cognitifs, ou encore sur les facteurs conjoncturels et les contextes du travail (Mitchell, 1982); ces théories se distinguent sensiblement des théories décrites à la section précédente qui sont essentiellement centrées sur la nature des besoins humains.

Les théoriciens des modèles cognitifs cherchent à relever les éléments du processus de motivation et à déterminer comment et pourquoi ces éléments engendrent la motivation. La complexité de ces modèles ne tient pas tant au nombre de variables considérées qu'à l'importance accordée à l'étude de leurs multiples interactions. C'est l'idée même de «processus» qui fait faire un progrès significatif dans l'évolution des théories de la motivation au travail.

La théorie des attentes

La théorie des attentes se fonde essentiellement sur deux courants de pensée: celui des théories traitant des préférences et du choix rationnel caractéristique des modèles d'économie classique et celui des théories cognitives développées en psychologie. La théorie des attentes renvoie à la fois à des variables internes à l'individu (celles relatives à sa personnalité) et à des facteurs conjoncturels. Les êtres humains agissent et font des choix en fonction de leur personnalité et de leurs besoins, tout en tenant compte des possibilités et des contraintes de la situation dans laquelle ils se trouvent. La théorie des attentes traite à la fois des dimensions émotionnelles (la sensibilité) et cognitives (les phénomènes de perception, d'évaluation, d'apprentissage, etc.) du choix et de l'action. Les gens sont émotifs; ils cherchent à satisfaire leurs besoins. Ils sont aussi rationnels: ils choisissent parmi plusieurs options celle qui leur semble la plus avantageuse.

FIGURE 9.3

Le modèle de motivation «VIA» de Vroom

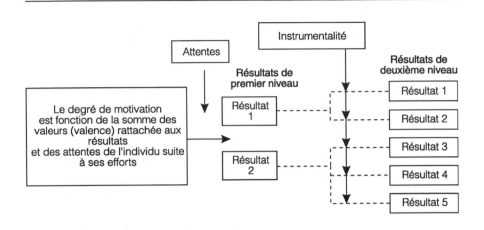

Source: Adapté de Fred Luthans, *Organizationnal Behavior*, 3ᵉ éd., New York, McGraw-Hill, 1981,
          p. 187. Basé sur l'ouvrage de Victor H. Vroom, *Work and Motivation*, New York, John Wiley &
          Sons, 1964.

Le modèle développé par Victor Vroom. La première théorie des attentes
appliquée à la motivation au travail a été développée par Victor Vroom (1964).
Les principaux concepts auxquels réfère son modèle «VIA[6]» sont la valence (V),
l'instrumentalité (I) et les attentes (A) (voir la *figure 9.3*). La valence est la valeur
qu'attache une personne à un résultat particulier. L'instrumentalité renvoie à la
relation qu'établit cette personne entre les «résultats de premier niveau» et «les
résultats de deuxième niveau». Les résultats de deuxième niveau sont les résultats
recherchés en dernière analyse. Par exemple, si une analyste junior perçoit qu'on
exigera d'elle une performance exceptionnelle pour qu'elle soit promue dans l'organisation, elle cherchera selon toute probabilité à avoir une performance exceptionnelle plutôt que moyenne ou légèrement au-dessus de la moyenne. La performance exceptionnelle est un choix que cette analyste fait parmi plusieurs
résultats de premier niveau; ce choix conduira au résultat de deuxième niveau: la
promotion à un poste supérieur. Si le but visé par cette analyste était la sécurité
d'emploi et qu'elle percevait qu'une performance moyenne suffirait pour l'obtenir, son choix du résultat de premier niveau serait probablement une performance moyenne et son résultat de deuxième niveau serait la sécurité d'emploi.

Le concept d'attente rend compte de la relation entre l'effort fait par la personne et les résultats de premier niveau. La motivation de notre analyste serait af-

---

6.   En anglais, il s'agit de l'acronyme «VIE» formé à partir de «*Valence*», «*Instrumentality*» et
      «*Expectancy*». (N.D.T.).

fectée, selon ce modèle, par sa conviction que ses efforts donneront effectivement les résultats visés au premier niveau. Sa motivation serait déterminée en partie par l'évaluation qu'elle ferait de sa capacité de réaliser une performance exceptionnelle ou moyenne. En somme, le niveau de motivation est fixé par le produit des variables de valence, d'instrumentalité et d'attente.

Le modèle de Lyman Porter et d'Edward Lawler III. Un modèle plus raffiné de la motivation au travail est celui qu'ont élaboré Porter et Lawler en 1968 et que Lawler a modifié quelques années plus tard (1973). Les principales variables considérées dans ce modèle sont l'effort, la performance, les récompenses et la satisfaction (voir la *figure 9.4*).

FIGURE 9.4

Le modèle original de motivation de Porter-Lawler III

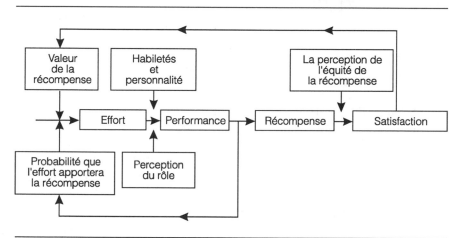

Source: Lyman W. Porter et Edward E. Lawler III, *Managerial Attitudes and Performance*, Homewood, Ill., Richard D. Irwin, 1968, p. 165.

L'effort est défini comme le niveau d'énergie qu'un individu investit dans une activité donnée. L'effort déployé par une personne dépend en bonne partie d'une combinaison de deux facteurs: la valeur que l'individu attache à la récompense qu'il tirera de l'effort fourni et son évaluation de la probabilité que l'effort lui apportera effectivement cette récompense. L'effort fourni est plus grand lorsqu'un travailleur attache beaucoup de valeur à la récompense et qu'il estime très bonnes les chances que cet effort lui apportera la récompense désirée.

L'effort est aussi déterminé par les «attentes», une variable que Lawler a ajoutée lorsqu'il a apporté des améliorations au modèle original: d'une part, l'attente ou la probabilité que l'effort va produire la performance attendue (effort –> performance attendue) et, d'autre part, la probabilité que cette performance donnera le résultat attendu (performance –> résultats attendus) (voir la *figure 9.5*).

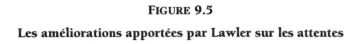

FIGURE 9.5

Les améliorations apportées par Lawler sur les attentes

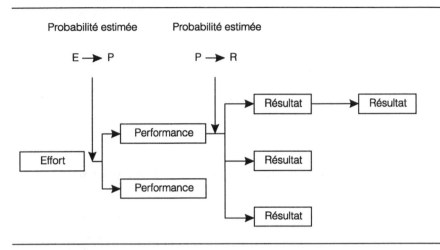

Source: Adapté de Edward E. Lawler III, *Motivation in Work Organizations*, Montery, Calf., Brooks/ Cole Publishing, 1973.

Selon Lawler, les éléments du contexte dans lequel agit la personne sont les principaux déterminants de la relation entre l'effort et la performance attendue dans une organisation. La performance peut, en effet, être affectée par des facteurs tels que le temps disponible, le degré de coopération des autres employés ou encore l'obligation de suivre des procédures formelles. Les facteurs intrinsèques à la personne telles que l'estime de soi, la perception du rôle à jouer et les expériences passées ont aussi des implications sur cette relation entre l'effort et la performance attendue.

Il est important de bien distinguer «effort» et «performance»: la performance est le résultat objectif de l'effort. Il peut y avoir des écarts entre l'effort fourni et le niveau de la performance obtenue; il peut arriver que des travailleurs fassent des efforts considérables dont découlera une performance décevante: leurs habiletés et leurs compétences peuvent ne pas être adaptées aux tâches à accomplir; la perception qu'ils ont de leur rôle peut être erronée; leurs efforts peuvent être mal orientés – ou ils peuvent avoir trop peu de contrôle sur les résultats de leurs efforts.

La relation entre la performance et les récompenses est un élément fondamental de cette théorie. Les récompenses et du même coup la motivation et la satisfaction sont fonction de la performance obtenue. Des pratiques courantes dans les organisations publiques, tels que, par exemple, les avancements automatiques d'échelon et les augmentations de salaire généralisées à tous ceux appartenant à une certaine catégorie d'emploi, contribuent à affaiblir le lien entre la performance individuelle et les récompenses dans la mesure où les récompenses ne sont pas liées à la performance.

Porter et Lawler font la distinction entre les récompenses extrinsèques et les récompenses intrinsèques. Les récompenses intrinsèques sont étroitement liées aux sensations internes qui découlent d'une performance ou d'un comportement donné. L'impression d'un travail fait selon les règles de l'art ou avec professionnalisme, le fait de donner sa pleine mesure et de réaliser des tâches comportant des défis importants sont de bonnes illustrations de situations qui sont gratifiantes en soi. Les récompenses extrinsèques renvoient à des éléments du contexte de travail et ne sont pas directement ou nécessairement liées au comportement ou à la performance: l'argent, par exemple, est une récompense extrinsèque.

L'utilisation d'incitations financières dans les organisations publiques est soumise à de nombreuses contraintes telles que, par exemple: les prohibitions légales et réglementaires, les restrictions liées au service à la communauté et les exigences d'équité dans le traitement des employés, la faible marge budgétaire affectée à ces incitations, l'opposition du public et les réticences des législateurs à se départir de leurs prérogatives en matière de contrôle des augmentations de salaire et à donner un trop grand pouvoir discrétionnaire aux gestionnaires en ces matières. Une importante étude réalisée aux États-Unis sur les pratiques de gestion dans les gouvernements des États et des municipalités a permis de mettre au jour la quasi absence de véritables incitations monétaires. L'incitation la plus répandue est l'augmentation de salaire accordée en fonction de la performance; elle est toutefois très faiblement liée à la performance dans la pratique, car les systèmes d'évaluation des performances sont tout à fait inappropriés (Greiner *et al.*, 1981, p. 393-395).

La promotion, une autre récompense extrinsèque importante, est aussi d'une utilisation très limitée dans les organisations publiques. Dans une enquête récente faite par le U.S. Merit Systems Board auprès de 4 900 employés fédéraux, 62 % des répondants ont affirmé qu'une promotion à un meilleur poste leur paraissait improbable et ce, même s'ils fournissaient des efforts additionnels dans le poste qu'ils occupaient alors. Il faut souligner que les réponses variaient sensiblement d'une agence publique à l'autre: 96 % des répondants qui travaillaient à l'Office of Personnel Management considéraient une promotion improbable, alors que les pourcentages sont respectivement de 55 % et 29 % chez les répondants à l'emploi du Department of Health and Human Services et du General Services Administration (U.S. Merit Systems Board, 1984, p. 18).

Des récompenses non monétaires telles que les citations, les remises de plaques, les articles soulignant les contributions des employés dans le journal de l'organisation ou les visites effectuées avec le directeur général de l'agence rencontrent moins de difficultés d'implantation, mais aucune étude systématique n'a encore été menée pour en mesurer les effets. Plusieurs professionnels et des employés occupant d'autres types de postes dans les agences gouvernementales sont motivés par leur travail ou par les valeurs plus larges associées au fait de servir le public mais, encore ici, il n'y a pas d'études approfondies permettant d'évaluer comment cela affecte la performance. L'enrichissement du travail est une technique centrée sur la satisfaction et les récompenses intrinsèques. Bien que l'utilisation de cette technique dans le secteur public soit moins fréquente que dans le secteur privé, le nombre de ses applications a considérablement augmenté aux États-Unis au cours des dernières années, notamment au niveau municipal (Greiner *et al.*, p. 239). Fait intéressant, la technique est surtout utilisée chez les policiers et les pompiers. Les obstacles à une utilisation plus grande de l'enrichissement du travail sont certaines politiques de gestion du personnel et les systèmes de classification des postes, la résistance des gestionnaires et des employés et certaines dispositions des conventions collectives.

Le travail de Porter et Lawler a beaucoup contribué à élargir notre conception de la satisfaction et des relations entre les récompenses et la satisfaction. Ils ont attiré notre attention sur le fait que la satisfaction est un état cognitif. Les récompenses en soi n'expliquent pas entièrement la satisfaction qui dépend également des récompenses qu'un individu juge équitables pour un niveau donné de performance. L'équité des récompenses et les niveaux de satisfaction sont déterminés par la perception qu'a un individu du degré de correspondance entre les récompenses objectives et le niveau de récompense équitable attendu; une satisfaction élevée est ressentie lorsque la récompense reçue est jugée équitable et inversement, une satisfaction faible résultera de récompenses jugées non appropriées.

À l'époque, la plupart des théoriciens de la motivation au travail, notamment ceux de l'école des relations humaines, faisaient l'hypothèse que la satisfaction était une attitude qui, à la fois, précède et favorise à la performance. Une dimension importante et révolutionnaire de la théorie de Porter et Lawler est que la performance engendre de la satisfaction par l'entremise, bien sûr, des récompenses; autrement dit, la satisfaction dépend plus de la performance que la performance de la satisfaction.

Plus élaboré que les théories axées sur l'étude de la motivation sous l'angle des besoins humains, le modèle de Porter-Lawler donne une image plus complète de la réalité. Le modèle peut être utile tant au théoricien qu'au gestionnaire. Ses auteurs considèrent les travailleurs comme des participants actifs au processus de motivation; ils ajustent leurs comportements en fonction des attentes qu'ils ont à l'égard des résultats qui en découleront et selon la perception qu'ils ont de leur capacité à les réaliser. Les auteurs nous invitent également à porter attention aux différences individuelles dans le processus de motivation.

La complexité du modèle ajoute à sa capacité explicative au plan théorique, mais cette complexité est aussi la cause de ses difficultés d'application dans des situations concrètes, comme le reconnaît Lawler (1973, p. 60):

Si l'on tente de prédire le comportement d'un individu à partir de notre modèle et si, dans les meilleures conditions, on réussit à obtenir une information complète sur toutes ses perceptions quant aux relations dont fait état le modèle, la prédiction risque d'être erronée parce que notre modèle est trop complexe pour permettre des prédictions valides.

LA THÉORIE DE L'ÉQUITÉ

Développée durant la même période que la théorie des attentes, la théorie de l'équité se fonde elle aussi sur le processus cognitif. Les théoriciens partisans de cette approche expliquent la motivation à partir des théories de la dissonance cognitive et de l'échange. Stacy Adams, son créateur, résume ainsi l'essentiel de la théorie de l'équité: «Une personne est l'objet d'un traitement inéquitable toutes les fois qu'elle perçoit que le ratio de ses gains par rapport à ses contributions diffère du ratio des gains des autres par rapport à leurs contributions» (1975, p. 141):

$$\frac{\text{Les gains d'une personne}}{\text{Ses contributions}} = \frac{\text{Les gains des autres}}{\text{Leurs contributions}}$$

Pour Adams, une «personne» dans l'équation est tout individu qui se perçoit lui-même comme étant dans une relation d'échange avec un autre individu ou un groupe alors que les «autres» renvoient aux autres individus ou groupes que cet individu considère comme des bases de comparaison pertinentes du point de vue de l'équité. Si des individus perçoivent que leur ratio gains-contributions est inférieur au ratio d'une autre personne faisant partie de la base de comparaison, ils seront alors motivés à corriger la situation. L'ampleur de cette motivation sera proportionnelle au degré d'iniquité perçue.

Adams précise que toutes sortes de moyens peuvent être utilisés pour rétablir l'équité. Les personnes peuvent modifier leurs contributions en augmentant ou en diminuant la quantité ou la qualité de leur travail et elles peuvent essayer de faire changer le niveau de leurs gains. Demander une augmentation de salaire ou rendre plus visible la contribution actuelle peut améliorer les gains sans augmentation d'efforts. Des recherches ont montré que des travailleurs, rémunérés à la pièce, qui se croient victimes d'une iniquité, essaient d'améliorer leurs gains sans grands efforts additionnels, en augmentant sensiblement le volume de pièces produites au détriment de la qualité (Filley, House et Kerr, 1976, p. 205; Goodman et Friedman, 1971). D'autres moyens peuvent être utilisés pour rétablir l'équité comme, par exemple, tenter de modifier les contributions et/ou les gains des autres employés. Un moyen plus radical consiste à quitter l'organisation, se retirer d'un projet ou d'un groupe et chercher une situation jugée plus équitable (Telly, French et Scott, 1971).

LA THÉORIE DE L'ATTRIBUTION OU DU CONTRÔLE DE L'ORIGINE DES INFLUENCES

Les tenants de cette théorie s'intéressent aux perceptions des rapports de causes à effets et à leurs implications sur le comportement. Le comportement humain se construit à partir des perceptions que les personnes ont des rapports de causes à effets dans leur environnement et des attributions qu'ils en font à des forces de cet environnement (Kelly, 1972). On dit que ces forces ou «attributs» sont internes lorsqu'il s'agit des habiletés que possède un individu ou des efforts qu'il fournit ou qu'elles sont externes lorsqu'il s'agit des politiques et des règles de l'organisation ou des attitudes d'un superviseur.

Selon cette théorie, les individus perçoivent que les résultats de leur travail sont imputables à des influences internes (personnelles) ou à des influences externes. Ceux qui perçoivent une influence interne ont le sentiment de pouvoir agir sur les résultats de leur travail en misant sur leurs habiletés et en fournissant les efforts nécessaires. Par contre, ceux qui croient que leur travail est contrôlé de l'extérieur n'ont pas ce sentiment. Ces perceptions de l'origine des influences sur les résultats du travail (et ce sont ces perceptions qui interviennent et non pas les déterminants réels des résultats) ont des conséquences sur les comportements et sur les performances des personnes.

Les travailleurs sont plus motivés à bien accomplir leurs tâches dans des environnements où la rémunération est assurée et où les résultats de leur travail leur semblent déterminés par leurs habiletés et leur performance; il est vraisemblable qu'ils perçoivent des influences internes dans ce type d'environnement. Au contraire, les travailleurs sont moins motivés à réaliser de bonnes performances dans des environnements où les rémunérations et les résultats sont plus incertains. Lequel de ces deux environnements correspond le mieux à celui d'une organisation publique? L'origine externe des influences perçues par les employés du secteur public n'est-elle pas souvent déterminée par des facteurs tels que des objectifs très ambitieux et parfois contradictoires, l'obligation de rendre des comptes à des contrôleurs externes dont les positions sont souvent conflictuelles, et un système de récompenses qui ne tient pas compte des contributions individuelles? On peut, selon toute probabilité, penser qu'il s'agit là de la situation de la plupart des employés des organisations publiques bien que des recherches plus approfondies seraient nécessaires pour déterminer s'il y a des différences à cet égard entre les organisations publiques et les firmes privées ou encore entre les organisations publiques elles-mêmes.

La théorie de l'attribution permet de jeter un peu de lumière sur les phénomènes de satisfaction au travail et de style de gestion. Les individus qui ont l'impression de contrôler les résultats de leur travail ont tendance à être plus satisfaits que ceux qui perçoivent que ces influences leur sont extérieures. Par ailleurs, les uns et les autres réagissent différemment aux styles de direction. Des chercheurs, ayant recours à une mesure de l'origine de l'influence pour évaluer la perception

qu'un individu a de l'adéquation de l'environnement par rapport à son comportement, sont arrivés à la conclusion que ceux qui perçoivent une influence interne
sont davantage satisfaits lorsqu'ils sont soumis à un style participatif de direction
(Mitchell, Smyser et Weed, 1975). Sous certaines conditions, cependant, la nature du travail peut affecter sensiblement la relation entre un subordonné et un
gestionnaire pratiquant un style de direction participatif. Si les tâches à accomplir
comportent de nombreuses ambiguïtés ou sont stressantes, il y aura une corrélation positive entre le style participatif et la satisfaction et ce, indépendamment de
la perception qu'a l'individu de l'origine interne ou externe des influences (House
et Mitchell, 1974).

Terrence Mitchell et ses collaborateurs ont analysé les effets de l'attribution
sur les comportements de gestion et plus particulièrement sur les réactions des
gestionnaires aux faibles performances de leurs subordonnés (Mitchell et Wood,
1979; Green et Mitchell, 1979). Les gestionnaires et les superviseurs ont leurs
idées sur les causes d'un rendement déficient. S'il leur apparaît que le rendement
peu élevé d'un subordonné est dû à des facteurs internes habiletés, attention ou
manque d'efforts de l'employé – ils auront tendance à adopter une approche punitive. Par contre, s'ils perçoivent que ce rendement peu élevé est imputable à des
facteurs externes, ils auront tendance à réagir de manière plus compréhensive.

Cette théorie peut être utilisée pour expliquer des phénomènes plus généraux. Par exemple, ceux qui considèrent que les organisations publiques et les
bureaucrates sont inefficaces (qu'ils sont paresseux, procéduriers, etc.) peuvent
vouloir insinuer que l'origine des influences est interne dans ces organisations.
Cette attribution peut amener les leaders d'opinions et les politiciens à blâmer
l'incapacité des organisations publiques et de ses bureaucrates à produire un certain niveau de résultat dans l'exécution des politiques publiques. Il en résulte que
les facteurs d'ordre externe comme, par exemple, des objectifs irréalistes ou conflictuels, des ressources insuffisantes, le manque de temps, ne sont ni pris en considération ni corrigés.

Résumé

L'hypothèse fondamentale des théories axées sur le processus de motivation est
que les dimensions cognitives de l'individu et les variables conjoncturelles sont
en interaction constante. L'individu est considéré comme un acteur dynamique
qui choisit de se comporter selon ses besoins et ses attentes par rapport aux
récompenses. Cette perspective a beaucoup ajouté à notre compréhension de la
motivation et de sa complexité. Les théories axées sur le processus de motivation
fournissent un cadre conceptuel intéressant qui permet de mieux comprendre les
relations entre les dimensions cognitives de l'individu et ses comportements.
Elles offrent, en outre, un éventail de possibilités d'applications dans les organisations, bien qu'il soit difficile pour les gestionnaires de les utiliser tous les jours.

Une partie de la difficulté vient du fait que les théories axées sur le processus de motivation sont beaucoup plus abstraites que celles axées sur les besoins et qu'il est difficile d'en dégager des mesures incitatives définies et appropriées. De plus, ces théories tiennent non seulement compte des différences entre les besoins individuels mais aussi des différentes perceptions qu'ont plusieurs individus au regard d'importants éléments de contexte tels que les récompenses, les opportunités, les équités ou inéquités et le contrôle sur les résultats. Lier l'effet d'une récompense particulière à la motivation au travail d'un individu (ou encore à sa satisfaction ou à sa performance) est excessivement difficile dans la mesure où cet effet résulte de l'activation de nombreux et subtils processus internes de perception et d'attente chez cet individu. Il ne s'agit pas d'une approche qui peut facilement être utilisée dans la pratique, car son application demanderait beaucoup de temps aux gestionnaires qui voudraient évaluer ce qui motive leurs employés.

L'application de ces théories dans les agences gouvernementales est aussi difficile et pose des problèmes particuliers. Par exemple, Chester Newland relève plusieurs problèmes d'application du système de rétribution au mérite, pourtant si populaire et si attrayant politiquement. «À défaut de ne pouvoir faire une bonne évaluation de la performance, il est impossible de penser accorder les rémunérations sur cette base», souligne-t-il (1984, p. 39). Il fait valoir, de plus, que l'utilisation de la paie pour améliorer la performance n'est probablement pas un moyen efficace à moins que des augmentations substantielles puissent être consenties. Newland est aussi d'avis que les récompenses individuelles, comme la rétribution au mérite, qui encourage la compétition entre les employés, «peuvent décourager la pratique de modes de gestion mettant l'accent sur le travail en groupe» (1984, p. 39).

Les deux éléments du problème – les récompenses (leur niveau et leur pertinence) et la performance (sa définition et son évaluation) – jouent un rôle important dans l'établissement de la relation fondamentale dans les modèles axés sur le processus de motivation: une performance élevée se traduit par une récompense désirée et équitable. Le recours aux récompenses dans les organisations publiques est limité par des contraintes dont nous avons déjà fait état. Définir des objectifs de performance et évaluer le rendement individuel sont deux défis majeurs à relever dans ces organisations. La relation entre l'effort et la performance est plus facile à établir quand les objectifs de performance sont clairs et relativement spécifiques.

L'établissement et la mesure d'objectifs de performance en sont à leur premier stade de développement dans les organisations publiques, encore que l'utilisation de techniques telles que la gestion par objectifs (GPO), les processus d'évaluation du rendement des employés, et l'utilisation d'attentes signifiées semblent se répandre à tous les niveaux de l'administration publique. On a malheureusement tendance à retenir comme critères de performance la charge de travail plutôt que l'efficience ou l'efficacité, en raison notamment des difficultés soulevées par l'établissement d'objectifs spécifiques pour l'ensemble de l'organisation et leur transposition en mesures de performances précises pour les individus (Greiner *et al.*, 1981). Les objectifs des organisations publiques sont diffus et conflictuels en comparaison de ceux plus précis et plus concrets des firmes, si bien qu'il est plus difficile également d'y définir des critères de performance. Le lien entre l'effort et la performance est largement atténué en raison du manque de clarté dans les objectifs et du caractère souvent conflictuel des demandes adressées aux organisations publiques; cela réduit également la probabilité qu'à des niveaux de performance donnés correspondent des niveaux de récompense appropriés.

En somme, les théoriciens des processus cognitifs supposent que les gestionnaires jouissent d'une certaine autonomie dans l'octroi des récompenses, ce qui n'est pas le cas de ceux des organisations publiques. L'approche que nous allons décrire dans la prochaine section, le béhaviorisme, permet précisément de lier directement le comportement individuel et les incitations organisationnelles.

LES BÉHAVIORISTES

Les théories que nous venons de résumer expliquent les comportements en référant à un large éventail de processus psychologiques internes concernant les besoins, les attentes, les perceptions, etc.; ces processus, qui ne sont pas directement observables, n'intéressent pas les tenants de l'approche béhavioriste. Ce en quoi consiste la motivation d'un individu, qu'il soit motivé ou non, n'a pas d'importance pour les béhavioristes; de leur point de vue, seuls importent les comportements observables et leurs conséquences.

En un sens, le béhaviorisme n'est pas une théorie de la motivation. Cependant, le conditionnement opérant et les théories des attentes se rejoignent sur certains points importants, en dépit de différences au regard de leurs prémisses: «les tenants des deux approches prétendent que les récompenses devraient être associées étroitement au comportement, que les récompenses devraient être fréquentes et substantielles, que les personnes sont motivées par les résultats (anticipés ou passés)» (Mitchell, 1982, p. 86). Ainsi, quoique les deux approches diffèrent quant à leur fondement théorique, il y a de nombreuses ressemblances dans les applications qui en sont faites et dans les pratiques et les politiques qu'elles amènent à implanter dans les organisations.

Les théoriciens béhavioristes se concentrent principalement sur deux facteurs: le comportement et ses conséquences. Leur thèse est que le comportement est causé par les conséquences qui en découlent, le point essentiel étant que la conséquence émane d'un comportement particulier. Puisque le comportement agit sur l'environnement pour produire une conséquence, l'expression «conditionnement opérant» est utilisée; cette expression renvoie au procédé d'apprentissage et de renforcement du comportement (Skinner, 1976).

Suivant le principe du conditionnement opérant, le comportement est déterminé par quatre types de conséquences: le renforcement positif, le renforcement négatif, l'extinction et la punition. Les facteurs de renforcement sont définis fonctionnellement par leurs effets observables. Un facteur de renforcement est tout ce qui contribue à maintenir un comportement donné ou à faire en sorte qu'il se répète. Il convient d'observer que cette manière de définir un facteur de renforcement diffère du concept de récompense qui, dans les théories cognitives, est ce qui est *perçu* comme étant désirable; un facteur de renforcement est indépendant, extérieur à la personne et observable alors qu'une récompense, au sens où on l'utilise dans les théories cognitives, est fonction de la perception qu'en a la personne. La récompense est donc subjective. Cette distinction est importante pour bien comprendre la perspective des béhavioristes.

Les facteurs de renforcement positif sont des conséquences satisfaisantes ou avantageuses; les facteurs de renforcement négatifs sont des conséquences non satisfaisantes ou néfastes. Les individus adoptent un comportement qui entraîne une conséquence satisfaisante (facteur de renforcement) ou qui écarte une conséquence non satisfaisante ou néfaste (facteur de renforcement négatif). Ainsi, le renforcement négatif contribue tout autant que le renforcement positif à déterminer la répétition d'un comportement.

Les effets de l'extinction et de la punition sur le comportement sont à l'opposé des facteurs de renforcement; elles affaiblissent et découragent un comportement donné. La technique de l'extinction se traduit par l'absence de renforcement, c'est-à-dire que rien ne doit se produire qui serait une conséquence d'un comportement donné. Si, par exemple, un gestionnaire apprécie et souligne la participation de ceux qui parlent durant les réunions, cette participation augmentera selon toute probabilité; la participation comme comportement a été renforcé. Par contre, si un gestionnaire ignore un tel comportement dans les réunions, les employés au bout d'un certain temps n'adopteront plus une attitude participative. Les être humains cessent habituellement d'adopter des comportements qui ne sont pas récompensés ou, dans les termes du conditionnement opérant, ne sont pas renforcés. Puisque l'extinction et la punition découragent l'adoption d'un comportement donné, la question du choix de l'une ou de l'autre se pose. Si un comportement indésirable est relativement récent, l'extinction peut suffire à l'éliminer. Mais si le comportement indésirable persiste depuis longtemps ou pose de sérieux problèmes, la punition peut être indiquée en dépit de ses inconvénients.

La punition, tout comme le renforcement négatif, implique que des sanctions sont prises ou que des conséquences fâcheuses devront s'ensuivre. Cependant, les effets d'une punition, qui ont pour résultat d'affaiblir ou de décourager l'adoption ou la répétition d'un comportement, s'opposent en fait à ceux du renforcement négatif lequel, comme nous l'avons mentionné plus tôt, encourage la répétition d'un comportement donné. La punition, bien que souvent utilisée dans les organisations, a des inconvénients et des effets secondaires indésirables.

L'inconvénient principal est que la punition supprime le comportement indésirable pour un temps mais ne permet souvent pas de l'éliminer définitivement; quand la punition cesse, le comportement réapparaît. Une autre difficulté de l'utilisation de la punition est que tous ses effets sont difficiles à prévoir et qu'ils sont souvent dysfonctionnels pour l'organisation. Par exemple, seul le comportement particulier visé par la punition est susceptible d'être éliminé. De plus, un employé rendu amer par la punition peut adopter des comportements encore plus dommageables pour l'organisation que celui qui a été éliminé, quoique cela ne soit pas toujours facile à détecter. Un climat punitif dans une organisation peut engendrer des problèmes de discipline, d'absentéisme et affecter le moral des employés.

Au mieux, la punition se limite à éliminer le comportement indésirable. Son plus grand inconvénient est qu'elle indique à un individu ce qu'il ne doit pas faire mais pas ce qu'il doit faire (Hersey et Blanchard, 1982, p. 221). La punition peut être appropriée et nécessaire mais à certaines conditions. Par ailleurs, pour qu'un système de conditionnement opère de manière efficace, le gestionnaire doit repérer le comportement désiré et utiliser du renforcement positif pour que ce comportement se répète et persiste.

Résumé

Le conditionnement opérant est continuellement utilisé dans les organisations, sans que les responsables ou les membres de l'organisation aient la moindre connaissance formelle du béhaviorisme; il est surprenant de constater que les résultats sont parfois favorables. Malheureusement, il arrive souvent que les mauvais comportements soient aussi renforcés de façon non intentionnelle (Nord, 1970).

Renforcer des comportements dysfonctionnels dans les organisations publiques a des conséquences qui vont bien au-delà de celles qui affectent l'individu ou même l'organisation. Les pratiques budgétaires en sont un exemple. Généralement, les gestionnaires publics ne peuvent pas conserver les surplus budgétaires lorsque se termine la période couverte par un budget autorisé. Ces surplus doivent être retournés au Trésor public. Il est bien connu cependant des administrateurs gouvernementaux qu'ils doivent éviter de retourner des fonds parce que le législateur aura tendance à conclure que l'organisme peut fonctionner avec des crédits moindres. Ainsi, à l'approche de la fin d'un cycle budgétaire, les gestionnaires ont adopté comme pratique de dépenser les fonds non encore utilisés. Les dépenses soudaines et inutiles d'équipements, de services ou de voyages sont des réactions bureaucratiques indésirables aux yeux du législateur. Et pourtant, en dépensant les fonds qui restent en fin de cycle budgétaire, les bureaucrates ne visent qu'à éviter la conséquence négative d'une diminution des crédits budgétaires (renforcement négatif). C'est ainsi que de telles pratiques indésirables sont renforcées.

Quand la modification d'un comportement est intentionnelle, il faudrait se rappeler que la technique convient mieux à des comportements simples. De plus, l'utilisation de cette approche requiert que le comportement désiré soit bien défini et que l'organisation soit capable d'attribuer des récompenses significatives en se basant sur la performance individuelle. Étant donné l'ambiguïté des objectifs publics et le peu de flexibilité et de contrôle sur les récompenses, l'utilisation systématique du renforcement dans les organisations publiques ne peut être que très limitée. Par ailleurs, le conditionnement opérant offre une perspective rafraîchissante à ceux qui s'intéressent aux problèmes de motivation des travailleurs en vue d'améliorer leur performance dans l'intérêt de l'organisation ou encore de les amener à abandonner des comportements qui sont de leur point de vue indésirables.

UNE THÉORIE DE LA MOTIVATION APPLICABLE AUX ORGANISATIONS PUBLIQUES

Les principes de base du comportement humain s'appliquent de façon générale à une grande variété d'organisations. Tout ce que l'on sait sur la motivation est, pour une large part, applicable dans la plupart des contextes organisationnels – au moins à un certain niveau de généralité. Les gestionnaires des organisations publiques et privées visent tous à faire une utilisation efficace des ressources humaines mises à leur disposition, et ils ont intérêt à connaître différents modèles de motivation et à savoir comment les utiliser. Ils doivent pouvoir discerner quelles sont les situations dans leur organisation qui favorisent l'utilisation d'un modèle de motivation donné. Les théories générales de la motivation constituent d'excellents moyens d'acquisition de ces connaissances.

Par ailleurs, quand la motivation et les comportements sont influencés par le caractère *public* d'une organisation et qu'en outre, ils affectent le fonctionnement de cette organisation et la réalisation des politiques publiques, il est alors utile de pouvoir compter sur des théories de l'organisation qui traitent particulièrement du comportement dans ce type d'organisation. La typologie de Downs sur les modèles de motivation formels utilisés dans les organisations publiques est une des rares tentatives faites en ce sens (1967, p. 79-111). Son approche prend explicitement en compte le contexte bureaucratique et les relations entre la motivation des individus et les choix de politiques.

La théorie des cinq types de personnalité que Downs impute aux bureaucrates s'inspire en fait d'un ensemble d'observations pratiques sur les motivations dans les organisations publiques. Downs émet deux hypothèses fondamentales sur la nature humaine: les gens sont rationnels: leur comportement vise l'atteinte d'un ou de plusieurs objectifs; et ils sont motivés, au moins en partie, par leurs propres intérêts; en conséquence, ils poursuivent des objectifs qui vont dans le sens de leurs intérêts. L'insistance sur les intérêts personnels dans cette approche ne signifie pas que les bureaucrates ne tiennent pas compte des intérêts des autres; ils poursuivent de fait plusieurs objectifs dont certains visent la satisfaction des intérêts des autres. De plus, certains de leurs objectifs sont mixtes dans la mesure où ils permettent de satisfaire à la fois des intérêts personnels et les intérêts des autres membres de l'organisation.

Downs est d'avis que tous les bureaucrates ont des objectifs multiples qui procèdent de facteurs de motivation, tels que le pouvoir, l'argent, le prestige, le confort et la sécurité. La fierté ressentie devant un travail bien fait, la loyauté personnelle (au groupe de travail, à l'organisation ou à une entité plus grande, tel que le gouvernement ou la nation), le désir de servir l'intérêt public et l'engagement dans un programme déterminé d'action, sont aussi des sources de motivation. Il est essentiel de bien comprendre le caractère fondamental du modèle de motivation de Downs: il prend toute sa signification dans le contexte particulier des organisations publiques. Les objectifs ou les sources de motivation énumérés plus haut ne représentent pas la structure des objectifs d'un individu en général, mais ils déterminent le comportement d'un bureaucrate dans le contexte du poste qu'il occupe dans un organisme public.

Les six premiers facteurs de motivation mentionnés ci-dessus sont liés à des intérêts personnels. Selon Downs, le septième est mixte: la fierté reliée au travail bien fait sert à la fois les intérêts personnels et ceux de l'organisation. Quant au désir de servir l'intérêt public, il le considère comme manifestement altruiste; et le fait de s'engager personnellement dans un programme ou une politique déterminée correspond, selon lui, à une situation ambiguë: on peut le faire pour des motifs personnels, pour servir les intérêts d'autres individus ou les deux à la fois.

Les bureaucrates ne sont pas tous motivés au même degré par les différents facteurs de motivation; chacun a plutôt tendance à privilégier certaines combinaisons de ces facteurs. Downs se concentre sur cinq de ces combinaisons et en dégage une typologie de bureaucrates à partir de leur structure de motivation; chacun des cinq groupes de bureaucrates qu'il définit ainsi représente un «type idéal». Un type idéal est une abstraction qui ne retient du phénomène en cause que certaines de ses caractéristiques fondamentales. La sursimplification est inévitable ici, comme le reconnaît Downs, parce qu'aucun nombre raisonnable de types idéaux ne peut «rendre compte de l'infinie variété des personnalités et des caractères dans le monde» (1967, p. 88).

Les cinq types de bureaucrates sont les «carriéristes» [climbers], les «conservateurs» [conservers], les «zélés» [zealots], les «intercesseurs» [advocates] et les «hommes d'État» [statesmen]. Les deux premiers types idéaux – les carriéristes et les conservateurs – renvoient à des bureaucrates qui sont motivés par leurs seuls intérêts personnels; les trois autres – les zélés, les intercesseurs et les hommes d'État – regroupent des bureaucrates dont les sources de motivation procèdent à la fois de leurs intérêts personnels et de leur adhésion à des valeurs plus élevées; ces trois types de bureaucrates diffèrent toutefois quant au niveau des valeurs altruistes qu'ils favorisent.

Comme les tenants des modèles de motivation axés sur les besoins, Downs considère que le comportement découle des besoins, des intérêts et des motifs personnels. Il considère cependant que la motivation et le comportement sont aussi déterminés par des éléments de l'environnement et par les attentes des individus. Les caractéristiques de l'organisation publique et du poste occupé, la confiance que les buraucrates ont d'atteindre leurs objectifs vont aussi avoir des répercussions sur la motivation.

Les carriéristes

Le carriériste cherche à maximiser son pouvoir, son revenu et son prestige par la promotion à des postes supérieurs, par l'élargissement de ses responsabilités ou en changeant d'organisation. Le carriériste préfère les promotions parce qu'il en retire plus d'avantages. L'élargissement des responsabilités ajoute au pouvoir, au revenu et au prestige associés au poste occupé par le carriériste qui se voit accorder de nouvelles fonctions, plus de contrôle sur les gens et des occasions d'accomplir davantage que son prédécesseur. Le carriériste en situation de direction peut être perçu comme quelqu'un qui considère ses subordonnés et les autres membres de l'organisation comme des pions. Comme les carriéristes bougent constamment à l'intérieur d'une organisation ou en changeant d'organisation leur leadership peut s'avérer suffisamment efficace pour produire des résultats à court terme, mais cela se fera souvent au détriment de la performance à long terme et du moral des autres employés. Le degré de croissance d'une organisation a des conséquences sur le phénomène de migration des carriéristes d'une organisation à l'autre: les organisations qui se développent rapidement attirent les carriéristes qui ont tendance à délaisser les organisations dont la croissance des activités est lente.

Les carriéristes sont généralement réceptifs au changement organisationnel puisqu'ils y voient des occasions de promotion ou d'élargissement de responsabilités. Puisque le respect des règles et des alliances établies est une pratique répandue dans les comportements bureaucratiques, les gestionnaires publics peuvent apprécier le goût du risque des carriéristes et les utiliser s'ils savent canaliser leurs motivations.

Les conservateurs

Les bureaucrates-conservateurs cherchent à maximiser leur sécurité et leur confort. Contrairement aux carriéristes, ils résistent au changement et ils tentent d'éviter tous les risques qui pourraient porter atteinte à leur pouvoir, à leur revenu et à leur prestige, d'autant plus qu'ils ne cherchent pas à en obtenir davantage. Le changement pourrait leur faire du tort et ils ne sont pas très attirés par les bénéfices qu'ils pourraient en tirer. Ils n'approuvent que les changements qui contrent les menaces à leur sécurité ou qui leur rendent la vie plus facile.

Les conservateurs cherchent à maintenir des niveaux acceptables de performance et évitent d'entreprendre des actions qui risquent d'échouer. Les règles de l'organisation et diverses politiques de gestion du personnel (comme par exemple, la sécurité d'emploi et la règle de l'ancienneté) sont habituellement suffisantes pour assurer leur sécurité. Les normes d'imputabilité et de neutralité renforcent et légitiment l'approche du conservateur qui consiste essentiellement à s'en tenir aux règles écrites.

Certains bureaucrates semblent prédisposés, par leur personnalité, à adopter des comportements de conservateur, mais il y en a pour qui c'est le résultat d'attentes déçues ou encore de frustrations. Parmi ces derniers, il y a, par exemple, des personnes compétentes dont le cheminement de carrière est bloqué pour des raisons d'âge, d'ancienneté ou d'autres motifs semblables. Selon Downs, «dans toute organisation publique, il y a une pression du système sur la vaste majorité des employés qui les pousse à devenir à long terme des conservateurs» (1967, p. 99). Un employé qui vieillit et dont les espoirs d'obtenir une importante promotion s'amenuisent devient presque immanquablement un conservateur.

Même les carriéristes ont tendance à devenir des conservateurs. L'environnement particulier des organisations publiques et les règles qui régissent leur fonctionnement, encouragent l'adoption de comportements conservateurs plutôt que de comportements carriéristes. Les carriéristes «apprennent» à devenir des conservateurs. Si l'on se réfère à la théorie de l'attribution et de l'origine des influences, on dira que le carriériste en vient graduellement à considérer que les résultats de ses activités sont imputables à des facteurs externes ou hors de son contrôle, plutôt qu'à ses propres capacités.

La proportion des conservateurs est plus élevée aux niveaux intermédiaires de la hiérarchie des organisations publiques qu'à ses niveaux supérieurs ou inférieurs; de même, la proportion des conservateurs dans ces organisations tend à s'accroître avec le temps. D'autres caractéristiques d'une organisation publique affectent la proportion des conservateurs: les vieilles organisations et celles qui se développent lentement comptent plus de conservateurs, de même que les organisations publiques dont le fonctionnement s'appuie systématiquement sur des règles formelles. Les conservateurs craignent de perdre ce qu'ils ont acquis et évitent les changements; pourtant, la plupart des bureaucrates doivent prendre des décisions dans le cadre de leurs tâches et des postes qu'ils occupent et cela implique nécessairement le risque de se tromper et d'être blâmés. Les conservateurs résolvent ce dilemme en se référant scrupuleusement aux règles; les règles réduisent les risques dans la prise de décision – et les conservateurs sont par essence des personnes qui cherchent à éviter les risques.

Les règles assurent une certaine stabilité dans les activités des organisations publiques et favorisent l'imputabilité que l'on attend de ceux qui en sont responsables et qui, contrairement aux dirigeants des firmes, ont des comptes à rendre aux citoyens et à ceux qui les représentent. Mais l'adhésion trop rigide aux règles peut nuire à la capacité des organisations publiques de répondre de façon satisfaisante aux besoins du public. À la limite, le respect des règles peut même être dysfonctionnel par rapport à l'accomplissement des objectifs stratégiques de l'organisation publique et à sa mission sociale.

Les zélés

Les zélés, tout comme les intercesseurs et les hommes d'État, sont moins motivés par leurs propres intérêts que par des besoins de plus haut niveau (voir encadré 9.4). Bien que les concepts de Maslow et de Herzberg pourraient s'appliquer dans une certaine mesure ici, seule la structure des incitations supérieures relevée par Katz et Kahn (l'expression de soi et l'intériorisation des buts de l'organisation) rend bien compte des caractéristiques distinctives des motivations de ces trois types de bureaucrates. Ces derniers interprètent les buts de l'organisation selon leur perception de l'intérêt public; de la même façon, ils confondent l'intérêt public avec leur perception des buts de l'organisation. Le zélé a, quant à lui, une conception très étroite des buts de l'organisation et de l'intérêt public dans la mesure où il se consacre à la réalisation d'une politique qu'il juge «sacrée» et à laquelle il voue une attention toute spéciale.

La quantité d'énergie que les zélés peuvent mobiliser et canaliser vers la réalisation de leurs politiques sacrées peut s'avérer un atout important pour contrer l'inertie bureaucratique et amorcer des changements. Cela en fait des acteurs importants pour ce qui est de l'efficacité à long terme des organisations publiques. Downs est d'avis qu'«il est nécessaire d'encourager la présence de quelques zélés dans toute organisation publique», et que «celles qui fonctionnent dans des environnements turbulents doivent pouvoir compter sur plusieurs d'entre eux» (1967, p. 110).

Par ailleurs, les innovateurs et ceux qui provoquent le changement, notamment les zélés, engendrent souvent des conflits et des ressentiments. En s'attaquant vigoureusement au statu quo lorsque leurs politiques sont en cause, les zélés attirent souvent l'attention sur les déficiences dans leur organisation et ont tendance à trop publiciser ces déficiences et les solutions qu'ils privilégient. Les zélés tiennent rarement compte des conséquences, pour les autres membres de l'organisation, des changements qu'ils proposent. C'est surtout dans les organisations publiques dominées par les conservateurs que les zélés vont engendrer le plus de ressentiment et de résistance. Et, paradoxalement, les conservateurs sont des agents de changement plus efficaces que les zélés dans les agences dominées par les carriéristes et les intercesseurs, parce que les zélés ont tendance à se cantonner dans le domaine restreint de leurs politiques sacrées et à laisser péricliter les autres secteurs qui pourraient être développés dans l'organisation.

ENCADRÉ 9.4

**Un dirigeant de l'OSHA
(Occupational Safety and Health Administration)
exprime ses frustrations dans un ouvrage récent**
Jack ANDERSON

Edward J. Bergin, un cadre du ministère du Travail, a choisi une façon particulière de contester ses supérieurs au gouvernement fédéral. Il vient de publier un livre dans lequel il fustige plusieurs organismes gouvernementaux, et l'administration du président Reagan en général, pour avoir failli à leur tâche de protéger le public américain contre les polluants.

«Cela va m'attirer des ennuis, a-t-il dit, et je sais qu'on va exercer toutes sortes de pressions sur moi [...] Mais j'en ai jusque-là de nos agences gouvernementales qui continuent d'agir comme si les produits chimiques avaient plus de droits que les être humains.»

Bergin, âgé de 42 ans, est un conseiller senior en politiques à l'OSHA dont le salaire est de 58 600 $. Il pourrait sans doute poursuivre tranquillement sa carrière et prendre une retraite confortable, mais il a décidé plutôt de se battre pour faire revivre des programmes qui lui paraissent essentiels pour la sécurité du public et que le président Reagan a abolis.

En 1980, Bergin a participé à une importante recherche concernant des travailleurs disqualifiés médicalement par des produits chimiques. Le rapport de 138 pages concluait que près de deux millions d'Américains étaient ainsi victimes de l'exposition à des produits chimiques, notamment les gaz et les poussières.

«Assez curieusement, affirme Bergin, nous avons trouvé que seulement une personne sur vingt souffrant de maladies industrielles recevait une compensation du système public, un système qui vise précisément les employés victimes de blessures ou maladies reliées au travail. En examinant attentivement le système, on s'est rendu compte qu'il couvrait bien les cas de fractures, par exemple, mais pas les maladies industrielles.»

Les lois en vigueur dans la plupart des États empêchent les travailleurs de poursuivre leurs employeurs pour des maladies induites par le travail. «La seule chose qu'ils peuvent obtenir ce sont les prestations du système public mais les lois sont ainsi faites qu'ils peuvent difficilement le faire», poursuit Bergin. Ce dernier était consterné par l'ignorance des dispositions du programme de compensation, non seulement chez les travailleurs mais aussi parmi les médecins et les avocats qui avaient d'ailleurs peu de formation au sujet de la toxicité des produits chimiques.

Avec l'encouragement du ministère du Travail, Bergin et quelques-uns de ses collègues ont mis sur pied plusieurs programmes de formation à l'intention des médecins de l'hôpital Montefiore de New York dans le but de les aider à reconnaître et à traiter les maladies causées par des produits chimiques. Bergin était également responsable d'un nouveau programme de formation de la main-d'œuvre, dans plusieurs États, concernant les substances toxiques et les droits des travailleurs.

L'administration du président Reagan a coupé ces programmes, le poste de M. Bergin a été aboli et il a été transféré à l'OSHA.

«Mon expérience m'a convaincu que le public américain était très sensible aux problèmes tels que les défauts de naissance, la pureté de l'eau potable, les dépotoirs de déchets toxiques et les additifs alimentaires, a dit M. Bergin. J'en ai assez vu également pendant mes 12 années à Washington pour me convaincre que le gouvernement ne faisait pas son travail de protection des personnes de l'environnement. J'ai écrit ce livre pour informer et aider les gens qui ont des problèmes avec des produits chimiques en attendant que le gouvernement décide enfin de s'en mêler.»

Le livre est un véritable manuel de formation à l'intention des travailleurs, leur enseignant la façon d'obtenir du gouvernement des réponses à leurs requêtes et leur enseignant également la façon de trouver de l'information utile enfouie dans la paperasserie gouvernementale.

Source: Jack Anderson, *Washington Post*, le 14 mars 1981, B16.

Le comportement des zélés a des conséquences aussi bien pour eux-mêmes que pour l'organisation. Les zélés ne se préoccupent que du domaine étroit qui les intéresse, même si leurs responsabilités formelles sont beaucoup plus étendues, ce qui fait généralement d'eux de piètres administrateurs aux niveaux supérieurs de l'organisation. Et de fait, on les retrouve rarement dans des postes de responsabilité de haut niveau bien qu'il y en ait qui occupent des postes prestigieux de conseiller. Ces bureaucrates ne sont généralement promus à des postes supérieurs que lorsque les politiques auxquelles ils sont étroitement identifiés deviennent soudainement très importantes. L'environnement politique *externe* détermine donc les récompenses et les renforcements qui conditionnent les comportements du zélé.

Les intercesseurs

L'intercesseur est grandement motivé à encourager toute initiative qui va dans le sens des intérêts de l'organisation dans laquelle il travaille. Dans ce cas-ci, Downs ne fait pas référence aux intérêts personnels des intercesseurs, mais «à leur loyauté désintéressée à l'égard de l'organisation» (1967, p. 102). Leurs comportements présentent certaines caractéristiques spécifiques: en voici cinq d'entre elles.

Premièrement, les intercesseurs ne se préoccupent pas seulement d'une partie des activités de leur domaine de juridiction, mais s'intéressent activement aux conditions générales de fonctionnement et à la performance d'ensemble de l'unité dans laquelle ils travaillent.

Deuxièmement, si les intercesseurs manifestent un parti pris pour leur organisation dans leurs interactions avec les agents des autres organisations, ils ont cependant tendance à être des arbitres impartiaux à l'intérieur de leur organisation. Le prestige dont jouit une organisation et les ressources qu'on lui consent dépendent du succès qu'obtiennent les intercesseurs dans la défense des intérêts de cette organisation auprès des agents externes, et ce succès intervient dans la détermination des subordonnés à travailler sous leur autorité. Dans les interactions avec les agents de l'extérieur, les intercesseurs créent inévitablement des conflits en entrant en compétition avec eux pour le partage de ressources rares et en menaçant leur domaine de juridiction; mais ces conflits affectent positivement, à l'interne, l'unité et le moral des membres de l'organisation; ceux-ci développent un sentiment de loyauté à l'égard des intercesseurs qui défendent leurs intérêts.

Troisièmement, les intercesseurs ne vont persister dans la défense des intérêts de l'organisation que dans la mesure où ils jugent que les politiques dont ils ont la responsabilité sont importantes et qu'ils croient en leurs possibilités de les influencer. Autrement, les intercesseurs ne continueront pas longtemps à jouer ce rôle de défenseur qui exige tant de temps et d'énergie.

Quatrièmement, ce sont les intercesseurs et non les carriéristes qui sont les responsables les plus dynamiques et les plus persévérants de ce qu'il est convenu d'appeler «l'impérialisme bureaucratique». Ils suscitent l'innovation et recherchent l'expansion de leur organisation et, pour obtenir plus de ressources, ils n'hésitent pas à exagérer les problèmes que connaît leur organisation. Cette pratique, qui consiste à attirer l'attention sur les conditions défavorables et les déficiences, crée un malaise chez leurs supérieurs et les responsables politiques qui préfèrent donner au public l'impression que tout est sous contrôle. Contrairement aux carriéristes et aux conservateurs qui ne s'intéressent qu'à leurs propres carrières, les intercesseurs se préoccupent du développement à long terme de leur organisation dans son ensemble. En outre, ils sont beaucoup plus attentifs aux implications à long terme des politiques proposées dans leur organisation.

Les intercesseurs ont tendance à se concentrer sur un secteur d'activités particulier de l'organisation et ils en viennent à maîtriser et à contrôler les informations afférentes à ce secteur. Cela contribue à renforcer l'importance qu'ils attachent aux postes qu'ils occupent et aux fonctions qu'ils exercent. Par ailleurs, les intercesseurs sont des intervenants dans la prise de décision de leur organisation et ils en connaissent bien les processus d'évaluation et de choix des options. Or, ceux qui, dans l'organisation, prennent les décisions à un certain niveau, n'ont souvent à leur disposition que des rapports synthétiques et des recommandations émanant de certaines autres organisations ou de certains secteurs de leur propre organisation et ne sont pas ainsi en mesure de juger de la qualité des processus qui ont permis de les produire; c'est pourquoi, la plupart d'entre eux préfèrent se fier à ce qui provient de leur propre unité dans l'organisation. Downs conclut à ce sujet que «cet état de chose renforce la motivation des bureaucrates à adopter un comportement d'intercesseur».

Une des caractéristiques distinctives de la plupart des organisations publiques est que les bureaucrates, pour remplir leurs fonctions, sont amenés à dépenser des fonds publics, mais qu'ils n'ont pas la possibilité de tirer des revenus de la vente des services qu'ils rendent. La clientèle qui bénéfice des biens et des services offerts par une organisation publique fait naturellement pression pour en obtenir davantage. Les contribuables en supportent les coûts, mais les déboursés qu'ils font sous forme d'impôts ne sont pas liés à des services précis et, généralement, ils ne sont pas disposés à s'opposer activement aux coûts d'un programme particulier. En conséquence, les pressions qui s'exercent sur les bureaucrates vont presque toujours dans le sens d'une augmentation des dépenses plutôt que d'une réduction.

On s'attend à ce que ceux qui occupent certaines catégories de postes dans une organisation publique jouent le rôle d'intercesseur.

> Comme les bureaucrates à tous les niveaux reconnaissent les avantages déterminants d'avoir des intercesseurs en charge des organismes spécialisés, le rôle d'un responsable de département (ou d'un chef de service, d'un chef de division, etc.) tend à être perçu comme celui d'un intercesseur par la plupart de ceux qui travaillent et communiquent avec lui, y compris les hauts dirigeants du sommet de la pyramide. Cette perception et les attentes qui en découlent invitent quiconque appelé à jouer un tel rôle à adopter les comportements d'un intercesseur. (Downs, 1967, p. 105)

Les membres d'une organisation publique accordent une importance toute particulière aux promoteurs parce que leur prestige et les ressources dont ils disposent dépendent de leur efficacité.

Les intercesseurs sont récompensés de plusieurs façons pour le rôle qu'ils jouent et pour leur performance; les postes qu'ils occupent dans l'organisation leur permettent d'exercer des pouvoirs et d'avoir de l'influence. Leur rôle d'agents de liaison entre l'organisation et son environnement leur donne de la visibilité et leur vaut la reconnaissance des autres membres; de plus, les informations dont ce rôle leur permet de disposer ajoutent à leur pouvoir et cela incite les autres membres de l'organisation à avoir de bonnes relations avec eux. La promotion des intérêts de l'organisation et l'accession à des postes importants sont étroitement liées, c'est pourquoi la proportion des intercesseurs est plus élevée aux niveaux supérieurs des organisations publiques (Downs, 1967, p. 109).

Ce sont cependant les récompenses *intrinsèques* qui sont les plus importantes aux yeux des intercesseurs. Ils ne continueraient pas de consacrer l'énergie et le temps que requiert leur rôle de défenseur s'ils ne croyaient pas en l'importance des politiques auxquelles ils s'associent (la relation entre la valeur qu'ils attachent à une politique et la récompense qu'ils en tirent) et s'ils ne percevaient pas qu'ils ont de fortes chances de pouvoir les influencer (la relation entre la performance et la récompense espérée).

Certaines des caractéristiques des organisations publiques incitent les bureaucrates à se comporter comme des intercesseurs même ceux qui ont d'autres prédispositions psychologiques ou sont essentiellement motivés par d'autres facteurs. Les carriéristes adoptent volontiers des comportements d'intercesseur parce que cela constitue autant d'occasions d'acquérir des privilèges ou d'être promus. Les «hommes d'état» agissent aussi comme des intercesseurs; les conservateurs sont moins portés à adopter de tels comportements et les zélés y opposent une forte résistance.

Les hommes d'État

Les hommes d'État sont motivés par leur adhésion à une conception très large de l'intérêt public. S'il est vrai que, d'un strict point de vue philosophique, tous reconnaissent l'importance de la société et de la nation, s'il est vrai que le discours politique exhorte les administrateurs publics à servir les intérêts de toute la population et que les administrateurs se dévouent au service de l'ensemble des citoyens, il faut convenir qu'on observe relativement peu de comportements d'homme d'État dans les organisations publiques, en raison des sérieux obstacles inhérents à leurs structures et de certaines de leurs caractéristiques.

Les éléments contextuels de ces organisations qui favorisent les comportements d'intercesseurs, ce dont on a fait état ci-dessus, sont précisément ceux qui découragent l'adoption des comportements d'hommes d'État dans la mesure où ils contribuent à étouffer les visées altruistes.

Les bureaucrates qui se comportent en hommes d'État, en dépit des contraintes auxquelles ils font face, et qui donnent préséance à leur conception globale des rôles des organismes publics plutôt qu'au bon fonctionnement particulier de leur organisation, suscitent habituellement de l'hostilité chez les autres membres de l'organisation; ceux-ci sont convaincus que si ces hommes d'État font la promotion de l'ensemble des activités et des politiques publiques plutôt que des activités propres à l'organisation, celle-ci y perdra au chapitre de l'allocation des ressources. Il n'est donc pas étonnant que les hommes d'État soient rarement promus et qu'ils soient plus nombreux aux échelons inférieurs des organisations.

Bien que rares, ces comportements d'hommes d'État se présentent à l'occasion. Par exemple, si la survie d'une société ou celle de toute la bureaucratie publique est en cause, même les bureaucrates enclins à agir autrement auront tendance à adopter des comportements d'hommes d'État. Ces comportements peuvent également se manifester dans des circonstances moins dramatiques lorsque les intérêts particuliers de l'organisation ne sont pas en cause.

Les caractéristiques des bureaucraties découragent à un tel point l'adoption de comportements d'hommes d'État qu'il arrive qu'on structure l'organisation de telle manière que les titulaires de certains postes puissent se comporter en hommes d'État. À titre d'exemple, Downs signale la pratique d'isoler des pressions quotidiennes liées aux activités courantes certaines fonctions consultatives importantes. Ceux qui exercent de telles fonctions, comme ils ont peu de subordonnés sous leur responsabilité et que leurs mandats sont relativement courts (surtout lorsqu'ils sont confiés à des équipes spéciales), peuvent alors se permettre d'adopter des comportements d'hommes d'État.

CONCLUSION

Une chose ressort clairement de cette revue des diverses théories de la motivation au travail: les chercheurs et les praticiens doivent nécessairement tenir compte à la fois des éléments de contexte et des facteurs individuels. Certaines situations favorisent l'adoption de comportements qui vont dans le sens des intérêts de l'organisation alors que d'autres découragent l'engagement des travailleurs. Il importe d'examiner notamment les systèmes de récompenses et certaines des contraintes imposées par l'organisation.

Les organisations publiques semblent s'appuyer, par exemple, sur la sécurité d'emploi et sur un système particulier de récompenses très normalisé. Ces types d'incitations peuvent concourir à encourager une performance convenable et à réduire les changements de personnel; ils ne sont pas cependant de nature à encourager de hauts niveaux de performance ou des initiatives qui vont au-delà de ce qui est strictement et officiellement requis.

Les récompenses individuelles seraient une solution de rechange intéressante au système général de récompenses si elles ne posaient pas un certain nombre de problèmes du point de vue de leur gestion. D'abord, on s'accorde généralement sur les difficultés que pose la mesure de la productivité dans les organisations publiques bien qu'on ait fait du progrès à cet égard. De plus, la relation causale entre le travail d'un employé public et un résultat donné est souvent obscure; à preuve, la controverse actuelle sur la rémunération au mérite accordée aux professeurs et basée sur la performance de leurs élèves. Finalement, les récompenses offertes par le système général sont probablement moins coûteuses que les récompenses pécuniaires accordées à partir des performances individuelles. Certains bénéfices du système général, comme par exemple, les généreuses primes de séparation, les vacances payées, la prise en compte des augmentations du coût de la vie et les politiques de toutes sortes visant à protéger l'employé, ne sont pas directement reflétés dans les budgets présentés aux législateurs pour approbation. Les élus trouvent indéniablement des avantages politiques à un tel système.

Les conditions favorables à l'émergence d'une productivité accrue sont en grande partie réunies quand le contenu du travail est suffisamment complexe, quand il présente des défis, quand il permet à celui qui le fait d'utiliser son jugement et quand il offre des chances d'avancement. Par contre, la présence de règles détaillées et le caractère routinier de nombreuses activités dans les organisations publiques sont de nature à décourager la motivation et la performance; par exemple, les contraintes à la motivation et à la performance se présentent souvent dans ces organisations sous la forme d'une spécialisation poussée du travail et de descriptions de tâches précises et rigides. Les occasions de promotion dépendent, dans la plupart des cas, de l'ancienneté et sont limitées par le peu de possibilités de mobilité et la relative stabilité du personnel. Des agents externes aux organisations du secteur public sont souvent plus influents que les gestionnaires de ces organisations dans l'élaboration de leurs structures et de leurs procédures. En conséquence, les dirigeants des organisations publiques ont moins de contrôle sur les facteurs qui limitent la motivation que leurs collègues du secteur privé.

Les théories de la motivation indiquent cependant qu'il existe d'autres avenues pour relier les niveaux de récompense aux niveaux de performance. Parmi celles-ci mentionnons l'établissement de ratios équitables entre la production et les récompenses, la prise en compte des situations diverses touchant les liens entre la performance et des récompenses [*performance-reward contingencies*] et le conditionnement opérant. Il faut être conscient ici que dans la conception et l'application de tels mécanismes de récompenses, on doit tenir compte du fait que des acteurs extérieurs aux organisations publiques jouent un rôle majeur dans le contrôle de leurs ressources humaines et de leurs budgets, ce qui est tout à fait légitime dans une démocratie représentative.

Cela étant établi, il semble que l'intériorisation des buts de l'organisation par ses membres constitue un mécanisme de récompense puissant, persistant et peu coûteux. Il convient cependant de faire état de certaines difficultés dans l'utilisation d'un tel mécanisme. Les objectifs des organisations publiques sont essentiellement politiques, c'est-à-dire qu'ils sont largement définis en dehors de l'organisation et sont les produits du processus de décisions politiques. Bien que les conflits entourant ces décisions ne soient que partiellement résolus dans le processus (comme cela arrive souvent), les politiques et les objectifs découlant de ces décisions n'en sont pas moins imposés tels quels aux organisations publiques. Les membres de ces organisations qui sont fortement identifiés à de tels objectifs courent des risques politiques importants d'autant plus qu'on croit fortement dans notre société, même si ce n'est pas réaliste, que les bureaucrates devraient être politiquement neutres.

Les variables conjoncturelles ont des effets considérables, et parfois même pervers, sur la motivation. Les employés du secteur public, souvent à tort, sont soumis à beaucoup de critiques de la part des citoyens qui les croient apathiques et largement conditionnés par des règles et ce, sans égard au fait que les mécanismes de récompense et les contextes dans les organisations publiques encouragent et renforcent l'adoption de comportements conservateurs. Également frustrantes et contradictoires sont les attentes de la société pour que l'intérêt public prime dans les organisations publiques, alors que de nombreuses contraintes empêchent les hommes d'État qu'on y trouve (ceux qui justement ont à cœur l'intérêt public dans son sens le plus noble) de jouer pleinement leur rôle.

Il y a, cependant, lieu d'être optimiste. La tendance historique dans le gouvernement américain va dans le sens d'une administration publique plus professionnelle et plus qualifiée. Malgré ce qu'en pense le public en général, les employés du secteur public, en tant que groupe, se comparent favorablement à ceux du secteur privé tant sur le plan de la motivation que sur celui de la productivité. Cependant, la productivité et l'efficience dans les organisations publiques ne sont que deux des critères de performance dont on doit tenir compte; d'autres critères, tels que l'imputabilité et la responsabilité vis-à-vis de contrôleurs externes qui se font concurrence pour en influencer le fonctionnement, sont tout aussi importants.

Il est nécessaire de chercher comment les organisations publiques peuvent devenir plus productives et efficaces. C'est aussi important pour les firmes privées, évidemment, mais dans le cas des organisations publiques, la productivité et l'efficacité concernent tous les membres de la société et non pas seulement les membres de ces organisations. Penser que l'on peut trouver des réponses définitives et des solutions parfaites est utopique; toutefois, les théories de la motivation au travail peuvent déjà soulever des questions utiles dans l'orientation des efforts des universitaires et des praticiens.

BIBLIOGRAPHIE

ADAMS, J. Stacy (1975). «Inequity in Social Exchange», dans *Motivation and Work Behavior*, Richard M. STEERS et Lyman W. PORTER (éds), New York, McGraw, p. 138-154.

ALDERFER, Clayton P. (1972). *Existence, Relatedness and Growth: Human Needs in Organizational Settings*, New York, Free Press.

ALLEN, Natalie J. et John P. MEYER (1990). «The Measurement and Antecedents of Affective, Continuance and Normative Commitment to the Organization», *Journal of Occupational Psychology*, vol. 63, p. 1-18.

AMABILE, Teresa M. (1988). «A Model of Creativity and Innovation in Organizations», *ROB*, vol. 10, p. 123-168.

ARGOTE, Linda *et al.* (1983). «The Human Side of Robotics: How Workers React to a Robot.», *Sloan Management Review*, printemps, vol. 24, n° 3, p. 31-42.

ARNOLD, Hugh J. (1985). «Task Performance, Perceived Competence, and Attributed Causes of Performance as Determinants of Intrinsic Motivation», *Academy of Management Journal,* décembre, vol. 28, n° 4, p. 876-888.

AUDET, M. et L. BÉLANGER (sous la direction de) (1986). *La mobilisation des ressources humaines. Tendances et impact*, Québec, Les Presses de l'Université Laval.

BARON, James N. et Karen S. COOK (1992). «Process and Outcome: Perspectives on the Distribution of Rewards in Organizations», *Administrative Science Quarterly*, juin, vol. 37, n° 2, p. 191-197 (ce numéro est consacré aux «récompenses»).

BATE, Paul (1990). «Using the Culture Concept in an Organization Development Setting», *The Journal of Applied Behavioral Science*, vol. 26, n° 1, p. 83-106.

BATEMAN, Thomas S. et Stephen STRASSER (1984). «A Longitudinal Analysis of the Antecedents of Organizational Commitment», *Academy of Management Journal*, vol. 27, n° 1, p. 95-112.

BERELSON, Bernard et Gary STEINER (1964). *Human Behavior: An Inventory of Scientific Findings*, New York, Harcourt Brace Jovanovich.

BERGERON, J.-L., N. CÔTÉ-LÉGER, J. JACQUES et L. BÉLANGER (1979). *Les aspects humains de l'organisation,* Chicoutimi, Gaëtan Morin Éditeur.

BOCKMAN, V. M. (1971). «The Herzberg Controversy», *Personnel Psychology,* 24, n° 2, p. 155-189.

BOWEN, David E. et Edward E. LAWLER III (1992). «The Emporwerment of Service Workers: What, Why, How, and When», *Sloan Management Review,* printemps, vol. 33, n° 3, p. 31-40.

BOWEN, Donald D. et Louis E. BOONE (1987). *The Great Writings in Management and Organizational Behavior,* New York, McGraw-Hill, 479 p.

BRUNET, L. (1983). *Le climat de travail dans l'organisation,* Montréal, Agence d'Arc.

BUCHANAN, Bruce (1974). «Government Managers, Business Executives, and Organizational Commitment», *Public Administration Review,* 34, n° 4, p. 339-347.

CARTWRIGHT, Dorwin (1968). «The Nature of Group Cohesiveness», dans *Group Dynamics:Research and Theory,* Dorwin Cartwright et Alvin Zander (éds), New York, Harper & Row, p. 91-109.

CHACKO, Harsha E. (1990). «Methods of Upward Influence, Motivation Needs, and Administrators Perceptions of Their Supervisors Leadership Styles», *Group and Organization Studies,* septembre, vol. 15, n° 3, p. 253-265.

CHAMPOUX, Joseph E. (1991). «A Multivariate Test of the Job Characteristics Theory of Work Motivation», *Journal of Organizational Behavior,* vol. 12, p. 431-446.

CHANLAT, J.-F. (sous la direction de) (1990). *L'individu dans l'organisation. Les dimensions oubliées,* Québec, Les Presses de l'Université Laval, et Éditions Eska.

CHENG, Joseph L.C. (1983). «Job and Life Satisfactions: A Causal Analysis of Their Relationships», *Academy of Management Journal,* vol. 26, n° 1, p. 156-162.

COHEN, Aaron et Geula LOWENBERG (1990). «A Re-Examination of the Side-Bet Theory as Applied to Organizational Commitment: A Meta-Analysis», *Human Relations,* vol. 43, p. 1015-1050.

CORDERY, John L. *et al.* (1991). «Attitudinal and Behavioral Effects of Autonomous Group Working: A Longitudinal Field Study», *Academy of Management Journal,* juin, vol. 34, n° 2, p. 464-476.

COSIER, Richard A. *et al.* (1983). «Equity Theory and Time: A Reformulation», *Academy of Management Review,* avril, vol. 8, n° 2, p. 311-319.

DESS, Gregory G. et Donald W. BEARD (1984). «Dimensions of Organizational Tasks Environments», *Administrative Science Quarterly,* mars, vol. 29, n° 1, p. 52-73.

DOWNS, Anthony (1967). *Inside Bureaucracy,* Boston, Little, Brown.

DRAGO, Robert et Mark WOODEN (1991). «The Determinants of Participatory Management», *British Journal of Industrial Relations,* vol. 29, p. 177-204.

EISENBERGER, Robert, Peter FASOLO et Valerie DAVIS-LAMASTRO (1990). «Perceived Organizational Support and Employee Diligence, Commitment, and Innovation», *Journal of Applied Psychology,* vol. 75, p. 51-59.

EMMERT, Mark A. et Walied A. TAHER (1992). «Public Sector Professionals: The Effects of Public Sector Jobs on Motivation, Job Satisfaction and Work Involvement», *American Review of Public Administration,* mars, vol. 22, n° 1, p. 37-48.

FARRELL, Dan (1986). «Exit, Voice, Loyalty and Neglect as Responses to Job Dissatisfaction: A Multidimensional Scaling Study», *Academy of Management Journal,* décembre, vol. 26, n° 4, p. 596-607.

FILLEY, Alan C., Robert HOUSE et Steven KERR (1976). *Managerial Process and Organizational Behavior,* 2ᵉ éd. Glenview, Ill., Scott, Foresman.

FISHER, Layton et Jim SELMAN (1992). «Rethinking Commitment to Change», *JMI,* septembre, vol. 1, n° 3, p. 250-256.

FOLEY CURLEY, Kathleen et Philip J. PYBURN (1982). «Intellectual' Technologies: The Key to Improving White-Collar Productivity», *Sloan Management Review,* automne, vol. 24, n° 1, p. 31-40.

FOURGOUS, Jean-Michel et Hervé-Pierre LAMBERT (1991). *Évaluer les hommes: recrutement, performance, motivation et climat social,* Paris, Éditions Liaisons, 307 p.

FRANCÈS, R. (1981). *La satisfaction dans le travail et l'emploi,* Paris, PUF.

FRYXELL, Gerald E. (1989). «Workplace Justice and Job Satisfaction as Predictors of Satisfaction with Union and Management», *Academy of Management Journal,* décembre, vol. 32, n° 4, p. 851-866.

GARLAND, Howard et Jane HANNON ADKINSON (1987). «Standards, Persuasion, and Performance: A Test of Cognitive Mediation Theory», *Group and Organization Studies,* juin, vol. 12, n° 2, p. 208-220.

GARDNER, Donald G. et L.L. CUMMINGS (1988). «Activation Theory and Job Design: Review and Reconceptualization», *ROB,* vol. 10, p. 81-122.

GLASER, Mark A. et John W. BARDO (1991). «The Impact of Quality of Life on Recruitment and Retention of Key Personnel», *American Review of Public Administration,* mars, vol. 21, n° 1, p. 57-72.

GLICK, William H. *et al.* (1986). «Method versus Substance: How Strong Are Underlying Relationships Between Job Characteristics and Attitudinal Outcomes?», *Academy of Management Journal,* septembre, vol. 29, n° 3, p. 441-464.

GLISSON, Charles et Mark DURICK (1988). «Predictors of Job Satisfaction and Organizational Commitment in Human Service Organizations», *Administrative Science Quarterly,* mars, vol. 33, n° 1, p. 61-81.

GOLEMBIEWSKI, Robert T., Richard HILLES et Rick DALY (1987). «Some Effects of Multiple OD Interventions On Burnout and Work Site Features, *The Journal of Applied Behavioral Science,* vol. 3, n° 3, p. 295-315.

GOODMAN, Paul S. et Abraham FRIEDMAN (1971). «An Examination of Adam's Theory of Inequity», *Administrative Science Quarterly,* 16, n° 3, p. 271-288.

GORTNER, Harold F. (1970). *Student Attitudes Toward Government Employment,* thèse de doctorat, Indiana University.

GREEN, Stephen G. et Terence R. MITCHELL (1979). «Attributional Processes of Leaders in Leader Interactions», *Organizational Behavior and Human Performance,* vol. 23, p. 429-458.

GREINER, John M., Harry P. HATRY, Margo P. KOSS, Annie P. MILLAR, et Jane P. WOODWARD (1981). *Productivity and Motivation: A Review of State and Local Government Initiatives,* Washington, D.C., The Urban Institute Press.

GRIFFIN, Richy W. *et al.* (1987). «Objective and Social Factors as Determinants of Task Perceptions and Responses: An Integrated Perspective and Empirical Investigation», *Academy of Management Journal,* septembre, vol. 30, n° 3, p. 501-523.

GRIFFIN, Ricky W. (1991). «Effects of Work Redesign on Employee Perceptions, Attitudes, and Behaviors: A Long-Term Investigation», *Academy of Management Journal,* juin, vol. 34, n° 2, p. 425-435.

GRIGALIUNAS, Benedict S. et Frederick HERZBERG (1971). «Relevancy in the Test of Motivation Theory», *Journal of Applied Psychology*, vol. 55, n° 1, p. 73-79.

HARRELLL, Adrian et Michael STAHL (1986). «Additive Information Processing and the Relationship Between Expectancy of Success and Motivational Force», *Academy of Management Journal*, juin, vol. 29, n° 2, p. 424-433.

HERSEY, Paul et Kenneth BLANCHARD (1982). *Management of Organizational Behavior: Utilizing Human Resources*, 4ᵉ éd., Englewood Cliffs, N.J., Prentice-Hall.

HERZBERG, Frederick, Bernard MAUSNER et Barbara B. SNYDERMAN (1959). *The Motivation to Work*, New York, John Wiley & sons.

HERZBERG, Frederick (1966). *Work and the Nature of Man*, Cleveland, World Publishing.

HININGS, C.R., John L. BROWN et Royston GREENWOOD (1991). «Change in an Autonomous Professional Organization», *Journal of Management Studies*, vol. 28, p. 375-393.

HOWELI, Jon P., David BOWEN, Peter W. DORFMAN, Steven KERR et Philip PODSAKOFF (1990). «Substitutes for Leadership: Effective Alternatives to Ineffective Leadership», *Organizational Dynamics*, vol. 19, p. 20-38.

HOUSE, Robert, J. (1988). «Power and Personality in Complex Organizations», *ROB*, vol. 10, p. 305-358.

HOUSE, Robert J. et Terence R. MITCHELL (1974). «Path Theory of Leadership», *Journal of Contemporary Business*, vol. 3, n° 4, p. 81-97.

IDSON, Todd L. (1990). «Establishment Size, Job Satisfaction and the Structure of Work», *Applied Economics*, vol. 22, p. 1007-1018.

JABS, Jak et David ZUSSMAN (1990-1991). «La solitude verticale et l'évolution de la gestion dans la fonction publique: examen préliminaire de Fonction Publique 2000, *Optimum*, vol. 21, n° 1, p. 7-18.

JABS, Jak et David ZUSSMAN (1989-90). «Résultats qualitatifs: enquête de 1988 sur les attitudes des gestionnaires dans l'administration fédérale, *Optimum*, vol. 20, n° 2, p. 27-37.

JORDAN Paul C. «Effects of Extrinsic Reward on Intrinsic Motivation: A Field Experiment», *Academy of Management Journal*, juin, vol. 29, n° 2, p. 405-411.

JULIEN, Germain (1991). «La qualité de la vie au travail des professionnels de la fonction publique du Québec, *Relations Industrielles*, vol. 46.

JULIEN Germain (1989-1990). «Les facteurs affectant la productivité des professionnels de la fonction publique du Québec», *Optimum*, vol. 20, n° 4, p. 51-65.

KAHN, William A. (1990). «Psychological Conditions of Personal Engagement and Disengagement at Work», *Academy of Management Journal*, décembre, vol. 33, n° 4, p. 692-725.

KATZ, Daniel et Robert KAHN (1966). *The Social Psychology of Organizations*, New York, John Wiley & Sons.

KAUFMAN, Herbert (1960). *The Forest Ranger,* Baltimore, The Johns Hopkins University Press.

KELLEY, Harold H. (1972). «Attribution in Social Interaction» dans *Attribution: Perceiving Causes of Behavior,* Edward E. JONES, David E. KANOUSE, Harold H. KELLEY, Richard E. NISBETT, Stuart VALINS, et Bernard WEINER (éds), Morristown, N.J., General Learning Press, p. 1-26.

KIM Jay S. (1984). «Effect of Behavior Plus Outcome Goal Setting and Feedback on Employee Satisfaction and Performance», *Academy of Management Journal*, mars, vol. 27, n° 1, p. 139-149.

KLEIN, Howard J. (1989). «An Integrated Control Theory Model of Work Motivation» *Academy of Management Review*, avril, vol. 14, n° 2, p. 150-172.

KLEIN, Jonathan I. (1990). «Feasibility Theory: A Resource-Munificence Model of Work Motivation and Behavior» *Academy of Management Review*, octobre, vol. 15, n° 4, p. 646-665.

KUHNERT, Karl W. et Dale R. PALMER (1991). «Job Security, Health, and the Intrinsic and Extrinsic Characteristics of Work», *Group and Organization Studies*, juin, vol. 16, n° 2, p. 178-192.

KONRAD, Alison M. et Jeffrey PFEFFER (1990). «Do You Get What You Deserve? Factors Affecting the Relationship Between Productivity and Pay», *Administrative Science Quarterly*, juin, vol. 35, n° 2, p. 258-285.

KOSNIK, Rita D. et Kenneth BETTENHAUSEN (1992). «Agency Theory and the Motivational Effect of Management Compensation: An Experimental Contingency Study», *Group and Organization Studies*, septembre, vol. 17, n° 3, p. 309-330.

LATHAM, Gary P. et Edwin A. LOCKE (1991). «Self-Regulation Through Goal Setting», *Organizational Behavior & Human Decision Processes,* vol. 50, p. 212-247.

LATHAM, Gary P. et Timothy STEELE (1983). «The Motivational Effects of Participation Versus Goal Setting on Performance», *Academy of Management Journal*, septembre, vol. 26, n° 3, p. 406-417.

LAWLER III, Edward E. et J. Lloyd SUTTLE (1972). «A Causal Correlational Test of the Need Hierarchy Concept», *Organizational Behavior and Human Performance,* vol. 7, p. 265-287.

LAWLER III, Edward E. (1973). *Motivation in Work Organizations,* Monterey, Ca., Brooks/ Cole Publishing.

LEATHERWOOD, Marya L. et Lee SPECTOR (1991). «Enforcements, Inducements, Expected Utility and Employee Misconduct», *Journal of Management*, vol. 17, p. 553-569.

LIKERT, Rensis (1961). *New Patterns of Management*, New York, McGraw-Hill.

LOCKE, Edwin A. (1991). «The Motivation Sequence, the Motivation Hub, and the Motivation Core», *Organizational Behavior & Human Decision Processes*, vol. 50, p. 288-299.

LORD, Robert G. et Jonathan E. SMITH (1983). «Theoretical, Information Processing, and Situational Factors Affecting Attribution Theory Models of Organizational Behavior», *Academy of Management Review*, janvier, vol. 8, n° 1, p. 50-60.

LUTHANS, Fred *et al.* (1985).«Organizational Commitment: A Comparison of American, Japanese, and Korean Employees», *Academy of Management Journal*, mars, vol. 28, n° 1, p. 213-218.

LUTHANS, Fred et Tim R. V. DAVIS (1982). «An Idiographic Approach to Organizational Behavior Research: The Use of Single Case Experimental Designs and Direct Measures», *Academy of Management Review*, juillet, vol. 7, n° 3, p. 380-391.

MACCOBY, Michael (1990). *Travailler, pourquoi? Une nouvelle théorie de la motivation*, Paris, InterÉditions, 266 p.

MAHLER, Julianne (1985). «Patterns of Commitment in Public Agencies», discours présenté au congrès national de l'American Society for Public Administration, Indianapolis, Ind.

MASLOW, Abraham (1954). *Motivation and Personality*, New York, Harper.

MCCLELLAND, David C. (1970). «The Two Faces of Power», *Journal of International Affairs*, vol. 14, n° 1, p. 29.

MCCLELLAND, David C. et David G. WINTER (1971). *Motivating Economic Achievement*, New York, Free Press.

MCCLELLAND, David C. (1961). *The Achieving Society*, Princeton, N.J. Van Nostrand Reinhold.

MILLER, Katherine E. et Peter R. MONGE (1986). «Participation, Satisfaction, and Productivity: A Meta-Analytic Review», *Academy of Management Journal*, décembre, vol. 29, n° 4, p. 727-753.

MILLER, Lynn, E et Joseph H. GRUSH (1988). «Improving Predictions in Expectancy Theory Research: Effects of Personality, Expectancies and Norms», *Academy of Management Journal,* mars, vol. 31, n° 1, p. 107-122.

MINER, John B. (1990). «Entrepreneurs, High Growth Entrepreneurs, and Managers: Contrasting and Overlapping Motivational Patterns», *Journal of Business Venturing*, vol. 5, p. 221-234.

MITCHELL, Terence et Robert E. WOOD (1979). «An Empirical Test of an Attributional Model of Leaders' Responses to Poor Performance», *Academy of Management Proceeding*, Richard C. Huseman (éd.), p. 94-98.

MITCHELL, Terence R. (1982). «Motivation: New Directions for Theory», *Academy of Management Review,* vol. 7, n° 1, p. 80-88.

MITCHELL, Terence, Charles M. SMYSER et Stan E. WEED (1975). «Locus of Control: Supervision and Work Motivation», *Academy of Management Journal,* vol. 18, n° 3, p. 623-631.

MITCHELL, Terence R. (1982). «Motivation: New Directions for Theory, Research and Practice», *Academy of Management Review,* janvier, vol. 7, n° 1, p. 80-88.

MOSS KANTER, Rosabeth. (1988). «When a Thousand Flowers Bloom: Structural, Collective, and Social Conditions for Innovation in Organization», *ROB*, vol. 10, p. 169-212.

NACHMIAS, David (1988). «The Quality of Work Life in the Federal Bureaucracy: Conceptualization and Measurement», *American Review of Public Administration*, juin, vol. 18, n° 2, p. 165-174.

NATIONAL CENTER FOR PRODUCTIVITY AND WORK QUALITY (1978). «Employee Attitudes and Productivity Differences between the Public and Private Sector», Washington, D.C., U.S. Civil Service Commission, cité dans l'article de James L. PERRY et Lyman W. PORTER (1982). «Factors Affecting the Context for Motivation in Public Organizations», *Academy of Management Review*, vol. 17, n° 1, p. 89-98.

NELSON, Debra L. *et al.*. (1990). «Chronic Work Stress and Coping: A Longitudinal Study and Suggested New Directions», *Academy of Management Journal*, décembre, vol. 33, n° 4, p. 859-869.

NEVIS, Edwin (1983). «Using an American Perspective in Understanding Another Culture: Toward a Hierarchy of Needs for the People's Republic of China», *The Journal of Applied Behavioral Science*, vol. 19, n° 3, p. 249-264.

NEWLAND, Chester (1984). «Crucial Issues for Public Personnel», *Public Personnel Management,* vol. 13, n° 1, p. 15-46.

NIEHOFF, Brian P., Cathy A. ENZ et Richard A. GROVER (1990). «The Impact of Top-Management Actions on Employee Attitudes and Perceptions», *Group and Organization Studies,* septembre, vol. 15, n° 3, p. 337-352.

NORD, Walter R. (1970). «Improving Attendance Through Rewards», *Public Personnel Administration,* vol. 33, novembre-décembre, p. 37-41.

NORD, Walter R. *et al.* (1988).«Work Values and the Conduct of Organizational Behavior», *ROB,* vol. 10, p. 1-42.

NORRIS, Dwight R. *et al.* (1984). «Attributional Influences on the Job Performance-Job Satisfaction Relationship», *Academy of Management Journal,* juin, vol. 27, n° 2, p. 424-430.

OGILVIE, John R. (1986). «The Role of Human Resource Management Practices in Predicting Organizational Commitment», *Group and Organization Studies,* décembre, vol. 11, n° 4, p. 335-359.

OLDHAM, Greg R. et Nancy L. ROTCHORD (1983). «Relationships Between Office Characteristics and Employee Reactions: A Study of the Physical Environment», *Administrative Science Quarterly,* décembre, vol. 28, n° 4, p. 542-556.

OLDHAM, Greg R. *et al.* (1991). «Physical Environments and Employee Reactions: Effects of Stimulus-Screening Skills and Job Complexity», *Academy of Management Journal,* décembre, vol. 34, n° 4, p. 929-938.

OLIVER, Nick (1990). «Work Rewards, Work Values, and Organizational Commitment in an Employee-Owned Firm: Evidence from the U.K.», *Human Relations,* vol. 43, p. 513-526.

OLSON, Edwin E. (1990). «The Transcendent Function in Organizational Change», *The Journal of Applied Behavioral Science,* vol. 26, n° 1, p. 69-82.

OTT, J. Steven (1989). *Classic Readings in Organizational Behavior,* Pacific Grove, Brooks/Cole Pub. Co., 638 p.

PAINE, Frank T., Stehen J. CARROLL et Burt A. LEETE (1966). «Need Satisfaction of Managerial Level Personnel in a Government Agency», *Journal of Applied Psychology,* juin, vol. 50, p. 247-249.

PERRY, James L. et Lyman W. PORTER (1982). «Factors Affecting the Context for Motivation in Public Organizations» *Academy of Management Review,* janvier, vol. 7, n° 1, p. 89-98.

PERROW, Charles (1983). «The Organizational Context of Human Factors Engineering», *Administrative Science Quarterly,* décembre, vol. 28, n° 4, p. 521-541.

PORAC, Joseph F. *et al.* (1983). «Causal Attributions, Affect, and Expectations for a Day's Work Performance», *Academy of Management Journal,* juin, vol. 26, n° 2, p. 285-296.

PORTER, Lyman W. et Edward E. LAWLER lll (1968). *Managerial Attitudes and Performance,* Homewood, Ill., Richard D. Irwin.

PRINGLE, Charles E. et Justin G. LONGENECKER (1982). «The Ethics of MBO» *Academy of Management Review,* avril, vol. 7, n° 2, p. 305-312.

RAIN, Jeffrey S., Irving M. LANE et Dirk D. STEINER (1991). «A Current Look at the Job Satisfaction/Life Satisfaction Relationship: Review and Future Considerations», *Human Relations,* vol. 44, p. 287-307.

RAINEY, Hal G. (1979). «Perceptions of Incentives in Business and Government: Implications for Civil Service Reform, *Public Administration Review*, vol. 39, p. 440-48.

RANDALL, Donna M. (1987). «Commitment and the Organization: The Organization Man Revisited» *Academy of Management Review*, juillet, vol. 12, n° 3, p. 460-471.

RICHARDSON, Peter R. (1985). «Courting Greater Employee Involvement through Participative Management», *Sloan Management Review*, hiver, vol. 26, n° 2, p. 33-44.

RAWLS, James R. et Oscar Tivis Jr. NELSON (1975). «Characteristics Associated with Preferences for Certain Managerial Positions», *Psychological Reports*, vol. 36, p. 223-44.

RAWLS, James R., Robert A. ULRICH et Oscar Tivis Jr. NELSON (1975). «A Comparison of Managers Entering or Reentering the Profit and Nonprofit Sectors», *Academy of Management Journal*, vol. 18, p. 616-622.

RHINEHART, J.B., R.P. BARRELL, A.S. DE WOLFE, J.E. GRIFFIN et F.E. SPANER (1969). «Comparative Study of Need Satisfaction in Government and Business Hierarchies», *Journal of Applied Psychology*, vol. 53, juin, p. 230-235.

ROMZEK, Barbara (1985). «The Effects of Public Service Recognition, Job Security and Staff Reductions on Organizational Involvement», *Public Administration Review*, vol. 45, p. 282-291.

SCHNAKE, Mel E., Stephen C. BUSHARDT et Curran SPOTTSWOOD (1984). «Internal Work Motivation and Intrinsic Job Satisfaction: The Effects of Goal Clarity, Goal Difficulty, Participation in Goal Setting, and Task Complexity», *Group and Organization Studies*, vol. 9, n° 2, p. 201-220.

SCHNEIDER, Benjamin *et al.* (1982). «A Note on Some Relationships Between the Aptitude Requirements and Reward Attributes of Tasks», *Academy of Management Journal*, septembre, vol. 25, n° 3, p. 567-574.

SCHWAB, Donald P., H. William DEVITT et Larry L. CUMMINGS (1971). «A Test of the Adequacy of the Two Factor Theory as a Predictor of Self Performance Effects», *Personnel Psychology*, été, vol. 24, p. 293-303.

SCHWARTZ, Howard S. (1983). «A Theory of Deontic Work Motivation», *The Journal of Applied Behavioral Science*, vol. 19, n° 2, p. 204-214.

SCHWAB, Donald P. (1991). «Contextual Variables in Employee Performance-Turnover Relationships», *Academy of Management Journal*, décembre, vol. 34, n° 4, p. 966-975.

SHALLEY, Christina E. et Greg R. OLDHAM (1985). «The Effects of Goal Difficulty and Expected External Evaluation on Intrinsic Motivation: A Laboratory Study», *Academy of Management Journal*, septembre, vol. 28, n° 3, p. 628-640.

SHAMIR, Boas (1990). «Calculations, Values, and Identities: The Sources of Collectivistic Work Motivation», *Human Relations*, vol. 43, p. 313-332.

SHAMIR, Boas (1991). «Meaning, Self and Motivation in Organizations», *Organization Studies*, vol. 12, p. 405-424.

SHERMAN, J. Daniel et Howard L. SMITH (1984). «The Influence of Organizational Culture on Intrinsic Versus Extrinsic Motivation», *Academy of Management Journal*, décembre, vol. 27, n° 4, p. 877-887.

SKINNER, B.F. (1976). *About Behavior*, New York, Vintage.

SPICER, Michael W. (1985). «A Public choice Approach to Motivating People in Bureaucratic Organizations» *Academy of Management Review*, juillet, vol. 10, n° 3, p. 518-526.

STEWART, Rosemary (1982). «A Model for Understanding Managerial Jobs and Behavior», *Academy of Management Review*, janvier, vol. 7, n° 1, p. 7-13.

SULLIVAN, Jeremiah J. (1988). «Three Roles of Language in Motivation Theory», *Academy of Management Review*, janvier, vol. 13, n° 1, p. 104-115.

SUSSMAN, Mario et Robert P. VECCHIO (1982). «A Social Influence Interpretation of Worker Motivation», *Academy of Management Review*, avril, vol. 7, n° 2, p. 177-186.

SWITZER, Fred S., III et Janet A. SNIEZEK (1991). «Judgment Processes in Motivation: Anchoring and Adjustment Effects on Judgment and Behavior», *Organizational Behavior & Human Decision Processes*, vol. 49, p. 208-229.

TANNENBAUM, Arnold S. (1992). «Organizational Theory and Organizational Practice», *Management International Review*, vol. 32, p. 50-62.

TELLLY, Charles S., Wendell L. FRENCH et William G. SCOTT (1971). «The Relationship of Inequity to Turnover Among Hourly Workers», *Administrative Science Quarterly*, vol. 16, n° 2, p. 164-172.

THOMAS, Kenneth W. et Betty A. VELTHOUSE (1990). «Cognitive Elements of Empowerment: An "Interpretative" Model of Intrinsic Task Motivation», *Academy of Management Review*, octobre, vol. 15, n° 4, p. 666-681.

TUBBS, Mark E. et Steven E. EKEBERG (1991). «The Role of Intentions in Work Motivation: Implications for Goal-Setting Theory and Research», *Academy of Management Review*, janvier, vol. 16, n° 1, p. 180-199.

U.S. MERIT SYSTEMS BOARD OFFICE OF MERIT SYSTEMS REVIEW AND STUDIES (1984). *Report on the Significant Actions of the Office of Personnel Management During December.*

VAN MAANEN, John (1975a). «Police Socialization: A Longitudinal Reexamination of Job Attitudes in an Urban Police Department», *Administrative Science Quarterly*, vol. 20, p. 207-228.

VAN MAANEN, John (1975b). «Breaking In: Socialization to Work», *Handbook of Work, Organization, and Society*, Robert DUBIN (éd.), Chicago, Rand McNally, p. 67-130.

VEROFF, Joseph (1957).«Development and Validation of a Projective Measure of Power Motivation», *Journal of Abnormal and Social Psychology*, vol. 54, n° 1.

VROOM, Victor H. (1964). *Work and Motivation*, New York, John Wiley & Sons.

WALKER, Lawrence R. et Kenneth W. THOMAS (1982). «Beyond Expectancy Theory: An Integrative Motivational Model From Health Care», *Academy of Management Review*, avril, vol. 7, n° 2, p. 187-194.

WEICK, Karl E. (1992). «Agenda Setting in Organizational Behavior», *Journal of Management Inquiry*, septembre, vol. 1, n° 3, p. 171-182.

WHITELY, William (1985). «Managerial Work Behavior: An Integration of Results from Two Major Approaches», *Academy of Management Journal*, juin, vol. 28, n° 2, 344-362.

ZEMKE, R. (1979). «What Are High Managers Really Like?», *Training: The Magazine of Human Resource Development*, février, p. 35-36.

APPENDICE

Nous présentons ci-après trois textes favorisant la réflexion sur le thème de la motivation. Les deux premiers portent sur le gel des salaires des employés des secteurs public et parapublic annoncé par le président du Conseil du Trésor. Le dernier concerne la gestion des ressources humaines dans le secteur privé.

Salaires gelés pour deux ans: Québec offre une prime au rendement[1]

Le président du Conseil du Trésor, Daniel Johnson, propose non seulement de geler pour deux ans les salaires des quelque 350 000 employés des secteurs public et parapublic, mais également de bouleverser fondamentalement les règles de rémunération pour y introduire une forme de prime au rendement.

Québec versera en effet à ses employés l'augmentation prévue de 1 %, le 1er avril, mais il propose ensuite de geler à ce niveau les échelles salariales, et ce, jusqu'au 30 juin 1995. Si les employés de l'État acceptent des concessions équivalentes à 1 % de la masse salariale globale en 1993-1994, le président du Conseil du Trésor, Daniel Johnson, serait disposé à leur consentir une forme de prime au rendement pour 1994-1995 par l'entremise d'augmentations forfaitaires non intégrées aux échelles salariales.

Interrogé en fin de journée hier, le ministre Johnson a non seulement reconnu qu'il s'agissait là d'une forme de rémunération au rendement, mais il a également admis qu'elle pourrait donner lieu à des conditions de travail et de rémunération différentes dans les divers établissements du réseau public.

Sa proposition s'est attiré les foudres des centrales syndicales qui craignent l'éclatement du régime de relations de travail du secteur public et parapublic, et a soulevé des inquiétudes sérieuses chez plusieurs de ses partenaires patronaux des réseaux de la santé et de l'éducation que le président du Conseil du Trésor a rencontrés hier.

Désireux de maintenir à son niveau actuel (20 milliards $) la masse salariale globale des salariés de l'État, le ministre Johnson a clairement indiqué que Québec «escompte» des gains de productivité de 1 % (économies attribuables aux changements aux règles d'organisation du travail) pour l'année 1993-1994 dans les ministères, les organismes et les établissements des réseaux.

Le ministre évalue à quelque 171 millions $ le coût d'une augmentation de 1 % des salaires de ses employés. À titre d'exemple des gains de productivité qui pourraient être réalisés, M. Johnson a précisé qu'une réduction de deux jours et demi du nombre de congés payés équivaudrait à 1 % de la masse salariale globale.

---

1. *Le Soleil*, 24 mars 1993.

Si cette économie de 1 % n'est pas réalisée cette année, il n'y aurait pas d'augmentation des salaires pour 1994-1995. La mesure s'applique aux cadres, hauts fonctionnaires et aux députés de l'Assemblée nationale, de même qu'aux juges, médecins et policiers de la Sûreté du Québec, a promis hier le ministre Johnson.

Le ministre se défend par ailleurs de fermer la porte à la négociation. Il reconnaît cependant qu'elle n'aura «pas la forme traditionnelle». «J'ai l'intention de convenir des conditions de travail avec mes interlocuteurs syndicaux.» Cela devra cependant se faire, précise-t-il, «à l'intérieur d'un cadre financier extrêmement difficile à respecter et dans la mesure de nos moyens». Il s'attend à recevoir une réponse des syndicats d'ici le 8 avril.

*

*   *

Les syndicats: c'est l'éclatement du régime des relations de travail[1]

Évaluant déjà l'hypothèse de relancer le front commun pour contrer la nouvelle approche proposée par Québec dans ses relations avec ses 350 000 salariés, les organisations syndicales dénoncent «l'éclatement» de l'actuel régime de relations de travail et la volonté gouvernementale d'instaurer le principe des primes au rendement inspiré par les gains de productivité.

Les leaders syndicaux ne sont pas catégoriquement opposés au gel de salaire proposé par Québec. Ce qui les agacent souverainement, ce sont le refus de l'employeur de négocier avec ses employés et l'introduction des primes au rendement qui suggère, notamment, la substitution des négociations traditionnellement menées au niveau «national» par des ententes conclues «localement».

«Nous appeler à des gains de productivité accrus en nous faisant miroiter la promesse d'une prime éventuelle, c'est rire du monde!» constate la présidente de la CEQ, Mme Lorraine Pagé. Cette dernière affirme que déjà, dans les réseaux de la santé et de l'éducation, des gains de productivité ont été réalisés. «Cela en est même rendu contre-productif», note Mme Pagé. «À tel point que la population n'a pas les services auxquels elle est en droit de s'attendre compte tenu des impôts qu'elle paie à l'État.»

Mme Diane Lavallée, présidente de la Fédération des infirmiers et infirmières du Québec, abonde dans le même sens.

Pour la vice-présidente de la CSN, Claudette Carbonneau, Québec s'est littéralement transformé en «commissaire-priseur» dont la mission est de «mettre aux enchères des pans entiers de conventions collectives au profit d'un mode de rémunération dépassé».

Les présidents des syndicats des fonctionnaires et des professionnels du gouvernement du Québec, MM. Jean-Louis Harguindeguy et Daniel Giroux, recommanderont pour leur part à leurs membres de rejeter la proposition Johnson...

Inquiétude chez les cadres

La proposition du ministre Johnson n'a pas été sans soulever des grincements de dents chez certains de ses partenaires patronaux. Selon Guy Lessard, président de la Fédération québécoise des directeurs d'écoles: «on a atteint le fond du baril et les services à la population vont finir par s'en ressentir».

Son collègue de la Confédération nationale des cadres du secteur public et parapublic, Jean Perron, souligne que la situation des cadres s'est détériorée sensiblement, au point où, «dans plusieurs établissements, on a des difficultés à recruter des cadres à l'interne».

---

1. *Le Soleil*, 24 mars 1993.

Du côté des cégeps, ces nouvelles compressions inquiètent sérieusement, «au moment d'entreprendre la réforme», estime le directeur général de la Fédération des cégeps, M. Gaétan Boucher.

La présidente de la Fédération des commissions scolaires, Mme Diane Drouin rappelle que le secteur de l'Éducation «a subi des compressions depuis dix ans». Le porte-parole de l'Association des hôpitaux du Québec, M. Bélisle, admet lui aussi que «la marge de manœuvre est mince».

*

*   *

Gestion des ressources humaines: questions du secteur privé[1]

Peter LARSON, directeur adjoint des ressources humaines
Conference Board du Canada

Je voudrais partager avec vous aujourd'hui quelques idées courantes recueillies de spécialistes en ressources humaines du secteur privé. Je ne suis pas en mesure de faire des commentaires sur ce qui se passe dans le secteur public, mais je peux vous communiquer quelques idées sur le secteur privé.

L'une des principales questions que l'on a abordées aujourd'hui a trait au moral du secteur public. Est-il en baisse et, s'il l'est, que peut-on y faire? Mais qu'en est-il du secteur privé? Le moral des employés du secteur privé est-il en baisse?

Oui, il l'est, et très nettement. Les raisons ne sont pas difficiles à cerner. Elles sont à la fois structurelles et culturelles. Je voudrais d'abord examiner certains des problèmes structurels. Je vais les énumérer brièvement, puis je m'étendrai plus longuement sur chacun d'eux.

Parmi les problèmes structurels clés, citons le manque de souplesse dans l'organisation, l'imprécision des frontières des emplois, les incessants changements technologiques, et l'absence de possibilités de promotion. Ces problèmes existent au secteur privé et je suis persuadé qu'ils lanceront des défis au secteur public également.

Tel qu'indiqué, le premier problème est l'absence de souplesse dans l'organisation. Dans la plupart des organisations du secteur privé, beaucoup de gens consciencieux et intelligents essaient d'apporter des changements. Face à un monde en constante évolution, un monde où domine la concurrence globale, ils s'efforcent de rendre leurs organisations plus réceptives aux nouvelles idées et aux nouvelles façons de faire les choses. Mais ils affrontent beaucoup d'obstacles: besoins financiers, exigences légales, syndicats et, ce qui est pire, la tradition, la complaisance et la hiérarchie. Il fut un temps où les entreprises nord-américaines étaient nouvelles et fraîches, tandis que les entreprises européennes étaient vieilles et lourdes. Au cours des quinze dernières années, le modèle s'est inversé.

Le deuxième problème est l'imprécision des frontières des emplois. En cette période de réduction des effectifs, de plus en plus d'emplois voient s'estomper leurs frontières traditionnelles et bien définies. Les barrières séparant les emplois disparaissent. En effet, plusieurs spécialistes des ressources humaines croient que les descriptions d'emploi sont plus un problème qu'autre chose. Cela entraîne l'ambiguïté, l'incertitude et la tension.

1.   Peter LARSON (1989-1990). «Gestion des ressources humaines: questions du secteur privé», *Optimum*, vol. 20, n° 2, p. 55-63. Reproduit avec la permission du ministre des Approvisionnements et Services Canada, 1993.

Le troisième problème est le rythme des changements technologiques. Les changements technologiques ont fait intervenir plusieurs éléments en même temps. Ils ont réduit le contrôle qu'avaient de nombreux gestionnaires sur leur propre milieu de travail. Beaucoup n'ont pas pu marcher de pair avec les changements technologiques. Ils se trouvent soit dans leur bureau, soit dans le département de la production, et le résultat, c'est qu'ils sont distancés. Mais, simultanément, même si les ordinateurs ont laissé entrevoir des possibilités formidables dans les bureaux, ils n'ont pas, la plupart du temps répondu aux attentes de leurs utilisateurs. L'informatisation a provoqué plutôt une multitude de frustrations: des ordinateurs qui refusent de se parler, des imprimantes incompatibles, des phases d'exécution qui dépendent de la façon qu'on est perçu par les informaticiens.

L'absence de possibilités de promotion est le quatrième problème structurel. On a beaucoup parlé récemment du plafonnement professionnel. Le plafonnement professionnel s'applique à ceux qui s'aperçoivent que leur hiérarchie professionnelle manque d'espaces. Il y a plusieurs éléments en cause, dont notamment l'explosion démographique, la réduction des effectifs comportant une plus grande portée de commandement et des organisations n'offrant pas de débouchés, et des niveaux de formation plus élevés. Il n'y a aucun doute qu'une insatisfaction accrue dérive de ce phénomène.

Tel que précité, outre ces questions structurelles, certains problèmes culturels sous-jacents donnent également du fil à retordre aux gestionnaires. Il s'agit de l'érosion des loyautés traditionnelles ainsi que du fossé grandissant entre la mission et l'action.

En ce qui concerne l'érosion des loyautés traditionnelles depuis la récession des années 80, plusieurs sociétés ont dû réduire leurs effectifs, revoir leurs modes de fonctionnement et se défaire des entreprises dont elles ne voulaient plus. Partant, il leur a fallu licencier certains de leurs employés, des gens qui avaient rendu des services de qualité et qui avaient été fidèles à l'organisation, mais qui, sans qu'ils aient été à blâmer, ne correspondaient plus aux plans de leur employeur. Il en a résulté une chute vertigineuse générale de la fidélité à l'organisation.

L'autre problème est l'écart grandissant qui se creuse entre la mission et l'action. Plusieurs employés du secteur privé sont de plus en plus inquiets de ce qu'ils considèrent comme un fossé entre les objectifs déclarés de leur organisation et les actions effectivement posées par cette organisation. Il y a les employés de l'automobile, qui pensent que leurs organisations parlent davantage de qualité qu'elles n'en produisent; les ingénieurs chimiques, qui se demandent si leurs employeurs se préoccupent vraiment de l'environnement; ou encore les travailleurs de la production, qui croient que les préoccupations de leur employeur pour la santé et la sécurité des travailleurs cessent dès que les inspections sont terminées. Le fossé qui sépare la mission et l'action laisse tous ces gens de plus en plus sceptiques.

Si l'on réunit tous ces changements sous une seule rubrique, on voit que la nouveauté essentielle ici, c'est que le contrat d'emploi implicite subit une profonde évolution. Jusqu'à très récemment, lorsqu'on embauchait quelqu'un pour un emploi, il y avait un contrat implicite qui disait plus ou moins ceci:

> Si vous faites tout ce que nous vous demandons, si vous vous conformez aux instructions, si vos efforts sont constants, si vous tolérez les occasionnelles sottises de l'organisation, l'organisation vous donnera graduellement plus de droits d'ancienneté, augmentera votre rémunération et vos avantages sociaux, vous confiera davantage de responsabilités, et enfin vous attribuera une pension à l'âge de 65 ans.

Les choses étaient ainsi dans le secteur privé. Mais tout cela a changé. Le contrat d'emploi d'aujourd'hui se lit comme suit:

> Venez travailler pour notre organisation! Nous essaierons de vous tenir à jour au plan technologique, votre emploi changera constamment, on vous demandera de travailler très fort dans des conditions de grande incertitude, il est peu probable que nous puissions vous donner de l'avancement, et nous ne pouvons pas même vous garantir votre emploi. S'il se trouve que vous travaillez dans un secteur de l'entreprise qui constitue un risque, il se peut que nous devions vous licencier, mais nous essaierons de vous trouver un emploi adéquat ailleurs, dans la mesure du possible.

Faut-il donc être surpris que, dans le secteur privé comme dans le secteur public, l'on se préoccupe du déclin de la fidélité à l'organisation? La plupart des organisations du secteur privé sont très préoccupées par cette situation. Lors d'une réunion récente de spécialistes des ressources humaines, à laquelle participaient quelque 35 employeurs canadiens, la fidélité à l'organisation arrivait au premier rang des sujets que les participants voulaient discuter.

Je voudrais maintenant parler de ce que font les organisations du secteur privé pour redresser le moral de leurs employés, de ce qu'elles font pour gagner le respect de leurs employés et de ce qu'elles font pour accroître la fidélité à l'organisation. Il y a trois initiatives à traiter: la gestion participative; la qualité des produits et des services; et la souplesse et l'audace. Prenons chaque sujet un à un et voyons ce que font les organisations du secteur privé.

Il y a de nombreuses organisations dont je pourrais parler aujourd'hui: la participation des employés de Les Entreprises Unik près de la ville de Québec, l'amélioration de la qualité à Camco à Montréal, le perfectionnement des employés à la corporation Journey's End Motels, ou les relations de travail à la General Signal Company. Chacune de ces sociétés constitue une histoire passionnante en elle-même. À chaque endroit, j'ai discuté avec les gens de l'atelier, j'ai interviewé le personnel de bureau, les contremaîtres et les surveillants, ainsi que le personnel professionnel, et j'ai déjeuné avec le chef de la direction. Toutefois, je voudrais limiter mes observations à quelques grandes organisations du secteur privé – des organisations qui, par leur taille et l'étendue de leurs activités, se comparent à l'administration publique fédérale du Canada.

Examinons d'abord la gestion participative. La raison pour laquelle de nombreuses organisations du secteur privé encouragent le concours de leurs employés dans la gestion est très simple. Non seulement la résolution de problèmes en commun – la gestion participative – donne-t-elle le sentiment d'une communauté d'objet et d'objectifs, elle produit également de meilleures réponses. Comment cette participation peut-elle être encouragée, assimilée et exploitée?

Examinons une entreprise – la Ford Motor Company. Retournons en arrière, en 1980. C'est l'année où les affaires se sont effondrées. Bien des gens pensaient que c'en était fait de Ford. En effet, la compagnie a perdu plus de 3 milliards de dollars les trois premières années de la décennie. La sagesse classique du temps voulait que Chrysler dépose son bilan incessamment, et que Ford le suive peu de temps après.

Mais au cours des six années suivantes, la compagnie réduisit de 10 pour 100 ses coûts de fabrication d'automobiles, elle ferma onze usines, diminua ses effectifs de près de moitié et augmenta la qualité de 60 pour 100. Ce sont là des chiffres qui tiennent du miracle. Comment la compagnie Ford s'y est-elle prise, et peut-on en tirer des enseignements? Évidemment, les fermetures d'usines, les tactiques de compression des coûts et la réduction des stocks au minimum étaient des mesures nécessaires. Mais le président de la compagnie, Donald Peterson, est le premier à dire que toute cette mécanique aurait été inutile si la compagnie ne s'était pas appliquée d'abord à mériter de nouveau l'engagement de ses employés.

Au cours de la restructuration, la compagnie a examiné chacun des aspects de son entreprise, en commençant par la façon dont elle traitait ses employés. Comme plusieurs autres, la société Ford était reconnue pour avoir un style de gestion qui est aujourd'hui considéré comme tout à fait archaïque. C'était un style de gestion du haut vers le bas, un style directif. Elle avait pour habitude de traiter les travailleurs de la production comme des individus sans cervelle, des pièces interchangeables. Après tout, c'est dans l'industrie de l'automobile qu'a prospéré le taylorisme. Et ce n'est probablement pas un hasard si le Congrès d'organisations industrielles (COI) a, lui aussi, prospéré dans l'industrie de l'automobile.

On a fait appel, chez Ford, à la participation des employés surtout pour améliorer le terrible état des relations patronales-syndicales. On était certain en effet qu'il devait y avoir une meilleure façon de s'y prendre. Mais pendant une longue période, la direction comme la base syndicale sont restés très sceptiques sur l'issue d'une telle méthode. La compagnie adopta la gestion participative lorsqu'elle constata que ses relations de travail ne pouvaient changer tant que son mode de gestion ne changerait pas. C'est alors qu'elle s'intéressa à son style de gestion.

Avant d'entreprendre son programme de formation à la gestion participative et consciente de l'ampleur du problème, la compagnie effectua une enquête pilote chez 3 000 de ses gestionnaires. L'enquête démontra que la masse des gestionnaires chez Ford étaient conservateurs et protecteurs du statu quo. Elle utilisa une échelle de personnalité comme celle de Myers et Briggs qui classe les gens selon leur personnalité: il y a les traditionalistes et il y a les pionniers. En général, les traditionalistes occupent 38 pour 100 du registre, et les pionniers occupent un autre 38 pour 100. Ce que Ford a constaté dans son enquête portant sur 3 000 gestionnaires, c'est que 76 pour 100 d'entre eux se situaient dans la partie du registre occupée par les traditionalistes et que seulement 1 pour 100 se situaient dans la partie occupée par les adeptes du progrès et du changement. Manifestement, changer les attitudes ne serait pas tâche facile.

C'est alors que le président de Ford, ainsi que son chef de la direction sillonnèrent le pays et visitèrent toutes les usines, prêchant la participation des employés. Bien que ce geste ne pouvait être que symbolique puisqu'il ne leur était pas possible de passer plus d'une journée dans chaque usine, ni d'examiner à fond les problèmes, ils l'appuyèrent avec certaines mesures. À une époque où la réduction des coûts était la norme, il ne fut jamais question d'amputer les programmes destinés à favoriser la participation des employés. En fait, ce qu'il y a de plus remarquable dans tout cet exercice, c'est que l'on n'a jamais demandé à personne de mesurer si la participation des employés et la gestion participative aidaient Ford financièrement. C'était un acte de foi. Paul Bain, l'un des architectes du programme de participation des employés, qui siégeait au comité directeur national mixte, m'a dit: «Nous voulions souligner l'importance du processus de participation des employés, pas le résultat. Nous donnions à la direction, partout dans la compagnie, le signal d'un changement de cap.»

Après deux ou trois ans, on se mit à communiquer avec Paul en disant: «D'accord, j'aimerais l'essayer». Il mit au point un instrument de formation appelé *Leadership Development Conference*. Mais les gestionnaires étaient encore incrédules. Ils pensaient que la gestion participative serait trop gourmande en temps, que leurs supérieurs ne la supporteraient pas. À vrai dire, ils pensaient que cela passerait. D'ailleurs, les gestionnaires manifestaient une certaine méfiance et cynisme durant les premières séances. Les anciens avaient déjà vu bien des marottes et ils attendaient tout simplement que celle-ci fasse également son temps.

Le président de Ford présenta l'énoncé de la mission, des valeurs et des principes directeurs de la compagnie, et l'un des six principes fondamentaux adoptés par Ford était celui de la participation des employés. On créa en outre un tout nouveau centre de perfectionnement des cadres. Jusqu'alors, le perfectionnement des cadres se faisait plutôt à l'aveuglette. Ce n'était pas une activité systématique et planifiée. Le Centre de perfectionnement des cadres reposait sur la notion de travail d'équipe – la gestion participative. Le noyau de son programme, c'est la façon de s'y prendre pour susciter, à tous les niveaux de l'organisation, le désir de participer, et pour mettre à profit cette participation. Les résultats de cet exercice parlent d'eux-mêmes.

Le deuxième domaine culturel à aborder concerne l'amélioration de la qualité. Au cours de la dernière décennie, la qualité est devenue une préoccupation importante des entreprises canadiennes. Lorsque j'ai entrepris une recherche, il y a environ trois ans, sur quelques-uns des lauréats du Programme des prix d'excellence du Canada, seules une poignée de compagnies ainsi récompensées ont déclaré que la qualité était l'un de leurs grands objectifs. On m'a dit que la commercialisation, l'efficience de la production et le commandement étaient des questions considérées toutes comme très urgentes. Par contre, lorsque j'ai entrepris une deuxième étude, la qualité s'est présentée comme un grand sujet de préoccupation. La raison principale pour laquelle les entreprises canadiennes se soucient aujourd'hui de la qualité, c'est que la pression de la concurrence mondiale l'exige. Selon les propres termes du président de Bell Northern Telephone: «La qualité est le prix à payer pour entrer sur les marchés mondiaux».

Dès que l'on parle de qualité, deux choses viennent à l'esprit. D'abord, il faut définir ce que nous entendons par qualité. Trop longtemps, nous avons défini la qualité selon ce que les entreprises mettaient dans un produit. En réalité, ce qu'il faudrait mesurer, c'est ce que le client retire d'un tel produit. La mesure de la qualité, c'est la satisfaction du client.

Le deuxième point, c'est que la qualité n'est pas la chasse gardée de l'industrie manufacturière. Les industries des services se préoccupent, elles aussi, de la qualité de leurs services. Des enquêtes montrent que, dans les industries manufacturières elles-mêmes, 75 pour 100 des plaintes de consommateurs se rapportent à la qualité du service. Une diversité d'entreprises de services, telles Scandinavian Airlines, Xerox, Journey's End Motels et Alberta Government Telephones, ont fait de la qualité un de leurs grands objectifs.

Il m'apparaît un peu étrange que l'on ne puisse distinguer nettement un même souci de la qualité ou une orientation analogue dans la plus grande organisation de services qui soit, l'administration fédérale du Canada. Sans doute existe-t-il des ministères fédéraux qui appliquent des programmes axés sur la qualité, mais c'est loin de se produire aussi souvent, semble-t-il, que dans le secteur privé.

Je connais deux raisons qui peuvent partiellement expliquer ce fait. D'abord, le gouvernement fédéral – ou administration fédérale – est relativement à l'abri des contraintes de la concurrence internationale. C'est un monopole pour nombre des services qu'il fournit. Sa position n'est donc pas menacée de la même façon et la question de la qualité n'est pas aussi urgente. Une autre réponse possible est que la plupart des ministères et organismes fédéraux auraient de la difficulté à déterminer ou à dire qui sont leurs clients. Dans le secteur privé, il est assez facile de dire qui sont les clients. Ce sont les payeurs.

Mais, réflexion faite, ces deux réponses laissent beaucoup à désirer. L'administration fédérale est bien un monopole, mais cela ne signifie pas qu'elle est à l'abri de la concurrence. En réalité, les ministères ou activités dont la clientèle est insatisfaite sont véritablement menacés. Par ailleurs, la plupart des grandes entreprises du secteur privé doivent traquer la qualité en une multitude de situations, et non pas simplement au niveau des rapports entre l'entreprise et les clients. Par exemple, la plupart des entreprises ont un large éventail de fonctions internes. Ainsi, où est le client de la fonction de vérification interne, où est le client de la formation et du perfectionnement, ou encore où est le client de la fonction administrative?

De nombreuses compagnies canadiennes font des progrès impressionnants en s'efforçant de composer avec ces domaines. Un collègue au Conference Board vient d'achever une étude sur l'évolution de la fonction des ressources humaines dans les grandes sociétés canadiennes qui indique que la relation entre le service général des ressources humaines et les fonctions organiques est en train de subir des modifications considérables. Autrefois, les gestionnaires des ressources humaines d'une société exerçaient un contrôle étendu sur les méthodes de gestion du personnel, notamment le recrutement, la formation et le perfectionnement, l'avancement, la rémunération et ainsi de suite. Ces dernières années, il en va très différemment. Un nombre de plus en plus grand de fonctions de gestion des ressources humaines sont restituées aux cadres hiérarchiques.

Les gestionnaires des ressources humaines exercent présentement un rôle nouveau, un rôle de conseil et de coordination. Ils voient aujourd'hui les cadres hiérarchiques comme leurs clients, à telle enseigne que, dans de nombreuses entreprises, les cadres hiérarchiques peuvent soit recourir aux services des responsables des ressources humaines de l'entreprise, soit aux services de cabinets spécialisés de l'extérieur. Ainsi, lorsqu'on sait exactement qui est le client, la qualité ainsi que le moral des employés s'améliorent notablement.

Si j'ai abordé le sujet de la qualité, c'est parce que je voulais mentionner que le secteur privé prend la qualité au sérieux et qu'il y consacre des ressources énormes. Par l'amélioration de la qualité, il veut améliorer sa compétitivité. Il y parviendra en augmentant la satisfaction de la clientèle. Ce qui importe dans le cadre de ces propos, ce sont les conséquences secondaires de la qualité. Les employés des entreprises qui font preuve d'une bonne tradition de qualité sont mieux motivés et plus heureux. En traversant le pays pour faire des recherches dans le cadre d'une étude, j'ai passé du temps dans une cafétéria de travailleurs située dans une scierie de la Colombie-Britannique; j'ai causé avec des travailleurs de l'atelier d'une manufacture de Montréal; et j'ai parlé à un groupe de femmes de chambre d'une chaîne d'hôtels. Je n'ai aucun doute que la qualité des produits va de pair avec le moral des employés.

Examinons maintenant le troisième domaine culturel: la souplesse et l'audace. J'ai observé que les grandes administrations ont tendance, au fil du temps, à se recroqueviller sur elles-mêmes. Les façons de faire les choses, les méthodes et les attitudes deviennent codifiées. Toutes les grandes administrations, dans le secteur privé comme dans le secteur public, fonctionnent non pas en prenant des

risques, mais en les évitant. Les règles de comportement sont établies de façon arbitraire, parfois presque inopinément, puis, avec le temps, elles deviennent des
ordres impératifs dont la violation ne peut, semble-t-il, être admise.

Cependant, dans le nouvel environnement international, l'inertie, c'est la
mort. Elle abuse et frustre les employés, en particulier les cadres intermédiaires,
et elle va à l'encontre du besoin des grandes organisations d'être souples si elles
veulent survivre. La question est donc de savoir comment s'y prendre pour que la
culture d'une grande organisation évolue et s'adapte.

L'une des réponses est le découpage – procéder à une chirurgie structurelle. Mais cette opération conduit souvent à une diminution des effectifs, tandis
que le travail demeure le même. Autrement dit, on ne peut pas tout simplement
procéder à des licenciements. Il faut réduire les tâches en trouvant de nouvelles
façons de s'y prendre. C'est alors que l'on entend les objections: «On ne peut pas
faire cela, c'est contraire aux règles».

J'ai deux choses à dire sur les règles. D'abord, il y a, dans la plupart des
organisations, beaucoup moins de règles qu'on le pense. Ensuite, il n'est pas toujours nécessaire de se plier à la règle s'il y a une bonne raison de ne pas le faire.
Dans toute bureaucratie, les gens grossissent l'importance des risques, comme ils
grossissent les obstacles organisationnels au progrès.

Prenons par exemple la Banque Royale du Canada, une importante organisation canadienne, qui compte 40 000 employés à travers le monde. Ce n'est pas
seulement une organisation importante, c'est une banque, donc une organisation
qui, conséquence presque logique, se méfie de la nouveauté. Néanmoins, la
Banque Royale affronte toutes les difficultés des grandes organisations décrites
précédemment, en menant un combat entêté et perpétuel contre la lourdeur qui
menace toute administration. Jim Gannon, vice-président du développement des
ressources humaines de la Banque Royale fait remarquer que ce qu'il faut faire,
c'est réduire, dans l'esprit des gens, l'importance des risques courus. La question
n'est plus alors: «Est-ce permis?», mais «Est-ce que cela fonctionnera?» La
Banque Royale a présentement des douzaines d'expériences en cours, dans des
domaines comme les récompenses et la reconnaissance, les évaluations du rendement, la formation et le perfectionnement, l'orientation des nouveaux employés,
la façon de traiter les préoccupations des employés, la façon de montrer de la
sympathie aux clients, et ainsi de suite. Pour nombre de ces expériences, leurs
instigateurs se sont d'abord heurtés à une attitude négative: «La banque n'accep-
tera jamais cela». Mais combien d'expériences sont vouées à l'échec, non pas à
cause d'une opposition venant de l'extérieur, mais simplement à cause de l'auto-
censure?

Il ne peut y avoir de progrès sans tentatives, et il ne peut y avoir de tentatives sans un certain risque. L'organisation doit s'engager à accepter ce risque – ce
que Jim Gannon appelle l'«institutionnalisation du pardon». L'adoption de ce
principe donne la voie libre à des essais étonnamment audacieux. Par exemple,

plusieurs des expériences de la Banque Royale relèvent des domaines de l'examen du rendement et de la paye. En abordant la paye, on touche à un sujet délicat, mais on y a touché tout de même.

J'ai évoqué brièvement trois points au cours de mes observations: la gestion participative, la qualité des produits et des services, et l'ouverture à la nouveauté. Ce sont trois domaines auxquels le secteur privé du Canada consacre beaucoup de temps et d'attention. Si les organisations du secteur privé se préoccupent de ces questions, ce n'est pas parce que le moral de leurs employés est bas ou parce qu'elles souffrent d'un manque de fidélité à l'organisation. Elles s'en préoccupent parce que ces questions sont essentielles à leur compétitivité. C'est cette compétitivité qui garantit qu'elles auront des emplois à offrir et, en fin de compte, c'est le meilleur instrument de gestion pour améliorer le moral et l'efficacité des employés.

QUESTIONS

1. Montrez, à l'aide d'une ou de quelques-unes des théories de la motivation décrites dans ce chapitre, quelles pourraient être les conséquences des mesures du président du Conseil du Trésor (dont fait état le premier article) sur le comportement et les attitudes des employés du secteur public?

2. Quel jugement portez-vous sur la proposition du président du Conseil du Trésor de donner des primes si la productivité augmente de 1 % à la suite de la réorganisation des procédés de travail et à une plus grande efficacité dans les organisations publiques? Que pensez-vous de la position des syndicats exprimée dans le deuxième article?

3. Comme ces mesures s'appliquent à l'ensemble des employés de l'État, y compris les cadres, hauts fonctionnaires, députés, juges, médecins, policiers, etc., est-ce que la motivation des employés en sera moins affectée?

4. Peter Larson dans son article pose certaines questions concernant la gestion des ressources humaines dans le secteur privé. Si vous aviez à écrire un article du même genre concernant cette fois certaines questions reliées à la gestion des ressources humaines dans le secteur public, quelles en seraient les grandes lignes? Y aurait-il des différences quant au contenu de votre article et celui de Peter Larson?

Chapitre 10

LE CHANGEMENT ET LE DÉVELOPPEMENT ORGANISATIONNELS

Le changement a probablement été, au cours des 20 dernières années, le sujet le plus populaire auprès de ceux qui s'intéressent aux théories de l'organisation. C'est souvent en période de changement ou de crise que les occasions de développement et de croissance sont les plus prometteuses, tant pour les organisations elles-mêmes que pour les individus qui y travaillent. Évidemment, ceux qui sont en position de saisir de telles occasions ne le font pas toujours, de telle sorte qu'une crise peut tout aussi rapidement mener à l'écroulement et à la destruction d'une organisation qu'à sa renaissance. Tout dépendra de l'intelligence, de la clairvoyance et de la souplesse de ses dirigeants et du support qu'ils obtiendront des membres de l'organisation. Plus souvent qu'autrement, les changements sont destructeurs bien qu'ils ne mènent pas nécessairement à la disparition de l'organisation; ils entraînent plutôt pour l'organisation une incapacité d'assumer correctement son mandat.

Bien que tout le monde en parle, on n'a qu'une compréhension limitée du phénomène du changement et on ne sait pas toujours comment l'approcher dans une perspective organisationnelle. Il y a cependant une littérature de plus en plus abondante qui cherche à élucider la nature du changement et la façon pour les organisations de le gérer. De fait, on admet aujourd'hui que les organisations peuvent influencer le changement et contrôler ses effets: la «gestion du changement» est un concept qui est de plus en plus à la mode. Ainsi, tout au long de ce chapitre, nous allons traiter de changement «planifié» et de changement «non planifié». Le changement non planifié (un changement que l'organisation ne peut pas contrôler) est celui qui est le plus étudié: il comprend presque tous les facteurs externes et plusieurs facteurs internes à l'organisation et mobilise la majeure partie des efforts des hauts dirigeants. Les cadres publics s'intéressent plus particulièrement à l'environnement politique; évidemment, les changements non planifiés qui affectent les organisations publiques ne se limitent pas à l'environnement politique: ils s'alimentent entre autres des tendances économiques, des découvertes technologiques et des changements sociologiques. L'ensemble de ces facteurs doit être pris en compte lorsqu'on essaie de faire jouer le changement au profit de l'organisation et ceci sera l'objet de nos propos sur les changements non planifiés, vers la fin du chapitre. Mais, tout d'abord, nous allons examiner plusieurs types de changement planifié.

Nous allons voir dans la prochaine section comment certaines théories de l'organisation abordent le changement et nous allons traiter certaines des questions soulevées par ces approches. Par la suite, nous allons examiner plusieurs techniques utilisées pour planifier les changements dans les organisations. Troisièmement, nous allons considérer divers modèles de changement organisationnel couramment utilisés et traiter de leur utilité. Finalement, nous croyons essentiel d'examiner l'impact du système politique sur les organisations publiques et de voir comment ces dernières peuvent tirer avantage des changements non planifiés susceptibles de se produire dans leur environnement politique.

LES THÉORIES SUR LE CHANGEMENT

Chaque théorie des organisations a ses propres postulats à propos du sens, des objectifs ou de la finalité du changement. Les objectifs que l'on prête au changement mènent à leur tour à d'autres postulats au sujet du processus engagé et du contexte dans lequel le changement se produit, à savoir comment et pourquoi il se produit. Avant d'examiner ces théories cependant, nous allons brièvement revoir certains des objectifs généraux qui sont invoqués à l'appui du changement organisationnel et qui sont généralement acceptés de tous ceux qui s'intéressent à la question.

Bien que la littérature sur le changement dans les organisations prenne plusieurs formes et aborde des problématiques à partir de points de vue très divergents, on peut regrouper plusieurs des buts couramment acceptés sous cinq thèmes:

1. On s'entend généralement pour dire que les organisations publiques devraient être capables de s'adapter aux changements qui surviennent dans leurs environnements politique, économique ou technologique; on en déduit, en corollaire, que les organisations publiques doivent être capables de générer de nouvelles connaissances, de nouveaux procédés de travail ou de nouvelles technologies. Pourtant, il est souvent difficile

de dire précisément si un procédé utilisé est réellement nécessaire ou s'il se justifie seulement du fait de son existence.

2. On s'entend généralement pour dire aussi que les décisions dans les organisations devraient être prises rationnellement. Pourtant, on peut améliorer la prise de décision de diverses façons. De plus, le sens qu'on donne au concept de rationalité varie selon le type d'organisation à l'étude et selon la philosophie politique et la philosophie de gestion de l'auteur.

3. Le but des changements proposés aux chapitres de la gestion, des structures et des procédés de travail des organisations publiques est d'en améliorer l'efficience et l'efficacité. Or, les définitions d'efficience et d'efficacité varient même chez des auteurs et praticiens également compétents; c'est tout de même à partir de ces concepts de base qu'on débattra de «ce qu'il faut faire».

4. L'objectif des changements proposés par plusieurs spécialistes des sciences humaines est de corriger les aspects pathologiques de l'organisation. Le mot «pathologie» réfère ici aux «déviations par rapport à un état normal qui correspondent à autant de maladies ou encore qui caractérisent une maladie particulière». Le mot désigne aussi ce qui dévie de ce qui est approprié ou d'un état qualifié de normal (*Webster's New Collegial Dictionary*, 1977). Ayant établi ce qu'ils croient être le comportement «normal» dans des groupes, les spécialistes des sciences humaines essaient donc de favoriser le développement de la personne et/ou les relations humaines dans l'organisation pour, en fin de compte, augmenter la motivation et l'engagement des membres, réduire leur niveau d'aliénation et leur permettre d'affirmer leur liberté.

5. Jusqu'à un certain point, la poursuite des buts que l'on vient d'indiquer contribue également, soit à réduire l'intensité du conflit, soit à l'utiliser de façon constructive. Cela vaut tant pour les conflits internes que pour les conflits entre plusieurs organisations. Certains conflits peuvent être éliminés, mais un bon nombre d'entre eux sont inévitables; dans certains cas, ils peuvent même être utiles, à la condition d'être contrôlés pour empêcher que les membres de l'organisation négligent ou abandonnent la poursuite des buts organisationnels.

Les diverses théories portant sur l'organisation, du moins celles qui ont marqué les dernières années, ont pris en compte au moins certains des buts présentés ci-dessus. Par ailleurs, ces théories ont négligé des aspects importants liés au changement et ont insisté sur certains autres.

Lorsqu'on regarde, par exemple, les différentes théories traitant de la prise de décision (le chapitre 7 en propose une synthèse), on constate que les approches rationnelle et incrémentaliste ne traitent que certains des cinq objectifs énumérés précédemment: ni l'une ni l'autre ne les englobe tous. L'approche rationnelle prêche une plus grande rationalité et une amélioration de l'efficience et de l'efficacité, sans reconnaître toutefois la nécessité qu'a l'organisation de s'adapter aux changements extérieurs, d'agir sur les aspects pathologiques ou de réduire et de gérer les conflits. À l'opposé, l'adaptation de l'organisation à des changements extérieurs et la réduction des conflits sont des points majeurs pris en compte par l'approche incrémentaliste à la prise de décision. Les théoriciens du changement diraient, eux, que chacun des cinq thèmes doit être considéré (même si, dépendant de la situation, tous ne reçoivent pas toujours un traitement égal) pour qu'une organisation puisse réaliser ses objectifs avec succès, de manière efficiente et efficace. Lorsqu'on examine les théories bien connues sur d'autres aspects des organisations (qu'il s'agisse de la motivation, du contrôle, des communications ou du leadership), on observe la même tendance à favoriser un nombre limité d'objectifs. Lorsque, exceptionnellement, tous les objectifs sont considérés, ils le sont inégalement: les cinq objectifs ne sont jamais traités de manière égale. La littérature traitant du changement organisationnel essaie – malgré ces biais et avec plus ou moins de succès – de développer une théorie universelle et intégrée.

LE CHANGEMENT DOIT TENIR COMPTE D'UNE PARTICULARITÉ IMPORTANTE DES ORGANISATIONS PUBLIQUES

L'application de ces différentes écoles de pensée à l'administration publique doit tenir compte d'une particularité qui agit sur le processus de changement et ses effets: il s'agit du devoir qu'ont les organisations publiques de répondre aux attentes des citoyens. Ce devoir de répondre aux attentes des citoyens doit cependant s'accommoder à l'obligation de rendre des comptes, ou ce qu'on appelle communément l'imputabilité, et à la liberté d'agir des membres de l'organisation. La *figure 10.1* illustre les combinaisons entre l'imputabilité et la liberté d'action des membres d'une organisation publique.

La décision d'adhérer strictement à la loi et aux ordres des supérieurs (imputabilité), ou plutôt de répondre d'abord et avant tout aux besoins de clientèles, ou encore de se comporter en conformité avec son propre code moral personnel et de faire «ce qui est bien quoi qu'en dise la loi», a d'énormes conséquences sur l'importance qu'on accorde au changement organisationnel et sur les buts que doit poursuivre le changement. On peut tous tomber d'accord pour introduire des changements visant à accroître l'efficience, mais ce concept revêt des sens bien différents selon qu'on se situe à un point ou à un autre de l'axe oblique de la figure 10.1. L'efficacité réfère à l'impact d'un programme ou d'un processus et pour évaluer cet impact, il doit y avoir un consensus minimal sur les buts à court et à long terme, l'un des buts à long terme étant de préserver le caractère démocratique de notre système de gouvernement. Les débats entre ceux qui ont des vues différentes au sujet du devoir qu'ont les organisations publiques de répondre aux attentes des citoyens s'enlisent souvent du fait qu'ils abordent tout à la fois, à savoir les résultats à court terme des programmes, le caractère approprié des procédures utilisées, les attitudes des bureaucrates appliquant les programmes et l'impact de tous ces facteurs sur la question plus fondamentale de savoir comment tout cela est relié à l'objectif de base qui est de renforcer la démocratie.

FIGURE 10.1

L'imputabilité et la liberté d'action

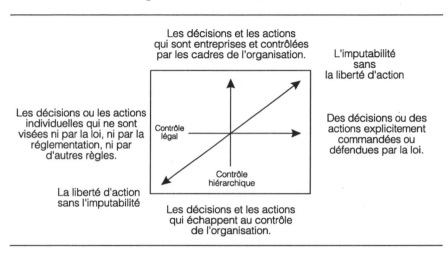

Ceux qui accordent plus d'importance à l'imputabilité vont placer le respect de la lettre de la loi au-dessus de facteurs tels que la liberté d'action des individus à l'intérieur de l'organisation publique; pour eux, ce qui est important est de s'assurer que les organisations publiques demeurent à l'intérieur de leur champ de compétence et de pouvoir et que les élus du peuple légifèrent. Dans cette optique, quand il est question de politiques publiques, ce sont les élus et non les bureaucrates qui doivent être imputables. Dans certaines situations, l'objectif de rendre imputables les bureaucrates et celui d'assurer leur liberté d'agir dans l'organisation vont entrer en conflit; or, bien que le bien-être individuel et le plein développement du potentiel des personnes soient des objectifs valables, l'imputabilité de ces personnes doit primer. Pour les partisans de l'imputabilité, le changement organisationnel doit toujours être conçu en respectant cet ordre de priorité.

Ceux qui adhèrent plutôt à l'idée que l'individu doit exercer ses responsabilités conformément à son propre code moral ou aux attentes des clientèles ne contestent pas nécessairement que l'imputabilité soit importante; en fait, ils croient simplement qu'on peut être imputable mais de manière différente. Ils prétendront que l'objectif à long terme qui consiste à assurer (certains préféreront le mot «réaliser») la démocratie, a de meilleures chances d'être atteint si les administrateurs publics sont sensibles aux besoins et aux désirs de ceux qu'ils servent. Ce même objectif sera mieux servi quand les organisations publiques seront plus réceptives aux changements et quand les individus dans les organisations seront libres de rivaliser avec d'autres citoyens et les élus dans la détermination des buts organisationnels et des procédures appropriées. Dans cette optique, l'imputabilité sera vraiment assurée dans les organisations publiques lorsque les changements introduits entraîneront plus de liberté, tant à l'interne (pour les membres individuels) qu'à l'externe, en ce sens que les organisations publiques seront perçues comme des entités qui représentent les intérêts de leurs clients dans l'arène politique. Pour ceux qui partagent cette conception des organisations publiques, le changement peut prendre plusieurs formes, telle la réforme des cultures organisationnelles, et dépend dans une large mesure du sens des responsabilités des bureaucrates.

Ces deux «paramètres», l'imputabilité et la liberté d'action doivent faire partie de toute discussion portant sur le changement dans les organisations publiques; nous y référerons donc tout au long du chapitre.

LE CHANGEMENT PLANIFIÉ

Le changement est un phénomène inhérent à la vie de toute organisation et il est omniprésent. Si tel n'était pas le cas, nous pourrions simplement programmer les activités menant au changement et ne pas se préoccuper de la plupart des problèmes dont il a été question tout au long de cet ouvrage, mais il en est tout autrement. On observe des changements à l'intérieur de l'organisation comme dans son environnement et ceci est vrai tant pour les organisations publiques que pour les organismes privés à but lucratif. Beaucoup d'efforts sont déployés pour élargir le domaine du changement planifié des organisations. On commence bien sûr par décrire les organisations mais l'objectif ultime, si l'on réussit à bien définir et décrire ce qu'elles sont, est de prédire les événements auxquels elles devront s'ajuster et de recommander les moyens de composer avec eux. On pourra même vouloir aller plus loin dans certains cas en corrigeant ou en changeant au préalable certains aspects de l'organisation dans le but de profiter de certaines situations ou d'éviter certains problèmes.

L'intérêt pour le changement planifié grandit, notamment depuis que les possibilités de collecte, d'emmagasinage et d'utilisation de l'information se sont développées. L'information sur l'environnement externe ne permet pas nécessairement de planifier le changement et de contrôler cet environnement mais permet de réagir plus rapidement aux indicateurs de changement[1]. Par ailleurs,

---

1. Une des inquiétudes de ceux et celles qui critiquent le développement de très grandes organisations, tant sur le plan national qu'international, c'est que ces organisations sont si importantes et si puissantes qu'elles contrôlent une partie non négligeable des ressources (financières, matérielles, humaines, etc.) et de l'information concernant les événements relatifs à leur champ d'activités. Leur monopole sur les ressources et sur l'information peut leur permettre de contrôler des activités qui n'ont rien à voir avec leur secteur d'activités. Le danger, bien sûr, c'est que ces organisations prennent des décisions influençant le cours d'événements sur lesquels elles ne devraient pas avoir de contrôle: ceci pourrait bien servir leurs intérêts mais nuire à ceux de la société en général. Évidemment, il s'agit d'une préoccupation présente surtout dans les sociétés où une forme de système d'économie de marché est acceptée. Dans les pays communistes, ces grandes organisations sont contrôlées par le gouvernement, lequel est considéré comme l'organe qui peut le mieux décider de ce qui est bon pour la société.

l'information sur les opérations internes des organisations publiques, telle qu'une meilleure compréhension des rapports entre la structure de l'organisation et les fonctions de production et de gestion ou encore une meilleure connaissance des comportements de leurs membres, facilite la planification, voire la maîtrise, de certains changements. Par conséquent, on peut prétendre que le changement planifié s'applique dans trois domaines du fonctionnement des organisations publiques: le domaine des structures, le domaine des processus de production et/ou des technologies, le domaine des comportements et/ou des valeurs. Chacun de ces domaines sera brièvement traité dans les pages suivantes; il va sans dire qu'une compréhension approfondie et une maîtrise réelle des effets du changement dans chacun de ces domaines exigeraient un traitement beaucoup plus élaboré.

Le changement planifié des comportements et des valeurs

Le domaine du changement planifié qui a suscité le plus d'intérêt au cours des trente dernières années est celui du comportement organisationnel dont les principaux éléments sont le comportement des individus en groupes, le fonctionnement des groupes dans les organisations, les comportements des individus et des groupes dans les contextes organisationnels et, par voie de conséquence, les valeurs qui sous-tendent les actions des individus et celles des groupes. L'étude de ces questions a donné naissance à une discipline que l'on nomme le «développement organisationnel», lequel est défini comme:

> Un effort à long terme pour améliorer les processus de solution de problèmes et de renouvellement dans l'organisation, en particulier via une gestion participative et plus efficace de la culture organisationnelle – en mettant l'accent sur la culture des groupes formels de travail – et ce, avec l'aide d'un agent de changement ou d'un catalyseur: cet effort d'amélioration utilise la théorie et la technologie développées par les sciences appliquées du comportement, incluant la recherche-action[2]. (French et Bell, 1984, p. 14)

Selon les praticiens du développement organisationnel (DO), cette discipline fait partie du domaine grandissant de la théorie du comportement en organisation, domaine qui s'inspire de la sociologie, de la psychologie, de la

---

2. Deux expressions méritent d'être définies, notamment pour ceux qui connaissent peu ou pas cette discipline. Un «agent de changement» est une tierce partie qui n'est associée ni à la problématique ni à l'unité administrative visée par l'intervention et qui peut, de ce fait, intervenir comme consultant objectif en suggérant des façons d'introduire le changement souhaité. La «recherche-action» est un modèle de recherche qui comprend plusieurs étapes. La première étape 1) consiste en un diagnostic préliminaire du dilemme ou du problème soumis; puis 2) des informations fournies par le groupe sont colligées; lors d'une troisième étape 3), cette information est communiquée au groupe. Une fois cette information analysée par le groupe (étape 4), le groupe planifie les actions à prendre (étape 5). Une fois les actions mises en place (étape 6), le processus redémarre avec la première étape. En ce sens, la «recherche-action» constitue un processus cyclique. Pour plus d'informations à propos de la définition de la «recherche-action» et sur le développement organisationnel, nous suggérons de consulter l'ouvrage de French et Bell (1984); ces auteurs donnent un aperçu général de la discipline.

cybernétique, de la science politique et des autres sciences sociales. Le développement organisationnel, dans son sens le plus large, peut être conçu comme la dimension *appliquée* de la recherche plus fondamentale faite dans les différentes sciences sociales – du moins dans celles qui s'intéressent aux organisations (Argyris et Schön, 1978). Les détracteurs du DO prétendraient qu'il s'agit là d'une définition inexacte bien que commode pour les défenseurs de cette discipline. Cette discipline s'est développée à partir de deux techniques importantes qui, bien qu'ayant évolué séparément, se sont avérées complémentaires. Toute une série d'outils ont été conçus à partir de ces techniques et ont permis de mieux comprendre les structures, les processus, la culture, les valeurs et les comportements dans les organisations. Lorsque ces facteurs sont bien compris, on peut envisager des façons de les changer ou de les modifier.

La première de ces techniques est celle de la *formation en laboratoire*, qui met en situation de petits groupes non structurés dans lesquels les participants se développent à partir de leurs interactions et de l'évolution de la dynamique du groupe. Ce type de formation, qui a débuté en 1946, a conduit à l'émergence de personnes plus sensibles à la dynamique des groupes et davantage en mesure de comprendre les valeurs qui animent les comportements des individus et ceux des groupes. À l'origine, de tels groupes, appelés «groupes de croissance» ou «groupes de rencontre» [*T-Groups*], réunissaient pendant un certain temps des étrangers désireux d'apprendre et de vivre des expériences enrichissantes. Malheureusement, il est vite apparu difficile de transférer dans les milieux de travail respectifs des participants, les habiletés personnelles et interpersonnelles acquises dans les rencontres de groupes. Ce type de formation était souvent caractérisé par la confrontation et l'expression de sentiments personnels; or, il pouvait être extrêmement dangereux pour un participant de se comporter de la sorte dans son organisation avec des gens qui ne sont pas habitués ou encore qui sont incapables d'accepter ce genre de comportements ou cette ouverture. Pour que ce type d'apprentissage puisse être transféré dans un contexte organisationnel (que les apprentissages soient réellement utilisés et aient un impact à plus long terme), il fut convenu que les «équipes» devaient être formées de membres de l'organisation ou que des groupes de gens travaillant ensemble ou communiquant régulièrement entre eux devaient être impliqués. La formation telle que conçue originalement est encore offerte bien que, lorsque la technique est utilisée dans des organisations complexes, elle l'est de manière à sensibiliser le plus grand nombre de membres de l'organisation et à regrouper les gens à partir des relations qu'ils entretiennent au travail.

La seconde technique, qui a permis la naissance du développement organisationnel (DO) et lui a conféré de la légitimité comme méthode pour modifier les valeurs et les comportements, est la recherche empirique à partir d'enquêtes et la rétroaction (feed-back). Cette approche a été popularisée par le «Survey Research Center» de l'Université du Michigan, mais ses racines remontent encore plus loin. La validité des enquêtes dépendait du soin apporté à l'élaboration de questionnaires conçus pour être soumis à tous les répondants, de l'utilisation d'échantillons probabilistes, et d'une codification minutieuse des réponses de manière à ce que les résultats puissent être communiqués aux groupes participants (il pouvait s'agir d'une partie d'une organisation ou de l'organisation dans son ensemble). De cette manière, les participants pouvaient apprendre, par un procédé qui garantissait leur anonymat, ce que les gens pensaient et ressentaient à propos de leur organisation (ses objectifs, ses valeurs, et les comportements de ses membres).

C'est à partir de ces deux techniques – la formation en laboratoire et les enquêtes ainsi que la rétroaction – qu'une multitude de programmes se sont développés pour favoriser des interventions au sein des organisations; de telles interventions visaient à modifier la structure, les processus, les comportements et/ou les valeurs des individus et des groupes. Golembiewski, Proehl et Sink classent ces interventions en huit groupes selon leur degré de complexité et de raffinement.

1. L'analyse des processus vise l'application des sciences du comportement à la compréhension de situations complexes et mouvantes. Les interventions auxquelles ces analyses donnent lieu peuvent être très simples: on demandera, par exemple, aux différents membres d'un groupe ce qu'ils ressentent à propos de ce que le groupe vient d'accomplir. Il peut s'agir aussi d'interventions complexes comme de chercher à comprendre le sens d'un conflit interpersonnel résultant de convictions différentes chez des individus par rapport ou à l'égard de l'administration.

2. L'acquisition d'habiletés vise l'adoption de comportements qui correspondent aux valeurs de l'approche du développement organisationnel. Il pourra s'agir, par exemple, de comportements liés à la transmission ou à la réception de feed-back, à l'écoute et à la résolution de conflits.

3. Les activités diagnostiques, en plus d'utiliser l'«analyse de processus» dont il a été question plus haut, s'appuient sur des techniques d'entrevues, des tests psychologiques et des enquêtes d'opinions sur un système social donné. Ces informations sont utilisées pour franchir les étapes usuelles d'une recherche-action soit le diagnostic d'une situation, la détermination des changements appropriés, leur implantation et leur évaluation.

4. Les activités de conseil et d'appui cherchent à appliquer les principes du développement organisationnel dans des situations plus personnelles en favorisant, par exemple, l'intervention d'un consultant dans un conflit interpersonnel.

5. Les activités visant à faciliter le fonctionnement d'équipes de travail cherchent à améliorer leur efficience et leur efficacité. Diverses techniques telles la formation psychosociale en laboratoire (via les «groupes

de croissance» ou «T-groups»), les séances d'entraînement au travail en équipe (*sensitivity-training modes*) ou l'une ou l'autre des techniques déjà mentionnées pourront être utilisées.

6. Les activités visant à améliorer le fonctionnement intergroupes cher-cheront à relier de manière efficace et satisfaisante deux ou plusieurs groupes de travail, telles les différentes directions d'une grande organi-sation.

7. Les activités techno-structurelles seront centrées sur la conception des rôles, des tâches et des structures qui contribueront à satisfaire les membres de l'organisation. Ce type d'activités appuie les points de vue de Maslow, d'Argyris ou d'Herzberg concernant les besoins de crois-sance individuelle. On utilisera des techniques comme l'élargissement des tâches, les horaires variables, etc., que l'on conjuguera avec des interventions de développement organisationnel.

8. La conception de systèmes ou d'activités de mise à jour de systèmes vise à introduire des changements majeurs au chapitre du climat et des va-leurs dans les grandes organisations. Pour ce faire, on utilisera des com-binaisons complexes des sept groupes d'activités déjà mentionnées. De tels changements peuvent prendre de trois à cinq ans pour se réaliser (Golembiewski, Proehl et Sink, 1981, p. 680).

Il va sans dire que le développement organisationnel et toutes les tech-niques qui s'en inspirent reposent sur un certain nombre de valeurs ou postulats non démontrés que nous reproduisons dans le *tableau 10.1*.

Il y a beaucoup de controverses au sujet de la valeur et du succès de l'ap-proche dite du développement organisationnel. Malgré tout, cette approche a beaucoup aidé à évaluer les possibilités de changement planifié des valeurs et des comportements des groupes ou des individus dans les organisations. Golem-biewski et ses compatriotes, après avoir hésité sur les chiffres pendant une di-zaine d'années, prétendent que 80 % des 270 interventions menées dans des organisations publiques (à propos desquelles ils ont retrouvé des écrits) ont «au moins eu une part d'effets positifs et intentionnels» (1981, p. 681). Bien qu'il faille être très prudent vis-à-vis les résultats de cette étude (notamment à cause du biais des auteurs, de la faiblesse de la méthodologie utilisée, de la tendance à ne rapporter que les expériences qui ont réussi et celle qu'ils ont d'interpréter sous leur meilleur jour les résultats d'interventions dont ils ont eux-mêmes pris l'initiative), il est évident que le développement organisationnel peut réussir et que, dans certains cas, le changement planifié des comportements et des valeurs peut être introduit dans le secteur public.

TABLEAU 10.1

**Les valeurs et les postulats sous-jacents
au développement organisationnel**

1. Ce qui est postulé à propos des individus:
* Les individus cherchent à se développer si leur environnement les y encourage et leur offre des défis intéressants.
* La plupart des gens sont prêts à contribuer à l'atteinte des buts de l'organisation dans une plus large mesure que ce qui leur est demandé par l'environnement.

2. Ce qui est postulé à propos des individus et du leadership dans les groupes:
* Un des groupes les plus importants auxquels les individus se réfèrent est le groupe de travail (composé à la fois des pairs et des supérieurs).
* La plupart des gens désirent être acceptés et interagir de manière coopérative avec plusieurs petits groupes de référence (qu'il s'agisse du groupe de travail, de la famille, des amis, etc.).
* Le leader formel ne peut pas toujours assumer toutes les fonctions de leadership et de gérance; d'où l'importance de la dimension informelle de l'organisation assumée par les groupes qui permettent à différents individus d'exercer toute une variété de rôles liés au leadership.
* La suppression des émotions et des attitudes nuit à la solution des problèmes, au développement personnel et à la satisfaction au travail.
* Dans la plupart des groupes, le niveau de confiance mutuelle, de support et de coopération est bien inférieur à ce qui est nécessaire ou souhaitable.
* Les solutions à la plupart des problèmes relatifs à la motivation ou aux attitudes dans les organisations requièrent des modifications dans les relations mutuelles qu'entretiennent les individus dans un système. (Les problèmes de motivation et d'attitudes sont «transactionnels» et prennent racine dans les façons qu'ont les gens d'interagir.)

3. Ce qui est postulé à propos des individus dans les systèmes organisationnels:
* Puisqu'une des caractéristiques des organisations est le chevauchement des groupes de travail, le style de leadership et le climat qui prévalent aux échelons supérieurs ont tendance à être transmis aux échelons inférieurs.
* Les stratégies de résolution des conflits entre individus ou entre groupes où l'une des parties gagne alors que l'autre perd ne sont pas optimales à long terme dans la résolution de la plupart des problèmes organisationnels.
* Le facteur «temps» et la patience sont importants lorsqu'il est question de changer les valeurs et les comportements dans une organisation.
* Pour que des changements persistent, tout le système de gestion des ressources humaines doit s'ajuster en conséquence (qu'il s'agisse de l'évaluation, de la rémunération, du recrutement des individus, de la conception des tâches et des divers sous-systèmes de communication).

4. Ce qui est postulé au chapitre des valeurs des membres d'une organisation où se fait une intervention:
* Les membres de l'organisation croient tout autant à la collaboration qu'au produit de l'organisation.
* Le bien-être de tous les membres d'une organisation est important, surtout celui des gens qui doivent exercer du pouvoir sur les autres.

5. Les valeurs des agents de changement qui s'inspirent des sciences du comportement:
* Les organisations existent pour satisfaire les besoins et les aspirations des humains.
* Le travail et la vie peuvent être plus enrichissants et significatifs, l'organisation plus efficace et plus agréable, si l'on accepte que les sentiments sont un aspect légitime de sa culture.
* Une attention égale doit être consacrée à la recherche et à ses applications.
* Le but du développement organisationnel est d'utiliser plus efficacement les ressources humaines. Un pouvoir mieux réparti et la démocratisation des milieux de travail peuvent être importants bien qu'ils ne constituent pas des problématiques exclusives. Une meilleure utilisation des ressources humaines devrait contribuer à augmenter le pouvoir de chacun.

Même lorsque les techniques de développement organisationnel fonctionnent parfaitement, il n'y a rien qui garantisse qu'elles poursuivent les finalités souhaitées par la société dans son ensemble ou par ceux qui ont été choisis pour la représenter. De plus, il y a très peu de différence entre le fait d'essayer de motiver des employés en les aidant à changer leurs valeurs et leurs comportements et, d'autre part, le fait de les manipuler en utilisant divers moyens pour contrôler et manœuvrer habilement de l'extérieur le système de récompenses et de valeurs et ce, afin de les obliger à faire ce que d'autres ont décidé pour eux.

Un second problème soulevé par l'approche du développement organisationnel, même lorsqu'elle est appliquée de manière appropriée, a trait à la possibilité que ses résultats s'estompent avec le temps, que ce qui a été appris et acquis soit graduellement oublié, et que de nouveaux acteurs, qui n'ont pas été sensibilisés à ce qui a été fait, joignent l'organisation. Tout ceci signifie qu'il doit y avoir un engagement à long terme dans un tel processus de changement ainsi que dans le maintien du nouveau système mis en place. Dans le secteur public, cependant, les engagements à long terme et le maintien de tels systèmes peuvent être très difficiles à réaliser, notamment parce que les gens ont tendance à privilégier une perspective à court terme et que les responsables de certains organismes restent peu de temps en poste, les quittant souvent à des moments inopportuns[3]. Ainsi, alors que certaines interventions visant à changer l'organisation prendront plusieurs années avant de donner les résultats escomptés, des élections seront déclenchées entre-temps ce qui sera susceptible de les perturber. Qui plus est, il est loin d'être certain que les élus qui ont appuyé le début d'interventions en développement organisationnel soient encore en poste au moment d'étapes ultérieures plus critiques. Par exemple, il se peut que, juste au moment où les chances de succès sont les meilleures, des élections municipales portent au pouvoir un nouveau conseil indifférent ou non sympathique aux efforts de changements entrepris et qu'il faille, par conséquent, dépenser beaucoup d'énergie à les convaincre de leur nécessité ou trouver des moyens de neutraliser leurs tentatives pour modifier les changements en cours. Ceci soulève la question fondamentale de savoir jusqu'à quel point un organisme public peut se distancer du pouvoir légitime conféré à des élus sans remettre en cause le principe fondamental et très important du contrôle des organismes publics par les élus. En dépit de tous les efforts que l'on fera pour convaincre les élus d'appuyer les changements déjà amorcés, ces derniers refuseront souvent de les entériner et exigeront que de nouveaux styles de gestion soient adaptés ou que de nouveaux processus soient enclenchés. Dans de tels cas, les efforts faits pour démocratiser le milieu de travail doivent être complètement oubliés ou doivent être repris à un moment ultérieur.

---

3.   On peut évoquer ici le cas des sous-ministres des ministères québécois qui, en moyenne, n'occupent leur poste que pendant deux ans et demi avant d'être mutés à un autre ministère. (N.D.T.)

À la direction de certains grands ministères, le taux de changement de personnel est souvent plus élevé que chez les politiciens eux-mêmes, de telle sorte qu'il est très difficile, dans ces organismes, d'établir assez de continuité pour réaliser des objectifs à long terme. Les titulaires des postes de direction de ces organismes, qui sont nommés par le pouvoir politique savent qu'ils seront en fonction pour des périodes de temps assez courtes et ils s'empressent de fixer rapidement des objectifs aux organismes et aux programmes dont ils sont responsables, dans l'espoir évidemment d'y laisser leur marque. Pour ces gens-là, la réussite doit pouvoir être perçue et mesurée rapidement, à temps pour la prochaine élection, parfois même en moins de dix-huit mois (alors qu'ils s'attendent à devoir quitter pour un autre poste, soit au gouvernement, soit dans le secteur privé).

Finalement, la problématique de l'imputabilité est au cœur de l'utilisation des approches en développement organisationnel. Comme on l'a mentionné dans la section précédente, il faut se demander jusqu'à quel point les organisations publiques doivent se démocratiser. Il peut être légitime d'améliorer la confiance et la participation au niveau des activités de l'organisation; ceci pourra contribuer à augmenter l'efficience et l'efficacité. Mais qu'est-ce qui garantit que de tels changements vont contribuer à rendre les bureaucrates plus sensibles aux exigences des dirigeants politiques ou aux objectifs visés par l'organisation? Ou encore, comment pouvons-nous être certains que les employés des organisations publiques vont comprendre comment les buts de l'organisation s'inscrivent dans le contexte sociopolitique plus large? Est-ce que ces nouvelles valeurs et ces nouveaux comportements vont mener à des activités qui court-circuiteront ou ignoreront l'obligation qu'ont les organisations publiques de répondre de leurs actions à des acteurs externes?

Durant les années 70, par exemple, certains étaient d'avis que les bureaucrates devraient jouer un rôle prédominant dans la révision des politiques publiques (Dvorin et Simmons, 1972). S'il est vrai que les bureaucrates sont des acteurs importants dans le processus global de formulation des politiques publiques, on peut contester vigoureusement leur prétention à y jouer un rôle prédominant. Les bureaucrates ont tendance à s'engager d'abord et avant tout vis-à-vis leur propre organisation, ses programmes et ses clientèles; voilà pourquoi il est difficile de savoir si les employés d'une organisation publique sont en mesure d'avoir à l'esprit et de prendre en compte les dimensions politiques, économiques et sociales, caractéristiques de «l'ensemble de la situation», au même titre que ceux et celles qui occupent des postes qui leur permettent d'adopter une perspective plus générale. La question la plus importante est donc la suivante: est-ce que les interventions de développement organisationnel peuvent réussir à modifier les valeurs et les comportements des employés d'une organisation, tout en garantissant que ces changements n'auront pas d'effets pervers pour l'ensemble des acteurs du système politique (cette expression étant utilisée dans son sens large)? Bien que des experts en développement organisationnel répondent affirmativement à cette question, plusieurs politiciens n'en sont pas convaincus.

Indépendamment de la manière dont on résout ce dilemme, on doit se rappeler que si les valeurs et les comportements peuvent jouer un rôle important aux chapitres des changements et du développement organisationnels, ils ne constituent que certains des aspects d'une mosaïque plus large. D'autres aspects doivent être pris en compte si nous voulons avoir une image plus complète de ce qui se produit alors que la société dans son ensemble et l'évolution des technologies imposent de nouveaux défis aux gouvernements actuels. Voilà pourquoi nous allons maintenant traiter d'un second domaine visé par le changement planifié.

Le changement planifié des structures

Les structures jouent deux rôles au regard du processus de changement planifié. Premièrement, la plupart des changements planifiés touchent aux structures. Quand il semble qu'une organisation doive changer, il appert qu'un des aspects organisationnels auquel on pense presque naturellement soit celui des structures; dans bien des cas, c'est la bonne chose à faire parce la façon dont une organisation est structurée peut influencer sa capacité de fonctionner. En fait, les gestionnaires qui viennent d'être nommés dans une organisation vont de façon routinière examiner les structures existantes; c'est leur façon d'essayer de faire leur marque rapidement et de façon durable sur le système.

Deuxièmement, afin de donner suite aux demandes de changement planifié, la plupart des grandes organisations modernes se sont dotées de services de planification situés habituellement dans leurs quartiers généraux. C'est la mission de ces services de scruter l'avenir et de concevoir les programmes, les politiques et les structures de l'organisation, pour permettre aux dirigeants de planifier les changements qui peuvent s'avérer nécessaires. Par exemple, le ministère américain du revenu possède une direction dont l'une des fonctions est de prédire l'impact des ordinateurs et de la révolution de l'information dans son ensemble et sur la façon dont l'organisation s'acquittera de sa mission à l'avenir.

Plusieurs administrations locales possèdent des bureaux de planification qui s'intéressent spécifiquement au développement physique de la communauté; chacun de ces services est en mesure de vous montrer «la communauté de l'avenir», du moins de la façon dont il la voit. Les deux types de services – ceux qui s'occupent de la planification physique et ceux qui s'intéressent à la planification des structures et des procédures – font partie de toute organisation publique qui veut bien réussir.

Nous avons décrit, dans le chapitre 4, les approches traditionnelles et les approches contemporaines utilisées pour planifier la structuration des organisations; il faut en retenir qu'on doit prendre en considération les avantages et les inconvénients politiques propres à chacune des approches traitées dans ce chapitre. Selon Gawthrop (1983), il existe quatre façons de restructurer une organisation lorsqu'on veut y introduire des changements: on peut restructurer 1) pour mieux contrôler, 2) pour mieux négocier, 3) pour améliorer la reddition des comptes et 4) pour améliorer la capacité d'analyse. Des structures différentes faciliteront l'accomplissement de l'objectif ultime poursuivi soit par un dirigeant soit par une législature qui crée ou modifie une organisation publique. Chacune des approches de Gawthrop résulte en une structure particulière; il est cependant important de se rappeler que chacune de ses structures se retrouve jusqu'à un certain point dans toute organisation publique. On dira seulement que l'une d'entre elles prédominera.

Structurer à des fins de contrôle est étroitement associé à l'existence même de l'organisation. En effet, des mécanismes de contrôle doivent exister pour s'assurer que les objectifs de l'organisation soient atteints, ce qui relève d'ailleurs de la responsabilité de tout gestionnaire public. La structure hiérarchique joue un rôle central en matière de contrôle; elle permet de s'assurer qu'il y a toujours quelqu'un de responsable, que les choses aillent bien ou pas. Si un changement crée des problèmes à résoudre, on peut facilement repérer les gens qui procéderont aux ajustements nécessaires. Qu'ils réussissent ou pas, ils peuvent, en théorie du moins, être tenus responsables ou leurs efforts reconnus de manière appropriée. Si nous insistons sur l'expression «en théorie du moins», c'est à cause des nombreuses discussions sur les difficultés associées aux systèmes de reddition de comptes et aux conséquences souvent imprévues qui en découlent.

Il y a un autre aspect lié au contrôle qui est tout aussi important et qui doit être discuté lorsqu'il est question de changement. La plupart des organisations ont certains secteurs d'activités ou certaines parties de leurs structures qui sont plus particulièrement sensibles à des changements dans l'environnement et qui doivent, par conséquent, être protégés. Selon James Thompson, les structures des organisations complexes tiennent compte de cet élément et il en donne pour preuve le fait que les unités situées aux frontières de ces organisations assurent la protection de leurs principales technologies vis-à-vis les menaces de l'environnement (le chapitre 4 traite de cet aspect plus longuement). La partie de l'organisation qui ne peut fonctionner de manière efficiente sous la pression de changements ou de la surveillance constante d'un public aux réactions incertaines est, d'une certaine façon, protégée par la structure lui permettant d'assumer de façon régulière et privée sa fonction vitale (pour l'organisation), garantissant du même coup l'efficience (et, espérons-le, l'efficacité) de l'ensemble de l'organisation. La régularité des activités requiert qu'on garantisse l'accès aux ressources nécessaires à leur conduite, qu'il s'agisse de la production de biens tangibles, de la livraison d'un service ou de l'application d'une procédure. Les organisations publiques essaient d'atteindre cet objectif en s'assurant de la disponibilité des ressources nécessaires – soit en obtenant des engagements à long terme de la part des instances contrôlant le budget, soit en imposant des frais aux utilisateurs de leurs services, soit en prenant des arrangements spéciaux avec des partenaires influents ou d'importants consommateurs des biens ou services qu'elles offrent ou soit en obtenant des garanties de financement pour cette partie des activités avant même de considérer les autres activités. En d'autres termes, l'organisation essaie de protéger cette partie vitale de sa structure des exigences de l'environnement politique. (Les organisations privées tentent souvent d'assurer cette protection en intégrant verticalement ou horizontalement leurs activités, ce qui ressemble à ce que font certains organismes publics.)

De la même manière, pour se protéger de la surveillance constante et des intrusions malveillantes qui peuvent l'accompagner, on structurera l'organisation de sorte que le processus décisionnel échappe à l'attention du public. Ceci prendra la forme de rencontres où seuls les dirigeants seront admis, de négociations à huis clos, de règles limitant la disponibilité de certaines informations, du recours au secret professionnel et à d'autres moyens de limiter la publication d'informations. Des unités administratives existant au sein des organisations publiques ont précisément comme fonction d'indiquer ce qu'il est possible et légal de faire en matière de non-divulgation de l'information et d'aider les autres secteurs de l'organisation à ce chapitre.

Cet aspect particulier du fonctionnement des organisations publiques est souvent l'objet de controverses puisque ce sont les activités écartées de l'examen public qui intéressent ceux qui, à l'extérieur de l'organisation, veulent l'influencer. Ce sont précisément ces activités que visent les mesures ou dispositions de temporisation qui obligent la divulgation d'informations et leur examen politique. Les organisations publiques qui sont l'objet de tels mécanismes appréhendent, en plus des incertitudes liées à leur activation, les limites qu'ils imposent à leur capacité de fonctionner rationnellement, de manière efficiente et efficace.

Quoi qu'il en soit, l'accent mis sur le contrôle tend à renforcer le pouvoir de ceux qui détiennent des positions d'autorité formelle dans la hiérarchie. Ce pouvoir est aussi sanctionné par les obligations qui émanent des législatures et renforcé par le pouvoir exécutif. Voilà pourquoi le contrôle, et le pouvoir qui l'accompagne, est omniprésent dans les organisations publiques, ce qui n'est pas nécessairement le cas du secteur privé.

En se structurant pour négocier, une organisation doit pouvoir compter sur des individus qui ont une expertise appropriée tant sur le plan politique que sur le plan technique. Il faut de plus que ces gens (qu'il s'agisse d'avocats, de scientistes ou de politiciens) occupent les postes au sein desquels ils peuvent poursuivre les négociations requises et en même temps être écoutés des preneurs de décisions dans l'organisation (à moins qu'ils ne soient eux-mêmes ces preneurs de décisions). Enfin, ces individus doivent être à l'abri (soit par leur description de fonction ou la protection de dirigeants sympathiques et compétents) des réactions négatives pouvant découler du marchandage inhérent à l'exercice d'un tel rôle (dans la mesure évidemment où ce marchandage s'inscrit dans le cadre de limites acceptables).

Pour répondre de ses activités et de ses décisions, une organisation doit se structurer pour permettre aux différents acteurs légitimes de son environnement (ses clients, le législateur, les professionnels, etc.) d'être associés aux processus décisionnels liés à la réalisation des objectifs de l'organisation. Par conséquent, l'organisation doit mettre en place des structures qui permettent à ceux qui sont à l'extérieur de l'organisation de participer à l'établissement des priorités et des procédures ainsi qu'à l'évaluation du succès obtenu quant à l'atteinte desdits objectifs. L'expression «le maximum de participation possible» utilisée par l'administration Johnson dans les années 60, dans le cadre des programmes de lutte à la pauvreté, s'est traduit par le développement de nouvelles structures, notamment sur le plan local, garantissant aux citoyens concernés par un programme la possibilité de se prononcer, tant sur le programme que sur l'allocation des ressources. Il est évident que ceci peut changer les relations de pouvoir dans les organisations et peut modifier également les relations qu'elles entretiennent avec ceux qu'elles doivent servir. Le devoir de répondre de ses activités et de ses décisions se traduira toujours par ce type de changements structurels et ceux qui ne pourront s'engager à respecter ou à actualiser un tel principe risquent de ressentir beaucoup d'insécurité et de frustration.

La création de comités de citoyens devant travailler en collaboration avec des organisations publiques est un exemple d'un changement structurel visant à améliorer leur souplesse et leur imputabilité. De tels comités ont existé à tous les niveaux de l'administration depuis la période de la «guerre à la pauvreté» (l'administration de Lyndon Johnson), mais les conséquences les plus notoires ont été observées sur le plan local. On peut distinguer deux types de comités (en plus des conseils dûment élus): il y a les comités consultatifs et les commissions de révision [*review boards*].

Naturellement, les comités consultatifs viennent plus tôt dans le processus décisionnel. Par conséquent, on s'attendra à ce que ce genre de comités exerce une influence sur le déroulement des activités quotidiennes d'une organisation et que les gestionnaires de cette dernière soient plus sensibles aux idées, à la volonté et aux suggestions des membres de ces comités. Ce qui importe ici, c'est la façon dont s'y prennent les organisations pour créer ces nouveaux comités qui peuvent avoir des impacts très négatifs sur elles, mais qui peuvent également, dans plusieurs cas, être fort utiles en répondant aux changements dans l'environnement ou encore en les prévoyant. Le succès de tels changements structurels est possible si l'organisation reconnaît et respecte l'existence de tels comités (où siègent habituellement des citoyens); ceci signifie habituellement que ceux qui occupent les postes supérieurs de gestion dans l'organisation travaillent avec le comité et le jugent utile. Les plus grandes organisations vont le plus souvent créer à l'interne une entité dont la fonction première est de travailler en collaboration avec ces comités et de s'assurer que ces derniers reçoivent toute l'information à laquelle ils ont droit. Les autres membres de l'organisation savent du même coup que toute communication avec ces comités doit emprunter les canaux appropriés. En ce sens, les dirigeants de l'organisation reconnaissent que les comités jouent un rôle valable au chapitre des communications entre les citoyens et l'organisme, et vice-versa. Peu importe ce qui résulte de ce type d'arrangements, on doit reconnaître que le fonctionnement harmonieux de ces comités tient à leur reconnaissance tant par la structure formelle de l'organisation que par sa partie informelle. Des changements structuraux sont donc nécessaires pour permettre aux comités con-sultatifs de mieux conjuguer à l'avenir avec le phénomène du changement.

Finalement, une structure qui voudra encourager, voire appuyer, l'analyse confiera à ceux et celles qui possèdent des habiletés techniques et analytiques les postes d'influence en ce qui concerne l'information et la prise de décision. L'autorité formelle peut avoir peu d'importance dans ce genre d'organisations. Les individus qui occupent des postes de conseillers, avec toutes les limites inhé-rentes à ce genre de poste, peuvent se trouver dans la situation inconfortable pour un conseiller de devoir jouer un rôle déterminant dans l'établissement de priorités ou de processus qui influenceront en définitive la destinée de leur orga-nisation. Bien que la structure de l'organisation puisse ne pas refléter les pouvoirs accrus des analystes, la structure formelle changera probablement, quoique graduellement, pour refléter les changements de rôles et de statuts des différents acteurs. Dans la prochaine section, nous traiterons plus en détails des problèmes liés à une organisation qui cherche à encourager et à appuyer sa capacité d'analyse.

Le changement planifié des procédés et des technologies

Les changements technologiques sont parmi les sujets favoris des rencontres sociales, notamment à cause des nombreux secteurs où ils s'appliquent et de la vitesse avec laquelle ils s'imposent; ils sont aussi abondamment traités dans la presse populaire. Alvin Toffler (1970, 1980) et John Naisbitt (1982) se sont sans doute enrichis en écrivant des livres à succès dans lesquels ils expliquent ce qui s'est produit durant les dernières décennies et ce à quoi le futur ressemblera lors-que de nouvelles technologies seront enracinées et auront été adoptées par les humains. En dépit du caractère populaire de cette littérature qui repose en bonne partie sur des scénarios partiellement hypothétiques (et qui se sont malgré tout réalisés dans bien des cas), tous les dirigeants d'organisations reconnaissent que les changements actuels et à venir ont une influence sur la façon d'établir les ob-jectifs et de les réaliser. Plutôt que d'essayer de présenter l'ensemble des différents changements technologiques et culturels qui se sont produits ou qui risquent de se produire, nous allons mettre l'accent seulement sur quelques-unes des façons utilisées par les organisations pour s'adapter aux changements technologiques et aux changements dans les processus de production ou de transformation. Nous avons décrit dans le chapitre 4 comment les organisations adaptent leurs struc-tures pour répondre aux changements technologiques; il va sans dire qu'elles le font de différentes manières. Nous en traiterons ici tout en reprenant certains élé-ments du changement planifié que nous avons discutés plus tôt dans ce chapitre (dont les changements de valeurs, de comportements et les changements de structure).

L'ensemble des techniques quantitatives et qualitatives, auxquelles réfère souvent l'expression «analyse de systèmes», comptent probablement parmi les outils les plus souvent utilisés pour résoudre des problèmes relatifs aux changements technologiques et aux changements administratifs. Ces techniques trouvent leur origine dans les sciences biologiques qui nous enseignent qu'on ne peut pas suivre le développement d'un organisme sans tenir compte de l'environnement dans lequel il évolue et avec lequel il interagit. En biologie, chaque organisme fait partie d'un ensemble plus grand (la chaîne alimentaire en est un exemple); par conséquent, pour vraiment comprendre les différentes parties constituant l'univers biologique, il est nécessaire de saisir comment ces divers éléments, apparemment disparates, interagissent dans le temps et l'espace (Boulding, 1956).

Ce principe général s'applique aussi aux organisations. Lorsqu'ils étudient les organisations, les analystes de systèmes postulent que plusieurs facteurs doivent être pris en considération si l'on veut comprendre et changer les structures organisationnelles ou leurs processus de travail (voir le *tableau 10.2*).

Sans exclure le rôle utile de l'expérience ou de l'intuition, les techniques quantitatives et qualitatives inspirées de l'approche systémique et développées par les analystes en gestion, par ceux qui font de la recherche opérationnelle et par les scientistes de la décision et de l'information, cherchent à aider les gestionnaires publics à ne pas se fier uniquement à leur intuition en établissant les conséquences probables d'une décision, en précisant les buts à poursuivre, en clarifiant les processus, bref, en contribuant à rendre plus rigoureuses les façons de penser des gestionnaires. Selon ceux qui adoptent une approche systémique dans le secteur public:

> Toute l'orientation intellectuelle sous-jacente à l'approche systémique cherche à développer des modèles conceptuels explicites concernant les phénomènes et liés à ce but [présenté dans la phrase précédente]. Il y a des modèles pour aider à la détection des problèmes ou à la prise de décisions, des modèles qui sont utilisés pour faire accepter une décision à l'ensemble de l'organisation (institutionnalisation de la décision) ou des façons de faire pour répondre à des problèmes reconnus. Notre logique s'appuie d'abord et avant tout sur la cybernétique et sur une approche structuraliste comme le démontre notre intérêt pour la modélisation. De plus, nous optons davantage pour une approche normative et idéaliste plutôt qu'une approche descriptive et réaliste. Nous sommes bien sûr intéressés par la façon dont les choses sont organisées mais tout autant, sinon plus, par la façon dont les choses pourraient être organisées. (White *et al.*, 1980, p. 9)

TABLEAU 10.2

Les techniques s'inspirant de l'analyse de systèmes

NOM DE LA TECHNIQUE	DESCRIPTION et BUT	DEGRÉ de COMPLEXITÉ
L'analyse bayesienne	L'analyse des probabilités conditionnelles basée sur des estimés subjectifs de ces probabilités. Cette technique est utilisée pour estimer la probabilité que surviennent certains événements.	Moyen
Les arbres de décision	L'analyse de diverses possibilités (ou options), chacune étant représentée par la branche d'un arbre; on prend en compte les avantages et les inconvénients chiffrés de chacune des possibilités, résultat pondéré par la probabilité que se présente cette possibilité.	Moyen
La programmation dynamique	L'analyse de la manifestation d'un événement à partir de la manifestation d'événements antérieurs. Cette technique est utilisée pour structurer un ensemble de décisions pour résoudre des problèmes complexes.	Élevé
L'établissement de diagrammes	La représentation graphique simple d'éléments, de processus et de liens dans un système. Cette technique est utilisée pour modéliser le flux ou la progression d'activités dans un système.	Bas
La théorie des jeux	L'analyse de la probabilité que certains résultats soient obtenus dans un contexte où un «adversaire» tente d'influencer ces résultats. Cette technique est utilisée pour construire des modèles montrant les différentes options dans le cadre d'une situation conflictuelle.	Moyen
L'analyse d'inventaire	Une méthode de détermination des niveaux souhaitables des ressources (à tenir en inventaire) dans des conditions d'incertitude.	Moyen/élevé
La programmation linéaire	Une technique (qui peut utiliser des graphes) pour trouver la combinaison optimale de ressources sous contraintes dans un projet. Cette technique est utilisée pour planifier l'allocation des ressources au regard des différentes activités d'un projet.	Élevé
La technique «Markov»	Une technique utilisée pour déterminer la probabilité d'obtenir divers résultats sur la base de probabilités. Cette technique est utilisée pour modéliser les probabilités quant à la performance d'un système.	Moyen/élevé
La méthode de programmation optimale (PERT) et la méthode du chemin critique (CPM)	Des techniques permettant d'illustrer l'utilisation du temps de réalisation des différentes activités d'un projet. Elles permettent en outre de trouver des moyens de réduire le temps total de réalisation du projet en allouant les ressources de manière stratégique.	Bas
Les matrices de résultats	Une technique utilisée pour évaluer diverses stratégies dans des conditions variées. Cette technique est utilisée pour évaluer des options quand les circonstances entourant leur application sont incertaines.	Bas/moyen
L'analyse des files d'attentes	Une technique utilisée pour modéliser les demandes de services offerts par un système et analyser les temps d'attente pour les obtenir.	Moyen/élevé

TABLEAU 10.2 (suite)

Les techniques s'inspirant de l'analyse de systèmes

NOM DE LA TECHNIQUE	DESCRIPTION et BUT	DEGRÉ de COMPLEXITÉ
Les simulations	Des techniques qui permettent de modéliser et d'analyser quantitativement la performance de variables d'un système re-liées entre elles dans des conditions diverses.	Moyen/élevé
Analyse de séries chronologiques	Une technique qui utilise la régression linéaire pour évaluer l'évolution dans le temps de relations entre variables. Cette technique est utilisée pour modéliser la performance future d'un système à partir de sa performance passée.	Moyen

L'application de telles approches dans les organisations publiques est très difficile, souvent plus difficile que dans le secteur privé. Pour les gens d'affaires, l'environnement politique n'est pas un facteur important, voire déterminant, dans la conception des structures de leurs organisations; ils n'ont pas non plus à s'inquiéter des ingérences extérieures dans leurs processus de production. Comme le note White (1980, p. 4), ceci est différent pour les gestionnaires publics:

> Gérer dans le secteur public est un processus politique dans le cadre duquel les requêtes politiques, tant à l'interne qu'à l'externe, concernent tout autant la ou les façons de produire les services, les caractéristiques de ceux-ci, qui pourra les obtenir et quel sera le volume de services offerts. La situation est beaucoup plus compliquée que dans le secteur des affaires où les consomma-teurs ont seulement commencé à exprimer leurs préoccupations au regard des procédés de production (et ceci se fait habituellement via les agences gouvernementales plutôt que directement auprès des producteurs).

Lorsqu'on planifie le changement de procédés, l'accent est mis sur les tâches individuelles et les charges de travail à l'intérieur de l'organisation. Le principal développement à ce chapitre a été «l'enrichissement du travail» que nous avons d'ailleurs abordé dans le chapitre précédent (le chapitre 9). Pour amé-liorer la satisfaction des employés et la qualité du travail, on restructure leurs tâches de manière à réduire leur fragmentation et leur caractère répétitif. Si par le passé, par exemple, un travailleur social n'était associé qu'à un des aspects impor-tants du traitement d'un client, dorénavant il ou elle pourra en traiter tous les aspects. On espère ainsi que le professionnel pourra utiliser l'ensemble, plutôt qu'une partie seulement, de ses compétences pour accomplir un travail plus inté-ressant. Peut-être que ceci améliorera la qualité de l'intervention et de l'aide offerte au client, puisqu'une telle approche permet de considérer, dans une déci-sion à prendre, l'ensemble des dimensions du problème ainsi que les relations qui peuvent exister entre elles. En ce sens, on pourra confier un certain nombre de comptes à un comptable plutôt que de l'associer uniquement à une des activités du processus comptable; de la même manière, un travailleur sera responsable de l'ensemble des activités et tâches liées à l'entretien d'un parc plutôt que d'être confiné à la tonte de la pelouse ou à la coupe des arbres.

Dans chaque cas, ce qui importe c'est de tenter de faire disparaître la mono-tonie du travail et de permettre aux employés qui le souhaitent de pouvoir mettre à profit leurs habiletés et d'en développer d'autres.

L'introduction de nouvelles techniques entraîne presque automatiquement des changements dans les procédures (dans certains cas, de nouvelles procédures exigeront des changements technologiques). Ainsi, l'utilisation graduelle des ordinateurs dans les organisations s'est-elle traduite par des changements conco-mittants dans les processus de travail (voir encadré ci-dessous). Maintenant, avec l'introduction des micro-ordinateurs, on peut s'attendre à des changements en-core plus rapides et plus importants dans la structure et les processus de travail dans les organisations publiques.

ENCADRÉ 10.1

La technologie a comme effet d'atténuer les distinctions entre les secrétaires et les gestionnaires.
Joan BRECKENRIDGE

Traditionnellement, les gestionnaires et leurs secrétaires ont joué des rôles distincts, du moins avant que l'automation fasse son entrée dans les bureaux. Dans l'ancien système, la secrétaire tapait des lettres et répondait au téléphone alors que son patron assumait des tâches administratives comme la conception de projets ou la gestion des budgets. Aujourd'hui, la plupart des bureaux sont équipés d'appareils de traitement de textes et plusieurs introduisent des systèmes informatisés sophistiqués. Comme la technologie permet aux secrétaires comme aux gestionnaires de travailler de manière plus efficiente et plus efficace, leurs rôles traditionnels sont transformés.

Ainsi, les gestionnaires accomplissent du travail sur leur ordinateur, travail qui était, il n'y a pas encore très longtemps, du domaine exclusif des secrétaires; dans le même ordre d'idées, ces gestionnaires délèguent certaines tâches administra-tives à leurs secrétaires.

«La relation entre la secrétaire et le gestionnaire va prendre la forme d'un travail d'équipe.» C'est du moins le point de vue de Mary Baetz, directrice des services d'amélioration de la productivité pour la firme Ernst et Whinney de Toronto. Les se-crétaires assument de plus en plus des tâches de quasi-gestion, selon Mme Baetz soit, par exemple, la gestion d'agendas, la conception de projets, l'édition et le suivi budgétaire. Les gestionnaires vont écrire eux-mêmes (sur ordinateur) leurs mémos et des rapports et établir l'horaire de leurs rencontres. «Et les gestionnai-res vont découvrir qu'ils sont en mesure de faire bien des tâches faites jusqu'alors par les secrétaires et qui les embêtaient sérieusement lorsque les secrétaires étaient absentes», ajoute Mary Baetz. Par exemple, ils seront en mesure de localiser des dossiers contenus dans un fichier électronique plutôt que de les chercher en vain dans des classeurs.

Bien qu'un grand nombre de gestionnaires dactylographient maintenant leurs travaux sur ordinateur, plusieurs ont opposé de la résistance à utiliser l'ordinateur considérant que tout travail à l'ordinateur était du travail de secrétariat. Ceci n'est maintenant plus un problème [...] Plutôt que d'être réticents à faire du travail de se-crétariat, les gestionnaires modernes «adorent cela» de l'avis de Susan Wright [de la compagnie Manufacturers Life]. Ce qui a fini par faire la différence, «c'est que cela leur a permis de mieux faire leur travail et de le faire plus rapidement [...] Pour les secrétaires, ces changements technologiques et bien d'autres se sont traduits par moins de travail de dactylographie, de photocopie et de téléphonie».

Être habile avec l'ordinateur «va contribuer à mettre en valeur les secrétaires à l'avenir. Elles (ils) auront plus de facilité à mettre en marché leurs services», selon Dawn Fairweather, président de la section torontoise de Professional Secretaries International de Kansas City, Mo.

De l'avis de Mme Wright, lorsque les secrétaires acquièrent davantage d'habiletés sur le plan administratif et assument des tâches administratives lors de mouvements latéraux dans des postes administratifs, ils ou elles multiplient les occasions de promotion et ont accès à de nouvelles possibilités de carrière.

Généralement, tous s'accordent pour dire que dorénavant, tous ceux et celles qui choisiront d'être gestionnaires ou secrétaires auront besoin de faire preuve de flexibilité dans la définition de leurs rôles.

Source: Joan Breckenridge, *The Globe and Mail*, Toronto, Canada, le 21 novembre 1985.

Ces changements s'accompagnent aussi de changements dans les valeurs et les comportements. Les rôles des travailleurs se modifient, leur travail étant moins «éclaté» en procédures et règles strictes. Les gestionnaires situés au niveau supérieur de l'organisation peuvent maintenant préparer, envoyer et recevoir des messages plus rapidement et plus économiquement en évitant les étapes intermédiaires usuelles qui consistaient à dicter, dactylographier et transmettre l'information. Bien sûr, cela signifie que les gestionnaires doivent vaincre leur aversion pour le clavier, aversion qui est souvent fondée sur une attitude de supériorité à l'égard du personnel de secrétariat et combinée à une peur des exigences techniques requises pour faire ce travail supposé moins noble.

Les micro-ordinateurs mettent à la disposition de tous les membres de l'organisation une information qui était auparavant réservée aux gestionnaires de niveau supérieur; par conséquent, le caractère quasi sacré de certains postes sera difficile à conserver parce que la déférence vis-à-vis les dirigeants reposait sur la croyance que ceux qui occupaient les postes de niveau supérieur étaient mieux informés que leurs subordonnés. Ceci risque de ne plus être le cas avec la nouvelle technologie de l'information. À l'avenir, la déférence à l'égard des supérieurs risque d'être davantage basée sur une démonstration de performance telle que perçue par des subordonnés qui sont relativement bien informés, tant au sujet de la situation interne de l'organisation qu'au sujet des relations qu'elle entretient à l'externe. Les styles de gestion autoritaires peuvent s'avérer beaucoup plus difficiles à camoufler et à justifier parce que l'information sur laquelle les décisions sont basées sera de plus en plus rapidement mise à la disposition de tous les membres de l'organisation. Par conséquent, certains aspects, comme les styles de gestion ou les techniques de motivation, seront affectés par de nouvelles technologies de plus en plus répandues. Et on ne peut qu'imaginer ce que nous réservent les dix prochaines années sur le plan des innovations technologiques.

Une des questions importantes à laquelle les administrateurs publics doivent chercher à répondre concerne l'effet de ces nouvelles technologies sur l'objectif qui consiste à servir l'ensemble des citoyens. Par exemple, quels seront les effets de l'utilisation croissante des ordinateurs sur l'application des lois? Les types de crimes qui sont commis dans la société changent rapidement; par conséquent, les compétences requises pour faire appliquer ces lois changent tout aussi rapidement. En plus, les possibilités qu'ont les agences responsables de priver les citoyens de leurs droits fondamentaux se multiplient avec l'utilisation de nouveaux équipements sophistiqués. Par conséquent, ceux qui sont responsables de ces organismes doivent être respectueux des principes fondamentaux en démocratie et être conscients des effets à court et à long terme de l'utilisation de nouvelles technologies sur les valeurs démocratiques. Le genre d'organisme appelé à appliquer les lois de même que ceux qui assureront leur fonctionnement dans le futur sont grandement influencés par l'évolution de la technologie. Nous rapportons ici les propos d'un chef de police répondant à un questionnaire sur les problèmes rencontrés par les responsables des services policiers:

> Le défi le plus important d'un chef de police est d'introduire les changements nécessaires dans son organisation tout en restant juste derrière la société avec laquelle nous transigeons. On ne peut dicter le rythme des changements sociaux mais nous devons nous ajuster à eux sans jamais être dépassés. (Witham, 1985, p. 124)

La façon dont les changements dans les systèmes d'information affectent le concept et la pratique de la participation des citoyens à la gestion des organismes publics est un autre exemple de l'impact de la technologie sur l'administration publique. Les changements technologiques au chapitre de l'information peuvent influencer de façon significative la participation des citoyens. Par exemple, les citoyens peuvent maintenant regarder à la télévision les débats législatifs (que ce soit à la Chambre des communes, à l'Assemblée nationale ou au conseil municipal) et se prononcer sur à peu près tout ce qui touche la vie de leur communauté (ceci est évidemment plus vrai sur le plan municipal). Pourtant, le genre de participation auquel pourraient donner lieu ces possibilités ne fait tout simplement pas partie des valeurs et des comportements des citoyens. Voilà pourquoi ce qui peut résulter de l'utilisation de ces nouvelles possibilités (que l'on doit à l'apparition de nouvelles technologies) peut être décevant, voire dommageable pour la communauté, si l'on ne trouve pas des moyens de les utiliser de manière appropriée. Les valeurs des citoyens devront changer, mais nous devrons par ailleurs apprendre comment effectuer ces changements sans utiliser des moyens qui pourraient prendre la forme de manipulation et qui pourraient avoir de sérieuses conséquences à long terme sur les garanties fondamentales offertes aux citoyens quant à leurs droits et leur liberté. Le danger de manipulation ne signifie pas qu'il n'y ait pas moyen de procéder aux changements nécessaires; cependant, il est très difficile de trouver des solutions à de tels problèmes et l'on doit faire preuve de beaucoup de créativité si l'on veut que ces technologies soient utilisées de manière appropriée pour régler des problèmes qui touchent la société dans son ensemble. La seconde question – celle concernant l'impact d'une plus grande participation des citoyens sur le fonctionnement des organisations publiques –

est une question que nous pouvons peut-être soulever mais que nous ne traiterons pas ici.

Le continuel débat à propos du changement organisationnel

Nos propos ont porté jusqu'ici sur une théorie générale du changement organisationnel et sur les techniques utilisées pour réaliser ce changement; il faudrait cependant être bien naïf pour croire qu'il y a unanimité sur ce qui doit résulter du changement. Il y a, en effet, plusieurs modèles traitant des valeurs et des comportements organisationnels, des structures et des processus. Il existe des opinions diverses sur l'allure que les organisations doivent prendre et sur les façons d'agir qu'elles doivent adopter. Il est important de reconnaître qu'il existe une variété de modèles et donc de nombreuses possibilités d'apprécier les résultats qui peuvent découler de l'adoption de l'un ou l'autre de ces modèles dans le secteur public. Après tout, chacun de ces modèles repose sur un ensemble différent de postulats relatifs aux objectifs que doit poursuivre une organisation, au rôle que doivent jouer les organisations publiques dans la société et aux comportements attendus de ceux et celles qui y travaillent.

Lorsque nous avons discuté du contrôle, dans ce chapitre et dans le chapitre 6, il a été question de différents systèmes de contrôle dits participatifs, comme les associations de travailleurs (Tannenbaum *et al.*, 1974) ou les cercles de qualité (Ouchi, 1981). Il fut alors précisé que ces différents systèmes fondaient leur légitimité sur une variété de facteurs allant de l'application de certains aspects de la philosophie marxiste jusqu'à la pratique de la psychologie humaniste. Qui plus est, la popularité de ces systèmes varie selon les cultures particulières à chaque pays ou société. Voilà pourquoi, lorsqu'on parle de systèmes de gestion participative, il est important de préciser à quel type de systèmes il est fait allusion et quels objectifs on poursuit en utilisant un système particulier.

Si l'objectif d'un système participatif est d'améliorer le contrôle, le type de participation qu'on encouragera risque d'être bien différent de celui qu'on appuiera si l'objectif est d'améliorer l'efficience ou l'efficacité. De même, on encouragera un type tout à fait différent de participation si l'objectif poursuivi est d'augmenter le niveau d'appartenance à une organisation en particulier. Dans chaque cas, le moment ou l'étape à laquelle la participation sera encouragée pourra varier. Si le but est d'améliorer le contrôle, la participation sera encouragée seulement une fois que les objectifs et les plans auront été réalisés et la participation ne sera suscitée qu'au chapitre de certaines activités de l'organisation. Cependant, si le but est d'augmenter le degré d'appartenance à l'organisation, il se peut bien qu'on tente de faire participer tous les employés le plus tôt possible dans la définition des objectifs de l'organisation et des plans, de telle manière que les employés puissent se les approprier. Évidemment, il y aura toujours le problème de savoir jusqu'à quel point les membres d'un organisme public devraient être en mesure d'établir leurs propres objectifs ou si ceci ne devrait pas être une prérogative des élus. Il est même possible de se demander quelle latitude les bureaucrates devraient avoir dans l'établissement de procédures internes; la réponse semble devoir dépendre d'abord et avant tout de la perception que nous avons des humains en général. Est-ce que nous pouvons faire confiance aux bureaucrates lorsqu'il est question des intérêts des citoyens et est-ce que leur sollicitude se traduira dans la façon de faire leur travail?

Chacune des approches dites participatives donne lieu à des structures différentes. Si l'appartenance à l'organisation est importante et si on encourage la participation à l'établissement des politiques et des procédures, alors l'organisation créera des canaux solides de communication qui fonctionneront non seulement du haut de la hiérarchie vers le bas, mais tout autant du bas vers le haut. La structure de l'organisation, dès lors, reflétera l'existence de tels canaux et on protégera de manière toute particulière les unités administratives qui jouent un rôle important au chapitre de la communication, de telle sorte que ces dernières ne soient pas menacées par des acteurs qui, à l'interne ou à l'externe, ne seraient pas sympathiques à cette philosophie de l'organisation. Il y a de fortes chances qu'une telle organisation ait une structure hiérarchique «aplatie», c'est-à-dire qu'elle compte relativement peu de niveaux hiérarchiques. D'un autre côté, si l'objectif premier de l'organisation est d'exercer du contrôle et ce, nonobstant le degré de participation qu'on encourage, elle aura relativement plus de niveaux hiérarchiques. Des différences du genre peuvent être observées dans presque tout type de structure et à l'égard des processus qui s'y déroulent.

Un autre facteur qui influence directement la structure d'une organisation publique est le type de services qu'elle offre. En fait, ce facteur détermine le bien-fondé des changements organisationnels et la façon dont ces changements doivent être introduits. Plusieurs organisations publiques, à l'origine, furent créées pour offrir des biens tangibles. Un des premiers rôles du gouvernement a été de favoriser la colonisation puis d'encourager l'industrialisation; pour ce faire, il fallait construire des routes, des ports et contrôler les inondations. Le gouvernement se comportait alors sur le modèle de l'entreprise industrielle, et les structures ainsi que les processus organisationnels se sont essentiellement développés à partir de ce modèle.

Plus tard, les gouvernements se sont davantage impliqués dans la prestation de services aux citoyens et à d'autres organisations[4]. Les organisations qui offrent des services sont configurées différemment des organisations qui produisent des biens tangibles. En fait, plusieurs des tensions ressenties dans les agences gouvernementales viennent du fait que certains évaluent la performance d'une organisation de services à partir de normes propres aux organisations qui pro-

---

4.   Tous les rôles dont il est question ici ont toujours été assumés par les gouvernements et le sont encore. Il est important de se rappeler, cependant, que l'importance relative de ces rôles a beaucoup évolué, et quelquefois de façon dramatique (notamment, au cours de l'histoire des États-Unis).

duisent des biens tangibles. Plusieurs n'ont pas encore reconnu les différences entre les deux types d'organisations, en particulier certains politiciens qui appliqueront aux programmes gouvernementaux les standards d'efficience empruntés à l'industrie, tels ceux qui visent à aider les familles en difficulté.

Un nouveau rôle qui prend de plus en plus d'importance dans les gouvernements a trait à la diffusion de l'information. Lorsque investi d'un tel rôle, un organisme a pour mission de collecter, d'analyser, d'utiliser et de fournir à qui de droit l'information requise dans les grands secteurs d'activités de la société. Cette information permet en outre au gouvernement de fonctionner efficacement dans un monde aux parties interdépendantes et caractérisé par le développement de technologies complexes. Ce nouveau type d'organisme fonctionne à partir de connaissances et d'habiletés nouvelles et tout à fait différentes de celles communément utilisées; les structures d'autorité, de communication et de prise de décision de même que les procédures suivies pour accomplir leur mission se démarquent par rapport à ce que nous avons dit des deux types d'organisation dont nous avons parlé précédemment (celles qui assurent la prestation de biens tangibles et celles qui assurent l'administration de programmes). En raison du très haut degré d'expertise requis, des changements technologiques phénoménaux et des changements au chapitre des demandes qui leur sont faites, ces organisations ont souvent les caractéristiques des organisations «temporaires» dont il a été question au chapitre 4. Ces organisations créent souvent des problèmes aux politiciens qui ont de la difficulté à exercer un contrôle politique sur leurs activités. Pour concevoir des politiques publiques, les gouvernements sont structurés de telle manière qu'ils cheminent lentement, cherchant à établir des coalitions, lesquelles doivent permettre de rallier des majorités pour que, finalement, ces politiques soient adoptées ou qu'on convienne de solutions à certains problèmes. Les organisations publiques qui sont à la fine pointe de la technologie peuvent modifier plus d'une fois leurs structures, leurs processus de travail ou même leurs objectifs pendant que les législateurs cherchent à s'entendre sur une politique. Or, dans un tel contexte, les nouvelles technologies et les organisations qui les utilisent sont souvent en mesure de poursuivre des activités avant même que notre système démocratique ait pu se prononcer sur leur opportunité. Ceci place plusieurs gestionnaires publics dans des situations inconfortables où ils doivent prendre des décisions difficiles sur un plan éthique et/ou politique concernant les comportements à encourager, les procédures et les objectifs à fixer.

Finalement, il ne faut pas tenir pour acquis que tout changement est nécessairement souhaitable. Il n'existe aucun modèle ni aucune structure d'organisation «idéale» qu'il faudrait toujours chercher à appliquer; il n'existe aucune structure particulière qui est en soi plus valable qu'une autre. Lorsqu'on doit prendre des décisions importantes pour l'organisation, par exemple, décider si un changement est nécessaire ou pas, ou choisir de restructurer ou d'adopter de nouveaux procédés de travail, on doit faire un examen minutieux de l'environnement dans lequel l'organisation évolue et des buts qu'elle doit poursuivre. C'est alors qu'on peut décider de la réelle nécessité de changements et des objectifs qu'on vise en introduisant ces changements. Dans bien des cas, changement n'est pas synonyme d'amélioration et toute tentative de faire des changements qui ne sont pas appuyés sur une solide analyse risque de donner lieu à des comportements qui consistent à «faire des changements pour faire des changements», plutôt qu'à changer pour mieux réaliser certains objectifs préétablis. De tels comportements sont à proscrire et on doit les prévenir en énonçant avec soin les buts recherchés par des changements. On peut être en désaccord avec les buts avoués par les dirigeants pour justifier un changement, mais on ne peut certes pas, dans un tel cas, leur reprocher de ne pas avoir agi de manière réfléchie. Ceci est déterminant si l'on veut avoir du succès en matière de changement. Il est aussi très important de savoir quand le processus de changement repose sur un rationnel insuffisant afin de pouvoir interrompre ou corriger le processus avant que cela ne crée des torts sérieux à l'organisation. La décision finale sur ce qui constitue la structure «appropriée» ou la «meilleure» structure pour une organisation publique peut résulter seulement d'une combinaison d'avis provenant des politiciens, des administrateurs, des clients et des autres parties intéressées au processus politico-administratif.

LE CHANGEMENT NON PLANIFIÉ

L'environnement politique, économique et social des organisations publiques change constamment. Ce qui se passe dans d'autres pays influence aussi les activités de nos gouvernements (et de leurs administrations publiques). Par exemple, notre perception du potentiel militaire de l'ex-URSS et de ses intentions de l'utiliser pour fomenter des troubles à travers le monde a un impact énorme sur l'organisation des activités de bien des gouvernements. La crise pétrolière du début des années 70 a créé des chambardements dans toutes les sociétés occidentales et a affecté les politiques, les structures et les façons de procéder de bien des organisations publiques et privées. Que cette crise ait été le résultat d'un complot ou non, elle nous a obligés à prendre conscience de problèmes inévitables qui se poseront à long terme et à nous préparer à faire des choix dans un avenir plus ou moins rapproché. Ni les gouvernements, ni l'industrie n'ont été les mêmes depuis cette crise. De la même façon, le mouvement des droits de l'homme aux États-Unis, durant les années 60, a modifié les pratiques des organisations publiques et privées en matière de recrutement, de formation et au chapitre des promotions[5]. Les gestionnaires n'ont aucun contrôle sur ces événements mais doivent y réagir de la meilleure manière possible. Pourtant, même si une organisation publique est gérée efficacement et de manière responsable, un gouvernement nouvellement élu peut interpréter le mandat de ses électeurs comme étant un souhait d'éliminer

---

5.   Parmi les récents événements qui vont certainement avoir un impact sur les administrations publiques, on peut signaler l'accord de libre-échange entre les États-Unis, le Canada et le Mexique. (N.D.T.)

un programme important administré par cette organisation. On peut, par exemple, se demander si le fameux «Poney Express» (ce système de transport du courrier à cheval qui existait aux États-Unis durant la première moitié du XIXe siècle) était efficient et efficace (les détracteurs du système prétendaient que le «Poney Express» avait été idéalisé et qu'il n'était pas aussi efficace qu'on voulait bien le laisser croire). Un fait est certain: le chemin de fer et le télégraphe ont rendu le «Poney Express» totalement désuet. Comme on peut le constater, dans de telles circonstances, ce n'est pas la qualité de la gestion qui est en cause.

La plupart des changements non planifiés qui se produisent dans les organisations publiques n'ont pas la même ampleur que ceux qui viennent d'être mentionnés, mais ils n'en demeurent pas moins importants et souvent lourds de conséquences. La perte d'une employée clé alors que l'organisation traverse une période d'activités intense peut causer des retards sérieux dans la gestion de cas ou de requêtes, ralentir le processus décisionnel ou obliger l'organisation à reporter des expériences en cours. Le bris d'équipement peut avoir le même genre de conséquences fâcheuses. Il est courant d'entendre dire, par exemple, en particulier dans de grandes organisations informatisées, que les délais sont dus à des bris d'ordinateurs ou à des interruptions des systèmes informatiques. De nombreuses initiatives prises, soit par des employés, soit par des gestionnaires, peuvent également produire des résultats imprévus; ces derniers, qui passent souvent comme ayant été planifiés, occasionnent parfois de sérieux problèmes.

Les changements qui émanent du système politique: ce sur quoi les organisations publiques doivent mettre l'accent

Le changement imprévu (non planifié) commande une réaction rapide et appropriée; voilà pourquoi les organisations doivent faire preuve de flexibilité pour y répondre, à défaut de quoi elles risquent d'avoir de sérieuses difficultés. Les organisations publiques doivent porter attention à tous les aspects de leur environnement, mais elles doivent accorder une attention toute spéciale à un élément de cet environnement. Toutes les organisations publiques ont une caractéristique en commun qu'il faut prendre en compte lorsqu'il est question de changement: elles sont inextricablement liées à un système politique et sensibles aux continuelles variations de l'opinion et des politiques publiques. Les grands objectifs qui amènent la création d'un organisme public sont souvent définis dans un contexte où s'activent les politiciens, les groupes d'intérêts (qui prétendent défendre l'intérêt public) et la législature; même si les administrateurs réussissent à influencer la définition de ces grands objectifs à l'avantage de l'organisation, notamment en permettant à cette dernière de les interpréter pour mieux les poursuivre, il reste que les possibilités d'interprétation ou de réinterprétation sont limitées. Dans le même ordre d'idée, les organisations publiques auront à s'adapter à des changements au chapitre des ressources disponibles et des appuis politiques dans la réalisation de leurs programmes. Ces changements, quelquefois radicaux mais inévitables, se produisent souvent sans qu'on ait pu apprécier leur impact (positif ou négatif) dans la poursuite d'objectifs prédéterminés. Les administrateurs publics doivent accepter que ces changements (incertains, soudains, etc.) caractérisent la nature même de leur environnement; ils doivent apprendre non seulement à survivre dans un tel environnement mais à tourner cette caractéristique à leur avantage lorsqu'il est opportun de le faire. Il est important de savoir reconnaître à quel moment il convient de «manipuler» l'environnement, lorsque, par exemple, un programme est dépassé, qu'il n'est plus requis par les citoyens ou qu'il ne répond plus à leurs besoins. Dans un tel cas, il importe de planifier le retrait d'un tel programme. Dans d'autres circonstances cependant, les organisations publiques devront s'ajuster aux variations dans l'opinion publique qui va tantôt être favorable à des changements dans un sens donné, tantôt dans le sens opposé. Les sondages montreront des changements importants au chapitre des programmes les plus populaires. Telle est la nature du contexte politique.

Les membres d'organisations publiques doivent se rappeler d'un certain nombre de points importants. Premièrement, toute période particulière dans la vie d'une organisation est, par définition, d'une durée limitée; deuxièmement, chacune de ces périodes crée des occasions pour introduire au moins un des types de changements dont il a été question dans ce chapitre. Enfin, troisièmement, tout changement doit être planifié en gardant à l'esprit qu'à moins que l'organisation soit en état de crise, ses objectifs de base demeureront inchangés ou ne seront modifiés que de façon très marginale. Cela signifie que toute proposition de changement doit tenir compte des objectifs fondamentaux de l'organisation et qu'elle n'est justifiée que dans la mesure où elle lui permet de mieux réaliser ces objectifs.

Lorsqu'ils ont à prendre ou qu'ils sont associés à des décisions concernant la nécessité et la faisabilité de changements, les administrateurs publics doivent toujours considérer les effets, les conséquences, à court et à long terme. Il est essentiel de penser aux effets d'un changement particulier – que ce soit à l'étape de sa conception ou aux chapitres du processus utilisé, des valeurs ou des comportements des membres de l'organisation – sur la situation présente. Il est aussi nécessaire de se rappeler que l'environnement politique est très volatile et qu'il peut changer à très court terme, ou qu'il va fort probablement changer au cours des prochaines années. Dans de telles conditions, le changement prévu devra pouvoir répondre à de nouvelles demandes ou s'ajuster facilement. Les solutions rapides, parce qu'elles négligent souvent les considérations de coûts ou d'impacts, ont souvent comme effet d'ajouter aux difficultés que rencontrent plus tard les organisations.

Le problème le plus épineux a trait au fait que plusieurs décisions se rapportant aux organisations publiques sont prises à l'extérieur de celles-ci et que leurs dirigeants n'ont aucun contrôle sur de telles décisions porteuses de changements. Si un candidat au poste de premier ministre décide de faire campagne en promettant de réduire le nombre de fonctionnaires, les gestionnaires publics n'ont rien à redire; s'il est élu, le premier ministre pourra imposer les coupures annoncées. Dans de telles circonstances, il faut que les gestionnaires trouvent un moyen de traduire ce changement, imposé de l'externe, en des effets positifs pour leur organisation. Une possibilité est de s'appuyer sur une telle décision pour étudier sérieusement les fonctions, les structures et les processus organisationnels, dans l'optique de changements qui pourraient améliorer l'efficience et l'efficacité des activités, tout en réalisant les coupures souhaitées par les dirigeants politiques. Dans un tel cas, il devient possible d'utiliser les pressions externes pour justifier des changements qui sont de toute façon souhaitables. Ainsi s'applique avec certaines nuances le vieil adage: la nécessité est la mère de l'invention.

Habituellement, un nouveau programme peut compter sur l'appui de groupes de citoyens ou de groupes d'intérêts; les administrateurs publics doivent chercher à tirer parti de cet appui lorsqu'un nouveau programme est mis sur pied ou est en voie d'être réalisé. Cependant, il faut savoir que cet appui risque de s'effriter au bout d'un certain temps ou encore que l'opposition risque de se développer sur la façon dont il est géré. Dans notre système politique, on peut s'attendre à ce que, pour chaque programme ou chaque politique mis en place, des groupes de dissidents chercheront à les discréditer pour proposer un programme ou une politique qu'ils jugent préférable.

Un administrateur public habile cherchera donc à établir des liens avec les nouveaux groupes d'intérêts qui supplanteront les plus anciens ou qui permettront de faire contrepoids aux groupes d'opposants. De plus, un dirigeant profitera des situations permettant d'enrayer les mouvements d'opposition ou d'appuyer la cause de l'organisation. Ces deux types de situation se produisent inévitablement. Dès lors qu'il sait profiter de telles situations, le dirigeant est en mesure d'offrir des compromis ou de soumettre de nouvelles propositions (concernant des ajustements à des objectifs existants ou de nouveaux objectifs). Bien souvent, ce qui peut sembler un compromis ou une position de retrait peut être en fait un changement planifié par l'organisation qui n'attendait que le moment opportun pour l'implanter.

Par ailleurs, les changements à long terme peuvent être très difficiles à mettre en place dans le secteur public parce que les gens tendent à fonctionner dans une perspective à court terme et à cause du «remplacement» des élus à des moments souvent inopportuns. Voilà pourquoi il peut être souhaitable de trouver un moyen «d'éclater» les objectifs à long terme en une série de projets à réaliser à court terme, bien circonscrits et réalisables. Ceci permettra non seulement à l'organisation de réaliser ses objectifs à long terme mais permettra aussi à ceux qui évoluent dans le cadre de contraintes à court terme de sentir qu'ils réalisent tout de même quelque chose. On peut établir un parallèle entre cette approche et les partisans d'une certaine approche à la prise de décision: plusieurs décisions proviennent en effet de la réalisation d'une série de décisions partielles, incrémentales, dans la mesure où il y a un accord général sur les objectifs à poursuivre. La stratégie et la tactique sont importantes lorsqu'il est question de changement organisationnel dans le secteur public au même titre qu'elles le sont en matière de prise de décision.

CONCLUSION

La façon dont fonctionnent les organisations publiques est comparable au processus dialectique «thèse-antithèse-synthèse». Ces organisations existent en raison de certains mandats qui leur sont confiés par les leaders politiques et elles essaient de les réaliser de différentes manières (thèse). Dans un environnement politique, l'opposition est un phénomène tout à fait normal. C'est précisément pourquoi les dilemmes, c'est-à-dire les situations qui suscitent des positions différentes, sont gérés dans un système politique (antithèse). Il est impossible de faire l'unanimité sur certains objectifs ou même sur les moyens nécessaires pour les atteindre. S'il est vrai qu'un *modus vivendi* peut émaner d'un contexte de tensions continuelles à propos des programmes publics, ce *modus vivendi* ne peut être que temporaire; il rend cependant possible le compromis ou la «synthèse». Lorsque cet équilibre disparaît, l'organisation adopte une autre façon de fonctionner pour faire face à la nouvelle situation: c'est une difficulté qui revient constamment. Habituellement, la société évolue lentement et les ajustements requis se font relativement aisément, souvent à notre insu et sans créer de problèmes majeurs, que ce soit aux membres d'une organisation, à ses clients, ou aux groupes directement touchés. Cependant, il existe, et ceci est inévitable, des périodes où les changements dérangent bien davantage et peuvent même menacer quelques-uns ou tous ceux qui sont concernés dans le processus de changement. On doit alors se rappeler que la synthèse résulte de points de vue opposés.

Tout ceci est pénible pour les organisations publiques parce que ces dernières représentent l'institutionnalisation du pouvoir dans la société. Ceux qui sortent gagnants du processus politique sont ceux qui réussissent à décider des buts, des structures et des procédures dont les organisations publiques doivent s'inspirer ou qu'elles doivent adopter dans la réalisation de leurs politiques. Heureusement, ces décisions se prennent et s'appliquent graduellement; néanmoins, si l'on regarde d'un peu plus près l'évolution de la bureaucratie gouvernementale, on peut deviner assez facilement qui, dans cette société, a «gagné» ou a «perdu» durant les dernières décennies. Des dilemmes aux dimensions politiques découlent de changements dans cette bureaucratie, en particulier si ces changements ont été amorcés par cette bureaucratie. À titre d'exemples, on peut se demander qui a le «droit» de changer ou de modifier certains états de choses? Quel sera l'impact de ces changements sur l'équilibre du pouvoir dans la société? Est-ce qu'un changement radical, amorcé par un organisme public, peut être instauré sans compromettre l'équilibre entre les responsabilités à assumer et le devoir de rendre des comptes dans cet organisme? Et est-ce qu'un tel changement peut se refléter sur les principes démocratiques sur lesquels sont fondés nos gouvernements? Il n'y a pas de réponse facile à ce genre de questions, néanmoins il est très important de tenter d'y répondre. Aucune de ces questions n'interdit l'introduction de changements dans les organisations publiques; elles rappellent seulement les graves problèmes qu'il faut résoudre lorsqu'on fait face à l'inévitable.

BIBLIOGRAPHIE

ABRAHAMSON, Eric (1991). «Managerial Fads and Fashions: The Diffusion and Rejection of Innovations», *Academy of Management Review*, vol. 16, n° 3, p. 586-612.

ADAMS, John D. (sous la direction de) (1984). *Transforming Work*, Miles River Press, Virginia.

ALLAIRE, Yvan et Ermina M. FIRSIROTU (1989). «Comment créer des organisations performantes: l'art subtil des stratégies radicales», *Gestion*, septembre, p. 47-60.

ARGYRIS, Chris (1967). «Today's Problems with Tomorrow's Organizations», *Journal of Management Study*, n° 4, p. 31-55.

ARGYRIS, Chris (1970). *Intervention Theory and Method,* Reading, Massachusetts, Addison-Wesley Pub. Co.

ARGYRIS, Chris et Donald SCHÖN (1978). *Organizational Learning: A Theory of Action Perspective,* Reading, Mass., Addison-Wesley Publishing.

BABER, Walter F. (1983). *Organizing the Future: Matrix Models for the Postindustrial Polity,* University of Alabama Press.

BABUROGLU, Oguz N. et Ib RAVN (1992). «Normative Action Research», *Organization Studies*, vol. 13, n° 1, p. 19-34.

BEAUFILS, Alain, Jean M. GUIOT *et al.* (1989). *Développer l'organisation: Perspectives sur le processus d'intervention,* Gaëtan Morin, éditeur.

BECKHARD, Richard (1991). *La gestion du changement dans les organisations: Un outil pour gérer la transition,* Montréal, Édition du Renouveau pédagogique, 48 p.

BECKHARD, Richard et Harris REUBEN (1987). *Organizational Transitions: Managing Complex Change,* Reading, Massachusetts, Addison-Wesley Pub. Co.

BENNIS, Warren G. (1975). *Le développement des organisations: sa pratique, ses perspectives et ses problèmes,* Paris, Dalloz, 100 p.

BLOCK, Peter (1981). *Flawless Consulting: A Guide to Getting Your Expertise Used,* Austin, Texas, Learning Concepts.

BLOCK, Peter (1987). *The Empowered Manager, Positive Political Skills at Work,* San Francisco, Jossey-Bass.

BORDELEAU, Yvan (1987). *Comprendre et développer les organisations: Méthodes d'analyse et d'intervention,* Montréal, Agence d'Arc, 297 p.

BOTTIN, Christian (1991). *Diagnostic et changement: l'intervention des consultants dans les organisations,* Paris, Éditions d'Organisation, 238 p.

BOULDING, Kenneth E. (1956). «General Systems Theory – The Skeleton of Science», *Management Science*, vol. 2, p. 197-208.

BOWLES, Martin L. (1989). «Myth, Meaning and Work Organization», *Organization Studies*, vol. 10, n° 3, p. 405-421.

CAIDEN, Gerald E. (1991). *Administrative Reform Comes of Age,* New York, Walter de Gruyter.

CARNAL, Colin A. (1990). *Managing Change in Organizations,* Prentice-Hall International.

COLLERETTE, Pierre (1984). «Le phénomène et la gestion de la résistance au change-ment», *Revue Administration hospitalière et sociale,* juillet-août.

COOPERRIDER, David L. et William A. PASMORE (1991). «The Organization Dimension of Global Change», *Human Relations,* vol. 44, p. 763-787.

CUMMINGS, Thomas G. (1989). *Organization Development and Change,* 4e éd., St-Paul, West Pub. Co., 560 p.

CZARNIAWSKA-JOERGES, Barbara (1989). «The Wonderland of Public Administration Reforms», *Organization Studies,* vol. 10, n° 4 p. 531-548.

DAMANPOUR, Fariborz (1991). «Organizational Innovation: A Meta-Analysis of Effects of Determinants and Moderators», *Academy of Management Journal,* vol. 34, n° 3, p. 555-590.

DAMANPOUR, Fariborz (1992). «Organizational Size and Innovation», *Organization Studies,* vol. 13, n° 3, p. 375-402.

DELISLES Gilles et Pierre COLLERETTE (1982). *Le changement planifié: une approche pour intervenir dans les systèmes organisationnels,* Montréal, Éditions Agence d'Arc, 213 p.

DOWNS, Anthony (1967). *Inside Bureaucracy,* Boston, Little, Brown.

DUNFORD, Richard, Dexter C. DUNPHY et Doug A. STACE (1990). «Strategies for Plan-ned Change. An Exchange of Views Between Dunford, Dunphy and Stace», *Organi-zation Studies,* vol. 11, n° 1, p. 131-136.

DVORIN, Eugene et Robert SIMMONS (1972). *From Amoral to Humane Bureaucracy,* San Francisco, Canfield.

DYER, William G. (1984). *Strategies for Managing Change,* Reading, Massachusetts, Addi-son-Wesley Pub. Co.

FELDMAN, Steven P. (1990). «Stories as Cultural Creativity: On the Relation Between Symbolism and Politics in Organizational Change», *Human Relations,* vol. 43, n° 9, p. 809-828.

FERGUSON, Sherry Devereaux et Stewart FERGUSON (1988-1989). «Technology and Change in Bureaucratic Cultures», *Optimum,* vol. 19, n° 4, p. 41-55.

FINNE, Hakon (1991). «Organizational Adaptation to Changing Contingencies», *Futures,* vol. 23, n° 10, p. 1061-1074.

FRENCH, Wendell L. et Cecil H. BELL Jr (1984). *Organization Development: Behavioral Science Interventions for Organization Improvement,* 3e édition, Englewood Cliffs, N.J., Prentice-Hall.

FRENCH, Wendell L. (1990). *Organization Development: Behavioral Science Interventions for Organization Improvement,* 4e édition, Englewood Cliffs, N.J., Prentice-Hall, 320 p.

FROST, Peter J. *et al.* (1985). *Organizational Culture,* Beverly Hills, Sage.

GAGNON, Dominique (1986). *Le développement organisationnel: dans une perspective d'ex-cellence,* Montréal, Agence d'Arc, 119 p.

GALBRAITH, Jay (1977). *Organization Design,* Reading, Mass., Addison-Wesley Pu-blishing.

GAWTHROP, Lewis C. (1983). «Organizing for Change», *The Annals of the American Aca-demy of Political and Social Science,* 466, p. 119-134.

«GÉRER LE CHANGEMENT DANS L'ENTREPRISE» (1988). *Revue Française de Gestion* (numéro spécial), n° 68.

GERSICK, Connie J.G. (1991). «Revolutionary Change Theories: A Multilevel Exploration of the Punctuated Equilibrium Paradigm», *Academy of Management Review*, vol. 16, n° 1, p. 10-36.

GOLEMBIEWSKI, Robert (1983). «Organization Development in Public Agencies: Perspective on Theory and Practice» dans W. FRENCH, C. BELL et R. ZAWACKI (1983). *Organization Development, Theory, Practice and Research,* Plano, Business Publications Inc., p. 465-473.

GOLEMBIEWSKI, Robert T., Carl W. PROEH Jr. et David SINK (1981). «Success of OD Applications in the Public Sector: Toting Up the Score for a Decade, More or Less», *Public Administration Review,* vol. 41, p. 679-682.

GREENWOOD, Royston et C.D. HININGS (1988). «Organizational Design Types, Tracks and the Dynamics of Strategic Change», *Organization Studies*, vol. 9, p. 293-316.

GRINYER, Peter et Peter MCKIERNAN (1990). «Generating Major Change in Stagnating Companies», *Strategic Management Journal*, vol. 11, p. 131-146.

HARWOOD, Paul de L. (1991). *Les organisations et les personnes adaptives: étude documentaire effectuée pour le compte du Groupe de travail sur l'adaptation de la main-d'œuvre de «FP 2000»*, Institut de recherches politiques, Halifax.

HUNSAKER, Phillip L., Wiiliam C. MUDGETT et Bayard E. WYNNE (1975). «Assessing and Developing Administrators for Turbulent Environments», *Administration and Society,* vol. 7, p. 312-27.

JICK, Todd D. (1993). *Managing Change, Cases and Concepts,* Irwin Inc.

JOSHI, Kailash (1991). «A Model of Users' Perspective on Change: The Case of Information Systems Technology Implementation», *MIS Quarterly*, vol. 15, p. 229-242.

KAUFMAN, Herbert (1985). *Time, Chance, and Organizations: Natural Selection in a Perilous Environment,* Chatham, N.J., 180 p.

KELLY, Dawn et Terry L. AMBURGEY (1991). «Organizational Inertia and Momentum: A Dynamic Model of Strategic Change», *Academy of Management Journal*, vol. 34, n° 3, p. 591-612.

KIEL, L. Douglas (1989). «Nonequilibrium Theory and Its Implications for Public Administration», *Public Administration Review*, vol. 49, n° 6, p. 544-551.

KILMANN, Ralph H., Theresa J. COVIN et al. (1987). *Corporate Transformation. Revitalizing Organizations for a Competitive World*, San Francisco, Jossey-Bass.

KIRKPATRICK, Donald (1985). *How to Manage Organizations Effectively,* San-Francisco, Jossey-Bass.

KNIGHT, Kenneth (1976). «Matrix Organization: A Review», *Journal of Management Studies*, vol. 13, p. 111-130.

LANDAU, Martin (1973). «On the Concept of a Self-Correcting Organization», *Public Administration Review*, vol. 33, p. 833-842.

LANT, Theresa K. et Stephen MEZIAS (1990). «Managing Discontinuous Change: A Simulation Study of Organizational Learning and Entrepreneurship», *Strategic Management Journal*, vol. 11, p. 147-179.

LAUGHLIN, Richard C. (1991). «Environmental Disturbances and Organizational Transitions and Transformations: Some Alternative Models», *Organization Studies*, vol. 12, n° 2, p. 209-232.

MAILLET, Léandre (1988). *Psychologie et organisations: L'individu dans son milieu de travail,* Montréal, Agence d'Arc, 576 p.

MARGULIES, Newton et Raia ANTHONY (1978). *Conceptual Foundations of Organizational Development*, New York, McGraw-Hill Book Company.

MILLER, Danny (1990). «Organizational Configurations: Cohesion, Change, and Prediction», *Human Relations*, vol. 43, n° 8, p. 771-789.

MEYER, Alan D., Geoffrey R. BROOKS et James B. GOES (1990). «Environmental Jolts and Industry Revolutions: Organizational Responses to Discontinuous Change», *Strategic Management Journal*, vol. 11, p. 93-110.

MORAN, E. Thomas et J Fredericks VOLKWEIN (1992). «The Cultural Approach to the Formation of Organizational Climate», *Human Relations*, vol. 45, p. 19-47.

MORGAN, Gareth (1988). *Riding the Waves of Change*, San Francisco, Jossey-Bass.

MORROW, William L. (1980). *Public Administration: Politics and the Political System*, 2ᵉ édition, New York, Random House.

NADLER, David A. (1980). *Concepts for the Management of Organizational Change*, New York, Organizational Research and Consultation Inc.

NAISBITT, John (1982). *Megatrends Ten New Directions Transforming Our Lives*, New York, Warner Books.

OLIVER, Christine (1991). «Strategic Responses to Institutional Processes», *Academy of Management Review*, vol. 16, n° 1, p. 145-179.

OLSON, Edwin E. (1990). «The Transcendent Function in Organizational Change», *Journal of Applied Behavioral Science*, vol. 26, n° 1, p. 69-81.

OUCHI, William (1982). *Theorie Z: faire face au défi japonais,* Paris, InterÉditions, 252 p.

PETERS, Tom (1992). *Liberation Management: Necessary Disorganization for the Nanosecond Nineties,* New York, A. Knopf, 834 p.

RANDOLPH, W. Alan et David F. ELLOY (1989). «How Can OD Consultants and Researchers Assess Gamma Change? A Comparison of Two Analytical Procedures», *Journal of Management*, vol. 15, n° 4, p. 633-648.

SABINO, Robert (1988). *Encadrement dynamique: programme pour les petites et moyennes organisations publiques*, Montréal, Agence d'Arc, 111 p.

SCHAEFER, Morris (1987). *Implementing Change in Service Programs: Project Planning and Management,* Newbury Park, Calif. Sage Publication, 198 p.

SCHEIN, Edgar H. (1969). *Process Consultation: Its Role in Organization Development,* Reading, Massachusetts, Addison-Wesley Pub. Co.

SCHEIN, Edgar H. (1978). *Career Dynamics: Matching Individual and Organizational Needs*, Reading, Addison-Wesley Pub. Co.

SCHEIN, Edgar H. (1980). *Organizational Psychology,* 3ᵉ édition, Englewood Cliffs, N.J., Prentice-Hall.

SCHEIN, Edgar H. (1992). *Organizational Culture and Leadership*, 2ᵉ éd., San Francisco, Jossey-Bass Pub., 418 p.

SMITH, Charles et Gary GEMMILL (1991). «Change in the Small Group: A Dissipative Structure Perspective», *Human Relations*, vol. 44, n° 7, p. 697-716.

SORGE, Arndt (1989). «An Essay on Technical Change: Its Dimensions and Social and Strategic Context», *Organization Studies*, vol. 10, n° 1, p. 23-44.

STEWART, Jim (1991). *Managing Damage Through Training and Development,* Kogan Page, London, 217 p.

TANNENBAUM, Arnold *et al.* (1974). *Hierarchy in Organizations*, San Francisco, Jossey Bass.

TESSIER, Roger et Yvan TELLIER (1991). *Changement planifié et développment des organisations* (8 tomes), Québec, Les Presses de l'Université du Québec.

The Corporation of the 1990's: Information Technology and Organizational Transformation, edited by Michaels Scott Morton, New York, Toronto, Oxford University Press, 1991, 331 p.

THOMPSON, James D. (1967). *Organizations in Action,* New York, McGraw-Hill.

TICHY, Noel M. (1986). *The Transformational Leader,* New York, Toronto, Wiley, 306 p.

TOFFLER, Alvin (1971). *Le choc du futur,* Paris, Denoël. (*Future Shock,* New York, Random House)

TOFFLER, Alvin (1980). *La troisième vague,* Denoël, Paris, 1980.(*The Third Wave,* New York, Morrow)

WATERMAN, Robert H. (1990). *Les champions du renouveau,* Paris, InterÉditions, 380 p.

WHITE, Jay D. (1990). «Phenomenology and Organization Development», *Public Administration Quarterly,* vol. 14, n° 1, p. 76-85.

WHITE, Michael J. *et al.* (1985). *Managing Public Systems: Analytic Techniques for Public Administration,* North Scituate, Mass., Duxbury Press.

WITHAM, Donald C. (1985). *The American Law Enforcement Chief Executive: A Management Profile,* Washington, D.C., Police Executive Research Forum.

WOODMAN, Richard W. (1989). «Organizational Change and Development: New Arenas for Inquiry and Action», *Journal of Management,* vol. 15 n° 2, p. 205-228.

WOOTEN, Kevin C. et Louis P. WHITE (1989). «Toward a Theory of Change Role Efficacy», *Human Relations,* vol. 42, n° 8, p. 651-669.

APPENDICE

De nombreux changements planifiés de grande envergure ont été instaurés un peu partout dans le monde pour améliorer le fonctionnement des États, de leurs administrations et de leurs programmes. Parmi les plus récentes réformes de cette nature, nous choisissons de vous présenter «Fonction publique 2000». Il s'agit d'une initiative du gouvernement canadien lancée officiellement à la fin de 1989. Comme son appellation l'indique, la réforme vise ultimement à préparer l'administration publique fédérale à relever les défis des années à venir en améliorant toute une série d'aspects liés à sa gestion. C'est ainsi qu'au cours du premier semestre de l'année 1990 une dizaine de groupes de travail composés de hauts fonctionnaires et présidés par des sous-ministres se sont penchés sur autant d'aspects à améliorer, ont avancé des diagnostics et fait des recommandations. Un Livre blanc confirmant les intentions gouvernementales présentait les aspects étudiés par ces groupes de travail:

1. *Les politiques administratives et le rôle des organismes de service communs*
2. *Le système de classification et la structure des groupes professionnels*
3. *La rémunération et les avantages sociaux*
4. *La catégorie de gestion*
5. *La gestion des ressources et les contrôles budgétaires*
6. *Le service au public*
7. *Les relations de travail*
8. *La dotation*
9. *La formation et le perfectionnement*
10. *L'adaptation de la main-d'œuvre[1]*

Les groupes de travail firent plus de 350 recommandations dont la mise en œuvre fut approuvée dans la plupart des cas. Un premier rapport d'évaluation de leur application fut produit en 1992 par le greffier du Conseil privé, M. Paul Tellier, qui veilla à la mise en place de la réforme.

Nous reproduisons deux textes traitant de cette réforme. Le premier est un discours de M. Tellier qui annonce les grandes lignes de la réforme; le second soulève certaines difficultés auxquelles la réforme risque d'être confrontée.

---

1.   Fonction Publique 2000, *Le renouvellement de la fonction publique du Canada*, Approvisionnements et Services, 1990.

Le renouvellement de la fonction publique

Paul TELLIER, greffier du Conseil privé, Ottawa[1]

Qu'est-ce que Fonction publique 2000? C'est un exercice que le premier ministre du Canada a annoncé il y a trois mois, juste avant Noël. Il s'agit d'une initiative destinée à adapter la fonction publique du Canada, qui emploie plus de 200 000 personnes, à de nouvelles réalités et à de nouvelles attentes. En d'autres termes, nous essayons de «bien faire les choses». Il est donc normal que je vous décrive ce que nous entendons faire pour renouveler la fonction publique.

Tout d'abord, je voudrais préciser que le premier ministre n'a pas décidé sur un coup de tête que nous avions besoin d'un projet comme Fonction publique 2000. Cette initiative n'a pas surgi spontanément. Fonction publique 2000 est vraiment une entreprise historique, et je le souligne, historique. Cette réforme, ce renouvellement, sont véritablement l'aboutissement d'un processus qui remonte au début du siècle, lorsque la première Commission du service civil fut établie. C'était là une première étape vers l'instauration au pays d'une fonction publique professionnelle, non partisane.

Ce que nous essayons de faire est parfaitement conforme à ce qui s'est produit au cours des 70 dernières années. La fonction publique du Canada n'a jamais été une institution statique. Elle a énormément évolué au fil des ans. Nous essayons aujourd'hui de la faire avancer davantage.

Fonction publique 2000 s'appuie, à dessein, sur ce que des personnes comme John Carson ont réalisé au cours des réformes qu'elles ont dirigées. Fonction publique 2000 n'est pas «le projet de cette année». Ce n'est pas non plus le projet de Paul Tellier. C'est une étape d'un long processus de réforme destiné à donner à la fonction publique les outils dont elle a besoin pour appuyer le gouvernement.

Toute personne soucieuse d'avoir un bon gouvernement devrait comprendre combien il importe que nous réussissions dans cette entreprise. Les défis qui se posent aujourd'hui aux gouvernements n'ont jamais été plus grands. Regardez, par exemple, le rythme auquel évoluent les choses. Regardez ce qui se passe au pays ou à l'étranger. Voyez avec quelle rapidité se produisent les changements.

Presque toutes les questions ont une portée internationale. Prenez, par exemple, la drogue. Ce n'est pas un problème que nous pouvons régler tout seuls. Nous devons collaborer avec nos voisins. La pollution de l'environnement est une autre question d'une dimension internationale très importante. Regardez la pêche de la morue du Nord à Terre-Neuve. Là encore, c'est un problème que les Canadiens ne peuvent pas résoudre à eux seuls. Il suppose des négociations très difficiles avec la Communauté européenne.

---

1. Ce discours a été prononcé dans le cadre des allocutions J.J. Carson, le 8 mars 1990 à la Faculté d'administration de l'Université d'Ottawa. Nous le reproduisons avec la permission du Conseil privé.

De plus, il faut vivre avec les restrictions financières; nous devons contrôler les dépenses de façon beaucoup plus serrée que les décennies précédentes. Et le gouvernement s'en est fort bien tiré au cours des cinq dernières années. Mais il faut faire mieux.

D'une part, nous devons faire face à d'énormes restrictions financières mais, d'autre part, les Canadiens attendent beaucoup du gouvernement. Prenez, par exemple, la question de la réglementation de la sécurité. Aucune personne qui prend l'avion ne dirait que, en raison du déficit, la sécurité aérienne devrait souffrir. Il en va de même de la sécurité des produits alimentaires ou pharmaceutiques. De toute évidence, nous avons à relever un énorme défi: nous devons nous serrer la ceinture et restreindre l'utilisation de fonds publics, alors que les attentes des Canadiens continuent de croître.

Fonction publique 2000 devra donc changer non seulement la gestion des ressources humaines, mais aussi la façon dont nous accomplissons notre travail au gouvernement.

Cela veut dire qu'il faudra se concentrer sur les ressources humaines et la façon dont nous travaillons au sein du gouvernement. Cela veut dire qu'il faudra préciser les responsabilités parmi les institutions et les ressources humaines; cela veut dire qu'il faudra revenir aux valeurs et aux principes de base.

Je voudrais vous parler, premièrement, des défis qui se posent aujourd'hui à la fonction publique; deuxièmement, de nos objectifs en matière de réforme de la fonction publique; et, troisièmement, de notre philosophie de la gestion. Enfin, j'aborderai les problèmes auxquels nous devons faire face.

Les défis

Quels sont donc les défis que nous devons relever pour réformer la fonction publique? En tant que dirigeants de la fonction publique, nous devons régulièrement prendre du recul et nous demander si nous disposons des bons outils pour faire ce que les gouvernements et les Canadiens attendent de nous. Le premier ministre et, par conséquent, le gouvernement ont conclu que, étant donné les bouleversements qui se produisent partout, le moment est maintenant venu d'agir.

Les gouvernements doivent adopter de nouvelles politiques et de nouveaux programmes pour faire face à l'imprévu. Pensez aux changements survenus en Europe centrale et en Europe de l'Est depuis juillet. Autre exemple: le réchauffement planétaire. Personne dans cette salle n'ignore le problème aujourd'hui, mais qui parlait du réchauffement planétaire il y a cinq ans? Il existe bon nombre d'autres exemples de l'imprévu. L'internationalisation des affaires en est un. Bombardier, par exemple, n'était qu'une petite société implantée au Québec; aujourd'hui, elle mène quatre-vingt pour cent de ses affaires à l'étranger. Pour faire face à ces défis, les gouvernements doivent élaborer de nouvelles politiques et de nouveaux programmes. Pour ce faire, nous avons besoin de gens extrêmement motivés et talentueux. Nous avons besoin de créativité et d'imagination. Nous avons besoin d'une direction forte et d'une gestion éclairée.

Pour mener à bien le projet Fonction publique 2000 en 1990 et pour le XXIᵉ siècle, nous devons d'abord avoir les bonnes institutions et les bonnes structures. Nous devons ensuite disposer des outils nécessaires pour recruter les personnes compétentes pour les motiver et les récompenser, pour développer leurs talents et pour les préparer à prendre la relève. Enfin, nous avons besoin d'une fonction publique moderne où la gestion est axée sur les personnes et non sur les systèmes ou le contrôle.

Nous ne disposons pas pour l'instant de tous ces outils. Les rôles ne sont pas clairs. Les responsabilités administratives sont confuses. Et les gestionnaires ne sont pas toujours en mesure d'exercer le pouvoir dont ils ont besoin pour s'acquitter de leurs tâches.

Ce sont là nos défis. Voyons maintenant nos objectifs. Je vais vous en citer trois.

Les objectifs

Permettez-moi de commencer par un principe important: le premier ministre et le gouvernement veulent une fonction publique qui se caractérise par son excellence (son professionnalisme), sa grande compétence et son impartialité. Le premier ministre – comme n'importe lequel de ses prédécesseurs – aurait pu décider de politiser la fonction publique. Il ne l'a pas fait; il a décidé que la fonction publique suivrait la tradition qui remonte à la deuxième décennie du siècle: elle sera caractérisée par son excellence et son impartialité. C'est pourquoi je parle de réforme et de renouveau, et non de révolution.

Notre premier objectif est de préciser les responsabilités administratives, surtout en ce qui concerne la gestion du personnel. Les responsabilités sont embrouillées, ce qui fait que l'on s'est réfugié dans des systèmes de contrôle. Il faut trop de temps pour faire ce qui doit être fait. Le système n'encourage pas l'initiative comme il le devrait; il est souvent difficile de dire qui est responsable.

Le deuxième objectif se rapporte à la raison d'être de la fonction publique. Pourquoi parle-t-on de fonction publique? Parce que nous sommes au service du public; nous voulons donc une fonction publique qui soit mieux équipée pour répondre aux besoins du public et du gouvernement. Cela veut dire qu'il faudra accorder davantage de pouvoirs à ceux qui en ont besoin: aux sous-ministres, pour qu'ils ou qu'elles puissent mieux gérer leur ministère; aux gestionnaires opérationnels et, ce qui est important, au personnel régional, à ceux et celles qui servent directement le public.

Il y a deux semaines, j'ai prononcé à Vancouver, devant un groupe de cadres supérieurs, une allocution sur Fonction publique 2000. L'administrateur général de l'aéroport de Vancouver m'a dit «si les gens me laissaient faire mon travail, cet aéroport serait beaucoup mieux géré».

C'est ce que nous voulons dire lorsque nous parlons du pouvoir de déléguer et de l'obligation de rendre compte. Cela signifie également qu'il faut accorder davantage de pouvoirs à ceux qui servent le public sur la ligne de front. Lorsqu'un 747 arrive de l'étranger et atterrit à l'aéroport international Pearson, nous devons nous assurer que les douaniers ou les agents d'immigration sont équipés pour servir le mieux possible tous ces voyageurs.

Ce que nous voulons, c'est décentraliser et déléguer vers la base. Ce faisant, nous allons enrichir l'emploi de presque tous les fonctionnaires au Canada. La motivation sera donc accrue car chaque personne considérera qu'elle contrôle mieux son environnement et pourra donc obtenir de meilleurs résultats.

Le troisième objectif est l'adaptabilité. Notre régime de gestion du personnel doit permettre aux gens et aux institutions de s'adapter efficacement aux nouvelles exigences et aux nouveaux problèmes. Comme je l'ai mentionné au cours de l'une des réunions régionales, peu importe la compétence du sous-ministre des Transports ou celle du sous-ministre adjoint chargé du transport aérien, c'est le contrôleur aérien à l'aéroport international Pearson qui peut le mieux nous dire comment répondre aux nouvelles exigences et aux nouveaux défis de son emploi.

Nous avons besoin d'un système plus simple, plus équitable. D'un système qui soit moins encombrant pour tout le monde et, comme je l'ai mentionné, qui soit axé sur les personnes et non sur le contrôle.

Ce sont là des objectifs importants. Ils reflètent en partie les défis uniques qui se posent de nos jours et la rapidité avec laquelle les choses changent. Mais nos prédécesseurs partageaient aussi ces objectifs. Vous reconnaîtrez que nous abordons des questions que connaissaient bien John Carson, dans les années 60, et Grant Glassco, à la fin des années 50.

Notre philosophie de la gestion

Cela m'amène à vous parler de notre philosophie de la gestion. Mais je voudrais auparavant vous rappeler en quoi notre monde est différent du secteur privé. Je suis sûr que mon ami Bob Landry, le président du Bureau des gouverneurs de l'Université, reconnaîtra avec moi que les problèmes sont différents, que les objectifs sont différents, que les résultats sont différents dans le secteur privé. Pouvez-vous citer une entreprise du secteur privé qui doive régler une question telle que l'avortement? Question qui a non seulement une dimension éthique ou morale, mais aussi médicale et juridique, entre autres.

Nos objectifs sont différents: ils sont beaucoup plus complexes. Prenez la question du plomb dans l'essence. Lorsque le gouvernement décide, comme il l'a fait il y a quelques années, de réduire le plomb dans l'essence, pensez au nombre d'intervenants, au nombre de considérations dont il faut tenir compte lorsqu'il s'agit de traiter avec les producteurs, l'industrie pétrolière et gazière, les raffineurs, les fabricants d'automobiles et, naturellement, pensez aux éléments de preuve d'ordre médical que cela exige.

Non seulement les enjeux sont complexes mais, très souvent, les objectifs dans le secteur public ne sont pas clairement définis.

Les résultats attendus sont différents. Qu'il s'agisse de la Banque royale, d'Imperial Oil ou d'Alcan, qui sont toutes des sociétés canadiennes extrêmement bien gérées, les résultats attendus sont beaucoup plus simples que pour nous. Pensez seulement au débat engagé au sujet du dernier budget.

Autre raison pour laquelle notre monde est différent: le pouvoir et les responsabilités dans le secteur public sont fort différents de ceux dans le secteur privé. Les ministres ne sont pas des directeurs généraux, ce sont des ministres. Ils prennent des décisions politiques dans l'intérêt du pays et non seulement dans celui de leur ministère. Les décisions ne sont pas prises dans un esprit de clocher; elles doivent plutôt tenir compte d'un millier de facteurs qui n'ont rien à voir avec l'état des pertes et profits.

Ce qui nous distingue du secteur privé, c'est aussi le fait que les sous-ministres ont moins de pouvoirs et beaucoup plus de responsabilités que les présidents-directeurs généraux dans le secteur privé. Je dis moins de pouvoirs, car les sous-ministres travaillent dans un milieu où le ministre se charge de la politique de fond; le Conseil du Trésor, de la politique du personnel et la Commission de la fonction publique, de la dotation. Mais les sous-ministres ont plus de responsabilités. Ils ou elles sont responsables devant la loi pour certaines choses, comme le budget. Ils ou elles doivent rendre compte non seulement au premier ministre, mais aussi à leur ministre ainsi qu'aux organismes centraux.

Notre monde est différent, car nos valeurs sont différentes. Les fonctionnaires ont pour éthique le service et l'anonymat.

Les gestionnaires dans l'administration publique doivent gérer au grand jour. Je ne connais aucun cadre supérieur dans aucune entreprise canadienne qui doive faire face, cinq jours par semaine, à la période des questions où toutes les questions possibles peuvent être soulevées et auxquelles le ministre doit avoir une réponse. Je ne connais aucune entreprise du secteur privé où le rapport du vérificateur est publié et fait la une des journaux au moins une fois l'an.

Après avoir exposé brièvement les différences entre les deux mondes, je voudrais maintenant présenter les six éléments clés de notre philosophie de la gestion.

Il s'agit, premièrement, bien sûr, de l'utilisation optimale des ressources humaines de façon à répondre aux besoins et aux priorités du gouvernement et du public.

Deuxièmement, nous devons convaincre le Parlement et le public que les principes de professionnalisme, d'impartialité et de mérite sur lesquels repose la fonction publique sont respectés.

Troisièmement, nous devons véritablement rendre des comptes.

Quatrièmement, nous devons investir dans les ressources humaines. Dans des personnes comme vous, en particulier, qui vont choisir une carrière. Nous devons aussi mettre l'accent non pas sur le contrôle mais sur l'attribution des pouvoirs.

Enfin (mais ce n'est évidemment pas une liste exhaustive), nous devons éliminer les retards et la paperasserie.

Les problèmes

En un mot, notre premier problème est que notre culture de gestion est axée sur des règles que nous avons tendance à appliquer strictement. Nous nous attachons trop au processus au lieu de nous intéresser aux résultats; là encore, pour obtenir les résultats voulus, il faut mettre la bonne personne au bon endroit, au bon moment. Pour changer la culture de gestion, nous devons donc accorder la priorité aux ressources humaines.

Notre deuxième problème est que c'est la Commission de la fonction publique qui est chargée de certaines fonctions clés de gestion du personnel. John Carson se rappellera qu'il a essayé, avant de quitter la fonction publique, de remédier à cette situation. La Commission de la fonction publique a été créée pour préserver le principe du mérite. Année après année, d'autres fonctions de gestion qui n'incombent pas à la Commission sont venues s'ajouter à cette responsabilité.

Troisièmement, «l'administrateur général» de la fonction publique est censé être le Conseil du Trésor. Or, au lieu de gérer, le Conseil du Trésor se concentre sur les règles et les mécanismes de contrôle. Ce sont là des fonctions importantes mais la gestion ne repose pas uniquement là-dessus.

La quatrième dimension du problème est que les ministères, qui sont les véritables gestionnaires, n'ont pas le pouvoir de doter des postes, de perfectionner les bons éléments et de s'occuper des cas problèmes.

Enfin, le fonctionnaire – l'élément le plus important de l'équation – se considère comme un simple rouage de la machine et non comme un partenaire ayant pour mission de servir le Canada.

Bref, les responsabilités sont divisées, les mandats sont confus, les processus sont complexes, l'obligation de rendre compte est assez faible, et nous oublions les ressources humaines. Il n'y a pas de raison qu'il y ait conflit entre les règles qui régissent la fonction publique et l'accomplissement des tâches. S'il y a conflit, il faut changer les règles. C'est ce que nous essayons de faire.

J'ai établi neuf groupes de travail composés de sous-ministres et de sous-ministres adjoints choisis parmi les personnes les plus compétentes dans leur spécialité.

Un groupe de travail est chargé d'examiner la classification. La fonction publique, un organisme de 210 000 personnes, est actuellement divisé, croyez-le ou non, en 88 groupes professionnels. Il n'est pas étonnant qu'il y ait une certaine rigidité de temps à autre.

Un autre groupe s'occupe des indemnités et des avantages sociaux. Un autre se charge de la dotation. Un quatrième se penche sur les relations de travail. (J'ai rencontré les présidents de tous les syndicats un peu avant Noël.) Un autre groupe de travail examine l'adaptation de la main-d'œuvre dans un monde en évolution.

Les autres groupes revoient la gestion des ressources, les politiques administratives et les services communs. Je vais vous donner un exemple: un directeur d'un pénitencier au Canada qui veut louer un film pour les détenus doit non seulement s'adresser à l'Office national du film pour l'obtenir, mais aussi payer des frais de gestion de 17 %. Si le même directeur veut quelqu'un pour nettoyer le sol de l'établissement, il ou elle doit passer par les Approvisionnements et Services, puis les Travaux publics, et payer, là encore, des frais de gestion.

Il y a un groupe de travail sur le service au public et un autre sur la catégorie de la gestion, les 4 500 personnes situées au sommet de la fonction publique.

Nous examinons tous les aspects de la gestion de la fonction publique. Rien n'est exclu.

Nous savons qu'il ne suffit pas de changer les systèmes. Nous devons changer les attitudes et les attentes. Que vont signifier ces changements? Ils signifient moins de contrôle, une plus grande obligation de rendre des comptes. Il n'y aura plus de refuge possible dans les systèmes de contrôle. Il faudra adopter une nouvelle philosophie de gestion selon laquelle on fera confiance aux gens, on leur donnera des responsabilités et on leur demandera de rendre des comptes.

Les changements encourageront le leadership. L'une des principales manifestations de leadership est la capacité de s'exprimer et de communiquer des objectifs vers la base. Cela voudra dire qu'il faudra changer entièrement la culture de gestion dans la fonction publique. Notre ambition est que la majorité de ces 210 000 fonctionnaires deviennent des agents de changement, abandonnent l'application stricte des règles et se rallient à la nouvelle philosophie de gestion.

Pour chaque fonctionnaire, cela signifie de nouvelles chances d'avancement. D'autant plus, cela signifie la reconnaissance, dans le quotidien, que les personnes sont l'actif le plus important d'une organisation.

Pour la Commission de la fonction publique, cela signifie arrêter de faire de la gestion et se concentrer sur son rôle d'agent du Parlement pour protéger l'intégrité du système de dotation.

Pour le Conseil du Trésor, cela signifie commencer à faire de la gestion et ne plus se contenter d'établir des règles et des mécanismes de contrôle. Le Secrétariat du Conseil du Trésor devra s'équiper en conséquence.

Tout cela suppose qu'il faudra administrer l'ensemble des cadres supérieurs comme une ressource à la disposition de tout le système, planifier et gérer les carrières ainsi que la formation et le perfectionnement. Si vous parlez à l'administrateur général d'un grand organisme bien dirigé, il ou elle vous dira qu'il connaît plus de 150 – 200 personnes occupant des postes de cadres supérieurs au sein de l'organisme et que la planification de carrière de ces gens lui tient à cœur. Nous devons instaurer un système nous permettant de faire au moins aussi bien dans le secteur public.

Une carrière dans la fonction publique

Permettez-moi de conclure en adressant mes prochaines remarques à seulement certains d'entre vous ici présents. En tant que dirigeant de la fonction publique, je voudrais profiter de l'occasion pour dire quelques mots à ceux ou celles d'entre vous qui songent à faire carrière dans la fonction publique.

Tout d'abord, je pense qu'il n'y a jamais eu de moment plus intéressant d'entrer dans la fonction publique. Deuxièmement, je ne pense pas que les Canadiens se soient autant intéressés auparavant à la chose publique. Pourquoi? Parce que nous devons faire plus avec moins et que le gouvernement doit être aussi efficace que possible. La période de restrictions que nous traversons en ce moment ne devrait pas décourager les gens d'entrer dans la fonction publique. Au contraire, celle-ci offre d'immenses nouvelles possibilités et nouveaux défis.

Permettez-moi de vous citer sept bonnes raisons pour lesquelles les meilleurs d'entre vous devraient envisager une carrière dans la fonction publique.

La première, servir. Je sais que certains d'entre vous diraient que c'est assez mélodramatique, mais c'est important d'entrer dans son bureau le matin et de savoir qu'on n'est pas là juste pour gagner de l'argent, mais qu'on est là parce qu'on croit à ce que l'on fait.

La deuxième raison, travailler sur la grande scène. Nous traitons de questions de portée nationale et internationale.

Troisièmement, la diversité. Essayez de citer un seul autre organisme au pays où le travail est aussi varié que dans la fonction publique du Canada.

La quatrième raison est la possibilité de travailler dans toutes les régions du pays, avec des collègues venant de toutes les provinces. Ce qui est très regrettable, c'est que notre pays soit si grand que très peu de personnes se font une idée de ce qu'il représente. C'est donc fantastique de pouvoir travailler d'un bout à l'autre du pays. Regardez-moi, j'ai négocié à Terre-Neuve; j'ai négocié en Nouvelle-Écosse; j'ai négocié avec les trois provinces de l'Ouest.

Cinquièmement, dans la fonction publique, vous pouvez acquérir une perspective nationale, ce que ne peut vous offrir aucun autre employeur au pays. Quand j'étais au ministère de l'Environnement, j'ai eu le plaisir de traverser les marécages situés autour de l'aéroport de Vancouver afin d'examiner – sur place – les problèmes que pose la construction d'une autre piste. Quand j'étais aux Affaires indiennes et du Nord, j'ai eu le plaisir de visiter, en motoneige, des réserves indiennes sur la côte nord du Saint-Laurent. J'ai eu l'occasion de visiter une mine de charbon dans la région de Kootenay et des mines de charbon au Cap-Breton. Y a-t-il d'autres employeurs au Canada qui puissent vous donner ce genre de perspective nationale?

Autre raison, et peut-être la plus importante, c'est la possibilité de s'occuper de questions importantes. Lorsque vous vous installez le soir chez vous pour regarder les nouvelles ou lire le journal, sachez que si vous étiez dans la fonction publique du Canada, il est très probable que vous ayez travaillé sur le dossier dont il est question dans le journal, au *Téléjournal* ou au *Point*. Il peut s'agir de l'énorme pression qui s'exerce actuellement sur notre système de soins de santé, de l'environnement, de la compétitivité nationale ou de l'unité nationale. Si vous êtes membre de la fonction publique, vous avez l'occasion, non seulement de travailler sur certains de ces dossiers, mais aussi d'être payé pour le faire!

Enfin, les fonctionnaires ont la possibilité, non seulement de servir leur pays au Canada mais également de le représenter à l'étranger et de travailler avec des gens d'autres pays.

Permettez-moi de terminer sur le point suivant: je suis sûr que tout le monde dans cette pièce a dit, à un moment quelconque, que la société va vraiment mal. Qu'il faudrait changer ceci ou cela, corriger ceci ou cela. La fonction publique vous offre la chance de changer la vie des gens.

En intervenant dans le processus de la politique publique, vous pouvez faire la différence – faire changer les choses. Nous avons une excellente fonction publique, l'une des meilleures au monde. Je suis très fier de la qualité des collègues avec qui je travaille.

Vous vous demandez peut-être s'il y a des chances d'avancement. C'est vrai que les restrictions sont une réalité dans la fonction publique. Aujourd'hui, la fonction publique du Canada est de la même taille qu'en 1973. Peu de gens savent que nous avons réduit nos frais généraux de 25 % au cours des cinq dernières années. Au total, 12 000 emplois ont été supprimés depuis 1984.

Mais les restrictions ne signifient pas que nous ne recrutons pas. En 1989, nous avons recruté 1 342 diplômés d'université, ce qui représente 300 recrues de plus par rapport à l'année précédente. Les personnes qui représentent 52 % de la population canadienne seront contentes d'apprendre que 41 % de ces recrues étaient des femmes. Soit dit en passant, des 4 500 gestionnaires qui se trouvent au sommet de la fonction publique, le pourcentage des femmes est passé de 5 %

à 15 % au cours des cinq dernières années; à cet égard, nous donnons vraiment l'exemple au secteur privé.

Où avons-nous recruté ces personnes? Nous les avons recrutées dans toutes les régions du pays: 320 dans la région de la capitale nationale, environ 300 au Québec, 250 en Ontario, 112 en Colombie-Britannique et 51 en Nouvelle-Écosse et d'autres dans les autres provinces. Cette répartition reflète beaucoup l'influence de John Carson. Il y a quelques années, le fonctionnaire typique était diplômé de Queen's, originaire de l'Ontario. Cette situation a complètement changé. Aujourd'hui, la fonction publique représente les divers éléments régionaux du pays. Nos nouvelles recrues ont obtenu des emplois très divers. Sur les 1 342 que j'ai mentionnées, 402 sont entrées dans la catégorie administrative, 88 dans le service extérieur, 367 dans le secteur des sciences pures et appliquées, 129 en informatique et 229 dans les secteurs de l'économie et de la sociologie.

Y a-t-il des possibilités d'avancement? Oui, pour des personnes intelligentes, compétentes, laborieuses et s'intéressant aux politiques et à la gestion. Et il est plus facile de gravir les échelons dans la fonction publique que dans la plupart des entreprises privées.

Conclusion

Le rôle des gouvernements évolue et pas seulement au Canada. Il s'agit d'un phénomène international. Les Canadiens veulent un gouvernement plus maigre, plus axé sur les services. De ce fait, le rôle de la fonction publique évolue également. Nous devons nous concentrer davantage sur les services. Nous devons changer notre culture. Je sais que le changement ne va pas se produire du jour au lendemain, mais je sais qu'avec l'appui du premier ministre, et nous l'avons, nous allons réussir. C'est faisable.

J'aime croire que ceux et celles d'entre vous présents dans cette salle qui nous remplaceront dans dix ou quinze ans seront en mesure de dire non seulement que la fonction publique du Canada est l'une des meilleures au monde, mais que c'est la meilleure du monde.

Je vous remercie beaucoup.

*

*   *

La solitude verticale et l'évolution de la gestion dans la fonction publique: examen préliminaire de Fonction publique 2000

Jak JABES et David ZUSSMAN[1]

Le sujet de cet article est la nouvelle initiative du gouvernement, nommée Fonction publique 2000. Nous examinerons d'abord les raisons qui ont motivé cette initiative, puis nous exposerons les conclusions de nos recherches sur cette activité importante. Dans notre analyse, nous résumerons brièvement les conclusions de deux enquêtes sur les méthodes de gestion que nous avons entreprises auprès de gestionnaires supérieurs de l'administration fédérale. Ensuite, nous décrirons le processus que les grandes organisations utilisent pour gérer leurs changements et nous identifierons les différentes méthodes possibles pour faire des changements dans des grands systèmes. Enfin, nous terminerons notre discussion en comparant l'initiative FP-2000 aux différentes méthodes de changements organisationnels et exprimerons nos inquiétudes sur le processus tel que nous le comprenons.

Fonction publique 2000: processus de revivification

Les objectifs à long terme de FP-2000 sont très simples. Ils sont d'attirer, de développer et de retenir des gens de premier plan dans l'administration fédérale; de restructurer les programmes et les organisations afin d'équilibrer les rôles des diverses agences; d'examiner les systèmes, les processus et les attitudes de la gestion; et, finalement, de réexaminer les lois qui ont une incidence sur la fonction publique. L'objet de FP-2000 est la revivification de la fonction publique du Canada pour la préparer aux divers défis auxquels elle fera face au cours de la prochaine décennie.

FP-2000 est une initiative interne qui entreprendra un certain nombre d'activités différentes. À l'heure actuelle, dix groupes de travail ont été créés par Paul Tellier, greffier du Conseil privé. Ces groupes de travail examinent des activités comme les négociations, la dotation, la rémunération, le contrôle budgétaire, la prestation des programmes et le service au public. Chaque groupe de travail est dirigé par un sous-ministre, assisté par deux ou trois autres sous-ministres et un petit nombre de SMA choisis. Dans cette démarche, il y a une tentative de participation régionale, car chaque groupe de travail a un ou deux membres des régions.

Les groupes de travail ont deux dates limites pour présenter leurs conclusions au Greffier. Premièrement, on leur a demandé de présenter, avant le 31 janvier, les solutions que le gouvernement pourrait mettre en application rapidement et sans coût important ou sans modifications de lois. La deuxième date

---

1. Revue *Optimum*, 1990/1991, vol. 21-1, p. 7-18. Reproduit avec la permission du ministre des Approvisionnements et Services Canada, 1993.

limite est septembre 1990 et est basée sur le sentiment que tous ces groupes recommanderont des changements majeurs de politiques qui conduiront à des modifications législatives.

Ces groupes de travail semblent vouloir trouver, aux problèmes soulevés dans leur mandat, des solutions relatives aux règles. En conséquence, les membres des groupes de travail passent beaucoup de temps à étudier les lois actuelles, en particulier la *Loi sur les relations de travail dans la fonction publique*, la *Loi sur l'administration financière*, le *Code sur le droit des personnes* et la *Loi sur l'accès à l'information*, dans le but de suggérer des améliorations qui occasionneraient, pour le public, un meilleur service et, pour la gestion des ressources humaines, un système amélioré et inspiré. Outre ce mandat général et le soutien du premier ministre, il faut également noter que Paul Tellier a été très franc au sujet des difficultés énormes que devront surmonter ces groupes de travail.

Il y a eu des consultations en dehors de la fonction publique. Les groupes de travail ont rencontré un certain nombre d'organisations du secteur privé pour se renseigner sur les progrès réalisés par celles-ci en matière de gestion. Plus important, ils ont rencontré les syndicats et les partis politiques pour les informer de leurs plans de travail, et on ne sait pas si ces rencontres font partie de leur processus de consultation ou sont uniquement informatives.

Le besoin de Fonction publique 2000

À l'heure actuelle, la fonction publique se pose la question suivante: Pourquoi le premier ministre a-t-il décidé d'annoncer, le 12 décembre 1989, la création de FP-2000? Quels étaient ses motifs et qu'espérait-il accomplir? On peut proposer plusieurs réponses à ces questions.

John Edwards et Paul Tellier, dans les discours divers qu'ils ont faits pour présenter cette initiative, ont proposé un ensemble de raisons[2]. Essentiellement, leur argument est que FP-2000 est fondamental à l'avenir de la fonction publique parce qu'elle la prépare aux défis du futur, en particulier à ceux relatifs à l'internationalisation du pays et au besoin constant de programmes d'austérité auxquels devra faire face l'administration dans l'avenir. Une autre raison importante, donnée par Paul Tellier, est que le rôle du gouvernement fédéral change pour s'orienter vers le marché et ce nouveau rôle implique une fonction publique de nature différente. On se rend compte également à des hauts niveaux de gestion que la démarche d'amélioration progressive de la gestion du personnel et de la gestion en général n'a pas suffisamment bien marché, et que FP-2000 doit instituer une démarche plus radicale.

Toutes ces raisons d'instituer FP-2000 aujourd'hui sont valables, mais il y en a d'autres, tout aussi impératives, d'entreprendre cette initiative.

---

2.   John Edwards a été nommé directeur de l'initiative FP-2000 et tous les groupes de travail relèvent de lui.

Premièrement, l'une des raisons importantes qui a poussé le gouvernement à créer FP-2000 est que depuis quatre ou cinq ans, un certain nombre de hauts fonctionnaires ayant un profil très élevé ont quitté l'administration, mais en faisant plus de bruit que les fonctionnaires en avaient l'habitude. Ce phénomène n'avait pas de précédent au Canada où, traditionnellement, les fonctionnaires prennent leur retraite pour écrire leurs mémoires sur leur carrière dans l'administration ou acceptent un poste de professeur d'université. Plusieurs de ces fonctionnaires, qui ont quitté l'administration principalement pour aller dans le secteur privé, ont dit combien le secteur public leur manquait et combien ils étaient malheureux d'être dans l'obligation de le quitter. Certains de ces anciens sous-ministres ont commenté dans la presse nationale les frustrations qu'ils avaient subies, en insistant sur le fait que le système de gestion de la fonction publique ne fonctionnait plus.

Une deuxième raison pour créer FP-2000 est la difficulté rencontrée par l'administration d'attirer de nouveaux talents dans ses rangs supérieurs. Les différences de salaires entre le secteur privé et le secteur public peuvent avoir été une cause partielle de cette désaffection, mais le gouvernement a été vraiment incapable d'attirer le genre de personne de grande classe qu'il espérait placer dans les postes supérieurs de l'administration, principalement parce qu'on pense que le système de gestion est devenu trop lourd à la suite d'un montant excessif de règles, de règlements et de procédures qui empêchent la créativité et l'initiative.

Une autre raison pour FP-2000 est l'apparition d'organismes comme le Forum des politiques publiques, qui a évolué au cours des années pour devenir un groupe de pression puissant œuvrant pour obtenir «l'excellence dans le gouvernement». Cet organisme, par ses divers séminaires, interventions directes et forums, tente de réunir le secteur public et le secteur privé pour des questions de gestion. L'intérêt du secteur privé à faire partie du Forum des politiques publiques et à soutenir ces objectifs est simple. Le secteur privé pense que, pour survivre dans un environnement de plus en plus international et complexe, il lui faut un secteur public aussi bon ou meilleur que jamais auparavant. Ces préoccupations ont été portées à l'attention du premier ministre et de sous-ministres clés.

Finalement, *Optimum*, Volume 20-2, 1989-1990 et quelques autres publications récentes ont mis l'accent sur le besoin de réformes dans la fonction publique. Parmi ces publications, il y a *Beyond the Bottom Line*, par Tim Plumptre[3] et notre ouvrage[4].

---

3. Timothey W. PLUMPTRE (1988). *Beyond the Bottom Line: Management in Government*, L'Institut de recherches politiques, Halifax, Nouvelle-Écosse.

4. David ZUSSMAN et Jak JABES (1989). *The Vertical Solitude: Managing in the Public Sector*, L'Institut de recherches politiques, Halifax, Nouvelle-Écosse.

L'enquête sur les attitudes de gestion et la solitude verticale

En 1986 et 1988, nous avons entrepris deux enquêtes sur les attitudes des gestionnaires supérieurs de l'administration fédérale. Pour comprendre le processus de changement organisationnel et les attitudes qu'il faut changer, il est important d'examiner brièvement les constatations de ces enquêtes. Nous avons décrit récemment l'ensemble des résultats de l'enquête de 1986 dans un livre qui contient également un résumé des constatations de 1988[5]. Nous avons publié dans un article certains résultats qualitatifs de l'étude de 1985[6]. Ces deux enquêtes ont trouvé des problèmes sérieux dans beaucoup d'attitudes examinées (sur les récompenses, le commandement, la satisfaction au travail, etc.) chez les gestionnaires du niveau le plus élevé de l'administration.

Cette enquête a été élaborée en utilisant un modèle de gestion pour prédire les produits du travail et en particulier la satisfaction au travail en se basant sur quatre facteurs majeurs:
- les attributs personnels;
- les pratiques de gestion comme le commandement;
- les forces organisationnelles, comme l'esprit de l'organisation;
- les dimensions de climat organisationnel, comme la perception des récompenses.

En 1986, nous avons demandé aux gestionnaires de 20 ministères fédéraux appartenant à des niveaux atteignant celui de EX-5 au sommet et descendant jusqu'à SM-1, de coopérer, et nous avons reçu cette collaboration. Pour établir un étalon de mesures pour les données ministérielles, nous avons obtenu la participation de 13 grandes sociétés privées canadiennes qui ont servi de groupe de contrôle. Ces sociétés ne grossissaient pas et étaient profitables. Les taux de réponse à notre enquête par la poste et à notre suivi dans le secteur public et le secteur privé étaient supérieurs à 70 pour cent.

En analysant les résultats de l'enquête de 1986, nous sommes arrivés à deux conclusions majeures. Premièrement, nous avons trouvé que les attitudes des gestionnaires du secteur public et celles du secteur privé étaient totalement différentes. En général, les notes obtenues par les attitudes du secteur public, mesurées sur diverses échelles, avaient tendance à être plus basses que celles du secteur privé. Nous avons appelé ces différences la solitude horizontale. La deuxième conclusion majeure de l'enquête de 1986 était qu'il existait, dans le secteur public, un phénomène que nous avons appelé «la solitude verticale». Par solitude verticale, nous voulons dire que, à mesure que nous descendons de niveaux de gestion, on note une différence importante dans les attitudes, les per-

---

5.   *Ibid.*

6.   «Résultats qualitatifs: enquête de 1988 sur les attitudes des gestionnaires dans l'administration fédérale», *Optimum*, 1989/1990, vol. 20-2, p. 27 à 37.

ceptions et les opinions des gestionnaires. Cette constatation, que l'on retrouve dans toute l'enquête, suggère que les gestionnaires ne partagent par un esprit ministériel, mais que leurs attitudes changent et que leurs niveaux de satisfaction baissent à mesure que l'on descend dans la hiérarchie.

En 1988, nous avons entrepris une enquête plus importante des EX et des SM, en questionnant tous les gestionnaires et les cadres supérieurs du gouvernement fédéral. Le taux de réponse de cette population à un questionnaire révisé et plus court a été de 71 pour cent. Les données de 1988 ont confirmé que la solitude verticale n'est pas un phénomène exceptionnel, car nous avons trouvé que ses effets se manifestaient avec autant de force en 1988 qu'en 1986. L'enquête de 1988 suggère également que les conditions des gestionnaires se sont un peu détériorées entre les deux enquêtes, pour la plupart des paramètres de gestion mesurés.

La littérature scientifique sur la satisfaction au travail montre que, en général, plus les gestionnaires sont haut dans une organisation et plus ils sont satisfaits. Nous nous attendions à ce résultat, mais nous ne nous attendions pas à trouver des différences d'opinion tellement marquées pour les paramètres mesurant l'esprit de l'organisation, le commandement et les récompenses, dans l'échantillon appartenant au secteur public. Les différences entre les répondants du secteur public et l'absence de similitude de résultats par rapport au secteur privé nous ont amené à appeler ce phénomène la solitude verticale. Nous avons trouvé de la solitude verticale en matière de perception des paramètres suivants: le commandement, le mérite, la capacité de progresser dans l'organisation, le pouvoir des gestionnaires d'accomplir efficacement leur travail, le degré auquel les ministères prennent soin de leur personnel. Nous avons également trouvé une diminution importante de la satisfaction au travail entre 1986 et 1988.

Nos analyses statistiques ont montré que les réponses relatives à la perception du commandement et du mérite, par exemple, constituaient de bons indicateurs de la satisfaction au travail. En résumé, plus les répondants perçoivent un commandement fort, des promotions basées sur le mérite et une organisation qui remplit ses objectifs et a de la considération pour son personnel, plus ils sont satisfaits par les différents aspects de leur travail. Dans la mesure où la satisfaction du personnel est un critère important d'efficacité dans la gestion des ressources humaines, cette constatation est importante.

L'enquête de 1986 aussi bien que celle de 1988 contenaient quelques questions «ouvertes», où, entre autres, on demandait aux répondants de faire la liste de leur perception des valeurs qui étaient encouragées dans leurs organisations respectives. Une analyse des réponses à ces questions «ouvertes» suggère que, dans le secteur public, à mesure qu'on descend dans l'organisation, les valeurs ne sont pas partagées par ceux qui se trouvent à d'autres niveaux. La coupure semble se produire aux niveaux inférieurs de la catégorie EX, entre les niveaux EX-1 et EX-3. Cet examen, qui donne encore un exemple de solitude verticale, ainsi que l'analyse des commentaires des participants de 1988[7], suggèrent des problèmes sérieux de moral qui s'aggravent à mesure que nous descendons les niveaux de gestion supérieure de l'administration fédérale.

Le processus de changement organisationnel

Les partisans de FP-2000 en ont parlé comme d'une méthode allant de haut en bas et de bas en haut. Modifier une grande organisation est une entreprise complexe, impliquant un grand nombre d'employés, de groupes et de circonscriptions diverses. Pour réussir à modifier une grande organisation hiérarchique contenant une multitude de niveaux comme le secteur public fédéral, la gestion supérieure doit arriver à motiver les niveaux les plus bas et à fournir une nouvelle vision. Il serait utile d'examiner le processus de changement organisationnel en tenant compte spécialement de la solitude verticale et de l'initiative actuelle FP-2000. Pour procéder à cet examen, il faut d'abord examiner les différentes méthodes utilisées par les organisations pour gérer leurs changements[8].

Les sciences sociales et les sciences administratives ont élaboré des théories sur la manière dont les organisations changent. Quand nous essayons d'expliquer un changement organisationnel, nous décrivons le processus par lequel nous voulons que l'organisation aille de son état actuel à un état nouveau et meilleur.

Il existe trois processus généraux que l'on peut choisir pour changer une organisation. On appelle la première méthode le changement du haut en bas. On utilise cette méthode quand les niveaux les plus élevés de gestion – en général le chef de l'organisation ou un sous-ministre – ou un proche associé prend la décision de changer l'organisation et l'impose vers le bas. C'est un changement unilatéral. Une fois que l'on a pris cette décision de changement, on la communique vers le bas d'un certain nombre de manières. Par exemple, on peut la communiquer par décret, en introduisant une technologie nouvelle, en remplaçant du personnel ou en changeant la structure hiérarchique.

La deuxième méthode s'appelle le changement de bas en haut. Beaucoup de chercheurs associent ce terme à des méthodes de gestion participative, mais en réalité, ce terme désigne les cas où la gestion supérieure se rend compte du problème et délègue sa solution à des niveaux hiérarchiques inférieurs. Il existe des circonstances où le changement ne nécessite pas une intervention de la gestion supérieure et où les niveaux inférieurs de l'organisation prennent d'eux-mêmes l'initiative. On peut mentionner, comme exemples de changements de bas en haut, les plans de formation ou les unités où l'on expérimente de nouvelles méthodes. Cette méthode tient compte par définition des points de vue des niveaux

---

7.   *Ibid.*

8.   Michael BEER (1980). *Organizational Change and Development: A Systems View*, Goodyear, Santa Monica, Calif., est une bonne référence pour les idées exprimées dans cette section.

hiérarchiques inférieurs, mais n'implique pas nécessairement un engagement total de la gestion supérieure, parce que celle-là ne s'implique pas directement et peut ne pas bien connaître les changements proposés. Par conséquent, cette méthode occasionne rarement des changements spectaculaires.

Quand nous comparons ces deux méthodes, nous pouvons constater que celle de haut en bas est rapide tandis que celle de bas en haut est lente à mettre en application. La méthode de haut en bas force les gens à adopter de nouveaux comportements, mais ne change pas nécessairement leurs attitudes. On obtient en général les résultats opérationnels prévus, mais on a peu de certitude de changements à long terme ou d'adoption à long terme, par l'organisation, des valeurs et des processus impliqués. La méthode de haut en bas est utile pour changer des organisations lorsqu'on doit consulter des experts techniques, lorsqu'il s'agit de milieux concurrentiels où le temps de réaction doit être rapide, ou lorsque la popularité de la méthode importe peu. La méthode de bas en haut, elle, souffre d'un manque de résultats à long terme et d'une absence d'adoption par l'organisation. Ces deux méthodes ont des effets dysfonctionnels importants sur l'organisation. Par exemple, si les employés d'une unité expérimentale changent de comportement, mais trouvent que la gestion supérieure n'est pas en faveur de ce changement, il peut en résulter une détérioration du processus, et une absence de diffusion à d'autres éléments de l'organisation.

Il y a une troisième manière de faire des changements dans les grandes organisations qui est particulièrement utile quand on essaie de changer l'idéologie et l'esprit de l'organisation. On appelle en général cette méthode celle «de partage de responsabilité de changement», car c'est un processus qui est basé sur les méthodes des sciences du comportement sur des agents de changement qui jouent un rôle de catalyseurs. Elle nécessite un engagement de la gestion supérieure dès le début du processus, mais pas nécessairement son implication dans le fonctionnement quotidien.

Dans cette méthode, le personnel se trouvant aux niveaux supérieurs et celui se trouvant aux niveaux les plus bas de l'organisation s'efforcent conjointement de définir les problèmes et de trouver des solutions. Les membres de l'organisation participent à la détermination des orientations, des méthodes et des changements ainsi qu'à l'élaboration des directives requises.

La gestion supérieure ne décide pas tout, n'abdique pas son autorité et sa responsabilité de changement au personnel de niveau plus bas. Le rôle de la gestion supérieure est de communiquer une vision d'avenir et de définir la mission et les objectifs de l'organisation. Le partage de ces vues et la consultation avec le personnel précise le processus et fournit le consensus requis pour remplir les objectifs de changement. L'adoption d'une attitude de changement se produit quand tout le monde s'implique avec les cadres supérieurs qui mènent la croisade. Le processus est lent et prend du temps, mais il se traduit par un engagement de bâtir quelque chose de nouveau. Du consensus sort une acceptation qui est absolument fondamentale à la marche de l'organisation et à son progrès[9].

Des trois méthodes de changement décrites ci-dessus, seule la méthode partagée satisfait tous les éléments de l'organisation. Elle produit des résultats à long terme qui ont peu d'effets dysfonctionnels et une adoption du changement par l'organisation.

FP-2000 et le changement organisationnel: une première évaluation

FP-2000 est une initiative importante parce que, si elle réussit, elle changera profondément la gestion des ressources humaines et elle transformera l'esprit de la fonction publique. Si nous l'examinons par rapport aux méthodes définies dans la section précédente, nous pouvons observer que le gouvernement a choisi une méthode du bas en haut pour changer les attitudes et l'esprit de la fonction publique. Cependant, contrairement aux déclarations de ses partisans et d'après notre définition, FP-2000 n'a pas de dimension de bas en haut. Malheureusement, cette initiative a totalement ignoré la méthode de partage des responsabilités. Autrement, nous aurions vu des groupes de travail composés de membres représentant diagonalement l'ensemble du système.

Nous avons un certain nombre d'inquiétudes à propos de FP-2000 ainsi que le suggère déjà l'analyse qui précède. Néanmoins, nous devons insister que le succès de ce processus est primordial. Nous avons la conviction profonde que tous ceux qui sont impliqués dans FP-2000 aimeraient en faire un agent de changement fondamental de l'administration fédérale. La dernière fois qu'une initiative de cette importance a été tentée, elle a donné naissance à la Commission Glassco, au début des années 60[10]. Le gouvernement a une chance unique, presque trente ans plus tard, de réévaluer fondamentalement le rôle et les fonctions de la fonction publique. Compte tenu de l'importance de FP-2000, nous nous sentons obligés d'exprimer nos inquiétudes au sujet de certains aspects de cette initiative, dans l'espoir de lui faire éviter les pièges qui la menacent.

Notre première inquiétude, c'est que FP-2000 va avoir des problèmes à cause de son utilisation de la méthode du haut en bas. Dans *La solitude verticale*, nous avons démontré que les gestionnaires aux niveaux supérieurs du gouvernement ont une perception très différente des genres de problèmes qui existent dans leurs organisations que ceux qui travaillent à un niveau plus bas, parce qu'ils voient la réalité sous un angle différent. Pour éliminer cette solitude verticale, il faudrait davantage de communications entre les niveaux de gestion et une

---

9.   Pour un examen des techniques qui rendent cette technique tentante, voir W.L. FRENCH et C.H. BELL Jr., *Organization Development: Behavioral Science Interventions for Organization Improvement*, 4ᵉ éd., Englewood Cliffs, N.J., Prentice-Hall, 1990, et Michael BEER, *ibid.*

10.   *Commission royale d'enquête sur l'organisation du gouvernement* (Président: John G. Glassco), Imprimeur de la Reine, Ottawa, 1963.

participation des niveaux inférieurs à la prise de décision. Pour que tous les employés se sentent actionnaires des changements proposés, il faudrait instaurer davantage de mécanismes de participation.

Un autre élément important de solitude verticale concerne un groupe de personnes que nous appelons des porteurs de l'esprit organisationnel et qui semble former le groupe le plus désavantagé de la fonction publique. Ce sont les SM et les SM-1. Ils occupent une position critique dans leurs organisations. Ils reçoivent leurs ordres du sommet – les nouvelles règles, attitudes, etc. – du sous-ministre, et ils les mettent en application auprès des gens qui relèvent d'eux, souvent des employés qui travaillent dans les régions. Par conséquent, les SM jouent un rôle fondamental, ils sont les agents de changements et les charnières, dans le réseau de communication. Ne pas les faire participer quand on essaie de changer l'organisation, c'est gâcher une chance merveilleuse. Ils aideraient, non seulement en offrant une multitude d'idées éclairées, mais également en s'identifiant au projet et en devenant actionnaires du processus de changement. En tant qu'agents de changement, les SM et les SM-1 réussiraient à convaincre leurs subordonnés à adopter les nouvelles attitudes et l'esprit de l'organisation s'ils pensent qu'ils les possèdent et font eux-mêmes partie de la nouvelle organisation.

Notre deuxième inquiétude au sujet de FP-2000 est que cette initiative ne semble pas examiner directement quelques-unes des questions philosophiques les plus importantes, les plus fondamentales et les plus critiques que pose la fonction publique aujourd'hui:

- Quel est le rôle d'un gouvernement moderne et son implication dans les programmes et les services au public?
- Y a-t-il ou devrait-il y avoir, dans l'administration un ensemble de valeurs communes qui pourraient servir de principes directeurs?
- Les ministères devraient-ils partager un ensemble de ces valeurs communes, ou devrions-nous considérer chaque ministère comme unique?
- Quelles sont les récompenses d'une carrière dans la fonction publique?
- Pouvons-nous parler de commandement dans le secteur public comme nous parlons de commandement dans le secteur privé?
- Quelle sera l'incidence des changements démographiques et des changements de l'éthique du travail sur l'avenir de l'administration fédérale?

Il existe bien d'autres questions relatives à la fonction publique, mais celles que nous posons plus haut sont les questions fondamentales qu'il faut poser et auxquelles il faut trouver une réponse avant de choisir des solutions.

Notre troisième inquiétude est que si l'on donne aux gestionnaires davantage de responsabilités et d'autorité, ils devront prendre davantage de risques et ces risques peuvent ne pas être tolérés dans un milieu politiquement sensible comme celui de l'administration fédérale. Dans ses déclarations sur FP-2000, le premier ministre a mentionné qu'il fallait donner aux fonctionnaires moins de règles et de systèmes administratifs et davantage d'autonomie. On doit bien com-

prendre qu'une diminution des règles va occasionner une augmentation des erreurs. Traditionnellement, les systèmes politiques ne tolèrent pas les erreurs et
répondent à celles-ci en mettant en place des mécanismes de contrôle nouveaux
et améliorés. En d'autres termes, avant d'essayer de démanteler les systèmes de
contrôle existants et avant de donner des exceptions aux règles, nous devons
d'abord montrer aux hommes politiques que davantage de décentralisation et
d'autonomie amènera davantage d'erreurs et de pouvoirs chez les bureaucrates en
même temps qu'un service plus rapide et plus fiable.

Dans nos deux enquêtes, les répondants ont indiqué qu'ils trouvaient qu'il
existe à l'heure actuelle trop de contraintes imposées par les agences centrales sur
la fonction publique. Étant donné la difficulté de réduire les structures de contrôle bureaucratiques, nous ne savons pas dans quelle mesure les agences centrales affaibliront leur comportement de contrainte. Dans nos recherches, nous
avons trouvé que les contraintes imposées par les agences centrales sont perçues
par la plupart des fonctionnaires comme l'un des facteurs limitant le plus leur
capacité de bien gérer.

Notre quatrième préoccupation concerne la question des récompenses.
Peut-on donner des récompenses à ceux qui accomplissent leur travail d'une
manière supérieure dans un système qui est déjà bien organisé? Comment allons-
nous vraiment récompenser le bon travail? Dans l'administration canadienne, on
a toujours hésité à donner des récompenses aux gens pour leur bon travail. Si
l'on veut changer les systèmes de rémunération, il faut modifier les lois et
négocier avec les syndicats. Nous ne sommes pas certains que l'esprit existant
actuellement dans l'administration permettra un système de récompenses bien
différencié.

Une question se pose relativement au système de récompenses: le comportement de la gestion devient-il un élément apprécié du nouveau système? Nous
ne pouvons pas déclarer que la gestion est importante sans la récompenser et
sans rendre hommage aux bons gestionnaires. Qu'allons-nous faire de plus du
tiers des fonctionnaires qui ne comptent pas recevoir une promotion au cours des
dix prochaines années, ou qui ne comptent plus jamais recevoir de promotion?
Nous avons obtenu ce chiffre en posant la question dans l'enquête de 1988.
Quelles que soient les nouvelles solutions trouvées par FP-2000, il y aura des limites physiques au nombre de personnes qui vont obtenir des promotions. Ce
problème pragmatique nous ramène aux prédictions faites par Nicole Morgan il y
a une décennie[11]. Nos préoccupations sont dues à des réalités démographiques.

Nous avons une cinquième inquiétude plus grande: est-ce que le fait que
l'on ait fait confiance aux fonctionnaires pour entreprendre FP-2000 lui donne
l'acceptation politique et publique nécessaire à la mise en application de ses

11.   Nicole MORGAN (1981). *Où aller? Les conséquences possibles des déséquilibres démographiques
       chez les groupes de décision de la fonction publique fédérale*, L'Institut de recherches politiques,
       Halifax, Nouvelle-Écosse.

recommandations? Nous ne suggérons pas que ces fonctionnaires ne soient pas capables d'entreprendre FP-2000, mais en ayant recours à eux, on perd une chance énorme de faire de FP-2000 un bon agent de changement. Une tâche importante de FP-2000 est de faire prendre conscience aux hommes politiques et au public tout entier des préoccupations légitimes de la fonction publique. Si le rapport final contient les conclusions que les fonctionnaires devraient être mieux payés, mieux récompensés pour leur bon travail, devraient avoir le droit de voyager en classe d'affaires, devraient suivre moins de règles, etc., il pourra donner l'impression qu'on n'est jamais mieux servi que par soi-même. Pour éviter cette impression, l'une des tâches les plus importantes de FP-2000 est de voyager dans tout le pays et expliquer au public et aux élus pourquoi une fonction publique de première classe est essentielle à la survie du pays – pas seulement à la survie d'Ottawa – afin que le Canada puisse conserver sa place sur le marché international des idées et des produits.

Bien que FP-2000 ait un groupe consultatif, sa fonction fondamentale n'est pas éducative. Il est essentiel que cette initiative fasse du lobbying parce que l'impression qu'elle pourra donner de bien se servir elle-même à la publication de son rapport sera injuste pour tous ceux qui ont passé des mois à proposer leurs meilleures idées, pour ensuite les voir naviguer entre les écueils du scepticisme public et de l'intransigeance politique.

En conclusion

FP-2000 a éveillé de grands espoirs parmi les fonctionnaires avec son échéancier et la création de ses groupes de travail pour produire des solutions viables. Il faut du temps pour changer les organisations et les attitudes. Les spécialistes en comportements et les spécialistes en organisation pensent qu'il faut de sept à dix ans pour arriver à changer une grande organisation comme la fonction publique. Si les groupes de travail de FP-2000 terminent et mettent en application leurs conclusions avant la fin de 1990, cela aura un effet très décourageant sur les fonctionnaires, à moins que ceux-ci comprennent pleinement les raisons de tels changements. Par conséquent, il faut modérer les espoirs des fonctionnaires. Beaucoup de fonctionnaires de tous les niveaux doivent être impliqués dans ce processus, doivent embrasser cette nouvelle vision de la fonction publique et doivent donner au processus suffisamment de temps pour se développer.

Il est incontestable que le Canada ait l'une des meilleurs administrations du monde. Le premier ministre s'est vraiment engagé en annonçant la création de FP-2000 et en lui accordant une priorité relative. Bien que nous ayons nos inquiétudes à propos de cette initiative, nous pensons également qu'elle ne peut pas et ne devrait pas échouer. Nous espérons que les fonctionnaires lui donneront le soutien et la participation dont elle a besoin pour fonctionner. L'existence d'une administration de première classe est essentielle non seulement pour sauver les emplois qu'elle offre à Ottawa et dans le reste du pays mais, plus important, parce que le Canada joue un rôle de plus en plus important dans le monde. Les bons fonctionnaires sont des gens dévoués qui savent vraiment ce qu'ils font. À leur tour, il relèvent de gens qui sont eux-mêmes engagés et intéressés et qui arriveront à développer un meilleur pays. Avec des ajustements nécessaires, FP-2000 peut aider à accomplir ces objectifs.

Bibliographie

EDWARDS, John (1992). «Response to the McIntosh Critique of PS 2000», *Canadian Public Administration*, vol. 35, n° 2, p. 258-259.

FONCTION PUBLIQUE 2000 (1990). *L'école du succès: Rapport sur les pratiques exemplaires dans le domaine du service au public*, Ottawa, novembre, 81 p.

FONCTION PUBLIQUE 2000 (1990). *Le service au public. Rapport du groupe de travail, pour discussion*, Ottawa, octobre, 97 p.

FONCTION PUBLIQUE 2000 (1990). *Rapport d'étape*, l'honorable Robert de Cotret, Président du Conseil du Trésor, Conseil du Trésor du Canada, Ottawa, avril, 19 p.

FONCTION PUBLIQUE 2000 (1990). *Rapport du groupe de travail sur l'adaptation de la main-d'œuvre, pour discussion*, Ottawa, juillet, 24 p.

FONCTION PUBLIQUE 2000 (1990). *Rapport du groupe de travail sur la catégorie de gestion, pour discussion*, Ottawa, août, 35 p.

FONCTION PUBLIQUE 2000 (1990). *Rapport du groupe de travail sur la dotation, pour discussion*, Ottawa, août, 73 p.

FONCTION PUBLIQUE 2000 (1990). *Rapport du groupe de travail sur la formation et le perfectionnement, pour discussion*, Ottawa, juillet, 28 p.

FONCTION PUBLIQUE 2000 (1990). *Rapport du groupe de travail sur la gestion des ressources et contrôles budgétaires, pour discussion*, Ottawa, août, 53 p.

FONCTION PUBLIQUE 2000 (1990). *Rapport du groupe de travail sur la rémunération et les avantages sociaux, pour discussion*, Ottawa, juillet, 61 p.

FONCTION PUBLIQUE 2000 (1990). *Rapport du groupe de travail sur le système de classification et la structure des groupes professionnels, pour discussion*, Ottawa, juillet, 25 p.

FONCTION PUBLIQUE 2000 (1990). *Rapport du groupe de travail sur les politiques administratives et rôle des organismes de services communs, pour discussion*, Ottawa, juillet, 43 p.

FONCTION PUBLIQUE 2000 (1990). *Rapport du groupe de travail sur les relations de travail, pour discussion*, Ottawa, août, 20 p.

FONCTION PUBLIQUE 2000 (1990). *Sommaire des rapports des groupes de travail, pour discussion*, Ottawa, août, 50 p.

FONCTION PUBLIQUE 2000 (1991). *Deuxième rapport du groupe de travail sur la formation et le perfectionnement*, Ottawa, mai, 60 p.

FONCTION PUBLIQUE 2000 (1991). *Formation et technologie... une équipe gagnante*, rapport rédigé pour le groupe de travail sur la formation et le perfectionnement, août, 30 p.

FONCTION PUBLIQUE 2000. GOUVERNEMENT DU CANADA (1990). *Le renouvellement de la fonction publique du Canada (livre blanc)*, Ministère des Approvisionnements et Services, Ottawa, Décembre, 120 p.

FONCTION PUBLIQUE 2000. GOUVERNEMENT DU CANADA (1990). *Le renouvellement de la fonction publique du Canada – Synopsis*, Ministère des Approvisionnements et Services, Ottawa, décembre, 28 p.

GROUPE DE TRAVAIL SUR L'ADAPTATION DE LA MAIN-D'ŒUVRE. FONCTION PUBLIQUE 2000 (1990). «Guide de la gestion du changement dans la fonction publique: les voies de l'innovation», Ministère des Approvisionnements et Services, Ottawa, juillet-septembre, 79 p.

HALL, Donald et PLUMPTRE, Tim (1991). *Fonction publique 2000. La formation: perspectives nouvelles, un rapport préparé pour le groupe de travail sur la formation et le perfectionnement de fonction publique 2000*, Institut sur la gouvernance, 53 p.

KERNAGHAN, Kenneth (1991). «Career Public Service 2000: Road to Renewal or Impractical Vision?», *Canadian Public Administration*, hiver, vol. 34, n° 4, p. 551-572.

McINTOSH, Robert J. (1991). «Public Service 2000: The Employee Perspective», *Canadian Public Administration*, vol. 34, n° 3, p. 503-511.

RAWSON, Bruce (1991). «Public Service 2000, Service to the Public Task Force: Findings and Implications», *Canadian Public Administration*, automne, vol. 34, n° 3, p. 490-500.

SÉGUIN, Francine (1991). «Le service au public: un changement stratégique important», *Canadian Public Administration*, vol. 34, n° 3, p. 455-464.

TELLIER, Paul M. (Greffier du Conseil privé et secrétaire du Cabinet) (1992). *Fonction publique 2000: Les progrès réalisés*, Ministère des Approvisionnements et Services, Ottawa, juin, 133 p.

TELLIER, Paul M. (Greffier du Conseil privé et secrétaire du Cabinet) (1992). *Fonction publique 2000: Premier rapport annuel au Premier ministre sur la fonction publique du Canada*, Ministère des Approvisionnements et Services, Ottawa, juin, 22 pages.

QUESTIONS

1. Dans le contexte actuel et compte tenu de l'envergure de FP-2000, quels sont les facteurs de l'environnement économique, politique social, etc. qui peuvent faciliter ou, au contraire, freiner la réalisation des objectifs poursuivis par cette réforme?

2. Parmi les cinq inquiétudes que formulent Jack Jabes et David Zussman à propos de Fonction publique 2000, laquelle ou lesquelles d'après vous créent ou créeront le plus de difficultés? Voyez-vous d'autres difficultés susceptibles de freiner les réformateurs dans leur dessein?

3. Jak Jabes et David Zussman suggèrent que la méthode «de partage de responsabilités de changement» – qu'on peut associer au courant dit du développement organisationnel – semble la seule à satisfaire l'ensemble des éléments de l'organisation. En effet, selon eux, «elle [la méthode partagée] produit des résultats à long terme qui ont peu d'effets dysfonctionnels et une adoption du changement par l'organisation».

   Commentez cette affirmation en vous inspirant du chapitre 10 en particulier (ou de tout autre chapitre jugé pertinent) et de votre propre conception du changement.

4. En vous référant au chapitre et aux textes de Tellier, Jabes et Zussman, dites en quoi le changement planifié dans les organisations publiques diffèrent ou ressemblent au changement planifié dans les organisations privées (avec ou sans but lucratif)?

INDEX DES SUJETS

INDEX DES NOMS

MARQUIS
Montmagny, Qc
janvier 1994